本书由陕西师范大学出版基金资助出版

陕西师范大学国家重点学科建设项目

张懋镕　主编

中国古代青铜器整理与研究

青铜簠卷

胡嘉麟　著

科学出版社

北　京

审图号：GS（2018）5945号

图书在版编目（CIP）数据

中国古代青铜器整理与研究. 青铜簠卷 / 张懋镕主编；胡嘉麟著. —北京：科学出版社，2018.11
陕西师范大学国家重点学科建设项目
ISBN 978-7-03-055972-2

Ⅰ. ①中⋯　Ⅱ. ①张⋯　②胡⋯　Ⅲ. ①青铜器（考古）–研究–中国　Ⅳ. ①K876.414

中国版本图书馆CIP数据核字（2017）第312906号

责任编辑：李　茜　曹　伟 / 责任校对：邹慧卿
责任印制：肖　兴 / 封面设计：北京美光设计制版有限公司

科学出版社 出版
北京东黄城根北街16号
邮政编码：100717
http://www.sciencep.com

中国科学院印刷厂 印刷
科学出版社发行　各地新华书店经销

*

2018年11月第 一 版　　开本：787×1092　1/16
2018年11月第一次印刷　　印张：40　插页：1
字数：942 000

定价：398.00元

（如有印装质量问题，我社负责调换）

بِسْمِ اللهِ الرَّحْمٰنِ الرَّحِيمِ

献给我的母亲
和在天堂的父亲

多卷本《中国古代青铜器整理与研究》编写缘起

经过十几年的准备工作,多卷本的《中国古代青铜器整理与研究》即将出版。回顾往事,真是百感交集。

30年前,我的处女作《释"东"及与"东"有关之字》发表,从那时候起,青铜器的学习与研究注定成为我一生的追求。

29年前,我开始师从李学勤先生研习古文字。中国古文字有很多分支,如甲骨文、金文、战国文字、简牍帛书文字。先生告诉我:"你在陕西,陕西有很多青铜器,你就做金文研究吧。"在先生的指导下,我受到严格的学术训练,这令我终身受益。我的硕士学位论文是《周原出土西周有铭青铜器综合研究》。所谓综合研究,就是从青铜器、古文字、历史文献三方面来研究。从此,综合研究成为我研究青铜器遵循的准则与方法。

1989年,西北大学文博学院成立新的专业——博物馆专业,大概考虑到我本科学的是考古,于是把我从文献专业调到博物馆专业。我除了继续讲古文字,又开了一门新课"青铜器鉴定"。自此之后,我开始系统研习青铜器,包括没有铭文的青铜器。

在长期的教学与研究工作中,我渐渐对中国古代青铜器有了新的认识。

概而言之,中国古代青铜器的研究,自两宋以来,已有一千多年的历史,取得了丰硕的成果。尤其是近百年来的研究,在青铜器的分期、分区系、分国别、分器类诸方面卓有成效,为世人所瞩目。

回顾历史,也毋庸讳言,我认为就青铜器基础性工作而言,其资料的整理还远远不够。且提一个最基本也是最简单的问题:迄今为止究竟有多少件中国古代青铜容器?几万还是十几万(尚且没有涉及兵器、工具、车马器、钱币、铜镜等),恐怕连一个非常粗略的估计都没有,专家也说不清楚。家底不清,研究对象模糊,研究很难继续深入。由于中国古代青铜器资料十分庞杂,其收集、整理并非易事,所以这一部分的工作非常重要。说到研究,比如青铜器的定名,鼎、鬲、簋等各类器物的分类研究,它们之间的相互关系,各类纹饰的分类研究,纹饰和器物之间的相互关系,各个阶段铭文的特点,器物、纹饰、铭文三者之间的互动关系以及对断代的作用等,其研究或不够系统,或不够深入,有些方面甚至是空白。

20多年来,我一直在进行这方面的研究工作,写了《西周方座簋研究》《两周青铜盨研究》《西周青铜器断代两系说刍议》《试论中国古代青铜器器类之间的关系》《试论青铜器自名现象的另类价值》等文章,希望从器类、断代、地域、定名等多个角度和层面对青铜器进行探索。

同时我也十分关注国内外青铜器研究专家的成果，他们的论著是我案头的必备书籍，我经常阅读，受益无穷。

在研究中，我深感个人力量的有限。从1999年招收青铜器方向研究生起，就逐渐形成了一个构想：如果研究生本人没有更好的研究题目，我就请他（她）来做青铜器中的某一部分，整理、研究某一类青铜器，或某一类纹饰，或某一时段的铭文，等等。经过十多年的积累，已经完成了20多篇硕士和博士学位论文。其中分器类的整理与研究完成多半，某一地区、某一时段的青铜器的整理与研究正在进行，纹饰与铭文的分类、分时段研究也做了一部分。这些为多卷本《中国古代青铜器整理与研究》的编撰奠定了基础。同时，我注意到其他先生也在指导研究生做类似的学位论文，对我们也很有启发与帮助。

前几年，在编写《青铜器论文索引》的过程中，我与线装书局的刘聪建先生多有接触。他听了我的上述介绍后，很感兴趣，遂与我商定，在原有研究生学位论文的基础上，由我主编，各专题作者分别著述，形成一套多卷本《中国古代青铜器整理与研究》。但由于种种原因，在线装书局只出了三卷。如今，在科学出版社的大力支持下，计划得以重新实现，拟在今后的若干年里，陆续完成和出版20卷以上的著作。

写作多卷本《中国古代青铜器整理与研究》的目的拟在全面、系统整理青铜器资料，充分吸取古今中外研究成果的基础上，对青铜器的形制、纹饰、铭文、组合关系等方面做全方位考察和研究，并试图总结出关于中国古代青铜器产生、发展、消亡的基本途径、规律、特点及其原因。这是一个遥远的目标，但我们有信心一步一步地走近它。

由于这套多卷本《中国古代青铜器整理与研究》的作者都是毕业不久的研究生，眼界有限、文字青涩在所难免。我的指导也很有限，很多问题我也不懂或知之甚少。当时作学位论文时，我希望他们放大胆子去写，因此他们的观点与我也不尽一致。但无论如何，在阅读他们的学位论文时，在与他们的反复讨论、交流中，我也有很多收获，这是最令人快乐的事情。我将阅读后的感想写出来，作为序言放在书前，就是希望继续与大家讨论，将《中国古代青铜器的整理与研究》延续下去。而随着一本本书稿的出版，这一批年轻的作者也正在走向成熟，这或许是比书稿的出版更有意义的事情。

最后，要感谢参加我的研究生学位论文答辩以及审阅论文的诸位先生，并希望今后继续得到你们的批评与帮助。感谢陕西师范大学暨历史文化学院给予的大力支持，感谢科学出版社李茜与曹伟两位编辑的辛勤工作，让我们十几年来的梦想终于得以实现。

乙未年立冬后二日张懋镕写于
陕西师范大学中国青铜文化研究中心

15卷出版感言

迄今为止,《中国古代青铜器整理与研究》已出版15卷。2015年出版第一批6卷,2016年出版第二批6卷,2018年出版第三批3卷。按照我们的计划这套书有30卷,如今已完成一半的工作,有必要做一个小结。

我们这套系列书编著的宗旨是:以青铜器的器类整理与研究为主,以区系、国别以及纹饰、铭文的整理与研究为辅,对中国古代(汉以前)的青铜礼容器进行初步的整理与研究,希望能为今后的青铜器研究做一点基础性工作。

与以往的系列书不同,这套书是在硕、博士学位论文的基础上完成的,所有作者的专业方向和指导教师都是一致的。从硕、博士学位论文到书稿的出版,跨度最长的超过10年。若将硕、博士学位论文与书稿做一比较,就不难发现,二者之间存在很大的差距,换言之,从中可以窥见他们的成长历程。正如我在"编写缘起"中所期望的"随着一本本书稿的出版,这一批年轻的作者也正在走向成熟,这或许是比书稿的出版更有意义的事情"。

先谈谈我们编写这套书的有利条件。

第一,天时。大致40年来,我们的学习和生活一直处在中国一个比较稳定的历史阶段。与诸多前辈学者相比,我们真的很幸运,不仅早已远离了战争的硝烟,也不用担心被打成"右派",更不必考虑肚子能否填饱。单位的图书资料还算丰富,自己也可以用节省下来的钱购买一点必备的书籍。对于《中国古代青铜器整理与研究》这样一套30卷本的系列书来说,从开始立意到最后完成,时间跨度很大,如果没有一个平稳安定的环境,早就夭折了。

第二,地利。我们的作者大都出生在陕西,学习、生活在陕西,这是一块富饶的热土,历史悠久,文化积淀深厚,说"地灵人杰",想必有人会说我们自吹,但以自己的家乡为荣,则是人之常情了。作为"青铜器之乡"的陕西,几千年来青铜器层出不穷。每一次重要的发现,都让人热血沸腾。当青铜器还在墓里躺着的时候,我们就有幸下到坑底,早早目睹它们的真容。我们曾多少次与青铜器亲密接触,摩挲把玩……。此景此情,常让我们欲罢不能,不写点儿东西真就对不起祖先了。

第三,人和。要完成这样一套30卷的系列书,必须有一个关系紧密、人数足够的研究团队。好在我从1999年开始正式招收研究生,迄今为止已有40多名硕、博士生毕业。从书名可知,我们是整理与研究并重。整理的工作量非常大,譬如青铜簋就有3000来件,这也是以往这项工作迟迟没有人去做的重要原因,而研究生恰恰有充裕的时间和充沛的精力来完成这项工作。

我和作者以及作者相互之间保持着紧密的联系。不仅我不止一次地审读每一部书稿,也请其他作者帮忙审读,或者由作者自己请其他作者审读。有些大家共同关心的问题,会在微信和QQ群里讨论,或者举办小型的讨论会来商议。

我不敢说我们的作者有多么聪明,但我可以说我们的作者是勤劳而朴实的。譬如任雪莉博士,她本是英语本科专业毕业,上了研究生才开始学习青铜器,而且她那时已经拖家带口,求学的西安与家所在的宝鸡有不近的距离,可以说条件比较差。然而她不仅完成了硕士和博士学位论文,还以此为基础,出版了《中国古代青铜器整理与研究·戴家湾卷》和《中国古代青铜器整理与研究·青铜簋卷》两部书,博士学位论文外审获得全优,并荣获2016年陕西省优博论文称号。令人刮目相看的还有胡嘉麟博士。早先他在银川的西北第二民族学院(北方民族大学)历史专业读本科,那时他对考古还很陌生。十多年来,他刻苦钻研,阅读了大量书籍,并四处考察,积极参与相关学术活动,虚心向前辈学者学习,不仅完成了篇幅很大的《中国古代青铜器整理与研究·青铜簋卷》,还发表了不少论文。读到这些论文,我很欣慰,他正在褪去青涩,走向成熟。

我要感谢我的作者,为了这套书的完整性,他们有时要牺牲个人的一些利益。由于这套书的出版经费得到陕西师范大学的资助,书的封面写有"陕西师范大学国家重点学科建设项目"的字样,不能冠以作者现在所在单位的名称,如此一来,成果有可能不被作者所在单位认可,进而影响到作者科研成果的计算和职称的评定,所以我要向他们致歉。

第四,得到多方面的帮助。首先在时间的支配和出版经费的资助方面得到陕西师范大学与历史文化学院两级领导的全力支持,并作为"陕西师范大学国家重点学科建设项目"立项。其次这14篇学位论文在答辩时,王辉、尹盛平、张天恩、曹玮、周晓陆、赵丛苍、王晖等专家提了不少宝贵意见,对提高论文水平帮助很大。在系列书陆续出版的过程中,王子今、王辉、朱凤瀚、刘绪、张天恩先生又先后写出书评,或褒奖或批评,都让我们受益匪浅。我们很清楚,自己的水平不够,愧对那些褒奖的语言,我们把专家的金玉良言看作我们今后努力的方向。同时还要感谢作者所在单位领导和同人的支持与帮助。

再谈谈我们编写这套书的不利因素。

第一,包括主编在内,我们的作者大部分毕业于陕西师范大学和西北大学,没有北京大学、清华大学那样的名校毕业生。就专业而言,其中只有6人是西北大学考古专业本科毕业。我审读过多篇北京大学考古专业的博士学位论文,其视野之开阔、资料之熟谙、文笔之流畅,令人钦佩。就青铜器研究者需要具备的学术素养而言,我们自知差距不小。

第二,这15卷书中14卷是在硕、博士学位论文的基础上写成的。其中只有《中国古代青铜器整理与研究·青铜簋卷》和《中国古代青铜器整理与研究·西周金文字体卷》的前身是博士学位论文，其他12卷均出自硕士学位论文。暂不论质量，就篇幅而言，这些硕士学位论文的字数多在3万~5万字，要把论文变成几十万字的书稿，无论对于作者还是主编来说，都是一个巨大的挑战。

第三，15卷书的14位作者出书时的平均年龄是34.4岁。作为文科学生来说，这个年龄主要还是埋头读书的时候。即便是研究，也刚刚开始，能写几篇文章就不错了，要他们去完成这么一套系列书，确实有点勉为其难。记得我在西北大学上学的时候，我的好几位老师都说过这样的话：坐十年冷板凳，十年内不要写文章发表。这是真知灼见。只是后来形势不一样了，不发表文章、不写书，就难以生存。无奈之下，我一直把出书的目标定得比较低，他们只要能将资料笼络在一起，做一点初步的研究，就行了。我不能有或者说不敢有什么奢望，否则也许是拔苗助长，害了学生。

第四，水平参差不齐。譬如《中国古代青铜器整理与研究·青铜豆卷》的文笔比较好，而有些硕士学位论文本身就比较差。这些比较差的学位论文，原本也可以不转化为书稿出版，但是考虑到我们这套书的整体设计理念，除非作者不愿意出版，我还是尽可能尊重他们的意愿，将其书稿排入我们的出版计划。如此一来，要把这些学位论文都变成书稿，就更为艰难。鉴于这套书的编写原则，我们不可能请其他人来承担其中某一书稿或多部书稿的撰写工作。众所周知，近十多年来研究生扩招，导致总体水平下降，不少研究生的学位论文还不如20世纪的大学本科生的学位论文。相信当过研究生导师的先生都有很深的感受。虽然这15本书稿经过多次修改校正，但是还有很多问题，正如诸位先生在书评中指出的那样。当然，主要责任还是在我。为此我一直是如履薄冰，惴惴不安。

有学者批评我们这套系列书观点不统一，主编和作者的看法也有所不同，从而让读者无所适从。批评是正确的。对此，我想做点说明，我们的情况确实比较特殊。我们这套系列书的编撰想法产生在多篇研究生学位论文已经形成之后，所以不便于对这些论文的观点做更改，除非作者自己愿意更改。从第一篇研究生学位论文写作伊始，我遵循的原则是学术自由，除非属于字词和概念错误，我必须要他（她）改正，否则任由作者发挥。当然，我会将自己的观点明确告诉我的学生。如果学生同意我的观点，我会和他（她）做进一步的讨论；如果学生不同意我的观点，我也不会干涉，但我会在序言中表明我的态度。譬如关于戴家湾墓地的族属，关于罍、尊、瓿的区分，我和作者的观点就不一样。记得我年轻时写过一些论文，请教我的导师李学勤先生，先生提了很多很好的意见，但那时的我年轻气盛，有些意见并没有采纳，至今回想起来还很后悔。人的学术成长是有一个过程的，难免犯错误，也许吃点教训印象更深刻，反而有好处。

总之，我们将总结经验、吸取教训、改进工作方法，继续编写出版这套系列书，同时也希望继续得到学界同行的批评指正，共同为繁荣学术而努力。

试论商周盛食器的兴衰（代序）

张懋镕

关于商周盛食器的兴衰，以往学者已经做了很好的研究[①]。随着新资料的大量涌现，《中国古代青铜器整理与研究·青铜簋卷》[②]《中国古代青铜器整理与研究·青铜豆卷》[③]《中国古代青铜器整理与研究·青铜敦卷》[④]《中国古代青铜器整理与研究·青铜簠卷》[⑤]又做了进一步的分析。本文拟利用这些经过整理的资料和研究成果，勾勒商周时期主要青铜盛食器类的发展轨迹，并探讨其兴衰的原因。这对于研究夏、商、周三代其他青铜器的兴衰或许具有启示作用。

一、商周主要盛食器兴衰的基本态势

《青铜簋卷》《青铜豆卷》《青铜敦卷》《青铜簠卷》收集了大量关于这些器类在不同历史阶段和不同区域的数据资料，我们在此基础上列出两份统计表格，用具体数字

[①] 在这方面研究颇具特色的是陈芳妹先生，请参考她的论文：《商周青铜簋形器研究——附论簋与其它粢盛器的关系》，《商周青铜粢盛器特展图录》，台北"故宫博物院"，1994年（第二版），29页；《簋与盂——簋与其他粢盛器的关系研究之一》，《故宫学术季刊》第1卷2期，1984年，89～110页；《盆、敦与簋——论春秋早、中期间青铜粢盛器的转变》，《故宫学术季刊》第2卷3期，1985年，63～118页。近年的研究可参考朱凤瀚先生的《中国青铜器综论》（上海古籍出版社，2009年）、路国权博士的学位论文《东周青铜容器谱系研究》（北京大学，2014年）的有关章节。

[②] 任雪莉：《中国古代青铜器整理与研究·青铜簋卷》（简称《青铜簋卷》），科学出版社，2016年。

[③] 张翀：《中国古代青铜器整理与研究·青铜豆卷》（简称《青铜豆卷》），科学出版社，2015年。

[④] 谷朝旭：《中国古代青铜器整理与研究·青铜敦卷》（简称《青铜簋敦》），科学出版社，2016年。

[⑤] 胡嘉麟：《中国古代青铜器整理与研究·青铜簠卷》（简称《青铜簠卷》），科学出版社，2019年。本文以下所引此书的观点不再一一注明。

来呈现这些盛食器各自发展的基本态势,以及相互之间的关系①(表0-1、表0-2)。

表0-1 各阶段盛食器数量统计表(包括传世器)②

时代\器物	簋	豆	簠	盨	敦	小计
商代	602	12				614
西周早期	858	2	3			863
西周中期	477	9	3	22		511
西周晚期	597	13	54	167		831
春秋早期	211	17	118	17		363
春秋中期	88	42	133	2	95	360
春秋晚期	17	93	151	2	123	386
战国早期	38	70	34		73	215
战国中期	15	28	21		107	171
战国晚期	5	20	13		18	56
总计	2908	306	530	210	416	4370

表0-2 各区域出土盛食器数量统计表

地区\器物	簋	豆	簠	盨	敦	小计
中原地区	349	121	198	25	131	824
关中地区	494	17	18	32	3	564
北方地区	49	36	9		21	115
海岱地区	77	56	51	8	64	256
长江中下游地区	150	22	127	1	143	443
巴蜀滇地区	1	6	1		20	28
总计	1120	258	404	66	382	2230

从表0-1、表0-2中可以得出一些有意义的结论。

(1)最早出现的盛食器是簋,然后是豆。商代的盛食器主要是簋与豆两类。在整个商代400年间,盛食器有614件,说明盛食器在商代尚处于起步阶段。西周早期不到

---

① 需要说明的是,考虑到《青铜簋卷》《青铜豆卷》《青铜敦卷》《青铜簠卷》的成书和出版年份略有差异,引用资料的时间有所不同,所以近期请各位作者补充了一点新资料;至于青铜盨的数量,我们在十多年前做过统计,近期请孙晓鹏博士做了一些补充。由于各种原因,表中的数据会有一些误差,不过相信不会影响我们的结论。遗憾的是盂和盆的数量还没有统计出来,考虑到这两类器的数量不多,应该不会对研究产生较大的影响。以后将会弥补这点缺憾。

② 商周饪食器的总数是4370件,出土饪食器的数量是2230件,占总数的51.03%,换言之,有近乎一半的饪食器是传世器,因此我们在重视出土器的同时,也不能忽视传世器。

100年，然而盛食器数量突然升至863件，不仅大大超过商代，而且是盛食器数量最多的一个阶段，称得上盛食器发展史上的高峰期。到西周中期有所回落，降至511件。进入西周晚期，数量又一次攀上高峰，达到831件，与西周早期接近。鉴于从春秋早期开始盛食器数量持续走低，我们也可以将整个西周时期作为盛食器发展的高峰期。春秋早、中、晚三期盛食器的数量分别为363、360、386件，虽然数量远低于西周时期，但毕竟相互接近，可以说此时盛食器发展平稳。战国早、中、晚三期分别为215、171、56件，衰落的速度是很快的。

总而言之，我们可以将中国古代青铜盛食器的发展历程分为四个阶段。第一个阶段：初始期，商代早期至晚期；第二个阶段：繁荣期，西周早期至晚期；第三个阶段：平稳期，春秋早期至晚期；第四个阶段：衰落期，战国早期至晚期。

（2）从商代早期到战国末期的1300年间，青铜簋始终存在。数量有2908件，占主要盛食器总量的66.54%，即三分之二。即便在较为衰落的春秋中期，还有88件，几乎占到盛食器总量的四分之一，数量接近风头正盛的青铜敦。显然在商周盛食器中，簋是核心器物。

出土的青铜簋有1120件，占出土盛食器总量的50.22%，与前面所言全部簋占主要盛食器总量的66.54%要低一些，原因是传世簋中有铭文的簋更多一些，而有铭文的簋为历代鉴赏收藏者所偏好，更容易保存下来。所以说，无论从哪个角度来看，簋都是盛食器的核心器物。

（3）在商代400年间里，青铜簋的数量是602件，还不抵区区西周早期青铜簋的数量。西周早期簋的数量突然升至858件，是数量最多的一个历史阶段，占到当时盛食器总量的99%以上，称得上青铜簋发展史上的高峰期。西周中、晚期的簋的数量分别为477、597件，分别占当时盛食器总量的93.35%和71.84%。整个西周时期簋的数量是1932件，占全部簋的66.43%，即三分之二。周人的"重食"观念由此得到确切的证明。

（4）中原地区出土的饪食器最多，其中豆、簠的数量名列第一，簋、盨、敦的数量名列第二，说明在商周时代中原地区始终处于首要地位。其次是关中地区，簋、盨的数量名列第一，则是得益于这里是西周王畿的所在地。

（5）西周中期簋的数量降至477件，比西周早期少了很多。按说鼎簋相配的制度是从西周中期开始的，簋的数量应该比较稳定，不至于如此锐减。任雪莉博士认为有两个原因：一是昭王南征的失败导致铜原料的减少；二是此时开始流行的簠、盆等盛食器分担了簋的部分功能[①]。这个解释是对的，但应该还有其他原因。昭王南征失败之后，铜路受阻的现象一直持续到晚期。另外西周晚期的簠有54件，是西周中期簠的18倍，盨的数量是167件，是中期盨的7.6倍，应该说西周晚期的盨和簠分担了簋更多的功

---

① 任雪莉：《中国古代青铜器整理与研究·青铜簋卷》，科学出版社，2016年，269页。

能，为何到了西周晚期簋反而多起来，达到597件？难道是统计数据有误？

为了验证表0-1的数据，我们又根据吴镇烽先生的《商周》与《续编》①，对有铭青铜簋的数量做了统计，列成表0-3。

表0-3　铭文簋数量统计表

时代\器物	簋	百分比/%	铭文簋	百分比/%
商代	602	20.70	409	18.76
西周早期	858	29.50	706	32.39
西周中期	477	16.40	519	23.81
西周晚期	597	20.53	422	19.36
春秋早期	211	7.26	86	3.94
春秋中期	88	3.03	1	0.05
春秋晚期	17	0.58	22	1.01
战国早期	38	1.31	12	0.55
战国中期	15	0.52	2	0.09
战国晚期	5	0.17	1	0.05
总计	2908	100	2180	100

为了便于比较，左起第二栏列出各阶段青铜簋的数量，第四栏列出各阶段有铭青铜簋的数量。为了更直观一点，在第三与第五栏列出百分比。在商代，铭文簋与全体簋的比率差两个百分点，可见差别不大。到了西周早期，差率升至三个百分点。这种差别可以理解，因为有铭文的器物总是比较容易受到青睐，从而较多地保存了下来。但是到了西周中期，情况发生了较大变化，差率超过七个百分点。耐人寻味的是，进入西周晚期，又回归了，差率在一个百分点左右。这无疑印证了表0-1的合理性，进一步说明在西周中期青铜簋的数量确实发生了不小的变化。

我们注意到，在《青铜簋卷》的第七章"青铜簋器用制度研究"中，作者列出西周早期和中期出土青铜簋的墓葬数量分别为49座和8座②，差别之大令人惊讶。我们不妨再举一个证据。《宝鸡强国墓地》附录一的第三小节是"青铜礼器组合与西周墓葬分期"③，作者统计第二期即西周早期出土青铜礼器的墓葬有84座，其中出土青铜簋的墓葬有54座；第三期即西周中期偏早（穆共时期）出土青铜礼器的墓葬有25座，其中出土青铜簋的墓葬有21座；第四期即西周中期偏晚（懿、孝、夷王时期）出土青铜礼器的墓葬有3座，其中出土青铜簋的墓葬有2座；第五期即西周晚期（厉、宣、幽王时

---

① 吴镇烽：《商周青铜器铭文暨图像集成续编》，上海古籍出版社，2016年。本文简称《商周续编》。需要说明的是，本文对青铜簋的断代与《商周》和《续编》略有不同。

② 任雪莉：《中国古代青铜器整理与研究·青铜簋卷》，科学出版社，2016年，172～182页。

③ 卢连成、胡智生：《宝鸡强国墓地》，文物出版社，1988年，492～529页。

期）出土青铜礼器的墓葬有9座，其中出土青铜簋的墓葬有1座。也就是说，西周中期总共只有28座出土青铜器的墓葬，比西周早期的84座少了56座，其中出土青铜簋的墓葬只有23座，比西周早期的54座少了31座。很明显，无论从出土青铜礼器的墓葬数量还是出土青铜簋的墓葬数量，从西周中期开始都发生了很大的变化，较之西周早期数量锐减。因此我们不能仅仅从各期簋的数量来分析问题，还要看到一个不容忽视的现象：西周中晚期实际上发现和发掘出土的青铜礼器的墓葬太少[①]。按照常理，西周社会在向前发展，人口在增加，中晚期的墓葬应该超过早期。以此类推，西周中晚期的青铜簋的数量不但不应比早期少，还有可能超越早期。顺理成章的原因应该是西周中晚期尤其是西周中期发现的墓葬太少，被盗掘的墓葬太多，导致无法对墓葬出土青铜器组合关系有比较可靠的估算。如果我们的推论可以成立，那么就能证明西周早、中、晚三期的簋的数量都较多，青铜簋的衰落是从春秋早期开始的。

（6）还有一点值得注意，在西周的各个时期，盛食器数量的变化大于青铜簋数量的变化。盛食器从早期的863件降至中期的511件，但到晚期又大幅度回升到831件。青铜簋从早期的858件降至中期的477件，晚期又升至597件。究其原因，与簠、盨以及豆的出现有关，这三类器的总数从西周中期的34件上升到西周晚期的234件，说明新的盛食器类确实起到了补充的作用。

（7）鉴于商代和东周王陵多有发现，而西周王陵至今不知所在，零星发现的西周王器如𫗪簋等也数量有限，因此实际上西周盛食器的数量远不止现今的统计数据，要比商代和东周多得多，显然以上我们对于西周盛食器地位的评价还不够充分，不会有丝毫夸大。

（8）如前所言，我们将春秋时期称之为平稳期，早、中、晚三个阶段的盛食器数量为363、360、386件。其中簋的数量是持续下降，但豆、簠、敦的数量是持续上升，从而保持了盛食器的相对平衡。如果说西周时期簋几乎是一枝独放，那么春秋时期则有点百花齐放的意思，这和当时政治态势的特点似乎有一种契合。

（9）盛食器的衰落主要表现在簋的衰落。簋开始衰落在春秋早期，从西周晚期的597件降至211件，减少386件，64.65%，几乎减少了三分之二。第二次锐减在春秋中期，从211件降至88件，减少123件，一半以上。虽然在春秋早期以后盛食器依赖豆、簠、敦维持相对平稳的局面，但昔日的辉煌毕竟不会再现。

（10）簠、盨、敦是簋的派生物（下详），在某种意义上可以说是簋在不同历史阶段的代理者，或者称之为簋类器。在春秋时期，虽然簋的数量较少，但簠和敦的数量很可观。从这个角度来看，簋类器在春秋时期并没有衰落，真正的衰落在战国时期。

---

① 朱凤瀚先生在《中国青铜器综论》里也谈到西周中期以后出土青铜器的墓葬较少。见氏著第1301、1309页，上海古籍出版社，2009年。

二、商周主要盛食器兴衰的途径

以上这些盛食器是怎样产生的呢？除了青铜簋和青铜豆直接来自陶簋和陶豆，青铜簠、盨、敦的产生都与青铜簋有密切关系。关于这一点，十几年前我们在《试论中国古代青铜器器类之间的关系》[①]一文中已经做了初步论证，现将主要观点简述如下，并从器类兴衰的角度做一些新的解释。

如前所言，簋在西周早期步入兴盛时期，随之簋的派生物簠和盨相继出现，给盛食器的发展注入新的活力。春秋早期之后簋不再是盛食器的主角，作为簋的继承者，青铜敦异军突起，与簠、豆相伯仲，成为春秋战国盛食器的主导者。这是两周盛食器的基本格局。

簋与簠、盨、敦的第一种关系是派生关系，这也是西周盛食器产生的主要途径之一。派生关系是指某种器类是在另一种器类的基础上衍生演化出来的。譬如盨、簠、敦，均由簋派生而来。

盨从簋派生出来，有直接的证明，盨的早期形态与簋很相似，而且早期盨在铭文中就自称是簋。盨的演化轨迹也和簋有惊人的相似之处。盨在初现时并没有附足。而后出现缺口圈足盨，缺口将圈足分割成四块，就像四个粗大的足，相当于短足的附足簋。如厉宣时期的克盨（《商周》05678）、伯寛父盨（《商周》05636-38）。有一种型式的盨是圈足下设置四足，如晋侯对盨（《商周》05647-50）。还有一种型式的盨没有圈足，四足直接连在盨的外底，看起来像鼎，如召伯虎盨（《商周》05518）、矢螣盨（《商周》05514）。由于盨有时候代替簋与鼎形成新的组合，免不了在形制方面受到鼎的影响。总体而言，真正的圈足盨只占少数，主流型式是有缺口的圈足盨和附足盨，由圈足盨发展到缺口的圈足盨再到附足盨。附足盨晚于圈足簋，显然，盨在复制簋的演化模式。可以说盛食器中盨与簋最接近。西周中期的盨只有22件，西周晚期达到167件，而且主要出在中型及其以上的墓葬中，对簋起到一种补充作用。

最早的簠出现于西周早期，器口转角不是方折，而略呈圆角，形近于簋。金文中簠簋连称，也说明二者功能极为接近。与盨一样，青铜簠也是簋的派生物，所以巧得很，青铜簠的足部演化轨迹与青铜盨非常相似。进入西周晚期后，簠的圈足的中部开始出现长方形或果叶形缺口，与同时期盨的圈足缺口一样，如函交仲簠（《商周》05788）、虢叔簠（《商周》05813-14）。到了春秋战国，圈足的缺口越来越大，原先所谓的圈足，看起来与四足差不多。典型器物如蔡侯申簠（《商周》05775）、楚王酓肯簠（《商周》05842-44）。极端的做法如陈曼簠（《商周》05923-24），圈足

[①] 张懋镕：《试论中国古代青铜器器类之间的关系》，《古文字与青铜器论集》第二辑，科学出版社，2006年，133~141页。

缺口无限大，留下的部分已经与一般的器足没有什么区别了。还有一种型式的簠，器底下不接圈足，直接接四短足，如盥叔簠（《商周》05858）、京叔姬簠（《商周》05800）。可见，簠的演变规律和簋、盨很相似。

还有敦，年代最早、数量最多的敦，其形态都与簋相仿。

最早出现的是平底敦，如洛阳中州路M2415：7敦，与簋很相似，以至于相互混淆，时间在春秋中期早段。相近的器物还有1976年湖北随县出土的息子行敦（《商周》06262）、河北唐县出土的归父敦（《商周》06066）。而后出现所谓盏式敦，在平底下伸出三小足。如楚王酓审盏（《商周》06056）、黄子婁盏（《商周续编》0523），以上两器年代均在春秋晚期，可见有足敦要晚于平底敦。至于标准的青铜敦即球形敦，与同时期鼎非常接近，俗称"西瓜鼎"，如昭之王孙即盏（《商周续编》0525）。有的下腹有三蹄足，足较长，如赗于嗷盏（《商周》06059），年代较晚，多数在春秋晚期偏晚和战国时期。在敦中，平底敦较少，多数是上述的盏式敦和球形敦。由此可见，敦的发展也与簋、簠、盨相似，是先有平底（或圈足），再向有足器过渡。

显然，青铜簋的演进模式对派生物盨、簠、敦等盛食器的发展产生了深刻的影响。派生关系有利于盛食器新器类的诞生，从而摆脱了对陶器模仿的依赖，在盛食器的演进发展史上具有重要的意义。

第二种关系是相生关系。相生关系是指两类不同的青铜器在发展演进过程中，由于组合关系，或者形态、用途、功能相近的缘故，相互吸引，从而产生一种在形制上介乎于二者之间的新品种。例如，鼎、簋之间有蹄足敦，鼎、盨之间有鼎形盨，盂、簠之间有盂形簠，簋、豆之间有簋形豆与豆形簋。敦类中有的近于簋，或做两簋相合状，有的近于鼎，或做两鼎相合状。相生关系产生了一批新类型，从而造成盛食器面貌的多样化，大大丰富了盛食器的内容，对推动盛食器的发展起到了重要作用。

第三种关系是更替关系。更替关系是指两类青铜器在年代上有明显或不明显的早晚衔接关系，在形态、组合、用途、功能上有相似之处。例如，盂和盆，盂流行于商代晚期至西周中期，中期之后就很少见了，而盆肇始于西周中期，流行于西周晚期至春秋早期；在形态上，西周中期的盂与盆有相似之处，如虢叔盆，形态是盆，但自名为盂。盂的功能有盛食器与水器两说，而盆也有相同的两说。盂与盆之间存在着一种更替关系。

以上三种关系有时会互相交错，同时存在于某一类铜器上。例如，铜敦，它是簋的派生物；当敦兴起之后，在很长时期内（春秋中期至战国），在相当广大的地区，取代了簋，因此在这种意义上，它与簋又形成一定程度上的更替关系。对被派生物如盨而言，往往流行时间短，流行地区有限，在墓葬青铜器组合中不是常见之物，但敦不同，因为它除了派生关系外，又多了相生与更替关系，产生了很多新型式，更能适应环境的变化，因此能在较长的时间和较广的区域内生存下来。再譬如簠，它也是簋的派生物，在西周晚期，其数量不如簋的另一派生物——盨多，但春秋伊始，它逐渐超越铜盨，而在盨消失后，它不仅取代了盨，而且在范围不小的地区的墓葬铜器组合中取代了簋的地位，因此在这种意义上，它与簋又形成一定程度上的更替关系。这是铜簠较铜盨寿命更长一点的原因。

簠和盨不同于簋的一点是体量通常要大于簋，它们只出现在中级以上的贵族墓葬中，这无疑提升了簋类器在青铜礼器组合中的地位。

综上所述，派生关系催生新器类的诞生，相生关系催生新类型的出现，更替关系宣告旧器类的衰亡和新器类的产生。派生、相生、更替等关系使盛食器型式千变万化，非常丰富。正是这种变化，使盛食器在发展演进过程中更能适应礼制变化的要求，从而获得巨大的生命力。

需要补充的是，关于盛食器的更替关系，以前说得比较粗浅。就簋本身而言，数量庞大，型式多样，究竟是簋中的哪几个类型被取代？随着近年来研究的深入，我们可以谈得再具体一点。

如前所言，西周时期青铜簋数量多，型式丰富，西周早期出现的是方座簋、四耳簋、四足簋，中期以后更有圈三足簋、附耳簋、衔环耳簋、贯耳簋、豆形簋等。西周早期之后，很多型式的簋如四耳簋、四足簋、圈三足簋、衔环耳簋、贯耳簋、豆形簋等渐次消失或数量剧减，但是方座簋、附耳簋却留存了下来，一直到战国，而且保持着一定的数量和质量优势。可见青铜簋的兴衰也不能一概而论。

先说方座簋。据《青铜簋卷》统计，从西周早期方座簋出现，到战国晚期，共有202件，同时期全部簋的数量是2306件，即方座簋占8.76%[①]。西周时期的方座簋有135件，同时期全部簋的数量是1932件，方座簋占6.99%。这两组数据说明方座簋在两周时期所占比例并不大。前面已经说到青铜簋自春秋早期开始走下坡路，依次推理，东周时期的方座簋所占比例应与西周时期相近或更小，但情况恰恰相反，春秋早期到战国晚期方座簋的数量是67件，而同时期全部簋的数量是374件，方座簋占17.91%，比先前翻了一倍多，说明在簋整体衰落的情况下，方座簋仍然保持一定的发展势头。

再谈附足簋。据《青铜簋卷》统计，从西周早期附足簋出现，到战国晚期，共有615件，同时期全部簋的数量是2306件，即附足簋占全部簋的26.67%。西周时期的附足簋有427件，同时期全部簋的数量是1932件，附足簋占22.1%。前面已经说到青铜簋自春秋早期开始走下坡路，依次推理，东周时期的附足簋所占比例应与西周时期相近或更小，但情况恰恰相反，春秋早期到战国晚期附足簋的数量是188件，而同时期全部簋的数量是374件，附足簋占50.27%，比先前翻了一倍多，说明在簋整体衰落的情况下，附足簋仍然保持较强的发展势头。

《青铜簋卷》将簋分为三大类：甲类圈足簋、乙类方座簋、丙类附足簋。如上所

[①] 任雪莉：《中国古代青铜器整理与研究·青铜簋卷》，科学出版社，2016年，144页。

言，乙类方座簋和丙类附足簋在簋走向衰落的时候还保持一定的发展态势，只有甲类圈足簋数量剧减、质量下降，从70.91%跌至31.82%。所以说，真正衰落的是甲类圈足簋。原因很清楚，只有甲类圈足簋与后起之秀的敦的形制最接近，被后者取代也就在情理之中。

在西周时期，簋无处不有，遍及大中小各个级别的墓葬中。进入春秋时期，情况发生变化，大夫级别以下的墓均不随葬簋。表面上看，似乎簋的地位上升了，但簋也因此失去了在更多中小型墓葬出现的可能，客观上造成行用层面的缩小，为衰落埋下伏笔。关于在春秋时期豆、簠如何取代簋的情况，我们在《试论中国古代青铜器器类之间的关系》[①]一文中已经有所介绍。《青铜簠卷》则更详细地分析了簠是如何取代簋以及簋、豆、敦之间相互取代的关系。譬如谈到三门峡上村岭虢国墓地出土青铜器组合时，指出在随葬簠、盨的情况下，簠不进入核心组合，鼎、簋、簠的组合等级和数量均高于鼎、盨、簠。详细情况请参考以上论著，本文不再赘言。

三、商周盛食器兴衰的原因

商周盛食器兴衰的原因很多，第一，主要是社会制度方面的原因。大部分盛食器是礼容器，是礼制的物化。在现实社会中，这些盛食器是主人身份等级的标志，在主人去世后，墓中也要随葬这些器物。不同时代、不同身份等级的贵族生前和死后拥有器物的种类、型式、数量、质量是不同的，所以礼制的变化是导致盛食器变化的根本原因。关于这方面的文献记载主要是三礼。其中与周代的用器制度关系密切的是《仪礼·士丧礼》和《仪礼·既夕礼》。陈公柔先生在《士丧礼、既夕礼中所记载的丧葬制度》[②]一文中将随葬器物的种类和组合分为六个时段。《青铜簠卷》则依据奠仪从始死到下葬所出现的用器情况分为九个时段，总结出三点看法。其一，不同仪式环节所用器物的内涵不同。始死奠是死者日常生活器和专给死者使用的丧器，小敛奠是日常祭祀器，大敛奠是享神祭祀器，朝夕奠是日常生活器，朔月奠和荐新奠是馈食器，迁祖奠是祭祀器，祖奠有明器、用器、祭器、燕乐器、役器和燕器，大遣奠是祭祀器和明器。其二，文献所说"大遣奠加礼一等"只适用于大夫以上的级别，并且所加之礼并非明器。墓主人随葬哪套器物或哪几套器物，根据身份等级和实际情形需要具体分析。其三，以往认为明器是器型矮小、制作粗糙不能使用的器物，而实际上只要是为了"致送鬼神"在下葬前铸造的、未经使用的器物均可称为明器。《青铜簠卷》举了不少例子来说明。譬如谈到山西侯马晋侯墓地时，解释晋侯为什么用五鼎四簋，引

---

① 张懋镕：《试论中国古代青铜器器类之间的关系》，《古文字与青铜器论集》第二辑，科学出版社，2006年，133~140页。

② 陈公柔：《士丧礼、既夕礼中所记载的丧葬制度》，《考古学报》1956年第4期。

《礼记·玉藻》记载诸侯"朔月少牢，五俎四簋"，说明这套器物可能为朔月奠的礼器，表示身份的七鼎六簋或许仍陈设于宗庙并未下葬。河南三门峡虢国墓地中规模最大、级别最高的墓葬是M2011，随葬有七件列鼎，另有两件鼎形制、纹饰与列鼎有异，造成实际器物组合为九鼎八簋。《青铜簋卷》指出这就是文献所说的"大遣奠加礼一等"。擂鼓墩M2的器物组合有九鼎八簋和六鼎四簋两套。《青铜簋卷》认为鼎簋组合是祭器，根据"大遣奠加礼一等"表明其墓葬规格为诸侯级别。鼎簋组合是用器，应是墓主人实际身份的象征。包山M2有九组类型的鼎，青铜礼器主要放置在东室，遣册上称为"飤室"。《青铜簋卷》特别注意到器物在墓葬中的摆放位置，指出这种现象比较符合《仪礼·士丧礼》和《仪礼·既夕礼》的用器制度，使得文献与考古发现能够相互对应。这些看法虽然还需要更多的考古资料来证明，但对于我们了解礼制与随葬器物的关系无疑有启发作用。

第二，缘于社会的变革。第一次变革在商周之际，使盛食器走向繁荣，主要标志是簋的兴盛。商人重酒，周人重食，这已是学术界的共识。从重酒到重食的转变就在商周之际。我们在《西周重食文化的新认识》一文中，以殷墟为代表，指出商代晚期酒器在礼器组合中始终占据最大比例，而酒器中又以爵觚组合为核心。虽然殷墟晚期食器在组合中的比例有逐渐上升的趋势，但酒器所占比例仍逼近70%。这一点在级别较低的墓葬中，表现特别明显。殷墟也有只陪葬飪食器鼎、簋而无酒器的墓葬，但数量很少。与此相反，在宝鸡地区相当于殷墟三、四期的墓葬中，仅随葬食器而无酒器的就有12座，占总量的一半以上。显然这一地区下层贵族及平民墓葬的铜器组合是以鼎簋为核心，表现出明显的重食文化特征。这一点在随葬陶器方面也有突出表现。在殷墟三、四期仅出飪食器而无酒器的墓中，陶器组合仍以酒器（觚爵）为主。在宝鸡地区相当于三、四期仅出飪食器而无酒器的墓葬中，陶器组合则以飪食器（罐鬲）为主。所以，在殷墟三、四期的墓葬中，虽然也有仅出飪食器而无酒器的现象，但文化性质不同于宝鸡地区。从宝鸡地区墓葬普遍随葬陶飪食器（罐鬲）可见，它不仅反映了殷周两种不同文化的差异，也告诉了我们造成这一地区重食的青铜文化的深层原因[①]。

第二次变革在两周之际，导致盛食器开始走向衰落。西周是一个相对统一的王朝，从而造就了青铜簋几乎一统天下的局面。进入春秋时期，周王室掌控诸侯国的能力日渐衰弱，列国往往自行其是。随着地方性增强，在青铜文化方面纷繁复杂，盛食器的发展呈现出多元化趋向。簋和豆、簠、敦相互竞争，势力此消彼长。但这次变革不同于第一次变革，春秋时期天下共主毕竟还是周王，在文化上是西周传统的延续，所以东周的盛食器与西周没有太大的差别，重食的传统并没有改变，改变的只是盛食

---

① 陕西师范大学中国青铜文化研究中心：《西周重食文化的新认识》，《古文字与青铜器论集》第三辑，科学出版社，2010年，148、149页。

器的种类。

第三，和地缘有关系。首先说簋。从数量看，关中地区最多，有494件，占总数1120件的44.11%，接近二分之一。这一地区善于用簋是有传统的。如前所言，在殷墟三、四期，在宝鸡地区仅随葬鼎簋而无酒器的墓葬就有12座，占总量的一半以上。到了春秋时期，情况就不同了。簋在北赵晋侯墓地、三门峡上村岭虢国墓地、平顶山应国墓地还继续流行，但在有些区域，譬如晋中地区上马墓地，簋的使用受到限制，大夫级别以下的墓均不随葬簋而用簠。在春秋中晚期，上马墓地M13的饪食器组合是五鼎四敦、二鼎二簠两套礼器，M1004的组合是五鼎四豆，M5218的组合是五鼎二豆二簠。可见鼎豆组合是此时晋国中等级墓葬的核心，簠有时出现，而簋则不见踪影。

簠在海岱地区较多，有51件，超过关中和北方地区，这与海岱地区诸侯国对簠的重视有关。譬如在山东莒县小邾国墓地，M2是国君墓，墓葬器物放置于两个区域。A区有四鼎、四鬲、四簠、二圆壶。A区很重要，其组合表示身份等级，相当于五鼎四簋的大夫礼。M3是夫人墓，出土三鼎、二鬲、四簠、二圆壶，比国君墓低一级，也是簠取代了簋的地位。簠的数量不但多，而且与鼎组合形成礼器核心，显示出与中原诸侯国不同的文化面貌。

豆以中原地区为最多，有121件，占出土总量258件的46.9%，接近一半。商代晚期至西周晚期数量尚有限，主要在春秋早期以后，数量增加很多。特别是春秋晚期至战国早期，中原常以鼎豆壶的器物组合形式出现，豆成为墓葬出土青铜器组合中的核心器物。海岱地区出土豆也不少，仅次于中原地区，达56件，占总数的21.71%，五分之一强。这里是豆类器的老家，早在商代晚期就出土有豆，长清铜豆就很著名。出土铜豆数量多、范围大是山东地区铜豆的特点之一[①]。

我们以前论证过，盨首先出现在河南平顶山应国墓地，中原地区无疑是盨数量最多的地区。因为盨主要流行于西周中晚期，而此时的王畿在关中地区，所以作为一种只为中级及其以上贵族所有的器类，在关中地区常见[②]。鲁国是周礼的捍卫者，鲁国在海岱地区，所以海岱地区也有一些盨。盨在春秋早期以后就衰落了，所以此后发达起来的长江中下游地区自然是用不上。

敦的地区分布与以上所说器类的分布不同，中原和关中地区不再是数量最多的地区。长江中下游地区是出土铜敦数量最多的地区，据统计共有143件，约占出土青铜敦总量的37%。也是出土地点最多的地区。时代从春秋中期偏早一直持续到战国晚期。在组合上，春秋晚期以前，楚文化区主要流行"鼎、簠、敦"的饪食器组合形式。春秋晚期中叶后在中原地区流行鼎豆组合，而楚文化区则以簠取代豆，敦依然流行。战

---

① 张翀：《中国古代青铜器整理与研究·青铜豆卷》，科学出版社，2015年，68~84页。
② 张懋镕：《两周青铜盨研究》，《古文字与青铜器论集》第二辑，科学出版社，2006年，95页。

国早期豆退出组合，形成"鼎、敦"的基本组合。进入战国晚期后，其他地区的铜敦已近绝迹，楚文化区仍有少量发现。可见敦在这一地区始终存在①。

第四，族属的影响因素。西周时期簋的兴盛也与包括周人在内的西土国族的兴起有关。这一点前面已经谈到，不再重复。东周时期簋的一个类别方座簋比较多，有67件。其中曾国的方座簋显得很特别。先是在随州叶家山西周曾国墓地出土早期方座簋，M27与M50各出1件。而后在春秋中晚期有曾国的方座簋，如随州文峰塔M35出土曾叔旂方座簋4件，《商周》著录有曾仲塞方座簋4件。战国早中期，湖北随州擂鼓墩一号、二号墓分别出土8件曾侯乙方座簋和蟠螭纹方座簋。看来曾国出土方座簋是有传统的。东周时期曾国的方座簋共有24件，占总数的35.82%，超过三分之一。曾国方座簋的持续发展与东周方座簋的渐趋衰落是相反的。其原因是曾国与周王室同为姬姓贵族，曾国青铜器一直受到西周王畿地区（包括宝鸡地区，那是方座簋的产地）青铜器的强烈影响②。

此外，同为姬姓诸侯国的方座簋还有至少17件：安徽寿县蔡侯墓出土8件蔡侯申方座簋（《商周》04393-4400），河南辉县琉璃阁卫国墓地出土6件无耳方座簋，山西长治分水岭三晋墓地出土3件小环耳方座簋。加上上述的24件，共41件，占总数的61.19%。这些簋不仅数量大，而且大部分品位高。由此可见方座簋在东周的流传主要在姬姓诸侯国③。

《青铜簋卷》指出楚地流行簋。譬如河南淅川下寺、和尚岭和徐家岭三处墓地是楚国䒑氏家族墓地，年代从春秋中期到战国中期。簋在䒑氏家族墓地基本都有出土，士墓多为二鼎二簋，有的大夫墓为四鼎四簋。二簋、四簋的组合形式与春秋早期小邾国墓地比较相似。上海博物馆藏䣜公敓父镈称"余有融之子孙"，传世文献也称楚人芈姓是祝融八姓之后，由此可见簋的使用与祝融一族有着较深的渊源。这个现象对讨论青铜簋的流行与族属的关系提供了新的证据，很有意义。

第五，性别的影响因素。近年来，性别的考古学研究兴盛起来，讨论女性用器的特点④。已有学者注意到在青铜器类中，女性使用青铜盘和匜的比率高⑤。10年前，在整理与研究青铜鬲时，我们看到一个有趣的现象：青铜鬲与女性关系要较男性密切，在墓葬出土青铜器中，男性多用鼎，而女性多用鬲。有的夫妇墓葬，男性墓葬不

---

① 谷朝旭：《中国古代青铜器整理与研究·青铜敦卷》，科学出版社，2016年，68~71、74~78页。

② 张懋镕：《新出曾国青铜器琐谈》，《古文字与青铜器论集》第四辑，科学出版社，2014年，24~26页。

③ 任雪莉：《中国古代青铜器整理与研究·青铜簋卷》，科学出版社，2016年，146~149页。

④ 〔美〕林嘉琳、孙岩：《性别研究与中国考古学》，科学出版社，2006年。

⑤ 陈昭容：《周代妇女在祭祀中的地位——青铜器铭文中的性别、身份与角色研究（之一）》，《清华学报》新三十一卷第四期，清华大学出版社，2003年。

出鬲，女性墓葬出鬲①。

为了进一步说明问题，考虑到有铭文的青铜鬲能准确反映器主的性别，我们依据《商周》收集的440件有铭文的青铜鬲，制成表0-4。

表0-4 铭文鬲作器性别数量统计表

时代 \ 性别	男性作器	他人为女性作器	女性自作器	小计
商代	27	3	1	31
西周早期	84	4	3	91
西周中期	15	25	10	50
西周晚期	70	68	34	172
春秋早期	37	33	8	78
春秋中期	2			2
春秋晚期	12			12
战国早期	2			2
战国中期	2			2
战国晚期				
总计	251	133	56	440

从表0-4可以看出青铜鬲发展的态势。商代数量较少，处于起步阶段。西周时期数量最多，是青铜鬲的兴盛期。春秋早期开始衰落。青铜鬲的发展态势与我们前面讲的饪食器的发展态势是一致的。不过有一点不同，即西周晚期青铜鬲的数量不仅大大超过西周中期，也大大超过西周早期。前面我们已经谈到西周中晚期由于铜路受阻，墓葬数量较少，使得西周中晚期的器物数量少于西周早期。从表0-4来看，西周中期少于早期，这是正常的，但为什么西周晚期不减反而大幅度增加了呢？如果我们看男性作器一栏，早中期的比率是正常的，问题在后两栏。西周早期他人为女性作器和女性自作器总共只有7件，而中期达到35件，翻了5倍，晚期102件，是早期的14倍。是因为女性地位提高了吗？

我们曾在《商周之际女性地位的变迁——商周文化比较研究之二》中谈到西周晚期的女性自作铜器是西周中期同类器的2倍②，所以也有学者指出此时女性地位有所提高。朱凤瀚先生举出4件西周青铜器铭文资料（即庚嬴卣、县妃簋、尹姞鬲、虘钟）来说明西周中期以后，贵族家族内妇女有权参与家族重要祭祀，介入男性贵族的世袭领地，在家庭祭祀中居主要地位。此说很有发明③。

---

① 乔美美：《商周青铜鬲研究》，陕西师范大学硕士学位论文，2008年，12～14页。

② 张懋镕：《商周之际女性地位的变迁——商周文化比较研究之二》，《古文字与青铜器论集》第三辑，科学出版社，2010年，245～269页。

③ 朱凤瀚：《论商周女性祭祀》，《中国社会历史评论》第一卷，天津古籍出版社，1999年。

《商周青铜鬲研究》一文指出，青铜鬲中有很多是陪嫁用的媵器。包括我们上面所作的表格中也包含有一些非祭祀用的媵器。不过这些媵器的存在，并不影响我们的结论。陈昭容先生在《两周婚姻关系中的"媵"与"媵器"——青铜器铭文研究中的性别、身份与角色研究之二》一文中，根据《金文文献集成》和《新收殷周青铜器铭文暨器影汇编》资料，作为媵器的青铜鬲与全部青铜鬲的比率是44∶279，低于盘、簠、匜的比率，但高于鼎、簋、甗的比率[①]。这说明鬲与女性的关系超过鼎、簋、甗。

在《青铜簠卷》中，作者分析了很多考古资料来说明女性使用青铜簠的情况，对我们了解女性在青铜簠发展中所起的作用很有价值。在天马-曲村墓地，M5150和M5189为夫妻并列合葬墓。男性墓出土二鼎二簋，女性墓出土一鼎一簠。从随葬器物的等级看男性墓高于女性墓。在三门峡上村岭虢国墓地，青铜簠的级别比较高，出在较大的中型墓和大型墓里，但是规模最大、级别最高的M2011不随葬青铜簠。女性墓出土簠的比率高于男性墓。M2010和M2013是一组夫妻并列合葬墓。M2010出土五鼎四簋，M2013出土三鼎二簠，即男性墓用鼎簋组合，女性墓用鼎簠组合。由此看来，鼎簠组合的等级要低于鼎簋组合。

从《青铜簠卷》所举例子可以看出，从西周晚期到春秋早期，簠从士级到诸侯级的墓葬中都有发现，而且女性墓多于男性墓。其影响有两个方面：一方面女性多用簠，无疑扩大了簠的行用面，客观上促进了簠的发展；另一方面，簠还是没有上升到簋的高度，在更高的层面无法替代簋，限制了簠的作用，这也是簠衰落的原因之一。说到底，用簋还是用簠，表面上看有性别的区分，实际上还是等级的差异，礼制在起作用。

女性不仅多用簠，也多用盨。在天马-曲村晋侯墓地，有一组没有被盗的晋侯与其夫人的墓，即M91与M92很能说明问题。M91随葬七鼎五簋，M92随葬二鼎二盨[②]，可见簋的级别比较高，出在国君墓中，而盨的级别稍低，出在夫人墓中。这是西周晚期的例子。再看春秋时期的例子。在上村岭虢国墓地，男性墓如M2001、M2011随葬簋，但女性墓就不一定随葬簋，如M2006即随葬三鼎二盨一簠，以二盨代替二簋与三鼎相配置，显然盨的级别低于簋[③]。春秋早期之后，不仅男性墓葬连女性墓葬也不再随葬盨，从而导致盨的衰落。

第六，与盛食器器类本身的革新有关。突出的例子是豆与敦。从商代晚期到西周早期的青铜豆，主要是一种无盖浅腹豆，腹深多在5厘米左右。这种形制特征就决定了

[①] 陈昭容：《两周婚姻关系中的"媵"与"媵器"——青铜器铭文研究中的性别、身份与角色研究之二》，《"中央研究院"历史语言研究所集刊》第七十七本第二分本，2006年，240页。

[②] 北京大学考古系、山西省考古研究所：《天马-曲村遗址北赵晋侯墓地第五次发掘》，《文物》1995年第7期，16页。

[③] 河南省文物考古研究所、三门峡市文物工作队：《上村岭虢国墓地M2006的清理》，《文物》1995年第1期，7页。

它的功能，即仅能盛放酱菜、调味品、干果之类的食品，或者小型的肉食品。这一阶段的青铜豆只有14件，占总数的4.58%，发展比较缓慢。

从西周中期到春秋早期，是青铜豆的一个转变期。腹部开始变深，高度和口径已经超过同时期大部分簋。据有些学者考证，某些豆的用途可以盛放稻粱，与簋的功能相近。这一阶段的豆有39件，占总数的12.75%，比上一阶段增加很多。预示一场豆替代簋的变革快要到来。

从春秋中期到战国晚期，是青铜豆形制发生显著变化的时期。腹部变得很深，而且多加盖。典型者如1983年河南光山县宝相寺黄国墓地出土黄夫人豆通高29、口径24.2、腹深10.8厘米。深腹豆这一形制特征决定了它的功能，即可以像铜簋那样盛放粟、稷之类的食物。这种有盖深腹豆的形态与西周时期的有盖簋很接近，也与东周流行的敦相近。青铜豆具备了簋、敦的功能，因此在春秋中晚期至战国早期的墓葬出土青铜礼器组合中，逐步取代簋、敦的地位，与鼎、壶形成青铜礼器的基本组合形式。这一阶段的豆有253件，占总数的82.68%。

总之，在东周时期，青铜豆可以在不同地区、不同级别的墓葬中存在，反映了青铜豆具有极强的生命力。这一切均得益于青铜豆的形态的变化，即适应了当时社会礼制的需要①。

春秋中期，随着盨的衰落，簋也开始走下坡路，敦则应运而生。最初的敦与簋相近，是一种形制相对简单的平底敦。稍晚出现盂形敦，通常叫盏式敦，那是楚地人对它的一种地方性称呼。似乎它是一个特点分明的类型，其实不然，自名为盏的敦的内涵并不纯粹。其中一类是球形敦，器盖相合呈球状，是标准的敦的形状，与敦的早期形态已相去较远。还有一类是所谓的盂形敦（即真正的盏式敦）。第三类是鼎形敦，是在敦成熟之后受鼎影响所致。下腹有三蹄足，足较长，与鼎相近。鼎形敦有两小类。第一小类是标准型敦。这一小类又可以分三型：扁球形、竖蛋形、圆球形。第二小类是非标准型敦。除此而外，还有豆形敦。所谓豆形敦就是形制像豆的一种敦，年代为春秋晚期。还有簋形敦，年代为战国早期。进入战国，盆形敦和盂形敦开始式微，标准型的球体敦继续发展。正因为敦的型式如此复杂，才能顺应不同时代的要求，不断发展壮大②。

前面说到东周时期簋整体衰落，但其中的方座簋、附足簋却有一定的发展，原因何在？一般青铜簋的高度在20厘米以下，体重在5千克以下，而方座簋绝大部分通高在20厘米以上，有近乎三分之一通高在30厘米以上，而且分量很重。如𩵦伯方座簋通

---

① 张懋镕：《试论中国古代青铜容器器形演变与功能转化的互动关系》，《古文字与青铜器论集》第四辑，科学出版社，2014年，179~183页。

② 张懋镕：《青铜敦：非仿陶青铜器产生、演进的典型代表》，《中国古代青铜器整理与研究·青铜敦卷》，科学出版社，2016年。

高38.7厘米，重13.45千克（《商周》04294）（图一）；追簋通高38.6厘米，重18.9千克（《商周》05251-56）。更有59厘米高的厉王㝬簋，重60千克（图二）（《商周》05372）。方座簋大多铸造精良，纹饰繁缛，有五分之四的方座簋是满花器，这个比例是相当高的。还有四耳的方座簋，形制奇特，做工精良。方座簋有时成套出现，譬如宰兽簋4件一组（《商周》05376-77），疾簋更是8件一组（《商周》05189-96）。方座簋通常出土于较大的墓葬中，如北京琉璃河燕国墓地、山西侯马晋侯墓地、陕西宝鸡强国墓地、湖北随州叶家山曾国墓地。其主人有强伯、鄂叔、太保、宜侯、邢侯等，多为诸侯与王朝重臣。方座簋的出现，弥补了一般青铜簋的不足，提升了青铜簋在青铜礼器组合中的地位，满足了高级贵族乃至于周天子的需要。这些都是一般的簋无法企及的。

值得注意的是，春秋早期之后，方座簋仍然保持西周时期的本色。如1955年安徽寿县蔡侯墓出土8件蔡侯申簋（《商周》04393-4400），通高36.5厘米，重7.2千克，年代为春秋晚期。湖北随州擂鼓墩一号出土8件曾侯乙方座簋（《商周》04473-80），通高31.8厘米，重12.8千克，年代在战国早中期。《青铜簋卷》总结了五点：第一，出土方座簋的墓葬很大；第二，方座簋与列鼎一样，是饪食器组合的核心器物；第三，使用者都是身份显赫的大贵族；第四，女性贵族用器的比例远超西周；第五，在形制与纹饰方面有创新。第四与第五点是方座簋适应新形势的发展，可见它并非只是固守传统①。

方座簋的年代从西周早期一直持续到战国中晚期，流行区域从陕西宝鸡地区到中原大地，后来又遍及长江南北，可以说方座簋一直在延续着青铜簋的辉煌。大概只有方座簋这样宏大的簋形器，才能多少压住其他盛食器的发展势头，即使在不景气的东周时期，也多少为青铜簋争得一点空间。

附足簋在东周持续发展的原因也与其特点有关。所谓附足簋就是在簋的外底或圈足下增加三足或四足，借以提高簋体的高度，与方座簋在圈足下增加一个方座，有异曲同工之妙。一般的圈足簋，高度在20厘米以下，甚至低于15厘米，重量不过一二千克，而附足簋的高度和重量则大大超过一般的圈足簋。在西周时期，通高超过25厘米的附足簋很多。西周早期器物有1974年北京琉璃河M53出土的攸簋，有盖，通高28.5厘米，重4.21千克（《商周》04813）。西周中期器物有1959年陕西蓝田寺坡村出土弭叔师察簋两件，有盖，通高26.6厘米，重7.75千克（《商周》05291-92）。西周晚期的颂簋，有盖，通高30.1厘米，重13.2千克（《商周》05392）。

进入春秋时期，附足簋的高度与重量并未有多大变化。春秋早期的器物，如1970年山东历城北草沟出土鲁伯大父簋，有盖，通高25.4厘米，重5.28千克（《商周》04863）。春秋晚期的器物，如1978年河南淅川下寺M2出土郑子佣簋两件，有盖，通

---

① 任雪莉：《中国古代青铜器整理与研究·青铜簋卷》，科学出版社，2016年，153页。

高30.5厘米，重16千克（《商周》04578）。

以上器物不少是成对成组出现，最多达8件一组，有利与同墓出土的青铜鼎相配置，形成西周特有的鼎簋制度。其主人不是国君就是大臣，说明附足簋受到当时社会各个贵族阶层特别是统治阶层的青睐。

相反的例子是盨，尽管盨刚出现时与簋很相似，有时替代簋与鼎形成出土青铜器组合中的核心器物，但终究因为缺少变化，在进入春秋后很快被淘汰了。

以上影响商周盛食器兴衰的六个方面是交互作用的，社会变革与族属有关，族属的影响与地域有关，在不同的地区性别的影响程度也不一样，性别的影响和族属的影响也往往交织在一起。当然根本的影响是礼制的影响，这是无疑的。

商周盛食器的兴衰及其原因是一个很复杂的研究课题，本文只是做一点初步的探索，有些说法还有很大的推测的成分，需要今后去验证，请大家多多批评。

附注：本文系国家社科基金项目"夏商周青铜礼器的兴衰及其原因"（立项号：15BKG007）的阶段性研究成果。

目　　录

多卷本《中国古代青铜器整理与研究》编写缘起…………………张懋镕（i）

15卷出版感言……………………………………………………………（iii）

试论商周盛食器的兴衰（代序）……………………………张懋镕（vii）

第一章　绪论……………………………………………………………（1）
　　第一节　青铜簠研究简史……………………………………………（1）
　　第二节　青铜簠时空界定……………………………………………（12）
　　第三节　青铜簠研究方法与理论……………………………………（13）

第二章　传世青铜簠著录综论…………………………………………（15）
　　第一节　古典金石学时期……………………………………………（15）
　　第二节　近代器物学时期……………………………………………（83）
　　第三节　现代考古学时期……………………………………………（142）

第三章　出土青铜簠墓葬概述…………………………………………（148）
　　第一节　北部地区……………………………………………………（148）
　　第二节　东部地区……………………………………………………（173）
　　第三节　中南部地区…………………………………………………（192）

第四章　青铜簠定名问题研究…………………………………………（292）
　　第一节　青铜簠的自名与功用………………………………………（295）
　　第二节　青铜铺的自名与功用………………………………………（313）
　　第三节　青铜簠与青铜铺释疑………………………………………（322）

第五章　青铜簠类型学研究……………………………………………（324）
　　第一节　甲类椭方形簠的型式………………………………………（327）

第二节　乙类长方形簠的型式 ……………………………………（329）

　　第三节　青铜簠类型关系与地域特征 ………………………………（351）

第六章　青铜簠分期断代研究 ……………………………………………（355）

　　第一节　青铜簠的分期 ………………………………………………（356）

　　第二节　青铜簠的断代 ………………………………………………（364）

第七章　青铜簠器物组合研究 ……………………………………………（390）

　　第一节　文献中器物组合的种类 ……………………………………（390）

　　第二节　墓葬中器物组合的形式 ……………………………………（399）

第八章　青铜簠的起源与消亡 ……………………………………………（449）

　　第一节　青铜簠的起源 ………………………………………………（449）

　　第二节　青铜簠的消亡 ………………………………………………（457）

附表 …………………………………………………………………………（460）

　　附表一　两周时期青铜簠自名字频表 ………………………………（460）

　　附表二　两周时期传世青铜簠统计表 ………………………………（463）

　　附表三　两周时期出土青铜簠统计表 ………………………………（510）

　　附表四　两周时期青铜簠分期断代表 ………………………………（插页）

　　附表五　引用历代金石学书目简称表 ………………………………（581）

参考文献 ……………………………………………………………………（583）

后记 …………………………………………………………………………（604）

第一章 绪 论

《周易·系辞》："形而上者谓之道，形而下者谓之器。"古人制器，明以交人，幽以交神。若稽上古，以备三代之礼，查经籍弊陋之失，后补史之传。宋人的金石典籍曰："凡礼之器，鼎为先，簠簋次之；乐之器，律为先，钟磬次之。"[①]宋儒稽古明经，以圣人制器，有尚象载道，垂戒寓世之义。故徽宗皇帝夏祀方泽，作鼎、簋、簠、豆诸器凡二十有八，其铭曰："政和甲午帝以五月庚午十有二日丙戌，肇祭于方泽，制器尚象作簠，以格明祇，万世用赖。"青铜簠为先秦时期有代表性的青铜礼器之一，是周人"重食"观念的物化结果，其发展变化映衬着周礼的兴衰。将之作为器物学的个案进行研究，对两周时期的青铜器研究具有普遍意义。特别是历经春秋、战国两个地域文化空前兴盛的时期，以其地域文化为载体的属性尤其明显，对讨论诸侯国政治、文化的交流和融合也具有重要意义。

第一节 青铜簠研究简史

青铜簠是两周时期青铜礼器中的粢盛器，出现于西周早期。其数量虽不如铜鼎、铜簋等器物那么多，但是延续的时间较长，贯穿于整个两周时期。从汉代开始，就有不少商周青铜器重见天日。到了北宋时期蔚为大观，随之兴起的金石学则是基于"新发现"而产生的"新学术"。青铜簠的研究正是在这种"新学术"的氛围中逐渐形成的，又通过不断的"新发现"逐渐发展和成熟起来。从学术主旨和研究方法的角度来看，可将20世纪20年代为界划分为两个时期：第一时期的学术主旨为集中著录，通过跋语、短札的方式进行个案研究；第二时期的学术主旨为系统研究，结合西方考古学的科学方法进行综合研究。

一、第一时期（20世纪20年代以前）

宋代是金石学兴起的时期，也是青铜器研究的奠基时期。宋人的青铜器著作为这个时期的研究体例定下了基调。主要分为五类：第一类是图录类，不仅摹录铭文，

---

① 王应麟：《玉海》卷56"宣和博古图"条，广陵书社，2016年。

还有器形图；第二类是款识类，仅摹录铭文，没有器形图；第三类是考释类，没有摹录铭文和器形，专作铭文考释；第四类是提要目录类；第五类是字典类。元、明两代在青铜器研究方面处于低潮期，基本没有青铜器著录和研究著作。清代乾隆、嘉庆年间，青铜器研究之风再度兴起，涌现出了大量的著作。迄至民国初年，著作体例和研究方法仍然是乾嘉学风的遗绪。

（一）图录类

1. 宋代

吕大临《考古图》收簠3件①；王黼《博古图》收簠3件②，并著有《簠簋豆铺总说》。

2. 清代

梁诗正奉敕编纂《西清古鉴》收簠16件③；王杰奉敕编纂《西清续鉴甲编》收簠4件④、《西清续鉴乙编》收簠1件⑤、《宁寿鉴古》收簠2件⑥；刘喜海《长安获古编》收簠1件⑦；冯云鹏、冯云鹓《金石索》收簠1件⑧；吴云《二百兰亭斋收藏金石记》收簠1件⑨、《两罍轩彝器图释》收簠2件⑩；潘祖荫《攀古楼彝器款识》收簠1件⑪；吴大澂《恒轩所见所藏吉金录》收簠1件⑫；端方《陶斋吉金录》收簠5件⑬、《陶斋吉金续录》收簠3件⑭；周庆云《梦坡室获古丛编》收簠3件⑮；陈承裘《澂秋馆吉金图》收簠1件⑯。

---

① 吕大临：《考古图》，清乾隆四十六年（1781）四库全书文渊阁书录钱曾影钞宋刻本。
② 王黼：《博古图》，明万历二十八年（1600）吴万化宝古堂刻本。
③ 清高宗敕编：《西清古鉴》，清乾隆二十年（1755）武英殿内府刻本。
④ 清高宗敕编：《西清续鉴甲编》，清宣统三年（1911）涵芬楼石印宁寿宫写本。
⑤ 清高宗敕编：《西清续鉴乙编》，民国二十年（1931）北平古物陈列所依宝蕴楼钞本石印本。
⑥ 清高宗敕编：《宁寿鉴古》，民国二年（1913）涵芬楼依宁寿宫写本石印本。
⑦ 刘喜海：《长安获古编》，清光绪三十一年（1905）刘鹗补刻标题本影印。
⑧ 冯云鹏、冯云鹓：《金石索》，清道光七年（1827）木刻本。
⑨ 吴云：《二百兰亭斋收藏金石记》，清咸丰六年（1856）吴让之写刻本影印。
⑩ 吴云：《两罍轩彝器图释》，清同治十一年（1872）自刻木本。
⑪ 潘祖荫：《攀古楼彝器款识》，清同治十一年（1872）滂喜斋木刻本。
⑫ 吴大澂：《恒轩所见所藏吉金录》，清光绪十一年（1885）自刻木本。
⑬ 端方：《陶斋吉金录》，清光绪三十四年（1908）石印本。
⑭ 端方：《陶斋吉金续录》，清宣统元年（1909）石印本。
⑮ 周庆云、邹安：《梦坡室获古丛编》，民国十六年（1927）石印本。
⑯ 陈承裘、孙壮：《澂秋馆吉金图》，民国二十年（1931）北平涵芬楼影印本。

（二）款识类

1. 宋代

薛尚功《历代钟鼎彝器款识法帖》收有铭文10条[①]；王俅《啸堂集古录》收有铭文1条[②]；王厚之《钟鼎款识》收有铭文1条[③]。

2. 清代

毕沅、阮元《山左金石志》收有铭文1条[④]；阮元《积古斋钟鼎彝器款识》收有铭文9条[⑤]；徐同柏《从古堂款识学》收有铭文4条[⑥]；吴式芬《攈古录金文》收有铭文26条[⑦]；吴荣光《筠清馆金文》收有铭文6条[⑧]；顾沅《艺海楼金石文字》收有铭文1条[⑨]；陈介祺《簠斋吉金录》收有铭文4条[⑩]；吴大澂《愙斋集古录》收有铭文27条[⑪]；鲍鼎《愙斋集古录校勘记》收有铭文12条[⑫]；朱善旂《敬吾心室彝器款识》收有铭文7条[⑬]；刘心源《古文审》收有铭文2条[⑭]、《奇觚室吉金文述》收有铭文22条[⑮]；方濬益《缀遗斋彝器款识考释》收有铭文31条[⑯]；盛昱的《鬱华阁金文》收有铭文23条[⑰]。

---

① 薛尚功：《历代钟鼎彝器款识法帖》，明崇祯六年（1633）朱谋垔刻本。
② 王俅：《啸堂集古录》，民国十一年（1922）涵芬楼本。
③ 王厚之：《钟鼎款识》，清嘉庆七年（1802）阮元积古斋宋拓摹刻木本。
④ 毕沅、阮元：《山左金石志》，清嘉庆二年（1797）仪征阮氏小琅嬛仙馆刻本。
⑤ 阮元：《积古斋钟鼎彝器款识》，清嘉庆九年（1804）文选楼自刻本。
⑥ 徐同柏：《从古堂款识学》，清光绪十二年（1886）同文书局石印本。
⑦ 吴式芬：《攈古录金文》，清光绪二十一年（1895）吴氏家刻本。
⑧ 吴荣光：《筠清馆金文》，清道光二十二年（1842）南海吴氏筠清馆自刻本。
⑨ 顾沅：《艺海楼金石文字》，民国十年（1921）震亚书局石印本。
⑩ 陈介祺：《簠斋吉金录》，民国七年（1918）风雨楼石印本。
⑪ 吴大澂：《愙斋集古录》，民国七年（1918）涵芬楼石印本。
⑫ 鲍鼎：《愙斋集古录校勘记》，民国二十二年（1933）蟫隐庐石印本。
⑬ 朱善旂：《敬吾心室彝器款识》，清光绪三十四年（1908）石印本。
⑭ 刘心源：《古文审》，清光绪十七年（1891）嘉鱼刘氏龙江楼刻本。
⑮ 刘心源：《奇觚室吉金文述》，清光绪二十八年（1902）石印本。
⑯ 方濬益：《缀遗斋彝器款识考释》，民国二十四年（1935）涵芬楼石印本。
⑰ 盛昱：《鬱华阁金文》，北京大学图书馆藏原拓本。

（三）考释类

1. 宋代

欧阳修《集古录》收有跋文1条[①]；赵明诚《金石录》收有跋文1条[②]；黄伯思《东观余论》收有跋文1条[③]；董逌《广川书跋》收有跋文1条[④]；张抡《绍兴内府古器评》收有评述1条[⑤]。

2. 清代

叶奕苞《金石补录》和《金石补录续跋》收有跋文1条[⑥]；张廷济《清仪阁金石题识》收有跋文1条[⑦]；陈庆镛《籀经堂钟鼎考释题跋》收有跋文1条[⑧]；梁章钜《退庵金石书画跋》收有跋文1条[⑨]；何绍基《东洲草堂金石跋》收有跋文6条[⑩]；方朔《枕经堂金石跋》收有跋文1条[⑪]；陆增祥《八琼室金石札记》收有跋文1条[⑫]；翁大年《陶斋金石文字跋尾》收有跋文1条[⑬]；张之洞《广雅堂论金石札》收有跋文1条[⑭]；柯昌济《韡华阁集古录跋尾》收有跋文16条[⑮]；郑业斆《独笑斋金石文考》收有跋文1条[⑯]。

[①] 欧阳修：《集古录》，清乾隆四十六年（1781）四库全书文渊阁本。
[②] 赵明诚：《金石录》，清乾隆四十六年（1781）四库全书文渊阁本。
[③] 黄伯思：《东观余论》，南宋嘉定三年（1210）温陵庄夏刻本。
[④] 董逌：《广川书跋》，民国四年（1915）南林张氏适园丛书本。
[⑤] 张抡：《绍兴内府古器评》，明崇祯年间毛晋汲古阁刻本。
[⑥] 叶奕苞：《金石补录》《金石补录续跋》，清光绪十三年（1887）朱记荣槐庐家塾刻本。
[⑦] 张廷济：《清仪阁金石题识》，清光绪二十年（1894）观自得斋刻本。
[⑧] 陈庆镛：《籀经堂钟鼎考释题跋》，民国十年（1921）西泠印社聚珍版辑籀经堂类稿本。
[⑨] 梁章钜：《退庵金石书画跋》，清道光二十五年（1845）自刻本。
[⑩] 何绍基：《东洲草堂金石跋》，民国五年（1916）西泠印社聚珍版辑东洲草堂文抄本。
[⑪] 方朔：《枕经堂金石跋》，民国十年（1921）西泠印社聚珍版。
[⑫] 陆增祥：《八琼室金石札记》，民国十四年（1925）吴兴刘承乾希古楼刻本。
[⑬] 翁大年：《陶斋金石文字跋尾》，民国四年（1915）雪堂丛刻本。
[⑭] 张之洞：《广雅堂论金石札》，民国二十二年（1933）南皮张氏刻本。
[⑮] 柯昌济：《韡华阁集古录跋尾》，民国二十四年（1935）余园丛刻本。
[⑯] 郑业斆：《独笑斋金石文考》，民国十八年（1929）郑沅手写石印本。

（四）提要目录类

清代

张廷济《张叔未写清仪阁集古款识》收簋9件[①]；陈介祺《陈簠斋写东武刘氏款识》收簋10件[②]，《簠斋藏古目》、《簠斋藏古册目并题记》和《簠斋藏器目》收簋4件[③]；胡琨《长安获古编》收簋1件[④]；孙汝梅《读雪斋金文目手稿》收簋13件[⑤]；鲍鼎《抱残守缺斋藏器目》收簋1件[⑥]；阮元《积古斋藏器目》收簋3件[⑦]；刘喜海《嘉荫簃藏器目》收簋1件[⑧]；吴式芬《双虞壶斋藏器目》收簋2件[⑨]；吴云《两罍轩藏器目》收簋2件[⑩]；丁彦臣《梅花草盦藏器目》收簋1件[⑪]；王锡棨《选青阁藏器目》收簋2件[⑫]；李璋煜《爱吾鼎斋藏器目》收簋1件[⑬]；吴大澂《愙斋藏器目》收簋2件[⑭]。

（五）字典类

1. 宋代

吕大临《考古图释文》以四声隶字，间有音释[⑮]；王楚《钟鼎篆韵》和薛尚功《重广钟鼎篆韵》皆佚。

---

① 张廷济：《张叔未写清仪阁集古款识》，民国八年（1919）商务印书馆影印手稿本。
② 陈介祺：《陈簠斋写东武刘氏款识》，民国八年（1919）商务印书馆影印手稿本。
③ 陈介祺：《簠斋藏古目》，民国十四年（1925）潍县陈文会存泽堂石印手稿本；《簠斋藏古册目并题记》，民国九年（1920）广仓学窘铅字本；《簠斋藏器目》，清光绪二十二年（1896）灵鹣阁丛书本。
④ 胡琨：《长安获古编》，民国二十二年（1933）瑞然陈氏校刻本。
⑤ 孙汝梅：《读雪斋金文目手稿》，民国十六年（1927）影印手稿本。
⑥ 鲍鼎：《抱残守缺斋藏器目》，民国二十二年（1933）蟫隐庐石印本。
⑦ 阮元：《积古斋藏器目》，清光绪二十一年（1895）灵鹣阁丛书本。
⑧ 刘喜海：《嘉荫簃藏器目》，清光绪二十三年（1897）灵鹣阁丛书本。
⑨ 吴式芬：《双虞壶斋藏器目》，清光绪二十三年（1897）灵鹣阁丛书本。
⑩ 吴云：《两罍轩藏器目》，清光绪二十一年（1895）灵鹣阁丛书本。
⑪ 丁彦臣：《梅花草盦藏器目》，清光绪二十一年（1895）灵鹣阁丛书本。
⑫ 王锡棨：《选青阁藏器目》，清光绪二十三年（1897）灵鹣阁丛书本。
⑬ 李璋煜：《爱吾鼎斋藏器目》，清光绪二十三年（1897）灵鹣阁丛书本。
⑭ 吴大澂：《愙斋藏器目》，清光绪二十二年（1896）灵鹣阁丛书本。
⑮ 吕大临：《考古图释文》，清乾隆四十六年（1781）四库全书文渊阁书录钱曾影钞宋刻本。

2. 清代

吴大澂《说文古籀补》收集青铜器铭文及石鼓、古币、古玺、古陶文共计三千五百余字，按照《说文》编目成次，拓宽了古文字研究的资料，使传统古文字学摆脱了《说文》的束缚①。丁佛言的《说文古籀补补》②、强运开的《说文古籀三补》③和林义光的《文源》④亦有提及。

纵观这个时期的研究成果，对定名和功能的讨论建立于传世文献基础上，簠为方形器的观点基本成为定论。将铭文人物与历史人物进行联系的方法，对断定器物时代具有重要意义。虽然这些方法的使用还略显片面和稚嫩，但是已经呈现出了科学化研究的预兆，无论是王国维提出的"二重证据法"，还是郭沫若的"标准器断代法"，无不依赖于这个时期学术研究成果的积淀。

二、第二时期（20世纪20年代以后）

以田野考古为标志的近代考古学传入中国，由此开始了利用考古学重建中国古史的研究阶段。1926年李济调查西阴遗址，是我国近代考古学开始的标志。1928～1937年董作宾、李济、梁思永等对安阳殷墟的发掘，奠定了早期中国考古学田野发掘工作的专业性方向。由于新的研究方法的引入，青铜器研究开始向系统化的方向前进。尤其是中华人民共和国成立以后，考古工作的全面开展，科学发掘的器物数量远远超过了以往历代著录。随着青铜器研究方法的日益成熟，青铜簠的研究也呈现出异彩纷呈的景象。这个时期的著作体例一方面秉承了前期图录、款识、考释三大类模式，另一方面出现了大量综合研究著作以及专业性的文章。

（一）图录类

容庚《宝蕴楼彝器图录》收簠1件⑤、《武英殿彝器图录》收簠1件⑥、《颂斋吉金录》和《颂斋吉金续录》收簠3件⑦、《善斋彝器图录》收簠1件⑧及《海外吉金图录》

---

① 吴大澂：《说文古籀补》，清光绪二十四年（1898）增辑本。
② 丁佛言：《说文古籀补补》，民国十三年（1924）写印本。
③ 强运开：《说文古籀三补》，民国二十四年（1935）商务印书馆石印本。
④ 林义光：《文源》，民国九年（1920）写印本。
⑤ 容庚：《宝蕴楼彝器图录》，民国十八年（1929）京华印书局影印本。
⑥ 容庚：《武英殿彝器图录》，民国二十三年（1934）哈佛燕京学社影印本。
⑦ 容庚：《颂斋吉金录》《颂斋吉金续录》，民国二十二年（1933）考古学社影印本。
⑧ 容庚：《善斋彝器图录》，民国二十五年（1936）哈佛燕京学社珂罗版影印本。

收簋1件①；于省吾《双剑誃吉金图录》收簋1件②；商承祚《十二家吉金图录》收簋9件③；《参加伦敦中国艺术国际展览会出品图说》收簋4件④；罗振玉《梦郼草堂吉金图》收簋5件⑤、《贞松堂吉金图》收簋2件⑥；刘体智《善斋吉金录》收簋10件⑦；靳云鹗《新郑出土古器图志初编》收簋6件⑧；关百益的《郑冢古器图考》和《新郑古器图录》各收簋6件⑨；孙海波《新郑彝器》收簋3件⑩；黄濬《尊古斋所见吉金图》收簋2件⑪；李泰棻《癡庵藏金》收簋2件⑫；陈梦家《海外中国铜器图录》收簋1件⑬；梅原末治《冠斝楼吉金图》收簋1件⑭；《故宫青铜器》收有故宫博物院所藏7件⑮；《夏商周青铜器研究》收有上海博物馆所藏16件⑯；《新收殷周青铜器铭文暨器影汇编》收有20世纪90年代以后新出土的41件⑰；吴镇烽《商周青铜器铭文暨图像集成》和《商周青铜器铭文暨图像集成续编》两书收有2015年以前所有资料及私家收藏的274件簋⑱；《周原出土青铜器》⑲和《陕西金文集成》⑳等图录是分域著录的典型代表，前者以考古学单位分组编排，有铭器、无铭器均收录，收簋6件，后者以地区编排，仅收有铭器，收簋11件。

---

① 容庚：《海外吉金图录》，民国二十四年（1935）燕京大学考古学社影印本。
② 于省吾：《双剑誃吉金图录》，民国二十三年（1934）北平琉璃厂来熏阁影印本。
③ 商承祚：《十二家吉金图录》，民国二十四年（1935）金陵大学中国文化研究所影印本。
④ 伦敦中国艺术国际展览会筹备委员会：《参加伦敦中国艺术国际展览会出品图说》，民国二十五年（1936）商务印书馆铅字本。
⑤ 罗振玉：《梦郼草堂吉金图》，民国六年（1917）上虞罗氏珂罗版影印本；《梦郼草堂吉金图续编》，民国七年（1918）上虞罗氏珂罗版影印本。
⑥ 罗振玉：《贞松堂吉金图》，民国二十四年（1935）墨缘堂影印本。
⑦ 刘体智：《善斋吉金录》，民国二十三年（1934）石印本。
⑧ 靳云鹗：《新郑出土古器图志初编》，民国十二年（1923）影印本。
⑨ 关百益：《郑冢古器图考》，民国十九年（1930）中华书局印本；《新郑古器图录》，民国十八年（1929）上海涵芬楼影印本。
⑩ 孙海波：《新郑彝器》，民国二十七年（1938）河南通志馆印本。
⑪ 黄濬：《尊古斋所见吉金图》，民国二十五年（1936）尊古斋珂罗版影印本。
⑫ 李泰棻：《癡庵藏金》，民国二十九年（1940）影印本。
⑬ 陈梦家：《海外中国铜器图录》，民国三十五年（1946）国立北平图书馆影印本。
⑭ 梅原末治：《冠斝楼吉金图》，日本昭和二十二年（1947）珂罗版影印本。
⑮ 故宫博物院：《故宫青铜器》，紫禁城出版社，1999年。
⑯ 陈佩芬：《夏商周青铜器研究》，上海古籍出版社，2004年。
⑰ 钟柏生、陈昭容、黄铭崇等：《新收殷周青铜器铭文暨器影汇编》，艺文印书馆，2006年。
⑱ 吴镇烽：《商周青铜器铭文暨图像集成》，上海古籍出版社，2012年；《商周青铜器铭文暨图像集成续编》，上海古籍出版社，2016年。
⑲ 曹玮：《周原出土青铜器》，巴蜀书社，2005年。
⑳ 张天恩：《陕西金文集成》，三秦出版社，2016年。

（二）款识类

邹安《周金文存》收有铭文66条①；于省吾《双剑誃吉金文选》收有铭文5条②；罗振玉《贞松堂集古遗文》收有铭文25条③、《贞松堂集古遗文补遗》收有铭文1条④、《贞松堂集古遗文续编》收有铭文4条⑤、《三代吉金文存》收有铭文91条⑥；吴闿生《吉金文录》收有铭文13条⑦；刘体智《小校经阁金文拓本》收有铭文85条⑧；《殷周金文集成》收有20世纪90年代之前的传世器和出土器铭文163条⑨；《中日欧美澳纽所见所拓所摹金文汇编》收有铭文20条，兼收伪器⑩。

（三）考释类

罗振玉《唐风楼金石文字跋尾》收有跋文1条⑪、《雪堂金石文字跋尾》收有跋文2条⑫、《辽居乙稿》收有跋文1条⑬；王国维《观堂集林》收有跋文1条⑭；武树善《陕西金石志》收有释文9条⑮；徐乃昌《安徽通志·金石古物考稿》收有释文1条⑯；杨叔达《积微居金文说》收有考释15条⑰；陈直《读金日札》收有考释4条⑱；陈梦家《西周铜器断代》收有考释2条⑲，在考释铭文的基础上还探讨了器物的形制和纹饰。

---

① 邹安：《周金文存》，民国五年（1916）仓圣明智大学石印本。
② 于省吾：《双剑誃吉金文选》，民国二十二年（1933）北平大业印刷局石印本。
③ 罗振玉：《贞松堂集古遗文》，民国二十年（1931）石印本。
④ 罗振玉：《贞松堂集古遗文补遗》，民国二十年（1931）宝熙书嵩石印本。
⑤ 罗振玉：《贞松堂集古遗文续编》，民国二十三年（1934）蟫隐庐石印本。
⑥ 罗振玉：《三代吉金文存》，民国二十六年（1937）影印本。
⑦ 吴闿生：《吉金文录》，民国二十一年（1932）南宫邢氏刻本。
⑧ 刘体智：《小校经阁金石拓本》，民国二十四年（1935）石印本。
⑨ 中国社会科学院考古研究所：《殷周金文集成》，中华书局，1984年。
⑩ 巴纳、张光裕：《中日欧美澳纽所见所拓所摹金文汇编》，艺文印书馆，1978年。
⑪ 罗振玉：《唐风楼金石文字跋尾》，清光绪三十三年（1907）铅字本。
⑫ 罗振玉：《雪堂金石文字跋尾》，民国九年（1920）上虞罗氏贻安堂永丰乡人稿丙集影印本。
⑬ 罗振玉：《辽居乙稿》，民国二十年（1931）石印本。
⑭ 王国维：《观堂集林》，民国十六年（1927）海宁王忠悫公遗书初集本。
⑮ 陕西通志馆：《陕西金石志》，民国二十三年（1934）陕西通志单行铅字本。
⑯ 安徽通志馆：《安徽通志·金石古物考稿》，民国三十六年（1947）安徽通志馆石印本。
⑰ 杨树达：《积微居金文说》，中国科学院，1952年。
⑱ 陈直：《读金日札》，西北大学出版社，2000年。
⑲ 陈梦家：《西周铜器断代》，中华书局，2004年。

（四）定名研究

青铜器的定名，宋代金石学家贡献较大，清代金石学家有所订正。对青铜簠而言，自汉代许慎和郑玄两说开始就相互抵牾，从宋代到清代的学者基本都认定这种方形器称作"簠"。仅有清末的强运开提出了质疑，称应称其自名的"瑚"①。容庚的《商周彝器通考》对前人诸说做了系统梳理，认为"瑚与胡皆簠也"②。杨树达的《积微居小学述林·释簠》运用音韵学和训诂学考释青铜簠的自名，结合文献与器物的形制辩驳了许慎所论"簠，黍稷圜器"的观点③。自扶风庄白一号窖藏微伯癲铺的发现，对簠的定名逐渐形成两派。赞同者如刘翔在《簠器略说》中通过音韵学对青铜簠各种自名的异体字进行分析，确认"簠"应为方形器④；李学勤在《青铜器中的簠与铺》中通过对铜簠和铜铺自名的研究，赞同"簠"为方形器⑤；周聪俊在《簠筩为黍稷圆器说质疑》中坚持"簠"为方形器的观点⑥。反对者如唐兰《略论西周微史家族窖藏铜器群的重要意义》以自名为依据，坚持许慎之说，并认为青铜簠应称为"筐"或"匡"⑦；高明的《䀇、簠考辨》认为青铜簠实际上是《说文》中的"䀇"字，而"簠"应为圜形器⑧；龙宇纯在《说簠匡害猷及其相关问题》中通过音韵学的研究，认为青铜簠的自名"害"和"猷"应为"害"字，并与"匡"字为转语⑨；麦里筱《簠字构形分析与簠形状之争议》⑩、李刚的《䀇、簠补释》⑪、赵平安的《"䀇、铺"再辨》⑫等文章或是对唐、高二说进行补充，或是提出折中方案强调据其自名称之。

（五）类型学研究

1903年瑞典学者蒙特柳斯在《东方与欧洲的古代文化诸时期》第一卷《方法论》

---

① 强运开：《古文古籀三补》，中华书局，1986年，23、24页。
② 容庚：《商周彝器通考》，上海人民出版社，2008年，275页。
③ 杨树达：《积微居小学述林·释簠》，中华书局，1983年。
④ 刘翔：《簠器略说》，《古文字研究》第十三辑，中华书局，1986年。
⑤ 李学勤：《青铜器中的簠与铺》，《中国古代文明研究》，华东师范大学出版社，2005年。
⑥ 周聪俊：《簠筩为黍稷圆器说质疑》，《大陆杂志》第100卷第3期。
⑦ 唐兰：《略论西周微史家族窖藏铜器群的重要意义》，《文物》1978年第3期。
⑧ 高明：《䀇、簠考辨》，《高明论著选集》，科学出版社，2001年。
⑨ 龙宇纯：《说簠匡害猷及其相关问题》，《"中央研究院"历史语言研究所集刊》第六十四本（四）。
⑩ 麦里筱：《簠字构形分析与簠形状之争议》，《古文字研究》第二十八辑，中华书局，2010年。
⑪ 李刚：《䀇、簠补释》，《古文字研究》第二十九辑，中华书局，2012年。
⑫ 赵平安：《"䀇、铺"再辨》，《古文字研究》第三十一辑，中华书局，2016年。

中首次提出了系统的标型学理论。20世纪30年代，中国学者开始将这种分类方法用于殷墟青铜器的研究。容庚的《商周彝器通考》最先对青铜簠进行分类研究，分成四小足、四长足、无耳三种①。《殷周青铜器通论》中分为两耳簠和无耳簠两类②。马承源的《中国青铜器》分为六式，即方体方圆角圈足式、斜壁环耳中深腹式、斜壁兽首耳浅腹式、折壁直缘兽首耳式、折壁直缘无耳式和折壁直缘兽首浅腹高足式③。林巳奈夫的《春秋战国时代青铜器の研究》分为二型，分别是盖的捉手和器足较小者、盖的捉手和器足宽大者④。刘彬徽的《楚系青铜器研究》针对楚地出土的青铜簠分为八期，认为直壁的长短变化有着鲜明的时代特征⑤。朱凤瀚的《古代中国青铜器》和《中国青铜器综论》分为二型四式，分别是有缺口圈足和曲尺形足⑥。笔者的硕士学位论文《两周时期青铜簠研究》分为三型七亚型二十二式，分型标准是斜壁、折壁和折壁特殊足三种⑦。张婷的《两周青铜簠初步研究》分为二型八亚型十二式，分型标准是圈足和无圈足两种⑧。彭裕商《春秋青铜器年代综合研究》根据錾耳分为二型，即錾耳较小型和錾耳较大型⑨。路国权《周楚二系：试论东周时期铜簠的分类和谱系》根据口沿分为二型，即折沿型和无沿型⑩。

（六）组合关系研究

郭宝钧在《商周青铜器群综合研究》中以几个地点可靠、时代明确的器物群为划分时代的界标，作为进一步比较其他器物群的尺度，通过器物组合关系来讨论青铜簠形制的变化⑪。高明在《中原地区东周时代青铜礼器研究》中采用分组的方法探讨了中原地区的器物组合关系，虽然有排列出土青铜簠的墓葬，但是作者认为组合时代依次为鼎簠—鼎豆—鼎敦⑫。朱凤瀚的《中国青铜器综论》以文化区域为类别，以各个墓葬

---

① 容庚：《商周彝器通考》，上海人民出版社，2008年，275页。
② 容庚、张维持：《殷周青铜器通论》，文物出版社，1984年，38页。
③ 马承源：《中国青铜器》，上海古籍出版社，1988年，152页。
④ 林巳奈夫：《春秋战国时代青铜器の研究》，《殷周青铜器综览》（三），吉川弘文馆，1989年。
⑤ 刘彬徽：《楚系青铜器研究》，湖北教育出版社，1995年，146页。
⑥ 朱凤瀚：《古代中国青铜器》，南开大学出版社，1995年，83页；《中国青铜器综论》，上海古籍出版社，2009年，140页。
⑦ 胡嘉麟：《两周时期青铜簠研究》，陕西师范大学硕士学位论文，2007年，20页。
⑧ 张婷：《两周青铜簠初步研究》，《四川文物》2009年第1期。
⑨ 彭裕商：《春秋青铜器年代综合研究》，中华书局，2011年，66～90页。
⑩ 路国权：《周楚二系：试论东周时期铜簠的分类和谱系》，《四川文物》2016年第4期。
⑪ 郭宝钧：《商周铜器群综合研究》，文物出版社，1981年。
⑫ 高明：《中原地区东周时代青铜礼器研究》，《高明论著选集》，科学出版社，2001年。

为单位，对器物形制的时代特征、纹饰以及器物组合关系进行了讨论，对出土青铜簠的墓葬进行了搜集和整理①。

（七）铭文和国族研究

自宋代以来，历代学者均重视对青铜器铭文的研究。王国维提出的"二重证据法"，使传世文献和出土文献相结合的研究方法成为一种学术范式。通过铭文来研究人物和族姓的有高应勤的《王孙雹簠及其铭文》②、裴明相的《"弃疾簠"与"析鼎"释略》③、任相宏的《郜中簠及郜国姓氏略考》④、许齐平的《许子妆簠考释》⑤、白海燕的《论长子沫臣簠的国别》⑥、李世佳的《"楚屈子赤角簠"新研》⑦等。通过铭文来研究国家和地理的有刘彬徽的《上鄀府簠及楚灭鄀问题简论》⑧、徐少华的《从叔姜簠析古申国历史与文化的有关问题》⑨、张娟的《丰伯簠铭文及相关史实考》⑩等。这些研究成果不仅对器物断代具有重要作用，还使得典籍阙如的古国族姓、方国地理得以补充和纠正，极大地丰富了先秦史的内涵。

（八）分期和分域研究

传统金石学研究的一个重大缺陷就是不注重分期断代，郭沫若在《两周金文辞大系图录考释》中创立的"标准器断代法"⑪，成为建立青铜器年代学体系的基本方法论。他还对东周青铜器进行了分域研究，划分为三十二国，并指出青铜器及铭文的地域特征。陈梦家《中国铜器概述》专门设立"时期"和"地域"两节⑫，并将东周列国青铜器划分为五系，在各系中指出其铭文文法、文字和器型特征的区别。李学勤的《东周与秦代文明》根据文献和考古资料把东周时代的列国划分为七大文化圈，即中原文化圈、北方文化圈、齐鲁文化圈、楚文化圈、吴越文化圈、巴蜀滇文化圈和秦文

---

① 朱凤瀚：《中国青铜器综论》，上海古籍出版社，2009年。
② 高应勤：《王孙雹簠及其铭文》，《文物》1986年第4期。
③ 裴明相：《"弃疾簠"与"析鼎"释略》，《中原文物》1989年第4期。
④ 任相宏：《郜中簠及郜国姓氏略考》，《文物》2003年第4期。
⑤ 许齐平：《许子妆簠考释》，《中原文物》2003年第4期。
⑥ 白海燕：《论长子沫臣簠的国别》，《中国国家博物馆馆刊》2014年第3期。
⑦ 李世佳《"楚屈子赤角簠"新研》，《考古与文物》2015年第4期。
⑧ 刘彬徽：《上鄀府簠及楚灭鄀问题简论》，《中原文物》1988年第3期。
⑨ 徐少华：《从叔姜簠析古申国历史与文化的有关问题》，《文物》2005年第3期。
⑩ 张娟：《丰伯簠铭文及相关史实考》，《中原文物》2014年第5期。
⑪ 郭沫若：《两周金文辞大系图录考释》，日本昭和九年（1934）东京文求堂印本。
⑫ 陈梦家：《中国铜器概述》，《陈梦家学术论文集》，中华书局，2016年。

化圈，分别对各个文化圈的青铜器和文化特点进行了研究[①]。关于青铜簠的起源，笔者的硕士学位论文《两周时期青铜簠研究》曾根据宝鸡戴家湾青铜器的纹饰风格，推测故宫龙纹簠可能出自这个地区[②]。张懋镕师和沙忠平在《青铜簠兴起于宝鸡说》[③]中通过石鼓山M4的考古发现肯定了这个意见。关于青铜簠的地域特征，笔者的硕士学位论文《两周时期青铜簠研究》从青铜簠的器型发展序列和分布状况出发，首次提出南北两系的概念，并明确了中原系簠和楚式簠各自的内涵[④]。路国权在《周楚二系：试论东周时期铜簠的分类和谱系》[⑤]中通过建立青铜簠的发展谱系，肯定和补充了南北两系簠的论断。

第二节　青铜簠时空界定

两周时期即公元前11世纪周武王灭商至公元前221年秦王嬴政统一六国为止，历时八百余年。其中以公元前770年周平王东迁洛邑为分界线，分为西周和东周两个时期。本书标明各类型青铜簠之年代是以历史阶段的时间范围来表示，以学术界认可的分期标准划分具体年代。

1. 西周时期（公元前1046~前771年）

西周早期（武王、成王、康王、昭王）。
西周中期（穆王、共王、懿王、孝王）。
西周晚期（夷王、厉王、宣王、幽王）。

2. 春秋时期（公元前770年~前476年）

春秋早期（公元前770~前671年）。
春秋中期（公元前670~前571年）。
春秋晚期（公元前570~前476年）。

3. 战国时期（公元前475年~前221年）

战国早期（公元前475~前376年）。
战国中期（公元前375~前276年）。

---

① 李学勤：《东周与秦代文明》，文物出版社，1984年。
② 胡嘉麟：《两周时期青铜簠研究》，陕西师范大学硕士学位，2007年，30页。
③ 张懋镕、沙忠平：《青铜簠兴起于宝鸡说》，《文博》2015年第1期。
④ 胡嘉麟：《两周时期青铜簠研究》，陕西师范大学硕士学位，2007年，54页。
⑤ 路国权：《周楚二系：试论东周时期铜簠的分类和谱系》，《四川文物》2016年第4期。

战国晚期（公元前275—前221年）。

根据目前对出土青铜簠的统计，知其分布范围较广，遍及陕西、山西、山东、河南、河北、内蒙古、湖北、湖南、安徽、江苏和四川等11个省份（图1-1）。本书对青铜簠所做的区域研究，以淮水流域和秦岭为分界线，分为南方和北方两个地区。南方地区以楚文化为中心，最南到达长江流域的南岸；北方地区以中原文化为中心，最北不包括长城以北和草原地区。内蒙古宁城所出的青铜簠，以文化属性而论仍属中原文化系统。因此，本书所涉及的南北地区只是相对的狭义概念。

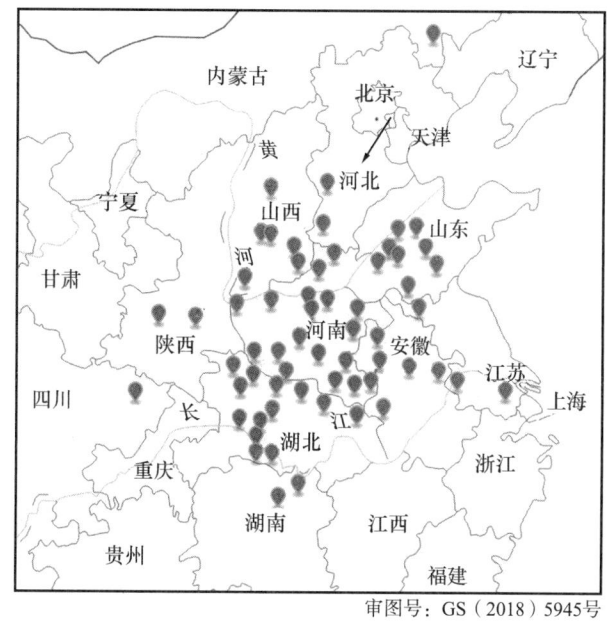

审图号：GS（2018）5945号

图1-1　青铜簠出土分布图

第三节　青铜簠研究方法与理论

青铜簠的定名问题，历来争论较多。本书避免了以音韵学为主的单线研究，运用考古学和文献学相结合的方法。首先，通过梳理青铜簠的自名，按照时代和地域排列，发现早期自名的用字并不固定，且有一定的地域特点。其次，通过对文献学的研究，表明《论语》《左传》和《礼记·明堂位》中记载的"瑚"属于鲁文献的称名习惯，代表了中原文化对这种方形器的定名。"三礼"文献记载的"簠"与楚文献的流传有关，楚简中不乏两字相通的实例。再次，通过考古发现印证金文对其功能的记载，通过考古实物印证遣册对其称名的记载，通过文献记述印证对其持用方式和组合形式的记载。

青铜簠的类型学研究，以往分型定式的标准并不一致。在西方考古学中，分类（classification）和类型学（typology）是两个不同的概念。类型学的目的是发现人类各种行为真正的历史意义，即一种从考古材料中寻找及发现规律和结构的过程[①]。笔者的硕士学位论文和路国权先生的两套分类模式都是为了说明南北两系簠的特征问题，显然其他的分类方式只是表明一种时代序列，无益于进行深层次的探讨。但是路国权先生试图通过谱系模式的类型学方法属于进化考古学的直线发展模式，忽略了器物的跳跃性发展和文化交流对器物影响的可能性，由此导致了谱系模式中很多分式是暂缺的现象。本书的创新之处在于，试图将器物学研究方法引入考古类型学范式。根据器物自身特点，将其拆分为若干构件，再进行组合研究是器物学研究的一大特色。这种研究方式建立在对器物细节的观察及对艺术发展的总体趋势上。两种方法相结合的类型学更容易区别不同文化区域、不同国族的文化特点，以及这些文化特点相互交流的现象。

青铜簠的分期断代研究，是青铜器研究的基本内容。19世纪西方进化考古学研究的主要概念和分析单位就是"时期"和"阶段"。由于考古材料的区域性差异日益突出，20世纪初，科西纳和柴尔德倡导的"考古学文化"概念逐渐取代"时期"和"阶段"，成为考古学的重要分析概念。本书在对青铜簠进行分期断代研究的同时，融入文化因素分析法，按时段归纳各个地区铜簠特征的演变轨迹，以动态的视角考察青铜簠的演变、交流与诸侯国兴亡、文化区域扩张之间的联系。文化因素分析法是分析不同文化之间或者同一文化不同地区类型之间关系的有效方法之一，通过这个方法构建起两周时期青铜簠两系论，为楚文化对长江流域的统一和北上扩张，以及中原文化的持续分裂提供理论依据。

青铜簠的器物组合研究，是通过对墓葬器物组合的分析，明确青铜簠在礼器组合中的地位和器物组合的变化，进而探讨青铜簠兴衰的原因。20世纪上半叶，法国考古学家步日耶认识到同一遗址中存在差异明显的文化并非阶段的先后，而是传统的不同。这一认识突破了进化考古学的直线进化思维，确认了文化并行发展的复杂性。由此兴起的文化历史考古学，主要是定义器物组合的异同，并从地层学来进行时空的安排。考古学分析从"特征鉴定"向"量化分析"开始转变，并将两项新的要素引入了方法论的范式中：第一，器物类型学的考古组合的排列必须建立相互独立的序列；第二，器物分类必须延伸到可辨认的所有式样的变异，而不是仅仅限于少数具有鉴定价值的特征[②]。以往对于器物组合的分析总是以时段分组，不分地域、不分级别的规律总结存在较大的片面性。本书注重家族墓地的延续性和地域墓地的复杂性，从大时段和小空间来分析器物组合在不同地域、不同级别墓葬的具体表现，讨论器物组合所表现的文化属性以及转变的原因。

---

① Krieger A. "The Typological Concept". *Am Antiq*, 1944, 9: 271-288.

② Sockett J R. "Form de Mortillet to Borders: A Century of French Paleolithic Research", In Deniel G. ed., *Toward a History of Archoeology*, London: Thames and Hudson, 1981: 85-99.

第二章 传世青铜簠著录综论

秦汉以降,地不爱宝,虽有汾阴、美阳之鼎彝,所识者甚少,记之传之者尤略。五经博士感言道:"郡国亦往往于山川得鼎彝,其铭即前代之古文,皆自相似。虽叵复见远流,其详可得略说也。"① 然彝铭著录研究,尚付阙如。迄至北宋,朝廷出于证经补史、隆礼作乐之需要,又有乡人官吏进献古器共襄盛举。古器之搜罗著录,文字、形制之考订研究蔚然成风。两宋以后,金石学著录处于一个低潮期。直到清代乾嘉时期,金石学开始复兴,各种著作大量涌现。民国以后仍然延续了这种传统,但是西方考古学的传入使得研究方法发生了根本改变,加之大量青铜器流失海外,逐渐引起了西方学者的兴趣和重视。

根据研究方法的不同,传世青铜簠的著录大致可以分为三个时期:古典金石学时期、近代器物学时期和现代考古学时期。

第一节 古典金石学时期

一、宋　代

古典金石学盛于宋,衰于元、明,复兴于清。何谓"金石学",马衡《中国金石学概要》定义云:

> 金石者,往古人类之遗文,或一切有意识之作品,赖金石或其它物质以直接流传至于今日者,皆是也。以此种材料作客观的研究以贡献于史学者,谓之金石学。②

马氏金石学研究的范围包括彝器款识,其目的是"贡献于史学"。这种观念是宋代以来对金石学作用最突出的诠释。古典金石学注重对器物图形和铭文的摹画,详记尺寸、出土地点和收藏流传等信息,并试图将文物资料与历史文献进行整合,对其人

---

① 许慎:《说文解字·序》,中华书局,1963年。
② 马衡:《中国金石学概要》,《凡将斋金石丛稿》卷1.1,中华书局,1977年。

物、事件进行考证。虽然在铭文释读方面多有牵强附会之处，但这种研究方法时至今日仍然备受重视。其研究体例不外乎三者：著录、考释和评述。

正如王国维《宋代金文著录表》卷首所言：

> 今就诸书之存者观之，约分三类：舆叔之图、宣和之录，既图其形，复摹其款，此一类也。啸堂集古、薛氏法帖，但以录文为主，不图原器之形，此二类也。欧赵金石之录、才甫古器之评、长睿东观之论、彦远广川之跋，虽无关图谱，而颇存名目，此三类也。①

有关青铜簠著录的图录类有吕大临《考古图》、王黼《博古图》；款识类有薛尚功《历代钟鼎彝器款识法帖》、王俅《啸堂集古录》和王厚之《钟鼎款识》；研究评述类有欧阳修《集古录》、赵明诚《金石录》、黄伯思《东观余论》、董逌《广川书跋》、张抡《绍兴内府古器评》和翟耆年《籀史》等。

1. 吕大临《考古图》

吕舆叔《考古图》十卷②，乃宋人著录和研究青铜器的翘楚之作，其后大悉遵循此书之成例。此书有宋哲宗元祐七年（1092）吕大临的自序。比之稍早的金石学著作还有宋真宗天禧元年（1017）僧湛诠的《周秦古器图碑》，宋仁宗皇祐三年（1051）杨元明（南仲）的《皇祐三馆古器图》、嘉祐八年（1063）刘敞（原父）的《先秦古器图》，宋神宗熙宁元年（1068）胡俛（公瑾）的《古器图》，宋哲宗元祐三年或四年（1088或1089）和六年（1091）李公麟（伯时）分别作的《考古图》和《周鉴图》。可惜这些书均以亡佚，唯有吕氏《考古图》传世。

吕图仿照李公麟著作之体例，博采杨南仲、刘原父诸书之成果，所收之器来自秘阁、太常、内府以及三十七家私人收藏，计商周青铜器148件、秦汉青铜器63件和玉器13件，共224件。按用途分类，每器皆摹绘器形、款识，隶定考释文字，记载尺寸、容量、重量、出土时间和地点，流传及收藏情况均有记录，其体例之完备实为后世金石著录之典范。《四库全书总目提要》对其赞誉极高：

> 大临图成于元祐壬申，在宣和博古图之前，而体例谨严，有疑则阙，不似博古图之附会古人，动成舛谬。

---

① 王国维：《宋代金文著录表·序》，《三代秦汉两宋（隋唐元附）金文著录表》，北京图书馆出版社，2003年，627、628页。
② 吕大临：《考古图》，清乾隆四十六年（1781）四库全书文渊阁书录钱曾影钞宋刻本。

依现存宋代金石书籍而言，吕氏《考古图》为吉金分类之始。所分类的标准则是按照"自名法"原则，即有"本名"者，以"本名"称之；无"本名"者，以同形器之有"本名"者称之；同形器皆无"本名"者，则参考经传、礼图而定。该书收入的3件青铜簠，芮公簠（图2-1）、弭仲簠（图2-2）和史利簠（图2-3）分别以其自名"𠤎""匜""𦉢"称之，尚未确定称"簠"。吕图《释文》引杨南仲之说：

> 匜字虽无传，而凡籀文枢作匜，杯作匜，箕作匜，皆从其声，则匜宜读为缶。

杨南仲以古文自名为之定名，又把义符和音符分开讨论有着一定的道理。吕大临进一步阐释，"芮公簠"条下言道：

> 与后所图弭仲及史利二器形制全相类，铭皆从匜，而文不同。此器从𠤎，弭仲器从夫，史利器从古，亦𠤎字，夫字即古簠字。𠤎与簠声相近，又形制皆如簠而方，文虽不同，疑皆簠也。

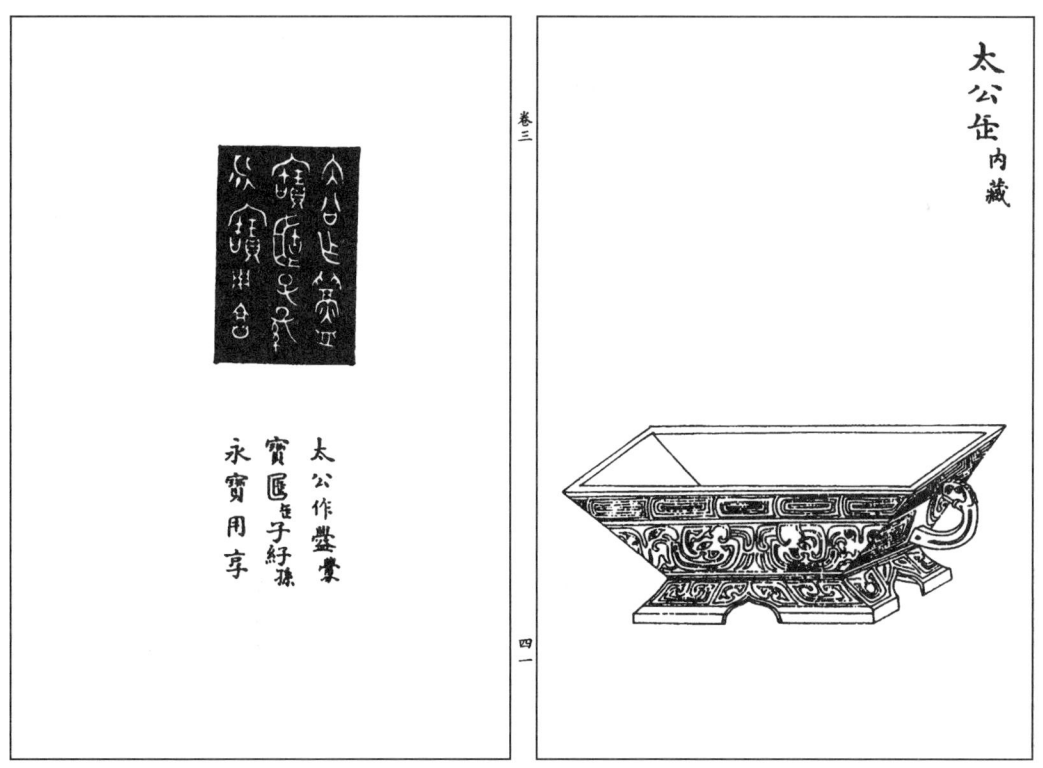

图2-1 芮公簠

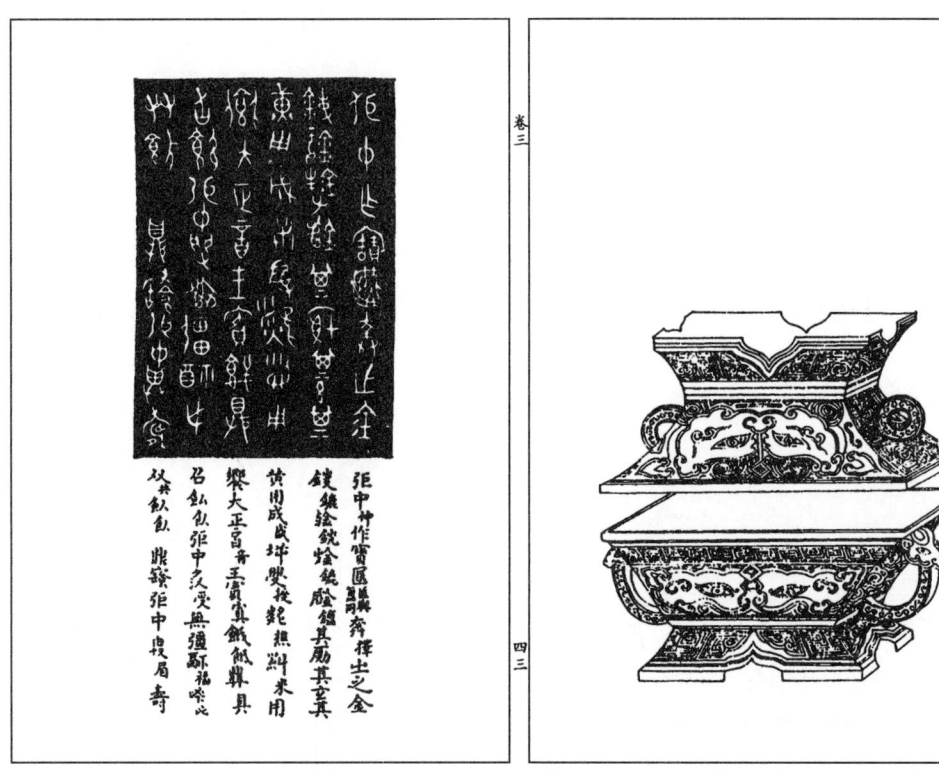

图2-2 弭仲簠

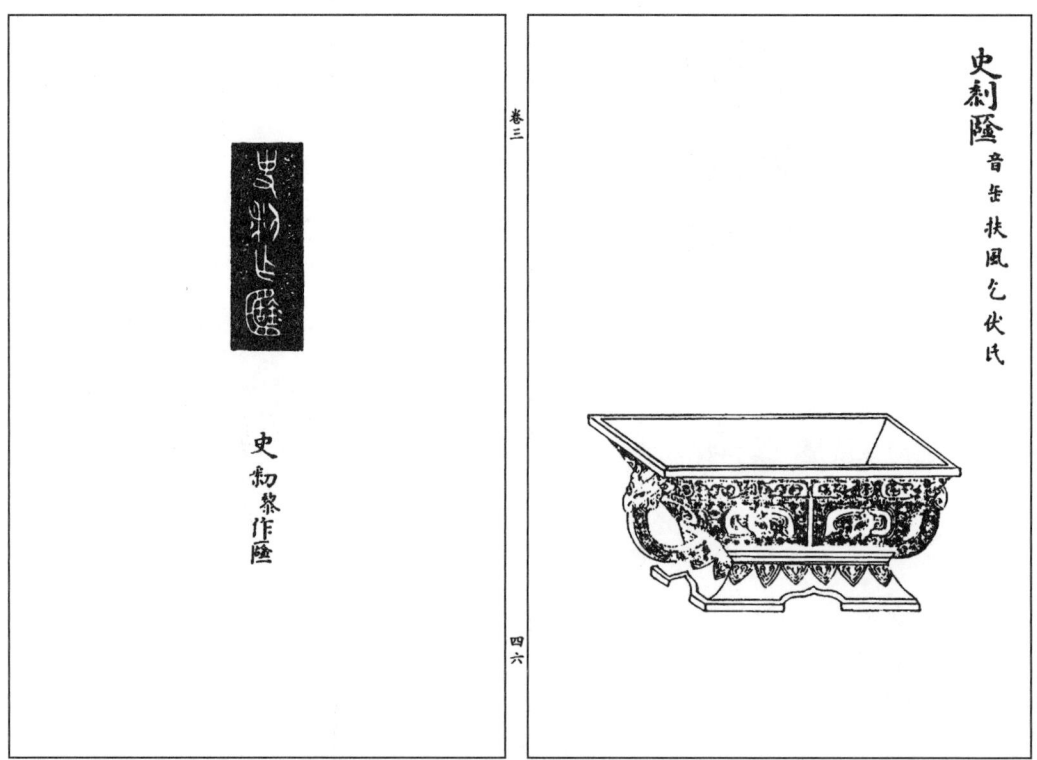

图2-3 史利簠

但是,"弭仲簠"条下又言:

> 医与匚同音簠。

由此看出,起初吕大临对这种器物的认识有着一定的疑惑,但在《考古图释文》中这种疑惑显然已经不存在了:

> 弭仲医,《说文》簠字,古文作匚从亡,读若方,象受物之器,籀文作匧。此器匚中有大字,乃古夫字。盖古文夫、大止用一字,秦峄山碑御史大夫字,止于大字下加以二而已,唯大字左右比字未详,盖古文笔划多寡不同尔。此器既方,其文又如是则为簠无疑。

芮公簠(《考古》3.41)为北宋宫廷内府所藏,铭文有十二字。"芮公"初释为"太公",后来隶定为"内公",清末吴大澂《愙斋集古录》定为"芮"字之省文。根据《簠史》所载,此器最早见著于杨南仲的《皇祐三馆古器图》。《簠史》"胡俛古器图"有:

> 俛以辟宫敦为鼎,以太公簠为斗,以仲信父旅甗为煮甗,徒刻其文,而不载原叔(王洙)所释之字,为未尽善。①

反映了宋人对青铜簠的定名起初还有不同见解,但是已经着眼于器物的使用功能。

翟耆年在《周秦古器铭碑》中又称:

> 释云咸平三年五月同州民汤善德于河渎或方甗一,上有十二字。九月好畤令黄传郓获方甗一,铭二十一字。②

所说二器应该就是芮公簠和仲信父方甗(仲枏父方甗),只是把簠误作为方甗。卫聚贤③、李零④等先生均认为芮公簠为宋真宗咸平三年(1000)所获。卫聚贤的依据为

---

① 翟耆年:《簠史》,中华书局,1985年,11页。
② 翟耆年:《周秦古器铭碑》,《簠史》,中华书局,1985年,18页。
③ 卫聚贤:《中国考古学史》,团结出版社,2005年,63页。
④ 李零:《铄古铸今——考古发现和复古艺术》,生活·读书·新知三联书店,2007年,78页。

《考古图》卷三太公缶的释文。然而清乾隆四十六年四库全书文渊阁书录钱曾影抄宋刻本记：

> 按旧图云咸平年同州民汤善德获于河滨以献此器。

其中只称咸平年，并非咸平三年。可见称咸平三年的应该源自翟耆年的《籀史》。

弭仲簠（《考古》3.43）为刘敞所藏，得之于蓝田。两器并不对称，上器为环形耳，下器为兽首耳，并且腹部的兽面纹装饰从目前的考古发现来看也没见到过，甚是奇特。其条云：

> 按原父新得者盖二器，四铭。

所知弭仲簠发现时本为一对。刘原父将其中之一赠予欧阳修，欧阳修对之进行了释读。黄伯思《东观余论》称：

> 刘原父弜仲医，铭以隶写之，云："弜仲作宝簠，择之金鏖锐鏖鑪，其繡，其玄，其黄，用盛诸旊穮米，用飨大正音，王置餥具召饲，弜仲受无疆福，必共餐饲具粦，弜仲眉寿。"所谓镰炉即《广雅》所载，此二字乃赵生所释，予亦然之。然赵初不知《广雅》有此语，及观之，弥可信也。弜音其勿反；穮侧角反，早取谷也；餥徒今反；飤音祀。弜字原父误释为张字，遂以为张仲之器，欧公从而文之以数百言。盖失之矣。古器中又有弜伯敦，岂仲之兄乎？[①]

欧阳修把弭仲簠的"弭仲"误释为"张仲"，比附《诗·小雅·六月》的"张仲"。虽然这种推论是错误的，但是宋人已经开始在定名和断代上逐渐探索了一条道路，即把铜器铭文中提到的人名与文献典籍进行对照，从而推断器物的具体年代。赵明诚的《金石录》则记：

> 右"簠铭"本两器，底、盖皆有，铭文悉同。其一原父以遗欧阳公。按《集古录》以"中"上一字为"张"字，引《诗·六月》篇"侯谁在矣？张仲孝友"，曰："此周宣王时，张仲器也。"吕大临《考古图》以偏旁推之，其字从"巨"不同"长"，以隶字释之，当为"弜"。"弜"字虽见

---

① 黄伯思：《东观余论》卷上《弜仲医辨》，中华书局，1991年，31页。

《玉篇》，然古文与隶书多不合，未之果是否。①

王应麟的《困学纪闻》亦记：

> 簠铭"中"上一字，欧阳公以为"张"，曰宣王时"张仲"也。而奥叔以为"矩"。……古文难考，几于郢书燕说。②

当时还有弭伯匜（《考古》6.4），同得之于蓝田。此后的金石学家所持之论较为慎重，不苟附会，学术之进步亦由此发轫。

"芮公簠"条记：

> 以黍尺黍量校之，缩尺有六寸，衡尺有四寸四分，深三寸，下狭容二斗。

"弭仲簠"条记：

> 缩七寸有半，衡九寸有半，深二寸，容四升。

这两条记载表示吕大临著录时所用的度量是不同的。北宋初年，太府尺是宋代全国通行的日常官用尺。宋仁宗景祐二年（1035）李照奉诏改旧制，"李照尺"和"李照升"作为宋代日常官用度量。皇祐五年（1053）阮逸与胡瑗合著《皇祐新乐图记》，其中的《皇祐黍尺图》言：皇祐黍尺

> 用上党羊头山秬黍中者……比于太府寺见行布帛尺七寸八分六厘，与圣朝铜望臬影表尺符同。

邱光明先生结合出土实物考证："李照尺"长为31.4厘米，"李照升"容为702毫升，"皇祐黍尺"长度为24.52厘米，"黍斗"容为2381毫升③。换算下来，芮公簠口横39.2厘米、口纵35.3厘米、深7.3厘米，容量为4762毫升。弭仲簠口横29.8厘米、口纵23.5厘米、深6.2厘米，容量为2808毫升。

史利簋（《考古》3.46）为扶风乞伏氏所藏，其条云：

---

① 赵明诚：《金石录·古器物铭第六》，齐鲁书社，2009年，101页。
② 王应麟：《困学纪闻》卷八《小学》，上海古籍出版社，2015年，280页。
③ 邱光明、邱隆、杨平：《中国科学技术史·度量衡卷》，科学出版社，2001年，376页。

得于扶风。

乞伏氏出于十六国时期之陇西鲜卑族乞伏部，后以乞伏为姓。《晋书·乞伏国仁载记》于东晋太元十年（385）建立西秦，至灭国仅四十七年。然后世子孙至宋之时，仍有居住在陕西扶风者。在万年县（长安县）有唐显庆三年（658）三月刻的乞伏士乾墓志，说明唐代时已经移居关中地区。薛尚功《历代钟鼎彝器款识法帖》收有两件史利簋铭文，其一从亻从古（《薛氏》143.1），未见于其他著录；其二从亻从古从金，无两点（《薛氏》143.2），可能是《考古图》收录的这件。

2. 王黼《博古图》

王黼奉敕编撰的《博古图》三十卷①，是研究宋代出土吉金之要籍。其书收录北宋宣和年间内府所藏青铜器839件，包括杂器40件、铜镜113件，分二十大类，每器绘有器形图像、摹写铭文，记录器物尺度、容量和重量等，并附考释。此书与近代出土之器物能够相互印证，有极高的参考价值。然其作者为学术界一大悬案，清人钱曾、许瀚早已聚讼纷纭，近人王国维②、岑仲勉③、容庚④又添新证。

晁公武《郡斋读书志》"博古图二十卷"条：

> 右皇朝王楚集三代秦汉彝器，绘其形范，辨其款识，增多吕氏《考古》十倍矣。⑤

钱曾《读书敏求记》云：

> 《宣和重修博古图录》三十卷，……凡臣王黼撰云云。……《博古图》成于宣和年间，而谓之重修者，蔡绦曰，盖以采取李公麟《考古图说》在前也。至大翻雕而仍谓《重修宣和博古图》，未知所修何事。⑥

钱氏见宋版有"臣王黼撰"字样而元版均削去之，认为乃"以人废书"。《四库全书总目提要》采信钱曾之说，认为《郡斋读书志》所记之王楚，"楚"为"黼"字传写

---

① 王黼：《博古图》，明万历二十八年（1600）吴万化宝古堂刻本。
② 王国维：《书宣和博古图后》，《观堂集林》卷18，中华书局，1959年，917～919页。
③ 岑仲勉：《宣和博古图撰人》，《金石论丛》，中华书局，2004年，1～11页。
④ 容庚：《宋代吉金书籍述评》，《学术研究》1963年第6期，88～89页。
⑤ 晁公武：《郡斋读书志》卷4，江苏广陵古籍刻印社，1987年。
⑥ 钱曾：《读书敏求记》，书目文献出版社，1984年，41页。

之讹①。然而薛氏《历代钟鼎彝器款识法帖》有引王楚之说,今本《博古图》未著录之器,或有王楚和今本两者立说各有不同的情况。由此观之,今本《博古图》与王楚《博古图》乃两种不同的著录。

翟耆年《籀史》云:

> 徽宗圣文仁德显孝皇帝《宣和博古图》三十卷:帝文武生知,圣神天纵,酷好三代钟鼎书,集群臣家所蓄旧器,萃之天府,选通籀学之士,策名礼局,追迹古文,亲御翰墨,讨论训释,以成此书。后世之士,识尊彝牺象之制,瑚琏尊罍之美,发明礼器之所以为用,与六经相表里,以敷遗后学,可谓丕显文王之谟也。……维绍兴十有二年二月,帝命臣耆年纪宝十有二,帝曰,……肆余命汝仿商戈之书,著兹重器,锡汝先帝《博古训》、象圭暨笔墨若茶,药物惟旅。②

王应麟《玉海》"宣和博古图"条:

> 政和二年,七月,己亥,置礼器局。三年,六月,庚申,因中丞王甫乞颁《宣和殿博古图》,令儒臣考古制度,遂诏讨论三代古器及坛(土遗)之制,改作俎豆笾簋之属。十月十四日,手诏云,裒集三代盘匜罍鼎,稽考取法,以作郊庙禋祀之器,焕然大备。……绍兴十三年,二月二十七日,臣僚请颁《宣和博古图》于太常,俾礼官讨论厘正,改造祭器,从之。③

《四库全书总目提要》云:

> 曾又称《博古图》成于宣和年间,而谓之重修者,盖以采取黄长睿《博古图说》在前也。考陈振孙《书录解题》曰,《博古图说》十一卷,秘书郎昭(邵)武黄伯思长睿撰,……其后修《博古图》,颇采用之,而亦有删改云云;钱曾所说良信。然考蔡绦《铁围山丛谈》曰,……及大观初,乃仿公麟之《考古》,作《宣和殿博古图》,则此书踵李公麟而作,非踵黄伯思而作,且作于大观初,不作于宣和中。绦,蔡京之子,所说皆其目睹,当必不误,陈氏盖考之未审。……自洪迈《容斋随笔》始误称政和、宣和间,朝廷置书局以数十计,其荒陋而可笑,莫若《博古图》云云;钱曾遂沿以立说,

---

① 纪昀:《四库全书总目提要》卷115,河北人民出版社,2000年,2959页。
② 翟耆年:《籀史》,中华书局,1985年,1页。
③ 王应麟:《玉海》卷56,景印文渊阁四库全书944册,16、17页。

亦失考也。[①]

王氏称政和三年六月，王黼议颁《宣和殿博古图》，成书当在此之前。根据《金石录》载安州六器出土于重和戊戌，薛氏《法帖》召夫尊记政和八年，《博古图》中已经著录六器中之南宫中鼎三器。《金石录》又称齐钟出土于宣和五年，今本《博古图》著录有齐钟五器。因此，徽宗一朝《博古图》数度增修。初称《宣和殿博古图》是以殿名命名，后称《宣和重修博古图》乃是年号也。徽宗政和时，初修本《博古图》凡著录527器；宣和时，重修本《博古图》（即今本）凡著录839器，时王楚《博古图》则著录二千余器。

王黼《博古图》对吕氏的定名略有修正，其最重要之处是指出古器物有共名和专名。开始以"簠"作为这种器物的专名，所著《簠簋豆铺总说》开篇即言明：

> 礼始于因人情而为之，盖以义起而制之，使归于中而已。明以交人，幽以交神，无所不用，必寓诸器而后行，则簠簋之属由是而陈焉。然去古既远，礼文寖失，况遭秦灭学之后，其书焚矣。疑以传疑而无所考证，则诸儒临时泛起臆说，无足观者。故见于礼图，则以簠为外方而内圆，以簋为外圆而内方，穴其中以实稻粱黍稷，又皆刻木为之，上作龟盖，以体虫镂之饰，而去古益远矣。曾不知簠盛加膳，簋盛常膳，皆熟食用匕之器。

此说甚有创见，刘敞《先秦古器记》已标明"礼家明其制度"之宗旨，以出土器物、铭文参证礼经、礼图注疏之误，乃古今礼学转变之大关键。对于加膳与常膳的理解也甚有道理，张懋镕师授业之时，也常论及簋、簠作为簋的陪器，有提高礼制等级的目的。《簠簋豆铺总说》又谈道：

> 刘公铺与夫君养铺之二器，旧以其铺之声与簠相近，因以附诸簠。今考簠之器方，而铺之器圆，又与豆登略无少异。故其铭前曰：君作养铺，而疑生之豆亦曰养豆。则是其铭亦近之，疑铭之以铺者，有铺陈荐献之义，而其器则豆耳。故以附于豆之末云。

将簠与铺从形制的角度进行区分，不囿于音读旧说，却有可赞之处。

《博古图》中只收有叔邦父簠（图2-4），此器不知道从何时开始出现，条下云：

> 叔邦父莫知其谁，特春秋辕氏名邦，盖季晳之子也。今所藏寅簠铭

[①] 纪昀：《四库全书总目提要》卷115，河北人民出版社，2000年，2959、2960页。

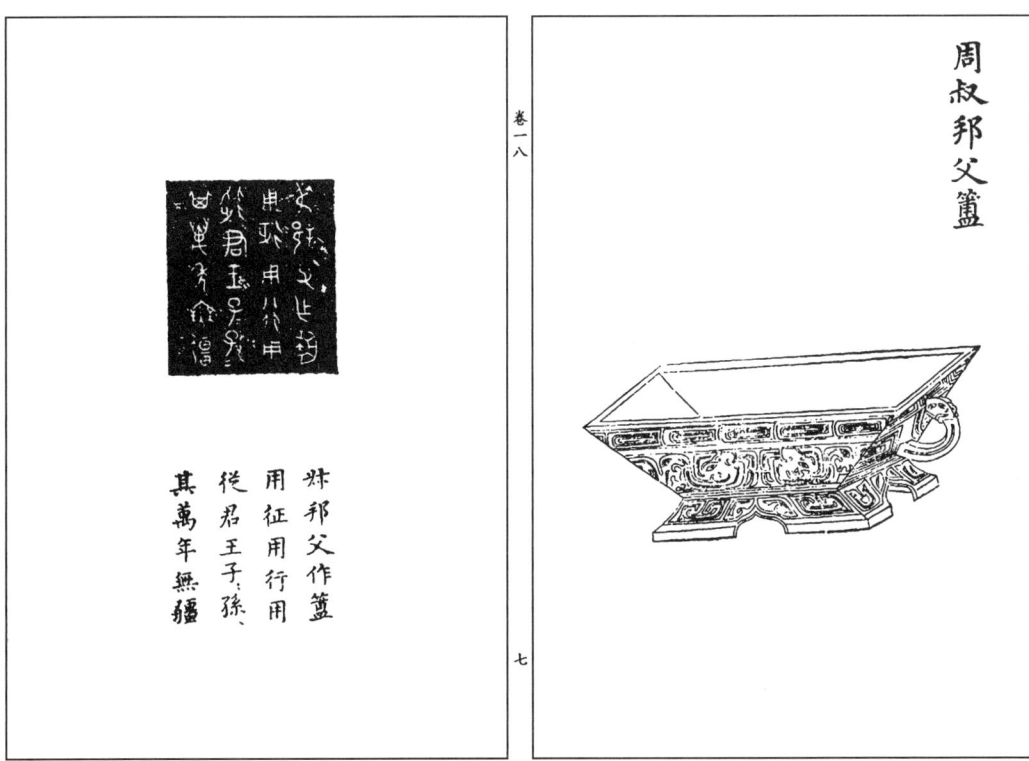

图2-4 叔邦父簠

曰"叔邦父",岂非一种器耶。曰"用征用行"。则叔夜鼎亦铭"以征以行"。按王安石字说"征,正行也"。凡言征者,皆以正行铭之。臣有从君之义,故又继之曰"用从君王"。是器饰以蟠螭,周以重雷,耳作螭首,实周器也。

以寅簠铭文中之叔邦父探讨是否一人,对人名的探讨不再是联系典籍,开始关注同名器物之间的关系。叔邦父簠铭文的用征用行,联系叔夜鼎"以征以行",用金文辞例来互相参证。《博古图》中开始对器物的纹饰进行描述,以卷龙纹作"蟠螭纹",以重环纹作"重雷纹",虽然从今人眼光看来还不尽善,但是开始尝试用纹饰进行年代的推断,颇有成说。《博古图》虽个别命名,而其上分别冠以"商"、"周"、"汉"和"唐"字样,俾表明其时代。

3. 薛尚功《历代钟鼎彝器款识法帖》

薛尚功《历代钟鼎彝器款识法帖》二十卷①,成书于绍兴十四年(1144),摹录

---

① 薛尚功:《历代钟鼎彝器款识法帖》,明崇祯六年(1633)朱谋垔刻本。

商周至秦汉铜器铭文511件。除了礼器之外，还包括杂器、兵器及少数玉石器。此书体例，先以时代为次，再依器类分排，仅摹铭文，并加考释。摹写间有失真，考释字形、字义也多有穿凿附会，然宋代所出有铭青铜器大多已收入。崇祯六年（1633）朱谋垔本序称：

> 南宋薛尚功集《钟鼎彝器款识》二十卷、《钟鼎韵》七卷。《韵》有刻本传世，《款识》则尚功手书，为山阴钱德平秘藏。神物流传，不专一氏。庚午夏月，客有持以视余，余喜出殊异，不惜重赀购之，而不欲私为己宝也。爰授梓人，公诸同好。

嘉庆二年（1797）阮元本序称：

> 薛尚功《钟鼎款识》，宋时为石刻本，故有法帖之名。明万历间朱印刊本，讹舛最多，跋语亦删节不全，惟崇祯间朱谋垔所刻尚功原本，较为可据。然板本并佚，传写滋误，今据吴门袁氏廷梼影钞旧本及元所藏旧钞、宋时石刻本，互相校刊，更就文澜阁写本补正之，似可还薛氏旧观。

容庚先生言道：

> 以石刻残本校之，朱本为第一；刘本为第二，笔画伤于肥；阮本第三，时有误笔；缪本第四，从阮本出；陆本第五，考证每每删节及错误。①

书中收簠8件，分别有史利簠2、郜于子斨簠2、芮公簠1、叔邦父簠1、张仲簠4（上下两合的两件器物）。其中《薛氏》143.3"郜于子斨簠一"条记：

> 向旛本。

《薛氏》143.4"郜于子斨簠二"条记：

> 《古器物铭》云："藏宗室仲爰家。"

"宗室仲爰"即北宋江夏郡王赵仲爰。
《薛氏》144.1"芮太公簠"条记：

---

① 容庚：《商周彝器通考》，上海人民出版社，2008年，215页。

《考古》云：按旧图云，咸平三年同州民汤善德获于河滨，以献此器。

根据上文所述，《考古图》未称是"咸平三年"，南宋翟耆年首倡此说，薛书沿用之。《薛氏》144.147"张仲簠"条记：

刘原父《先秦古器记》云：右二簠得于骊山白鹿原。

4. 王俅《啸堂集古录》

王俅《啸堂集古录》二卷①，成书于淳熙三年（1176）以前，收录商周青铜器275件、秦汉器17件、汉印37枚及杂件等，共计345件。上摹铭文，下作释文，无考证，摹刻较精，然铭文间有删节脱漏。萧山朱氏藏南宋淳熙刻本录有李邴序称：

（王俅）谓予曰："俅不揆，留意于此久矣。自幼至今，每得一器款识，必摸本而投之箧，积三十余年，凡得数箧，则又芟夷剪截，独留善者编次之。"

容庚先生论道：

明翻本字体纤瘦，与宋本相去甚远。宋本识阙者，明本多为补释。张本尤劣，颠倒混淆，不知所据何本。②

此书仅收叔邦父簠1件。

5. 王厚之《钟鼎款识》

王復斋《钟鼎款识》一卷③，又名《復斋钟鼎款识》，共收商周至汉代青铜器铭文59件，每器皆记出土地点、收藏者，并附考释。嘉庆七年（1802）阮元本录朱尊彝跋称：

宋绍熙中，秦相当国，其子熺伯阳，居赐第十九年，日治书画碑刻，

---

① 王俅：《啸堂集古录》，民国十一年（1922）涵芬楼本。
② 容庚：《商周彝器通考》，上海人民出版社，2008年，216页。
③ 王厚之：《钟鼎款识》，清嘉庆七年（1802）阮元积古斋藏宋拓摹刻木本。

是图殆其所集……盖希真晚为伯阳客,而少董视盱眙榷场,因摹款识一十五种,标以青笺,未书良史,拜呈以纳伯阳,至今装池册内。秦氏既败,册归王厚之。

钱大昕跋称:

李心传《系年要录》云:"绍兴十五年七月,右宣义郎乾办行在粮料院毕良史知盱眙军,良史入辞,诏加直祕阁。"其纳古器于秦伯阳,必在斯时矣。此册当是王厚之顺伯所荟萃。

阮元跋称:

此册款识五十九种,为王顺伯复斋所辑。内录毕良史笺识十五器,皆秦熺之物。此外朱敦儒一器笺识数行,以词意推之,亦似熺笔。盖敦儒子为熺所用,《宋史》本传所讥舐犊畏逐而节不终者。此外,周师旦鼎、楚公钟、虢姜鼎为一德格天阁中之物。其余数十种,乃刘炎、张诏、洪遵等人所藏,皆非秦氏之物,王复斋所辑装成册而释之者也。

三段跋文详细讲述了王氏款识收入铭文的来源,大部分为秦桧之子秦伯阳所藏。此书是最早使用拓本的金石学著作。翁方纲跋称:

薛所集是摹本,此则皆就原器拓得者。

此书仅收一器,"张仲簠"条记题跋:

法帖十五作张仲簠,从刘原父、欧阳公释,吕大临舆叔作瑚,赵德父、黄长睿同之。此乃刘原父簠,盖刘炎于榷场得之,以不全故留于其家,刘居湖州。

可知这件器物到南宋时期仍有流传。还钤有:

"尔雅"印、"阮伯元藏钟鼎文字"印、"復斋珍玩"印、"项墨林父秘笈之印"、"项氏孔彰"印。

"项墨林父"即项元卞,"项氏孔彰"即其子项圣谟。

6. 欧阳修《集古录》

欧阳永叔《集古录》十卷①，又名《集古录跋尾》，是对家藏金石铭刻拓本所作题跋的汇集，收录周秦至五代金石文字跋尾429则，其中金文题跋20余则，载有"弭仲簠跋"。

7. 赵明诚《金石录》

赵德父《金石录》三十卷②，仿欧阳修《集古录》体例，前十卷为拓本目录，以时代为次，收录赵氏藏见三代彝器及汉唐以来石刻1900余种，后20卷汇集金石题跋502则，载有"弭仲簠跋"。

8. 黄伯思《东观余论》

黄长睿《东观余论》十卷③，今存二卷，附录一卷，以论辩古刻题跋为主，考证多有精义，载有"弭仲簠辨"。

9. 董逌《广川书跋》

董彦远《广川书跋》十卷④，前四卷收录三代青铜器、秦权量铭文及诅楚文、峄山铭等石刻文字75种，卷五收录汉代青铜器及石刻27种，卷六收录魏晋南北朝至隋代碑帖38种，卷七至卷九收录唐代书法名家碑帖74种，卷十收录五代至北宋书家作品13种，载有"弭仲宝簠铭"。

10. 张抡《绍兴内府古器评》

张抡《绍兴内府古器评》二卷⑤，考评南宋内府所藏195件器，其中50件器已见于《博古图》。清代四库馆臣认为此书乃

> 明代妄人剽《博古图》而伪作更无疑义。⑥

容庚先生在《宋代古金书籍述评》一文中说：

---

① 欧阳修：《集古录》，清乾隆四十六年（1781）四库全书文渊阁本。
② 赵明诚：《金石录》，清乾隆四十六年（1781）四库全书文渊阁本。
③ 黄伯思：《东观余论》，南宋嘉定三年（1210）温陵庄夏刻本。
④ 董逌：《广川书跋》，民国四年（1915）南林张氏适园丛书本。
⑤ 张抡：《绍兴内府古器评》，明崇祯年间毛晋汲古阁刻本。
⑥ 纪昀：《四库全书总目提要》卷115，河北人民出版社，2000年，2997页。

此书之多沿《博古》之旧，无可讳言。《提要》列举其周文王鼎以下五十器，割剥点窜，岂皆如《提要》所言。……伯吉父匜盘，其器至今尚存，为潍县陈氏所藏，宋人皆未著录，仅见于元陆友《研北杂志》，岂明代妄人所能剽窃而成者耶？①

此书仅收一器，"周簠"条称：

> 簠盛加膳，盖熟食用匕之器也。今礼图所载则内方而外圆，穴其中以实稻粱，又刻木为之，上作龟盖，制作之异，乃如是耶。以是考之，然后知礼家之学多出于汉儒臆度非古制也。

宋室南渡，汴京内府及馆阁所藏古器尽失，金石拓本亦得之不易。南宋诸帝虽欲恢复宣和旧藏，然沧海桑田，金石之学遂衰矣。元、明两代"不重实学"乃是金石学萎靡不振之根本原因。金石器物所见之少，并且记载失实、臆说妄断又是明儒治学之通病。

二、清　代

清初学者开始重视前人成说之整理，意图摆脱宋明理学之羁绊，在顾炎武、黄宗羲的倡导下金石学由元明的颓靡转入复兴。梁启超论及：

> 金石学之在清代又彪然成为一学科也，自顾炎武著《金石文字记》，实为斯学滥觞。……其"金文学"则考证商周铜器。初，此等古物，惟集于内府，则有《西清古鉴》、《宁寿鉴古》等官书，然其文字皆摹写，取姿媚，失原形，又无释文，有亦臆舛。自阮元、吴荣光以封疆大吏，嗜古而力足以副之，于是收藏寖富，遂有著录。阮有《积古斋钟鼎彝器款识》、吴有《筠清馆金石文字》，研究金文之端开矣。道、咸以后日益盛，名家者有刘喜海、吴式芬、陈介祺、王懿荣、潘祖荫、吴大澂、罗振玉。式芬有《捃古录金文》，祖荫有《攀古楼彝器款识》，大澂有《愙斋集古录》，皆称精博。其所以考证，多一时师友互相赏析所得，非必著者一人私言也。②

顾炎武、钱大昕之学专以金石为考证经史之资料，黄宗羲之学则从中研究文史义例，

---

① 容庚：《宋代吉金书籍述评》，《容庚文集》，中山大学出版社，2004年，81页。
② 梁启超：《清代学术概论》，上海古籍出版社，1998年，58、59页。

又有翁方纲等专攻鉴别，各有分野。

乾嘉以后，金石学进入鼎盛时期。乾隆皇帝敕命梁诗正等，以内府所藏仿《博古图》编成"西清四鉴"，直接推动了金石研究的复兴。并且，从事专门收藏和研究的金石学者数量激增，留下了大量著作。有关青铜簠著录的图录类有刘喜海《长安获古编》，冯云鹏、冯云鹓《金石索》，吴云《二百兰亭斋收藏金石记》《两罍轩彝器图释》，潘祖荫《攀古楼彝器款识》，吴大澂《恒轩所见所藏吉金录》，端方《陶斋吉金录》《陶斋吉金续录》；款识类有阮元《积古斋钟鼎彝器款识》，徐同柏《从古堂款识学》，吴式芬《捃古录金文》，吴荣光《筠清馆金文》，陈介祺《簠斋吉金录》，吴大澂《愙斋集古录》，朱善旂《敬吾心室彝器款识》，刘心源《古文审》《奇觚室吉金文述》，方濬益《缀遗斋彝器考释》，盛昱《鬱华阁金文》等；研究评述类有叶奕苞《金石补录》《金石补录续跋》，张廷济《清仪阁金石题识》，孙诒让《古籀拾遗》《古籀余论》，陈庆镛《籀经堂钟鼎考释题跋》，梁章钜《退庵金石书画跋》，何绍基《东洲草堂金石跋》，方朔《枕经堂金石跋》，陆增祥《八琼室金石札记》，翁大年《陶斋金石文字跋尾》，张之洞《广雅堂论金石札》等。

1. 西清四鉴

西清四鉴：《西清古鉴》、《西清续鉴》（甲编）（乙编）、《宁寿鉴古》。

梁诗正、蒋溥、汪由敦与内廷翰林奉敕编撰的《西清古鉴》四十卷[①]，成书于乾隆二十年（1755）。此书仿效《考古图》《博古图》体例，共收清宫内府所藏商周至唐代青铜器1529件。容庚先生评价道：

> 此书虽仿《博古图》而作，而图像铭文皆缩小，不若博古之逼真，解说亦浅陋……然元、明两朝彝器之学中衰，清代之复兴，此书实导其先路，其功不可没也。[②]

此书收簠16件，无铭器10件。《西清》29.17"周雷纹簠"（图2-5）有铭文"子孙永宝用"，容庚定为伪器[③]。从器形和纹饰来看，应该是元明时期的仿古作品。

《西清》29.1"季昌父簠"（图2-6）后归端方，现藏上海博物馆。另有两件，一件为端方旧藏，现藏故宫博物院；另一件下落不明，仅存铭文拓本。将《西清》与《缀遗》的图像进行比较，可知《西清》对器物摹画程度之差。其条记此器：

---

① 清高宗敕编：《西清古鉴》，清乾隆二十年（1755）武英殿内府刻本。
② 容庚：《商周彝器通考》，上海人民出版社，2008年，204页。
③ 刘雨：《乾隆四鉴综理表》，中华书局，1989年，56页。

周雷紋簠

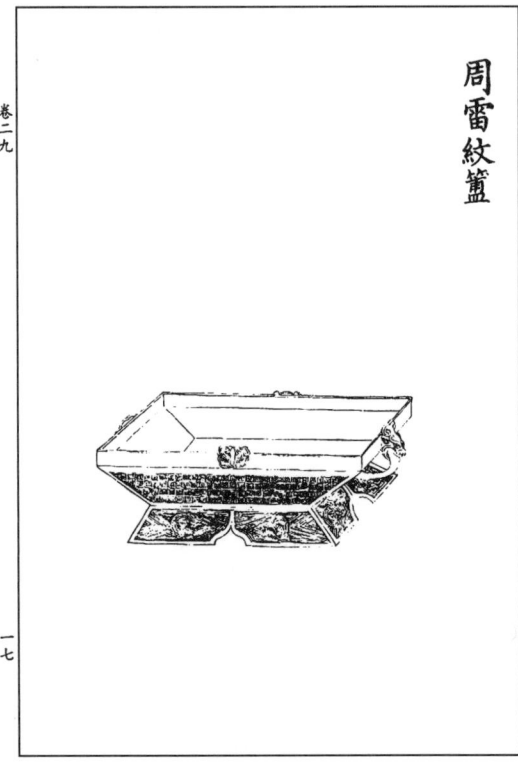

卷二九

子孫ミ
永寶用

右高二寸九分深一寸五分口縱五寸六分橫七寸五分重五十七兩兩耳

一七

图2-5　周雷纹簠

周季高簠

卷二九

季高父作
宗頓媵簠
其萬年子
孫ミ永寶用

右高二寸五分深一寸六分口縱七寸二分橫八寸八分重五十三兩兩耳媍即妘祝融之後姓也古有宗婦謂國君同宗之婦季高父乃公族故稱婦媍為宗媍也媵簠二字不見於經儀禮主人媵爵於賓注先飲一爵後一爵從之也又有媵觚然則媵簠與媵爵義正同可

一

图2-6　季晉父簠

高二寸五分,深一寸六分,口纵七寸二分,横八寸八分,重五十三两。

清代的度量衡沿袭明制,律尺保留古制小尺,常用尺主要有营造尺、裁衣尺、量地尺三种。一般由掌管钱粮的户部负责制度的制定,由工部制造法定器具。工部造好标准器后,会同户部一起校准,然后颁发至各省、府等地方部门。乾隆七年(1742)命工部制造一批营造尺和库平砝码的标准器。库平砝码一两是37.3克,一斤合596.8克。清代营造尺根据实物测量的标准长度是32厘米。根据《律吕正义》《律吕正义后编》记载的比例率换算,古尺为25.92厘米,裁衣尺为35.36厘米,量地尺为34.3厘米。按照营造尺换算,季昌父簠高8厘米、口长28.16厘米、口宽23.04厘米。以上海博物馆所藏的季昌父簠实测为高8厘米、口长28.3厘米、口宽23.4厘米,可知西清四鉴著录的尺寸乃是营造尺的数值。铭文记:"季昌父作宗娟媵簠,其万年子子孙孙永宝用。"其条云:

娟即妘,祝融之后姓也。古有宗妇,谓国君同宗之妇。季高父乃公族,故称妇娟为宗娟,即宗妇也。媵簠二字不见于经。《仪礼》:"主人媵爵于宾。"注:"先饮一爵,后一爵从之也。"又有媵觚,然则媵簠与媵爵义正同,可以参互而得。

《左传·成公八年》有:"凡诸侯嫁女,同姓媵。"根据大量的金文资料证实,铭文中"媵器"应为媵婚之器。实不解清人为何采取《仪礼·燕礼》的说法。通过铭文可知,季昌父为娟姓贵族。

铸公簠2件,《西清》29.3"铸公簠"(图2-7)收入《殷周金文集成》4574,称"现藏上海博物馆",《西清》29.4"铸公簠"(图2-8)失收。《西清》29.3"铸公簠"的口沿有四个小卡扣,应作簠盖,而上海博物馆所藏的铸公簠口沿光滑平整,并无小卡扣断裂的痕迹。并且上海博物馆铸公簠铭文的"朕"字缺笔,与《西清》29.3"铸公簠"字体不同,可知集成之误。其条云:

有周铸鼎亦名曰公,盖周人殁而称公。铸虽小国,此祭器亦得称公也。

朱凤瀚先生说:"从文献与金文资料看,在春秋早期已有封国国君不再受西周时期此种称谓限制而自我生称'某(国名)公',此渐成为当时列国国君较普遍的称谓。"[①]

陈侯簠传世有4件,上海博物馆和加拿大多伦多安大略博物馆收藏的陈侯簠铭文

---

① 朱凤涵:《关于西周封国君主称谓的几点认识》,《两周封国论衡——陕西韩城出土芮国文物暨周代封国考古学研究国际学术研讨会论文集》,上海古籍出版社,2014年,282页。

周鑄公簠一

鑄公作孟
鈕東母朕○
其萬年眉
壽子＝孫＝
永寶用

右高三寸一分深一寸八分口縱七寸五分橫九寸四分重七十六兩兩耳有周鑄鵲亦名曰公盍周人歿而稱公鑄雖小國此祭器亦得稱公也

图2-7　铸公簠

周鑄公簠二

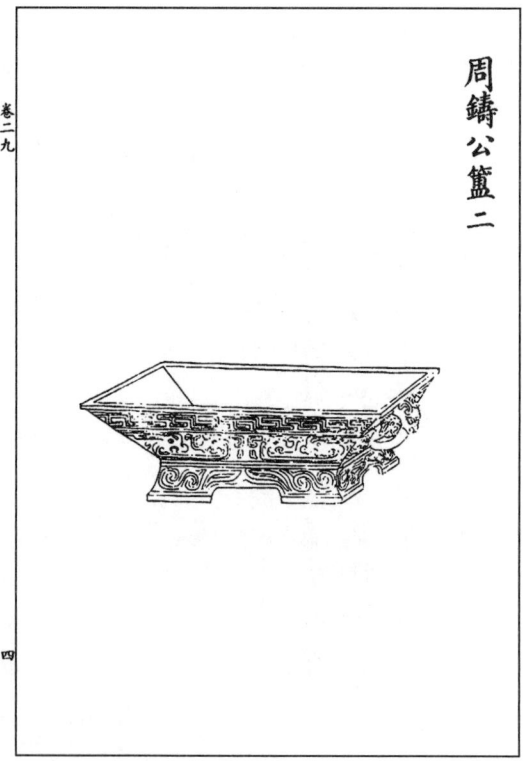

鑄公作孟
鈕東母朕○
其萬年眉
壽子＝孫＝
永寶用

右高三寸深一寸八分口縱七寸六分橫九寸三分重七十九兩兩耳與前器同銘字稍剝落然一時作也

图2-8　铸公簠

称"唯正月初吉丁亥,陈侯作王仲妫霝媵簠,用祈眉寿无疆,永寿用之"。《西清》29.5"陈侯簠"(图2-9)铭文作"唯正月初吉丁亥,陈侯作孟姜霝媵簠,用祈眉寿,万年无疆,永寿用之"。从铭文内容判断,与旅顺博物馆所藏的陈侯簠应为一组,都是为孟姜作器。陈国是妫姓,铭文记是陈侯嫁女仲妫于周王作器,又记同一日为孟姜作器。仲妫为王妇,文献记载"同姓媵",实际上诸侯大国也有异姓媵婚的情况。孟姜作为王仲妫的陪嫁,是由陈侯来作媵器的情况比较特殊,对研究两周之际的媵婚制度具有重要的研究价值。其条云:

宋赵明诚家藏有孟姜盥匜称孟姜与此同。

薛氏《历代钟鼎彝器款识法帖》著录有一件庆叔匜(《薛氏》116、117),铭文作"庆叔作媵子孟姜盥匜",窃怀疑这件匜即是赵明诚所藏。

陈曼簠传世有2件:其一为上海博物馆所藏;其二为台北"故宫博物院"所藏,即《西清》29.6"陈曼簠"(图2-10)。铭文中"逸"与"盘"字位置互易。其条云:

《乡云之歌》第二章曰:"明明上天,灿然星陈。""星陈"盖本此。

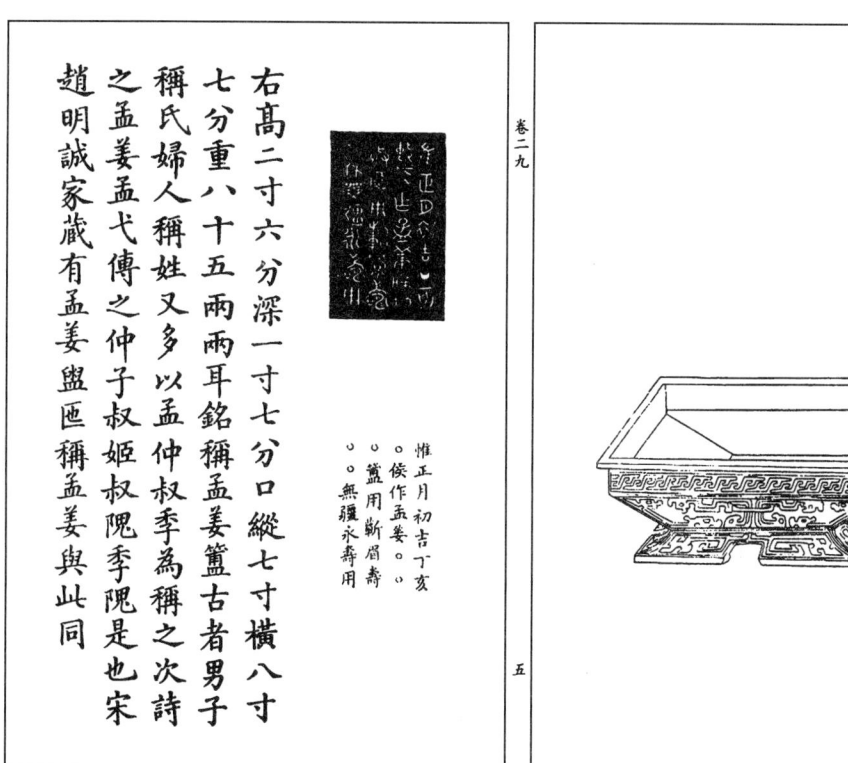

图2-9 陈侯簠

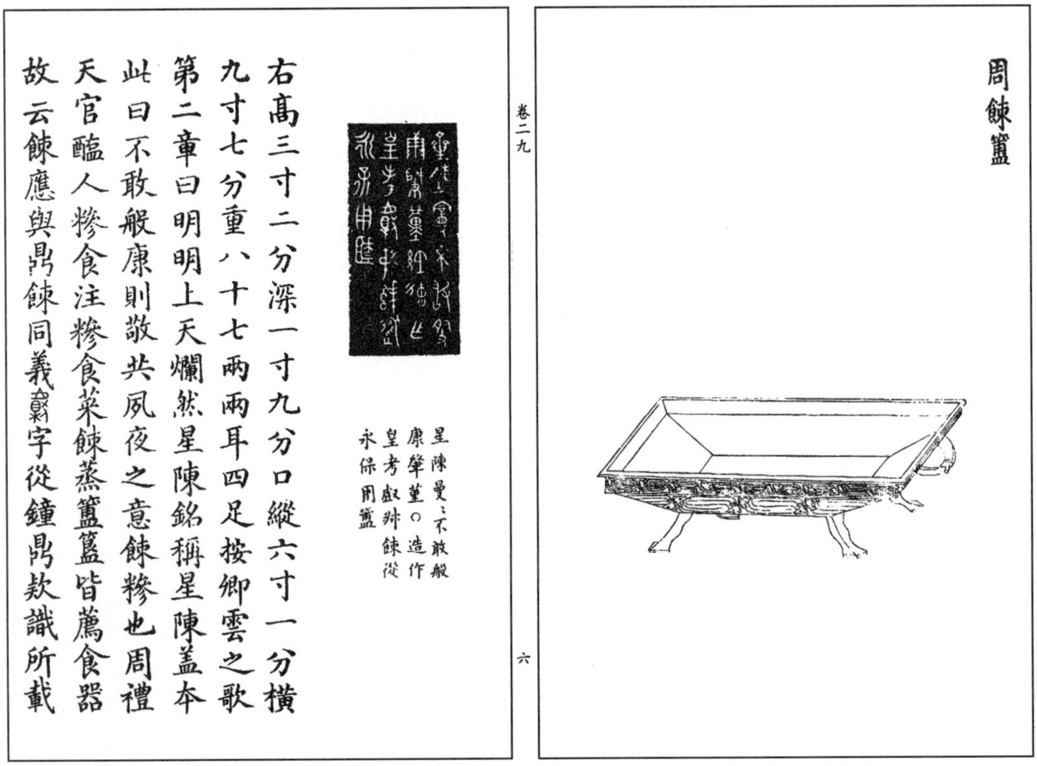

图2-10　陈曼簠

乾隆时期的古文字学家将"齐"释作"星",尚未能正确认识。

王杰等奉敕编撰《西清续鉴甲编》二十卷、附录一卷[1],收录内府续得商周青铜器844件器、铜镜100件,附录收唐以后31件器,但是所收器物真赝混杂。此书于乾隆五十八年成书,后有王杰、董诰、彭元瑞、金士松、玉保、瑚图礼、那彦成七人署名之跋[2]。容庚先生考证"周伯和鼎(《西甲》1.9)、周执物壶(《西甲》8.44)均引《宁寿鉴古》,故知此书编纂在后"[3]。

此书收簠4件,两件没有铭文。《西甲》13.1"吴王御士尹氏叔緐簠"(图2-11)原为清宫旧藏,1957年5月重新出土于北京海淀区东北旺村,现藏首都博物馆。其条云:

《国语》晋定公使谓吴王夫差曰:"夫命圭有命,固曰吴伯,不曰吴王。"《史记》:"寿梦立而吴始益大,称王。"此为寿梦以后之器无疑。

---

[1]　清高宗敕编:《西清续鉴甲编》,清宣统三年(1911)涵芬楼石印宁寿宫写本。

[2]　《国朝宫史续编》卷93.6云:"乾隆五十年敕纂内府续藏诸器为《西清续鉴》,五十九年校补缮绘集成。"容庚考证年代有误。

[3]　容庚:《商周彝器通考》,上海人民出版社,2008年,204页。

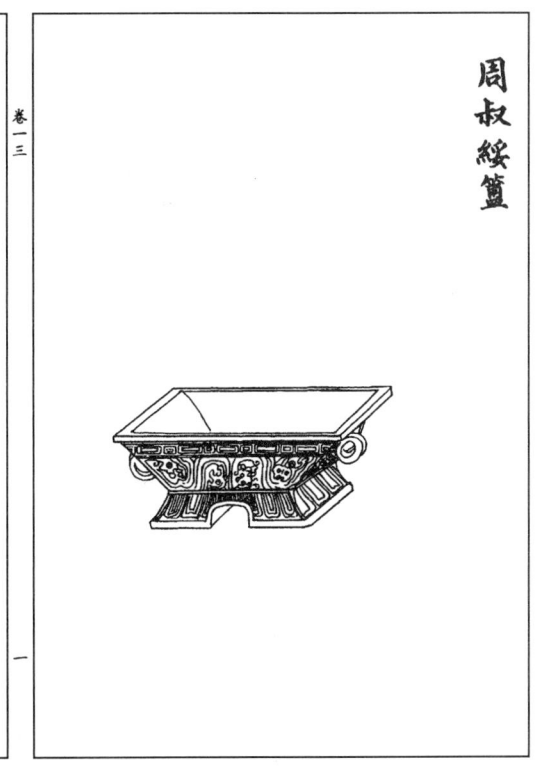

图2-11 吴王御士尹氏叔綏簋

从形制来看，这件器物的年代下限不晚于春秋早期。据史书记载，吴国称王始于寿梦。上海博物馆藏有一件者减钟，系清乾隆二十六年（1761）江西临江府出土。这件春秋中期的器物表明吴国已经开始称王，铭文称"攻吴王皮然之子者减"（《集成》202）。马承源先生考证"皮然"为"毕轸"，即文献上作"句卑"[①]。

《西甲》13.3"伯寿父簋"（图2-12）后归丁筱农。此器口沿下饰重环纹，腹部饰波曲纹，与陕西扶风庄白出土西周晚期的伯公父簋[②]基本相同。

敕编《西清续鉴乙编》二十卷[③]，编纂与甲编同时，所收之器皆藏于盛京行宫。收簋1件，无铭文，从形制特征来看似为仿古器。

敕编《宁寿鉴古》十六卷[④]，体例与《西清》相同。文献未载敕编年月，然此书应在《西甲》之前。全书收簋3件，其中1件无铭文。《宁寿》11.24"召叔山父簋"（图2-13），现藏台北"故宫博物院"。《周金文存》还收录有1件，铭文行款与《宁寿》

---

① 马承源：《关于翏生盨和者减钟的几点意见》，《考古》1979年第1期，60~65页。
② 周原考古队：《周原出土伯公父簋》，《文物》1982年第6期。
③ 清高宗敕编：《西清续鉴乙编》，民国二十年（1931）北平古物陈列所依宝蕴楼钞本石印本。
④ 清高宗敕编：《宁寿鉴古》，民国二年（1913）涵芬楼依宁寿宫写本石印本。

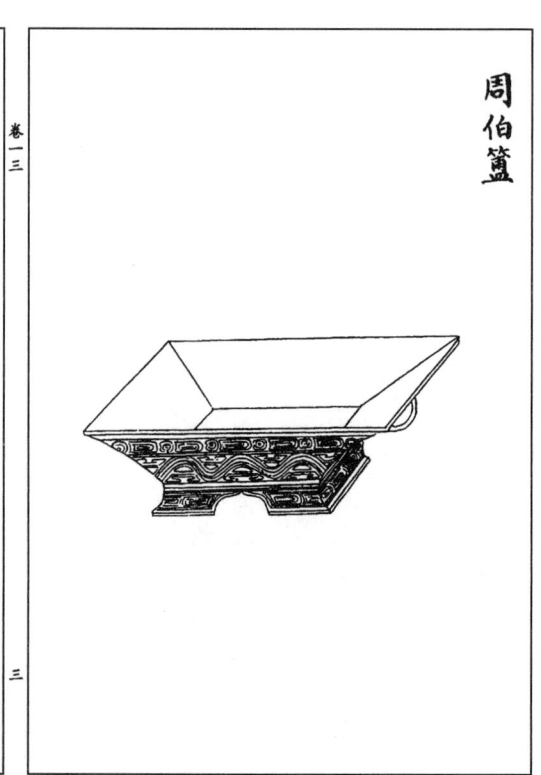

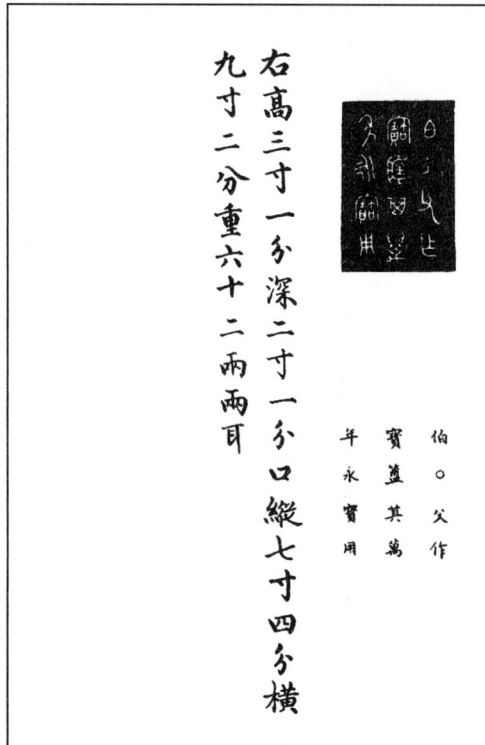

图2-12 伯寿父簠

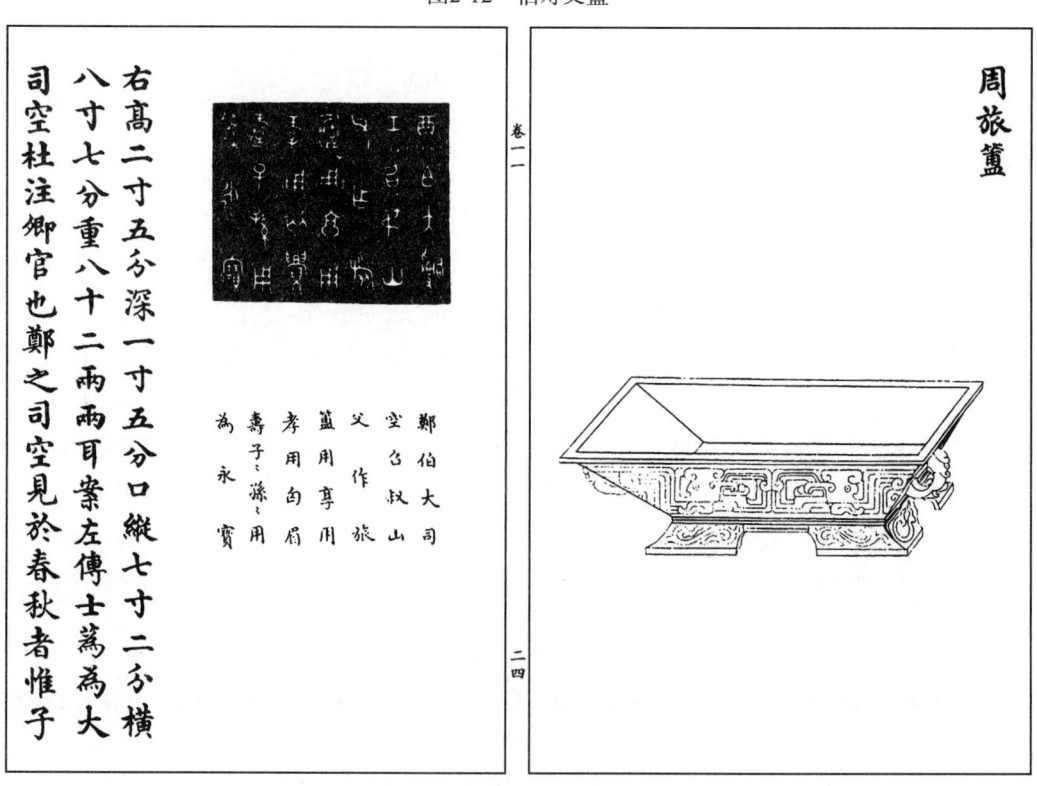

图2-13 召叔山父簠

11.24"召叔山父簠"有别,跋称原藏陈广宁。其条云:

> 案《左传》:"士蒍为大司空。"杜注:"乡官也。"郑之司空见于春秋者,惟子耳一人,他无所闻。召公之后,世为周卿,亦未闻有仕于郑者,然《西清古鉴》虢仲敦铭曰:"郑虢仲作宝敦。"虢仲之上既系以郑,则召氏之为郑大司空者亦应有之。叔山父与仲山甫同义,薛尚功《钟鼎款识》有召仲考父壶亦其类也。

金文中召公一支有专字"𢐗"(召),直到西周晚期的六年琱生簋还延续着这种写法。《长安获古编》还著录有2件西周晚期的召仲鬲,铭文作"召仲作生妣尊鬲"。可知召氏的宗支与旁支的金文用法不同。

《宁寿》11.26"京叔姬簠"(图2-14),释文作"享叔姬",其条云:

> 颜师古曰:"姬本周姓。"其女贵于列国之女,所以妇人美号皆称姬。《博古图》有伯姬鼎、季姬匜,此铭叔姬,其序也。孔安国《礼记》注曰:"奉上之谓享,此簠为叔姬孝享之器,故铭曰享叔姬。"

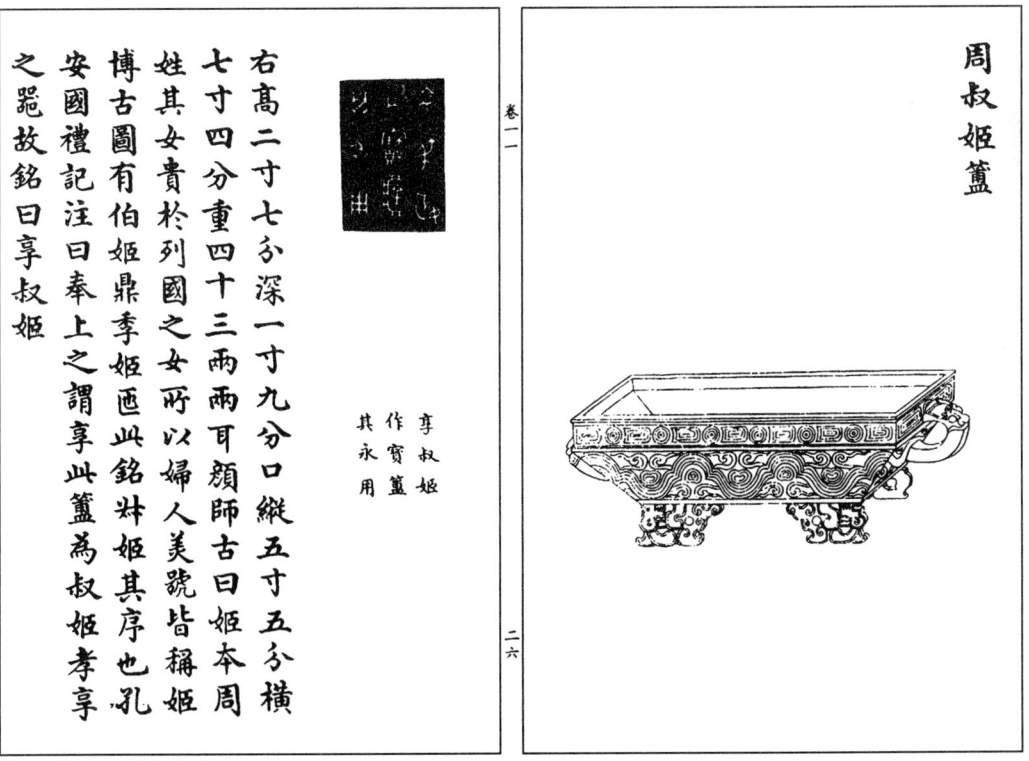

图2-14 京叔姬簠

此时金石学家尚未区分"京"与"享",金文中的"京叔姬"是嫁给京叔的姬姓女子。2006年澳门的崇源国际秋拍上的仲宫父盨,盖铭"京叔休父作旅盨",器铭:"仲宫父作姬氏旅盨。"盖、器铭文不同,口沿花纹也有差别,但是盖合严密,皮壳锈色一致,当系古人所配。由此可见,京氏与姬姓通婚的关系。

2. 刘喜海《长安获古编》

刘燕庭《长安获古编》二卷、补遗一卷①,收录刘氏宦陕时所得金石121种,其中商周青铜器43件、秦汉及唐器36件、杂器42件,仅摹有器形、铭文,大小尺寸均未记。咸丰二年刘氏卒,书稿刻于道光年间,却未及付梓。鲍康《观古阁丛稿》录序称稿本后归陈介祺,欲在刘燕庭逝世二十年补成其书,称:

> 胡石查、王廉生两农部,吴清卿太史、陈寅生上舍或任勘正,或兼摹绘,恩绶侄并预校字之役焉,告成有期矣。

然而,竟亦未果。光绪三十一年(1905)刘鹗补刻标题本载刘鹗跋称:

> 《长安获古编》乃刘燕庭方伯所撰,一金一石,皆有识跋,全甫刻图,而方伯殁,故仅存此稿。其原本四册,潘伯寅侍郎借来,失于澄怀园,侍郎云:石亦无甚奇品。书板为徐姓所得,遂印行,此赵益甫致魏稼生书中语也。徐姓印行后,书板遂归福山王文敏公懿荣。自同治初年至今未印,此京都正文斋谭笃生告予也。庚子变后,板归于予。其标题原缺者,乞铜梁王孝禹观察书补,刊印百部分赠同好也。

《金石图》评价称:

> 是书绘画,各器物全形,并摹铭文于后,凤舞螭蟠,惟妙惟肖,其刻镂之工,摹印之精,断非俗工所能从事。②

根据胡琨《㴋漻斋丛书》中序称刘氏收藏商周至汉唐铜器有223件,《长安获古编》中收录的仅有121件,可知尚有部分书版遗失。

此书收簠1件,《长安》1.23"卫子叔旡父簠"(图2-15)后归山东诸城王锡棨,见于《选青阁藏器目》。

---

① 刘喜海:《长安获古编》,清光绪三十一年(1905)刘鹗补刻标题本影印。
② 叶昌炽:《金石图》,《语石、语石异同评》10卷,中华书局,1994年,561页。

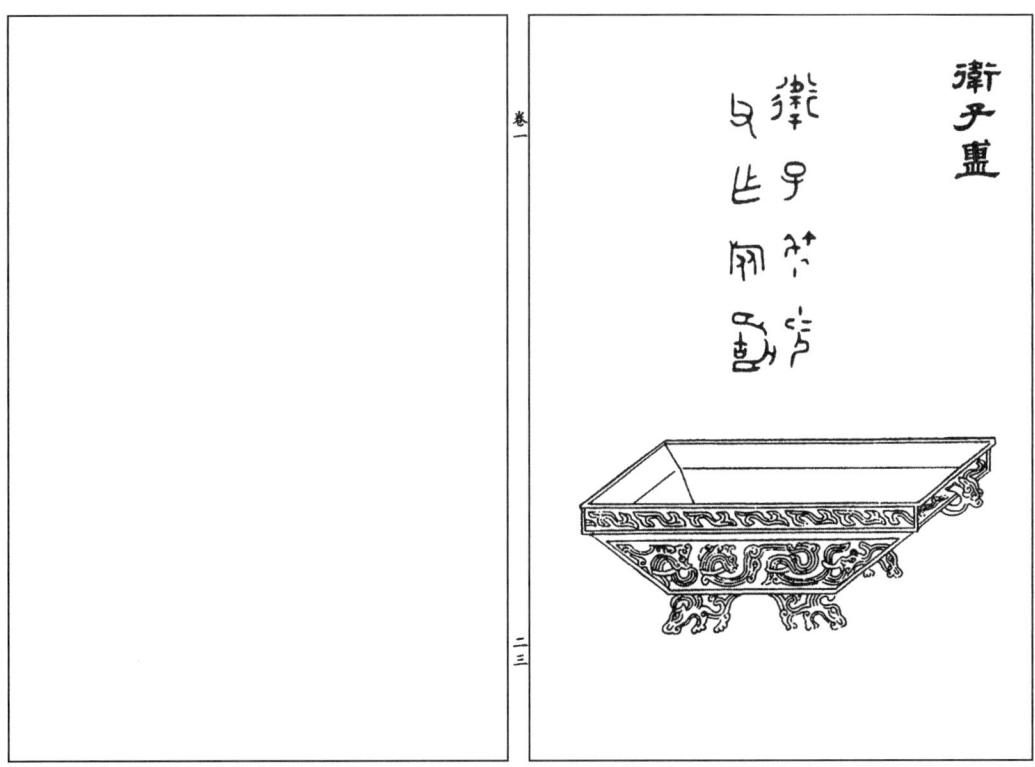

图2-15 卫子叔氶父簠

3. 冯云鹏、冯云鹓《金石索》

冯氏兄弟《金石索》十二卷①，分为上下两部各六卷。上部《金索》分钟鼎、戈戟、量度、杂器、泉刀、玺印和镜鉴七类；下部《石索》分为碑碣、瓦砖二类。所收器物上起商周，下迄宋元，凡九百余种。此书以木刻上版，故摹绘器形、铭文颇多失真。道光元年（1821）冯氏遂古斋刊本的冯云鹏序称"（是书）索于旧闻者二三，索于新得者七八焉"。其首载有十器，其条：

> 右周范铜器十事系乾隆三十六年钦颁内府宝藏分甲乙十干次第陈设至圣殿廷并御制诗章、考释图册给衍圣公孔公（昭焕），以为世守，迄今已六十余年，敬藏内库如故。惟春秋二大祭请出陈设，其冬夏私祭亦不敢陈。所以重国典，谨守藏也。鹏于嘉庆二十一年初至滋阳时逢丁祭日，即至曲阜获瞻十器。窃叹其神采惊人，不敢逼视。续见潘氏县志所刻，虽云遵依图册而镂文不类。且以敦为鼎，以鼎为敦，以卣为尊，以彝为卣，以豆为彝，以尊为豆，颠倒错乱，人无知者，心滋惧焉。每欲修改而力有未逮，今羁栖曲邑乃

---

① 冯云鹏、冯云鹓：《金石索》，清道光七年（1827）木刻本。

请于冶山上公（庆镕），于丁祭后暂将十器存诸念典堂中。两日得以细意观摩，实系目所未睹其古厚裔皇之气，更在太学所藏十器以上足以仰见高庙尊礼。素王之至意亘古未有，于是手拓其铭，选工绘图，悉遵原式又敬录御制诗及考释原文，泛山左金石志之例，冠于金石索之首。俾得远迩流，观不至贻误，简末缀以所见以传实迹纪荣幸焉。道光十二年岁次壬辰闰重阳日（小臣云鹏）谨志。

卷首八"塞簠"（图2-16）系乾隆三十六年钦颁孔府宝藏铜器十件之一，现藏山东曲阜县文物管理委员会。其铭文作"塞自作旅簠，其子子孙孙永宝用"。旅字应为厥字，从残存的笔画来看，《金石索》中摹写的情况比今日所见拓片还多一些。

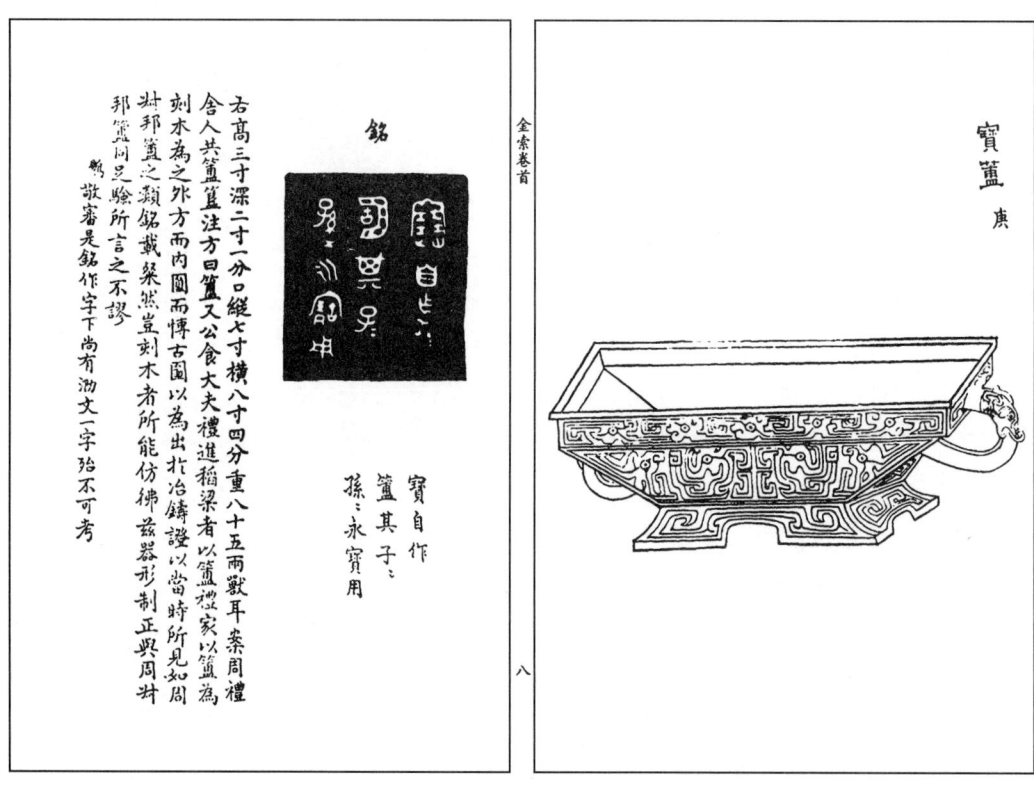

图2-16　塞簠

4. 吴云《二百兰亭斋收藏金石记》《两罍轩彝器图释》

吴平斋《二百兰亭斋收藏金石记》四卷[①]，收录青铜器39件、石刻5件，此书由汪泰基绘图，吴熙载写刻，堪称精善。以往著录图形的花纹皆用双钩，此书有的花纹改

---

① 吴云：《二百兰亭斋收藏金石记》，清咸丰六年（1856）吴让之写刻本影印。

为实笔，形象逼真，记有大小、重量及铭文甚详。咸丰六年（1856）吴让之写刻本载叶志铣序称：

> 盖藏之富，固不待言。其中吉金器半为积古斋旧物，类皆稀世之宝。至考据之精确，如庚嬴卣铭"穧历"二篆字，从来各金石家都作"篾历"。今本许叔重《说文》释为"穧历"，足破千古之疑。佗如錞之为器，《宣和博古图》载有二十器，皆系诸周代。谓后世去古既远，知之盖寡。一若周以后，此器不传，盖无铭文可考也。今平斋据有货泉文定为汉器，非凿空者比，则《博古图》所载二十器不得尽属之周，明矣。又如齐侯罍，姜为陈子疆之名，与瞿非今之三锋矛，凡可订证经史者，指不胜数。然则平斋此书，有功于金石之学其浅哉！可信其必传无疑矣。

此书收有簠1件，《二百》3.3"鲁伯愈父簠"（图2-17）仅存簠底铭文，器型无征，现藏于上海博物馆。其条称：

> 铭文十六字与筠清馆金石录所载鲁伯愈父簠同，筠清馆据拓本摹入"馀"字，校此铭"馀"字下多二点，释作"愈"，此当释"愈"。"孚"

图2-17　鲁伯愈父簠

字未详,筠清馆作"年",兹仍其说。器已残缺,轻重尺寸不载。

《殷周金文集成》释"𢦏"作"仁"。《山东金文集存》云:

> 《金石索》三云:道光庚寅岁(道光十年)滕县人于凤凰岭之沟涧中掘出,刘超元守卫购得……此外有簠有鬲,皆以姬年系之……①

传世的还有两件:一件收藏于中国国家博物馆;另一件为吴大澂旧藏,下落不明。

《两罍轩彝器图释》十二卷②,是在《二百》的基础上,删去石刻,增订而成。前八卷收录三代青铜器59件,后四卷收秦汉以后51件,共计110件,间有伪器。每器皆摹铭文,有器形图,记录尺寸、重量、流传经过,并附考释。同治十一年(1872)自刻木本吴序自称:

> 昔余丙辰年著《二百兰亭斋金石记》,专录家藏各器。庚申之变,书版遭毁,器亦间多遗失,犹幸印本尚有存者,故得重摹入录。

此书收簠2件,"鲁伯愈父簠"为《二百》所著录。新收一器《两罍》7.8"芮太子白簠"(图2-18),此器或为后得,现藏故宫博物院。其条记:

> 器高今尺二寸八分,深二寸,前后径八寸八分,左右径一尺九寸,重今库平一百四十两。

实测故宫博物院所藏的芮太子白簠,高8.9厘米、口长33.9厘米,重5.36千克。可知《两罍轩》所说的"今尺"即是营造尺,"今库平"亦是清代通行衡制,换算为高8.96厘米、深6.4厘米、口宽28.16厘米、口长34.88厘米,重5.22千克,两者数值相近。又称:

> 陈寿卿太史云:"内即芮,释为芮太子。芮国名与兹太子同义。"

此簠前所未见,《西清》著录有芮太子白鼎(《西清》2.24),2006年在陕西韩城梁带村M26中又出土了4件芮太子白鬲③。

---

① 曾毅公:《山东金文集存》13.2"鲁伯愈父匜",民国二十九年(1940)齐鲁大学国学研究所影印本。
② 吴云:《两罍轩彝器图释》,清同治十一年(1872)自刻木本。
③ 陕西省考古研究所、渭南市文物保护考古研究所、韩城市文物旅游局:《陕西韩城梁带村遗址M26发掘简报》,《文物》2008年第1期。

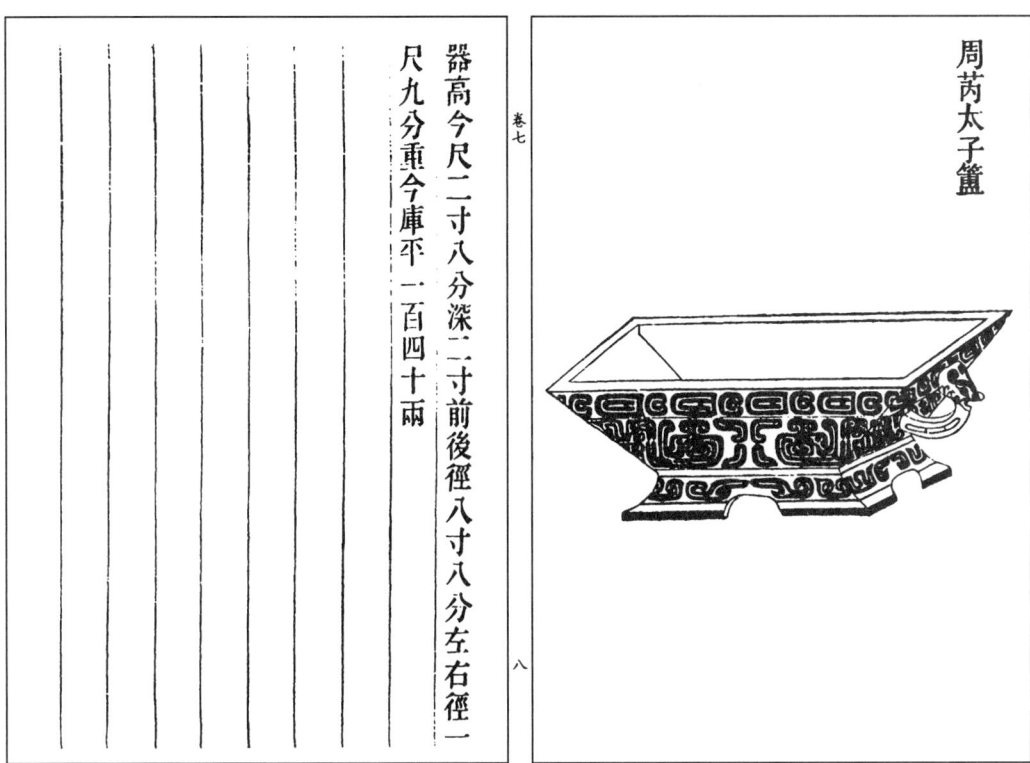

图2-18　芮太子白簠

5. 潘祖荫《攀古楼彝器款识》

潘伯寅《攀古楼彝器款识》二卷①，收录商周青铜器50件。同治十一年（1872）滂喜斋木刻本载潘祖荫序称此书是由吴大澂绘图，王懿荣楷书，周悦让、张之洞、王懿荣、吴大澂、胡义赞及潘氏考释，可谓精彩，但是未记尺寸大小。吴大澂服官于外，绘图无人，所以后来收藏的盂鼎、克鼎、王孙钟和沇儿钟皆未收入此书。

此书收簠1件，《攀古》上46"季昷父簠"原是清宫旧藏。其条云：

> 周孟伯（悦让）说："按《说文》剩，物相增加也，从贝朕声。一曰送也，副也，以证切。错曰：今鄙俗谓物余为剩，古者一国嫁女二国，往媵之。言送也，副贰也，义出于此也，云云。《说文》无媵字，古盖本作剩，其从女作媵者，孶字耳。或从人作倴，又益孶矣。此器作儶，则媵之，别文而倴之滥觞，实皆媵之，重文也。儶匚者，送女之器也。《鲁颂》正义王肃云：太和中鲁郡于地中得齐大夫子尾送女器有牺尊云云。知为送女器者，必

---

① 潘祖荫：《攀古楼彝器款识》，清同治十一年（1872）滂喜斋木刻本。

其铭有滕之,与此器同惜其文不传也。"张孝达(之洞)说:"季下当是'郭'或是'丰'象形,旧释作'良',非也。"

周悦让关于滕器的解释纠正了乾隆时期金石学家的认识,已经有了很大的进步。潘祖荫著录时将这件器物定名为"季良父簠",然在释文中仍保留了张之洞的不同看法。

6. 吴大澂《恒轩所见所藏吉金录》

吴清卿《恒轩所见所藏吉金录》二册[①],收录吴大澂、潘祖荫等十家收藏青铜器136件,商周青铜器95件、兵器2件和秦汉以后器39件,分所藏、所见、所集三类。器物图形出自吴氏本人手绘,然编次不分朝代,无大小尺寸。光绪十一年(1885)自刻木本序所说,此书乃同治十一、十二年所刻,后有增补,光绪十一年编次成书。其言:

> 其不注某氏器者,皆潘伯寅师所藏。

潘氏的"季𣄰父簠"又收入此书,亦未记有大小尺寸,有释文的仅盂鼎一器。

7. 端方《陶斋吉金录》《陶斋吉金续录》

端午桥《陶斋吉金录》八卷[②]、《陶斋吉金续录》二卷(附补遗)[③],共收古器物447件,其中商周青铜器达203件,绘有器形,无释文,无考证文字。以往铭文多是摹画,此书则采用拓本石印。续录序跋称:

> 予叙前录谓三代吉金,图象之重等于铭识。

可知端方反对某些清儒只崇铭识而不重图像的著录体例。

正录收簠5件,续录收簠3件。《陶斋》2.44"楚子暖簠"(图2-19),今下落不明。《陶斋》2.45"楚子暖簠"(图2-20)仅存底、足,现藏美国堪萨斯纳尔逊美术陈列馆。罗振玉也藏有一件(《贞图》上39),亦只存底、足,铭文拓本与《陶斋》2.45不同,下落不明。《陶斋》2.45条记:

> 高一寸五分强,底径长一尺二寸三分,阔九寸。

---

① 吴大澂:《恒轩所见所藏吉金录》,清光绪十一年(1885)自刻木本。
② 端方:《陶斋吉金录》,清光绪三十四年(1908)石印本。
③ 端方:《陶斋吉金续录》,清宣统元年(1909)石印本。

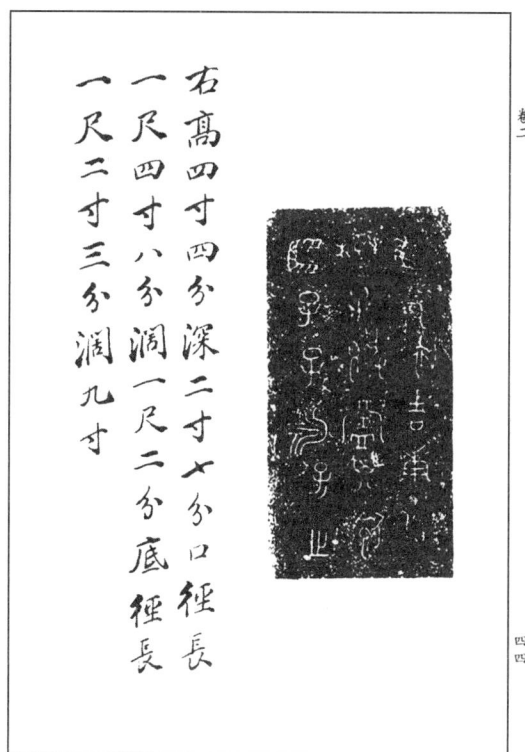
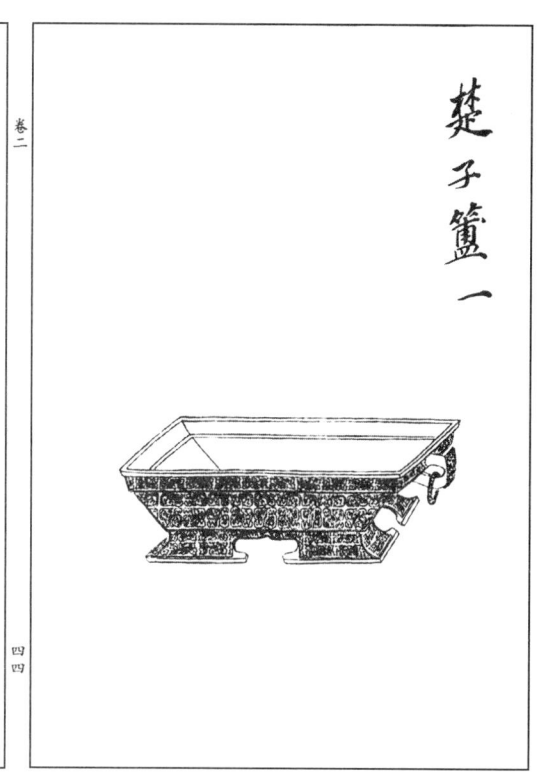

图2-19 楚子暖簠

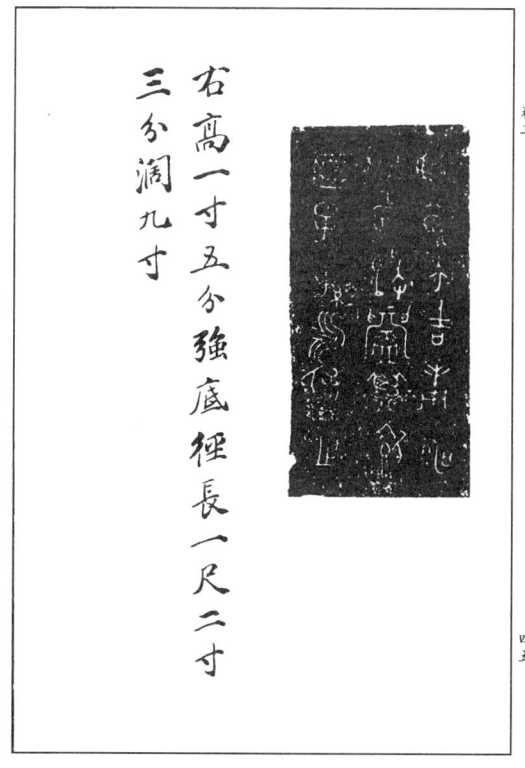

图2-20 楚子暖簠

按照清代营造尺（32厘米）换算为高4.8厘米、底径长39.36厘米、底宽28.8厘米，与陈梦家先生所测高3.6厘米、底径长28.6厘米、底径宽21厘米①的数据不符。若按照汉代黍尺（23.1厘米）进行换算，高3.46厘米、底径长28.41厘米、底径宽20.79厘米的数据则比较符合实测数值。由此可知，《陶斋》所标注的尺寸乃是使用汉代黍尺进行测量的，而非营造尺。

《陶斋》2.46、2.47两件商丘叔簠（图2-21）可以相互扣合，现藏美国堪萨斯纳尔逊美术陈列馆。其条记：

（半器）高三寸八分，深一寸九分，口径长一尺一寸九分，阔径九寸七分，底径长七寸三分，阔五寸一分。

按照汉黍尺换算为高8.77厘米、深4.38厘米、口径长27.48厘米、口径宽22.4厘米、底径长16.86厘米、底径宽11.78厘米。陈梦家先生实测为通高17.2厘米、口长27.3厘米、口宽22.3厘米、底长16.6厘米、底宽13.2厘米②，两者数值大体相符。商丘叔簠传世者共有4件，此为其一。还有两件为上海博物馆收藏，山东泰安市道朗乡大马庄村龙门口出土有一件③，四器的器、盖皆全。

《陶斋》2.48师麻簠（图2-22）仅存底部，铭文称"师麻孝叔父作旅匡（簠）永宝用"，《集成》失收。山东省博物馆藏有一件师麻孝叔鼎，原是丁麟年旧藏，容庚疑伪。吴大澂《愙斋集古图》有师麻孝叔簠（图2-23）的全形拓，此器铭文为"师麻孝叔作旅匡（簠）其万年子子孙孙永宝用"。两件器物的铭文字数、器物自名均不相同。《陶斋》2.48残存底足为春秋中期的交龙纹，时代亦与吴氏所藏不符。王献唐云："清同治末年，与一簠一甗同出于陕西凤翔。"④《周金文存》2.88.2著录有甗铭作"师麻孝叔作旅甗其万年子子孙孙永宝用"，此器《集成》亦失收，铭文格式、字数与吴氏所藏相同。《北京图书馆藏青铜器全形拓片集》还著录有一件师麻孝叔簠⑤（图2-24），拓片高16厘米、宽36厘米，并云"吴大澂、刘体智旧藏"。此器纹饰与吴氏

---

① 中国科学院考古研究所：《美帝国主义劫掠的我国殷周铜器集录》，科学出版社，1962年，55页。

② 中国科学院考古研究所：《美帝国主义劫掠的我国殷周铜器集录》，科学出版社，1962年，55页。

③ 泰安市博物馆：《山东泰安市龙门口遗址调查》，《文物》2004年第12期。

④ 王献唐：《山东古代文物管理委员会收藏的黄县丁氏铜器》，《文物》1951年第8期，102页。

⑤ 北京图书馆：《北京图书馆藏青铜器全形拓片集》第一册，北京图书馆出版社，1997年，178页。

1

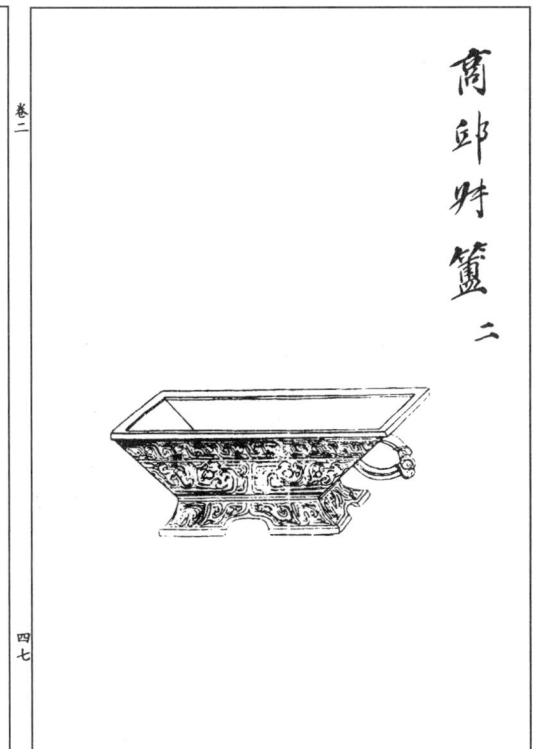

2

图2-21 商丘叔簠

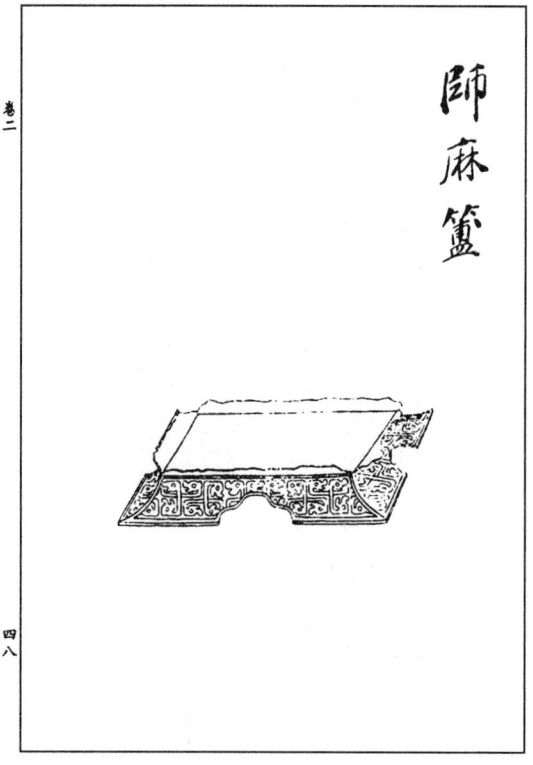

图2-22 师麻孝叔簠

图2-23 师麻孝叔簠

所藏有差异，周亚先生认为"疑在无铭簋上加刻了师麻孝叔簋铭文"①，是有道理的。《陶斋》2.48应该也是在残簋底上加刻铭文，足见师麻孝叔簋铭文在当时有着广泛的影响，作伪之器不少。

《陶续》1.42季昌父簋，现藏故宫博物院。《陶续》1.43史免簋（图2-25），原藏金兰坡。此器为盖今下落不明，器现藏山东省博物馆，形制无征。《陶补》仲义君簋（图2-26），现藏陕西历史博物馆。《积古斋钟鼎彝器款识》著录有一件仲义君鼎（《积古》5.37），铭文书体相同。

图2-24　师麻孝叔簋

8. 毕沅、阮元《山左金石志》

毕沅和阮元合撰的《山左金石志》二十四卷②，收录山东地区商周至清乾隆年间历代金石1300余种，前两卷所收为三代青铜器铭文，体例同《金石萃编》，录全文并附以考证。是书由毕沅定其义例，阮元继成其事，参与编撰的还有朱文藻、何元锡、武亿、黄易等，搜罗广博，考证精确，乃清代地方志类金石书中的名著。此书收有在曲阜孔庙的乾隆钦颁内府周器十件之塞簋。

9. 阮元《积古斋钟鼎彝器款识》

《积古》十卷③，是仿薛尚功《历代钟鼎彝器款识》体例，收录商周青铜器446件、秦器5件、汉晋器100件，共计551件，摹铭并有考释，开清代私家著录铜器款识风气之先河，对后世影响较大。嘉庆九年（1804）文选楼自刻本载阮氏序称：

> 友人之与余同好者，则有江侍御德量、朱右甫为弼、孙观察星衍、赵银台秉冲、翁比部树培、秦太史恩复、宋学博葆醇、钱博士坫、赵晋斋魏、何梦华元锡、江郑堂藩、张解元廷济等，各有藏器，各有拓本，余皆聚之，与余所自藏自拓者集为《钟鼎款识》一书，以续薛尚功之后。

---

① 周亚：《窭斋集古图笺注》，上海古籍出版社，2012年，98页。
② 毕沅、阮元：《山左金石志》，清嘉庆二年（1797）仪征阮氏小琅嬛仙馆刻本。
③ 阮元：《积古斋钟鼎彝器款识》，清嘉庆九年（1804）文选楼自刻本。

图2-25 史免簠

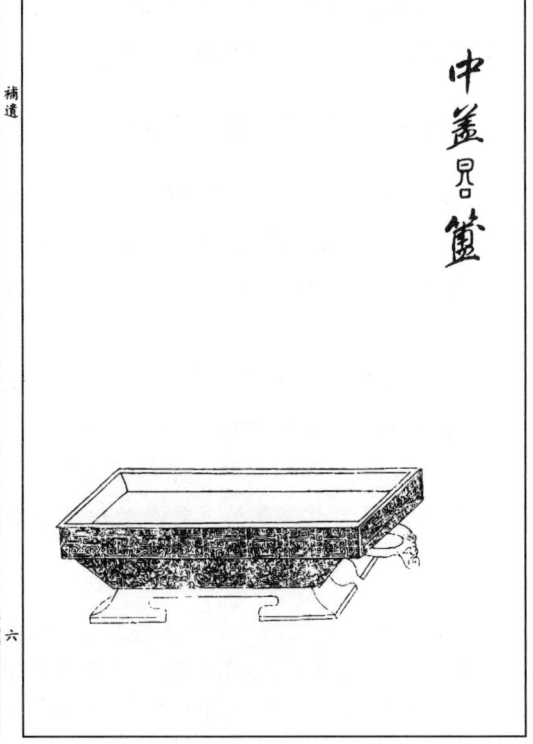

图2-26 仲义君簠

此书收簠10件，剔除吉父簠，应收两周青铜簠9件。《积古》7.1.2"吉父簠"铭文作"□吉父作宝甫。"其条云：

> 吉父簠铭六字，首一字摩减，宝字半泐。器为孙渊如观察所藏，据拓本摹入。案周有尹吉甫，惜首一字阙未可定，甫簠之省。

根据目前金文材料可知，自名"甫"的都是青铜铺。

番君召簠传世者有6件，除了一件现藏故宫博物院，其余均下落不明，包括《积古》7.2.1、7.2.2两件"番君召簠"，其条云：

> 番君簠（其一）铭十八字，摩减者一字。器为元所藏，零落仅存其底。
> 番君簠（其二）铭可释者十一字，余俱摩减，据赵晋斋所藏拓本摹入。

又言：

> 簠字𠥻，从古从匚，古声通作胡。《左·哀十一年》传"胡簋之事则尝学之"，胡簋即簠簋也。《礼·明堂位》"殷之六瑚"与敦簋并列，明为盛黍稷之器。瑚之为簠，异名无疑矣。

《积古》7.3.1"伯其父麀簠"条：

> 伯其簠铭二十一字，据赵晋斋所藏拓本摹入……簠作祜者与𠥻同。

赵晋斋即赵魏，字恪生，浙江仁和人。蒋宝龄《墨林今话》称：

> 恪生少嗜金石之学，中年游关中毕制军沅幕，与孙渊如星衍、钱献之坫、申铁蟾兆定互相砥砺，见闻日广，黄小松易极推重之。

赵氏后人所辑《竹崦庵金石目》均未见《积古》所录之金文，此器形制较早的著录无存。《北京图书馆藏青铜器全形拓片集》著录有伯其父麀簠拓本[①]，罗雪堂藏器，周希丁手拓，拓片高12厘米、长26厘米。

---

① 北京图书馆：《北京图书馆藏青铜器全形拓片集》第一册，北京图书馆出版社，1997年，183页。

《积古》7.3.2"免簠"云：

> 免簠铭四十四字，器为元所藏……此圆器而定为簠者，《说文》云："簠，黍稷圜器也。"《周礼·舍人》郑注云："方曰簠，圆曰簋。"今目验诸器知簋多方而有圆者，簠多圆而有方者，许郑之说可并存也。

免簠为阮元藏器，这段记载可知此簠非一般所见的方形器。清代对器物学的定名已经比较成熟，从钱坫开始已经能明确区分簠、簋。阮元不将免簠定名为簋或簠，其形制或与二器相似而又不同。2013年宝鸡石鼓山墓地M4出土的两件西周早期青铜簠①都是椭方形圆口，那么免簠可能是这种早期形制向方形簠过渡的最晚器物。

《积古》7.4"叔朕簠"条：

> 叔朕簠铭三十六字，器为元所藏拓本摹入。

《十二家吉金图录》称此器后藏于周季木，现藏上海博物馆。

《积古》7.5"张仲簠"条：

> 张仲簠铭五十一字，据王复斋《款识》宋拓本摹入。

可知《积古》所收之器并非都是藏器或藏拓，也有据宋本书录入者。

《积古》7.7"曾伯霥簠"条：

> 曾伯霥簠铭九十一字，据赵晋斋所藏拓本摹入。案曾当即鄫，夏之后国，爵为伯，而《春秋》作子者，意后王贬之也。

从阮元开始，后世学者多倾向于曾伯霥簠为山东之鄫。

《积古》7.9"陈逆簠"（图2-27）条：

> 右陈逆簠铭七十七字，据甘泉江子屏藩手拓本摹入。案陈逆见《左·哀公十四年传》："字子行，陈氏宗也。"狟同桓，《书·牧誓》："尚桓桓，"《说文》引作"尚狟狟。"《左·庄二十二年传》："及陈之初亡

---

① 陕西省考古研究所、宝鸡市考古研究所、宝鸡市渭滨区博物馆：《陕西宝鸡石鼓山商周墓地M4发掘简报》，《文物》2016年第1期。

也，陈桓子始大于齐。"杜注："桓子，敬仲五世孙陈无宇。"铭云陈㡭子之裔孙，著其始大之祖也。

又云：

> 考《左传》成子杀阚止，执简公，逆实佐之。铭云："奭事齐侯。"又云："无作尨伪也。"此器作于鲁哀公二十年，杜氏长历哀二十年正月丁亥朔，铭云唯王正月初吉丁亥，与杜氏合。时齐侯为平公，惊距简公之弑，

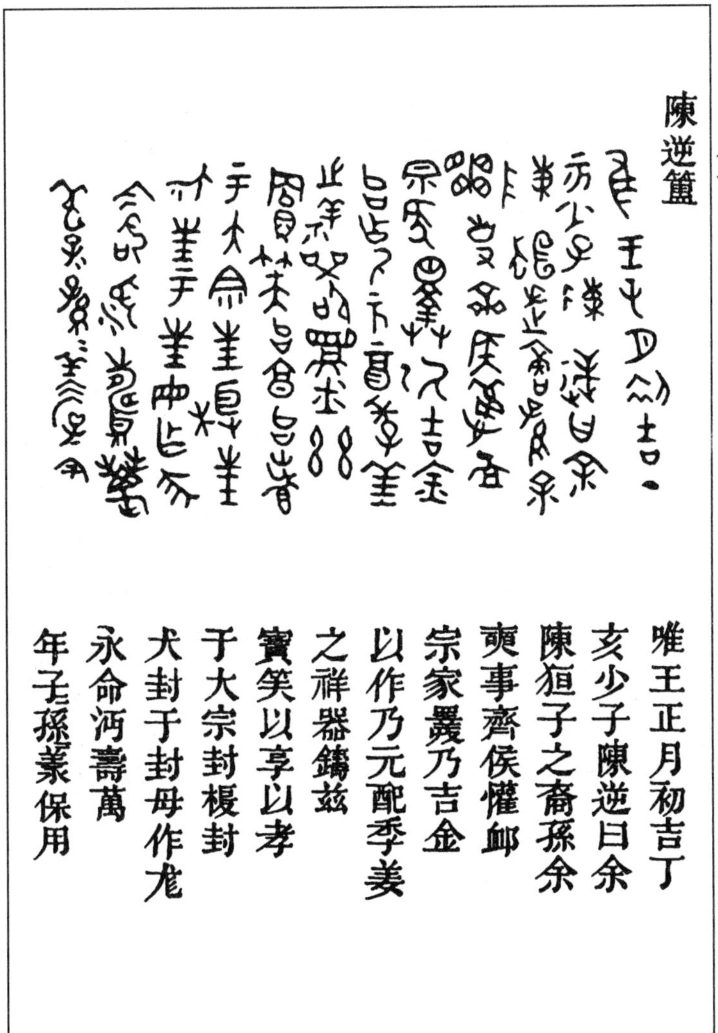

唯王正月初吉丁
亥少子陈逆曰余
陈㡭子之裔孙余
奭事齐侯懽邺
宗家羼乃吉金
以作乃元配季姜
之祥器鑄兹
寳笑以享以孝
于大宗封榎封
犬封于封母作尨
永命沔壽萬
年子孫叢保用

图2-27 陈逆簠铭文

已五年矣。《史记·田世家》言:"田常相平公五年,割齐自安平以东至琅琊,自为封邑,封邑大于平公之所食。"时田常正割齐地,故逆亦自正封邑而铭之彝器也。

通过阮元对陈逆簠的研究可知,清代金石学比以往有了较大的进步,利用出土文献和传世文献进行互证,考订器主、作器年代以及相关史实多为可信。传世者还有两件:其一为叶东卿旧藏,下落不明;其二现藏贵州省博物馆[①](图2-28),应系伪铭。

图2-28 贵州省博物馆藏陈逆簠

---

① 程学忠:《贵州省博物馆收藏的先秦至汉晋时期青铜器》,《考古》2005年第2期。

10. 徐同柏《从古堂款识学》

徐籀庄《从古堂款识学》十六卷①，编排以藏家为序，收录金文考释365件器，无器形图。光绪十二年（1886）同文书局石印本载阮元跋称：

> 其中诸器有未见之文，且审解精确。

叶志诜跋称：

> 考据款识家自来多强解傅会之病，此册诠释确切，义理具足，实由经术湛深之故。

此书收簋4件，其中卷二目录称"曾伯霁簋"为长白斌氏寿金盦藏。《徐籀庄年谱》载：

> （四十五岁）冬释周曾伯霁簋，甬上周小厓世绪藏器，海盐张石瓿开福携过溪南，嗣归长白斌氏寿金盦。②

长白斌氏即斌良，字笠耕，斋名寿金盦。《从古》2.19"曾伯霁簋"条云：

> 是器为簋盖，按《仪礼·公食大夫礼》："宰夫东面坐，启会。"注："会，簋盖也。"《礼·曲礼》："毋放饭。"疏："会，谓簋盖也。"据此亦可名为曾伯霁会。

传世文献《仪礼·公食大夫礼》："宰夫东面坐，启簋会。"注："会，簋盖也。"陈贻簋盖铭文有"簋鐱"，柯昌济称："鐱通会，器盖也。"杨树达称："器是簋盖，故著器名。字从金，疑是器盖曰会之本字，经传作会，殆省形存声之通用字也。"③西替盆有"餴鉦鐱"（《集成》3710），器物有盖。王子申匜有"鐱匜"（《新收》1675），流口有镂空盖状装饰。因此，"鐱"可能就是指在器物上设盖。

卷二十目录称"召叔山父簋"为嘉兴方氏宝敦斋藏，《从古》12.19"召叔山父簋"条云：

---

① 徐同柏：《从古堂款识学》，清光绪十二年（1886）同文书局石印本。
② 徐士燕：《徐籀庄年谱》，《古学汇刊》第四册，广陵书社，2006年，2295页。
③ 杨树达：《积微居小学述林》，上海古籍出版社，2013年，717页。

> 古铭文用韵之密，迥非秦师下所能及。

嘉兴方氏即方维祺，字莲卿，斋名宝敦斋。徐氏考释时非常注意金文中的用韵情况。此外，还收有《从古》16.2"许子妆簠"和《从古》16.3"虢叔簠"。

11. 吴荣光《筠清馆金文》

吴荷屋《筠清馆金文》原题《筠清馆金石录》，又名《筠清馆金石文字》，然石文未刻。杨守敬重刻本题作《筠清馆金文》五卷[①]，收录商周青铜器239件、秦汉器25件、唐器3件，共收267件。释文多出自龚自珍、陈庆镛之手，谬误甚多，孙诒让《古籀拾遗》、杨树达《积微居小学述林》两书多有辨证。根据道光二十二年（1842）南海吴氏筠清馆自刻本吴氏序跋称：

> 年廿六宦游京师，于藏家及书肆所有手抄而邮索得若干卷，宦迹所至，于陕、于闽、于浙、于黔楚又得若干卷。

卷首凡例亦称：

> 此书非续《积古斋钟鼎款识》，亦非续《金石萃编》，不过纪四十六年之所得，名之曰《筠清馆金石录》，而卷帙浩繁。积古、萃编二书遍行海内已久，故于萃编所有但存其目，而二书所遗者悉录全文。

书中收簠6件，其中《筠清》3.5.2"邾太宰欉子蓥簠"条云：

> 慈溪叶梦渔藏器。

叶梦渔即叶应璜，字梦渔，浙江慈溪人。陈介祺曾致信询问吴云"慈溪叶梦渔曾伯霎簠可求否"，然此簠并未入陈介祺之手。《筠清》3.7"召叔山父簠"条云：

> 姚圣常摹本。

姚圣常即姚晏，字圣常，浙江归安人，著有《中州金石目》。《筠清》3.8"许子妆簠"条云：

---

① 吴荣光：《筠清馆金文》，清道光二十二年（1842）南海吴氏筠清馆自刻本。

陈寿卿藏器。

陈寿卿即陈介祺。《筠清》3.9"叔家父簠"条云：

素布政讷藏器。

素讷，字梦蟾，满洲镶黄旗人，官直隶布政使。《筠清》3.10"伯其父簠"条云：

保定刘镜古藏器

刘镜古即刘肇鉴，字镜古，按照《履园丛话》所载为山西洪洞人，误作保定人。《筠清》3.11"鲁伯愈父簠"条云：

吴子苾拓本。

12. 陈介祺《簠斋吉金录》

陈簠斋藏、邓实辑《簠斋吉金录》八卷[①]，收录陈氏旧藏商周、秦汉青铜器，还包括古兵器、秦诏版、铜造像和铜钱范等拓片389件，无器形图、考释以及尺寸说明。民国七年（1918）风雨楼石印本载褚德彝跋称：

簠斋藏三代吉金共二百余品，拓墨之精，自来收藏家所未有也。此二册乃当时拓赠吴退楼者，皆三代器中文字最精之品，复有簠斋自书考证。

邓实跋称：

《簠斋藏器目》江建霞太史曾两次刊入《灵鹣阁丛书》中，考其第一目共载二百六十三器，其第二目共载一百七十九器，其前目比后目多八十余器者，乃前目增入古兵器一类，而后目不列也。今编《吉金录》略依江氏所刊两目，而补其所未备，复增入秦权量刻辞及汉器弩机、泉范、造像等，共得三百八十九器，较之江目多出百二十六器，簠斋藏器大略已备矣。先是寒家极力搜罗簠斋吉金墨本，十余年来，集合不尠，久思影印行世，而校录江

---

① 陈介祺：《簠斋吉金录》，民国七年（1918）风雨楼石印本。

目，所缺尚多，不无遗憾。友人褚君礼堂、邹君适庐，亦酷爱簠斋遗拓，搜集尤勤，今年夏间，假得两家藏本，合以寒家所有，突过江目，乃另编目，决付影印。

此书以原拓编印，钤有陈介祺及诸家的鉴藏印，对研究拓本出处和流传具有极高的史料价值。收簠4件，《簠斋》3簠1"曾伯霥簠"有：

"海滨病史"印、"平生有三代文字之好"印、"宝汉楼主"印、"簠斋藏三代器"印、"适庐所藏"印。

前四印为陈介祺的用印，后一印为邹适庐。《簠斋金文题识》称：

书如石鼓，阮录乃器，此盖。会，簠盖也，见《仪礼》。与慈溪叶梦渔湖海阁所藏当是一器。徐籀庄云此是会。会，簠盖也。①

《簠斋》3簠2"许子妆簠"有：

"陈介祺所得三代两汉金石记"印、"褚德彝印"。

《簠斋金文题识》称：

子苾为余购之阆帖轩。②

《簠斋》3簠3"郘公諴簠"有：

"簠斋藏三代器"印、"海滨病史"印、"褚德彝印"。

《簠斋金文题识》称：

方赤外舅以卅千得之厂肆阆帖轩，余以簠名斋，遂收之。③

---

① 陈介祺、陈继揆整理：《簠斋金文题识》，文物出版社，2005年，27页。
② 陈介祺、陈继揆整理：《簠斋金文题识》，文物出版社，2005年，28页。
③ 陈介祺、陈继揆整理：《簠斋金文题识》，文物出版社，2005年，28页。

"方赤"即李璋煜,字方赤,斋名爱吾鼎斋,山东诸城人。

《簠斋》3簠4"虢叔簠"有:

"簠斋藏三代器"印、"松窗审定"印、"寒灯释篆雪屐寻碑"印。

"松窗"即褚德彝,字松窗,号礼堂,浙江余杭人。"寒灯释篆雪屐寻碑"印亦是褚德彝的闲章。

13. 吴式芬《捃古录金文》

吴子苾《捃古录金文》三卷①,收录商周青铜器铭文1334件,按器分类,每类中以铭文字数多少为次,这个体例多为后世金文著录书所沿用。此书摹刻精善,考释采辑诸家之说,以许瀚、徐同柏两家为最多。光绪二十一年(1895)吴氏家刻本有王懿荣序跋称:

所集《捃古录金文》一书,凡九册,为卷有三,每卷又各分三册,其书本义,专集成周以来钟鼎彝器款识,多据原器精拓本,及相传旧摹本收入,出前大学士臣阮元所著《积古斋钟鼎彝器款识》、前湖南巡抚臣吴荣光所著《筠清馆金文》二书后,尤为赅备。

吴隐序跋称:

按《金石学录补》,先生就《寰宇访碑录》,补其未备,删其伪复,增入三代秦汉已来吉金,各注某氏家藏,如孙录收砖瓦之例,唯不载玺印、泉币、镜铭,祇载有年月者,孙录未详碑额,亦并补之。书约十六卷,名曰《捃古录》。今此书无石文,吉金断自成周已来,亦未悉注某氏藏弆,与陆氏所云不同,当是自定别本,陆氏所云,则是未定稿本,故卷数亦祇约略言之耳。

由此可见,《捃古》的原稿本比刊行本所收的内容更多,信息更为详细。

此书收簠26件,目录详述其收藏和来源,即"史颂簠":

见于长安市,福建闽县陈子良承裘购得之。

---

① 吴式芬:《捃古录金文》,清光绪二十一年(1895)吴氏家刻本。

"微乘簠"：

  山东海丰吴氏拓本。

"卫子叔旡父簠"：

  山东诸城刘氏藏。

"虢叔簠"：

  山东潍县陈氏藏，得之关中。

又"虢叔簠"：

  江苏吴县曹秋舫藏。

"塞簠"：

  山东曲阜，孔庙祭器积古斋著录。

"芮大子白簠"：

  江苏海盐陈粟圆拓本。

"鲁伯愈父簠"：

  山西阳城张子栔藏，今归诸城刘氏，筠清馆录拓本。

又"鲁伯愈父簠"：

  直隶天津王子梅得之曲阜，以赠甘泉汪孟慈喜孙，仅存器底，兼有裂纹。

"番君召簠"：

  江苏仪征阮氏藏，积古斋著录所摹残缺失真。

"伯其父簋":

　　山西洪洞刘镜古藏，积古斋、筠清馆并著录，今归诸城刘氏。

"史免簋"：

　　山东海丰吴氏藏。

"陈曼簋"：

　　浙江海宁朱仲青藏。

"郜公諴簋"：

　　山东诸城李氏藏。

"召叔山父簋"：

　　筠清馆录姚圣常摹本。

"叔家父簋"：

　　长白素梦蟾旧藏，筠清馆著录，后归定郡王邸。

"许子妆簋"：

　　山东潍县陈氏藏，得之都门。

"叔朕簋"：

　　江苏仪征阮氏藏，积古斋著录，所摹残缺失真。

"邾太宰欉子䨱簋"：

浙江慈溪叶梦渔藏，筠清馆著录。

又"邾太宰欉子䚄簠"：

江苏苏州顾湘舟拓本。

"免簠"：

江苏仪征阮氏藏，积古斋著录。

"弭仲簠"：

积古斋摹宋王復斋拓本。

"陈逆簠"：

江苏甘泉汪仲惥藏器，毁于火，积古斋录江子屏拓本。

"曾伯霥簠"：

浙江慈溪叶梦渔藏，积古斋录赵晋斋拓本。

又"曾伯霥簠"：

山东潍县陈氏藏。

正文考释详细，如《捃古》2之3.16.1"史免簠"条记：

许印林说其器簠而铭作匡。匡、王、行、梁、享韵语，簠匡不同部，不得借用。岂以簠形似匡，假以名之鰡韵耶。《筠清馆金石录》卷三有周叔家父簠铭云："叔家父作中姬匡，下亦用韵。"《说文》："匡，饮器。"或古人于簠之外，别自有匡。其器方与簠似，后人不能别异耳。

《捃古》2之3.63"叔家父簠"条记：

许印林说《说文》："匩，饭器。"汲古阁本则然，小字本作饮器，《集韵》引作飤器。瀚案作飤是也，飤讹饮，又改作饭，实非。许氏之旧定盫以为与盛稻梁之文正合未深考耳。

14. 吴大澂《愙斋集古录》

《愙斋集古录》十四卷①，收录商周青铜器1048件、秦汉以后器96件，共计1144件。民国七年（1918）商务印书馆石印本有吴氏序称：

> 吉金文字自宋以来，吕大临、薛尚功、王俅各有专书，而吕刻、薛刻均不甚精。王复斋《钟鼎彝器款识》，阮刻虽依原拓本，而阴款覆刻未能神似。阮刻积古斋、吴刻筠清馆，改阴款为阳文，仍未能纤毫毕肖。陈簠斋丈曾欲以拓本上板，迄未成书，而簠斋丈已归道山矣。余所集拓本千数百种，又益以川沙沈韶初内翰所贻旧拓数十种，编辑商周吉金文十一卷，秦汉各一卷，又汉以后吉金拓本一卷，共成十四卷，详加考释，付之石印，几与原拓本无异。

罗振玉序跋指摘金文著录之失称：

> 著录诸家，或传橅失真，点画讹舛，一也；见闻所限，搜辑未备，二也；疏于鉴别，真赝杂糅，三也；昧于古文义例，考释或疏，四也。

《愙斋》印刷精良，考证详备，无此四失，足见在当时的影响和认可程度。吴大澂去世后尚未完稿，后由王同愈整理，补写释文，始得刊行。吴氏另著有《释文滕稿》，鲍鼎著有《校刊记》二卷。

此书收簠27件，《愙斋》15.2"曾伯霂簠"条有：

> "愙斋"印、"簠斋藏三代器"印、"文字之福"印。

"簠斋"为陈介祺的斋号。《愙斋》15.3"陈侯簠"条记：

> 李山农观察藏，"愙斋"印；

---

① 吴大澂：《愙斋集古录》，民国七年（1918）涵芬楼石印本。

李山农即李宗岱，字山农，斋名汉石园，广东南海人。著有《宝彝堂藏器目》，收入商周器142件；又著有《宝召斋吉金目录》，收入商周器215件。《愙斋》15.4"许子妆簠"条有：

"愙斋"印、"簠斋藏三代器"印。

《愙斋》15.5.1"郜公諴簠"条有：

"愙斋"印、"簠斋藏三代器"印、"海滨病史"印。

"海滨病史"为陈介祺晚年自号。《愙斋》15.5.2"尹氏贾良簠"条有：

"愙斋"印。

《愙斋》15.6.1"虢叔簠"条有：

"愙斋"印、"簠斋藏三代器"印。

《愙斋》15.6.2"虢叔簠"条有：

"愙斋"印、"郑盦藏簠"印。

《愙斋》15.7.1"商丘叔簠"条有：

"愙斋"印。

《愙斋》15.7.2"商丘叔簠"条有：

"愙斋"印。

《愙斋》15.8.1"陈曼簠"无钤印；《愙斋》15.8.2"鲁士𠪳父簠"条记：

李山农观察藏，"愙斋"印、"山农藏器"印。

《愙斋》15.9.1"鲁士𠪳父簠"条有：

"窓斋"印、"也宦所宝彝器"印。

"也宦"是潘祖荫一个不太常见的斋名,潘氏藏器流传的拓本多钤有此印。《窓斋》15.9.2"鲁士𩵋父簠"条有:

"窓斋"印。

《窓斋》15.10.1"鲁士𩵋父簠"条有:

"窓斋"印、"煦堂鉴藏"印。

"煦堂"即许延瑄,字煦堂,汉军镶黄旗人。《窓斋》15.10.2"鲁士𩵋父簠"条有:

"窓斋"印。

《窓斋》15.11.1"季㠯父簠"条有:

"窓斋"印。

《窓斋》15.11.2"季㠯父簠"条有:

"窓斋"印。

《窓斋》15.12.1"鲁伯愈父簠"条有:

"窓斋"印、"岚坡手拓"印、"平斋考订金石文字印"印。

"平斋"即吴云。"岚坡"非秀水金兰坡,乃是汪泰基,浙江吴兴人。吴云《两罍轩彝器图释》称所收青铜器"属世好汪岚坡茂才泰基,张玉斧上舍玙精心钩摹"。吴云藏器多为汪岚坡所拓。《窓斋》15.12.2"鲁伯愈父簠"条记:

延煦堂所藏。

《窓斋》15.13.1"芮大子白簠"条有:

"愙斋"印。

《愙斋》15.13.2"塞簠"条记：

器藏曲阜孔庙，为高宗钦颁之器，"愙斋"印、"煦堂拓赠"印。

《愙斋》15.14.1"番君召簠"条有：

"愙斋"印。

《愙斋》15.14.2"叔朕簠"条有：

"愙斋"印、"桂山□□"印。

"桂山"即孙三锡，字桂山，浙江平湖人。《愙斋》15.15.1"铸子叔簠"条有：

"愙斋"印。

《愙斋》15.15.2"鄟山旅虎簠"条有：

"愙斋"印。

《愙斋》15.16.1"伯先父簠"条有：

"愙斋"印、"研丞所藏"印。

"研丞"即丁彦臣，字筱农，别字小农、砚丞、研丞。《愙斋》15.16.2"史免簠"条有：

"愙斋"印、"秀水金兰坡拓赠"印。

"金兰坡"即金传声，字兰坡，浙江秀水人。

15. 朱善旂《敬吾心室彝器款识》

朱建卿《敬吾心室彝器款识》二册①，收录阮元、张廷济、叶志诜、徐同柏等旧藏商周秦汉青铜器拓片364种，有诸家题识考证。光绪三十四年（1908）石印本载朱之榛跋详细记述了朱氏后人重获款识、付梓的经过。其称：

> 谛视首页，为阮文达题字，次则图，再次则各叙言，其拓本商周秦汉四代之器，凡三百六十有四，以类相次，盘、钟、洗、鼎、尊、敦、簠、甗、甑、盉、匜、壶、彝、觯、爵、卣，为类者十六，汉器别出，鼎钟及鬲，为类者三。原拓题记间用五色笔，石印难分，概从墨。

此书目录所记收簠7件，㝬尊（《敬吾》下22.2）非簠；叔邦父簠（《敬吾》下23.3）系伪刻，《博古图》簠铭作"夫"，此器作"匞"。实收5件：郜太宰欁子䵼簠、番君召簠、兔簠、许子妆簠、陈曼簠。其中，《敬吾》下22.1"郜太宰欁子䵼簠"条记：

> 向为小死轩物，今归慈溪叶梦渔；"叶志诜审定记"印、"小死轩藏器拓本"印。

"小死轩"为浙江海宁人马起凤的斋名，此人善拓墨，藏有宋咸平钟铭拓本。叶志诜，字东卿，斋名平安馆，湖北汉阳人。《敬吾》下23.2"兔簠"条记：

> 仪征阮氏。

《敬吾》下24.1"许子妆簠"条有：

> "叶志诜审定记"印。

《敬吾》下24.2"陈曼簠"条记：

> 朱筱沤藏器；"叶志诜审定记"印、"钱塘何澍凤明审定吉金之印"。

"朱筱沤"即朱钧，字筱沤，斋名师西簋室，浙江海宁人。何澍，字凤明，斋名益寿馆，何元锡之子，浙江钱塘人。

---

① 朱善旂：《敬吾心室彝器款识》，清光绪三十四年（1908）石印本。

16. 刘心源《古文审》《奇觚室吉金文述》

刘幼丹《古文审》八卷①，收录三代青铜器铭文77种，卷首有发明四例、例言六则，对于考释方法、著录体例有详细的说明。每器摹写铭文并作隶定、考释，对文字形体的分析颇有创见。光绪十七年（1891）嘉鱼刘氏龙江楼刻本序跋载刘心源评议历代金文著作的不足称：

> 读其录、记、图、考、款识诸书，释文蹖驳，往往字不成语，语不达意，掩卷长喟，以为何观深也。及谛审篆形，正复不尔是，皆有存古文之功，而实不无晦古文之弊。盖欧、刘二公，意在博收古器，于字句未甚措意，颇亦有谬。黄、王、吕、薛诸人，不谙篆法，又昧训故，强作解事，其失也陋。逮至阮、吴诸前辈，遂于经术，类能以古音、古义相发明，然亦有篆形全非，文意不协，而强以经注襮饰者，支离武断，所不能免。

此书收有叔家父簠、铸公簠2件。然而，其对于有争议的释名则采取笼而统之的处理方式，未能详辨。例如，《古文》8.1"叔家父簠"条记：

> 簠以匡为之，旧释云凡器方者皆可谓之匡。此簠也竟以匡为之，欲与梁、疆、忘、甡为韵是也。

《古文》8.3"铸公簠"条记：

> 釜，郜公諴簠作釜，知此从釜即金，从古是其声也，定为簠字。鲁士浮父簠作釜亦此字，古声即胡字，一作瑚。《左传》"胡簠之事"，亦簠字也。《明堂位》"殷之六瑚"，亦簠字也。《说文·皿部》"盙器也，从皿从缶古声"，亦簠字也。又《考古图》所载杜嬬铺，其器为簠，其字作铺，亦簠字也。

但是杜嬬铺与铸公簠、郜公諴簠并非是一种器类，刘氏将两者统之曲解是其短也。

《奇觚室吉金文述》二十卷②，收录商周青铜器575件，兵器77件，秦汉58件，泉布、泉范1451枚，镜42面，共计2203器，考释详尽，也有穿凿附会之嫌。光绪二十八年（1902）石印本在吴光耀序称：

---

① 刘心源：《古文审》，清光绪十七年（1891）嘉鱼刘氏龙江楼刻本。
② 刘心源：《奇觚室吉金文述》，清光绪二十八年（1902）石印本。

老友刘幼丹官御史时，成《古文审》八卷，其后益多若干卷，曰《奇觚室吉金文述》。

此书收簠22件，正编收有11器，即虢叔簠、鲁士浡父簠、鼍山旅虎簠、季眉父簠、商丘叔簠、陈曼簠、郜公諴簠、许子妆簠、曾伯霥簠、尹氏簠、师麻孝叔簠。拓片有钤印，注明藏家。《补遗》收有11器，均为以前著录过之物，无钤印和藏家信息。《奇觚》5.20"虢叔簠"条记：

陈寿卿器；"心源所收金石"印、"簠斋藏三代器"印。

《奇觚》5.21.1"鲁士浡父簠"条记：

潘师器，与张筱农器铭同范异；"心源赏"印、"汝梅心赏"印、"伯寅所得金文"印、"□卿所藏"印。

"汝梅"即孙春山，字汝梅，北平大兴人。

《奇觚》5.21.2"鼍山旅虎簠"条记：

潘师器；"伯寅所得金文"印、"心源述古"印。

《奇觚》5.22.1"季眉父簠"条记：

潘师器；"心源所收金石"印、"伯寅所得金文"印。

《奇觚》5.22.2"商丘叔簠"条记：

潘师器；"平斋手拓金石"印、"心源述古"印、"济南刘□源藏拓本"。

《奇觚》5.23"陈曼簠"条记：

潘师器，即《西清古鉴》铼簠也；"心源所收金石"印。

《奇觚》5.24"郜公諴簠"条记：

《奇觚》5.25 "许子妆簠"条记：

> 陈寿卿器；"心源述古"印、"簠斋藏三代器"印。

《奇觚》5.26 "曾伯霖簠"条记：

> 陈寿卿器，与积古斋异范，捃古录载二器，此其后器也；"心源所收金石"印、"簠斋藏三代器"印、"海滨病史"印。

《奇觚》5.34.1 "尹氏簠"条记：

> 潘师器；"心源所收金石"印。

《奇觚》5.34.2 "师麻孝叔簠"条记：

> 黄再同藏本；"刘一足"印、"幼丹审释金文"印。

黄国瑾，字再同，号公暇，贵州贵筑人。刘心源号"夔叟"，"夔"即一足。

17. 方濬益《缀遗斋彝器考释》

方子听《缀遗斋彝器考释》三十卷[①]，仅存二十九卷，缺第十五卷，此书是续阮元《积古斋钟鼎彝器款识》而作。仿阮书体例，卷首有彝器说三篇，上篇考器，中篇铭文，下篇考藏，共收青铜器1382件，考释精准，然收有伪器。民国二十四年（1935）上海涵芬楼石印本载方濬益《原编目录后记》称：

> 余辑此编，除阮氏已录者概不复载，共得一千七百四十余器。阮氏体例沿薛氏之旧，自商以迄晋，各以类为次，今略变之，曰三代器、曰秦器、曰两汉器，魏晋不与焉。共为类曰钟、曰鼎、曰尊、曰卣、曰敦、曰壶、曰爵、曰觚、曰觯、曰角、曰斝、曰甗、曰鬲、曰盂、曰匜、曰盘、曰簠、曰

---

① 方濬益：《缀遗斋彝器考释》，民国二十四年（1935）涵芬楼石印本。

簠、曰丰、曰炉、曰洗、曰鋗、曰釜、曰镫、曰弩机、曰戈、曰剑、曰戟、曰斧、曰虎符、曰镰斗、曰尺、曰权、曰量、曰铃、曰铎、曰钩，此余与阮氏同有者也。曰钘、曰兕觥、曰饮、曰嘉、曰盠、曰甗、曰枪、曰距末、曰刀、曰刀珌、曰削、曰烛盘、曰节、曰染桮、曰车釭、曰椎，此阮氏所有，而余无焉者也。曰罍、曰觞、曰句鑃、曰錞于、曰埙、曰盂、曰鉼、曰登、曰豆、曰卮、曰匜、曰鍨、曰盦、曰钟、曰鈁、曰瓮、曰盆、曰鏊、曰饭帻、曰烛锭、曰平合、曰斛、曰矛、曰镦、曰金刃、曰箭镞、曰刀圭、曰器物饰、曰印金、曰钥，此余所有而阮氏无焉者也。阮氏有句兵，余则更之曰瞿。阮氏分权、斤为二类，余则统之以权，而于权量刻辞之但存诏版者，别为诏版类，列权量之后，此又余与阮氏同而小异者也。自《考古图》以后，皆有彝一类，余则删之，以入敦类，盖彝为器之总名也。

此书收簠32件，剔除伯疆簠（《缀遗》8.9.2），应收31件。《缀遗》8.1"塞簠"条记：

> 铭十三字，摩减者一字。簠铭□皆向右，此向左作□，即小篆胡字之所本。《说文》："胡，牛顄垂也。从肉古声。"《诗》："狼跋其胡。"《尔雅·释鸟》："鹈，鴮鸅。"注："今之鹈鹕也，颔下胡大如数斗囊。"《汉书·金日磾传》："捽胡投何罗殿下。"注："颈也，亦指颔下而言。"今以彝器文证之，古胡实从□，小篆因形变而从肉为胡，岂以牛顄、鹈胡皆有容受之谊欤。《左·哀公十一年传》"胡簋之事"，贾、服注并云："夏曰胡"，杜元凯因之。《论语》"瑚琏"也，包、咸注则云"夏曰瑚，殷曰琏，周曰簠簋"，以瑚琏、簠簋为一器，而三代异名。不知瑚簠一器，琏与簋自为器，是又沿贾、服注而重误者。瑚琏从玉，并俗字。

《缀遗》8.2.1"伯正父簠"条记：

> 铭十二字，摩减仅可辨识。丁小农观察所藏器，据拓本摹入，此与刘燕庭方伯所藏伯正父匡为一人作器。

《缀遗》8.2.2"史免簠"条记：

> 铭二十二字，金兰坡所藏器，据拓本摹入。簠而曰匡者，《尔雅·释言》："匡，正也。"《周礼·夏官序官·匡人》郑注同。《玉篇》："匡，方正也。"簠形正方，故名亦曰匡。《仪礼·聘礼》："夫人使下大

夫，劳以二竹簠"，方是也。又按《公食大夫礼》："宰夫膳稻于梁西，注曰进稻粱者以簠。"《周礼·掌客》"簠十"，注曰："簠，稻粱器也。"又《舍人》"凡祭祀共簠簋"，注曰："方曰簠，圆曰簋，盛黍稷稻粱器。"今以此铭及叔家簠、曾伯霥簠诸器证之，是簠为盛稻粱器，与《公食大夫礼》、《掌客》、《舍人》注文并合。而《说文》以簠为黍稷圜器，簋为黍稷方器，不待辨而知许说之误矣。

《缀遗》8.3"伯多父簠"条记：

> 铭十五字，摩减者一字。丁小农观察所藏器，据拓本摹入。

丁小农即丁彦臣，又字筱农，浙江归安人。

《缀遗》8.4"芮大子白簠"条记：

> 并盖铭各十四字，金兰坡旧藏器，乱后盖佚，器归吴平斋观察，今归李眉生廉访，据拓本摹入。

《缀遗》8.5"叔朕簠"条记：

> 铭三十六字，蚀者一字，半蚀者七字，阮文达公旧藏器，今佚。积古斋款识所摹篆文有阙误兹，据拓本重录补正。

《缀遗》8.6.1"樊君靡簠"条记：

> 铭六字，并下一器皆金兰坡所藏，据拓本摹入。

《缀遗》8.6.2"尹氏贾良簠"条记：

> 铭十七字。

《缀遗》8.7"叔家父簠"条记：

> 铭三十一字，素盂蟾方伯所藏器，据《筠清馆金文录》摹入。

《缀遗》8.8"季旹父簠"条记：

铭十八字，器载《西清古鉴》，今为潘伯寅尚书所藏，攀古楼款识已录，兹据拓本摹入。

《缀遗》8.9.1"番君召簠"条记：

铭二十一字，积古斋款识已录，阙误殊甚，今以旧拓本重摹补正。

《缀遗》8.10"商丘叔簠"条记：

并盖铭各十七字，潘伯寅尚书所藏器，据拓本摹入。

《缀遗》8.11.1"虢叔簠"条记：

铭十字，据濬益所辑拓本摹入。

《缀遗》8.11.2"虢叔簠"条记：

铭同前器，陈寿卿编修所藏，据拓本摹入。

《缀遗》8.12.1"鲁士脟父簠"条记：

铭十字，器出兖州，据杨石乡大令所诒拓本，参以谭仲修大令拓本摹入。

《缀遗》8.12.2～13.1"鲁士脟父簠"条记：

并盖铭同前器，大兴孙春山兵部汝梅所藏器，据拓本摹入。

《缀遗》8.13.2"鲁士脟父簠"条记：

据潘伯寅尚书所诒拓本摹入。

《缀遗》8.14"鲁伯愈父簠"条记：

铭十六字，江都汪孟慈太守喜孙旧藏器，今归吴平斋观察，据拓本摹入。

《缀遗》8.15.1 "鲁伯愈父簠"条记：

铭同前器，冯晏海所藏，金索已录，据濬益手拓本摹入。

《缀遗》8.15.2 "鲁伯愈父簠"条记：

铭同前器，据金兰坡手拓本摹入。

《缀遗》8.16.1 "䣄公諴簠"条记：

铭二十七字，陈寿卿编修所藏器，据拓本摹入。

《缀遗》8.16.2 "卫子叔旡父簠"条记：

铭八字，刘燕庭方伯所藏器，据《长安获古编》摹入。

《缀遗》8.17.1 "铸子簠"条记：

铭可辨者十三字，潘伯寅尚书所藏器，据拓本摹入。

《缀遗》8.17.2～18.1 "曾伯霥簠"条记：

铭九十二字，积古斋款识已录，舛误殊甚，今据金兰坡旧拓本重摹订正。

《缀遗》8.20 "曾伯霥簠"条记：

铭九十字，旧为宁波周小崖所藏，今归陈寿卿编修。

《缀遗》8.21 "召叔山父簠"条记：

铭二十八字，筠清馆已录，兹据濬益所辑拓本摹入。

《缀遗》8.22"邾太宰欉子𩧋簠"条记：

  铭三十七字，刘燕庭方伯所藏器，据拓本摹入。

《缀遗》8.23"邾太宰欉子𩧋簠"条记：

  铭同前器，慈豁叶梦得旧藏器，后归金兰坡，今归长沙徐寿蘅侍郎树铭，据拓本摹入，筠清馆录此文𩧋、孔、其等字皆有阙误，今补正。

《缀遗》8.24"许子妆簠"条记：

  铭三十三字，陈寿卿编修所藏器，据拓本摹入。

《缀遗》8.26"陈逆簠"条记：

  铭七十七字，据旧拓本摹入。

《缀遗》8.28"陈曼簠"条记：

  铭二十二字，嘉兴汪氏裘杼楼旧藏器，据唐鹪安司马所辑拓本，参以韩履卿都转拓本摹入。

18. 盛昱《鬱华阁金文》

盛伯羲《鬱华阁金文》四十七册①，王国维《国朝金文著录表》称：

  光绪间，宗室伯羲祭酒广搜墨本，拟续阮、吴诸家之书；时鬱华阁金文拓本之富，号海内第一，然仅排比拓本，未及成书也。稍收，罗叔言参事亦从事于此，其所搜集者又较祭酒为多。辛亥国变后，祭酒遗书散出，所谓鬱华阁金文者，亦归于参事。

罗振玉题曰：

---

① 盛昱：《鬱华阁金文》，北京大学图书馆藏原拓本。

> 此宗室伯羲祭酒盛昱所集，北方诸家藏器毕萃于是，祭酒欲编辑成书而未果。岁在壬子，予在海东，宝瑞辰宫保为予作缘，遂归大云书库。又十六年而转归燕京大学图书馆，可谓得所，于是此数十册者，不复流落，或致散佚，其传永永矣。

《鬱华阁》所集的金文拓本多钤印记，少有释文和跋语，收簋有23件。《鬱华阁》12.20"免簋"归入敦类，其条有：

> "李山农藏"印。

《鬱华阁》31.1"叔朕簋"无钤印；《鬱华阁》31.2"卫子叔旡父簋"条有：

> "兰溪所藏金石"印。

"兰溪"即王绪祖，字兰溪，号䱞阁，王锡棨次子，山东诸城人。《鬱华阁》31.3"虢叔簋"条有：

> "郑盫藏匲"印。

《鬱华阁》31.4"虢叔簋"条有：

> "簠斋藏三代器"印。

《鬱华阁》31.5"鲁士𥃳父簋"条有：

> "郑盫藏匲"印。

"郑盫"即潘祖荫。

《鬱华阁》31.6"鲁士𥃳父簋"条记：

> 此器为盖；"郑盫藏匲"印；

《鬱华阁》31.7、31.8"鲁士𥃳父簋"条记：

> 此两器皆失盖；"廉生得来"印、"伯圜手拓"印；

"廉生"即王懿荣,字廉生,山东福山人。"伯圜"即尹元鼐,字伯圜,山东诸城人。经王懿荣介绍,为吴大澂传拓金文。上海博物馆藏《愙斋集古图》全形拓即出自尹元鼐之手。《鬱华阁》31.9"鲁士烰父簠"条记题跋:

> 山农物,不知为器为盖。

《鬱华阁》31.10"彙山旅虎簠"条有:

> "郑盦藏臣"印。

《鬱华阁》31.11"铸子叔黑臣簠"条记题跋:

> 铸国仅见,此器出青州尤合;"郑盦藏臣"印。

《鬱华阁》31.12"季昌父簠"条有:

> "郑盦藏臣"印。

《鬱华阁》31.13"陈侯簠"条记:

> 铭文上下在器两旁,奇。

《鬱华阁》31.14、31.15"商丘叔簠"条有:

> "郑庵"印。

《鬱华阁》31.16、31.17"商丘叔簠"条有:

> "齐吉金室吉金"印。

"齐吉金室"为王懿荣的斋名。

《鬱华阁》31.18"鲁伯愈父簠"条有:

> "吴大澂藏"印。

《鬱华阁》31.19"郜公諴簠"条有：

"簠斋藏三代器"印、"海滨病史"印。

《鬱华阁》31.20"陈曼簠"条记题跋：

器已残，只铜一片，叶氏物。

《鬱华阁》31.20"许子妆簠"条有：

"簠斋藏三代器"印、"海滨病史"印。

《鬱华阁》31.21"史免簠"钤印不清；《鬱华阁》31.22"叔邦父簠"无钤印。
《鬱华阁》31.23"史免簠"条有：

"子苾"印。

《鬱华阁》31.24"师麻孝叔簠"条有：

"愙斋所得金石"印。

《鬱华阁》31.25"尹氏贾良簠"无钤印。

19. 叶奕苞《金石补录》《金石补录续跋》

叶奕苞《金石补录》二十七卷、《金石补录续跋》七卷①，《金石补录》乃是补赵明诚《金石录》之作，每条下加以考释题跋。末三卷：一为历代金石不同名称的集异；二为传疑；三为金石杂记。第二十六卷传疑目下列有"弭仲宝簠"。

20. 张廷济《清仪阁金石题识》

张叔未《清仪阁金石题识》四卷②，系考证家藏古器物所作题识，由陈其荣汇辑成

---

① 叶奕苞：《金石补录》《金石补录续跋》，清光绪十三年（1887）朱记荣槐庐家塾刻本。
② 张廷济：《清仪阁金石题识》，清光绪二十年（1894）观自得斋刻本。

书。卷一金文，卷二至卷四石刻，内容包括文字考释、器物源流、购买价格等，对研究嘉道年间金石收藏史颇具史料价值。其中载有"周曾伯霖簠盖"称：

> 曾伯霖簠盖，甬东周小厓茂才世绪藏物，海盐质民从子手拓见贻，质民云：小厓之尊人游秦中所得。（丁丑十二月十五日）小厓字寿荪，工填词，其题质夫国山扪碑图词，得北宋人法。戊寅八月，余偕质夫访之，武林试寓见其貌甚英爽，不数月竟物故。己卯冬日，质夫携是器过清仪阁，旋为作缘归长白斌笠耕观察。是器余先摩挲竟日，今春二月，过常熟粮储署为观察跋识，拓本复审视于寿金庵。其文字小蚀，上龙文垂首向下，是盖而非器无疑，未审与积古斋所录之本（积古斋据赵晋斋所藏拓本摹入）果即一器底盖否也……（庚辰四月十一日）

由此可知，此器最早可能首现于关中地区。根据最新的考古发现，曾伯霖器在湖北京山苏家垄有出土。

21. 孙诒让《古籀拾遗》《古籀余论》

孙籀廎《古籀拾遗》三卷、《古籀余论》三卷①，分别选取薛尚功《历代钟鼎彝器款识》14件器、阮元《积古斋钟鼎彝器款识》30件器、吴荣光《筠清馆金文》22件器、吴式芬《攈古录金文》105件器进行考释，颇多创见。民国十八年（1929）燕京大学国学研究所校刻本载容庚跋称：

> 吴氏大澂明于形体，乃奏廓清，然而训诂假借，犹不若孙氏之精熟通达，所得独多。

考释所收之簠，概不出《积古》《筠清》《攈古》三书范围。

22. 陈庆镛《籀经堂钟鼎考释题跋》

陈颂南《籀经堂钟鼎考释题跋》一卷②，收录有商周至汉代铜器考释跋尾18件器，其中载有"许子妆簠考释"。

---

① 孙诒让：《古籀拾遗》，民国七年（1918）上海扫叶山房石印本影印；《古籀余论》，民国十八年（1929）燕京大学国学研究所校刻本。
② 陈庆镛：《籀经堂钟鼎考释题跋》，民国十年（1921）西泠印社聚珍版辑籀经堂类稿本。

23. 梁章锯《退庵金石书画跋》

梁茞林《退庵金石书画跋》二十卷①，卷一至五收录金石，计青铜11件、古砚2件、碑碣拓本90件，卷六至卷十收录书法，卷十一至卷二十收录绘画。其中载有"郑姜簠"跋：

> 此蒋伯生家旧藏物，云得自桂未谷，未谷又得自曲阜颜氏者。

24. 何绍基《东洲草堂金石跋》

何子贞《东洲草堂金石跋》五卷②，卷一青铜器题跋18种，卷二校定阮元《积古》释文，卷三石刻题跋18种，卷四法帖题跋15种，卷五碑帖题跋38种。载有"叔朕簠""弭仲簠""番君召簠""免簠""曾伯霥簠""陈逆簠"诸器跋。

25. 方朔《枕经堂金石跋》

方小东《枕经堂金石跋》三卷③，卷一收商周至唐代铜器、镜铭、官印、泉布等题跋27条，卷二、卷三收石刻题跋49条。载有"周鲁伯将父簠铭跋"称：

> 王子梅大令旧藏，器今归扬州汪氏。王子梅大令旧随其尊人官游曲阜，得一簠赠汪孟慈太守，留其铭见示。予为审视得十六字……大令又有一拓本与此无二，云尚藏于曲阜刘氏。

26. 陆增祥《八琼室金石札记》

陆莘农《八琼室金石札记》四卷④，载有"召叔山父簠""免簠""叔朕簠""陈逆簠"，还载有"周刘公簠"称：

> 博古图载有刘公铺铭十字，其说曰丰，似豆而卑，是器形全若丰。然铭曰铺者，意其铭铺荐之义。铺虽无所经见，要之不过豆类，盖铭之有或异者，是宜列之于豆左也。今此器铭十一字，是别一种。息柯以为簠，想因器形定之，抑以铺为簠之通假耶？末一字释为铭，未确。

---

① 梁章锯：《退庵金石书画跋》，清道光二十五年（1845）自刻本。
② 何绍基：《东洲草堂金石跋》，民国五年（1916）西泠印社聚珍版辑东洲草堂文抄本。
③ 方朔：《枕经堂金石跋》，民国十年（1921）西泠印社聚珍版。
④ 陆增祥：《八琼室金石札记》，民国十四年（1925）吴兴刘承乾希古楼刻本。

27. 翁大年《陶斋金石文字跋尾》

翁叔钧《陶斋金石文字跋尾》一卷①，收录青铜器题跋13种、石刻题跋4种，载有"尹氏簠铭跋"。

28. 张之洞《广雅堂论金石札》

张香涛《广雅堂论金石札》四卷②，收录青铜器题札41种，载有"季耳父簠"。

第二节　近代器物学时期

民国二十七年（1939）朱建新对"金石学"重新定义：

> 研究中国历代金石之名义，形式，制度，沿革；及其所刻文字图象之体例，作风；上自经史考订，文章义例，下至艺术鉴赏之学也。③

朱氏对其研究内涵做了必要的补充，金石学研究的目的不单单是证经补史，还涉及古文字学、古文献学、艺术史等领域。近代考古学思潮的传入，使古典金石学开始向近代器物学研究的方向转变。

器物学开始从金石学范式中脱离出来，时人开始讨论何谓"古器物学"。罗振玉在《与友人论古器物学书》云：

> 宋人作《博古图》，收辑古器物，虽以三代礼器为多，而范围至广。逮后世变为彝器款识之学，其器限于古吉金，其学则专力于古文字，其造诣精于前人，而范围则转隘。古器物之名，亦创于宋人。赵明诚撰《金石录》，其门目分"古器物铭"及"碑"为二。金蔡珪撰《古器物谱》，尚沿此称。嘉、道以来，始于礼器外兼收他古物，卒未尝正其名。今定之曰"古器物学"，盖古器物能包括金石学，金石学固不能包括古器物也。④

---

① 翁大年：《陶斋金石文字跋尾》，民国四年（1915）雪堂丛刻本。
② 张之洞：《广雅堂论金石札》，民国二十二年（1933）南皮张氏刻本。
③ 朱建新：《金石学》，商务印书馆，1955年，3页。
④ 罗振玉：《云窗漫稿》，《罗雪堂先生全集初编》第1册，台北文华出版公司，1968年，75、76页。

古器物学并非脱离传统的金石学，只是在研究范围上有所扩大。罗振玉认为古器物学的研究方法有两个：一是类别；一是流传。他把"类别法"的分量看得很重，将古器物分为十五类。现代考古学理论的"类型学"正是建立在分类法的基础上，说明此时已经开始了初步探索。王宇信认为中国传统金石学向古器物学转变的过程，甲骨文的作用不容忽视。与甲骨文的大量购藏相同时，还有学者开始注意对古代各种出土文物进行搜集①。

采用西方近代科学方法，利用各种地下新材料，以及多学科综合研究日益成为主流趋势。青铜器研究开始注重纹饰、地域和文化的关系，以及关注到流失海外古代青铜器的搜集和整理。从著作体例来看，传统著录形式仍在延续，但是研究类的评述、札记普遍减少，代之兴起的是如《商周彝器通考》《两周金文辞大系图录考释》这样的专著。有关青铜簠著录的图录类有周庆云《梦坡室获古丛编》，陈承裘《澂秋馆吉金图》，容庚《宝蕴楼彝器图录》《武英殿彝器图录》《颂斋吉金录》《海外吉金图录》《善斋彝器图录》，于省吾《双剑誃吉金图录》，商承祚《十二家吉金图录》，罗振玉《梦郼草堂吉金图》《贞松堂吉金图》，刘体智《善斋吉金录》，靳云鹗《新郑出土古器图志》，关百益《郑冢古器图考》《新郑古器图录》，孙海波《新郑彝器》，黄濬《尊古斋所见吉金图》，李泰棻《癡庵藏金》，陈梦家《海外中国铜器图录》，梅原末治《冠斝楼吉金图》等；款式类有邹安《周金文存》、于省吾《双剑誃吉金文选》、罗振玉《贞松堂集古遗文》、刘体智《小校经阁金石拓本》等；方志类有《陕西金石志》《安徽通志·金石古物考稿》等；研究评述类有柯昌济《韡华阁集古录跋尾》，罗振玉《唐风楼金石文字跋尾》《雪堂金石文字跋尾》《居辽乙稿》，王国维《观堂集林》等。

1. 周庆云《梦坡室获古丛编》

周梦坡藏、邹安编《梦坡室获古丛编》十二卷②，囊括周氏自藏三代青铜器（部分秦汉器）259种，分礼器、乐器、实用器、制定器、明器、兵器、佛像、杂器，共八类，有图形和考释，释文多采用褚德彝、陈邦直、陈邦福等之说。民国十六年（1927）石印本载金蓉镜序称：

> 梦坡先生雅擅六文，心通五际，翻检藏真，别白疑误，分为八类，以立其凡：一曰礼器，鼎彝盘匜等事隶之；二曰乐器，钟铎铃錞等事隶之；三曰用器，敦簠尊壶等事隶之；四曰制器，符节规范等事隶之；五曰明器，镫鉼

---

① 王宇信：《近代史学学术成果：考古学》，《中国近代史学学术史》，中国社会科学出版社，1996年，524~530页。
② 周庆云、邹安：《梦坡室获古丛编》，民国十六年（1927）石印本。

俑券等事隶之；六曰兵器，戈戟矛剑等事隶之；七曰造像，八曰杂器终焉，都为十二卷，凡疑文驳简，悉自考定。

此书收簠3件，卷一礼器目有"周縊伯敦"（图2-29），并记：

器高三寸五分，口径七寸四分，盖顶三寸半，二器尺寸相仿佛。

从全形拓片来看，此器应为同铭的一盖一器，口沿呈方形，后器有附耳的痕迹，圈足比捉手略大。前人不识这种器物，将之归入敦类，根据故宫博物院传世的龙纹簠以及2013年陕西宝鸡石鼓山M4出土的两件龙纹簠，可知这种早期形制的铜簠在民国年间的著录中已经出现，拓片中出现的竖棱纹与这些器物均相同，还有铭文更是难能可贵。梦坡室旧藏有一件"虢仲鬲"记：

器高五寸六分，径七寸九分。

此器现藏上海博物馆，实测为高13.2厘米、口径18厘米。民国初年的度量衡空前混乱，《权度法》延续了清代营造尺一尺为单位，即32厘米。稍后的《度量衡法》规定公尺以米突尺为标准尺，市尺以标准尺三分之一为单位，即33.3厘米。按照这两种数值换算，与实测数据均不符。若以汉代黍尺23.1厘米换算，则高12.93厘米、口径18.23厘米。可知梦坡室所藏器物皆为黍尺测量，縊伯簠半器高8.08厘米、口径17.09厘米。

"周鲁伯愈父簠"（图2-30）记：

器高四寸六分，纵九寸八，横一尺四寸。邹适庐曰："鲁伯愈父簠传世三器，余前辑《周金文存》，仅录其二。忆王征君静安《国朝金文目》中另有一器，系据罗氏集古金文册。甲子冬吴兴沈君得此于绍兴，𠜱阁姚氏旋疑宋仿，属余觅主。因介登梦坡室颇疑即王录三器之一。龙耳、虹文斑斓若此，而犹恐非古，始信金石之缘无从勉强，昨闻征君已殉名，而怀旧思古之情不禁俱集矣（丁卯五月上旬）。"

"周中簠"（图2-31）记：

器高三寸一，纵九寸七，横一尺二寸八。

此器《集成》失收，字体偏软，应是伪铭。

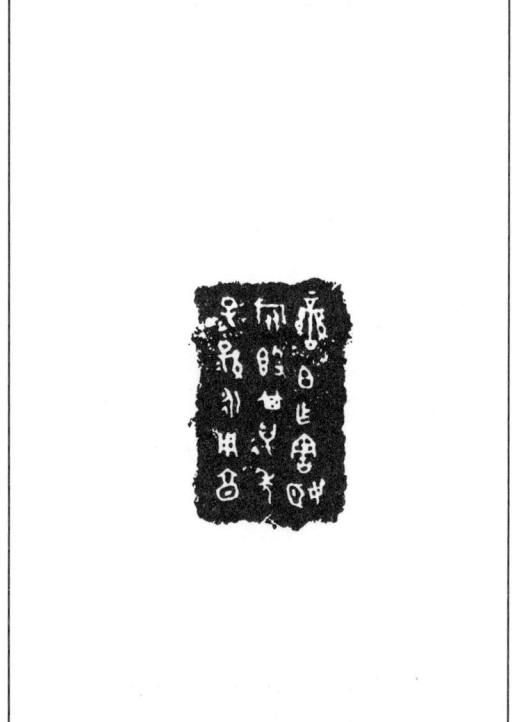

图2-29　周䜌伯簠

图2-30　周鲁伯愈父簠

图2-31　周中簠

2. 陈承裘《澂秋馆吉金图》

陈子良藏、孙壮编《澂秋馆吉金图》二册①，收录陈氏家藏商周至元明铜器85种，以全形拓本缩印，有尺寸说明及孙壮释文，间收王国维、罗振玉、吴大澂、丁佛言诸家考证。此书收有"史颂簠"（图2-32）条记：

> 器高建初尺三寸九分，口横径一尺一寸六分，直径九寸六分，深二寸五分，四围四尺二寸三分，重库平六十四两。

按建初尺为23.68厘米，换算即高9.2厘米、口长27.4厘米、口宽22.7厘米、深5.9厘米、四围100.1厘米，重2387克。

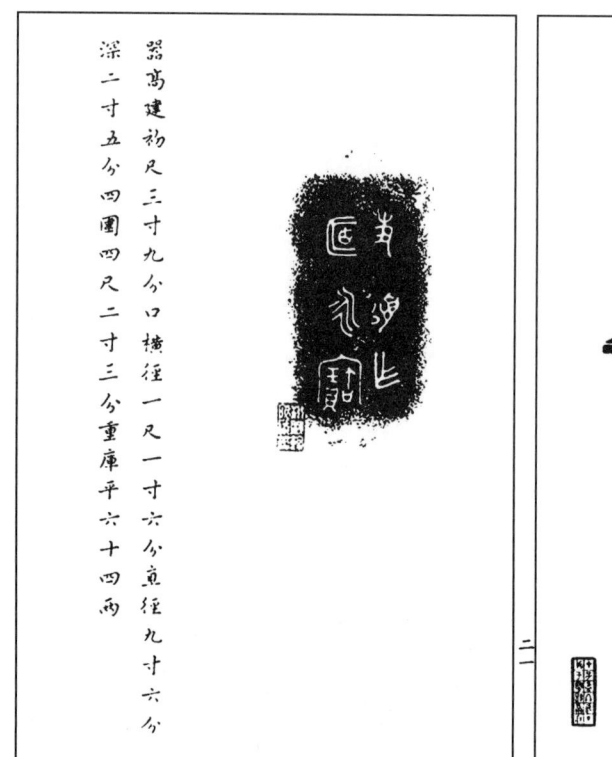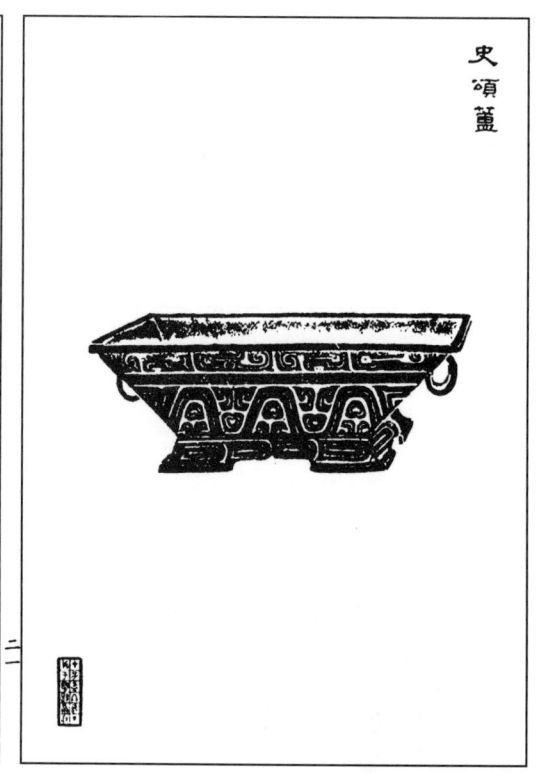

图2-32 史颂簠

---

① 陈承裘、孙壮：《澂秋馆吉金图》，民国二十年（1931）北平涵芬楼影印本。

3. 容庚《宝蕴楼彝器图录》《武英殿彝器图录》《颂斋吉金录》《海外吉金图录》《善斋彝器图录》

容希白《宝蕴楼彝器图录》二册①，是从盛京故宫旧藏的798件中挑选形制、纹饰特殊者92件（汉器2件）编成。《西乙》多有著录，此书著录每器均有图形照片、铭文拓片，并记尺寸、重量、色泽等。收簠1件，蟠夔纹簠（图2-33）记有：

长方侈口，敛底四足，两耳有珥。

图2-33　蟠夔纹簠

然而，此器图片底足明显已失，未知是普通带缺口圈足，还是敓叔簠四足抑或陈曼簠四足。还记有：

高三寸二分，深二寸七分，口纵七寸七分，横一尺一寸六分，底纵三寸五分，横六寸九分，重一百四十五两。

---

① 容庚:《宝蕴楼彝器图录》，民国十八年（1929）京华印书局影印本。

此书另有"鲁伯大父簠"（《宝蕴》64），现藏台北"故宫博物院"，其条记：

> 通盖高七寸五分，腹高五寸四分，深三寸五分，口径前后六寸四分，左右减二分，底径前后七分，左右减三分，盖高二寸五分，深一寸五分，口径七寸，足径三寸四分，重一百五十六两。

经实测，高24厘米、口径20.4厘米、腹深11.15厘米，重5830克。按照清代营造尺和库平重量换算，则高24厘米、口径20.48厘米、腹深11.2厘米，重5818克，两者基本相符。因此，蟠夔纹簠高10.24厘米、深8.64厘米、口纵24.64厘米、口横37.12厘米、底纵11.2厘米、底横22.08厘米，重5408克。

《武英殿彝器图录》二册[①]，选录清室奉天行宫旧藏三代青铜器100件，有器形照片、摹拓铭文及花纹，且有考释。容庚自序称：

> 民国三、四年，政府迁奉天、热河两行宫古物于北平，辟太和、文华、武英三殿为古物陈列所。十六年二月，周肇祥所长以所中古物之真伪杂糅也，设古物鉴定委员会，凡二十人，分书画、金石、陶瓷、杂品四组。任鉴定古铜器者，为李盛铎、徐鸿宝、陈汉第、王禔、马衡、邵章诸先生，而余亦侧技于彼列。星期开会一次，奉天行宫铜器八百鉴定甫竣，而周氏去职，会亦停顿。余乃于十八年二月，整理照片及记录，得九十二器，为《宝蕴楼彝器图录》，由燕京大学哈佛燕京学社印行。继复商之张起凤、柯璜两所长，得其赞助，于十九年夏假，续编热河行宫所藏，从八百五十一器中选集百器为《武英殿彝器图录》。按乾隆间，曾将内府所藏敕编《西清古鉴》、《宁寿鉴古》、《西清续鉴》甲乙编诸书，而热河所藏独未编纂。古物陈列所之所陈列者，亦只奉天铜器之一部分，热河之器则扃置库中，世人皆未得寓目。

《武英殿彝器图录》中的许多器都是首次著录，价值十分高。

此书收簠1件，"曾子□簠"（图2-34）记：

> 体方，四足，口旁有六兽首上处，所以固盖。盖失，口破。体高三寸二分，深二寸二分，口纵七寸三分，横九寸七分，重九十六两。色黑，有绿斑。全体作蟠虺纹，铭二十字在腹内。

---

① 容庚：《武英殿彝器图录》，民国二十三年（1934）哈佛燕京学社影印本。

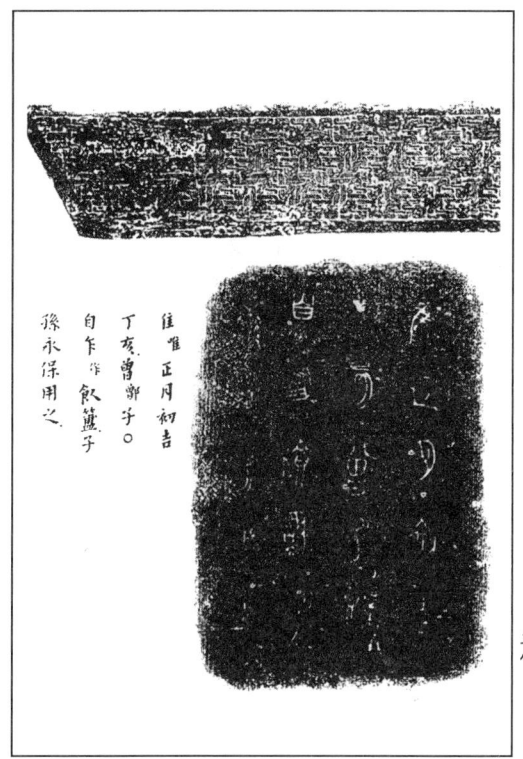

图2-34　曾子□簠

此器现藏台北"故宫博物院",经实测高10厘米、深6.9厘米、口横30.8厘米、口纵23厘米,重3900克。按照清代营造尺和库平重量换算,高10.24厘米、深7.04厘米、口纵23.36厘米、口横31.04厘米,重3580克。唯重量稍重,推测可能有过修补或处理。

《颂斋吉金录》一册、《颂斋吉金续录》二册①,正录收录容氏自藏商周青铜器39件,《颂续》收录134件,大多为刘体智藏器。每器皆有器形照片(后附考释)、摹拓铭文及花纹,是较早注意纹饰研究的青铜器图录之一。

此书收簠2件,"环带纹簠"(图2-35)后记有:

> 高三寸一分,深二寸,口长方纵七寸四分,横九寸一分,足纵四寸五分,横五寸七分。遍体作象纹及环带纹,两旁有环耳。色黑。估人仿刻"师麻孜叔作旅匡,其万年子子孙孙永宝用"十七字于腹内,字较愙斋所藏略小,尚得形似。善斋礼器录8.6著录。

上述所知已经有两件伪刻的师麻孝叔簠,此为第三件。《颂续》另有一件"父己觚"

---

① 容庚:《颂斋吉金录》《颂斋吉金续录》,民国二十二年(1933)考古学社影印本。

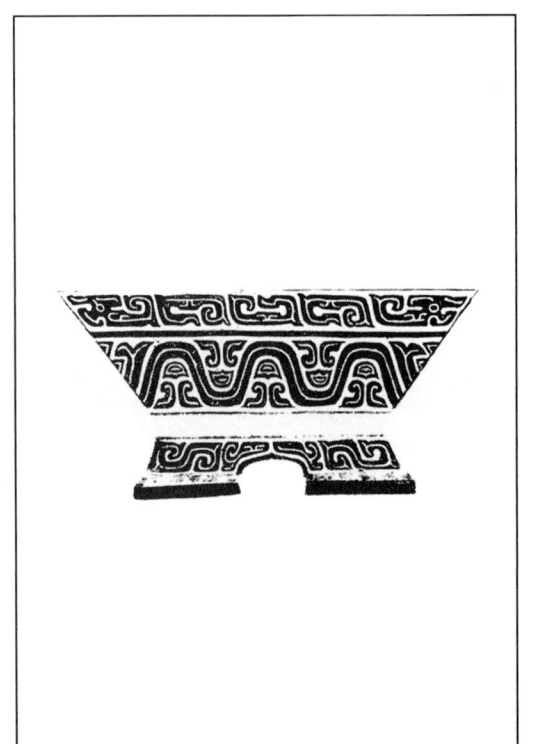

图2-35　环带纹簠

(《颂续》62)后记有:

> 高八寸六分,深五寸六分,口径四寸九分,足径二寸八分。

此器现藏北京大学赛克勒考古与艺术博物馆,经实测为高28.6厘米、口径16.5厘米。按照民国时期《度量衡法》市尺数值换算,为高28.63厘米、口径16.31厘米,两者基本相符。由此可知,此时《颂斋》测量器物已经弃用清代营造尺,改用新市尺。以此换算,环带纹簠高10.32厘米、深6.66厘米、口纵24.64厘米、口横30.3厘米、底纵14.98厘米、底横18.98厘米。

"孙叔左簠"(图2-36)记有:

> 高三寸二分,深二寸一分,口长方纵七寸六分,横九寸八分,足纵五寸九分,横八寸。四面正中各有兽首,高出一分许,所以固盖。两耳作兽首形。腹及足内遍作象首纹,足作环纹。色墨绿。铭五行三十四字,由左而右。乃周器。彝器中以簠与甗为少。簠之有铭者,求之十年而未获。廿七年端午节前,适有以此簠求售者。近日上器之高者,如尊觚壶卣之类,而鼎甗

圖四三甲

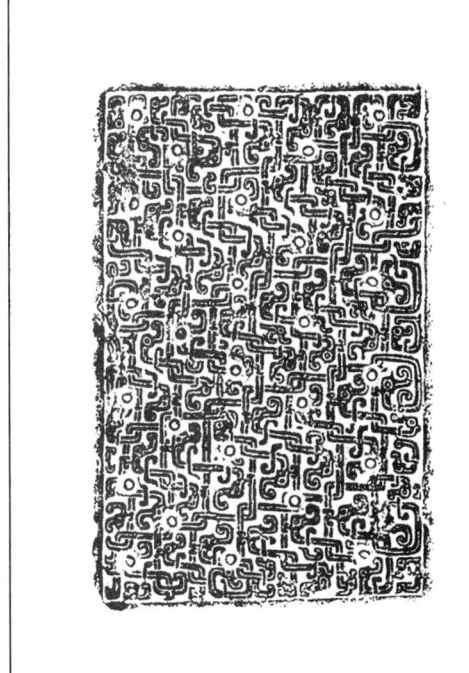
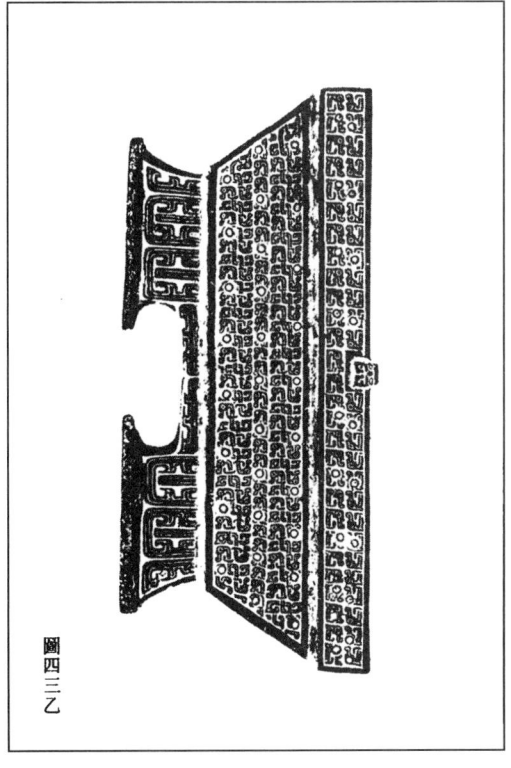

圖四三乙

图2-36　孙叔左簠

簠簋为下。乃斥卖觚觯二事，以三百三十金购得之，以殿吾书。

《海外吉金图录》三册、考释一卷[①]，此书收录流失到日本的商周至秦汉青铜器共155件，另附录俑和石椁3件。主要采自《支那古铜器集》、《泉屋清赏》、《泉屋清赏续编》、《陈氏旧藏十钟》、《白鹤帖》（第一集）、《周汉遗宝》和《支那工艺图鉴·金工编》七种日文著录。每器皆有器形照片及铭文拓片，记录尺寸及简单说明，后有考释。

此书收有蟠夔纹簠（图2-37），原收录于《泉屋清赏》108，其后记：

高二寸八分，口长径九寸五分，重五十四两四钱。此簠通体作苍翠水银色，以蟠夔纹为饰，失盖。乃周器。

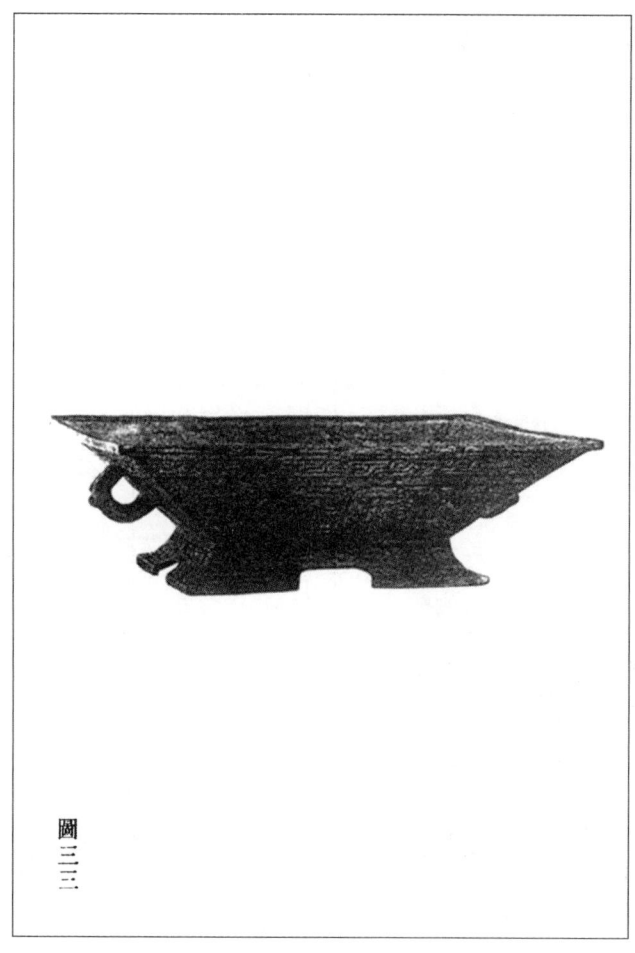

图2-37　蟠夔纹簠

---

① 容庚：《海外吉金图录》，民国二十四年（1935）燕京大学考古学社影印本。

《善斋彝器图录》三册①，收录刘体智旧藏铜器175件，其中商周青铜器168器、秦汉以后7器，每器除器形照片外，有铭文者均附有拓本，后有器物说明及简要考证，尺寸大小、释文、著录和铭文考证。容庚自序称：

> 庐江刘体智先生，收藏经籍、书画、金石之富，海内属望久矣。二十年春，获观《善斋吉金十录》稿本三四十巨册于秋浦周明泰先生家，其中未著录之彝器可二三百。余方欲增订《金文编》，睹此异文，振荡眙愕，欲效米襄阳之据船舷也。乃告明泰曰："余与刘氏未谋面，不敢多求，如能以沈子簋盖拓本见贻，感且不朽。"久之，刘氏邮赠拓本，贻书定交，赏析疑义，邮筒渐密。八月暑假，乃与徐中舒先生访之上海，道出南京，复约商承祚先生偕行。晤谈如故交，尽出所藏鼎彝四五百事供摄影，兼旬而毕，复赠全形拓本三百余纸，整装归来，不啻贫儿暴富矣。然所摄之景，未能惬意，犹冀再去，有所补正。乃"一二·八"难作，刘氏迁居，彝器分存数处，不便重照，稿遂阁置。二十三年，《吉金十录》既已印行。去年秋，余乃选取照片一百七十五器，略加诠释，由哈佛燕京学社出版，俾与《十录》相参证。其大小尺寸乃据汉建初尺，从《十录》迻录者。

这段序言详细记载了容庚编著《善斋彝器图录》的始末，由于刘体智《善斋吉金录》的器物尺寸未标记用何尺度，从容序中可以看出，使用的乃是汉建初尺。

此书收有"许子妆簠"（图2-38），原为陈介祺旧藏，历见著录，其后记：

> 高三寸八分，口纵九分三分，横一尺二寸五分，底纵六寸五分，横九寸六分。

4. 于省吾《双剑誃吉金图录》

于省吾《双剑誃吉金图录》二卷②，上卷收三代青铜礼器，下卷收兵器和秦汉器，共收录商周青铜器53件、兵器52件、秦汉器10件，共计115件。主要为于氏自藏，《筠清》《攈古》等十六种图录有载。此书有器形照片、尺寸说明，并摹拓铭文及花纹，卷末附有考释。收有一件季貟父簠（图2-39），后记：

---

① 容庚：《善斋彝器图录》，民国二十五年（1936）哈佛燕京学社珂罗版影印本。
② 于省吾：《双剑誃吉金图录》，民国二十三年（1934）北平琉璃厂来熏阁影印本。

图2-38 许子妆簠

图2-39 季罢父簠

窓15.11、陶续1.42，高三寸五分，深二寸一分，口径纵九寸八分，横一尺一寸八分，底纵六寸五分，横七寸五分。色绿而润。季良父簠有二器，一曾藏内府及郑厂，一即此器，曾藏宝华厂。铭在腹底十八字。

《陶续》1.42"季䛗父簠"条记：

高二寸四分，深二寸一分，口径长一尺二寸一分，阔一尺，底径长七寸二分，阔六寸五分。

两器尺寸有的相同，有的则有较大差异。以上海博物馆所藏季䛗父簠的数据比较，《双剑誃吉金图录》所收器物的尺寸应当按照汉建初尺进行换算。

5. 商承祚《十二家吉金图录》

商契斋《十二家吉金图录》二册[①]，收录于省吾、方焕经、方若、王辰、周进、孙壮、孙政、张玮、张允中、黄濬、商承祚、叶恭绰等十二家所藏商周至秦汉青铜器，共169件，每器均有器物照片、摹拓铭文和花纹，并附考释。

方焕经的宝楚斋藏有两件铸客簠，"铸客簠一"（图2-40）条记：

通高12.6公寸，腹深7.8公寸，口径左右31.6公寸，前后21.6公寸，足径左右25.6公寸，前后25公寸，色黑，通体作蟠凤纹，铭九字，横刻器口。花纹、铭文皆较黄氏器简略。

"铸客簠二"（图2-41）条记：

通高12.5公寸，腹深8公寸，口径左右31.5公寸，前后21.5公寸，足径左右25.8公寸，前后15公寸，色黑，通体作蟠凤纹，铭九字，横刻器口。

周进的居贞草堂藏有两件，"叔朕簠"（图2-42）条记：

通体左高10.2公寸，右减2公分，腹深6.8公寸，口径左右30公寸，前后24.2公寸，足径左右23.7公寸，前后18.3公寸，经火，色黡，器倾欹不平正，字有残泐，足内角阙其一，腹作蟠夔纹，足作屈曲纹，铭文三十六字，作字为补孔铜所掩。器初归阮元，底刻阮元宝用四字，后归海丰吴氏。

---

① 商承祚：《十二家吉金图录》，民国二十四年（1935）金陵大学中国文化研究所影印本。

图2-40　铸客簠一

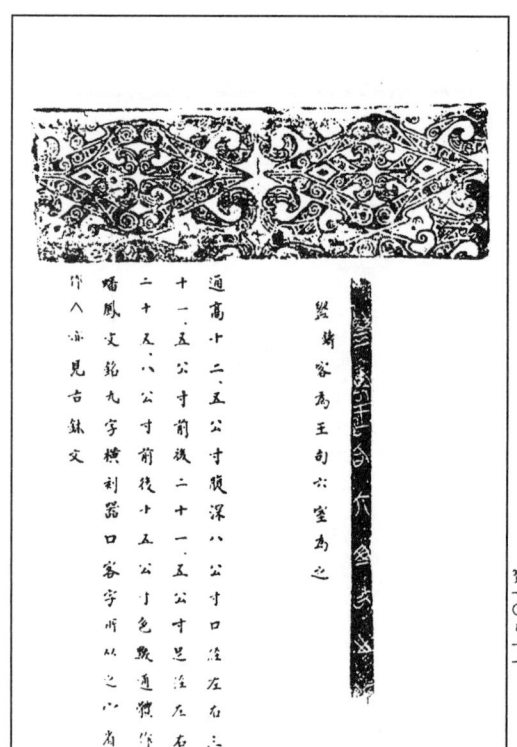

图2-41　铸客簠二

第二章 传世青铜簠著录综论

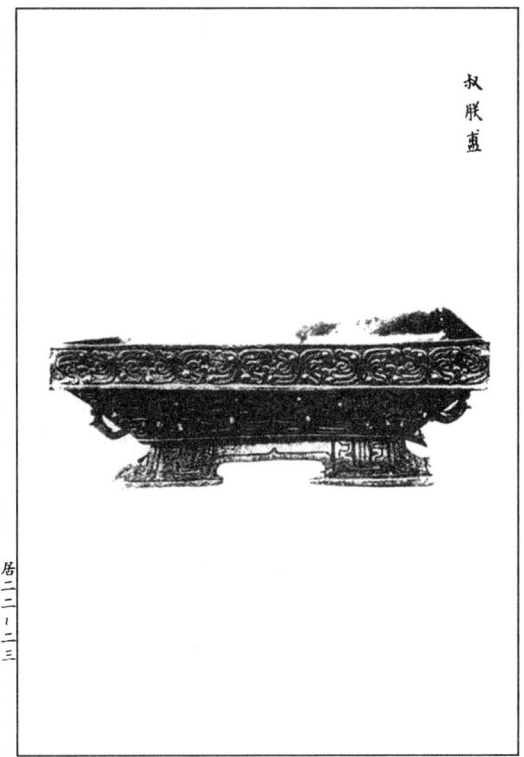

叔朕簠

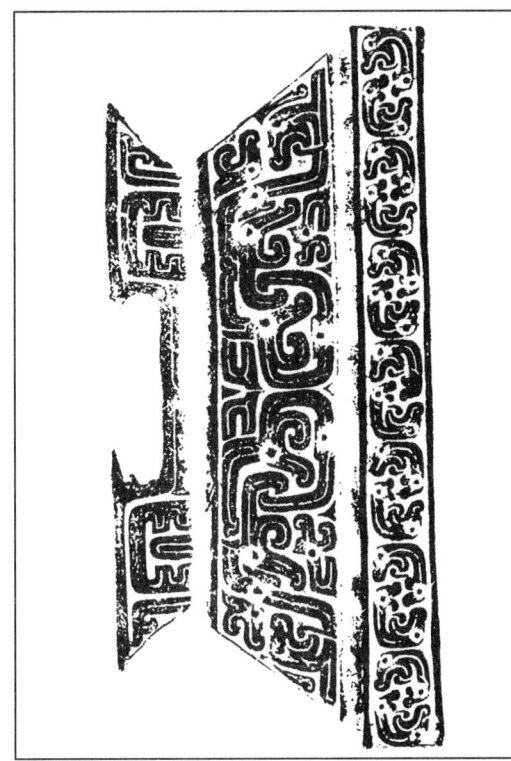

居二二·二三

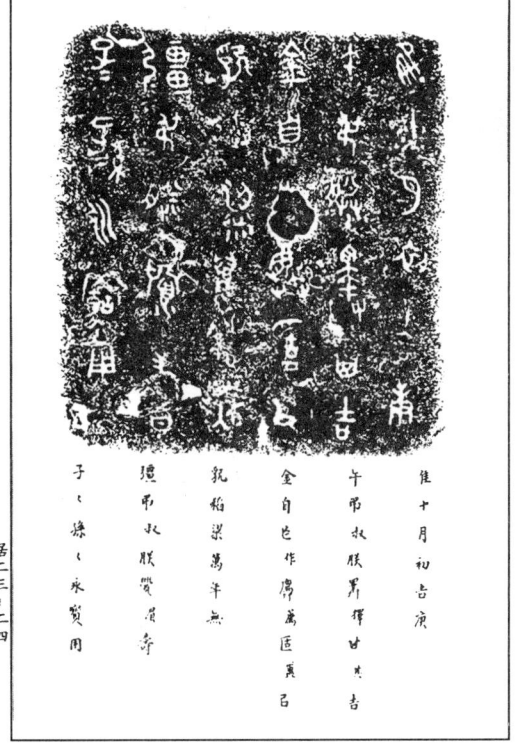

隹十月初吉庚
午帅叔朕罪择其吉
金自乍作宝盛匿真曰
穀柏梁萬年無
彊帥叔朕齊眉壽
子ㄑ孫ㄑ永寶用

通體左高十二公寸右減二公分腹深六·八公寸口徑左右三十
公寸前後二十四·二公寸足徑左右二十三·七公寸前後十八·三
公寸徑大色黧器傾攲不平正字有殘泐足內角闕其一腹作蠕
愛文足作屈曲文銘文三十六字匕字為補孔銅阿梅器初歸沈
元成刊院元宝用四字殘騎海豐吳氏

图2-42 叔朕簠

"樊君麋簠"（图2-43）条记：

> 通体高9公寸，腹深5公寸，口径左右31公寸，前后21.3公寸，足径左右22.2公寸，前后15.9公寸，足内角阙其一，色黝而有光，通体作蟠夔纹，屈兽以为两耳，铭六字皆反书。

孙壮的雪园藏有"铸子叔黑叵簠"（图2-44），其条记：

> 通盖高17.2公寸，腹深5公寸，口径左右27.2公寸，前后23.2公寸，足径左右16.5公寸，前后14公寸，色黡绿，足有阙角，器口四兽首上衔于盖，以防倾覆，盖顶及腹作夔纹，足作钩曲纹，盖、器各十六字。

黄濬的尊古斋藏有3件楚王畲腆簠，"楚王畲腆簠一"（图2-45）条记：

> 通高12公寸，腹深7.3公寸，口径左右32公寸，前后21.6公寸，足径横27公寸，纵16公寸，色红黑，腹作鸟纹，足作鸾纹，铭十二字，直刻器口，腹外底有一乙字，第几器之纪数字也。

"楚王畲腆簠二"（图2-46）条记：

> 通高12公寸，腹深7.3公寸，口径左右32公寸，前后21.6公寸，足径横26.3公寸，纵16.2公寸，色红黑，腹作鸟纹，足作鸾纹，铭十二字，直刻器口，腹外底有戊寅二字刻款。

"楚王畲腆簠三"（图2-47）条记：

> 通高12公寸，腹深7.3公寸，口径左右32.3公寸，前后21.5公寸，足径横25.7公寸，纵16公寸，色红黑，腹作鸟纹，足作鸾纹，铭十二字，直刻器口，腹外底有一辛字刻款，三簠中以此器字为最精。

叶恭绰的遐盦藏"庆孙之子峡簠"（图2-48），其条记：

> 通盖高20.1公寸，腹深7.6公寸，口径左右30公寸，前后21.6公寸，足径左右27.8公寸，前后19.2公寸，色绿，通体作蟠虺纹，盖沿四兽首以固器。

第二章 传世青铜簠著录综论

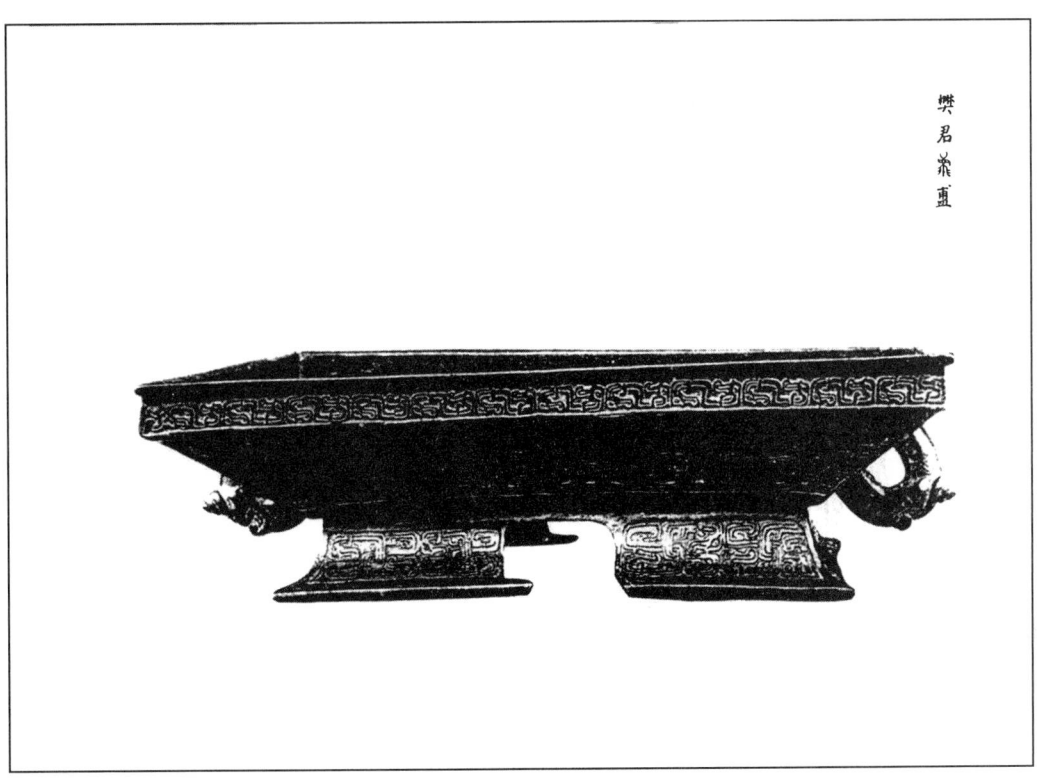

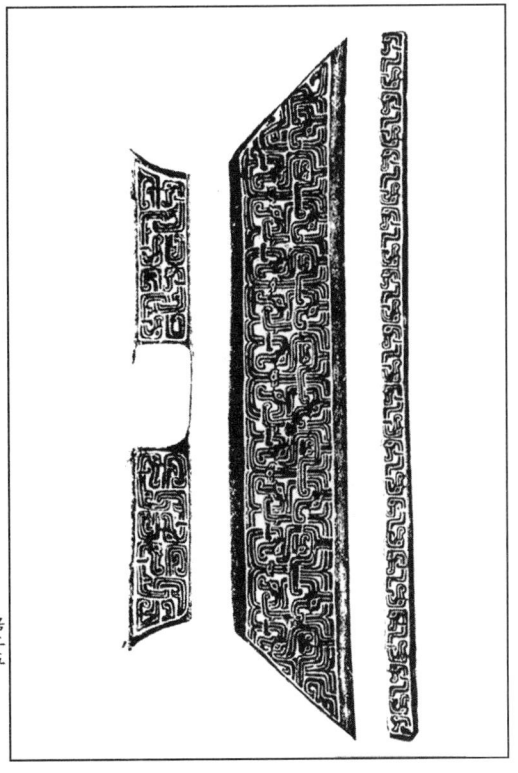

图2-43 樊君廥簠

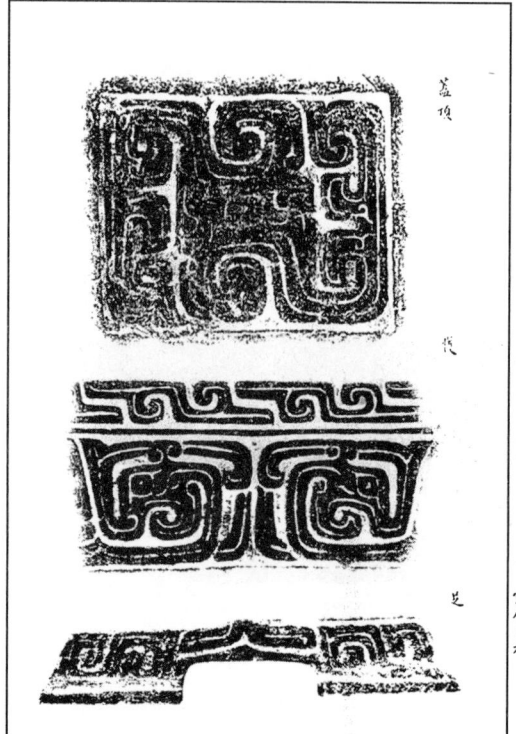

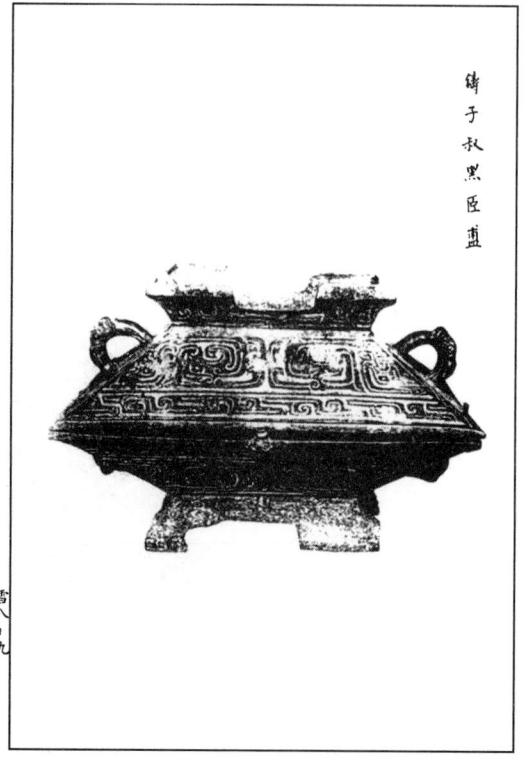

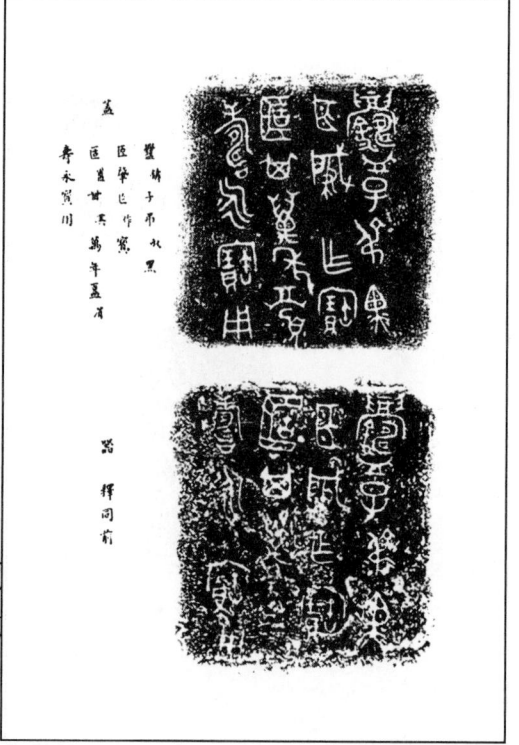

通盖高十七·二公寸腹深五公寸口径左右二十七·二公寸前後二十三·二公寸足径左右十六·五公寸前後十四公寸色质绿足有阔角路口四兽首上衔於盖以防倾覆盖顶及腹作夔文足作钩曲文盖器各十六字盖字所从之皿到置頁上

盖铸子叔黑臣擇吉作宝匡萬其萬年盖有
器释同前

图2-44 铸子叔黑臣簠

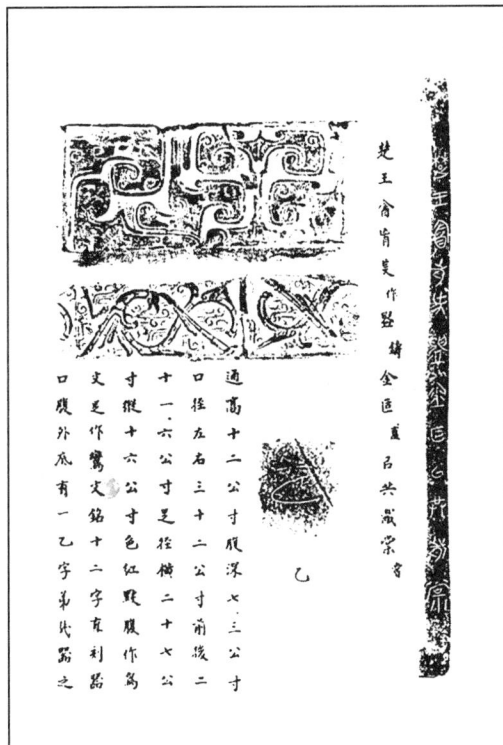 

图2-45 楚王酓肯腏簠一

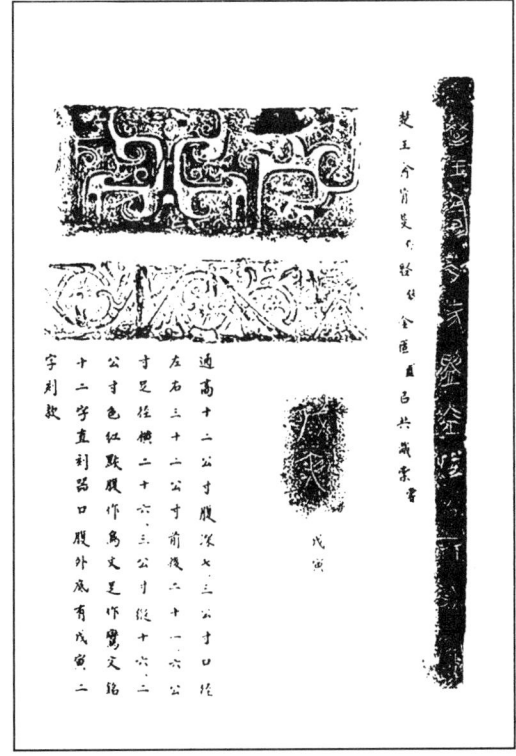 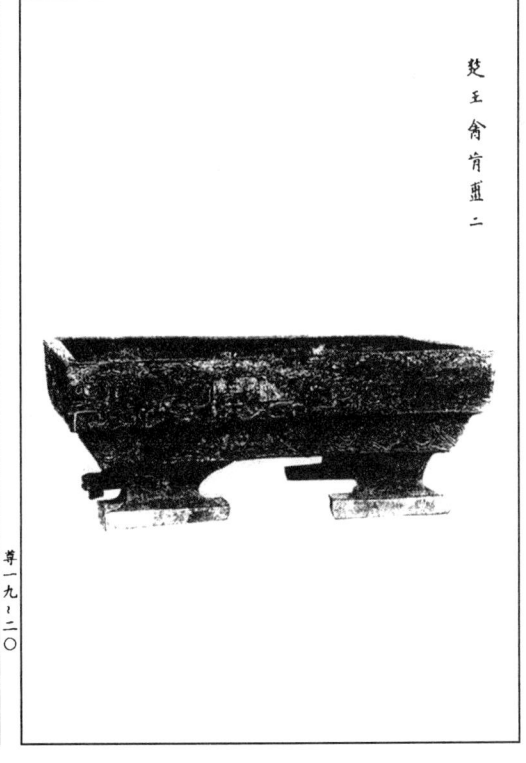

图2-46 楚王酓肯腏簠二

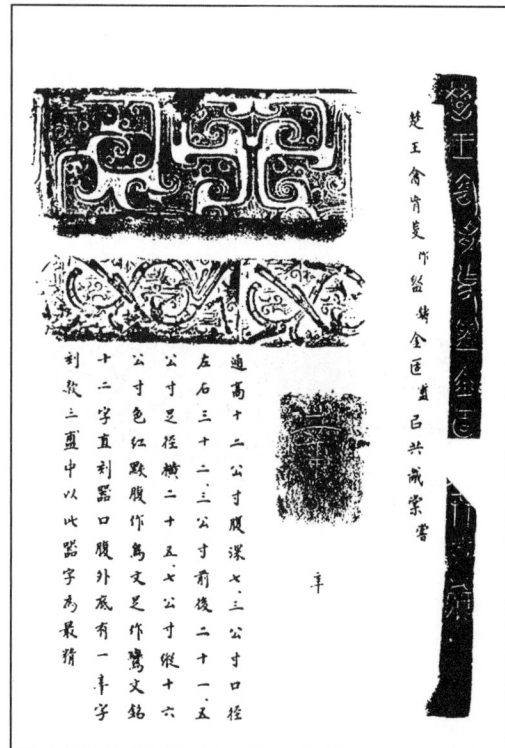 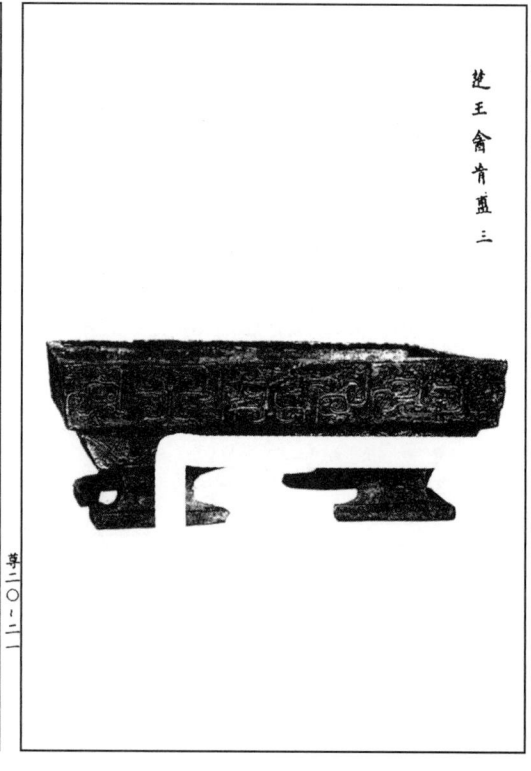

图2-47 楚王舍䏠簠三

盖、器各八字。柯昌泗云：庆孙犹春秋时臧孙、颛孙之例，盖世族也。此器文字、花纹当为江淮间所出。案左传齐庆封奔吴，居其族于朱方，其后为楚灵王所执杀。此庆孙之子崃当为齐庆氏之族侨吴时所作器，庆孙之子犹云庆氏之子也，至汉时庆氏改为贺氏，世为会稽大族，见吴志贺齐传。

6. 罗振玉《梦郼草堂吉金图》《贞松堂吉金图》

罗叔言《梦郼草堂吉金图》三卷、《梦郼草堂吉金图续编》一卷[①]，《梦郼草堂吉金图》上卷收录罗氏自藏商周青铜器54件，中卷收录古兵器和秦器43件，下卷为汉魏蜀器32件、六朝至明代器物21件，合计150件；《梦郼草堂吉金图续编》收商至宋器68件，是我国最早采用珂罗版印刷的青铜器图录。此书仅有器形照片和铭文拓本，无隶定考释和尺寸、来源。《梦郼草堂吉金图续编》民国七年（1918）上虞罗氏珂罗版影印本载雪堂自序称：

---

① 罗振玉：《梦郼草堂吉金图》，民国六年（1917）上虞罗氏珂罗版影印本；《梦郼草堂吉金图续编》，民国七年（1918）上虞罗氏珂罗版影印本。

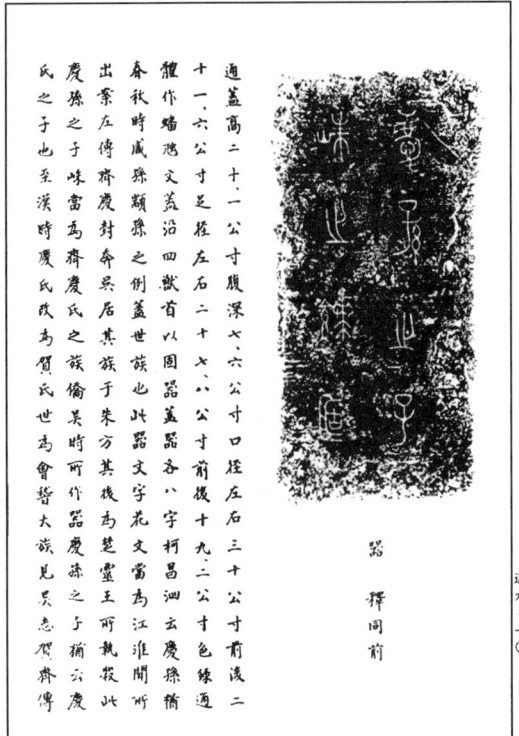
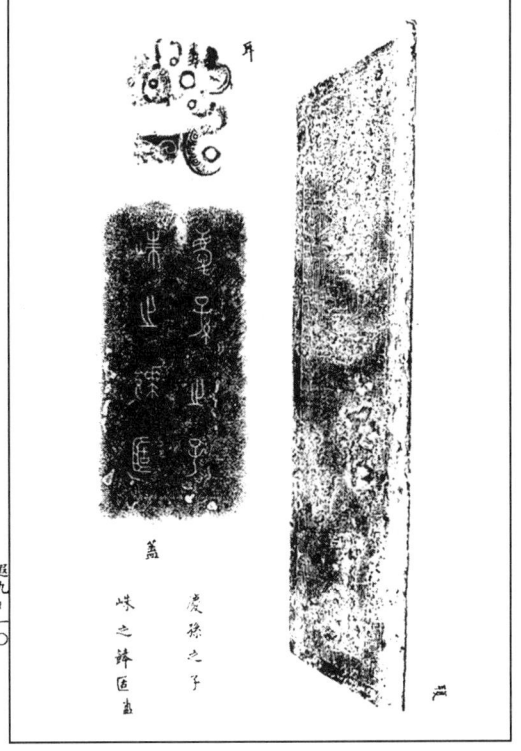

图2-48　庆孙之子峡簠

乃今年春,亲履灾区,便道重入国门,则端忠敏公陶斋所藏,与山左诸旧家遗物,充牣于都市,间有新出泉壤间者,以欧美战事方烈,舶市不通,则争求售于我。谢之不可,则与约延偿金之期,肆估多能谅予诺焉。于是遂又得古彝器三十余,复有念言,物之聚于所好,殆如风之聚箨,忽聚忽散,理之常也。今予谋弃而获存,处损而得益,此诸器既入予斋,不可不谋所以流传之,乃益以旧藏之未入前录者,总得六十有八品,为《梦郼草堂吉金图续编》。

《梦郼草堂吉金图》没有收簠,《梦郼草堂吉金图续编》收簠5件,即剻伯簠(图2-49)、王子申簠(图2-50)、夔侯簠(图2-51)、伯其父麇簠(图2-52)和陈侯簠(图2-53)。

《贞松堂吉金图》三卷①,收录罗氏自藏商周至晋宋以后铜器198件,其中商周礼器107件、兵器28件、秦汉诏版3件、汉器37件、晋宋以后器物19件,附录4件,著录三代石刻、唐代封泥等,有器形照片,但无尺寸、释文。民国二十四年(1935)墨缘堂影印本罗氏自序称:

及丁国变,万念都绝,避地海东,时第以著书遣日而已。丁巳冬,曾取所蓄古彝器,编为《梦郼草堂吉金图》。其明年秋,取续得之器,别为《续编》。……及丁未返国,寓居津沽,且击民生颠顿,救死不赡,苦不能出之水火而登之衽席,然亦思薄有以济之。既斥鬻旧藏书画名迹,以拯京旗民族之颠连无告者,将继是而斥鬻古器以广吾志。顾海内物力实已虚耗,又当道慆淫佚乐之不暇,安知古器物者,用是所售,曾不及什一。洎甲子冬,值宫门之变,履境弥艰,饰巾待尽。已巳移家辽东,虽挟所藏舆俱,幸舟车运输得无恙。然当是时,七尺之躯尚嫌疣赘,更何有乎长物?于旧藏既无意保存,宁复更有求益之想。然往在津沽时,结习未能尽泯,尝于李山农后人许见静敦,爱其文字精且多,酬以重金致之吾斋。京津估人时挟器求售,间亦应焉。先后所得,复足偿所失。居辽六年剑,颇闻洹水故墟出殷器至多,而购求者稀,南北知好复远道寄示,且沥陈商况之艰苦。予用是辗转思维,曩者予谋斥旧藏以活人,所愿既不克偿,今兹所见,宜云烟等视,何注意为?顾念古物有尽,若不得所归,至可矜惜,且以是时购求,殆亦利济之一端。于是仍事收集,乃又得三代器百余品,秦汉以降器数十品,合以津沽所得,爰命儿子福颐编次为《贞松堂吉金图》三卷。

---

① 罗振玉:《贞松堂吉金图》,民国二十四年(1935)墨缘堂影印本。

第二章 传世青铜簠著录综论

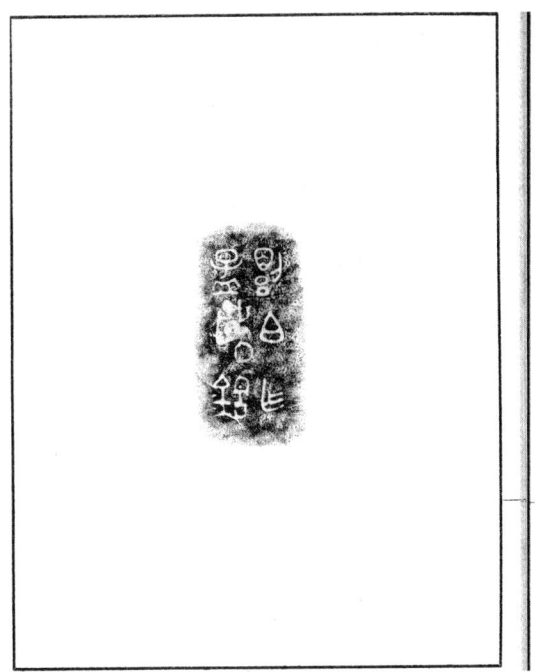
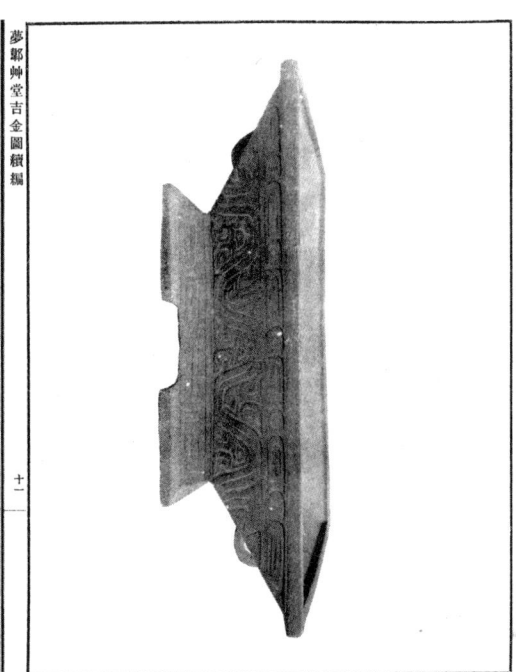

图2-49 剻伯簠

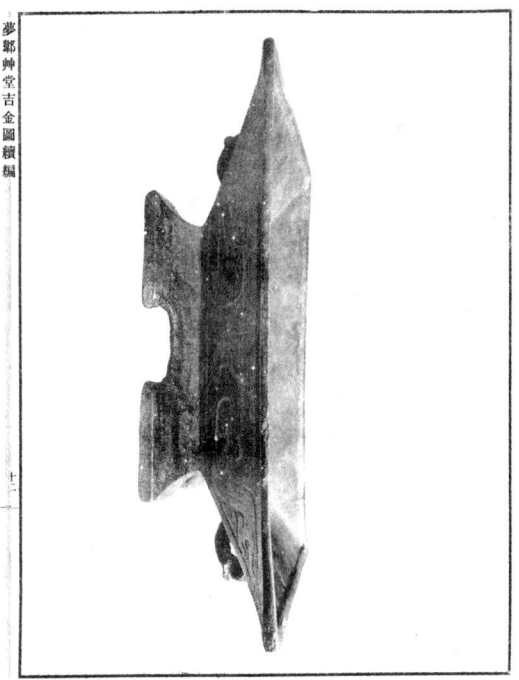

图2-50 王子申簠

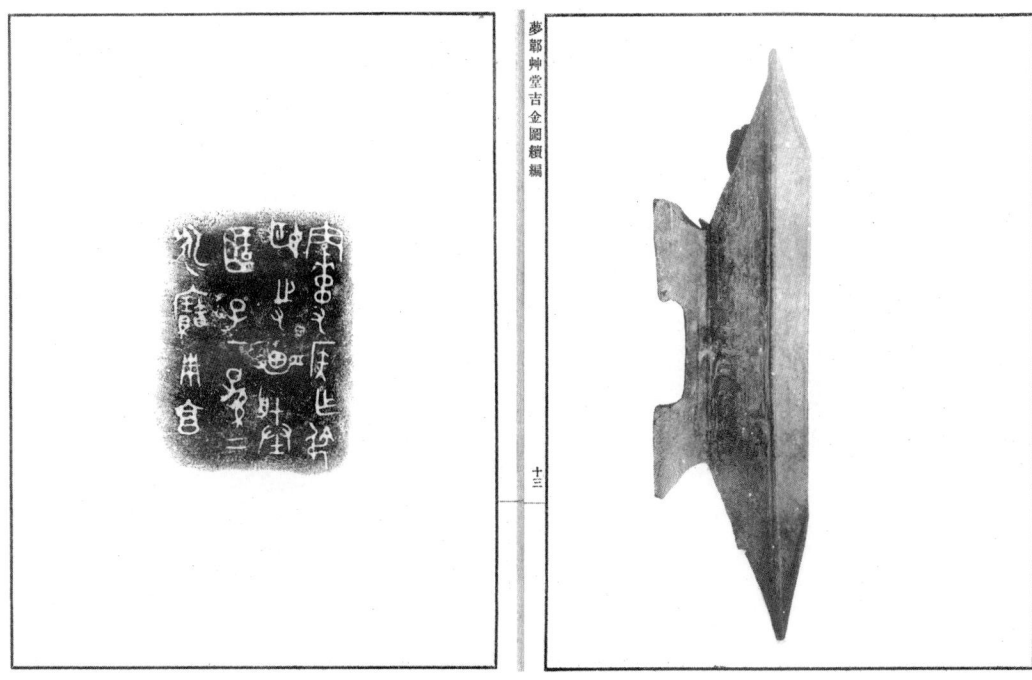

图2-51　夔侯簠

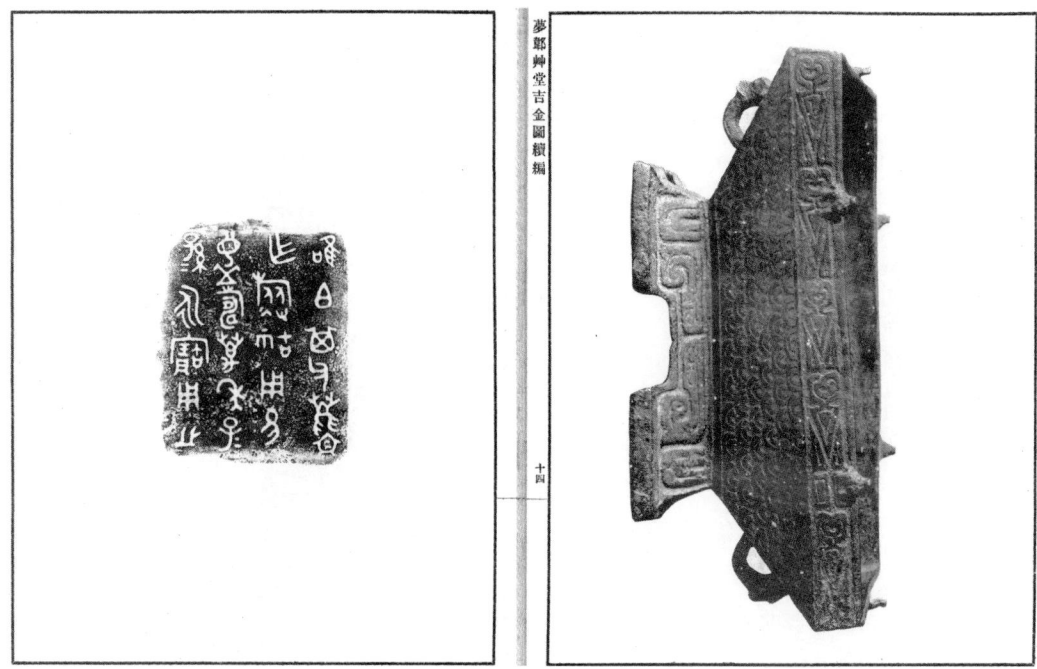

图2-52　伯其父簠

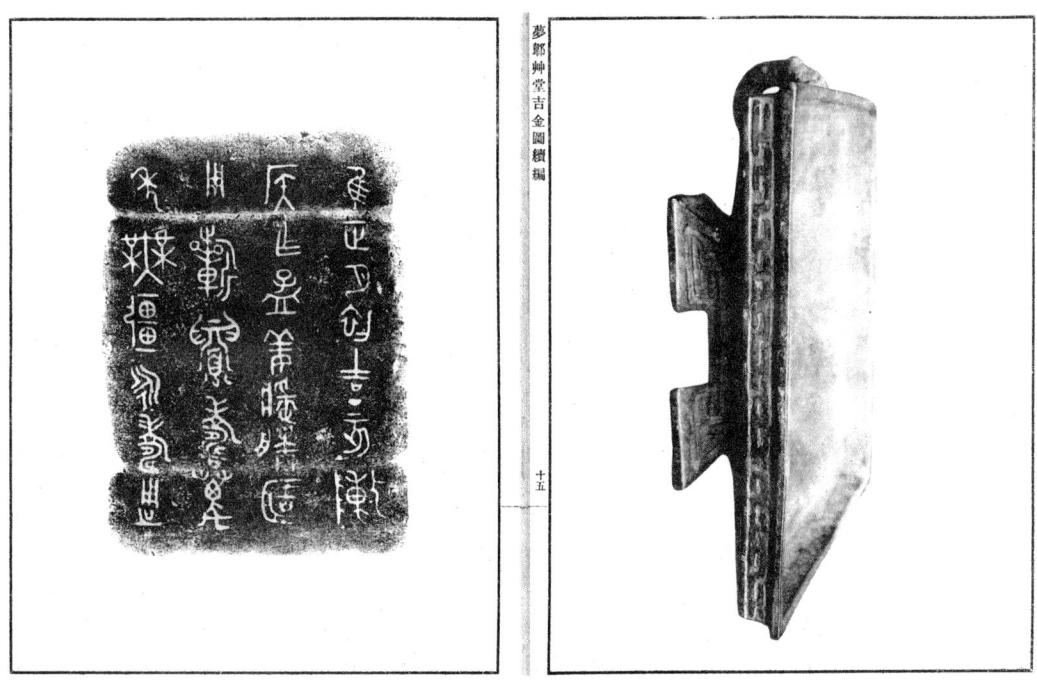

图2-53 陈侯簠

自序记述了原藏器物鬻卖的情况,以及新得诸器的来源和大概时间。此书收簠2件,皆为后得,有楷侯微逆簠(图2-54)、楚子暖簠(图2-55)。

7. 刘体智《善斋吉金录》

刘晦之《善斋吉金录》二十八册①,收录刘氏自藏铜器5728件,分为十录:乐器、礼器、古兵、度量衡、符牌、玺印、古泉、铜镜、梵象、任器。各器皆绘器形图,记载尺寸大小,有铭文拓本,间作考证,然伪器亦多。民国二十三年(1934)石印本载刘氏自序称:

> 上起三代,下逮朱明,凡属古物,靡不宝爱,耳目所及,既择其可喜者留之,即远至千里之外,亦必多方罗致,左右其间,寝馈不厌,卅年藏弆,粗有可观矣。摩挲之余,不欲自秘,因先就吉金一类,绘其形制,拓其文字,记其度数,次为十录,付之影印,用质当世。虽计其总数,所得远逾前人,顾有时见新器出,无力致之,则以此而易彼,录中所载,今日亦不尽在寒斋,特存其目而已。

---

① 刘体智:《善斋吉金录》,民国二十三年(1934)石印本。

图2-54 楷侯逆簠

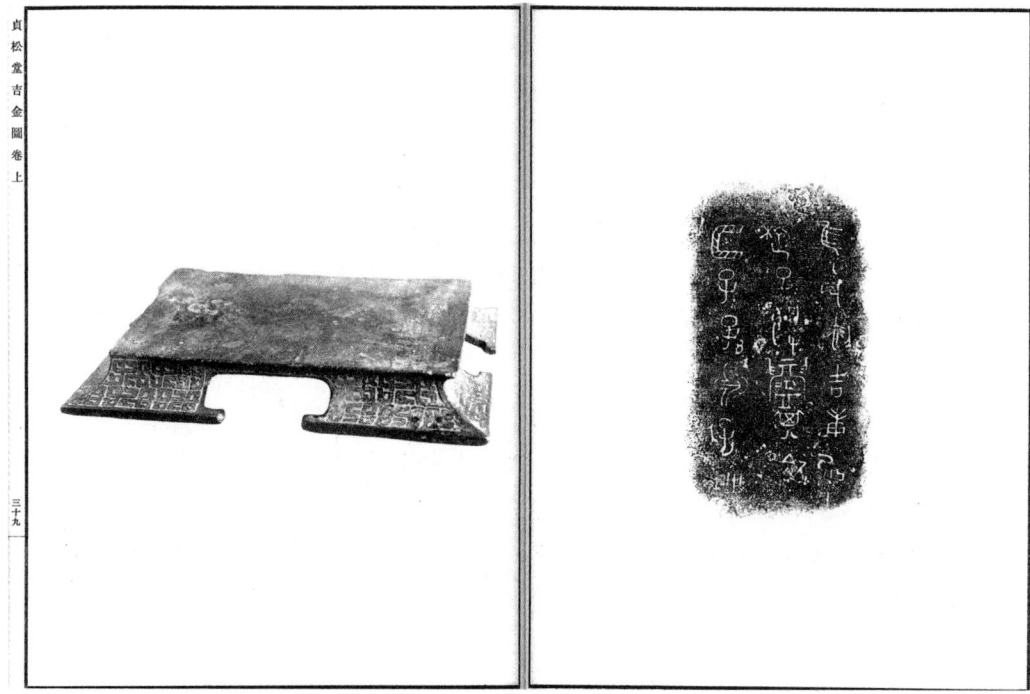

图2-55 楚子暖簠

此书收簠10件，《善斋》8.1"鲁士𠂤父簠一"条：

高二寸五分，口纵一尺，横一尺二寸七分，底纵五寸半，横七寸半。

《善斋》8.2"鲁士𠂤父簠二"条：

高二寸五分，口纵一尺，横一尺二寸七分，底纵五寸半，横七寸半。

《善斋》8.3"伯旅鱼父簠"条：

高二寸六分，口纵九寸，横一尺二寸六分，底纵四寸五分，横六寸。

《善斋》8.4"鲁伯愈父簠"条：

高四寸二分，口纵九寸七分，横一尺一寸八分，底纵六寸，横七寸八分。

《善斋》8.5"胡侯簠"条：

高二寸二分，口纵一尺，横一尺二寸三分，底纵四寸五分，横六寸五分。

《善斋》8.6"师麻孝叔簠"条：

高四寸半，口纵一尺一寸二分，横一尺三寸七分，底纵六寸八分，横九寸七分。

《善斋》8.7"师多簠"条：

高三寸六分，口纵一尺一寸二分，横一尺三寸六分，底纵六寸五分，横八寸七分。

《善斋》8.8"陈侯簠一"条：

高五寸，口纵一尺一寸三分，横一尺四寸九分，底纵五寸，横八寸三分。

《善斋》8.9"陈侯簠二"条：

> 高五寸，口纵一尺一寸三分，横一尺四寸九分，底纵五寸，横八寸五分。

《善斋》8.10"许子簠"条：

> 高三寸八分，口纵九寸三分，横一尺二寸五分，底纵六寸五分，横九寸六分。

根据容庚《善斋彝器图录》自序，可知刘体智《善斋吉金录》的器物尺寸为汉建初尺（23.68厘米）。许子妆簠现藏上海博物馆，经实测可证容说不谬。

8. 靳云鹗《新郑出土古器图志》

靳云鹗《新郑出土古器图志初编》一卷[①]，收录1923年河南新郑出土古器物91件，碎片635件，按照器物类别和纹饰编次。1923年影印本载靳云鹗自序称：

> 邑绅李君名锐，世居城之南门外。曾任安武军军官，退闲务农。宅边有园圃，思凿井以灌溉之。延风鉴家刘国贤相地度宜。雇工刘篇、刘儒、周东印等持畚锸从事，至三丈余而古物发见，时中华民国十二年八月廿五日也。云鹗驻军管城有年矣，九月一日查防至此。闻其事，因思鼎彝古物为先代典型，所寄尤宜归诸公家，俾存国粹。遂遣副官陈国昌往以斯恉相告，李绅欣然从之。即以已得之大鼎陆、小鼎叁、敦肆、鬲陆、簠贰、罍壹、甗壹、玉玦贰、碎铜片伍拾叁悉数缴出，先行运郑。因不惜工资，命陈副官偕参谋王灿章会同县邑官绅再事搜罗，于五日续得鼎陆、洗壹、大钟肆、小钟拾柒、大尊肆、罍壹、瓿壹、壶贰、敦肆、簠肆、簋贰、匜壹、方盘壹、圆盘壹、碎铜片伍佰肆拾柒，七日又得鬲叁，于九日又得兽尊壹、匜贰、簋贰、圆盘壹、小鼎壹、觚座壹、兽面人身小铜像壹、鹤形仪饰贰、碎铜片肆拾贰。当发现之初，许昌张君庆麟闻风而往，购去大鼎壹、中鼎贰。嗣以云鹗主张归公为然，亦即慨然送至。先后共得古物玖拾壹，碎片陆佰叁拾伍。

---

① 靳云鹗：《新郑出土古器图志》，民国十二年（1923）影印本。

这部著作首次将一座大墓的器物集中收藏和著录，即按照一个考古学单位进行系统整理，有重要的学术价值。从编撰体例可以看出，此书受到近代考古学思潮的影响十分明显。在卷首有整理者、发掘者的照片和遗址照片，以及标明尺寸的比例尺（图2-56），卷末有出土器物的位置图（图2-57）等，初步具备了一部科学发掘报告的模式。此书收簠六件（图2-58），其中三件器、盖完整，另外三件皆是碎片。

9. 关百益《郑冢古器图考》《新郑古器图录》

《郑冢古器图考》十二卷[①]，载有1925年关百益的自序。此书是以《新郑出土古器图志初编》为底本，收录新郑出土古器物127件，分类编次。其中铜器

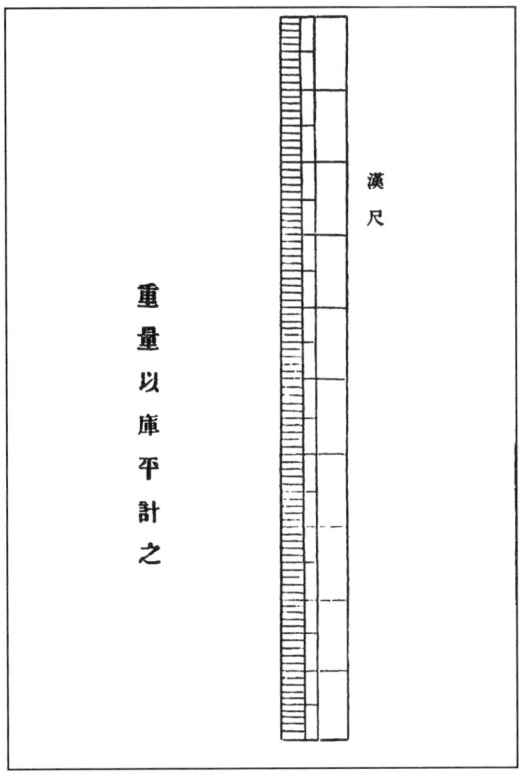

图2-56 《新郑出土古器图志》比例尺

113件，每类器物皆做考释，末卷载有《发见郑冢源流记》。

此书收簠6件，分为甲、乙两组。甲组5件，即盈字二号（图2-59）、三号、四号、五号、六号。乙组1件，盈字一号（图2-60）。

附有"周敦考"称：

> 古者鼎敦簋簠之盖可以仰置者皆名会，《特牲馈食礼》曰："佐食启会，却于豆南。"此谓佐食者，取会却置而奠之以待尸入而食也。《公食大夫礼》曰："宾卒，食会饭。"此谓取饭于敦，仰会而食，置其余以待馂也。古器之盖如此，俯之则为盖，仰之则为会，非特美观亦为适用耳。

又有"周簠考"称：

> 六器皆为长方状，盖与器同形，四角各有四足，左右各有两耳，与《考古图》所载张仲簠形制相若，其为簠无疑矣。簠字，为《说文》所无。古器

---

① 关百益：《郑冢古器图考》，民国十九年（1930）中华书局印本。

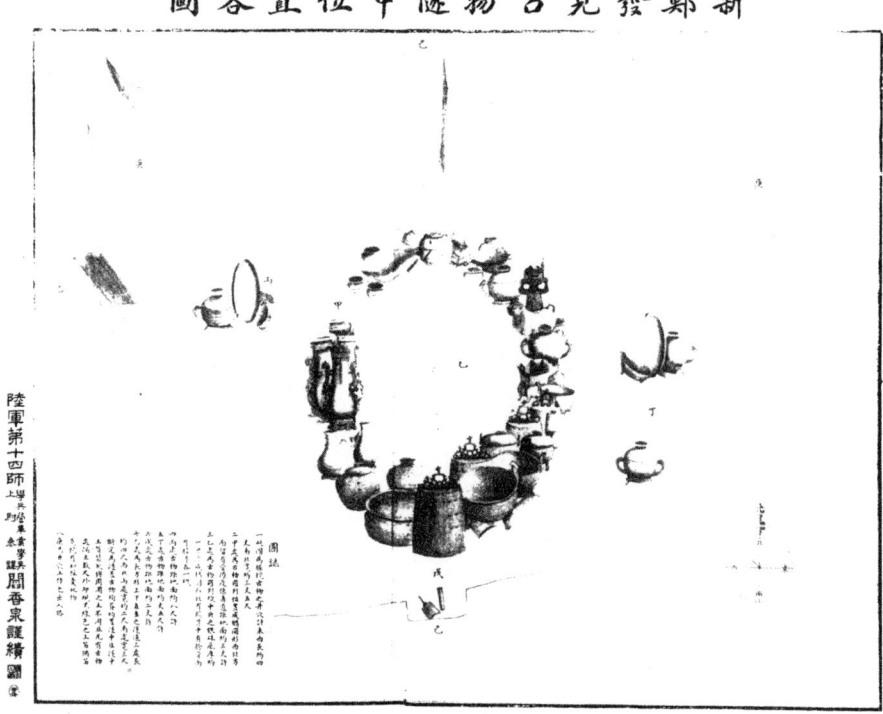

图2-57 《新郑出土古器图志》出土器物位置图

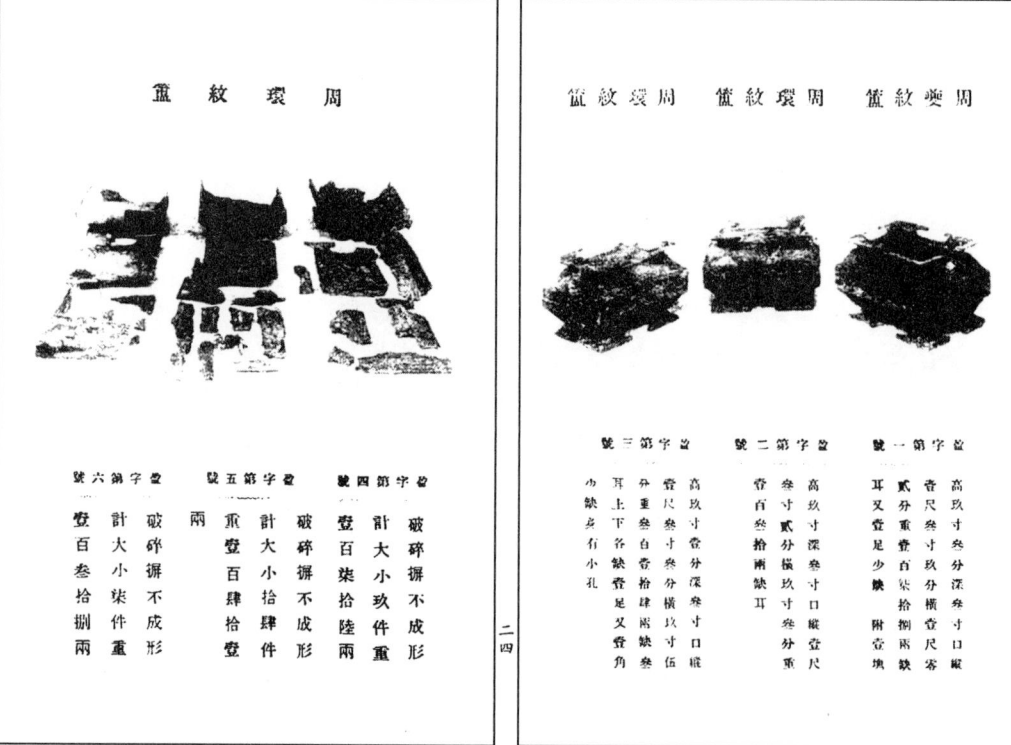

图2-58 《新郑出土古器图志》收录青铜簠

图2-59 《郑冢古器图考》盈字二号簋

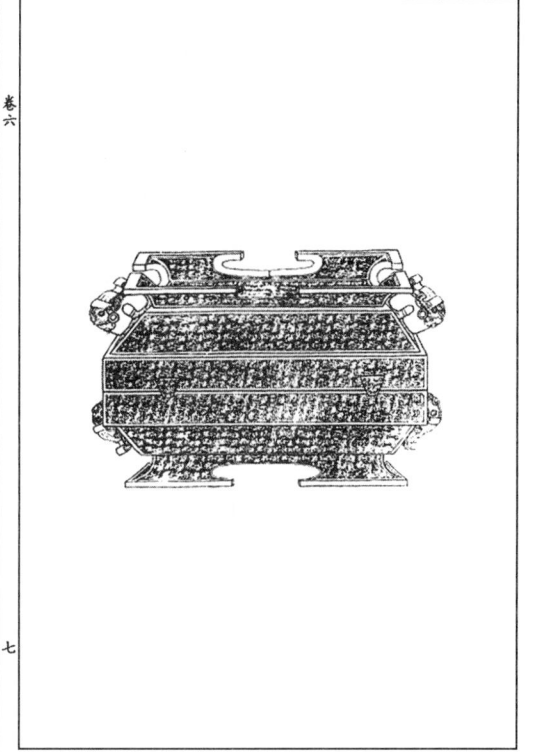

图2-60 《郑冢古器图考》盈字一号簋

款识或作匩，或作匯或作匩，或作匪，或作匭，然则《说文·皿部》有"䀇"字，云器也。从缶皿，古声，即此器也。《明堂位》所谓"殷之四瑚"者，亦此器也。瑚又作胡，《左传》仲尼曰："胡簋之事"，则尝学之矣。《周礼·舍人》云："凡祭祀，共簠簋，实之陈之。"郑康成曰："盛黍稷稻粱器。"案《公食大夫礼》："簠盛稻粱、簋盛黍稷。"又云："簠有盖幂。"又云："启簋会。"郑注云："会簋，盖也"解见《周敦考》。礼经中言簠簋者以此最为详实。康成曰："方曰簠，圆曰簋。"见《周礼·舍人》注。言似是矣。然观《考古图》所载师奂父旅簋亦为长方形，知圜为簋一语未足依为实据也。至《礼图》云：簠，外方而内圜，簋，外圜而内方，其中实以稻粱，又皆刻木为之，上作龟盖，以体虫镂之饰。此纯起后儒之臆说，公然行之庙堂，历千百载，而不改。以出土古器证之，其穿凿附会不值一晒，礼失而求诸野不其然乎。

《新郑古器图录》二卷①，收录新郑出土器物93件，上册为图录，有器形照片，分乐器、礼器和兵器三大类，每类再分为若干属，每属之器先以甲乙分组，再以子丑为序；下册为附录，分史略、正名、分类、修补、度量、释文、疑年等七章，是比较早的系统研究出土青铜器的著录书之一。

10. 孙海波《新郑彝器》

孙海波《新郑彝器》二册②，收录1923年新郑大墓出土铜器95件，分为乐器、烹饪器及食器、酒器、用器、杂器、兵器等大类，每器皆有器形照片、尺寸大小说明，并附重要花纹拓本，书前有《新郑彝器概述》一文。

此书收簠3件，但皆定名为蟠螭纹盨。"蟠螭纹盨一"条记：

> 通盖高六寸三分，深二寸一分，口径长九寸七分五厘，阔七寸二分五厘，重一百九十二两。周身饰蟠螭文，色绿，无铭。

"蟠螭纹盨二"条记：

> 通盖高六寸一分，深二寸，口径长九寸三分，阔六寸六分，重一百四十六两。无铭，花文、色泽与上器同。

---

① 关百益：《新郑古器图录》，民国十八年（1929）上海涵芬楼影印本。
② 孙海波：《新郑彝器》，民国二十七年（1938）河南通志馆印本。

"蟠螭纹盨三"条记：

> 通盖高六寸，深一寸九分，口径长九寸三分五厘，阔六寸八分五厘，重一百四十八两。无铭，花文、色泽与上器同。

此书所记器物尺寸与《新郑出土古器图志初编》《郑冢古器图考》均不相同。河南博物馆藏有一件新郑出土的蟠虺纹簋，通高20.5厘米、口长31.1厘米、宽23.3厘米、底长28厘米、宽20.5厘米。仔细校对簋盖近圈足处的锈斑，可知应是《新郑彝器》的"蟠螭纹盨一"。若按照清营造尺（32厘米）换算，则通高20.16厘米、深6.72厘米、口径长31.2厘米、宽23.2厘米，两者基本相符。因此，《新郑彝器》著录器物的尺寸所用为清营造尺。

11. 黄濬《尊古斋所见吉金图》

黄百川《尊古斋所见吉金图》四卷①，收录商周青铜器116种、秦汉以后器74种，共收190器。按器类排列，每器有器形照片和铭文拓本，不记大小尺寸，亦无考释。此书收簋2件，有大司马孛尤簋（图2-61）和鲁士𠭯父簋（图2-62）。

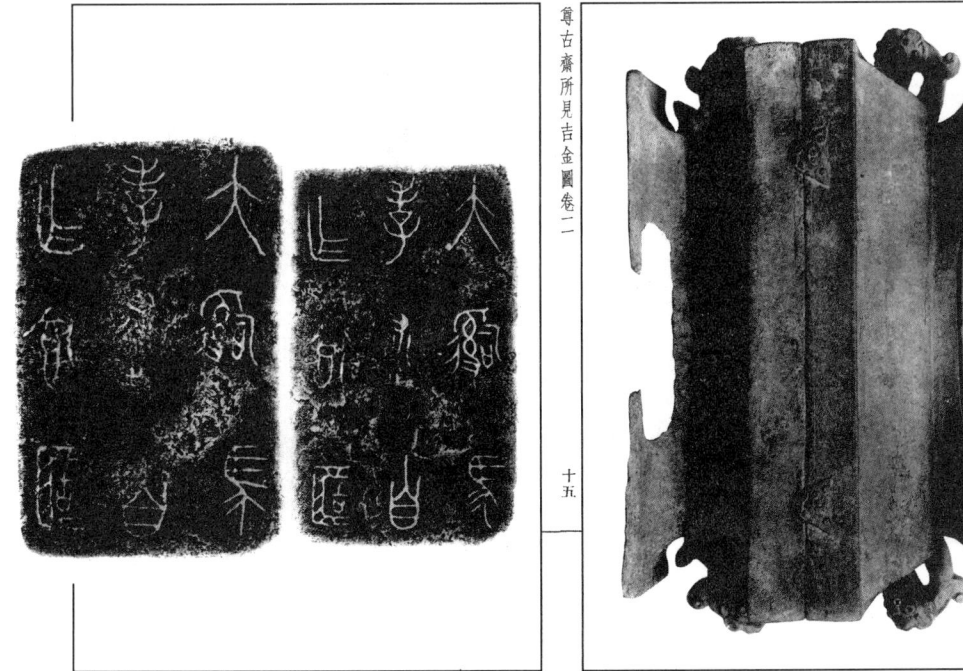

图2-61 大司马孛尤簋

---

① 黄濬：《尊古斋所见吉金图》，民国二十五年（1936）尊古斋珂罗版影印本。

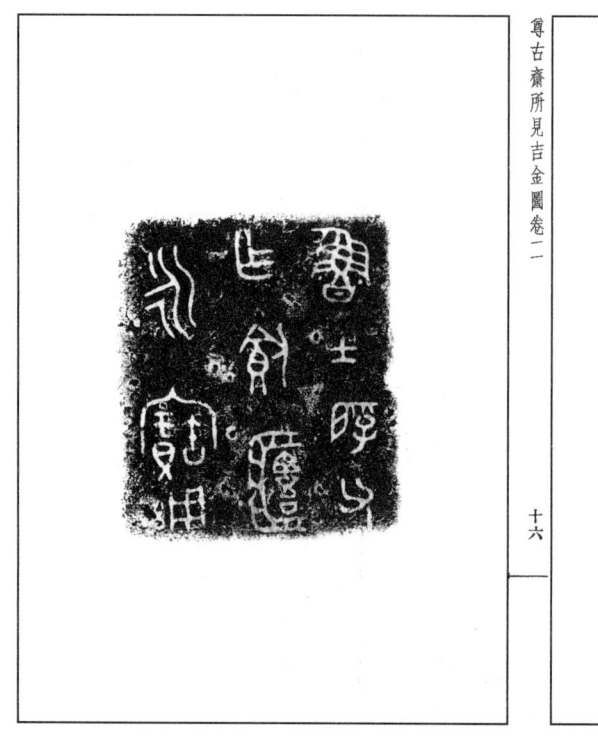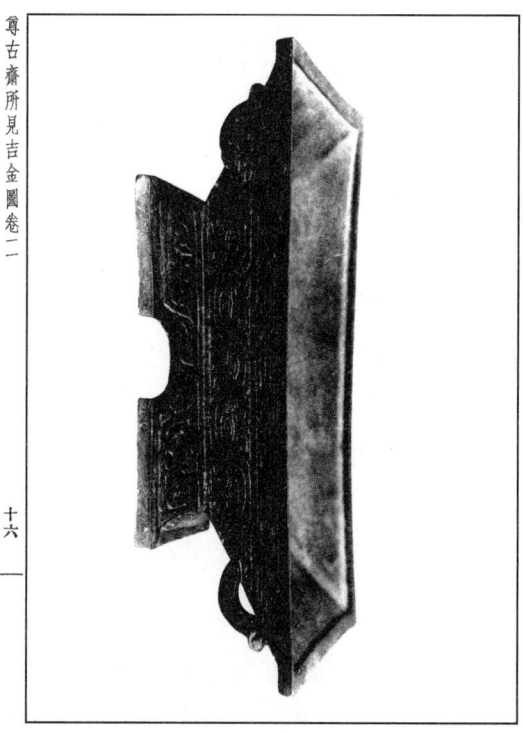

图2-62 鲁士䌿父簠

12. 李泰棻《癡庵藏金》

李革癡《癡庵藏金》二册①，正、续各一册，正编收录商周铜器30件、汉器1件、兵器39件，共70件；续编收录43件。首列考释，次录器物照片，并摹拓铭文及花纹。此书收簠2件，即季宫父簠（图2-63）和鄡簠（图2-64），后者为伪刻。

13. 陈梦家《海外中国铜器图录》

陈梦家《海外中国铜器图录》两册②，是1944～1947年陈氏在美国讲学期间，收集的部分收藏在欧美的中国古代青铜器资料。上册附有《中国铜器概述》，对三代青铜器的分类、形制、纹饰和铭文进行了系统论述，并附有藏品目录、说明和英文提要。此书收簠1件，蟠螭纹簠（图2-65），现藏美国芝加哥博物馆。

14. 梅原末治《冠斝楼吉金图》

梅原末治《冠斝楼吉金图》三册、补遗一册③，收录梅原氏所藏青铜器照片158

---

① 李泰棻：《癡庵藏金》，民国二十九年（1940）影印本。
② 陈梦家：《海外中国铜器图录》，民国三十五年（1946）国立北平图书馆影印本。
③ 梅原末治：《冠斝楼吉金图》，日本昭和二十二年（1947）珂罗版影印本。

图2-63　季宫父簠

图2-64　郚簠

图2-65　蟠虺纹簠

件。《贞松老人外集》载有罗振玉序称：

> 吾友叔章参议，博雅好古，丁斯学鼎盛之会，古器物大出之时，数年以来，搜集古彝器百五十八品，其鉴别矜慎，每得一器，轧就予商榷讨论，所收无一赝物，且精品至多。略举一二，如商小臣邑罕，器伟而字精，凡廿七言，为传世古罕之冠；鲁大司寇两铺，尤为奇品，为《考古图》杜嬬铺后所仅见。顷者编次所藏，为《冠罕楼吉金图》三卷，写影精印以传之。

此书仅收大司马孛尤簠。

15. 邹安《周金文存》

邹适庐《周金文存》六卷、补遗六卷、附说六卷①，收录邹氏自藏铜器铭文拓本1545件。以清末为断，辛亥以后所见之本不录。按器物类别排列，各类又以铭文字数从多至少，逆序编排，每卷后系以附说。此书在器物定名上有的仍沿袭旧说，如称簠为敦，并杂有不少伪器。每器标注铭文字数、藏家，间有题跋。因为拓片数目较多，编排时难免存在同器不同拓本分属不同器类的现象。

收簠66件，正卷收有62件，《周金》3.119"曾伯霥簠一"条：

> （目录）九十二字，慈溪叶氏；
> "梦渔手拓"印。

《周金》3.120"曾伯霥簠二"条：

> （目录）九十字，潍县陈氏；
> （附说）一归陈寿卿以之名斋，即自谓初得古器之一者，一归慈溪叶梦渔湖海阁；
> "寿卿手拓"印、"陈介祺所得三代两汉金石记"印。

《周金》3.121"陈逆簠"条：

---

① 邹安：《周金文存》，民国五年（1916）仓圣明智大学石印本。

（目录）七十七字，吴兴俞氏；

（题跋）陈逆簠与积古斋所录汪氏一器文同，粗花确非伪铸，吴氏毁于火之说恐误，戊午夏适庐见此于沪市招此一纸并记；

（附说）积古斋汪氏一器毁于火，此别一器。

《周金》3.121"免簠"条：

（目录）四十四字，仪征阮氏；

（题跋）积古斋藏器，邹安补记；

（附说）今犹在潘文勤家；

"吉人"印。

《周金》3.122.1"邾太宰簠一"条：

（目录）三十八字，慈谿叶氏；

（题跋）邾太宰簠旧为慈谿叶梦渔所藏，与江苏长洲顾湘舟一器文同，惟多镶字；

梦渔手拓"印。

《周金》3.122.2"邾太宰簠二"条：

（目录）三十七字，长洲顾氏；

（附说）文同，惟一多镶字；

"彦份私印"。

"彦份"即汪彦份，字彦生，江苏常州人。

《周金》3.123.1"叔朕簠"条：

（目录）三十六字，仪征阮氏、海丰吴氏；

"积古斋"印。

《周金》3.123.2"许子簠"条：

（目录）三十三字，阳湖吕氏、潍阳陈氏；

"熙载过眼"印。

"熙载"即吴廷扬，字熙载，又字让之，江苏仪征人。
《周金》3.124.1"叔家父簠"条：

（目录）三十一字，日照丁氏；
"日照丁麟年"印。

《周金》3.124.2"郑召叔山父簠"条：

（目录）二十八字，山阴陈氏、程氏；
（附说）向与宗周钟同在山阴陈默斋将军家，钟归沈仲复中丞，转入杨氏，今年杨氏以二千墨银售出，某估方以居奇，恐将流出外洋，簠则入沪上富家，尚可冀十年之不字，窃为此簠幸矣。

《周金》3.125.1"陈侯簠"条：

（目录）二十七字，上虞罗氏；
"叔言获古"印。

《周金》3.125.2"郜公簠"条：

（目录）二十七字，潍县陈氏；
"簠斋藏三代器"印、"海滨病史"印、"宝汉楼主"印。

《周金》3.126.1"叔姬簠"条：

（目录）二十六字，程氏。

《周金》3.126.2"齐陈曼簠"条：

（目录）二十二字，汉阳叶氏；
（题跋）叶东卿先生藏器；
"张仲"印、"□□手拓金石"印。

《周金》3.127.1"史免簠一"条：

（目录）二十二字，秀水金氏、吴县潘氏；
"郑盦所藏吉金"印。

《周金》3.127.2"史免簠二"条：

（目录）不详。

《周金》3.128.1"伯其父簠"条：

（目录）二十二字，洪洞刘氏，上虞罗氏；
"彦份私印"。

《周金》3.128.2"番君簠一"条：

（目录）二十二字，不详；
（题跋）一耳已损，丁巳在沪中。

《周金》3.129"番君簠二"条：

（目录）二十一字，阳湖孙氏；
"孙伯渊"印。

《周金》3.130.1"番君簠三"条：

（目录）二十一字，蚀四字，仪征阮氏；
（题跋）阮文达藏器，见积古斋；
"□卿手拓"印。

《周金》3.130.2"铸公簠"条：

（目录）二十一字，长白盛氏；
"叔言审定"印。

《周金》3.131.1"楚子簠一"条：

  （目录）十九字，溧阳端氏。

《周金》3.131.2"楚子簠二"条：

  （目录）十九字，溧阳端氏。

《周金》3.132.1"季冒父簠一"条：

  （目录）十八字，吴县潘氏；
  "仲渔"印。

"仲渔"即徐传经，字诵畬，又字仲莴、颂鱼。
《周金》3.132.2"季冒父簠二"条：

  （目录）十八字，溧阳端氏。

《周金》3.133.1"季冒父簠三"条：

  （目录）十八字，溧阳端氏。

《周金》3.133.2"夔侯簠一"条：

  （目录）十八字，歙县程氏；
  "昔凡父印"。

"昔凡父"即陈衍庶，字昔凡，安徽安庆人。
《周金》3.134.1"夔侯簠二"条：

  （目录）十八字，庐江刘氏，今归瑞典；
  "铏云仙馆"印。

《周金》3.134.2"夔侯簠三"条：

（目录）十八字，上虞罗氏；
"宸翰楼所藏金石文字"印。

《周金》3.135.1"铸子簠一"条：

（目录）十七字，吴县吴氏；
"模珊得来"印、"适庐"印。

《周金》3.135.2"铸子簠二"条：

（目录）十七字，吴县吴氏；
"模珊得来"印、"适庐"印。

《周金》3.136.1"铸子簠三"条：

（目录）十七字，吴县潘氏；
"郑盦所藏吉金"印。

《周金》3.136.2"铸子簠四"条：

（目录）十七字，吴县潘氏；
"郑盦所藏吉金"印。

《周金》3.137.1"师麻簠一"条：

（目录）十七字，吴县吴氏。

《周金》3.137.2"师麻簠二"条：

（目录）十七字，溧阳端氏。

《周金》3.138.1"尹氏簠"条：

（目录）十七字，不详。

《周金》3.138.2"商丘叔簠一"条：

　　（目录）十七字，吴县潘氏；
　"郑盦所藏吉金"印。

《周金》3.139.1"商丘叔簠二"条：

　　（目录）十七字，吴县潘氏；
　"郑盦所藏吉金"印。

《周金》3.139.2"商丘叔簠三"条：

　　（目录）十七字，溧阳端氏。

《周金》3.140.1"商丘叔簠四"条：

　　（目录）十七字，不详。

《周金》3.140.2"交君子簠"条：

　　（目录）十六字，新安程氏。

《周金》3.141.1"鲁伯愈父簠一"条：

　　（目录）十六字，吴县吴氏。

《周金》3.141.2"鲁伯愈父簠二"条：

　　（目录）器残缺，十六字，归安吴氏。

《周金》3.142.1"猷叔匡"条：

　　（目录）十六字，丁巳见于沪市。

《周金》3.142.2"旅虎簠"条：

（目录）十五字，吴县潘氏；
"恒轩手拓"印。

《周金》3.143.1"芮太子簠一"条：

（目录）十五字，归安吴氏。

《周金》3.143.2"芮太子簠二"条：

（目录）十五字，武进费氏；
（题跋）此与前簠器同，铭微长，前簠为吴退楼藏，见《两罍轩》。此为费趋斋卿所藏，壬子，两簠均出，尺寸相同，花纹色泽亦合，均为那君铁珊获去，冬十二月适庐记；
（附说）一为金辅庭器，在武进师处，一在归安吴退楼家，十余年前，师屡议合并不可得，壬子同时至沪上为那铁珊太守获去，请吴门陆太傅题名曰双簠轩。

《周金》3.144.1"中匡"条：

（目录）十四字，吴兴周氏。

《周金》3.144.2"王子申残簠"条：

（目录）十三字，上虞罗氏；
（附说）近见市上，或云系伪刻，然文字殊精浑。

《周金》3.145.1"邓叔簠"条：

（目录）十二字，海昌僧六舟拓本；
"六舟手拓彝器"印。

《周金》3.145.2"曾子簠一"条：

（目录）十一字，程氏。

《周金》3.146.1"曾子簠二"条：

（目录）十一字，程氏。

《周金》3.146.2"伯寿父簠"条：

（目录）十一字，归安丁氏；
"小农审定"印。

《周金》3.147.1"鲁士𠂤父簠一"条：

（目录）十一字，吴县潘氏；
"郑盦所藏吉金"印。

《周金》3.147.2"鲁士𠂤父簠二"条：

（目录）十一字，吴县潘氏；
"郑盦所藏吉金"印。

《周金》3.148.1"鲁士𠂤父簠三"条：

（目录）十一字，三原许氏；
"筱农眼福"印、"净业道人藏器"印。

《周金》3.148.2"鲁士𠂤父簠四"条：

（目录）十一字，三原许氏；
"筱农眼福"印、"净业道人藏器"印。

《周金》3.149.1"鲁士𠂤父簠五"条：

（目录）十一字，南海李氏，泰州宫氏；
（题跋）南海李山农旧藏；

"子非手拓"印。

《周金》3.149.2 "虢叔簠一"条：

（目录）十字，潍县陈氏；
"宝汉楼主"印、"簠斋藏三代器"印。

《周金》3.150.1 "虢叔簠二"条：

（目录）十字，吴县曹氏、乌程顾氏、杭州邹氏、番禺陈氏；
（题跋）曾在乌程顾容斋处，此器在吾庐五年，今归广州陈氏矣；
"怀米山房所藏吉金"印、"彦份私印"、"寿祺"印。

《周金》3.150.2 "樊君簠"条：

（目录）六字，秀水金氏；
"金传声"印。

《周金》3.151.1 "剻伯簠"条：

（目录）六字，上虞罗氏；
"叔言获古"印。

卷三补遗另有4器，"仲义君簠"：

（题跋）此拓自吴愙斋中丞集册内选出，初不知何器，故未编印。近见陈簠斋手写东武刘氏款识册目，知是张小馀？粱所藏之簠，此铭末二字题曰？儿，而《捃古录》釋彝文与此略同。吴中丞撰《说文古籀补》则名曰居后皆首数字未知孰是。己未七月适庐记。
（附说）张小余大令荐粱盛器，余获拓本于愙斋剩册中，初不知何器，及观簠斋手录东武刘氏款识目，乃收入补遗；

"史免簠"：

"秀水金兰坡拓赠"印。

此器铭文行款与潘祖荫所藏不同。还有"□子簠"和"季宫父簠"。

16. 于省吾《双剑誃吉金文选》

于省吾《双剑誃吉金文选》二卷、附录一卷[①]，收录三代青铜器铭文469种。收簠有6件，即曾伯霥簠、弭仲簠、叔家父簠、郝太宰簠、陈逆簠、齐陈曼簠。

17. 罗振玉《贞松堂集古遗文》《三代吉金文存》

罗雪堂《贞松堂集古遗文》十六卷、补遗及续编各三卷[②]，收录自三代至元铜器铭文1525种，补遗收录335件器，续编收录350件器，共计2210件器，除了其中181件器见《西清》，其余都未见前人著录。按器类编排，内容较为庞杂，无器形图，摹写铭文，略有缩小，后有考释。

收簠25器，《贞松》6.24.1“铸簠”条：

> 湖北某氏藏，阳识在器底。

《贞松》6.24.2“樊君鬳簠”条：

> 据拓本入录。

《贞松》6.24.3“曾子遷簠”条：

> 此器己未岁见之都肆。

《贞松》6.24.4“楷侯簠”条：

> 贞松堂藏三代彝器多铸成此簠，款独出，刻画平生所见，三代器作凿款者，此簠及公无鼎耳。

《贞松》6.25.1“伯□鱼父簠”条：

> 据拓本入录，白下一字上从夶，下半漫不可识。

---

① 于省吾：《双剑誃吉金文选》，民国二十二年（1933）北平大业印刷局石印本。

② 罗振玉：《贞松堂集古遗文》，民国二十年（1931）石印本。

《贞松》6.25.2~6.26.1"曾子□簋"条：

> 右三器同文，皆据拓本入录，福从酉，与殷墟遗文同。

《贞松》6.26.2"伯矩簋"条：

> "伯矩自作飤簋，其万年永宝用"，据拓本入录。

《贞松》6.26.2"旅虎簋"条：

> 据拓本入录，《愙斋集古录》载一器，与此不同。

《贞松》6.27.1-2"奢虎簋"条：

> 右二器同文，据旧拓本入录。

《贞松》6.28.1"默叔簋"条：

> 据拓本入录，文中匡字逆书，簋古亦称匡。

《贞松》6.28.2"黄君子簋"条：

> 此器光绪中叶出土，簋外尚有鼎一？象簋上会下器之状，或增从匚，又或从匚从古，或又作匱（郜公簋）许书载簋之古文作匧，从匚从夫，则未尝见之金文也。又许君言簠方而簋圆。周礼舍人注：则方曰簠、圆曰簋，今以传世古器验之，则礼注是，而许君误矣，附识于此以正之。

《贞松》6.29"铸子叔黑臣簋"条：

> 大兴孙氏藏。

《贞松》6.30.1"伯勇父簋"条：

> 贞松堂藏。

《贞松》6.30.2"季宫父簠"条：

据拓本入录。

《贞松》6.31.1"曾子□簠"条：

热河行宫藏。

《贞松》6.31.2～6.32.1"铸公簠"：

右二器同文，第一器日本某氏藏，第二器不知藏谁氏。

《贞松》6.33.1"齐陈曼簠"：

内府藏，西清古鉴卷廿九著录。

《贞松》6.33.2"叔姬簠"：

黄县丁氏陶斋藏。

《贞松》6.34.1"曾□□簠"：

此器反书左读，庚午岁见之辽东估人手。

《贞松》6.34.2"郑伯大司工簠"：

内府藏，宁寿鉴古卷十一著录。

补遗一器，曾子遡簠。续编四器，《贞续》中1.1"楚子簠"：

此器已残，仅存底，贞松堂藏。

《贞续》中1.2～2.1陈侯簠，

庐江刘氏善斋藏。

《贞续》中2.2嘉子易伯簠。

《三代吉金文存》二十卷①，收录商周青铜器铭文拓本4831件。按器类分卷，没有释文，收簠91件。

18. 刘体智《小校经阁金石拓本》

刘体智《小校经阁金石拓本》十八卷②，前十卷为三代器，后五卷为秦汉器。按器类排列，分三十九类，共计6456件器，以拓本影印，有释文，然收有伪器。民国二十四年（1935）石印本自序称：

> 余前辑《善斋吉金录》，以曾藏余斋者为断，其有器非余有，或未见著录，或已见著录而佚者，必访求拓本，得而后已。三十年来，积至二万余纸，惧其久而散失，轧依类排比，去其重复疑伪，得六千五百余器，分载释文，并存旧有题记，编为十八卷。

此书收簠85件，《小校》9.1.1"大府簠"条有：

"拜石手拓"印。

《小校》9.1.2"曾子遡簠"无钤印；《小校》9.1.3"劃伯簠"条有：

"雪堂手拓"印。

《小校》9.1.4"樊君夔簠"无钤印；《小校》9.1.5"史颂簠"条有：

"子良藏器"印。

"子良"即陈承裘，字子良，斋名澂秋馆。《小校》9.2.1"微乘簠"条有：

"李国松藏"印。

李国松，字健父，号槃斋，安徽合肥人。《小校》9.2.2"虢叔簠"条有：

---

① 罗振玉：《三代吉金文存》，民国二十六年（1937）影印本。
② 刘体智：《小校经阁金石拓本》，民国二十四年（1935）石印本。

"郑盦所藏吉金"印。

《小校》9.2.3~9.3.1"王后六室簠一、二"无钤印；《小校》9.3.2"王后六室簠三"条有：

"拜石手拓"印。

《小校》9.4.1-2"鲁士浮父簠一"条有：

"郑盦所藏吉金"印。

《小校》9.4.3-4"鲁士浮父簠二"条有：

"铁云藏金"印、"老铁"印。

"铁云"即刘鹗，字铁云，江苏丹徒人。《小校》9.4.5"鲁士浮父簠三"、《小校》9.4.6"虢叔簠一"无钤印；《小校》9.5.1"虢叔簠二"条有：

"诵盦"印、"臣佸"印。

"诵盦"即徐传经，字诵盦，又字仲黄、颂鱼，浙江德清人。《小校》9.5.2"伯旅鱼父簠"、《小校》9.5.3-4"曾子□簠一、二"无钤印；《小校》9.5.5"塞簠"条有：

"悤斋"印、"郋亭手拓"印。

"郋亭"即汪鸣銮，字柳门，号郋亭，浙江杭州人。《小校》9.5.6"伯寿父簠"无钤印；《小校》9.6.1"王子申簠"条有：

"雪堂珍秘"印。

《小校》9.6.2"芮太子白簠"条有：

（题跋）芮太子簠铭十四字，徐颂鱼父释文；
"徐颂鱼印"。

《小校》9.6.3"夒山奢湀簠一"条有：

"愙斋集古"印。

《小校》9.6.4-5"夒山奢湀簠二、三"、《小校》9.7.1"夒山奢湀簠一、二"、《小校》9.7.3-5"楚王酓腚簠一、二、三"、《小校》9.8.1"交君子簠"、《小校》9.8.2"胡叔簠"无钤印；《小校》9.8.3"鲁伯愈父簠一"条有：

"斗庐"印。

"斗庐"即徐熙，字翰卿，号斗庐，江苏苏州人。《小校》9.9.1"鲁伯愈父簠二"条记题跋：

此即□□□所藏器也，已见第三册中，"金传声"印。

《小校》9.9.2"鲁伯愈父簠三"无钤印；《小校》9.9.3"鲁伯愈父簠四"条有：

"□□私印"。

《小校》9.9.5"鲁伯愈父簠五"无钤印；《小校》9.10.1"鲁伯愈父簠六"条记题跋：

（题跋）王子梅得之，以赠汪喜慈先生□借拓；
"印林"。

"印林"即许瀚，字印林，室名攀古小庐，山东日照人。《小校》9.10.2"商丘叔簠一"条有：

"郑盦所藏吉金"印。

《小校》9.11.1"商丘叔簠二"条有：

"廉生得之"印。

《小校》9.11.2-3"商丘叔簠三、四"、《小校》9.11.4"夔侯簠一"无钤印；《小校》

9.11.5"夔侯簠二"条有：

"雪堂珍秘"印。

《小校》9.11.6"夔侯簠三"、小校 9.11.7-8"铸子叔黑臣簠一、二"无钤印；《小校》9.12.1"铸子叔黑臣簠三"条：

"郑盦所藏吉金"印。

《小校》9.12.2"铸子叔黑臣簠四"、《小校》9.12.2-3"师麻孝叔簠一、二"无钤印；《小校》9.13.1"师㝨父簠"条有：

"曾斋藏器"印；

"曾斋"即黄绍箕，字仲弢，号曾斋居士，浙江瑞安人。
《小校》9.13.2"尹氏簠"无钤印；《小校》9.13.3"季㝨父簠一"条：

"郑盦所藏吉金"印。

《小校》9.13.4"季㝨父簠二"、《小校》9.14.1"季㝨父簠"、《小校》9.14.2-3"楚子暖簠"、《小校》9.14.4"季宫父簠"、《小校》9.14.5"曾子口簠"无钤印；《小校》9.15.1"铸公簠"条：

"原君锡所拓金石文字"印。

《小校》9.15.2"史免簠一"条：

"郑盦所藏吉金"印。

《小校》9.15.3"史免簠二"无钤印；《小校》9.15.4"陈曼簠"条：

"石查手拓"印、"胡义赞长寿群同金石"印。

胡义赞，字叔襄，号石槎、石查，河南光山人。
《小校》9.16.1"番召君簠一"无钤印；《小校》9.16.2"番召君簠二"钤印不清；

《小校》9.16.3"番召君簠三"无钤印;《小校》9.16.4"番召君簠四"条:

"颂渔宝藏"印、"兰溪手拓吉金"印。

《小校》9.17.1"伯其父廛簠一"条:

"臣经之印"、"爱梅居士"印、"内廷司鼎之官"印、"传经私印"。

陈经,字抱之,号辛彝,室名求古精舍,浙江湖州人。《小校》9.17.2"伯其父廛簠二"条:

"雪堂珍秘"印。

《小校》9.17.3"叔姬霝簠"、《小校》9.18.1-2"陈侯簠一、二"无钤印;《小校》9.18.3"陈侯簠"条:

"雪堂珍秘"印。

《小校》9.18.4"郜公諴簠"条:

"李国松藏"印。

手稿"李荫轩藏青铜器著录表"云"郜公諴簠"收藏者为李方赤、陈介祺、李松①。《小校》9.19.1"召叔山父簠"条:

（题跋）召叔簠,六舟拓本,器藏山阴陈氏;
（题跋）此器第廿六字左为谛审微沕未可臆定,张廷济释,"叔未"印;
（题跋）大年按古器字唯檏与簠参从历落,愈觳愈有致,如此方真品,多阅自能知之,"翁大年印"。

《小校》9.19.2"叔家父簠"条:

---

① 上海博物馆:《李荫轩所藏中国青铜器》,上海博物馆,1996年,142页。

"日照丁麟年藏"印。

《小校》9.19.3"许子妆簠"条：

"曾斋吉金"印。

《小校》9.20.1"叔朕簠"无钤印；《小校》9.20.2"郳太宰欉子甹簠一"条：

"吴云私印"、"竹坡"印。

《小校》9.21.1"郳太宰欉子甹簠二"条：

（题跋）周太宰子甹簠龙石丰拓，"龙"印；
（题跋）右太宰簠铭三十六字颂鱼氏佳经释、"颂鱼"印；
"吴云私印"、"抱罍子"印、"遹道士"印。

《小校》9.21.2"免簠"条：

（题跋）免簠铭四十四字，器为阮氏所藏；
"□经之印"、"狂授私印"。

《小校》9.22.1"陈逆簠"条：

"徐颂鱼"印。

《小校》9.22.2"曾伯霥簠"条：

"文字之福"印、"平生林下田间"印。

《小校》9.23.1"曾伯霥簠"条：

（题跋）观此知周猎碣书法所繇出，泳识，"钱泳私印"；
（题跋）海盐张燕昌观于醉经阁，"燕昌"印；
（题跋）曾伯霥簠仪征阮师积古斋藏器，苏州郑竹坡拓赠，铭文完善可读，余曩见簋盖为甬东周小厓世绪所藏，后归长白斌笠耕观察，道光庚辰夏，余过常熟粮储署曾为观察跋识拓本，细审数过，惜文字小蚀，今获见此，本知为一器无疑，物未识何年散失耳，叔未张廷济，"廷济"印；

（题跋）曾伯霥簋铭九十一字，颂鱼氏录积古斋释文，"徐颂鱼"印"吴云私印"、"竹坡"印、"传经之印"。

19.《陕西金石志》

《陕西金石志》三十二卷[①]，1934年《陕西通志》单行铅字本载邵力子序称：

陕西旧通志仅列经籍一门，以著乡邦书录，而金石不载，论者憾焉。民国初元，地方耆宿议修续志，当事允之。越十余年，巨编纂就，正付剞劂间，余适来临是邦。

此书以朝代编排，每器摹画铭文，并作释文、说明，详记其源流。卷三记有太公簋、史利簋、张仲簋、师麻簋。其中"师麻簋"记：

高一寸五分，底长径六寸一分，阔四寸六分，同治末在凤翔县西乡出土，归于陶斋，详见吉金录。

补遗卷上"析子孙彝"条记：

此器高五寸，围一尺六寸，双耳，文在腹，为析子簋，亦清光绪中出于凤翔。

其后又记：

按以上五器出土后均由古商购得私运东南善价而沽，未悉现存何处，本省所见惟拓片耳。

"伯田敦"录有铭文摹本，铭文八字隶定当作"伯田父作邢妘宝匜"（图2-66），定名为"伯田父簋"，《集成》未收录。其条记：

---

① 陕西通志馆：《陕西金石志》，民国二十三年（1934）陕西通志单行铅字本。

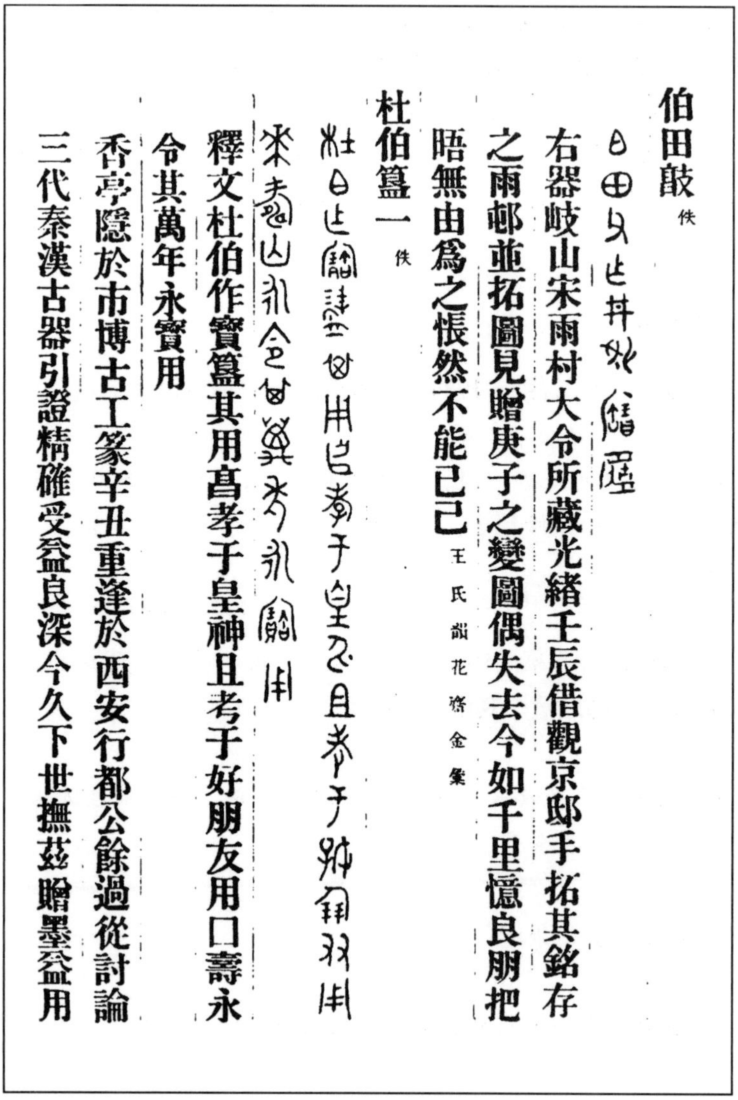

图2-66 《陕西金石志》伯田父簠

右器岐山宋雨村大令所藏,光绪壬辰借观京邸,手拓其铭存之,雨邨并拓图见赠。庚子之变,图偶失去,今如千里忆良朋,把晤无由为之,怅然不能已已。(《王氏韵花斋金汇》)

美国堪萨斯市纳尔逊美术陈列馆藏有一件伯田父簠,原是丁麟年、端方的旧藏,铭文十八字作"伯田父作邢妘宝簠,其万年子子孙孙永宝用",两器当是同人之器。

20.《安徽通志·金石古物考稿》

《安徽通志·金石古物考稿》八卷[①]，分为金器、石器、陶器、石刻、古物、杂识、补遗、存真。收簋6件，每器摹写铭文并作释文和说明。根据记载，大府簋、铸客簋藏于省立图书馆，曾子遹簋、番君召簋、叔姬簋（曾侯簋）藏于歙县程氏，许子妆簋藏于庐江刘氏。

21. 柯昌济《韡华阁集古录跋尾》

柯息庵《韡华阁集古录跋尾》十五卷[②]，辑录柯氏早年读金文款识所作题跋，以器物种类为别，自甲至癸，分为篇章，所跋之金文多为解释字句。收簋16件，如将"剨伯簋"释作"谢伯簋"、"樊君簋"释作"桐君簋"、"夔侯簋"释作"蔡侯簋"等，尚可再讨论。

22. 罗振玉《唐风楼金石文字跋尾》《雪堂金石文字跋尾》《居辽乙稿》

罗振玉《唐风楼金石文字跋尾》[③]、《雪堂金石文字跋尾》四卷[④]、《居辽乙稿》[⑤]分别有"张仲簋跋""夔侯簋跋"和"番君召簋跋"。

23. 王国维《观堂集林》

王国维《观堂集林》二十二卷、别集二卷[⑥]，收有"铸公簋跋"。

24. 郭沫若《两周金文辞大系图录考释》

郭沫若《两周金文辞大系图录考释》八册[⑦]，分为图编、录编和考释三类，是系统研究两周时期传世有铭青铜器的集大成之作。图编收录器形263件，录编收录铭文拓本（摹本）511件，上卷西周部分收250件器，下卷东周部分收261件器。所簋20件，均来自以往著录书，不再详述。此书提出了著名的青铜器发展四分期和标准器断代法，影响深远，为科学研究青铜器提供了方法论的支持。

---

① 安徽通志馆：《安徽通志·金石古物考稿》，民国三十六年（1947）安徽通志馆石印本。
② 柯昌济：《韡华阁集古录跋尾》，民国二十四年（1935）余园丛刻本。
③ 罗振玉：《唐风楼金石文字跋尾》，清光绪三十三年（1907）铅字本。
④ 罗振玉：《雪堂金石文字跋尾》，民国九年（1920）上虞罗氏贻安堂永丰乡人稿丙集影印本。
⑤ 罗振玉：《居辽乙稿》，民国二十年（1931）石印本。
⑥ 王国维：《观堂集林》，民国十六年（1927）海宁王忠慤公遗书初集本。
⑦ 郭沫若：《两周金文辞大系图录考释》，日本昭和九年（1934）东京文求堂印本。

25. 容庚《商周彝器通考》

容庚《商周彝器通考》二册①，上册两编，上编十五章通论中国青铜器之源起、发见、类别、时代、铭文、花纹、铸法、价值、去锈、拓墨、仿造、辨伪、销毁、收藏和著录，下编四章论述食器、酒器、水器和杂器、乐器，下册收录器物图片1009件器，是中国青铜器综合研究的重要著作。此书收簋15器，均在前述著录中。

第三节　现代考古学时期

李济《安阳》一书中阐述了中国近代考古学产生的两条学术背景：一为西方地质学在中国传播所带来的西方考古知识及地质学家、古生物学家在田野调查和发掘中所展示的工作方法；一为中国传统学术奠定的古物观念及新时期学术变革对科学的追求②。民国时期的考古学处于萌芽阶段，其研究和理论尚不能取代古器物学。

进入中华人民共和国时期，考古事业遍地开花，成果大量涌现。地层学和类型学成为科学研究出土青铜器的指导法则。以此为基础，所建立的青铜器发展谱系对传世器年代、真伪的研究解决了古器物学没有解决的问题，青铜器研究开始进入黄金时期。可是关于传世青铜簋专门的著录却非常少，除了故宫博物院、台北"故宫博物院"和上海博物馆收藏有大量的传世器外，其他各省市博物馆的青铜器图录基本都是以考古发现为主。随着研究重点转移到出土器物，对传世器的著录和研究也稍显式微。然而海外对传世器的著录和研究却空前高涨，其著作不断涌现。

1. 陈梦家《西周铜器断代》《美帝国主义劫掠的我国殷周青铜器集录》

陈梦家《西周铜器断代》③，1956～1957年连载于《考古学报》，收录从武王到宣王时期青铜器218件，逐器考释，并附器图。此书结合器物学、文字学和美术史学的研究方法，密切关注新的考古发掘和研究成果，通过器物形制、纹饰和铭文字体的比较来推定器物年代，对青铜器研究走向类型学的科学方法起到了重要的推动作用。收簋两件，将免簋定为懿王时期，函皇父簋定为孝王时期。

《美帝国主义劫掠的我国殷周铜器集录》④是陈梦家在美国考察期间在各博物馆、大学和古董商肆搜集到的中国古代青铜器，共收录商周青铜器845件，按类编次，记录

---

① 容庚：《商周彝器通考》，哈佛燕京学社，1941年。
② 李济：《安阳》，河北教育出版社，1996年，469～485页。
③ 陈梦家：《西周铜器断代》，中华书局，2004年。
④ 中国科学院考古研究所：《美帝国主义劫掠的我国殷周铜器集录》，科学出版社，1962年。

尺寸、考察来源、考证纹饰和铭文，并附有器形照片和铭文拓片。此书收簠4件，两件有铭器为商丘叔簠和楚子暖簠。

2. 陈芳妹《商周青铜粢盛器特展图录》

陈芳妹《商周青铜粢盛器特展图录》[①]收录台北"故宫博物院"所藏青铜盛食器102件，基本都是清宫旧藏器物。器物按时代排列，对其分型定式，并详细描述形制特点，以及相应的考古学资料。此书收簠3件，召叔山父簠、曾子簠和陈曼簠。

3.《故宫青铜器》

故宫博物院编《故宫青铜器》[②]收录馆藏商周青铜器340件，按时代编次，标注尺寸、来源和说明，并附有彩色图片和铭文拓片。此书收簠7件，有芮太子白簠、铸子叔黑叵簠、叔朕簠、楚王酓延簠和铸客簠。

4. 陈佩芬《夏商周青铜器研究》

陈佩芬《夏商周青铜器研究》六册[③]，分为夏商篇、西周篇和东周篇，收录上海博物馆收藏青铜器641件，对每件器物的时代、形制、纹饰及铭文内涵逐一著录和考释。此书收簠16件，西周器3件、春秋器11件、战国器2件。

5. 钟柏生、陈昭容、黄铭崇、袁国华《新收殷周青铜器铭文暨器影汇编》

台北"中央研究院"历史语言研究所金文工作室合编《新收殷周青铜器铭文暨器影汇编》[④]，收录《殷周金文集成》出版后新出土的有铭青铜器，以及《集成》漏收部分，共计2005件青铜器。上编为出土地明确者，下编为出土地不详者，详列器号、器名、字数、年代、国属、著录、尺寸、出土时间、出土地、现藏地、流传及备注资料。此书收簠41件，资料时间截至2005年。

6. 吴镇烽《商周青铜器铭文暨图像集成》《商周青铜器铭文暨图像集成续编》

吴镇烽《商周青铜器铭文暨图像集成》三十五卷[⑤]，收录2012年以前历代著录、考古资料以及私家藏品，共计19505件有铭青铜器。正编按器物性质分为食器、酒器、水器、乐器、兵器、用器六大类，附录分为金银器、玉石器、杂器三大类。每类下按具

---

① 陈芳妹：《商周青铜粢盛器特展图录》，台北"故宫博物院"，1985年。
② 故宫博物院：《故宫青铜器》，紫禁城出版社，1999年。
③ 陈佩芬：《夏商周青铜器研究》，上海古籍出版社，2004年。
④ 钟柏生、陈昭容、黄铭崇等：《新收殷周青铜器铭文暨器影汇编》，艺文印书馆，2006年。
⑤ 吴镇烽：《商周青铜器铭文暨图像集成》，上海古籍出版社，2012年。

体器形分为若干小类,每小类按铭文字数从少到多排列,有器物图像、铭文拓本、出土时间地点、收藏单位、尺寸重量、器形纹饰、著录书刊等背景资料。《商周青铜器铭文暨图像集成续编》4卷①,体例如前,资料时间截至2015年。正编收簋230件,续编收簋44件。

7. 梅原末治《欧米蒐储支那古铜精华》《日本蒐储支那古铜精华》

梅原末治《欧米蒐储支那古铜精华》五册②,于1933~1935年出版。彝器部三册共收25件器,镜鉴部二册共195件器,武器、车马具、雕像等为一部共200件器。器形图版附有简单解说,并著录铭文、纹饰拓片。尤其是附器物线图,这是以前的著录所没有出现的。收簋1件,美国芝加哥美术馆藏。

《日本蒐储支那古铜精华》五册③,于1959~1961年出版。一至三册为殷、西周初,四册为西周中,五册为战国,六册为汉代,共收438件器。这些著录器形图像清楚,数据准确,为学术界提供了大批有价值的研究资料。但是,其年代考订多有错误,铭文考释亦有不足。收簋1件,日本藤井有邻馆藏。

8. 林巳奈夫《殷周青铜器综览》

林巳奈夫《殷周青铜器综览》四册④,一册为总论,二册为殷—春秋前期青铜器,三册为春秋中期—战国青铜器,四册为图版,包括22类容器和乐器图像,共4600余件器。此书按器类编排,附以型式、时代、尺寸和出土地的简要说明,铭文附于旁边方便对照,图像中有相当一部分是中国国内难以见到的外国藏品。全书资料丰富,考证详密,并引用了相当多的新出土资料,是迄今日本学界对中国青铜器研究最深入、规模最大的著作。收簋19件,传世器9件,系海外博物馆所藏和京都大学人文研究所资料。

9. 樋口隆康、林巳奈夫《中国青铜器清赏》

樋口隆康、林巳奈夫编《中国青铜器清赏》⑤,收录坂本五郎收藏商周汉唐青铜器360件、镜鉴128件。此书先按器类编排,再按年代编排,仅有简要的年代和尺寸信息,并附有研究性文章。收簋2件,无铭文。

---

① 吴镇烽:《商周青铜器铭文暨图像集成续编》,上海古籍出版社,2016年。
② 梅原末治:《欧米蒐储支那古铜精华》,日本昭和八年(1933)大阪山中商会珂罗版印本。
③ 梅原末治:《日本蒐储支那古铜精华》,日本昭和三十四年(1959)便利堂珂罗版印本。
④ 林巳奈夫:《殷周青铜器综览》(三),吉川弘文馆,1989年。
⑤ 樋口隆康、林巳奈夫:《中国青铜器清赏》,日本经济新闻社,2002年。

10.《泉屋博古——中国古铜器编》

日本泉屋博古馆编《泉屋博古——中国古铜器编》[①],收录馆藏商周两汉六朝青铜器167件,按器类编次,有图片和铭文拓片,附有年代、尺寸信息和研究说明。此书收簠1件,无铭文。

11.《奈良国立博物馆藏品图版目录——中国古代青铜器篇》

日本奈良国立博物馆编《奈良国立博物馆藏品图版目录——中国古代青铜器篇》[②],收藏馆藏商周汉唐青铜器382件,按器类编次,有图片和铭文拓片,附有简要的年代、尺寸、著录等信息。此书收簠2件,一件有铭器为尹氏簠。

12.波普·亚历山大《弗利尔藏中国青铜器》

波普·亚历山大(Pope Alexander)编《弗利尔藏中国青铜器》[③],收录弗利尔美术馆藏青铜器商周秦汉青铜器116件,每件器物不仅做了细致的考古学研究,还对其进行了科技检测标明合金配比。收簠2件,一件仅存簠底。

13.苏芳淑《赛克勒藏东周铜礼器》

苏芳淑(Jenny F. So)编《赛克勒藏东周青铜礼器》[④],是《赛克勒藏中国古代青铜器》三卷本之一,这并不是一部纯粹的赛克勒艺术博物馆的藏品著录,而是代表了西方研究中国青铜器形制、年代、工艺和艺术价值的最新成果。此书收簠1件,引用相关资料十余种。

14.《古代中国的珍宝——玫茵堂收藏的青铜礼器》

法国吉美博物馆编《古代中国的珍宝——玫茵堂收藏的青铜礼器》[⑤],共收录瑞士玫茵堂收藏的商周至秦汉青铜器121件,收有1件蟠虺纹簠。

---

① 泉屋博古馆:《泉屋博古——中国古铜器编》,泉屋博古馆,2002年。
② 奈良国立博物馆:《奈良国立博物馆藏品图版目录——中国古代青铜器篇》,奈良国立博物馆,2005年。
③ Pope Alexander, et al. *The Freer Chinaese Bronzes*. Washington, D.C: Smithsonian Institution, 1967-1969.
④ So J. F. *Eastern Zhou Ritual Bronzes form the Arthur M. Sackler Collections*. Harry Abrams. Inc, 1995.
⑤ Musée des arts asiatiques. *Trēsors de la Chineancienne: Bronzes Rituels De La Collection Meiyintang*. Musée des arts asiatiques. Guimet, 2013.

15. 《殷周金文集成》

中国社会科学院考古研究所编《殷周金文集成》十八册①，共收录商周青铜器铭文12113件器，是目前所见青铜器铭文集大成的重要资料汇编。此书收有青铜簠传世器和出土器（20世纪90年代之前）163件。

16. 刘雨、汪涛《流散欧美殷周有铭青铜器集录》

刘雨、汪涛编《流散欧美殷周有铭青铜器集录》②，收录佳士得、苏富比两大拍卖行经手的商周青铜器350件，未收入《集成》的有232件，图像和铭文均未见于著录的有209件。此书按器类编排，详记尺寸、时代、来源、流传和著录等信息，附有图像和铭文，并有释文。收簠1件，屁子大簠。

17. 杨树达《积微居金文说》

杨遇夫《积微居金文说》七卷、余说二卷③，共收334件器，有381篇金文题跋。此书阐述了研究金文的方法和理论，对金文字形、词义解释、文法篇章等方面多有创新，与古籍互相参证，反复推求，是科学研究金文的专集。正说收簠12件，余说收簠3件。

18. 陈直《读金日札》

陈直《读金日札》五卷④，收录传世青铜器103件器，附编10件器。一器一跋，1975年陈邦福序称：

> 吾家四弟进宜近以所著《读金日札》二册寄余，属为点定。

此书正编收有3件，附编收有1件，即铸叔簠、番君簠、楚子暖簠和叔家父簠。

综上所述，通过对历代著录的梳理，分述有关传世青铜簠的图像、铭文和跋语题记，为研究提供了非常重要的史料价值。其贡献有四个方面：首先，整理了各种旧著录的尺寸换算标准，通过文献记载，结合上海博物馆所藏器物的实测数据，可以具体换算出传世器的现代尺寸和重量。其次，整理了旧著录中传世簠的图像资料，对西周早期青铜簠的认识受制于时代局限性，通过考古发现予以重新认识，说明清末就有

---

① 中国社会科学院考古研究所：《殷周金文集成》，中华书局，1984年。
② 刘雨、汪涛：《流散欧美殷周有铭青铜器集录》，上海辞书出版社，2007年。
③ 杨树达：《积微居金文说》，中国科学院，1952年。
④ 陈直：《读金日札》，西北大学出版社，2000年。

这种形制的器物出土。再次，整理了旧著录中青铜簠铭文失收的情况，比如铸公簠（《西清》29.4）、伯田父簠（《陕金》）等器物。最后，整理了旧著录中传世青铜簠的各种题跋和鉴藏印，对研究传世簠的出土地和流传经过十分重要，比如曾伯簠首现于关中地区，陈逆簠在道光年间就毁于火，叔家父簠最后一任收藏者为定郡王等，前人著作均未提及。

第三章　出土青铜簠墓葬概述

近代考古学传入中国以后，利用科学发掘的资料研究青铜簠成为主流。研究对象不再是器物学时期的个体性研究，而是与墓葬信息结合起来。主要表现为通过墓葬形制、规模大小、棺椁数量、葬式葬俗等信息反映墓主人的族属和地位。将青铜簠放在考古学信息的大环境中，来考察其文化属性和内涵。

两周诸侯国的疆域是一个动态变化的过程，尤其是春秋战国时期文化区域的形成打破了以血缘和姓氏为主体的国别差异，主要分为秦文化区、三晋文化区、齐鲁文化区、燕文化区、楚文化区、吴越文化区和巴蜀文化区。因此，本书仍然按照现代行政区域的划分进行表述和总结。出土青铜簠的现代行政区域主要包括：陕西、山西、河北、内蒙古、山东、江苏、河南、湖北、湖南、安徽和四川。

第一节　北部地区

一、陕西

1. 西安地区

1974年蓝田县辋川乡枝家湾村发现宗仲氏家族青铜器窖藏[①]，器物包括仲其父簠2、宗仲盘1、宗仲匜1。仲其父簠器、盖皆全，铜料的含铅量较大，色泽灰亮，器壁薄而匀，花纹清晰，铭文作"仲其父作旅匿（簠）"。

2. 宝鸡地区

1933年扶风县法门镇上康村发现函皇父家族青铜器窖藏[②]，没有出土信息。出土器物包括函皇父鼎2、函皇父簠4、函交仲簠1、函皇父盘1、函皇父匜1，现藏陕西省历史博物馆。函交仲簠仅存器盖，铭文作："函交仲作旅匿（簠），宝用。"

1952年扶风县庄白村采集到一件重环纹簠[③]，仅存器身，没有出土信息，现藏扶风

[①] 吴镇烽、朱捷元、尚志儒：《陕西永寿、蓝田出土西周青铜器》，《考古》1979年第2期。
[②] 张天恩：《陕西金文集成》第三册，三秦出版社，2016年，112、133页。
[③] 曹玮：《周原出土青铜器》第十册，巴蜀书社，2005年，2156、2157页。

县博物馆。

1960年扶风县齐家村发现中氏家族青铜器窖藏（图3-1）①，出土器物包括鼎2、鬲2、甗2、簋8、簠1、罍2、壶4、盂1、盘1、匜1、钟16，现藏陕西省历史博物馆。冶遣簠仅存器身，铭文作："冶遣作宝匡（簠），子子孙孙永宝用。"

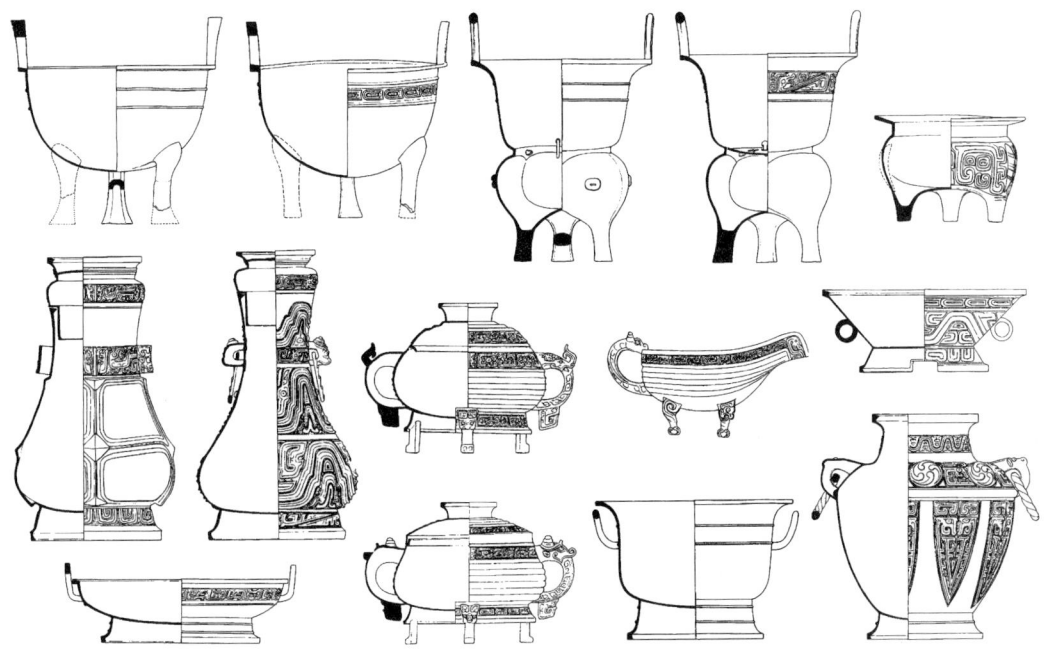

图3-1　陕西扶风县齐家村中氏家族青铜器窖藏

1976年扶风县法门镇庄白村发现二号青铜器窖藏（图3-2）②，位于庄白村西北角土场西边断崖上，东南隔村距一号窖藏约百米，西北与1960年齐家村中氏家族青铜器窖藏所在地相去约200米。窖穴在第3层浅红色土层里，坑口距离地表0.75米，略呈不规则圆形，口径0.86～0.6米，底径0.8～0.56米，深0.98米，并打破了一个西周晚期灰坑。出土青铜器5件，即㝬仲雩父甗1、窃曲纹簠1、仲大师小子休盨1、密姒簋1、重环纹匜1。放置有序，甗横卧在坑底中部，口向南，可见腹内放置盨、匜二器，簠斜依在甗的东侧，簋则置于甗、簠的北部。在坑穴的西北角，青铜甗的足部置有一块呈不规则状圆形的大卵石，直径约0.3米，显系入藏时有意放入的，可能是以便留作日后寻找的一个标志，这种现象亦见于周原其他窖藏中。窖穴往北10米处有一西周灰坑，由于村民取土已经挖去大半，日久旁边堆积大量陶片，内夹杂很多西周板瓦残片，说明这处窖藏是挖在一座居住建筑物的附近。值得注意的是，甗、匜等铜器的周身或底部，留有一层厚厚的黑色烟炱，应是日常使用的生活器皿。密姒簋仅存器身，铭文作"窔

---

① 陕西省博物馆、陕西省文物管理委员会：《扶风齐家村青铜器群》，文物出版社，1963年。
② 宝鸡市周原博物馆：《周原—庄白西周青铜器窖藏考古发掘报告》，科学出版社，2016年。

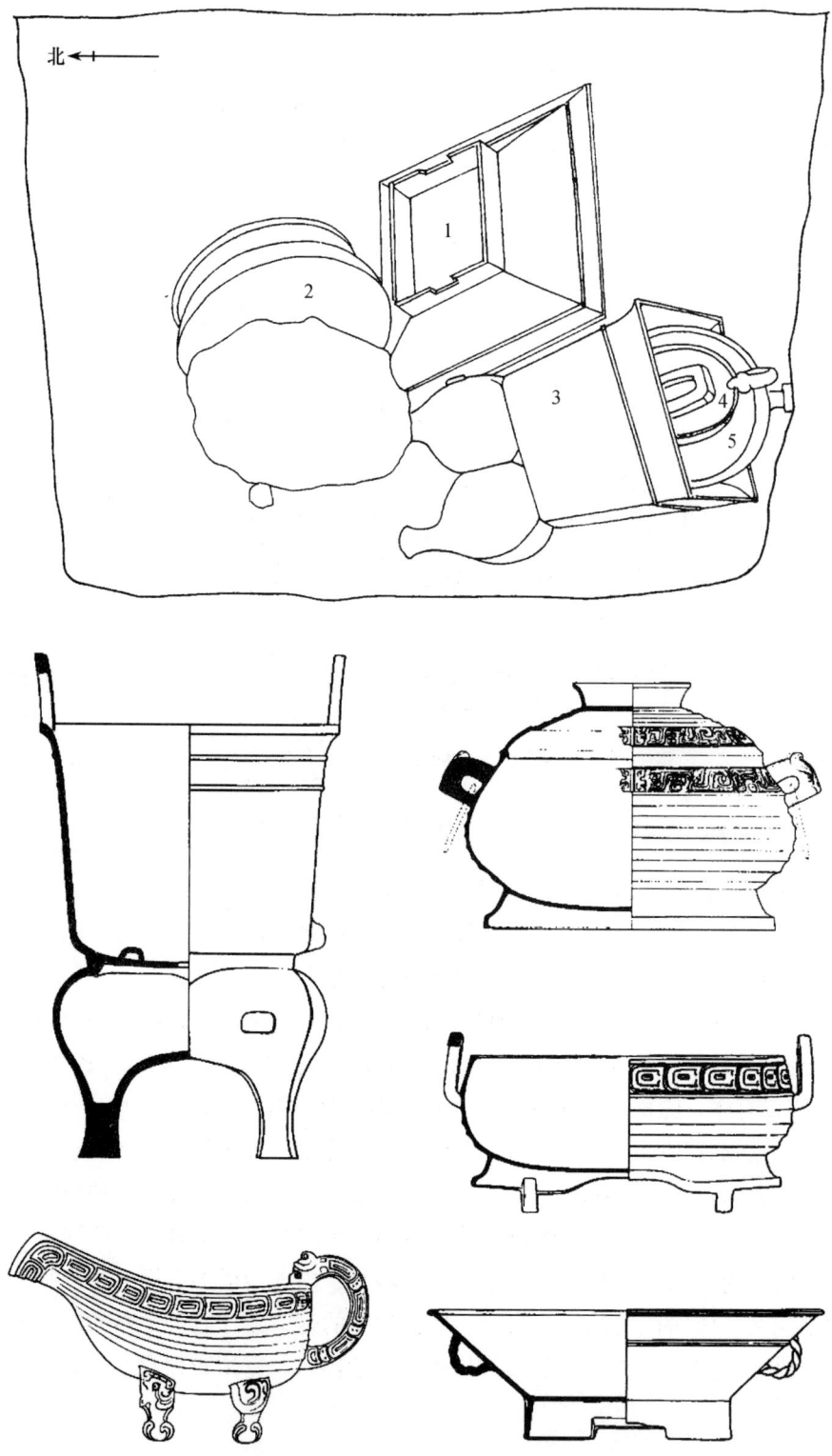

图3-2　陕西扶风县法门镇庄白村二号青铜器窖藏

（密）奴作旅匡（簠），其子子孙孙永宝用"。

1977年扶风县黄堆乡云塘村发现二号窖藏①，距离1976年云塘一号窖藏以南仅20多米。此处窖藏出土一件伯公父簠，器、盖皆全，铭文作"伯大师小子伯公父作盨（簠），择之金，唯镣唯卢，其金孔吉，亦玄亦黄，用盛糙稻糯粱，我用绍卿士辟王，用绍诸老诸兄，用祈眉寿，多福无疆，其子子孙孙，永宝用享"。

1981年扶风县黄堆乡齐镇村北发现一座灰坑②，距离1976年云塘一号窖藏以南30多米。灰坑口大底小，上径约2米，坑底距地表2米，器物西高东低倾斜放置。出土器物有伯喜父簠一件，以及碎陶片和废骨料。伯喜父簠仅存器身，发现时腹内范土尚在，范土经过淘洗、焙烧，质地结构紧密。此器器壁出现多处未浇到的孔隙，铸成后未曾修整使用，被遗弃于灰坑内。铭文作"伯喜父作馈匡（簠），□其万年永宝用"。

1981年扶风县法门镇任家村北采集到一件龙纹簠③，出土于地表深0.5米左右。此器仅存器身，底有烟炱痕迹。

20世纪80年代从扶风县废品收购站拣选有一件波曲纹簠④，仅存器身。

2013~2014年宝鸡渭滨区石鼓山石嘴头村M4（图3-3）⑤，为南北向不规则的长方形墓，口大底小，墓口长3.8米、宽3.5米，墓底长4.28米、宽3.8米，深6.6米。四周设有熟土二层台，椁室置于墓底二层台内侧，近长方形。葬具为一椁二棺，椁室长3.44米、宽2.4米。人骨架朽甚，仰身直肢，头向北，性别不清。在墓室东、北、西三壁二层台以上约1米处设有8个壁龛，东壁3个、北壁3个、西壁2个。壁龛均近圆角长方形，顶部略呈弧状，底近平，放置有随葬青铜礼器。出土礼器主要有鼎15、甗4、甑1、簋16、簠2、盂2、罍4、壶2、尊1、牺尊2、盘1等。两件龙纹簠均出土于K8壁龛，同壁龛的还有乳钉纹鼎2、凤鸟纹簋1、尖刺乳钉盆式簠3。这是科学考古发现年代最早的青铜簠，弥足珍贵。

3. 渭南地区

2005~2006年韩城市梁带村芮国墓地仲姜夫人M26⑥，为南北向"甲"字形墓，

---

① 周原考古队：《周原出土伯公父簠》，《文物》1982年第6期。
② 陕西周原扶风文管所：《周原西周遗址扶风地区出土几批青铜器》，《考古与文物》1982年第2期。
③ 陕西周原扶风文管所：《周原西周遗址扶风地区出土几批青铜器》，《考古与文物》1982年第2期。
④ 罗西章：《扶风出土的商周青铜器》，《考古与文物》1980年第4期。
⑤ 陕西省考古研究院、宝鸡市考古研究所、宝鸡市渭滨区博物馆：《陕西宝鸡石鼓山商周墓地M4发掘简报》，《文物》2016年第1期。
⑥ 陕西省考古研究所、渭南市文物保护考古研究所、韩城市文物旅游局：《陕西韩城梁带村遗址M26发掘简报》，《文物》2008年第1期。

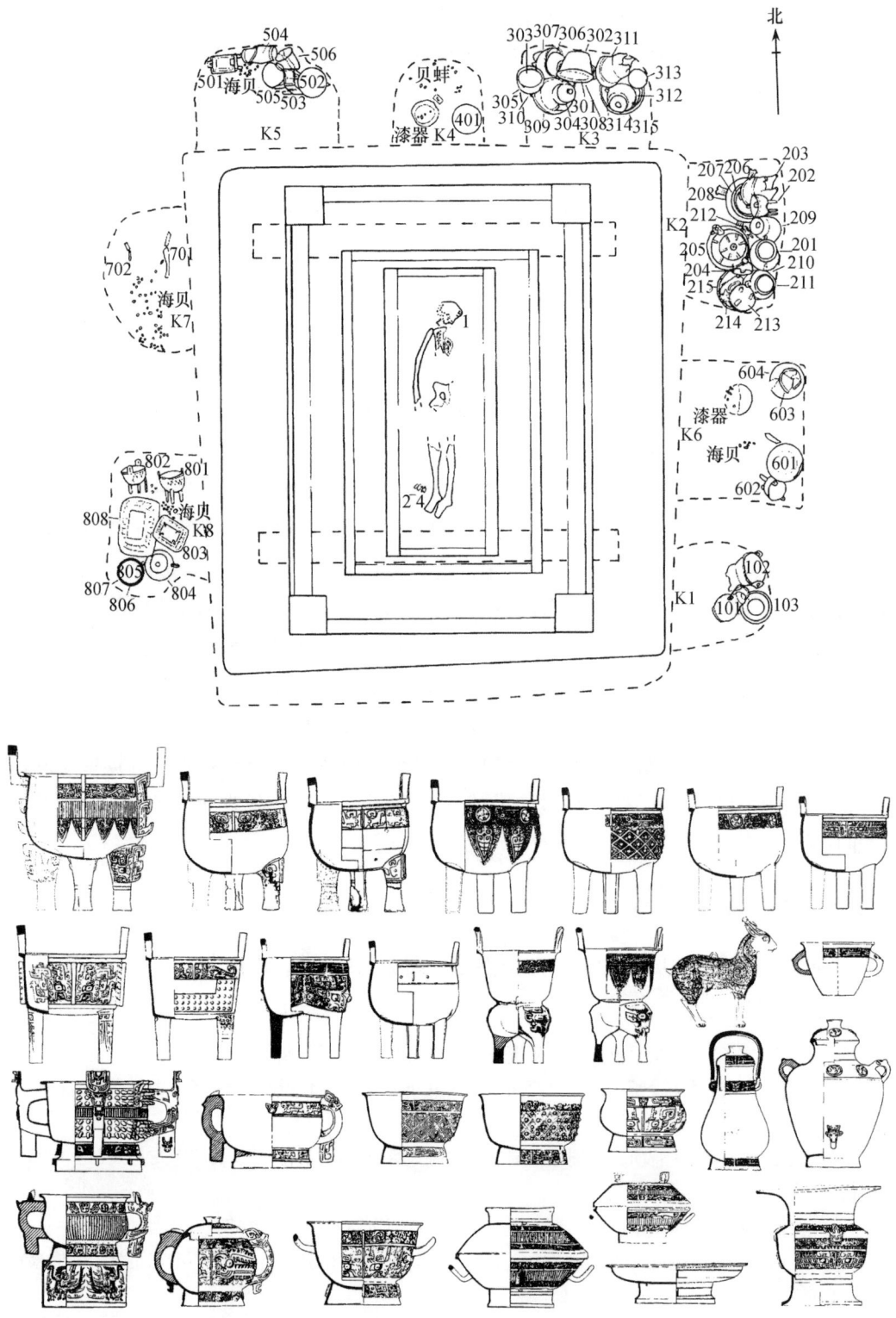

图3-3 陕西宝鸡市渭滨区石鼓山石嘴头村M4及出土青铜器

方向196°。墓口大于墓底，南端设有墓道，墓底有熟土二层台。墓口长7.1米、宽5.65米，墓底长5.6米、宽4.45米，深12.1米。葬具一椁二棺，椁室长5.33米、宽3.65米、高2.42米，墓主人葬式不详。青铜礼器放置于椁室西南角，6件小弄器置于椁室东部。出土器物有鼎5、鬲5、甗1、簋4、簠2、方壶2、盉1、盆1（图3-4）。

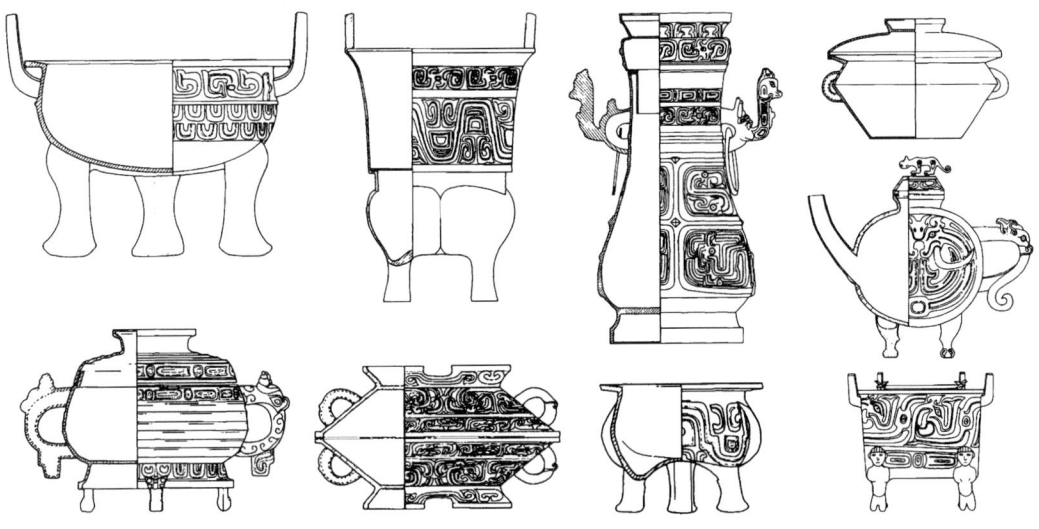

图3-4 陕西韩城市梁带村芮国墓地M26出土青铜器

小结：陕西地区出土的青铜簠多数在窖藏和灰坑，少数在墓葬。石鼓山M4的铜簠与铜鼎、铜簋同在一个壁龛，表明这种器物出现之初就是食器组合的重要成员。韩城市梁带村芮国墓地的M27桓公墓不出铜簠，M26仲姜夫人墓出铜簠，说明这种器物的随葬有着一定的性别差异。周王室东迁以后，秦人占据这个地区，然而秦人墓葬中从未发现这种器物。由此反映两个问题：①西周时期姬姓贵族不太使用；②继承周文化的秦人也不使用。

二、山西

1. 运城地区

1987年临猗县程村发现一座墓地，经过三次发掘共清理60座墓葬，还有探明的160座墓葬尚未发掘。目前出土青铜簠的仅有M1001和M1002两座墓葬（图3-5、图3-6）①，位于墓地中部西侧边缘，相距2米，南北向并列，在整个墓地中是规模最大、棺椁齐全的五鼎墓。都随葬有青铜容器17件、陶器2件以及乐器和车马器，但是M1001随葬有兵器，M1002随葬有装饰品，表明这是一对夫妻异穴合葬墓。M1001为南北向长

---

① 中国社会科学院考古研究所、山西省考古研究所、运城市文物局、临猗县博物馆：《临猗程村墓地》，中国大百科全书出版社，2003年。

· 154 ·　中国古代青铜器整理与研究·青铜簋卷

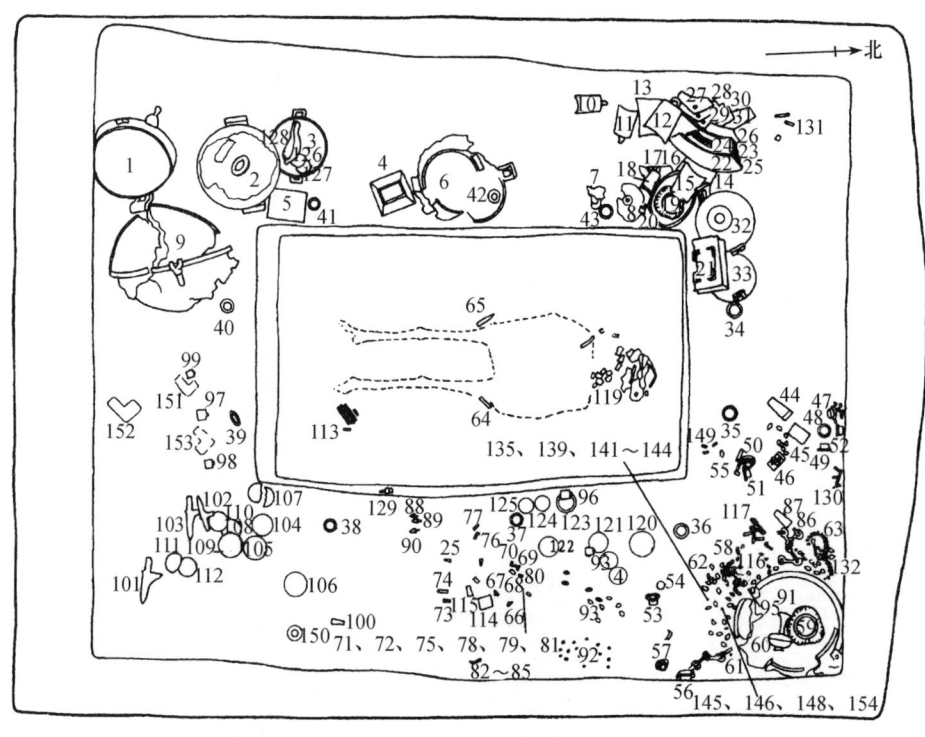

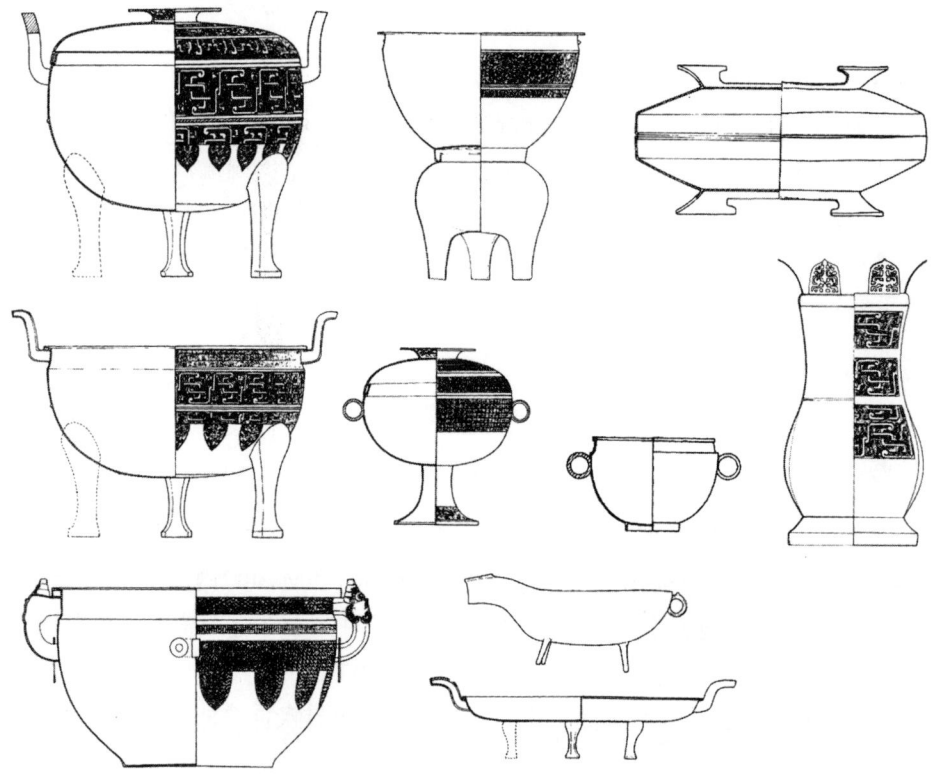

图3-5　山西临猗县程村M1001及其出土青铜器

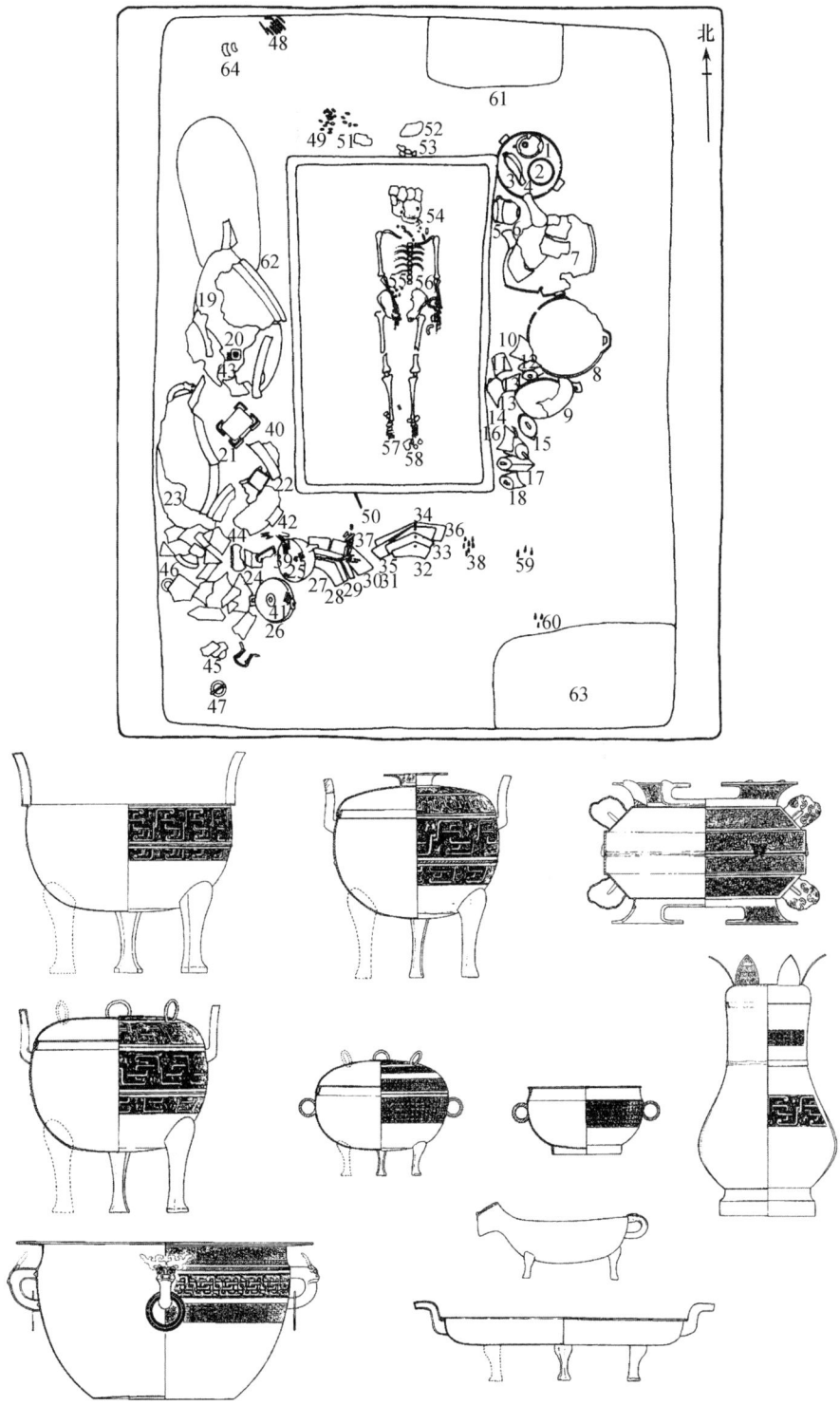

图3-6 山西临猗县程村M1002及其出土青铜器

方形墓，方向3°。墓口大于墓底，墓口长5.6米、宽4.2米，墓底长4.6米、宽3.7米，深5.02米。葬具一椁一棺，椁室保存不好。墓主人骨架已朽，仰身直肢，头向北，面微左斜。随葬品放置于棺椁之间，大件青铜礼器多数放置在椁室西部，仅有鉴放置于东北角。椁室东部大都为车马器、工具和兵器。出土器物主要有鼎5、鬲1、簠1、豆2、方壶2、舟2、鉴2、盘1、匜1、纽钟9、石磬10、陶鬲1、陶豆1。簠与两件盖鼎相邻，南侧的鬲与盖豆相邻。

M1002为南北向长方形墓，方向3°。墓口大于墓底，墓口长4.6米、宽3.92米，墓底长4.48米、宽3.3米，深4.6米。葬具一椁一棺，椁室长4.4米、宽3.25米。墓主人骨架为仰身直肢，头向北，面微左斜。随葬品放置于棺椁之间，大件青铜礼器分两组置于主棺东西两侧。编钟置于主棺东侧偏南，与主棺南侧的编磬正好构成曲尺形。出土器物主要有鼎5、簠2、敦2、方壶2、舟2、鉴2、盘1、匜1、纽钟9、石磬10、陶壶2。2件鼎鼎、1件盖鼎和2件敦在主棺东侧，2件盖鼎和2件簠在主棺的西南角。

2. 临汾地区

1961年侯马市上马村发现一处墓地，墓葬分布在村东、村北两面，距离东周"牛村古城"约3千米。共发掘墓葬14座，发现铜簠的仅有规模最大的M13[①]。此墓为南北向长方形墓，方向350°。墓口略大于底部，墓底长5.2米、宽3.85米，深6.2米。葬具一棺一椁，椁室长4.6米、宽3.7米，棺木周围有荒帷痕迹。墓主人骨架尚有少部分保存，仰身直肢，头向北。椁室西部集中放置鼎、鉴、壶、簠、鬲等礼器，东南角放置编钟、石磬、盘、匜等，东部放置兵器和工具，东北角除一对杂乱的兽骨外，主要放置车马器。出土器物主要有鼎7、鬲2、鬲1、敦4、簠2、方壶2、舟2、鉴2、盘1、匜1、鎣1、纽钟9、编磬10。铜鼎、簠内还保存有猪骨。

1963～1987年对上马墓地进行了14次发掘，共发掘墓葬1373座。发现铜簠的仅有1981年发掘的M4078和1982年发掘的M5218（图3-7）两座墓葬[②]。M4078位于上马墓地Ⅳ区南部，为南北向长方形墓，方向350°。墓口长4.7米、宽3.24米，墓底长4.4米、宽2.95米，深3.6米。墓底西北角被现代墓破坏，葬具一棺一椁，椁室长3.6米、宽2.42米，棺置于椁室稍偏西的位置。墓主人骨架已朽，据痕迹可知为仰身直肢，头向北。青铜礼器放置于椁室的西南角，西侧中部放置车马器，东侧放置车马器和兵器，东南角放置陶鬲和祭骨。出土器物主要有鼎3、簠2、盘1、匜1。M5218位于上马墓地Ⅴ区中部西侧，为南北向长方形墓，方向0°。墓口长5.2米、宽4.1米，底长4.9米、宽3.83米，深8.2米。墓底有熟土二层台，葬具一棺一椁，椁室长4.37米、宽3.17米，棺置于

---

① 山西省文物管理委员会侯马工作站：《山西侯马上马村东周墓葬》，《考古》1963年第5期。

② 山西省考古研究所：《上马墓地》，文物出版社，1994年。

第三章 出土青铜簋墓葬概述

图3-7 山西上马村M5218及其出土青铜器

椁室正中。人骨架保存较好，墓主人为男性，仰身直肢，上部向左弯曲，右手贴身垂直，左手遮腹，头向北。青铜礼器和乐器置于棺椁间的西部，兵器、车马器及部分装饰品置于东南部。出土器物主要有鼎5、鬲2、甗1、簋2、豆2、壶2、鉴2、盘1、镈13。3件盖鼎的北侧是两件盖豆、南侧是1件甗和2件簋。

1980～1989年天马—曲村遗址共进行了6次较大规模的发掘。西周晚期的铜器墓有4座，出土青铜簋的仅有M5150（图3-8）①。M5150与M5189在曲村镇最北端，为夫妻并列合葬墓。M5150为南北向长方形墓，方向10°，在西南约8米处有1座车马坑。墓壁垂直，墓口长4.25米、宽2.98米，深8.1米。葬具一椁二棺，椁室长3.64米、宽2.56米。墓主人为20岁左右的女性，仰身直肢，左手置于腹部，头向北。青铜礼器和明器放置在椁室东南部，出土器物有鼎1、簋1、盉1、盘1，鼎与盉相邻，簋与盘相邻。

1993年天马—曲村晋侯墓地进行了第四次发掘，清理了M63、M62、M64三座墓葬②。M64为南北向"甲"字形墓，方向193°。墓室为长方形，墓口略小于墓底，墓口长6.6～6.65米、宽5.48米，墓底长6.48米、宽5.52米，深7.92米。葬具一椁二棺，椁室长4.2米、宽3.7米，四壁积石积炭，其上置车1辆。棺放置在椁室略偏南处，墓主人骨架仰身直肢，头向北。青铜礼器、兵器置于外棺北面，乐器分别置于棺外东、南两侧。出土器物主要有鼎5、甗1、簋4、簠1、兔尊4、壶1、爵1、盘1、匜1、甬钟8、钲1、石磬16。

3. 长治地区

1953～1973年长治分水岭墓地经过四次大规模发掘，已经探明墓葬600余座，绝大多数保存完好③。墓地位于长治市北城墙外，市区八一公路西面。东周墓葬有165座，25座铜器墓中有M12、M14、M26、M269、M270（图3-9～图3-13）出土青铜簋。

分水岭M12东距M25约4.5米，两墓东西并列，推测为夫妇异穴合葬墓。此墓为南北向长方形墓，方向20°。墓口大于墓底，墓口长8.9米、宽8.06米，墓底长7.98米、宽7.06米，深6.9米。葬具为一棺一椁，椁室与壁之间的空隙积河卵石成为二层台。墓室偏南处设长方形的木棺，墓主人骨架已经腐朽，头向北，葬式不明。随葬品大多散落于棺椁之间，鼎、簋、盘、鉴等大型器物南北向排列于棺外东部，壶、鉴、甗、钫则东西向横列于棺椁之间的东南角。小件生活用器、玉器和兵器则在棺内外均有散落，比较稀疏。玉器、铜敦、铜剑等靠近墓主人，铜车饰主要散落于棺外。出土器物主要

---

① 北京大学考古学系商周组、山西省考古研究所：《天马—曲村（1980～1989）》，科学出版社，2000年。

② 山西省考古研究所、北京大学考古学系：《天马—曲村遗址北赵晋侯墓地第四次发掘》，《文物》1994年第8期。

③ 山西省考古研究所、山西博物院、长治市博物馆：《长治分水岭东周墓地》，文物出版社，2010年。

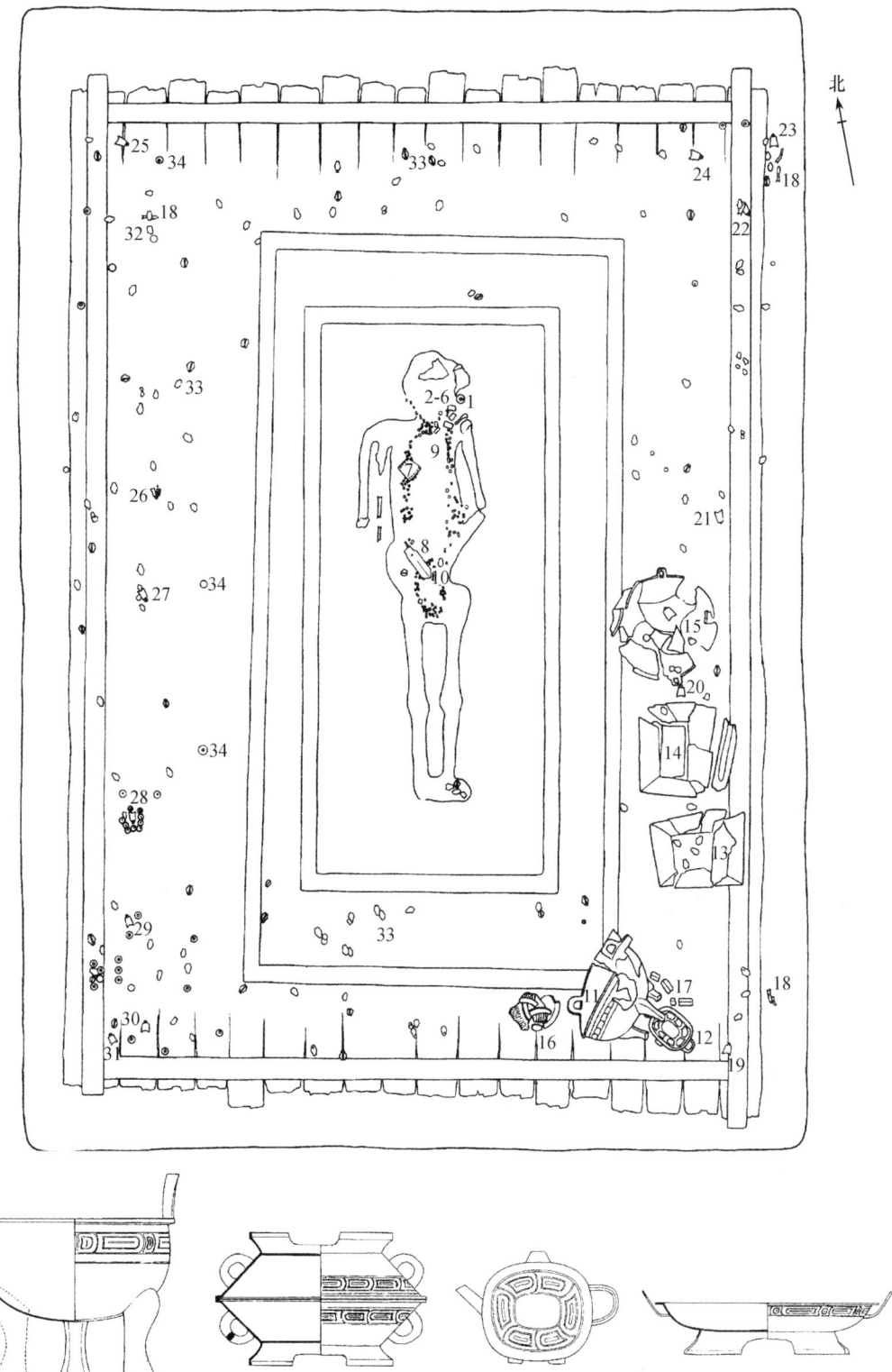

图3-8 山西天马—曲村M5150及其出土青铜器

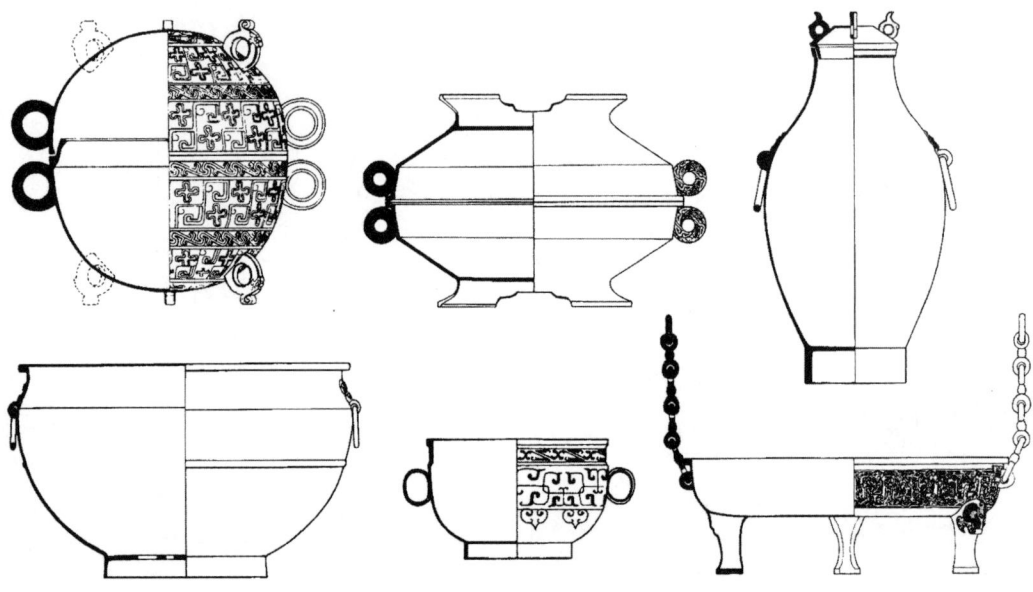

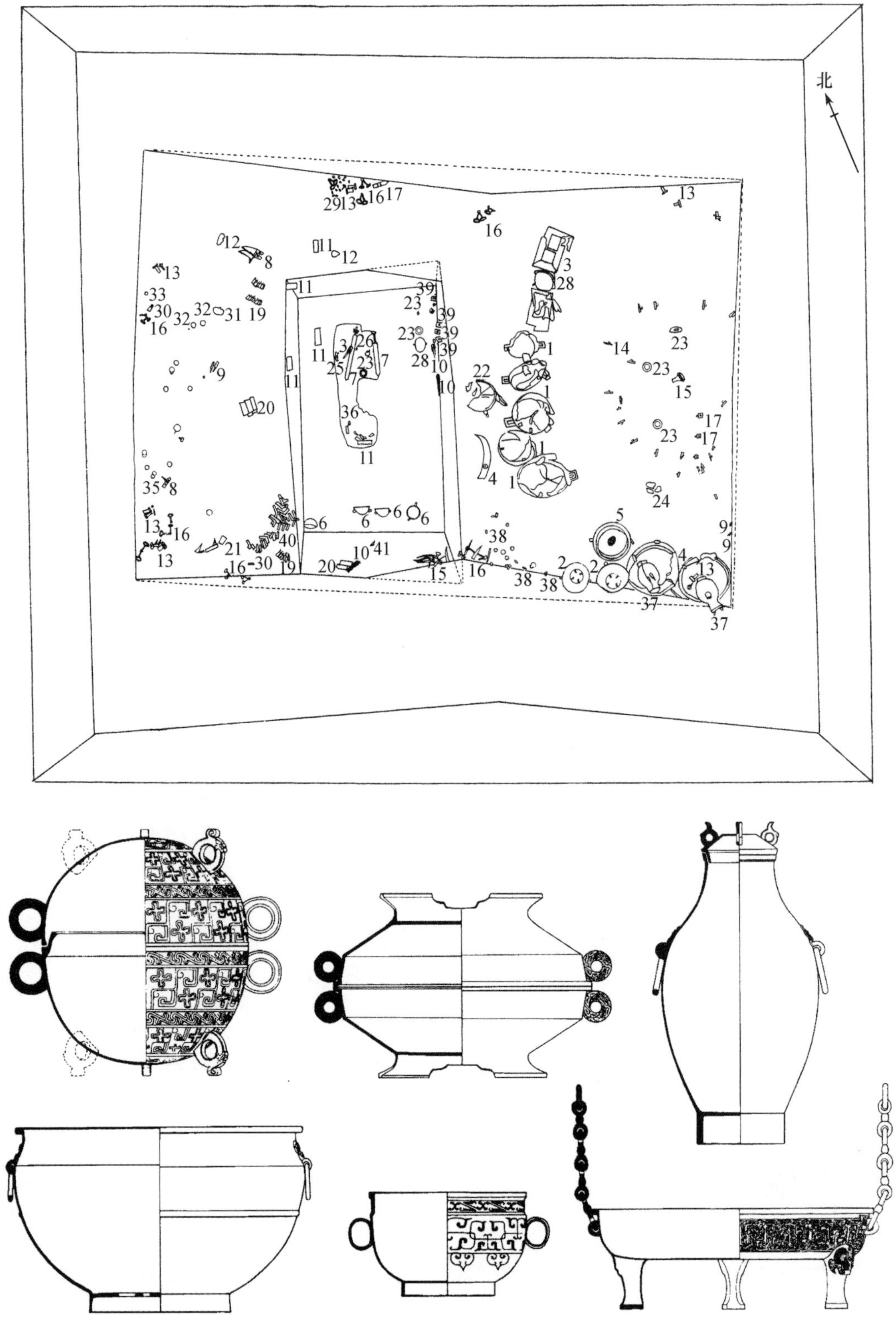

图3-9 山西长治分水岭M12及其出土青铜器

第三章 出土青铜簋墓葬概述

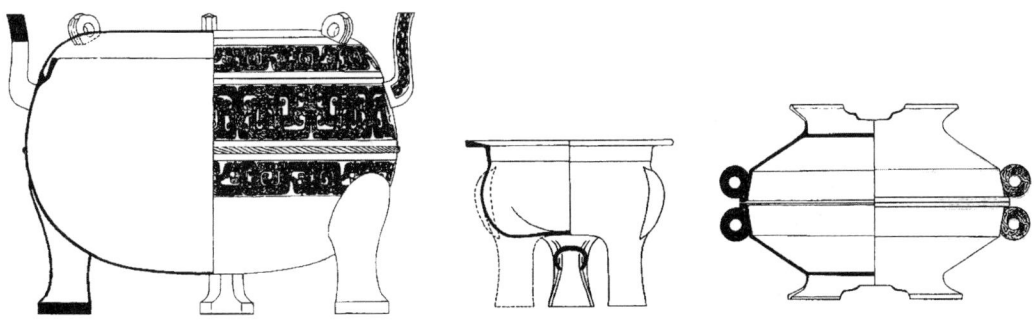

图3-10 山西长治分水岭M14及其出土青铜器

· 162 ·　中国古代青铜器整理与研究·青铜簠卷

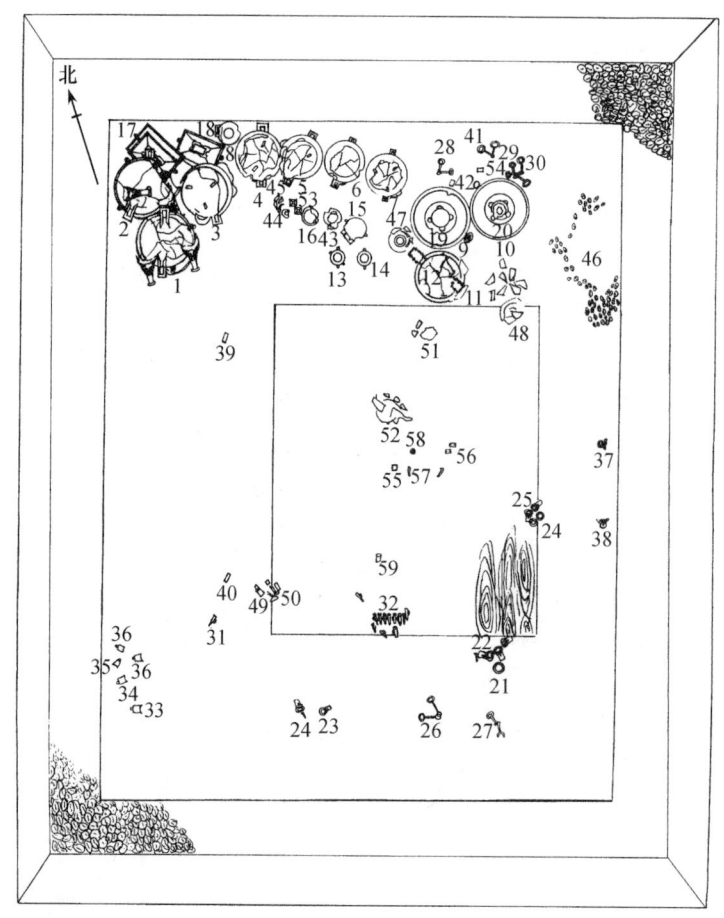

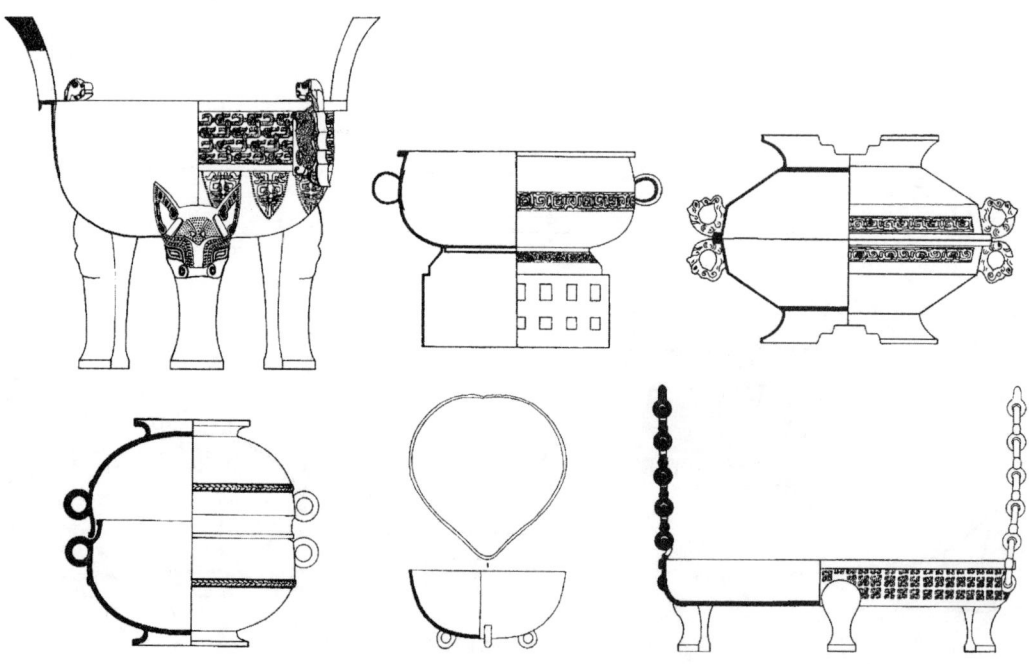

图3-11　山西长治分水岭M26及其出土青铜器

第三章 出土青铜簠墓葬概述

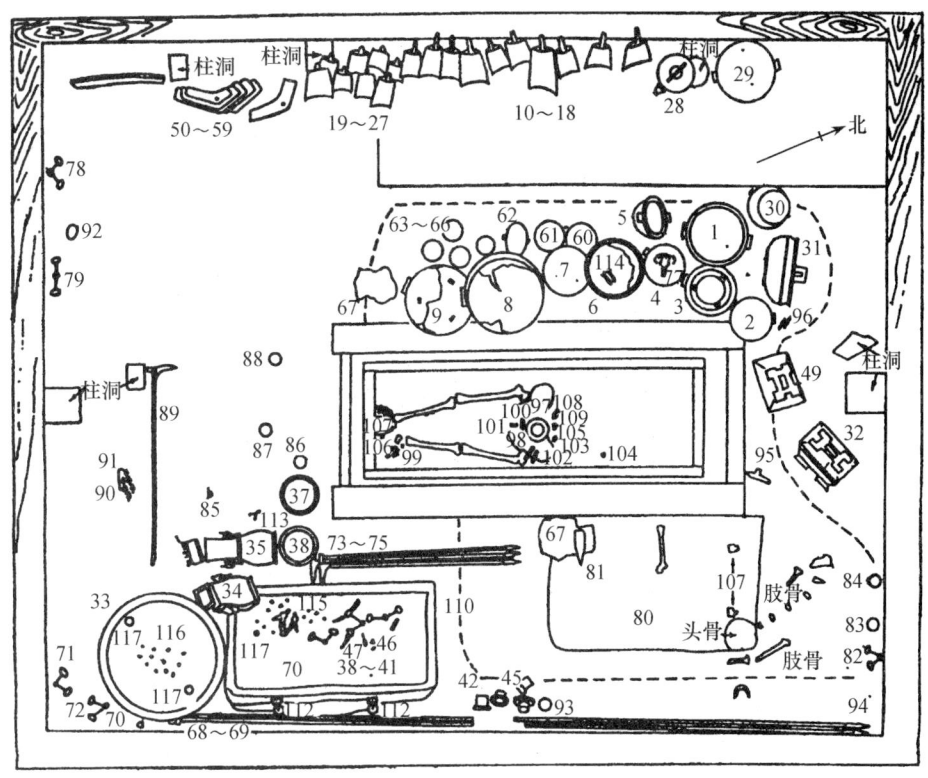

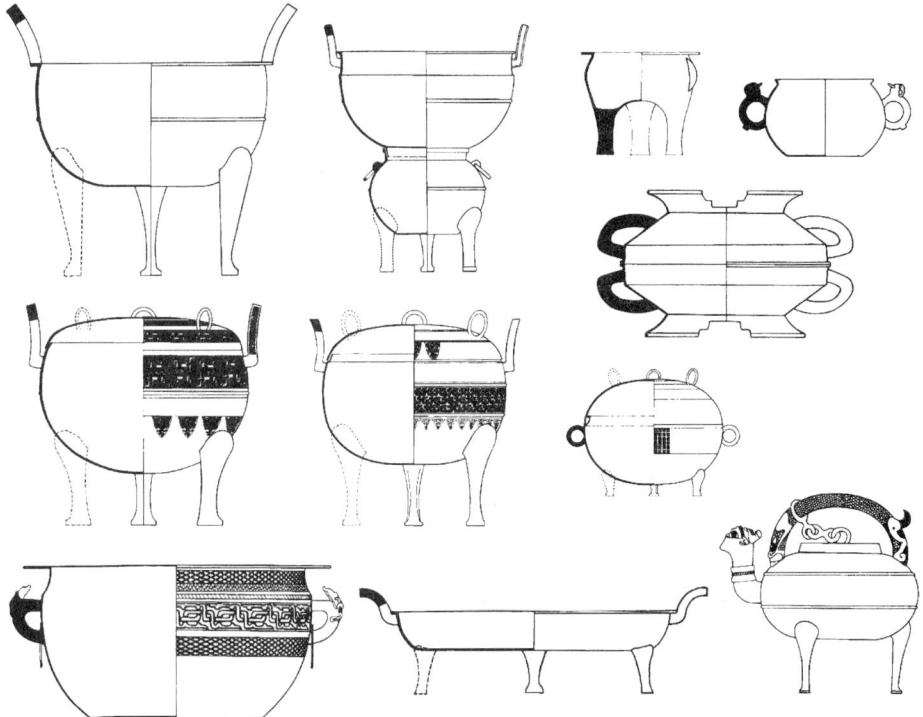

图3-12 山西长治分水岭M269及其出土青铜器

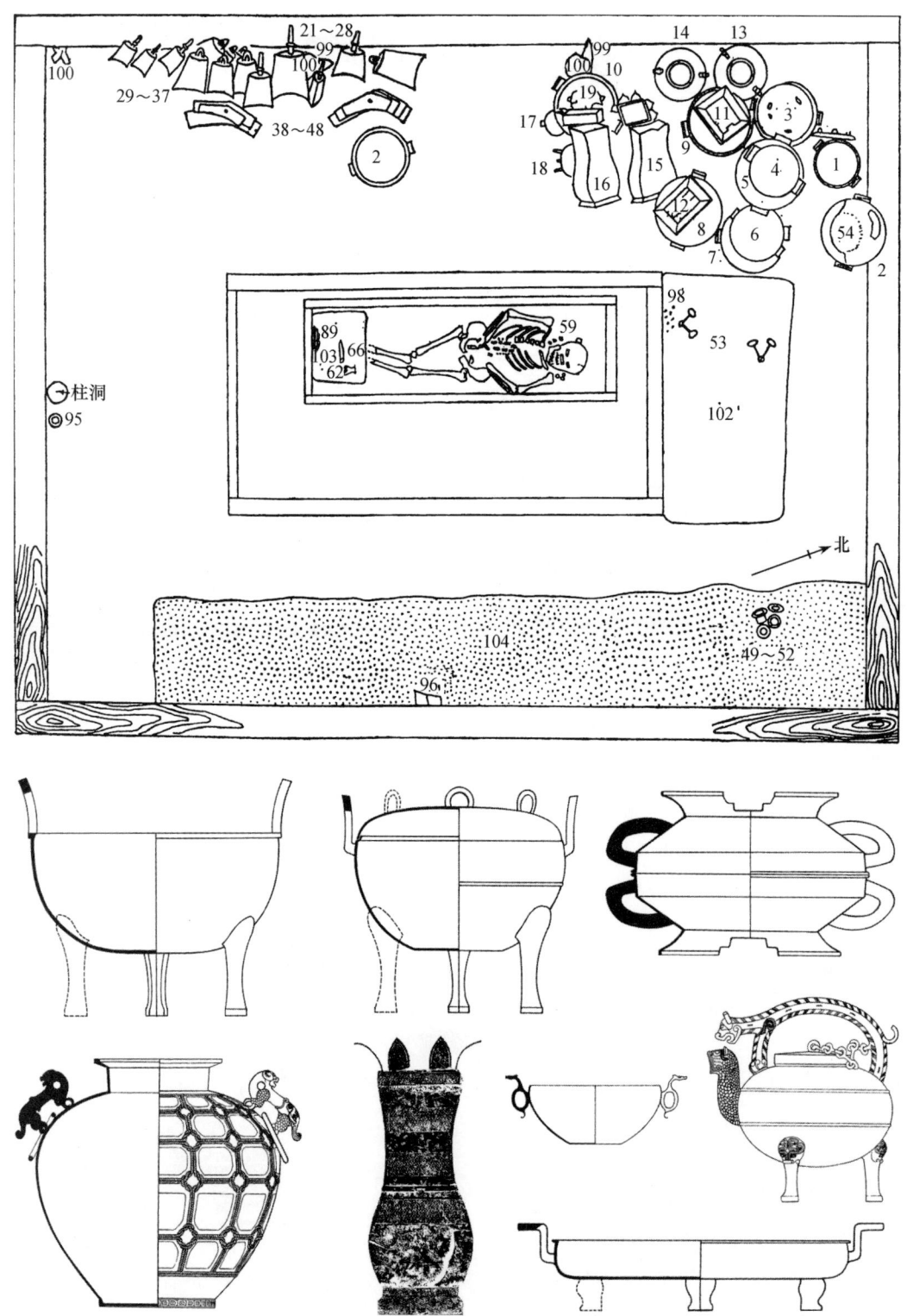

图3-13 山西长治分水岭M270及其出土青铜器

有鼎5、甗1、簠2、敦2、壶2、舟1、鉴1、盘1、匜1。2件簠与5件鼎从北向南一字排开，2件敦在棺内。

分水岭M14西距M26约6米，推测为夫妇异穴合葬墓。墓葬保存完好，未经扰乱。此墓为南北向长方形墓，方向20°。墓口略小于墓底，墓口长8.08米、宽5.76米，墓底长7.48米、宽6.38米。葬具一椁一棺，构建椁室的方法相同，墓主人骨架朽甚，头向北，葬式不明。由于积石塌陷，大型器物多被砸坏，大型器物集中置于椁室西北角，乐器置于椁室西南部，兵器、服饰、车马器以及工具之类遍布墓室，尤以东部最为集中。出土器物主要有鼎1、鬲3、簠1、甬钟1、纽钟8。铜簠不见原始记录，整理时发现。

分水岭M26为南北向长方形墓，方向17°。墓口略大于墓底，墓口长7.65米、宽6.1米，墓底长6.5米、宽4.9米，深8.7米。葬具一椁一棺，椁室长5.75米、宽4.5米，四壁积石积炭。墓主人骨架腐朽无存，头向北，葬式不明。北壁和西壁有盗洞两处，棺内的葬饰品全部被盗。所幸大多数礼器和车马器留存，大型礼器集中置于椁室北部，车马器置于椁内南部，棺东、西、南侧也有零星散布。出土器物主要有鼎7、簠2、簋2、敦2、铺2、壶2、方壶2、鉴3、盘1、匜1。2件簠在2件鬲鼎的北侧，与5件盖鼎一字排开，盖鼎的南侧是2件敦、2件方座豆和2件铺。

分水岭M269西距M270约4.5米，两墓东西并列，推测为夫妇异穴合葬墓。其北部被M268打破、中部被M266打破、南部被M277打破。此墓为南北向长方形墓，方向22°。墓口略小于墓底，墓口长5.6米、宽4.6米，墓底长5.76米、宽4.68米，深7.2米。葬具一椁二棺，椁室长5.3米、宽4.3米。墓主人骨架保存不好，仰身直肢葬，头向北。椁室东西两端有近似漆木箱的残片，青铜礼器多置于木棺西侧、北侧和南侧，乐器置于椁室西端，兵器置于椁室东端，车马器置于椁室东南端，其余装饰品多置于棺内。出土器物主要有鼎9、鬲4、甗1、簠2、敦2、方壶2、罍2、舟1、鉴1、盉1、盘1、甬钟9、纽钟9。5件鬲鼎与4件盖鼎错落排开，西侧是2件敦，东侧是2件簠。

分水岭M270西南有1号和2号两座马坑，西北角与东北角被M271、M272两座唐砖墓打破。此墓为南北向长方形墓，方向20°。墓壁垂直，墓底长5.7米、宽4.44米，深9.9米。葬具一棺二椁，椁室长5.3米、宽4米。四壁板内侧加竖立柱，以增强牢固性，防止倒塌。从遗留下来的柱洞可知，立柱断面呈方形，南北壁各有一个立柱，西壁有两个立柱，东壁未见柱洞。底板东西横铺，上铺锡片一层，并以东侧壁内的锡片保存较好。墓主人骨架保存较完整，仰身直肢，双手交于腹部，头向北，可能为女性。青铜礼器、乐器在椁室西部自北向南顺置，装饰品多数置于棺内墓主人头部、腹部及漆箱内，另在椁室盖板上发现有2件石圭和数枚锡片。出土器物主要有鼎10、簠2、敦2、壶2、罍2、舟1、盘1、盉1、匜1、甬钟8、纽钟9、石磬11。5件鬲鼎与5件盖鼎集中在椁室西北角，2件簠和2件敦分别置于4件鬲鼎腹内。

1973～1977年长子县发现一处东周古城遗址和邻近的墓地[①]，经过三次发掘共清理墓葬8座，牛家坡M7（图3-14）规模最大，且出土有青铜簠。此墓为东西向长方形墓，方向75°。墓口略大于墓底，墓口长6.42米、宽4.8米，墓底长5.74米、宽4.28米，深

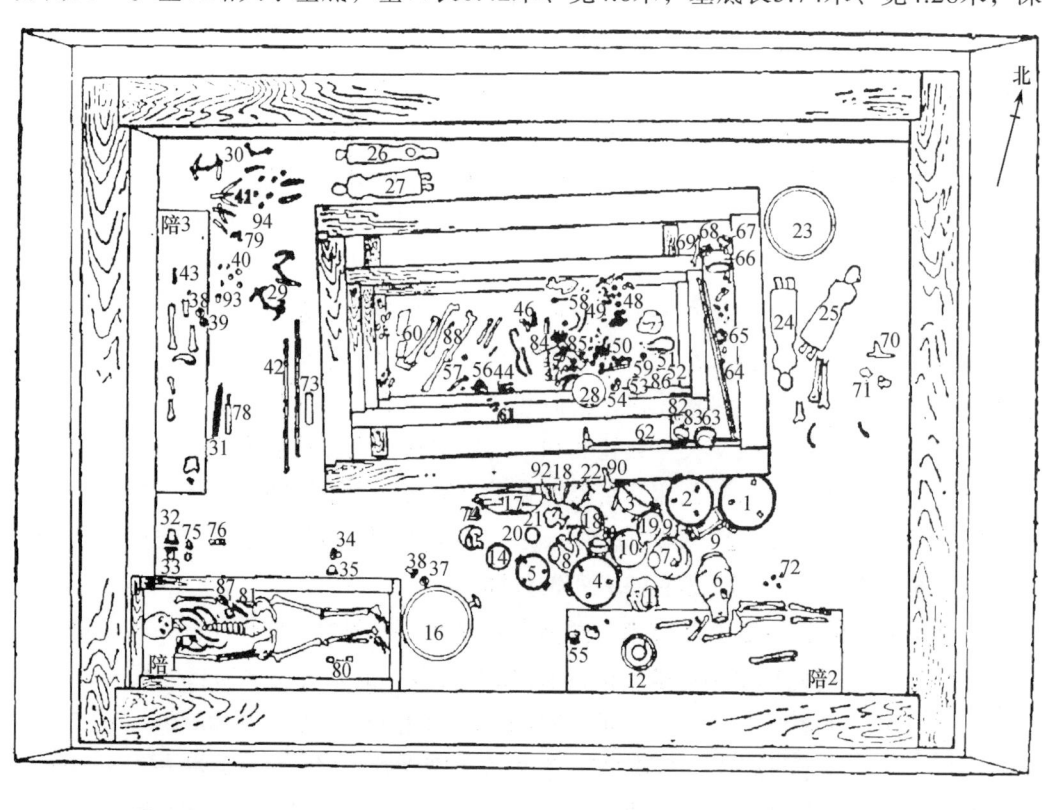

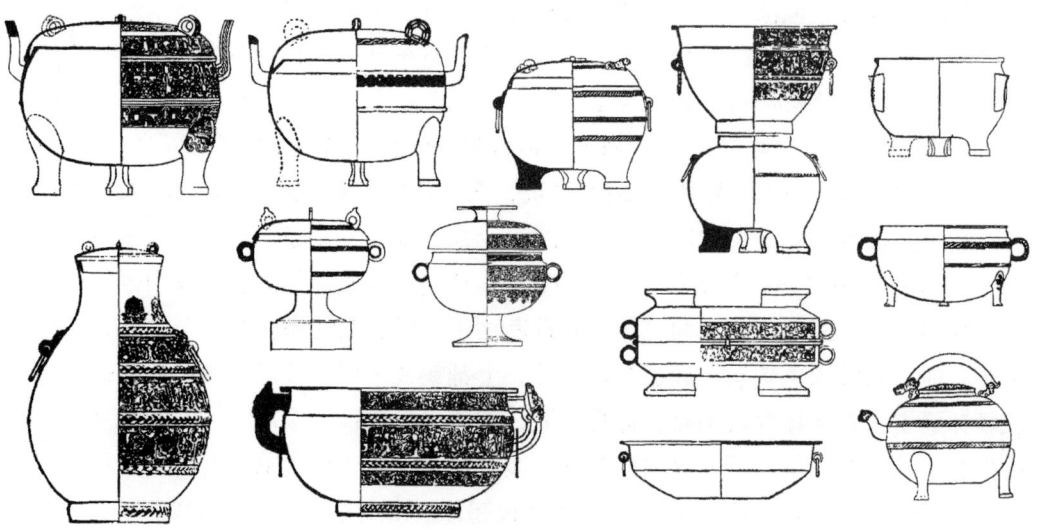

图3-14　山西长子县牛家坡M7及其出土青铜器

[①]　山西省考古研究所：《山西长子县东周墓》，《考古学报》1984年第4期。

11.5米。葬具一椁二棺，外椁室长5.6米、宽4.1米。外椁室中央放置内椁，长3.42米、宽2.4米。紧靠外椁室南壁、西壁分别放置三个殉棺。墓主人骨架朽甚，头向东，可能为成年女性。青铜礼器大多放在外椁室东南部，车马器置于外椁室西南部和西北部，木俑置于内椁的东侧和北侧，内椁室东部也放有少量青铜器和玉器。出土器物主要有鼎7、鬲2、甗1、簠2、敦1、豆4、铺1、壶3、鉴2、盘2、盉1。5件盖鼎的东端是2件簠，西端是2件方座豆，2件盖豆置于内椁。

1982年潞城县潞河村发现一处东周古城遗址和邻近的墓地[①]，墓地东部墓葬密集多中型墓，时代略早；西部多为小型墓，时代多属战国、秦汉时期。潞河M7（图3-15）位于墓地西区，为南北向长方形墓，方向15°。墓口略小于墓底，墓口长6米、宽5.5米，墓底长6.4米、宽5.7米，深11.3米。葬具一椁二棺，椁室长5.7米、宽4.8~4.3米，四壁积石积炭。墓主人骨架朽灭，情况不详。青铜礼器放置在椁室北部和南部，上面覆盖有一层丝织物。兵器置于椁室西北、东北、东南三角，车马器置于主棺东南侧。出土器物主要有鼎13、甗1、豆8、簠2、壶2、罍2、罐2、舟1、鉴4、盘3、盉1、匜1、甬钟16、纽钟8、镈4。2件铜簠出土时放在鉴内，另一鉴内放有鼎、豆、甗、舟。2件方座豆和4件盖豆置于鉴内，与4件甲组盖鼎相邻；2件簠置于鉴内，与4件乙组盖鼎相邻。

4. 太原地区

1987年太原市南郊金胜村发现一处墓地，以M251（图3-16）和车马坑M252规模最大，南距赵氏封邑晋阳古城3千米[②]。此墓为东西向长方形墓，方向110°。墓口大于墓底，墓口长11米、宽9.2米，墓底长9米、宽6.8米，深14米。葬具一椁三棺，椁室长7.2米、宽5.2米、高3.4米。椁室正中置三层套棺，在主棺南侧、西侧和西北侧分别置有四个殉棺。墓主人葬式为仰身直肢，双手交叉于腹部，头向东，根据骨骼鉴定为老年男性。绝大多数随葬品置于椁室内，在主棺东侧堆放有青铜礼器和生活用具，层层叠压，一般为两层，也有多至三四层的。兵器、工具和车马器置于椁室南部和西南部，乐器置于椁室西北部。出土器物主要有鼎27、鬲5、甗2、豆14、簠2、壶8、鸟尊1、罍2、舟4、鉴6、盘2、匜2、镈19、石磬13。

小结：山西地区出土的青铜簠大多数都是在南北向的墓葬中，从葬式来看有的是侧身屈肢，表明族属并不都是周人。晋文化的构成比较复杂，金胜村M251为东西向墓葬，墓主人赵氏为嬴姓，与秦人的墓向一致。女性墓多有鼎簠组合，男性大夫墓和高级士墓往往有两套组合，鼎豆组合和鼎簠组合。但是，在有几百座墓葬的墓地只有少

---

① 山西省考古研究所、山西省晋东南地区文化局：《山西省潞城县潞河战国墓》，《文物》1986年第6期。

② 山西省考古研究所、太原市文物管理委员会：《太原晋国赵卿墓》，文物出版社，1996年。

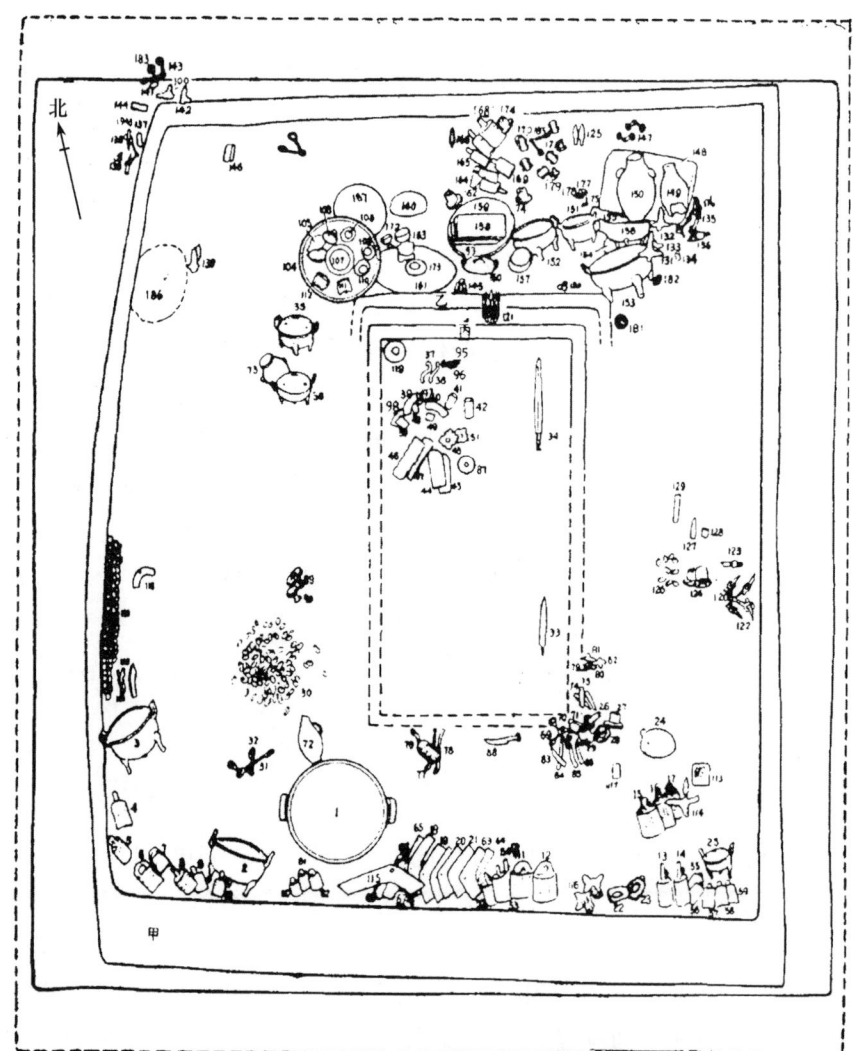
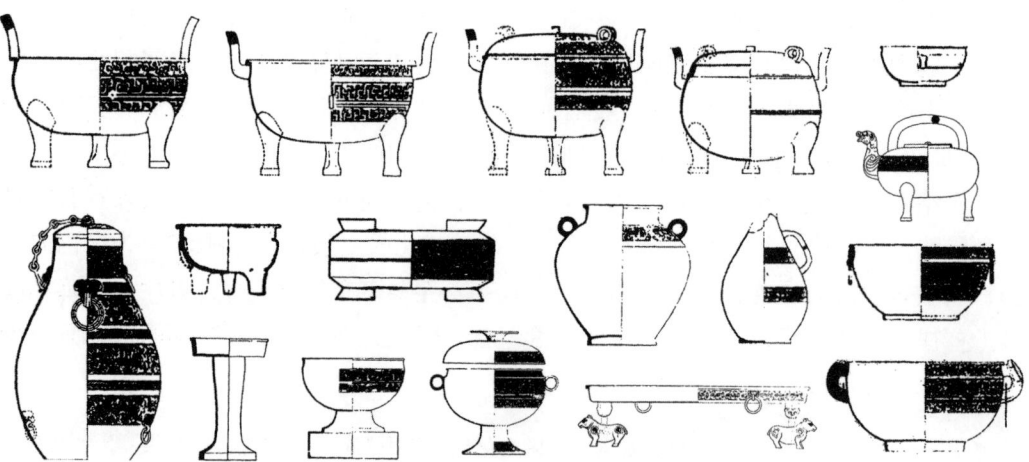

图3-15　山西潞城县潞河M7及其出土青铜器

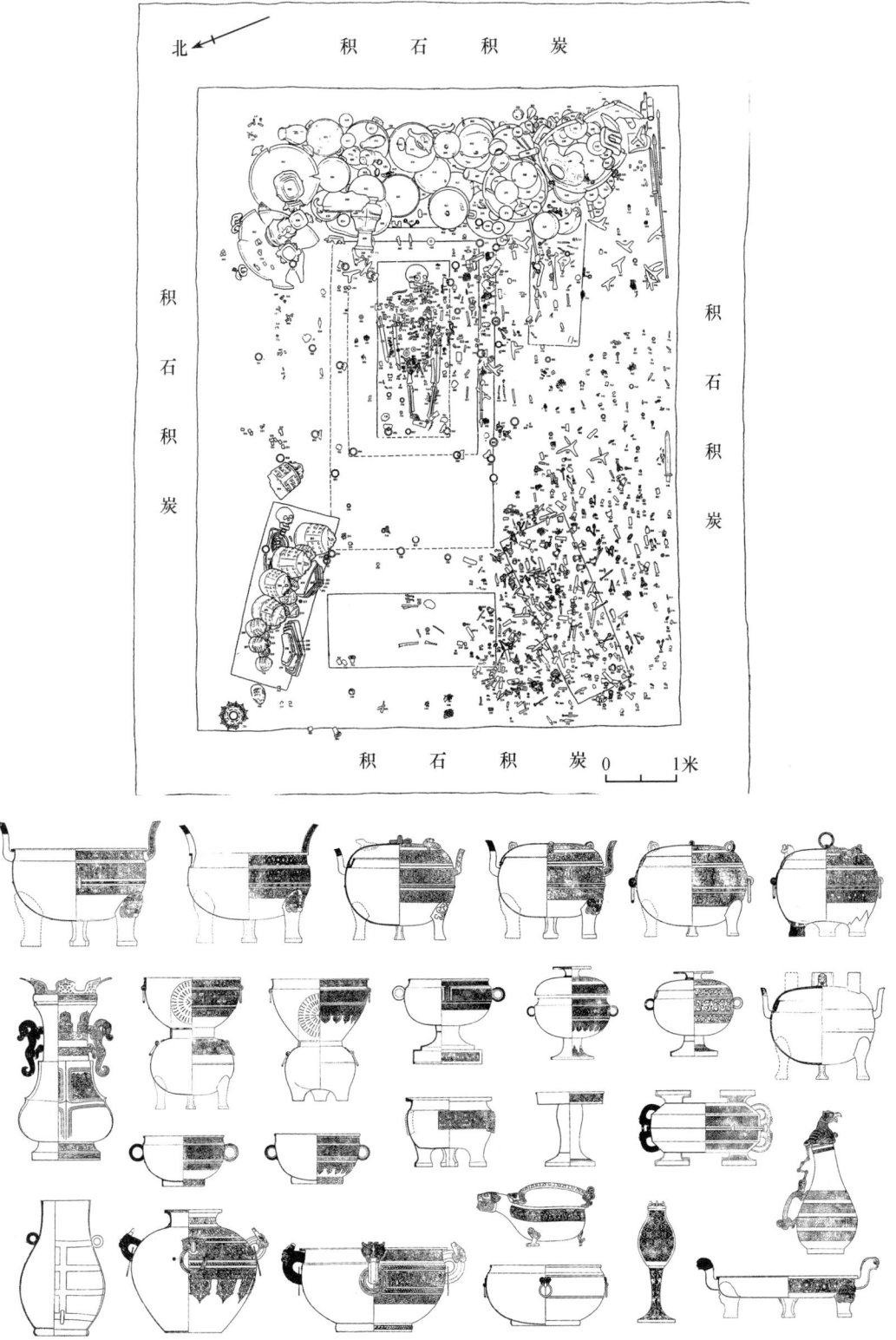

图3-16 山西太原市南郊金胜村M251及其出土青铜器

数规模较大的墓葬出土铜簠，一方面说明此器的地位并不低，另一方面也说明这种器物组合并不是这个地区的核心文化，所以在中小贵族的墓葬中并不流行。

三、河北

1. 邯郸地区

1982年涉县北关凤凰台M1出土了2件青铜簠[①]，墓葬信息不详，器盖皆全。

2. 石家庄地区

1974~1993年对平山县三汲乡中山国墓地进行发掘。平山三汲乡即中山国都灵寿城址，《世本》云："中山武公居顾，桓公徙灵寿。"王陵墓地有两处，即城内王陵区和城外王陵区。城内王陵区在灵寿城西城内北区，并利用灵寿城东、北、西三面城垣作为陵墙，两座王陵由北向南排列，即M7桓公墓和M6成公墓[②]。城外王陵区在西城外西灵山下南坡高地上，两座陵墓东西并列，即M1中山王䰠墓和M2夫人墓[③]。

中山国墓地M6（图3-17）为南北向"中"字形墓，方向3°。主墓上有大型建筑遗迹，墓室呈方形，南北各有一条墓道。南墓道东西两侧各有1座车马坑，东侧有2座陪葬坑、西侧有1座陪葬坑。墓口大于墓底，墓口边长27.5米，墓底边长25.5米，深4.6米。棺椁数量不清，椁室口大底小，四壁为积石积炭，椁口南北长13.2米、东西宽12.8米，底部南北长9.5米、东西宽8.9米。由于早年被盗后塌陷，葬式不详，椁室内随葬品被盗一空。在墓室中部东西两侧各有一个库室，与椁室不相通，未被盗扰。东库主要放置陶礼器、漆木器，西库主要放置青铜礼器和生活用器。出土器物主要有鼎14、鬲4、甗2、簠2、豆2、铺2、壶9、提链罐1、筒形杯1、盆1、钵2、盉4、套盘10、匜2。西库的甲组9件盖鼎和乙组5件盖鼎相互叠压，2件方座豆和2件簠相邻。

中山国墓地M1（图3-18）为南北向"中"字形墓，方向184°。主墓上有飨堂、回廊等建筑台基，东南侧有车马坑1座，西侧由东向西排列有车马坑2座、杂殉坑1座、葬船坑1座，墓东有陪葬坑2座，墓北面西侧有陪葬坑1座，墓西有陪葬坑3座。墓室呈方形，南北各有一条墓道。墓口大于墓底，墓口边长30米，墓底边长26.7米。此墓在中山国灭国不久即被盗，并将椁室焚烧。椁室平面呈"亚"字形，长13.7米、宽12.6米，从铺首排列的情况看可能是二椁二棺。在战国大墓中设置库室的墓葬比较少见，此墓就有三个库室，并且出土了丰富的随葬品。东库位于墓室内东侧，主要有青铜礼器、

[①] 邯郸市文物研究所：《邯郸文物精华》，文物出版社，2005年。
[②] 河北省文物研究所：《战国中山国灵寿城——1975~1993年考古发掘报告》，文物出版社，2005年。
[③] 河北省文物研究所：《䰠墓——战国中山国国王之墓》，文物出版社，1996年。

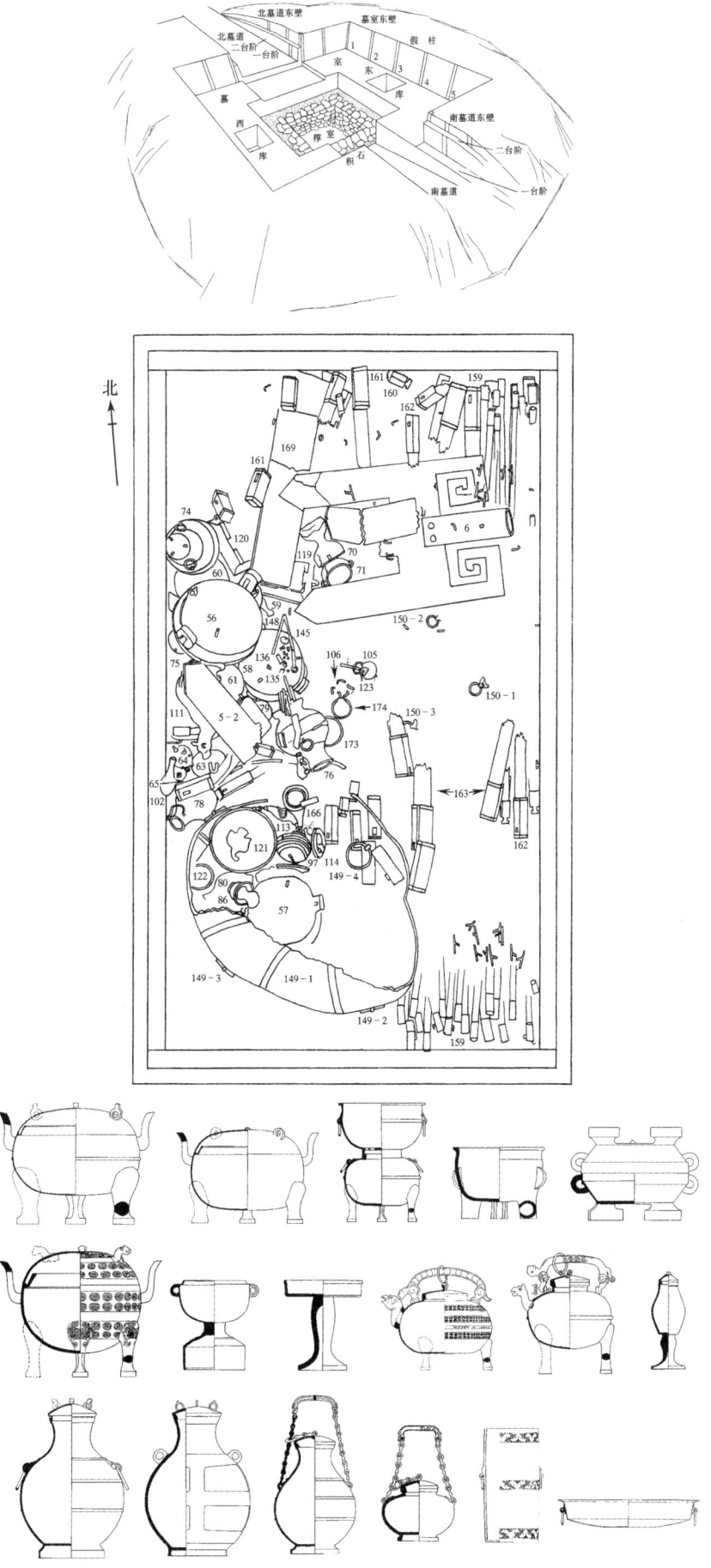

图3-17 河北平山县中山国M6形制及其出土青铜器

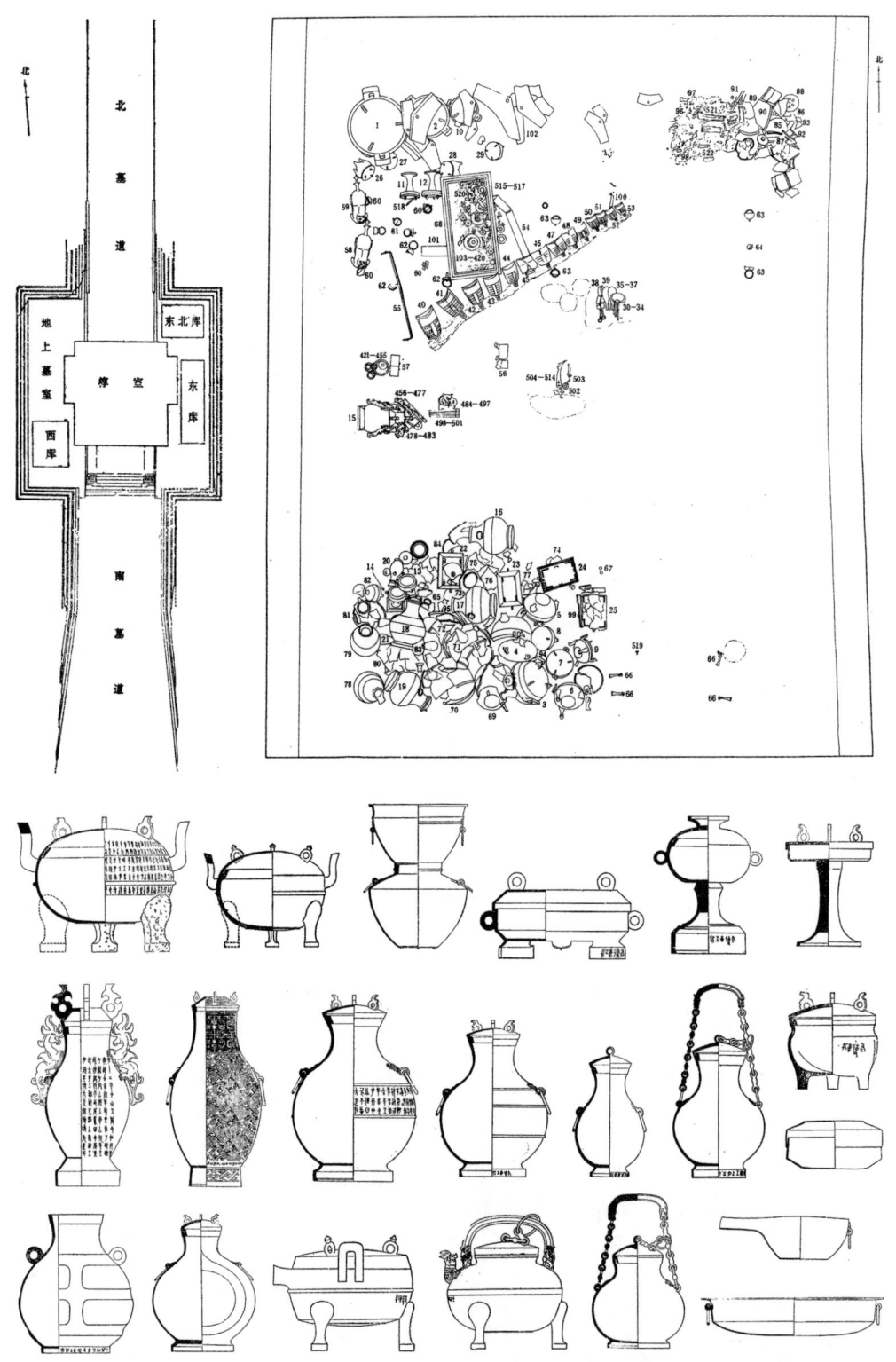

图3-18 河北平山县中山国M1形制及其出土青铜器

生活用器、磨光黑陶和漆器。西库位于墓室内西侧的南半部，发现有成组合的青铜礼器、磨光黑陶以及漆木器痕迹。东北室位于墓室东侧的北部，未发现任何遗物。出土器物主要有西库：鼎9、汤鼎1、鬲4、簠4、豆2、方壶1、圆壶6、勺5、匕3、刀2、纽钟14、石磬13；东库：鼎5、甗1、铺2、圆盒2、套钵10、方壶2、扁壶4、圆壶2、提链壶2、筒形杯1、盆1、盂3、盘1、匜1。两件铜簠内保存的褐色食物，颗粒较粗，空隙较大而长，有稻壳，说明盛有稻米。另两件铜簠内保存的褐色食物，颗粒较细密，有谷壳，说明盛有小米。

小结：河北地区出土青铜簠的墓葬主要是战国时期赵国和中山国的王陵。赵王陵被盗严重，情况不明，仅知随葬有铜簠。中山国墓葬保存完整，铜簠的数量多于铜豆或与铜豆相等，说明鼎簠组合的地位比较突出。燕国墓葬没有发现铜簠，说明燕文化不使用这种器物。

四、内蒙古

赤峰地区

1963年在宁城县南山根村发现一座墓葬M101[①]，距离1958年发现青铜器地点以西约百米。此墓为南北向长方形石椁墓，方向135°。墓口大于墓底，墓口长3.8米、南端宽2.23米、北端宽1.8米，墓底较小，深2.4米。椁室四壁用砾石砌叠，椁室内放有木棺，葬式不详。出土器物主要有鼎3、鬲1、簠1、簋1、壶1、杯1、豆形器1、双联罐1（图3-19）。

小结：内蒙古地区出土春秋早期的青铜簠，反映了这个地区与中原地区存在交流的情况。目前在长城以北地区只发现一例，应是从中原流传过去的。

第二节 东部地区

一、山东

1. 济南地区

1986年长清县石都庄发现一座墓葬M1[②]，南距战国齐长城2.5千米。此墓为村民取土发现，葬制、棺椁情况不详。出土器物有鼎2、簠2。两件郮仲簠器盖同铭，"郮仲

[①] 辽宁省昭乌达盟文物工作站、中国科学院考古研究所东北工作队：《宁城县南山根的石椁墓》，《考古学报》1973年第2期。

[②] 昌芳：《山东长清石都庄出土周代铜器》，《文物》2003年第4期。

图3-19 内蒙古宁城县南山根M101出土青铜器

媵孟嬴宝匦(簠),其万年眉宝,子子孙孙永宝"。

1995年长清县五峰镇北黄崖村南的仙人台发现一处墓地,清理了自东向西排列的6座墓葬,其中M1与M2、M4与M6南北并列,推测为夫妇异穴合葬墓,仅有M3(图3-20)出土有青铜簠[①]。此墓位于墓地的东部边缘,为东西向长方形墓,方向314°。墓底长4.4米、宽2.7米、深1.2米。葬具一椁一棺,椁室长2.7米、宽1.1米、高约0.72米。棺为独木棺,墓主人骨架为女性,仰身直肢,双手交叉于腹部,头向西北。墓底挖有腰坑,埋有殉犬。椁室四周有二层台,北部二层台上设边箱,放有鼎2、簠2、陶鬲2、陶豆4、陶罐2、漆器3。一件邿召簠器盖同铭,"邿召作为其旅匣(簠),用宝稻粱,用飤诸母诸兄,使受宝,毋有疆"。器内遗留有黄色物,经化验为粟类黏糕性质的食物。另一件纹饰略有差别,无铭文。

---

① 山东大学考古系:《山东长清县仙人台周代墓地》,《考古》1998年第9期。

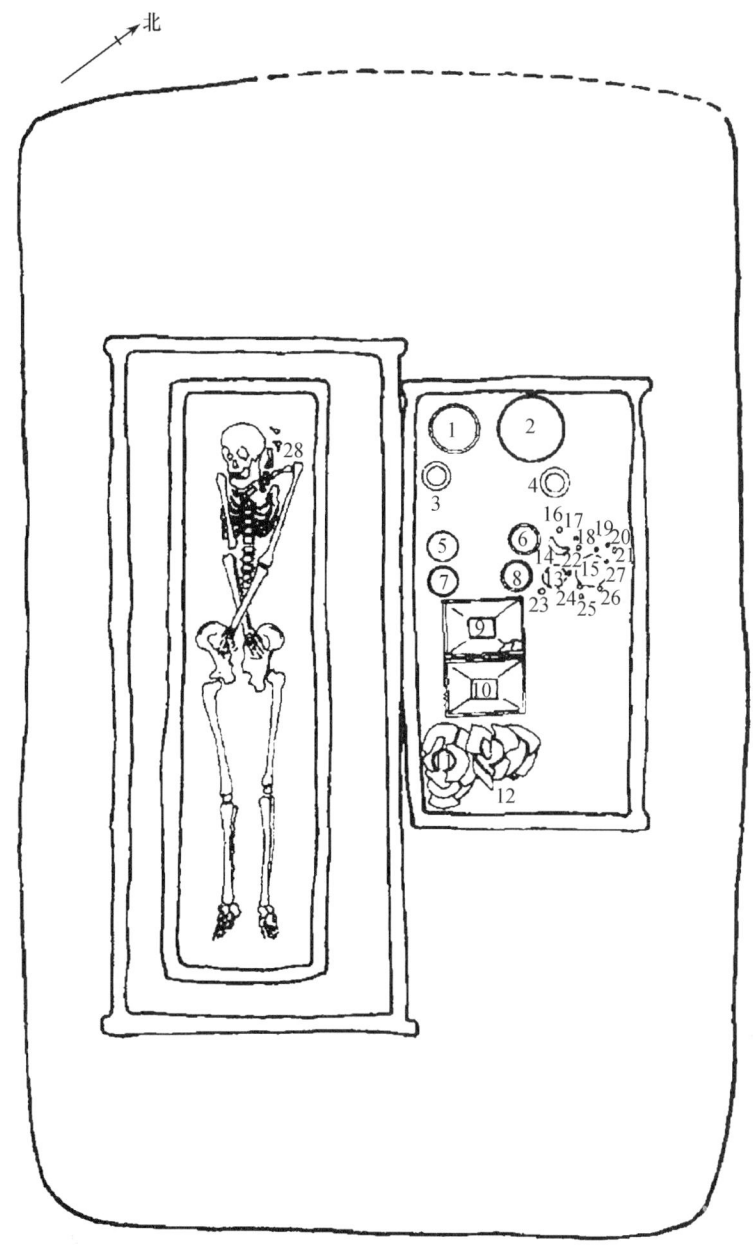

图3-20　山东长清县五峰镇黄崖村仙人台M3

2. 淄博地区

2001年沂源县南麻镇西鱼台村姑子坪发现一处墓地，其中M1（图3-21）出土有青铜簠[①]。此墓在遗址西部中心，西距1990年清理的夯土建筑基址3米。东北与M2相

---

① 山东大学考古系、淄博市文物局、沂源县文管所：《山东沂源县姑子坪周代墓葬》，《考古》2003年第1期。

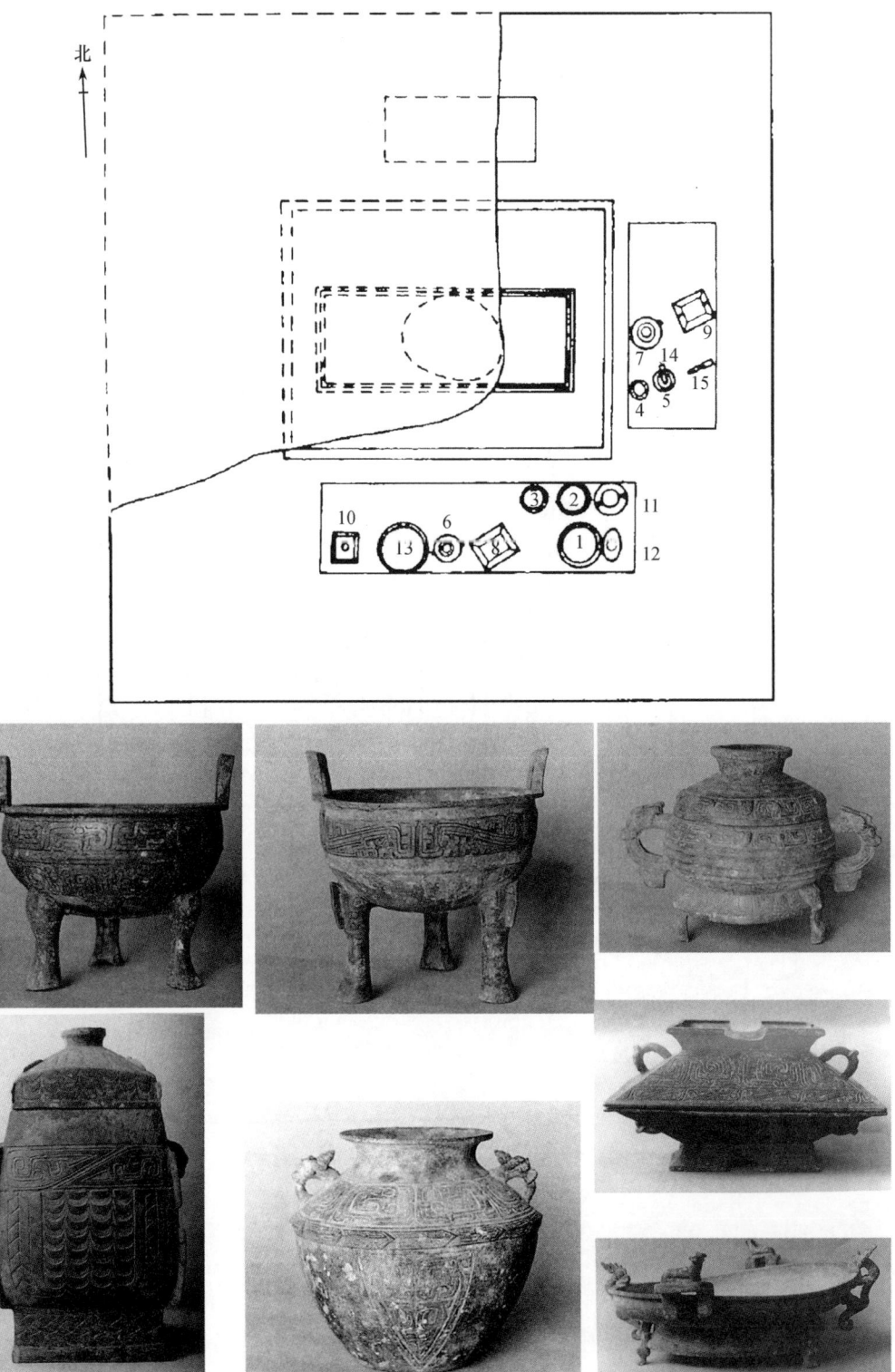

图3-21　山东沂源县南麻镇鱼台村姑子坪M1及其出土青铜器

距27米。M1为东西向近方形墓,方向101°。墓口略大于墓底,墓口长5.3米、宽5.26米,深2.7米。葬具二椁三棺,外椁室长2.6米、宽2米、高0.8米,内椁略小于外椁,椁室中央放置有三套棺。墓主人骨架为成年男性,头向东。椁室四周有二层台,底部中央挖有椭圆形腰坑,埋有殉犬。围绕主棺设三个器物箱,青铜礼器均放置在头箱和南边箱,兵器放置在北边箱。出土器物主要有鼎5、簋2、簠2、方彝1、罍1、壶1、盘1。鼎、簋和簠分两组放置于头箱和边箱,体现出三鼎一簋一簠和二鼎一簋一簠两套用器组合。

3. 潍坊地区

1981年临朐县嵩山乡泉头村发现一座墓葬(乙墓)[①],位于1977年发现的甲墓东南约3米。此墓为南北向长方形墓,墓口大于墓底,墓底长4米、宽3米,深5米,棺椁情况及葬式不详。随葬器物在墓室南端偏西处,自东向西依次为鼎、鬲、簋、陶罐、盘匜、壶。东部、北部有大量玛瑙串珠、玉饰和骨饰。出土器物主要有鼎3、鬲2、簋2、壶1、盘1、匜1(图3-22)。

图3-22 山东临朐县嵩山乡泉头村乙墓出土青铜器

---

① 临朐县文化馆、潍坊地区文物管理委员会:《山东临朐发现齐、鄂、曾诸国铜器》,《文物》1983年第12期。

4. 济宁地区

1965年邹县田黄乡七家峪村西北昌平山支脉南端寺顶子坡地上发现两座墓葬[①]，此地邻近曲阜地界。村民平整田地挖得青铜器19件，同时掘出两副人骨架。经调查，两座墓葬为南北并列的东西向长方形墓，相距不过1米，墓壁皆涂以红色。人骨架皆为头东足西，青铜器放置于墓室南侧中部。出土器物共计鼎6、鬲4、簠4、罍2、壶1、盘1、匜1。每座墓葬的器物组合应该是鼎3、鬲2、簠2。一件射南簠器盖同铭，"射南自作其匜（簠）"；一件胄簠仅有器铭，"胄自作馈匜（簠），其子子孙孙永宝用享"；其余两件破碎较甚，均无铭文。

1977年对曲阜鲁国故城的望父台墓地进行发掘，共清理了51座墓葬[②]。西周墓葬有39座，仅有规模最大的M48（图3-23）出土铜簠。此墓位于墓区东北部，南北向长方形墓，方向2°。墓口略大于墓底，墓底长3.6米、宽2.72米，深2.85米。葬具为一椁一棺，椁室长3.1米、宽2.15米。棺置于椁室正中，靠近北壁。墓主人骨架仰身直肢，双手置于腹部，头向北，面略偏西。随葬品分两层放置，上层在椁盖北端放置有部分青铜礼器，南端放置车马器。下层在椁室北侧、西北角和东南角分别放置有青铜礼器和少量兵器、陶器。出土礼器主要有鼎3、甗1、簋2、盨2、簠1、壶1、盘2、匜2、陶鬲1。

1982年泰安市城前村发现一座墓葬[③]。此墓位于城前村北遗址的东南角，为南北向长方形墓，方向20°。墓底长3.2米、宽2米，深2.1米。葬具一椁一棺，葬式不详。随葬器物放置在椁室西南角，出土器物有鼎3、簠2、壶1。一件鲁侯簠器盖同铭，"鲁侯作姬翏媵害（簠），其万年眉寿永宝用"；另一件是否有铭文不详。

1993年对泰安市龙门口遗址进行调查，采集到两件青铜簠[④]。其中一件稍残，是否有铭文不详；另一件商丘叔簠器盖同铭，"商丘叔作其旅匜（簠），其万年子孙永宝用"。

5. 临沂地区

1976年平邑县东阳乡蔡庄村发现一座墓葬[⑤]。墓葬遭到破坏，形制不详，出土器物有鼎2、鬲1、簠4、盘1、匜1。4件□叔虎父簠器盖同铭，"□叔虎父作杞孟姒馈匜

[①] 王轩：《山东邹县七家峪村出土的西周铜器》，《考古》1965年第11期。
[②] 山东省文物考古研究所、山东省博物馆、济宁地区文物组、曲阜县文管会：《曲阜鲁国故城》，齐鲁书社，1982年。
[③] 程继林、吕继祥：《泰安城前村出土鲁侯铭文铜器》，《文物》1986年第4期。
[④] 泰安市博物馆：《山东泰安市龙门口遗址调查》，《文物》2004年第12期。
[⑤] 李常松：《平邑蔡庄出土一批青铜器》，《考古》1986年第4期。

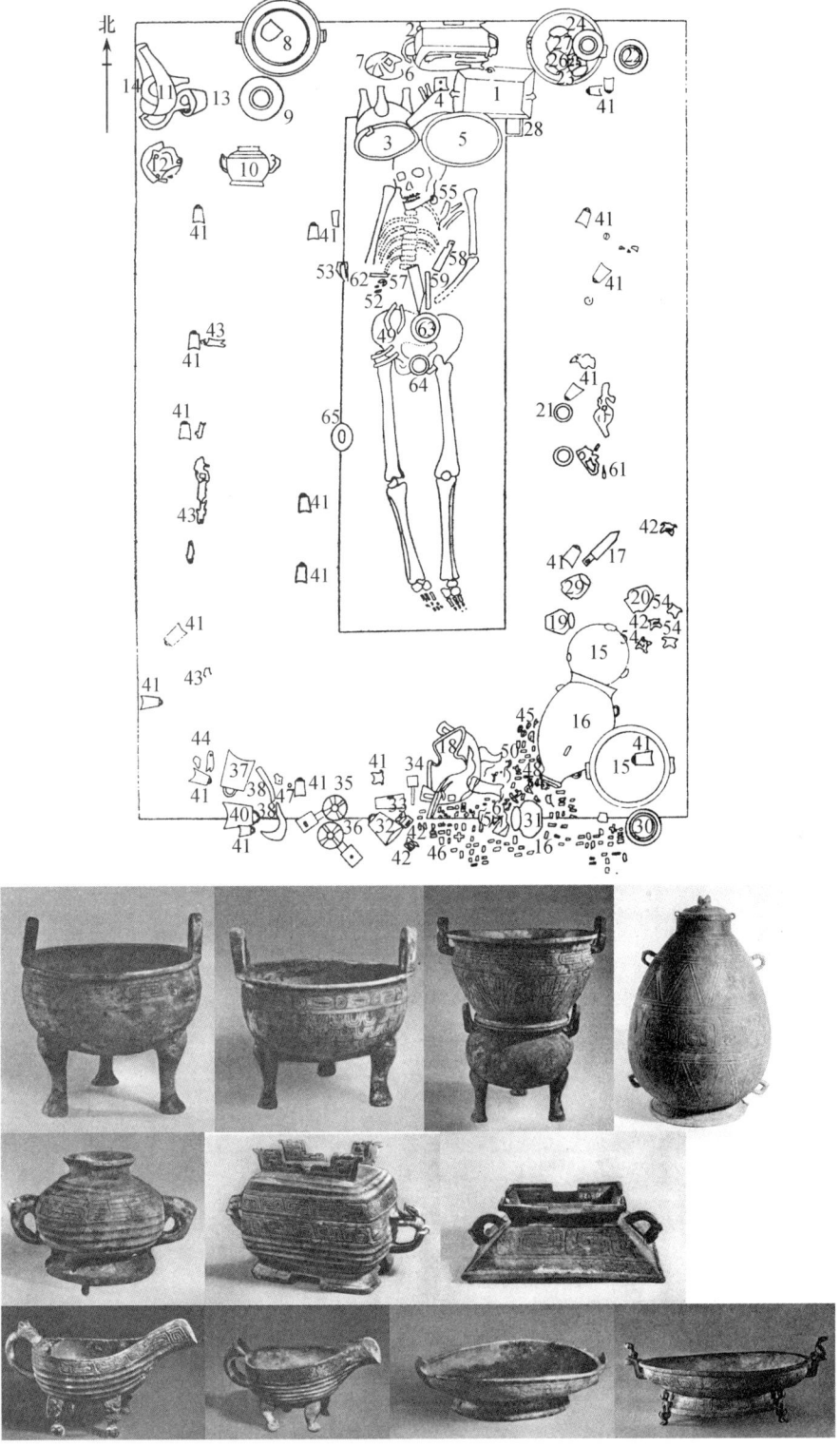

图3-23 山东曲阜鲁国故城望父台M48及其出土青铜器

（簠），其万年眉寿，子子孙孙永宝用享"。

1982年临沂市相公乡王家黑墩村凤凰岭发现一处墓地，一座大墓位于凤凰岭中部的最高峰①。此墓由墓室、器物坑、车马坑三部分组成（图3-24）。该墓为南北向椭圆形墓，墓口大于墓底，墓口南北长11.2米、东西宽9.45米，墓底南北长10.45米、东西宽8.7米，深2.4米。墓室分为前室和后室，前室放置器物均已被盗，后室放置墓主棺椁与殉棺。葬具一椁一棺，椁室长3.6米、宽2.7米。墓主人骨架为男性，仰身直肢，头向东，腰下挖坑有殉犬。墓室内有棺殉人6具，二层台上有无棺殉人8具。在后室东南角遗留有部分青铜礼器，大部分礼器放置在墓室以北25米的器物坑。坑长4米、宽3.01米、深2.05米，东部放置青铜礼器，南侧及西南角放置乐器，北侧及西部放置兵器。出土器物主要有鼎10、甗1、簠3、簋2、敦3、盆1、壶1、卣3、舟2、盉1、盘1、纽钟9、镈9、铎1。铜簠与列鼎同出于器物坑，并且圈足做镂空蟠蛇纹，十分特殊。

6. 枣庄地区

1973年在滕州市官桥镇狄庄村薛城遗址东城墙取土时发现4件青铜簠②，3件薛子仲安簠仅有一件器盖同铭，其余只有器铭，"薛子仲安作旅簠（簠），其子子孙孙永宝用享"。另一件走马薛仲赤簠只有器铭，"走马薛仲赤自作其匡（簠），子子孙孙永宝用享"。

1978年对滕州市薛国故城东南部尤楼村2号墓地进行发掘，共清理了9座墓葬③。M1～M4四座大墓中，M3器物大部分被盗，其余都出土有青铜簠（图3-25～图3-27）。薛国故城M1为南北向椭方形墓，墓圹四角圆弧，方向33°。墓口大于墓底，墓口长7.74、宽4.7米，墓底长5.54、宽4.7米，深3米。葬具二椁二棺，外椁室长4.04、宽3.1、残高1.6米。内椁略小于外椁，主棺置于内椁偏西处。墓主人骨架被棺椁塌陷砸乱，侧身屈肢，头向北，面向东。殉人二具，椁室底部挖有不规则长方形殉人坑，另一具在内椁室北部。墓室四周设生土二层台，青铜礼器集中放置于北部二层台的器物箱，分三组放置：鼎、壶、盘、匜一组，簠、鬲、簋、陶豆一组，6个陶罐一组。兵器、车马器置于内椁室东、西、北三面，玉石器置于棺内。出土器物主要有鼎8、鬲6、簋6、簠2、壶3、舟1、盘1、匜1。一件铜簠内盛粟米类食物；另一件铜簠内盛三角形食物，状似水饺或馄饨。

薛国故城M2在M1东北约2.5米处，南北向长方形墓，方向20°。墓口大于墓底，墓口长7.6、宽4米，墓底长4.5、宽4米，深4米。葬具二椁二棺，外椁室长4.08、宽2.06米、残高1.6米。墓主人骨架朽甚，头向北。椁室底部长方形坑殉人一具，内椁室南部

---

① 山东兖石铁路文物考古工作队：《临沂凤凰岭东周墓》，齐鲁书社，1988年。
② 滕县文化馆：《山东滕县出土杞薛铜器》，《文物》1978年第4期。
③ 山东济宁市文物管理局：《薛国故城勘查和墓葬发掘报告》，《考古学报》1991年第4期。

第三章 出土青铜簠墓葬概述

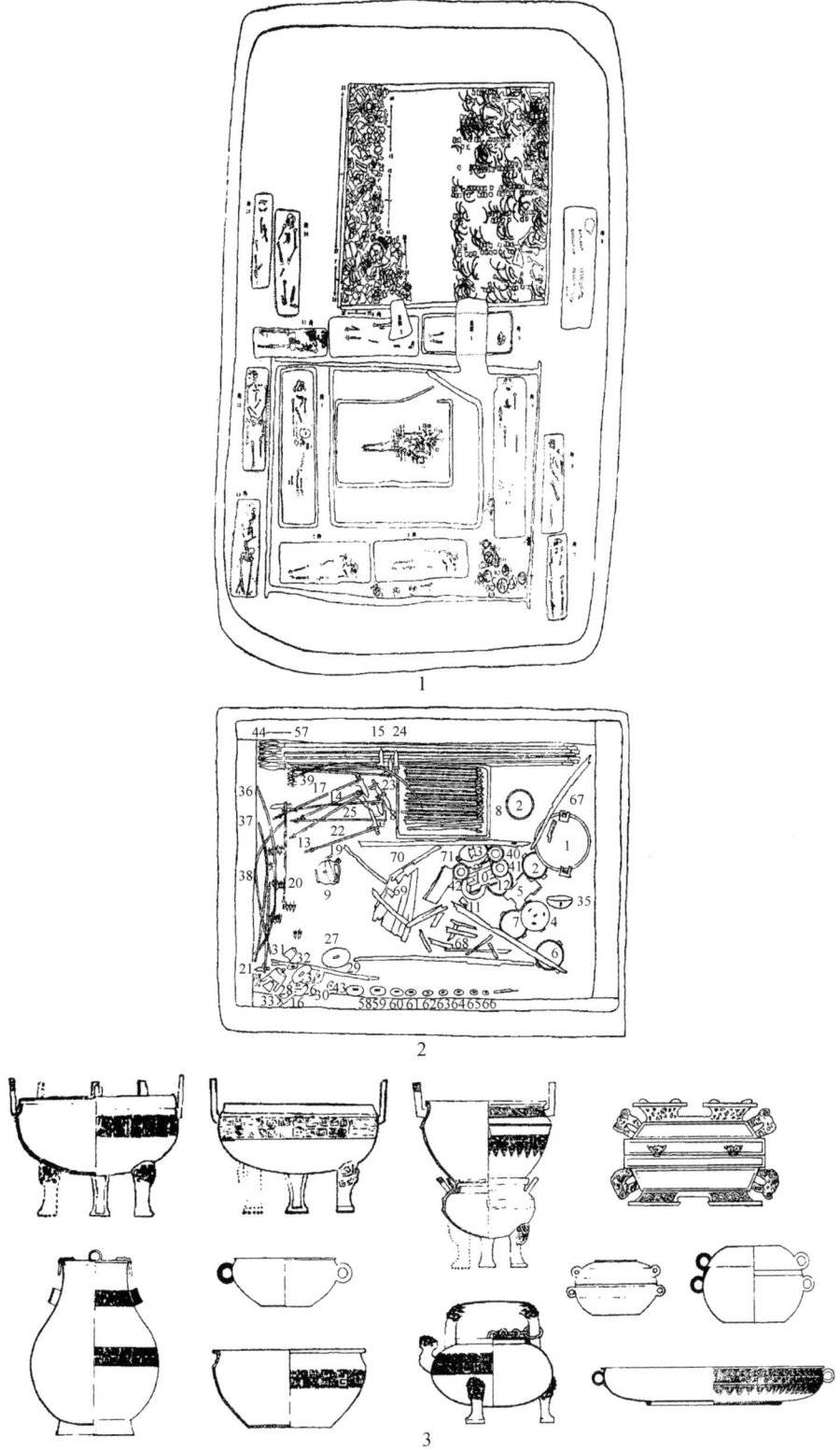

图3-24 山东临沂市相公乡王家黑墩村凤凰岭大墓及其出土青铜器

图3-25 山东滕州市薛国故城尤楼村M1及其出土青铜器

第三章 出土青铜簠墓葬概述

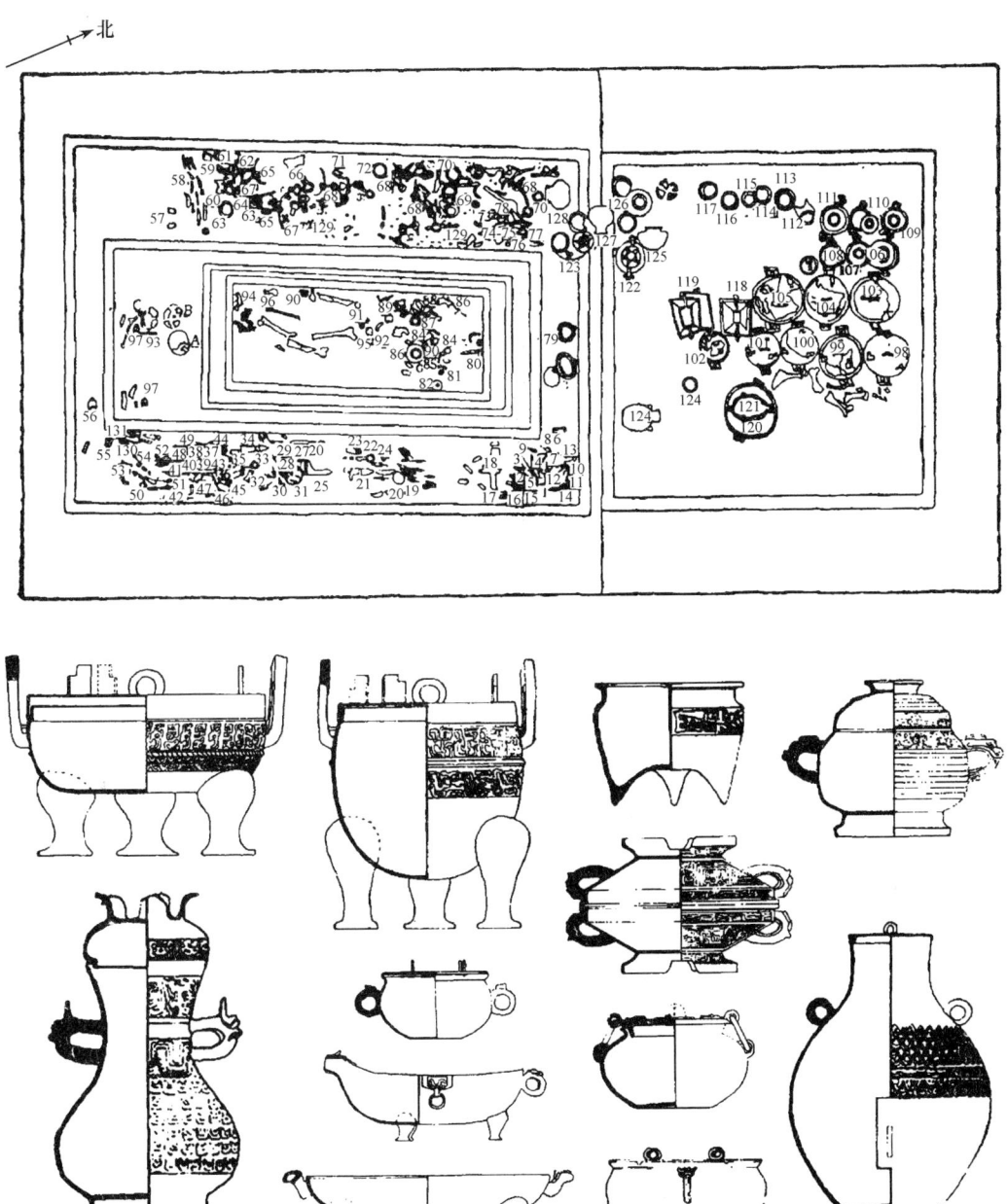

图3-26 山东滕州市薛国故城尤楼村M2及其出土青铜器

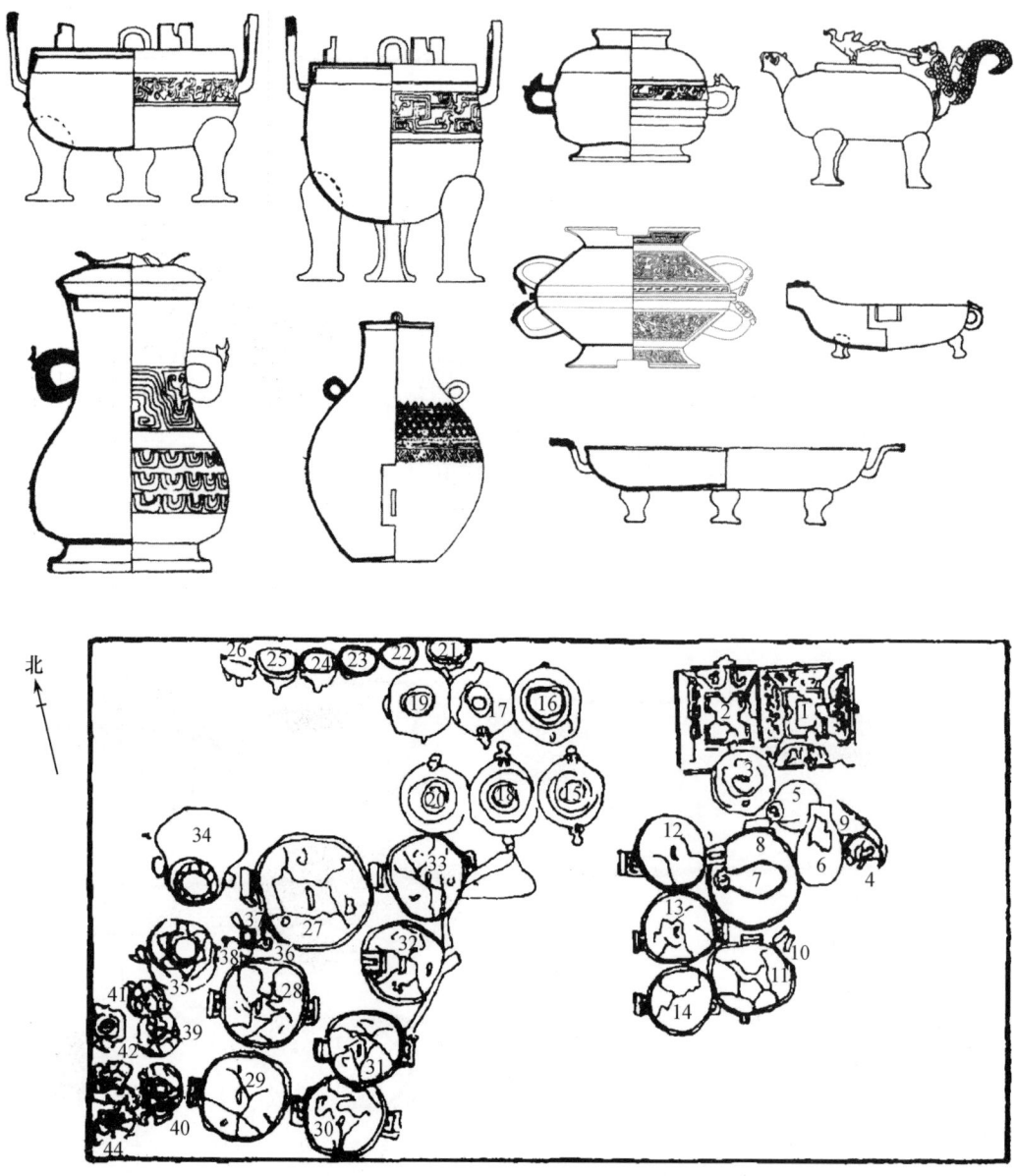

图3-27 山东滕州市薛国故城尤楼村M4及其出土青铜器

有殉人三具，外椁盖顶部还有殉犬一只。青铜礼器集中放置于北部生土二层台的器物箱，车马器置于外椁室西侧，兵器、工具置于外椁室东侧，玉石器置于棺内。出土器物主要有鼎8、鬲6、簋6、簠2、壶3、舟1、小罐1、盘1、匜1。7件浅腹盖鼎和1件深腹盖鼎的西侧是6件簋，南侧是2件簠。

薛国故城M4在M3西南约22米，椁室被铁路所压，仅发掘了北部的器物箱。出土器物主要有鼎11、鬲6、簋6、簠2、壶3、鸟形爵3、舟1、鉴1、盂1、盘1、匜1。7件浅腹盖鼎和6件簋放置于器物箱的西侧，3件深腹盖鼎和2件簠放置于东侧。

1980年滕县城郊乡后荆沟村民取土时发现一座墓地[①]。M1为南北向长方形，方向310°。墓壁垂直，墓底残长4.8米、宽3米、残深1.2米。墓室大部分已遭破坏，但未见盗扰迹象。出土器物主要有鼎2、鬲2、簋2、簠2、罐2、盘1、匜1（图3-28），其中有一件不嬰簋年代早于同出器物。

图3-28　山东滕州市后荆沟M1出土青铜器

2002年枣庄市山亭区东江村发现小邾国墓地，共清理了南北排列的6座墓葬[②]。M1、M4、M5、M6四座墓葬被盗严重，随葬品几乎无存。M2和M3保存相对较好，均出土有青铜簋（图3-29、图3-30）。东江M2距离M3以北0.7米，为东西向"甲"字形墓，方向85°。墓室近正方形，墓口大于墓底，墓口南北长5.74米、东西宽5.7米，墓底南北长5.7米、东西宽5.6米、深4.5米。葬具一椁一棺，椁室东西长2.7米、南北宽1.2米、高1.18米。木棺靠近椁室北侧，墓主人骨架朽甚，头向东。放置随葬品的器物箱紧靠椁室南侧，东西长2.88米、南北宽2.2米、残高0.7米，自东向西依次为鼎、壶、鬲、

[①] 滕县博物馆：《滕县后荆沟出土不嬰簋等青铜器群》，《文物》1981年第9期。
[②] 枣庄市博物馆、枣庄市文物管理办公室：《枣庄市东江周代墓葬发掘报告》，《海岱考古》第四辑，科学出版社，2011年。

簠、匜、盘、罍、剑、戈、镞、骨器和陶罐。出土器物计有鼎4、鬲4、簠4、壶2、罍1、盘1、匜1。两件鲁酉子安母簠，其一盖铭"鲁酉子安母肇作匠（簠），其眉寿万年子子孙孙永宝用"，器铭"鲁宰虢作旅匠（簠），其万年永宝用"；其二盖铭相同，器铭"正叔止士𬭼俞作旅匠（簠），子子孙孙永宝用"。一件毕仲弁簠器盖同铭，"毕仲弁作为其北善匠（簠），其万年眉寿子子孙孙永宝用之"；一件子皇母簠器盖同铭，"子皇母作馈匠（簠），其万年眉寿，永宝用之"。

东江M3在墓地最北端，为东西向长方形墓，方向75°。墓口略大于墓底，墓口南北长6米、东西宽5米，墓底深4.3米。葬具一椁一棺，椁室东西长2.48米、南北宽1.4米、残高1米。木棺置于椁室中央，墓主人头向东，葬式不详。放置随葬品的器物箱紧靠椁室南侧，东西长2.5米、南北宽1.4米、残高0.6米，自东向西依次为壶、罍、鼎、鬲、舟、簠、方奁、提链罐、盘、匜鼎、削、陶罐等。出土器物计有鼎3、匜鼎1、鬲2、簠4、壶2、罍2、舟1、提链罐1、盘1。4件郳公子害簠器盖同铭，"郳公子害自作匠（簠），其眉寿无疆，子子孙孙永宝用"。

2009年枣庄市峄城区徐楼新村发现两座墓葬[①]。M1和M2呈南北向排列，规模、形制基本相同，推测为夫妇异穴合葬墓。但是，仅有M1女性墓出土有青铜簠（图3-31）。此墓为东西向长方形墓，方向100°。墓口大于墓底，墓口南北长6.28米、东西宽5.76米，墓底南北长3.68米、东西宽3.36米，深1.93～2.54米。葬具一椁一棺，椁室长2.4米、宽1.52～1.7米、残高1米。墓主人骨架朽甚，头向东。墓室底部四周有熟土二层台，器物箱位于椁室南侧，并高于椁室0.3米。器物箱长2.4米、宽1.52～1.72米，青铜礼器、乐器和车马器放置在西部，陶器放置在东部。由于工程部门施工时导致部分器物流失，出土器物还有鼎3、簠4、敦2、铺2、舟1、盥缶2、提链罐1、盒2、盘1、匜1、纽钟3、镈1。

小结：山东地区出土青铜簠的诸侯国主要有邾国、薛国和小邾国，以及鲁文化和徐舒文化的墓葬。集中在中西部地区和东南部地区，东部地区非常少，可知青铜簠在齐鲁文化中并不是主流。这些地区多属于异姓小诸侯国的范围，多为诸侯墓或大夫墓的高等级墓葬。组合方式分为两种现象：①以鲁国、薛国为代表流行鼎簋组合，铜簠作为陪器；②以邾国和小邾国为代表流行鼎簠组合。

[①] 枣庄市博物馆、枣庄市文物管理委员会办公室、枣庄市峄城区文广新局：《山东枣庄徐楼东周墓发掘简报》，《文物》2014年第1期；枣庄市博物馆、枣庄市文物管理委员会办公室、峄城区文广新局：《枣庄市峄城徐楼东周墓葬发掘报告》，《海岱考古》第七辑，科学出版社，2014年。

第三章 出土青铜簠墓葬概述

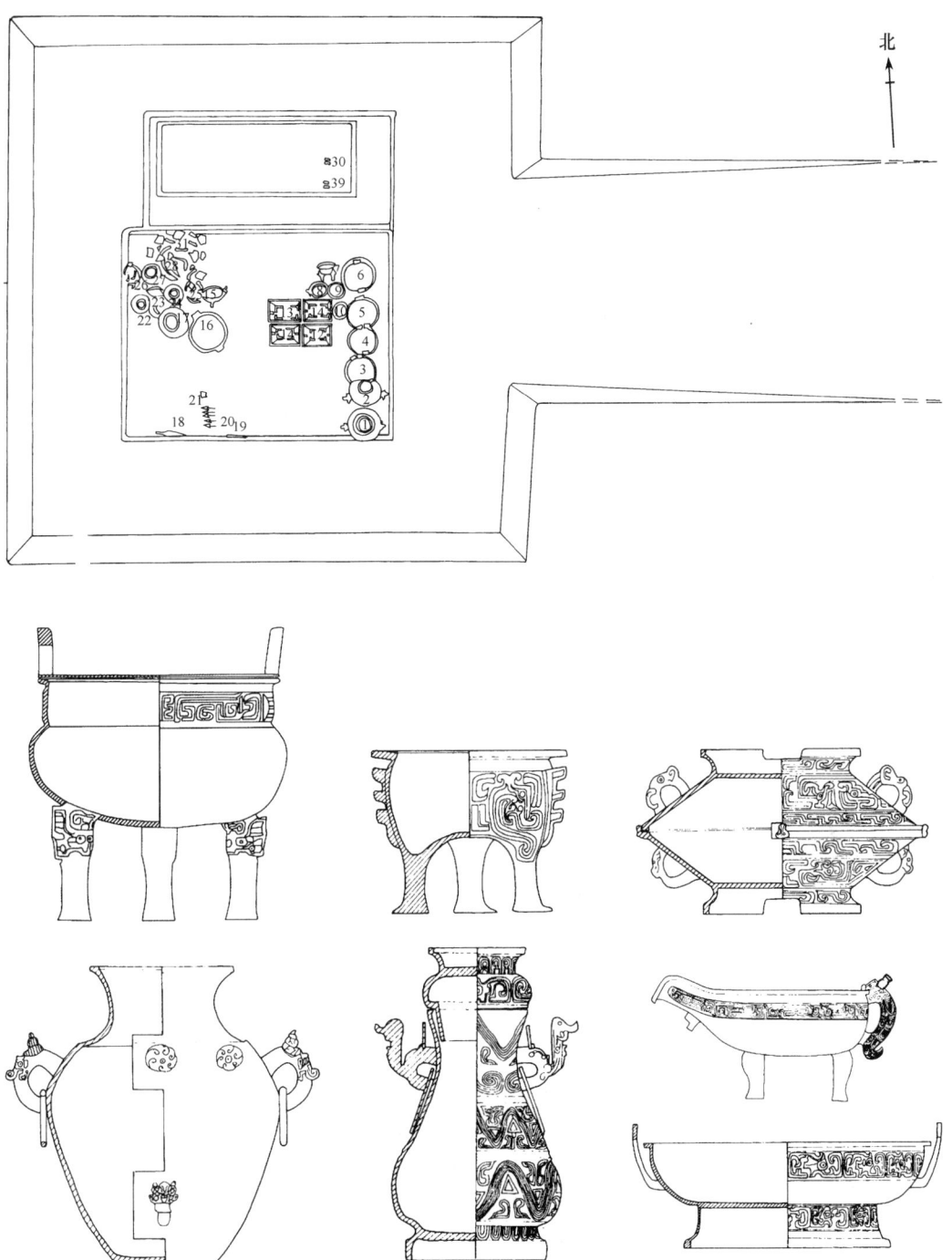

图3-29 山东枣庄市山亭区东江村小邾国墓地M2及其出土青铜器

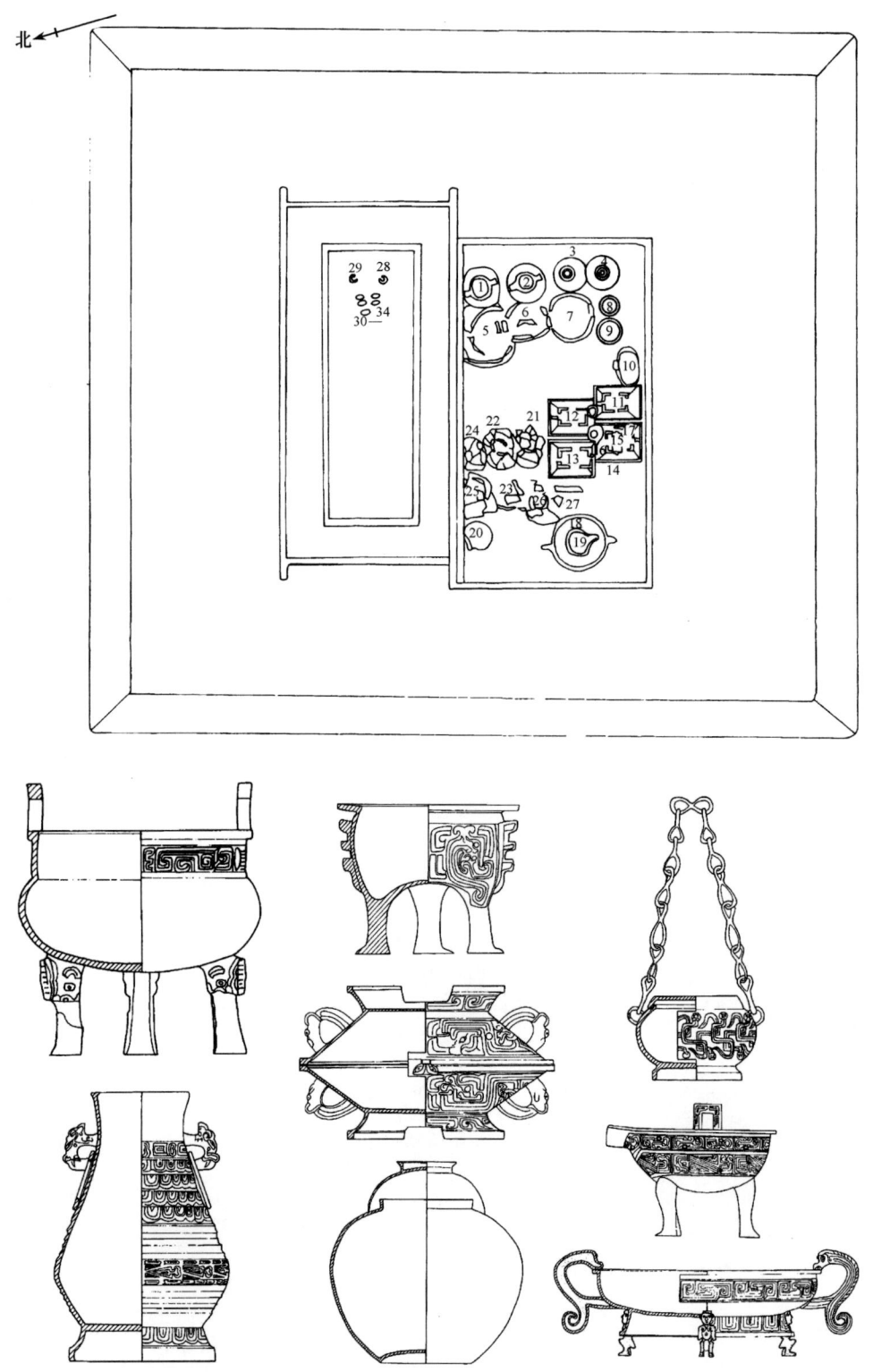

图3-30 山东枣庄市山亭区东江村小邾国墓地M3及其出土青铜器

第三章 出土青铜簠墓葬概述

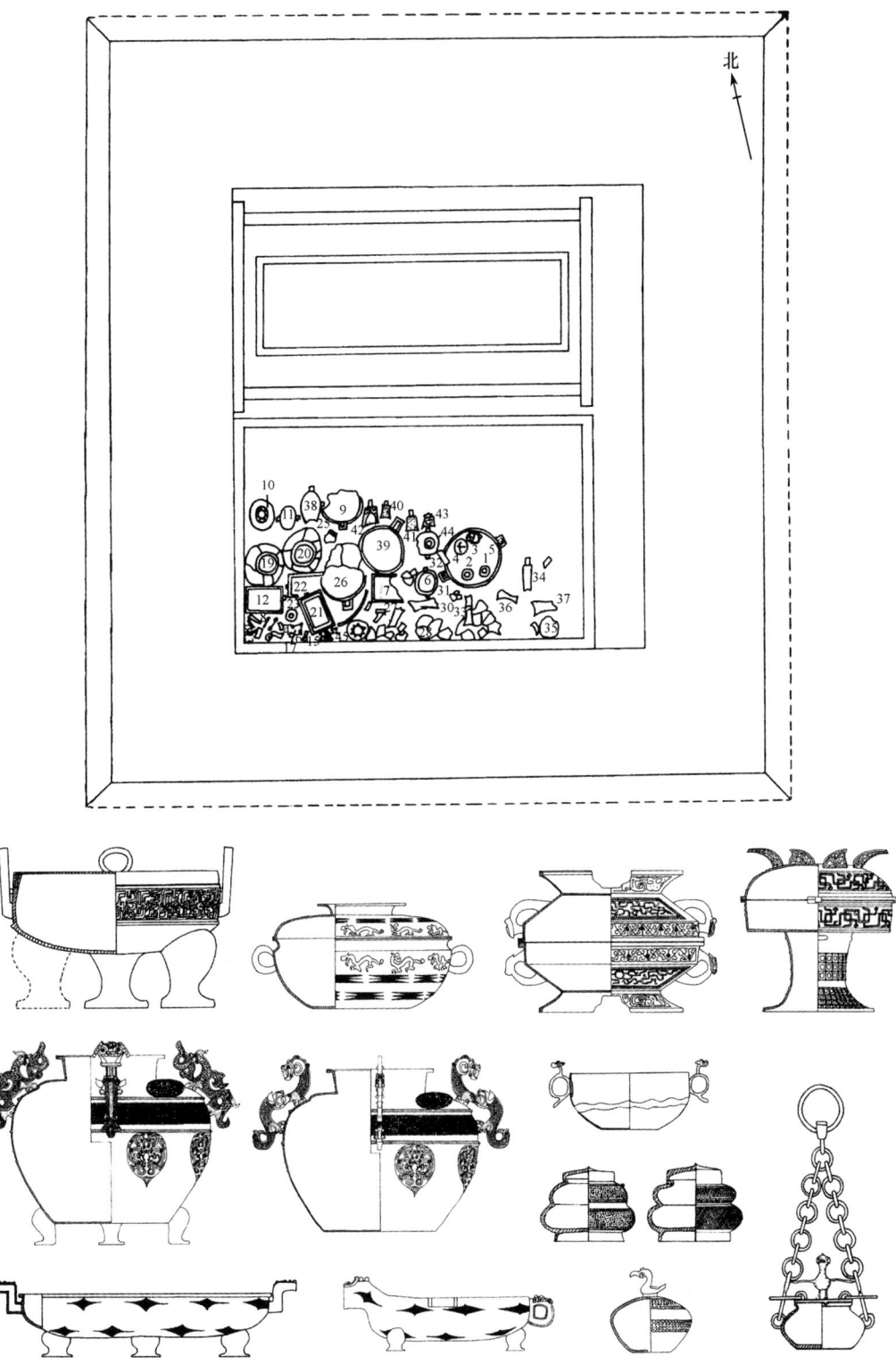

图3-31 山东枣庄市峄城区徐楼新村M1及其出土青铜器

二、江苏

1. 徐州地区

1958年江苏徐州市邳县戴庄乡刘林村发现一座墓葬①，出土器物有鼎1、簠2、敦1、方壶2、罍1、匜1、勺2、镂空方盖1（图3-32）。其中一件西替簠仅有器身，铸铭作"西替乍（作）其妹斳隦（尊）鉙（簠）"。

图3-32　江苏徐州市邳县戴庄乡刘林村出土青铜器

2. 南京地区

1988年南京市六合县程桥乡镇程桥中学发现一座墓葬M3②，此墓西距1964年发掘的M1约80米。墓葬遭到基建破坏，出土器物主要有鼎2、甗1、簠1、盘1、舟1、匜1、勺1（图3-33）。曾子义行簠器盖同铭作"曾子义行自作飤匡（簠），子孙其永保用之"。

3. 苏州地区

1980年苏州市吴县西津桥镇枫桥何山发现一座墓葬③。根据当事人回忆，出土器物分布在南北长8米、东西宽5米、深约2米的土坑，未见葬具遗迹。器物报告有鼎5、簠2、盥缶1、盉1、盘1、匜1（图3-34）。

---

① 南京博物院：《1959年冬徐州地区考古调查》，《考古》1960年第3期。
② 南京市博物馆、六合县文教局：《江苏六合程桥东周三号墓》，《东南文化》1991年第1期。
③ 吴县文物管理委员会：《江苏吴县何山东周墓》，《文物》1984年第5期。

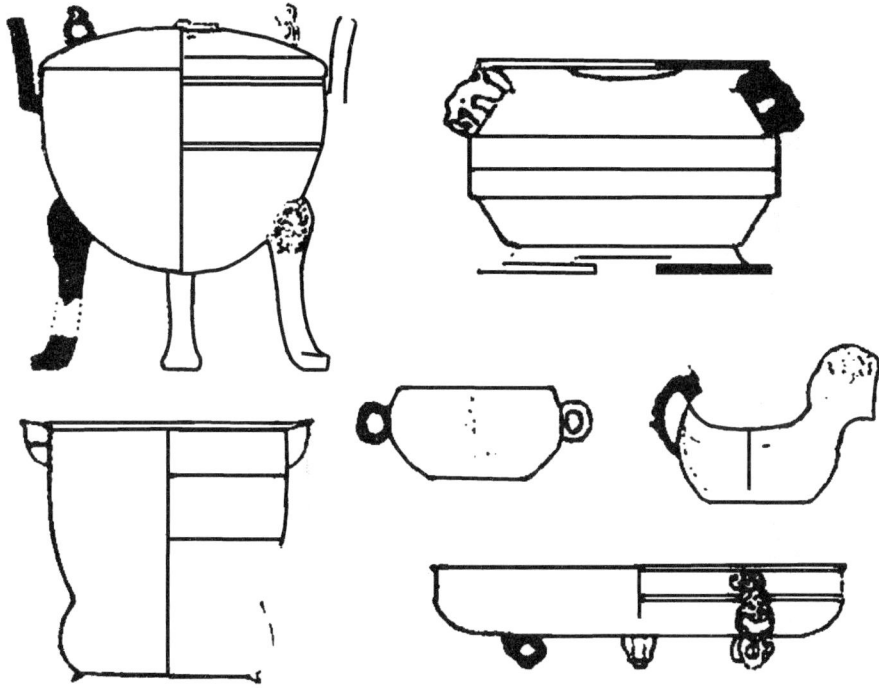

图3-33 江苏南京市六合县程桥乡镇程桥中学M3出土青铜器

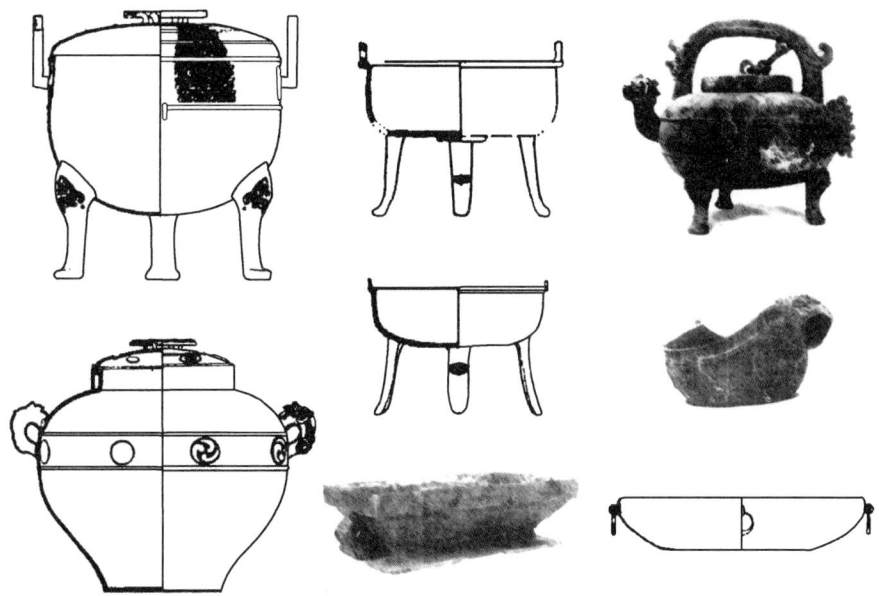

图3-34 江苏苏州市吴县西津桥镇枫桥何山出土青铜器

小结：江苏地区属于吴越文化和徐舒文化交融的地区，但是出土的青铜簠全是楚式簠，没有发现吴越贵族所作之器。邳县（现邳州市）刘林墓葬有徐舒特点的器物，六合程桥墓葬有曾国青铜器，何山吴国贵族墓还出土有楚叔之孙途盉，说明此墓的楚国器应是吴国攻入郢城后掠夺的战利品。

第三节　中南部地区

一、河南

1. 洛阳地区

1954~1955年洛阳中州路西工区段发掘了一处墓地[①]。中州路的西工区段通过汉代河南县城故址。《史记·周本纪》记载"考王封其弟于河南"，正义引《帝王世纪》"考哲王封弟揭于河南……是为西周桓公"。《史记·六国年表》载"（秦庄襄王元年）取东、西周"，河南是秦最后灭东、西周时的七邑之一。此次共发掘东周墓葬260座，年代上划分为七期。这次发掘仅有二期（春秋中期）M4一座墓葬出土青铜簠。这座墓葬为南北向长方形墓，方向0°。墓室长3.6米、宽2.4米、深9米，是二期规模最大的墓葬。墓室有棺椁痕迹，人骨架仰身直肢。出土礼器有鼎3、簠2、敦1、罍2、鉌1、

图3-35　河南洛阳中州路西工区段M4出土青铜器

---

① 中国科学院考古研究所：《洛阳中州路（西工段）》，科学出版社，1959年。

盘1、匜1（图3-35）。

1982年洛阳市解放路与五七路交汇处发现一座陪葬坑C1M395（图3-36）[①]。在洛阳东周王城内北部中心，南距汉河南县城北墙数十米，西南距1957年发掘的M1约30米。陪葬坑为长方形，坑口长6.8米、宽2.6米，坑底长5.8米、宽1.1米，深10.5米。器物放置呈现出一定的规律，青铜礼器主要位于南部和中部，北侧多为生活用器，出土器物有鼎16、簋14、簠4、豆2、盒4、壶12、罍1、鉴2、杯1、盘7、匜2等。

1991~1992年洛阳市西工区西小屯村发现一处墓地，其中C1M3494、C1M3490、C1M3422[②]、C1M3498、C1M3427[③]五座墓葬（图3-37~图3-41）都出土有青铜簋。此墓地位于东周王城中部偏北处，北距汉河南县城北城墙不远。C1M3494为南北向长方形墓，方向354°。墓口与墓底同大，墓底长5米、宽3米，深10.5米。葬具一椁一棺，椁室长4.6米、宽2.78米。墓主人骨架为仰身屈肢，双手放于腹部，双膝东屈，头向北，面朝上。此墓早年被盗，大部分随葬品未被盗走，多数青铜礼器、兵器、车马器放置于椁室东部和北部，少量在椁室西侧和西南角。出土器物主要有鼎5、簋2、敦1、罍2、方壶2、盘1、匜1、勺1。5件鼎在主棺的北侧，簋、罍、方壶和盘匜在主棺的东侧。

C1M3490为南北向长方形墓，方向357°。墓底长3.9米、宽2.7米，深7.2米。葬具一椁一棺，椁室长3.38米、宽2.24米。墓主人骨架为仰身直肢，双手放于腹部，头向北，面朝上。青铜礼器、兵器和车马器主要放置在椁室西部和南部，玉器置于棺内。出土器物主要有鼎5、簋2、敦1、罍2、鉴1、盘1、匜1、勺1。椁室东南角为三鼎二簋，主棺西侧为二鼎一敦，敦置于鼎的腹内。

C1M3422为南北向长方形墓，方向356°。墓底长4.5米、宽3.2米，深10.1米。葬具一椁一棺，椁室长3.9米、宽2.78米。墓主人骨架为仰身直肢，双手放于腹部，头向北，面向上。青铜礼器置于椁室东北角，出土器物有鼎3、簋2、豆2、罍2、鉴1、盘1、匜1。3件鼎的北侧是2件簋、南侧是2件豆。

C1M3498为南北向长方形墓，方向0°。墓底长4.6米、宽3.6米，深12.1米。葬具二椁一棺，外椁室长4.4米、宽3.2米，内椁室长2.94米、宽1.88米。墓主人骨架仰身屈肢，头向北、面朝上。青铜礼器集中放置于椁室北端和东北部，兵器、鹿角置于椁室西部，车马器散布在内椁外东西两侧。出土器物主要有鼎5、簋2、豆2、铺1、方壶2、罍2、鉴1、盘1、匜1。5件鼎的南侧是2件簋，往南是2件豆。

C1M3427为南北向长方形墓，方向358°。墓底长3.6米、宽2.8米，深9.8米。葬具

---

① 洛阳市文物工作队：《洛阳解放路战国陪葬坑发掘报告》，《考古学报》2002年第3期。

② 洛阳市文物考古研究院：《河南洛阳市西工区西小屯村春秋墓葬》，《考古》2016年第4期。

③ 洛阳市文物工作队：《洛阳西工区春秋墓发掘简报》，《文物》2010年第8期。

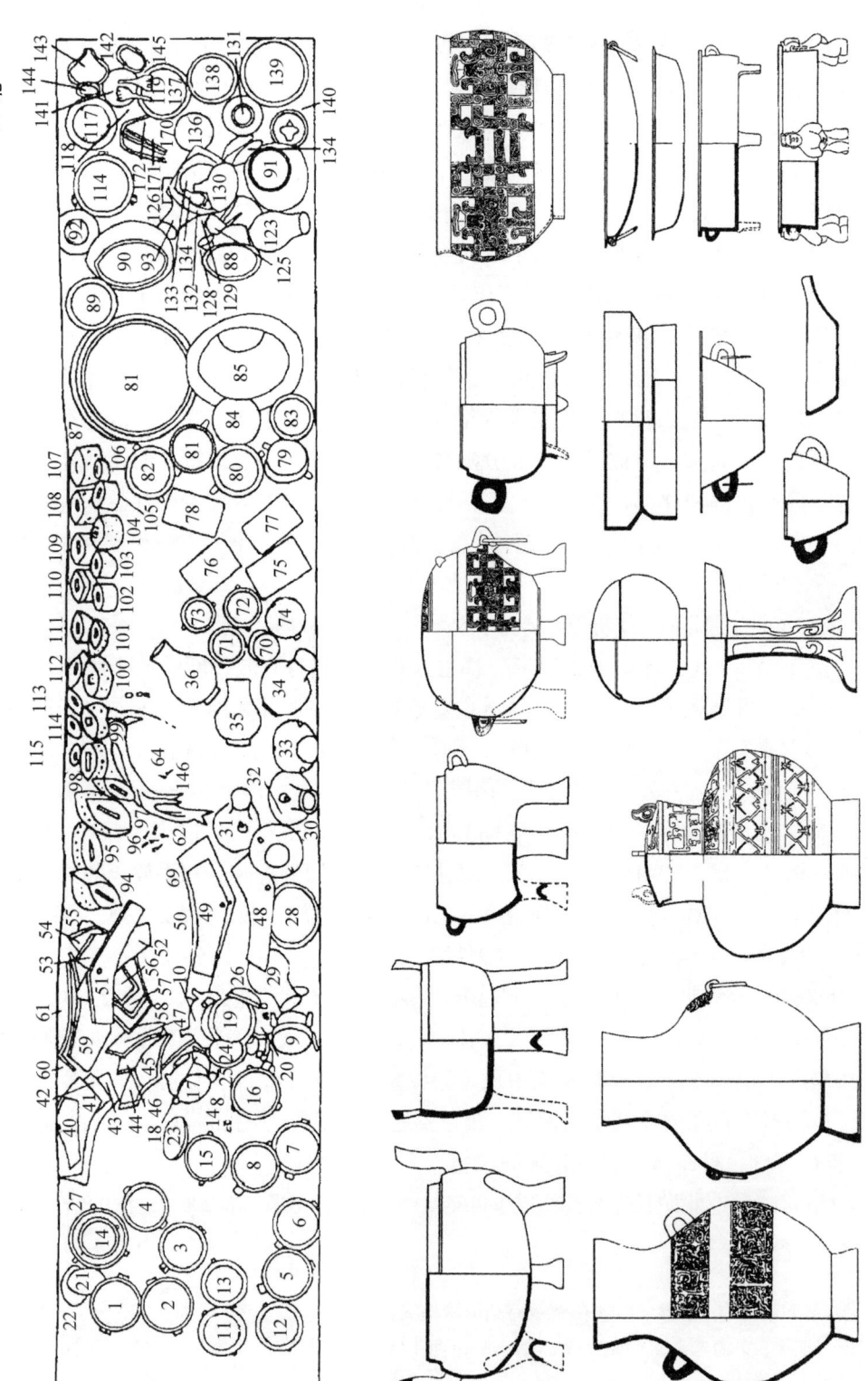

图3-36 河南洛阳市解放路与五七路交汇处C1M395出土青铜器

第三章　出土青铜簠墓葬概述

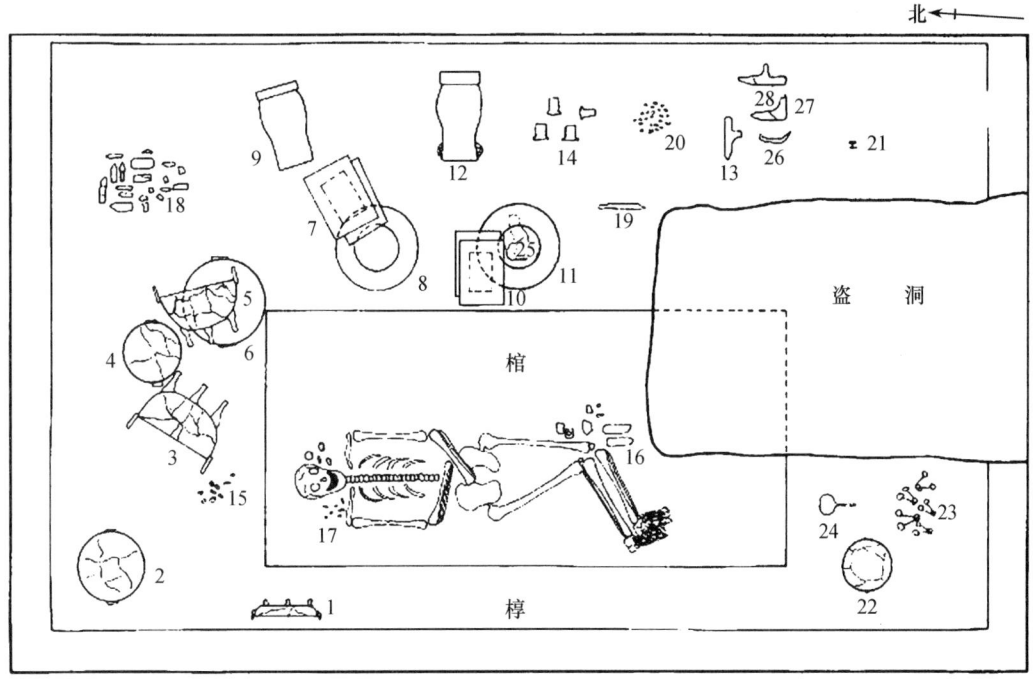

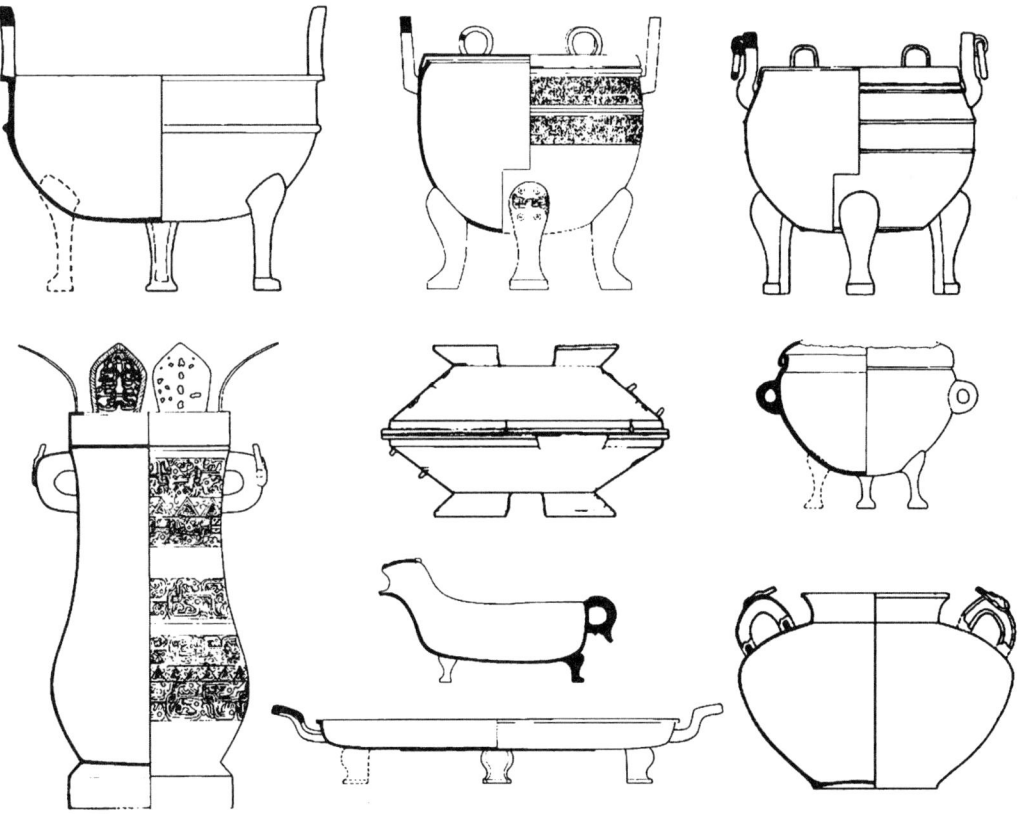

图3-37　河南洛阳市西工区西小屯C1M3494及其出土青铜器

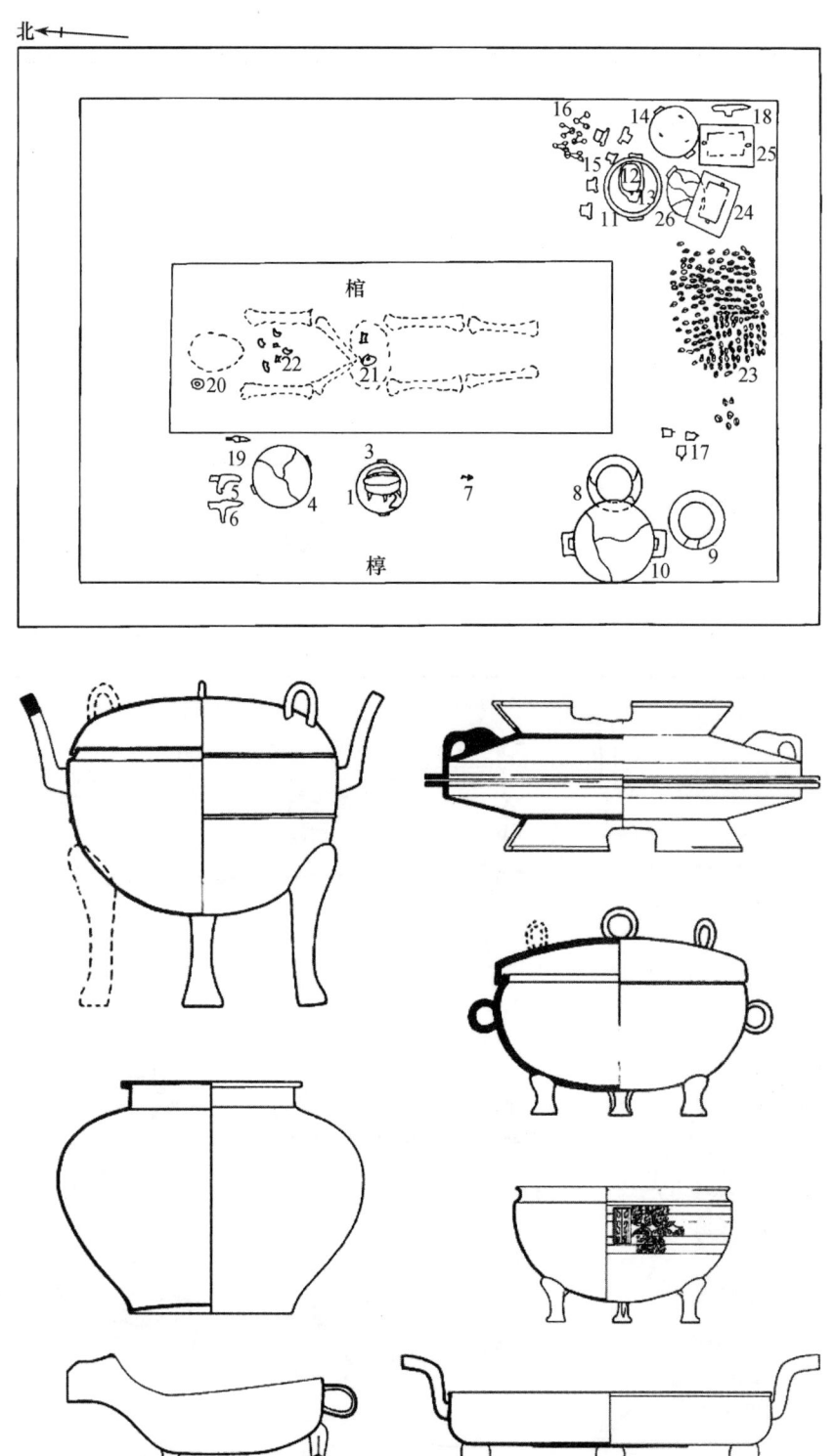

图3-38　河南洛阳市西工区西小屯C1M3490及其出土青铜器

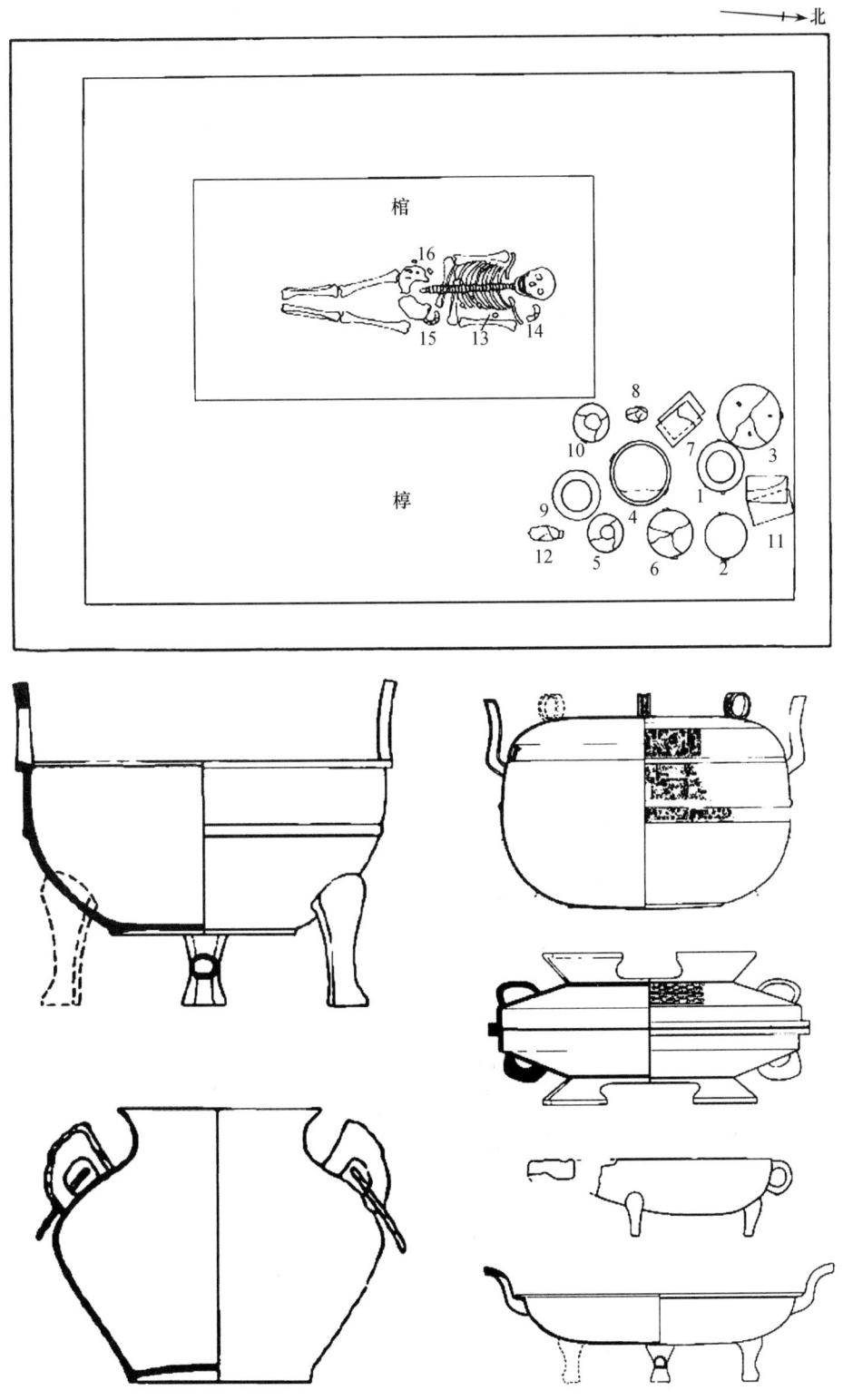

图3-39 河南洛阳市西工区西小屯C1M3422及其出土青铜器

· 198 ·　中国古代青铜器整理与研究·青铜簋卷

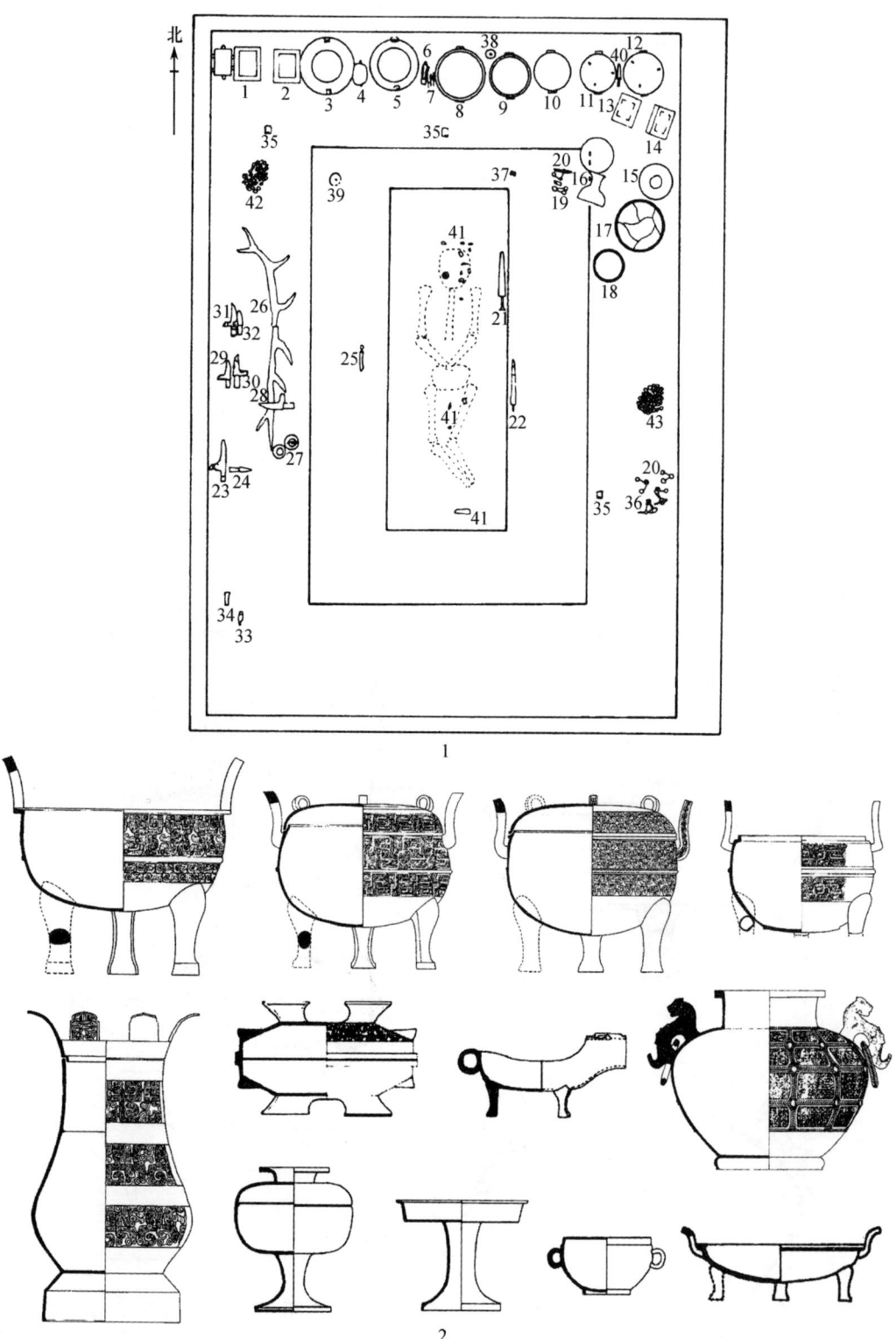

图3-40　河南洛阳市西工区西小屯C1M3498及其出土青铜器

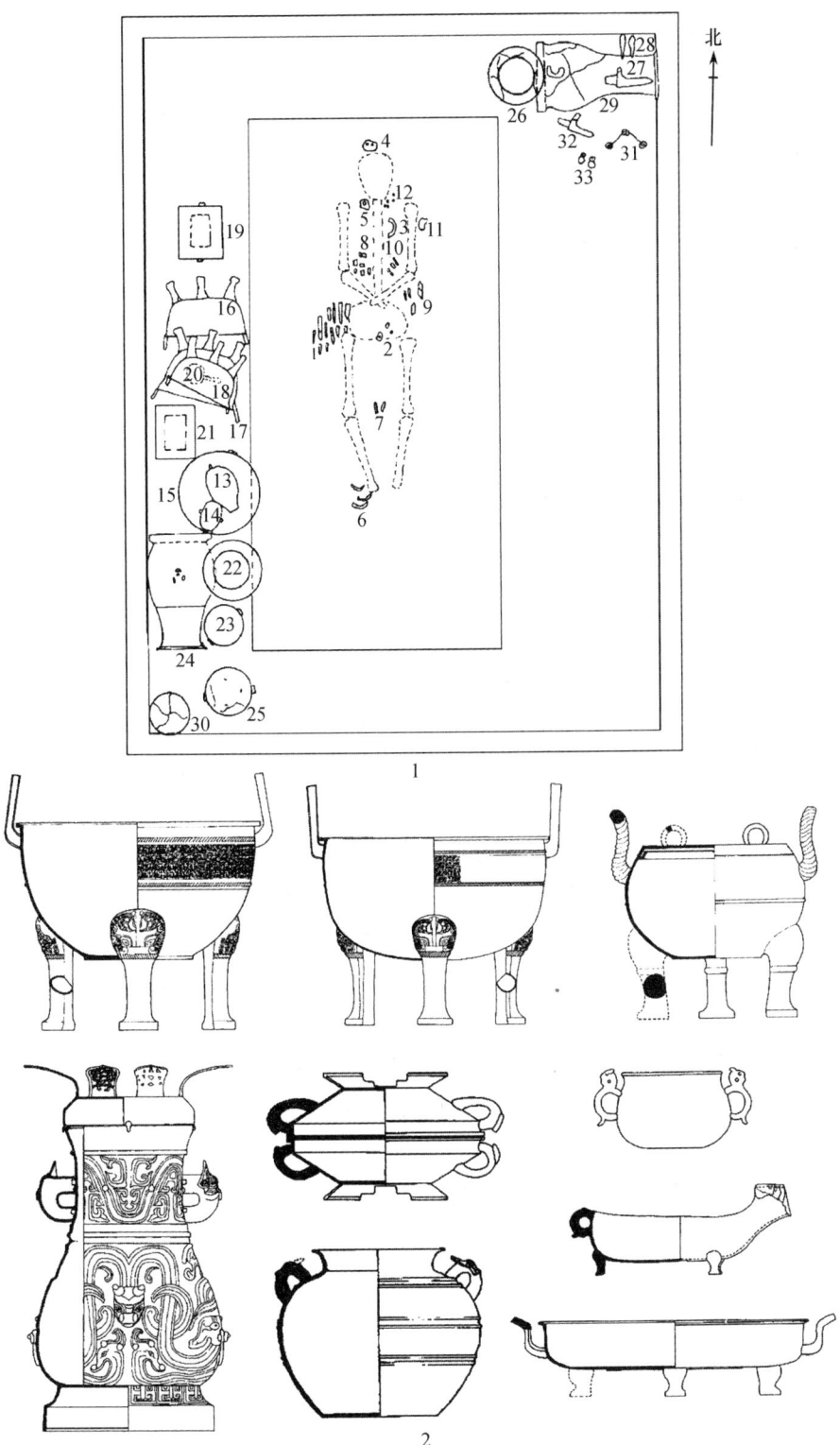

图3-41 河南洛阳市西工区西小屯C1M3427及其出土青铜器

一椁一棺，椁室长3.4米、宽2.6米。墓主人骨架仰身直肢，头向北，面朝上。青铜礼器、兵器置于椁室西侧和东北部，出土器物主要有鼎5、簠2、敦1、方壶2、罍2、鉴1、盘1、匜1、勺1。2件簠置于3件鼎的南北两侧，南部2件鼎的南侧是1件敦。

1998年洛阳市613研究所发现一处墓地。墓地位于东周王城内中部，共清理了30余座墓葬，其中C1M6112（图3-42）出土有青铜簠[①]。此墓为南北向长方形墓，方向0°。墓壁垂直，墓底长3.9米、宽2.6米，深7.5米。葬具为一椁二棺，椁室长3.8米、宽2.45米。墓主人骨架尚有保存，葬式为仰身直肢，头向北。青铜礼器分别放置在椁室西北部，漆器置于铜器中，陶器放置在椁室东部，玉器置于棺内。出土器物有鼎3、簠2、敦1、壶2、鉴1、盘1、匜1。1件立耳鼎在主棺北侧，2件形制相同的盖鼎和2件簠相距较近。

2001年洛阳市纱厂路JM32（图3-43）出土有青铜簠[②]，此墓位于东周王城内西北部。为东西向长方形墓，墓向90°。墓壁垂直，墓底长4.3米、宽3米，深5.7米。葬具为一椁一棺，椁室长4米、宽2.7米。棺内人骨朽尽，仅可辨头向东。随葬器物集中在椁室东部，出土有鼎3、簠2、敦1、罍2、盘1、匜1。两件簠与两件形制相同的盖鼎在椁室的东南角，另一件立耳鼎在主棺东侧。

2005年洛阳市体育场路西发掘一处墓地[③]。墓地位于洛阳市西工区中部，在东周王城遗址范围内。共清理东周墓葬98座，未发现墓室面积在10平方米以上的大型墓。中型墓有25座，其中7座中型墓出土有青铜簠，即M8781、M8821、M8832、M8835、M8836、M8830、M8833（图3-44～图3-50）。

体育场路M8781在墓区中部，为东西向长方形墓，方向270°。墓壁垂直，墓底长3.3米、宽2米，深6.6米。葬具为一椁一棺，椁室长3.18米、宽1.8米。墓主葬式为仰身直肢，双手交叉于腹部，头向东。青铜礼器中的鼎、匜放置于椁室西端，簠、盘放置于椁室南端，兵器、车马器和石圭多数放在棺内骨架南侧，玉饰在骨架头部北侧。出土器物有鼎2、簠2、盘1、匜1。

体育场路M8821在墓区西北部，为东西向长方形墓，方向270°。墓口大于墓底，墓口长4.6米、宽3米，墓底长3.8米、宽2.2米，深10.6米。葬具一椁一棺，椁室长3.2米、宽1.5米。墓主葬式为仰身直肢，头向东。青铜礼器集中放置于椁室北部，车马器放置在椁室南部，铜镞置于棺内骨架北侧，石琮在骨架足部，石璧在骨架手部，头部周围放置有玉饰。出土器物有鼎2、簠2、敦1、方壶2、鉴1、盘1、匜1。

体育场路M8832在墓区偏西南部，为东西向长方形墓，方向87°。墓口大于墓

[①] 洛阳市文物工作队：《洛阳市613所东周墓》，《文物》1999年第8期。
[②] 洛阳市第二文物工作队：《洛阳市纱厂路东周墓（JM32）发掘简报》，《文物》2002年第11期。
[③] 洛阳市文物工作队：《洛阳体育场路西东周墓发掘报告》，文物出版社，2011年。

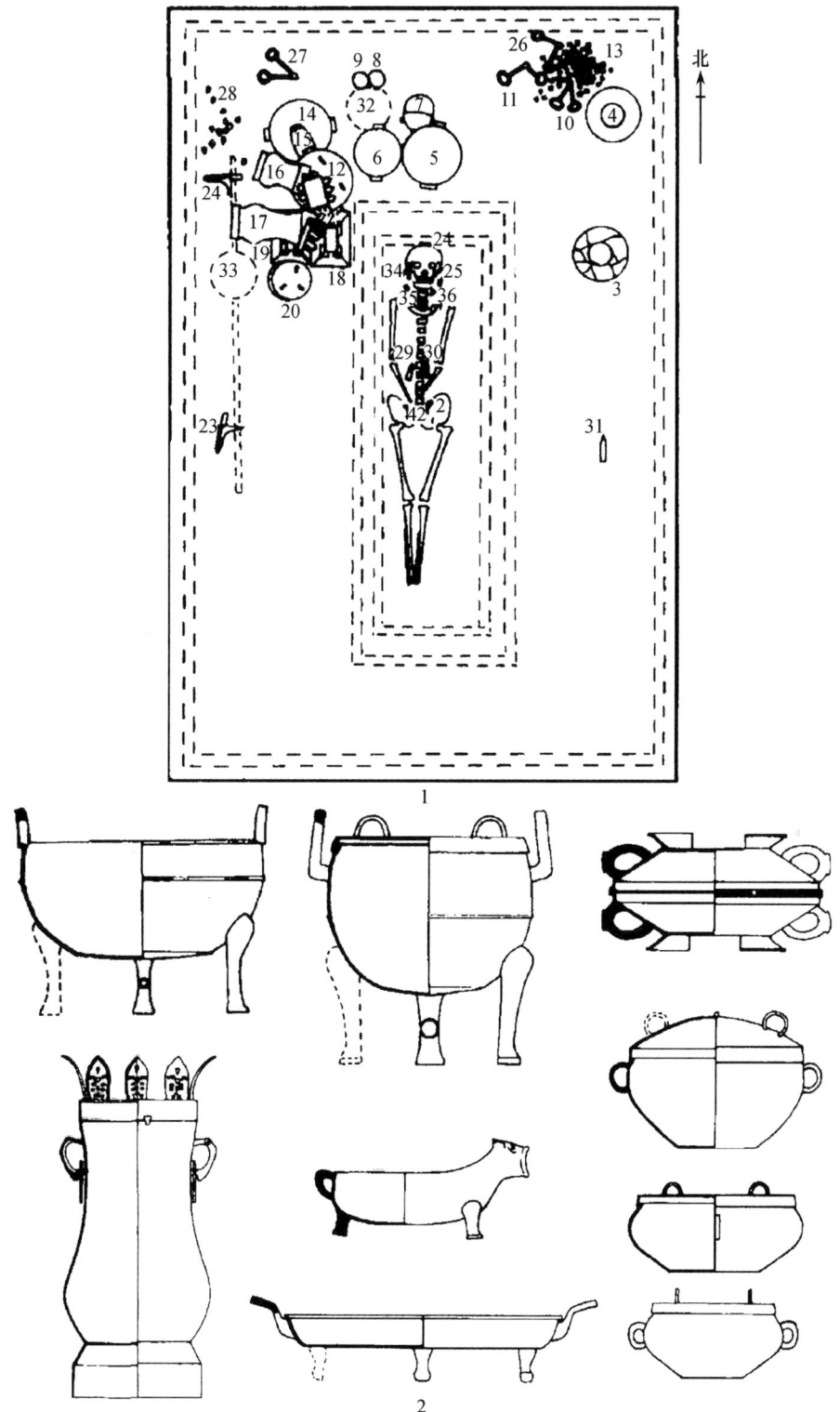

图3-42 河南洛阳市613研究所C1M6112及其出土青铜器

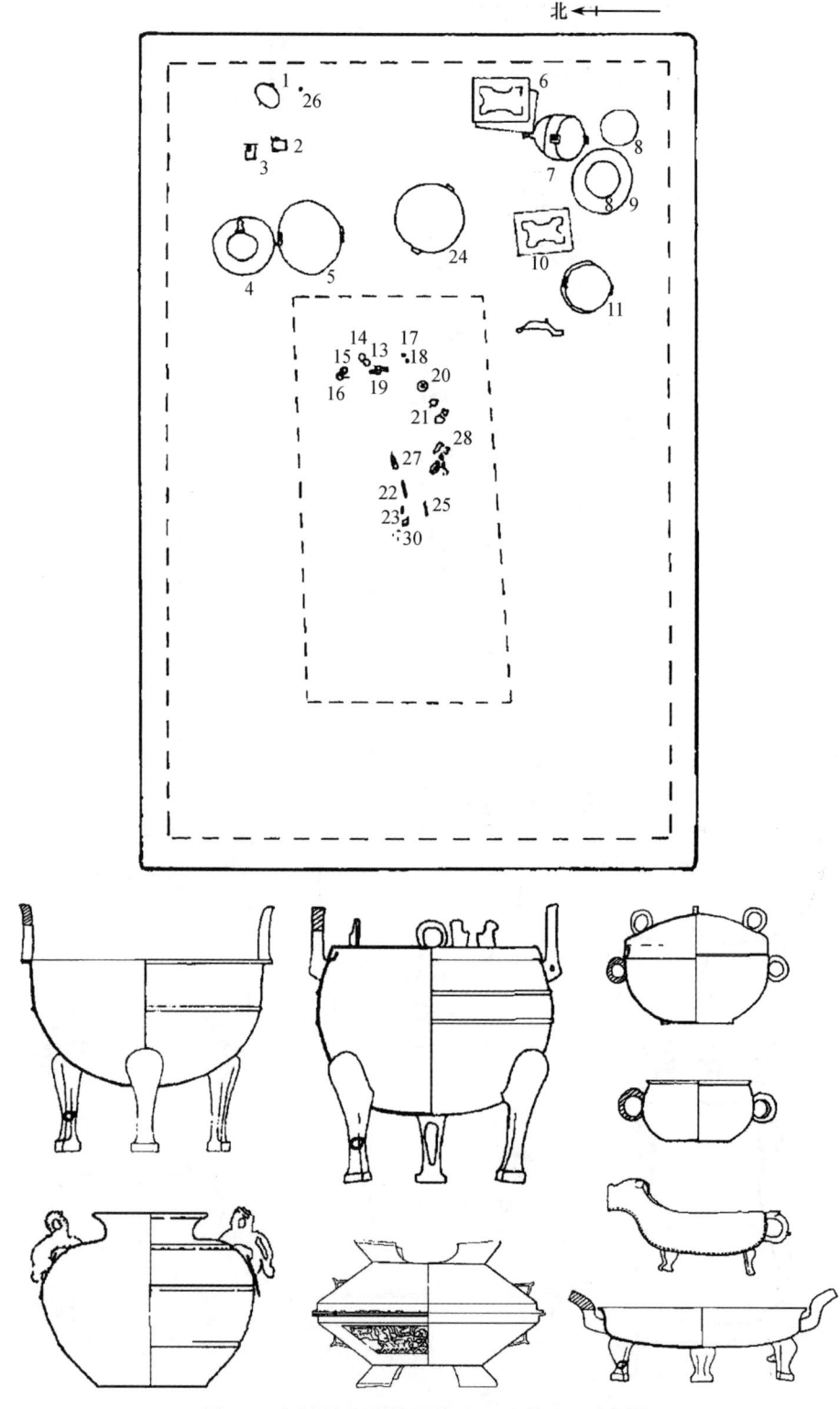

图3-43 河南洛阳市纱厂路JM32及其出土青铜器

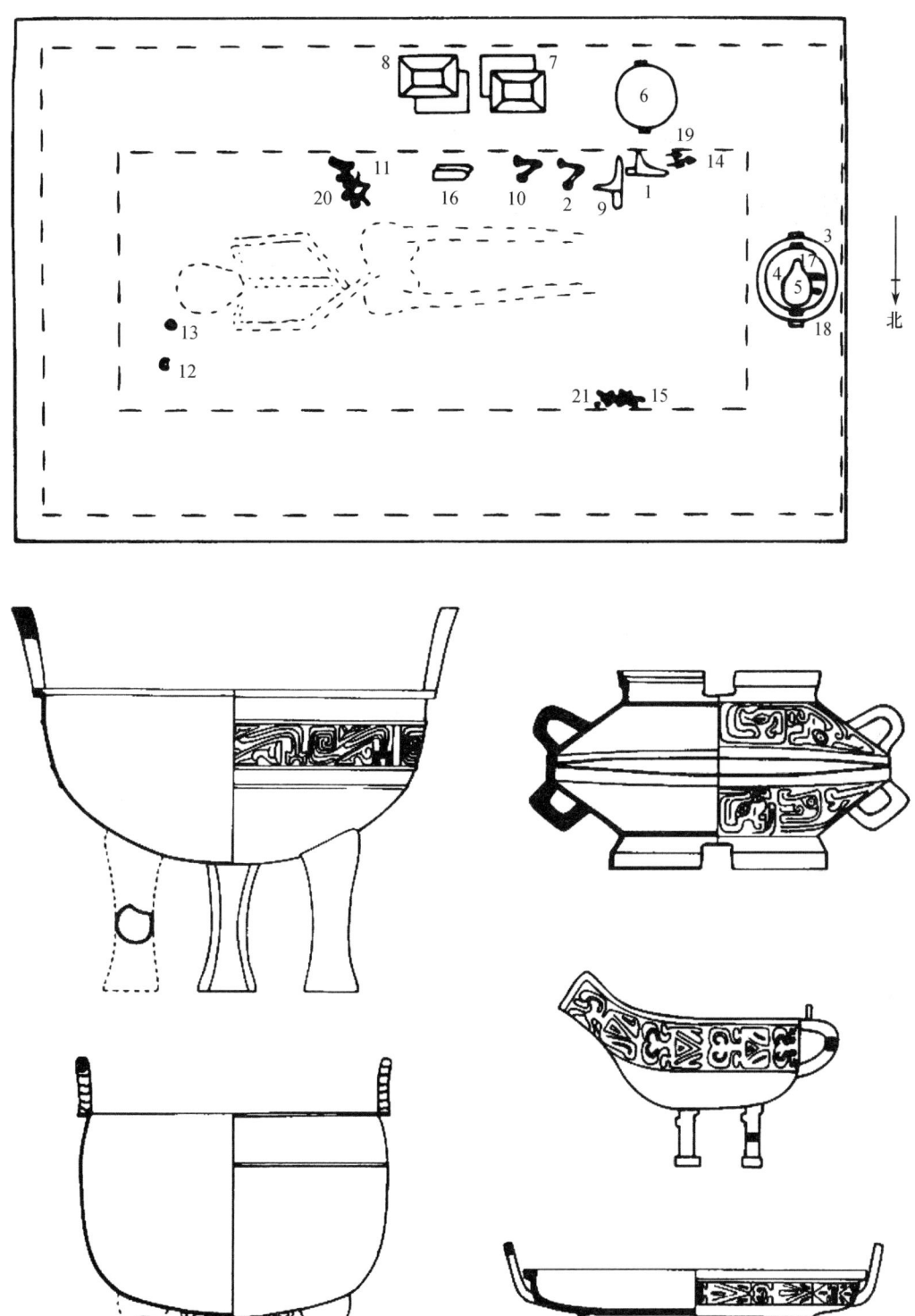

图3-44 河南洛阳市体育场路M8781及其出土青铜器

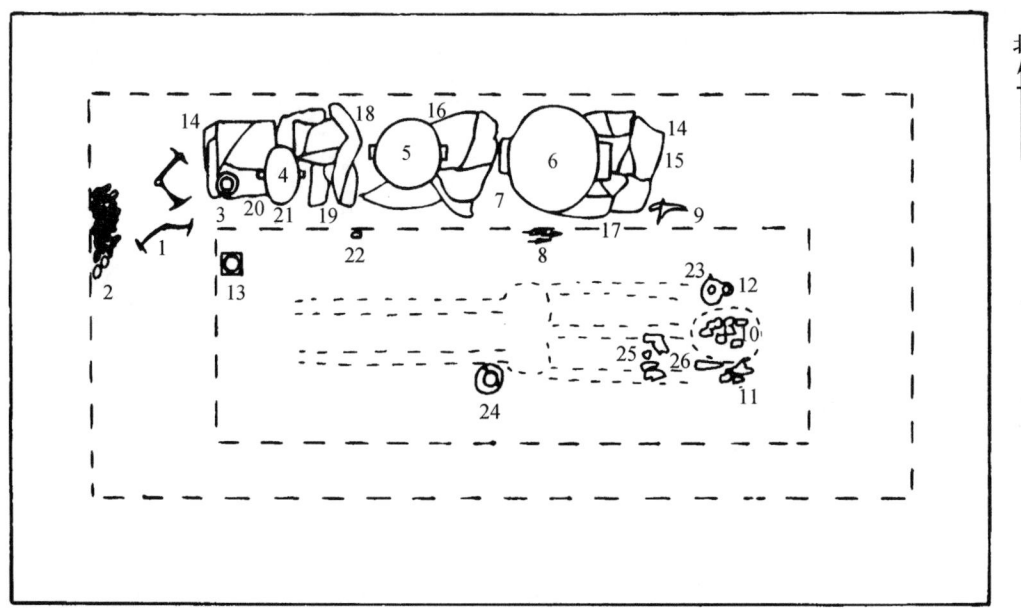

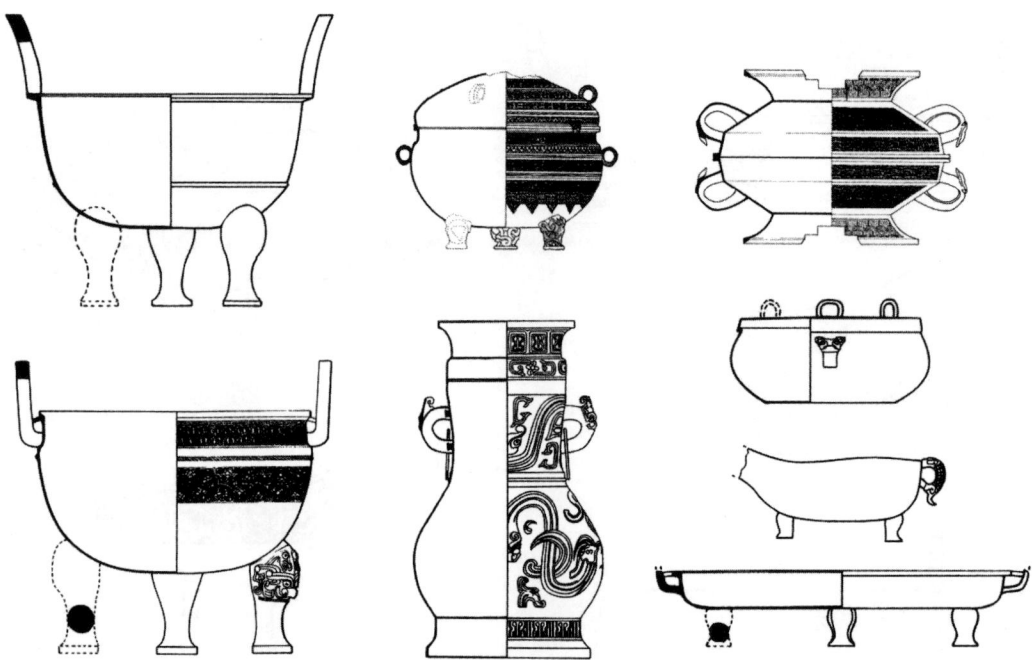

图3-45　河南洛阳市体育场路M8821及其出土青铜器

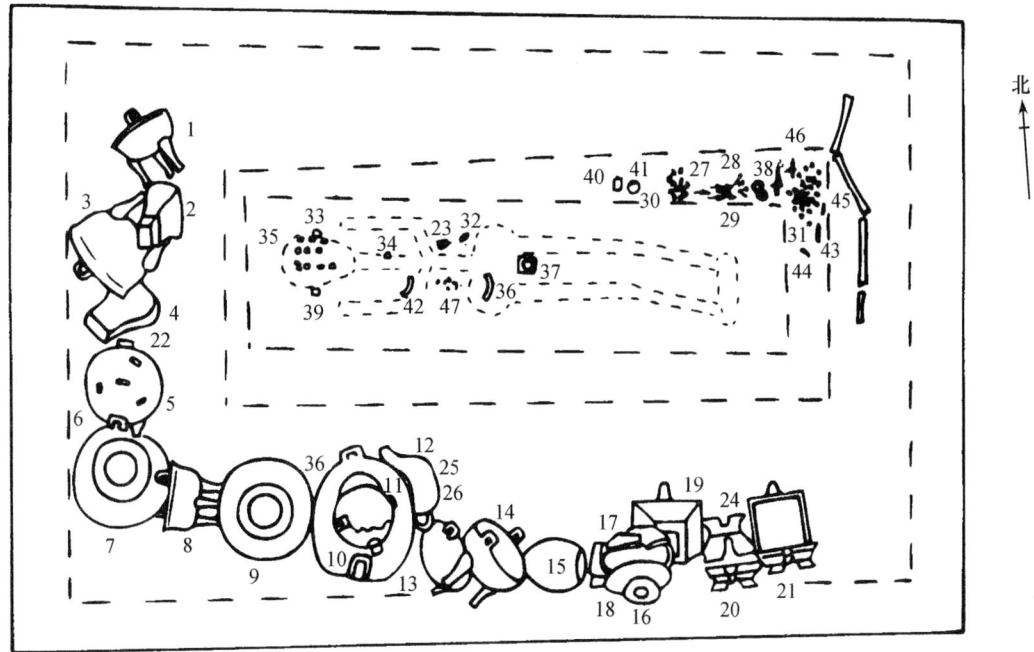
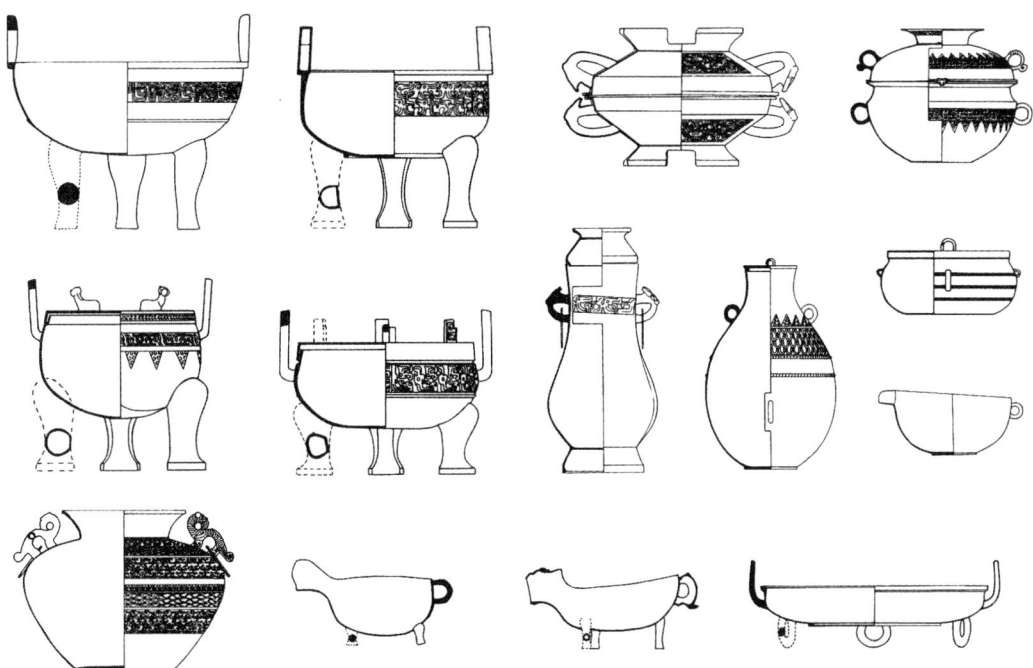

图3-46 河南洛阳市体育场路M8832及其出土青铜器

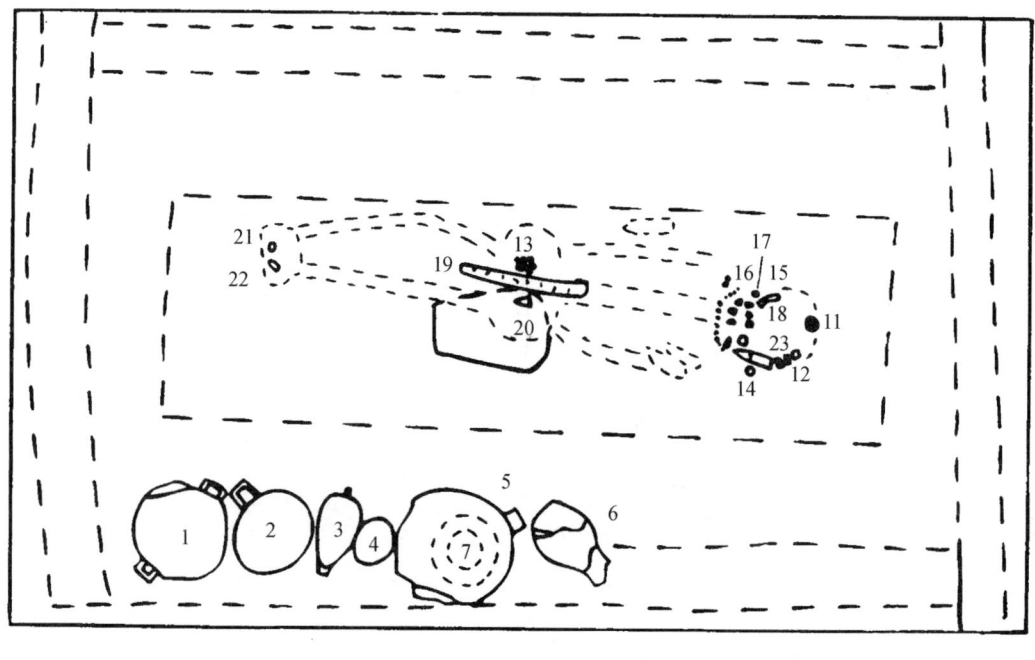
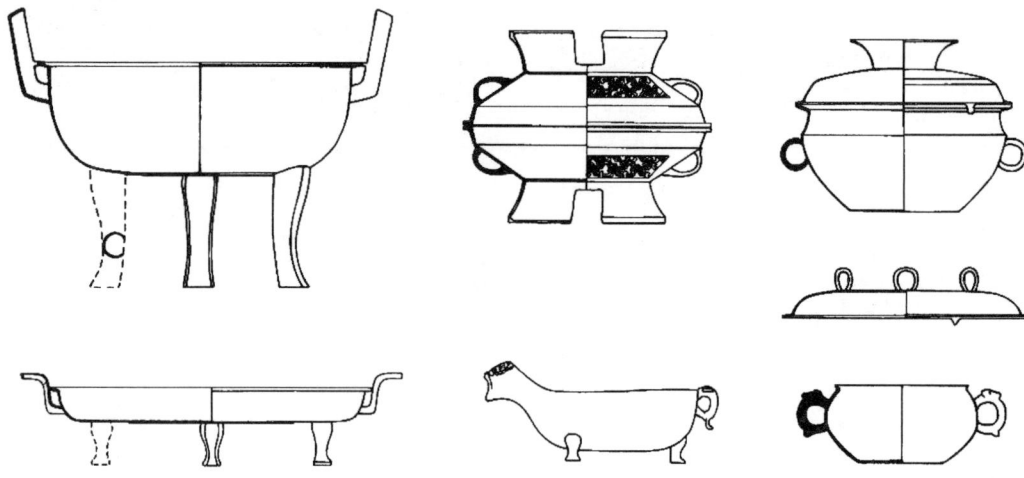

图3-47 河南洛阳市体育场路M8835及其出土青铜器

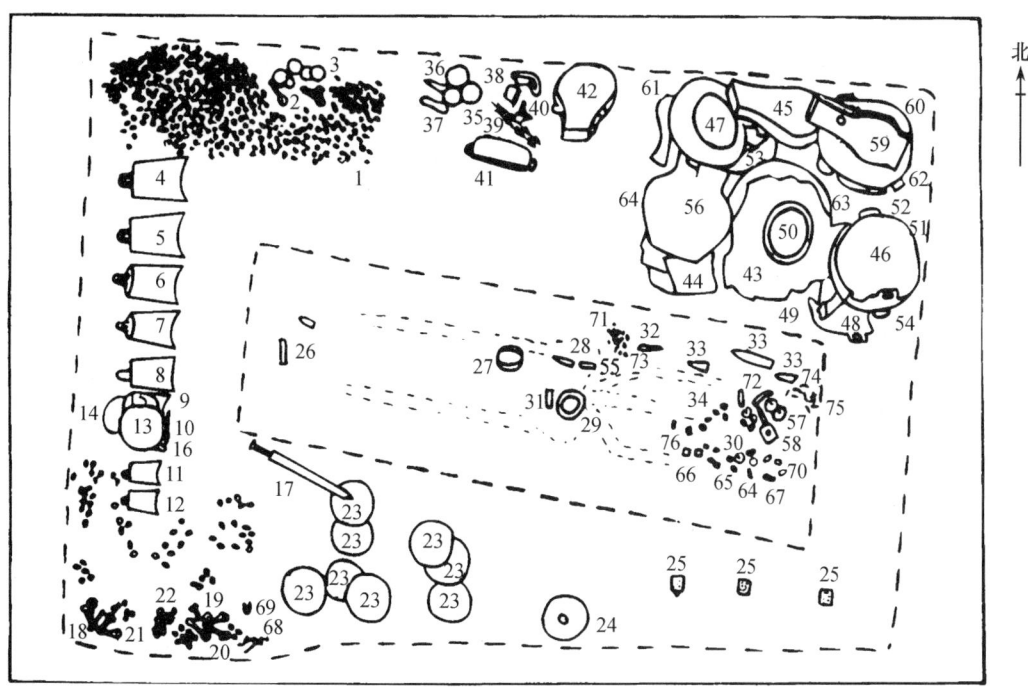
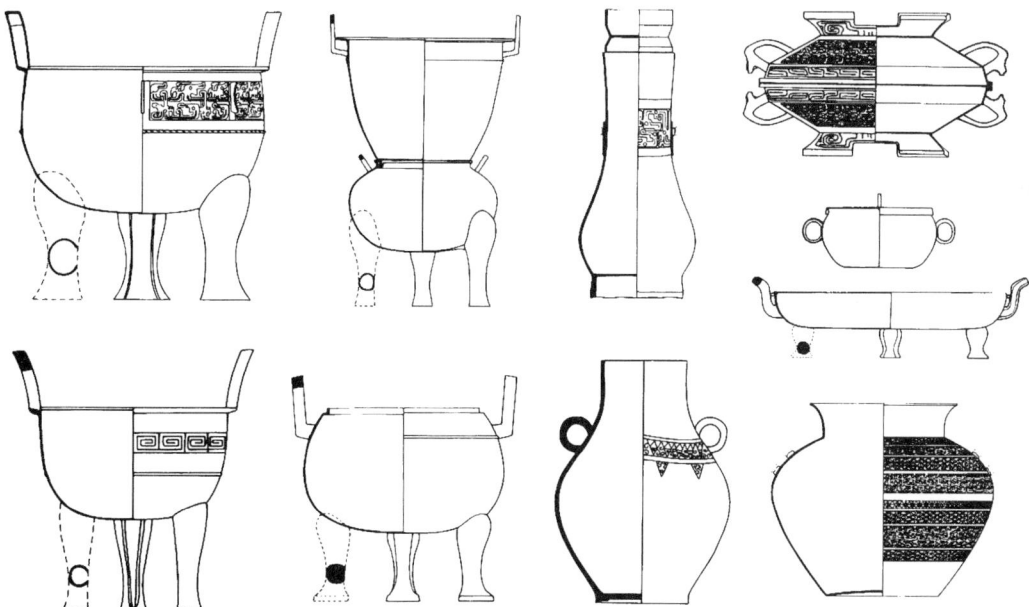

图3-48 河南洛阳市体育场路M8836及其出土青铜器

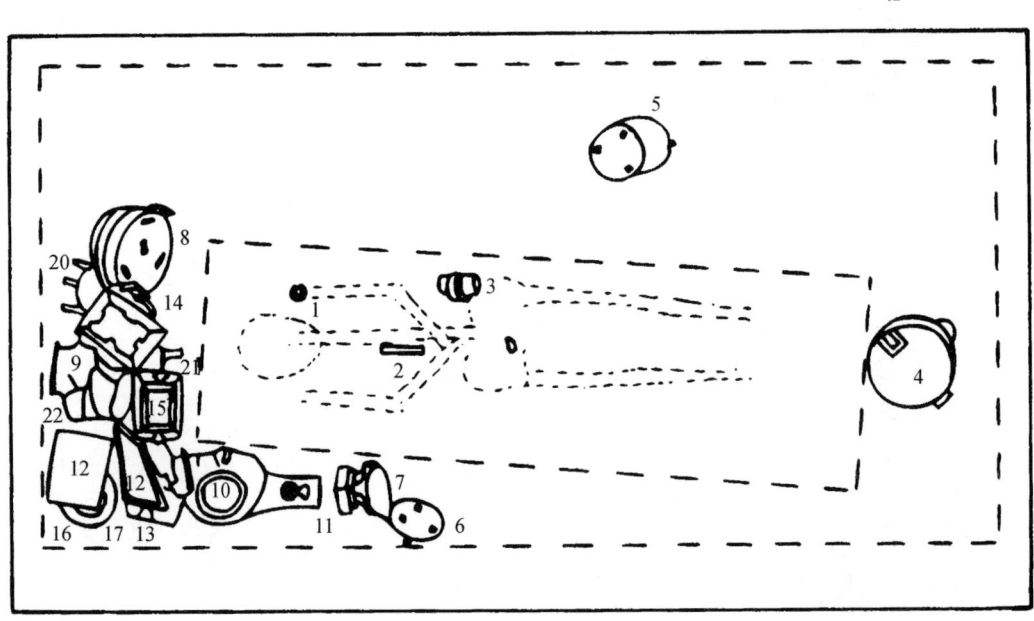
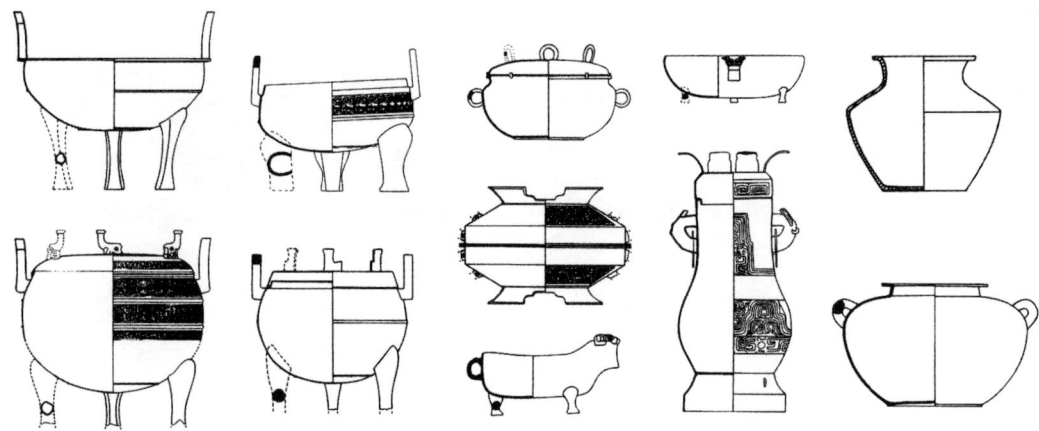

图3-49 河南洛阳市体育场路M8830及其出土青铜器

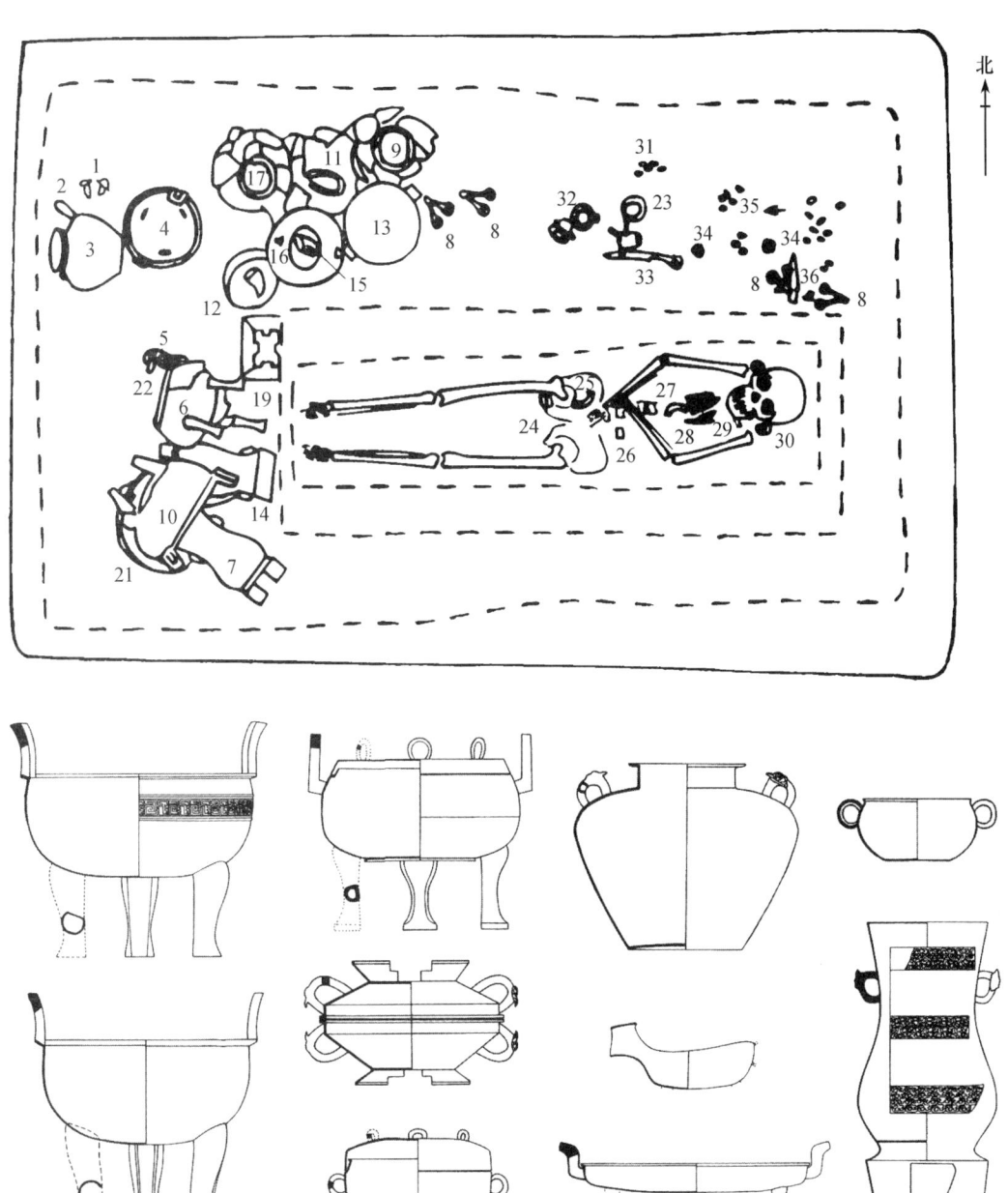

图3-50 河南洛阳市体育场路M8833及其出土青铜器

底，墓口长4.2米、宽3米，墓底长3.34米、宽2.19米，深10米。葬具一椁二棺，椁室长2.96米、宽1.89米。墓主葬式为仰身直肢，双手交叉于腹部，头向西。青铜礼器主要放置在椁室西部和南部，车马器和兵器放置在外棺内的东北角，玉琮在骨架的髋骨处，玉璜、石圭在骨架胸腹部，头部周围还有小件玉饰。出土器物有鼎8、簠4、敦1、方壶3、罍2、匜1、盘1、匜3。

体育场路M8835在墓区西南部，为南北向长方形墓，方形0°。墓口大于墓底，墓底中间有一个不规则的腰坑，墓口长3.6米、宽2.4米，墓底长3.1米、宽1.8米，深9.6米。葬具一椁一棺，椁室长2.6米、宽1.8米。墓主葬式为仰身直肢，头向北。青铜礼器集中放置于椁室东侧偏南，骨架头部、胸腹部均有玉饰。出土器物有鼎2、簠2、敦2、匜1、盘1、匜1。其中一件簠只存器身，一件敦只存敦盖。

体育场路M8836在墓区偏西南部，为东西向长方形墓，方向270°。墓口大于墓底，墓口长4.1米、宽2.9米，墓底长3.5米、宽2.3米，深10.2米。葬具一椁一棺，椁室长3米、宽2米。墓主骨架完全腐朽，葬式不详。青铜礼器集中放置于椁室东北部和北部，编钟整齐排列于椁室西部。兵器和车马器置于椁室西南角，蚌贝集中堆放在椁室西北角，玉器置于棺内。出土器物有鼎7、甗1、簠1、壶3、罍3、匜1、盘1、匜1、钟9。

体育场路M8830在墓区西北部，为南北向长方形墓，方向170°。墓口略大于墓底，墓口长3.5米、宽2米，墓底长3.3米、宽1.7米，深7.2米。葬具一椁一棺，椁室长3.1米、宽1.5米。墓主葬式为仰身直肢、头向南。青铜礼器集中放置于椁室东南部，另有一鼎、一敦分别放置于椁室北部和西部，棺内放置有玉器和车軎。出土器物有鼎5、簠2、敦1、方壶2、罍2、匜1、盘1、匜1。

体育场路M8833在墓区偏西部，为东西向长方形墓，方向270°。墓口大于墓底，墓口长4.1米、宽2.8米，墓底长3.5米、宽2.2米，深10.2米。葬具一椁二棺，椁室长3.2米、宽1.9米。墓主葬式为仰身直肢，双手交叉于腹部，头向东。青铜礼器集中放置在椁室西部和西北部，兵器和车马器放置在椁室东北部，棺内放置有玉饰和石圭。出土器物有鼎4、簠2、敦1、方壶2、罍2、匜1、盘1、匜1。

2. 三门峡地区

1956~1958年陕县后川村发掘东周墓葬105座，最大的M2040（图3-51）和M2041都出土有青铜簠[①]。《史记·六国年代》称："秦惠公十年，县陕。"《秦本纪》曰："（惠文君）十三年，使张仪取陕。"此地在战国早期为韩国、魏国所共有，韩据陕之东端。战国中期，韩之地尽归于魏。后川M2040为南北向长方形墓，方向172°。墓口与墓底几乎等大，墓口长7米、宽5.7米，墓底长6.9米、宽5.9米，深10.2米。墓底

---

① 中国社会科学院考古研究所：《陕县东周秦汉墓》，科学出版社，1994年。

第三章 出土青铜簋墓葬概述

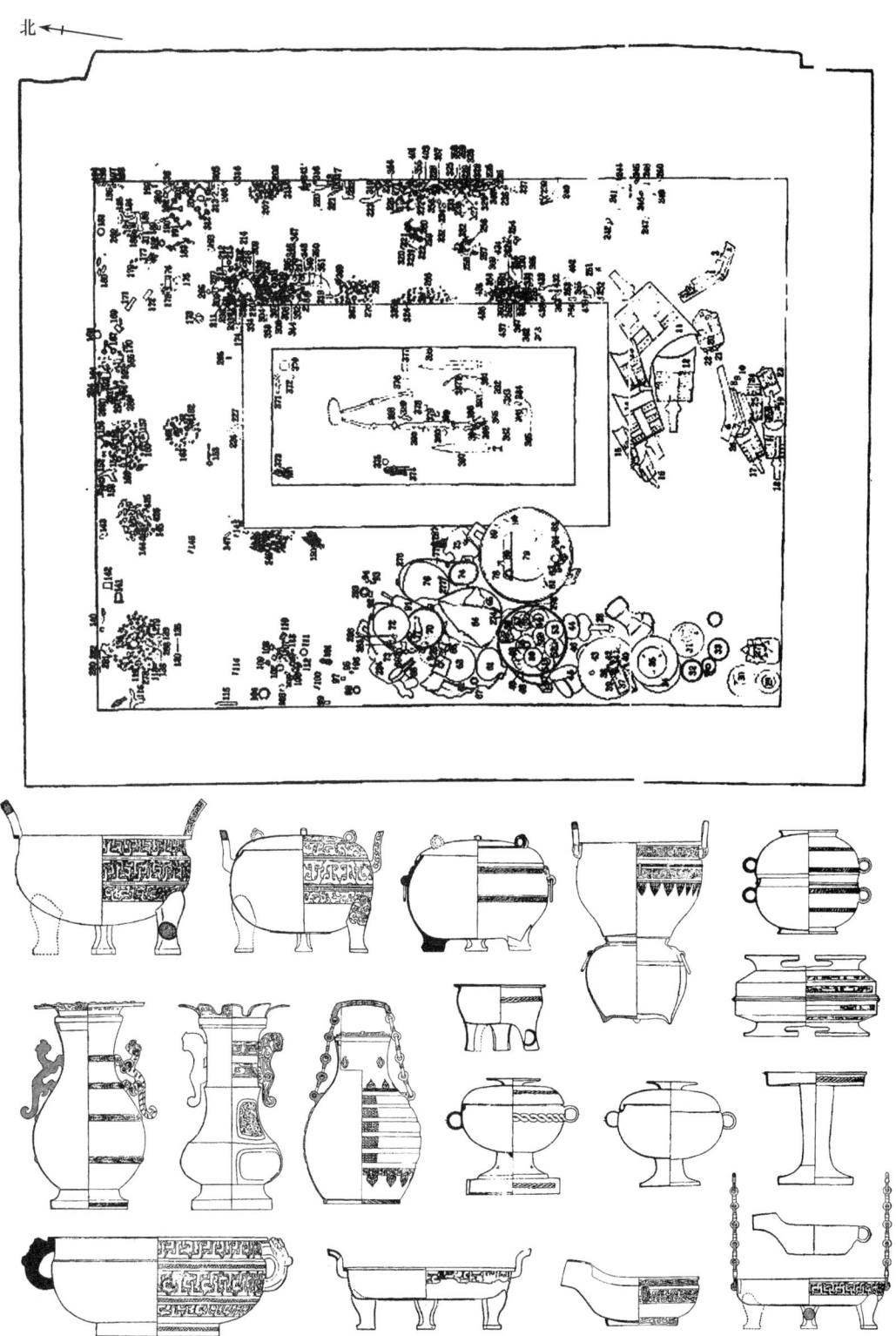

图3-51 河南陕县后川M2040及其出土青铜器

有熟土二层台，葬具为一椁二棺，椁室长5.7米、宽4.25米。墓主人骨架已朽，仰身直肢，头向南。随葬器物分别放置在椁室和内棺中，青铜礼器陈设于椁室西部，乐器集中在椁室南部，椁室北部和东部放置武器和车马器，玉器置于棺内。出土器物有鼎17、甗1、鬲3、豆8、簠2、敦2、铺2、壶5、鉴4、鉶2、盘3、匜2、钟20、镈9。

后川M2041为南北向长方形墓，方向348°。墓口与墓底等大，墓口长4.8米、宽3.7米，墓底长4.85米、宽3.7米，深11.7米。葬具为一椁二棺，椁室长4.45米、宽3.45米。墓主人骨架已朽，仰身直肢，头向北。出土器物有鼎5、甗1、鬲2、豆6、簠2、壶2、鉴2、鉶1、盘1、匜1、钟9、镈4。

1956~1957年对三门峡市上村岭虢国墓地进行第一次发掘①。共清理了234座墓葬，仅有M1820（图3-52）出土有青铜簠。此墓位于墓地的中部，为南北向长方形墓，墓向345°。墓口与墓底相等，墓口长4.5米、宽3.55米，墓底长4.5米、宽3.55米，深8.35米。葬具为二椁一棺，外椁长4.25米、宽2.8米，内外椁之间挖坑埋有狗骨架。人骨架已朽，葬式不明。随葬器物置于内椁西侧，出土礼器有鼎3、鬲2、甗1、簋4、簠2、铺1、壶2、罐2、盘1、匜1。

1990~1999年对三门峡市上村岭虢国墓地进行第二次发掘②。共清理了18座墓葬，其中有6座墓葬被盗严重，青铜簠发现于级别较高的M2001和M2012两座墓葬（图3-53、图3-54），以及5座级别较低的M2006、M2013、M2017、M2121和M2008。

上村岭M2001和M2012是国君级别夫妻并列合葬墓，相距9米。M2001为南北向长方形墓，方向10°。墓口略小于墓底，墓口长5.3米、宽3.55米，墓底长5.4米、宽3.7米，深11.1米。墓底有熟土二层台，葬具为一椁二棺，棺室长4.72米、宽3.06米。墓主人骨架已朽，仰身直肢，双手置于腹部，头向北，面部覆盖有缀玉幎目。此墓两次被盗，所幸均未能得逞。随葬品数量巨大，大部分器物都是相互叠压堆放在一处，有些地方竟有三四层。椁室西侧的南部堆放着青铜礼器，椁室东侧的南部以及东南角的车马器下亦有少量礼器。明器特意放在椁室西南角的偏东处，乐器主要放置在椁室西侧的北部，兵器放置在椁室的北端与东侧北半部以及南端车马器下面的最底层。工具集中放置在椁室南端，车马器层叠放置在椁室南端与东侧的南半部。出土器物有鼎7、鬲8、甗1、簋6、盨4、簠2、铺2、壶4、盘1、盉1、甬钟8、钲1，明器有鼎3、簋3、尊3、方彝3、爵3、觯2、盘3、盉2。两件虢季簠器盖同铭作"虢季作宝匡（簠），永宝用"。

上村岭M2012为南北向的长方形墓，方向5°。墓室四壁较为平直，墓口长5.3米、宽3.74米，墓底长5.3米、宽3.92米，深10.93米。墓底有熟土二层台，葬具为一椁二棺，椁室长4.2米、宽2.9米。墓主人骨架为仰身直肢，双臂交于腹部，头向北。此墓虽然被盗，但随葬品大部分保存完好。青铜礼器集中放置在椁室北端以及东西两侧，尤

---

① 中国科学院考古研究所：《上村岭虢国墓地》，科学出版社，1959年。
② 河南省文物考古研究所、三门峡市文物工作队：《三门峡虢国墓》，文物出版社，1999年。

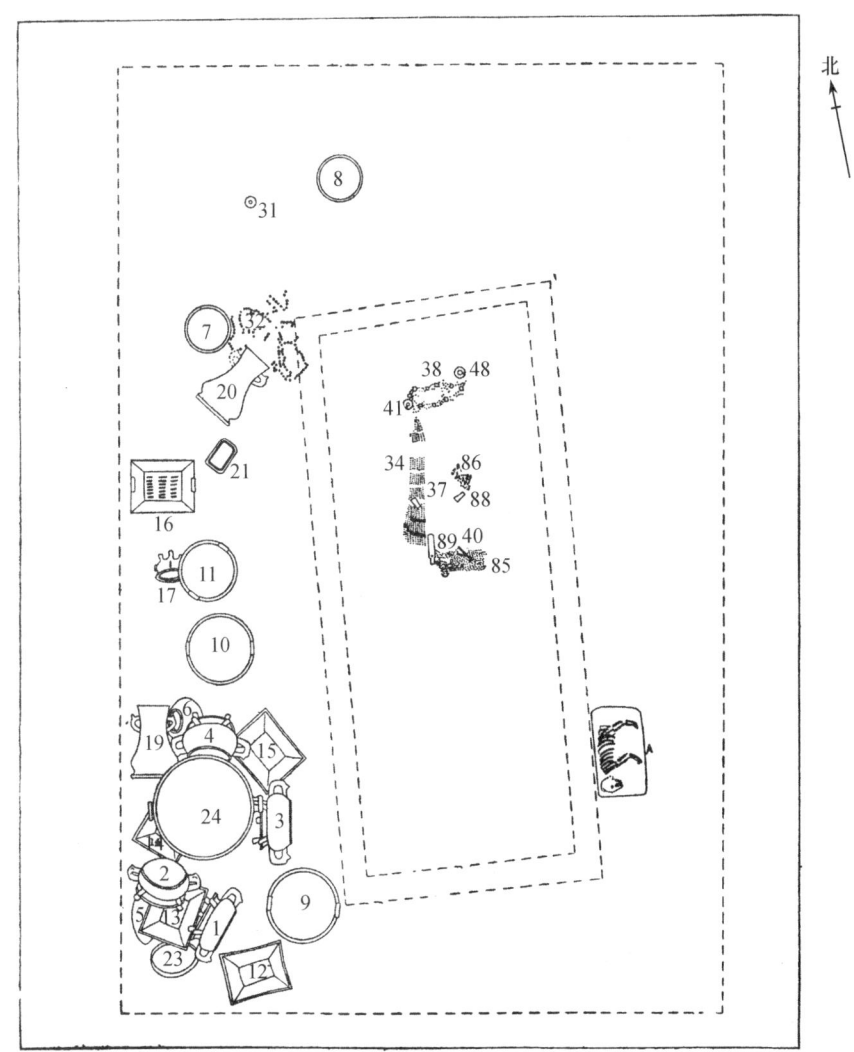

图3-52 河南三门峡市上村岭虢国墓地M1820及其出土青铜器

图3-53 河南三门峡市上村岭虢国墓地M2001及其出土青铜器

第三章 出土青铜簠墓葬概述

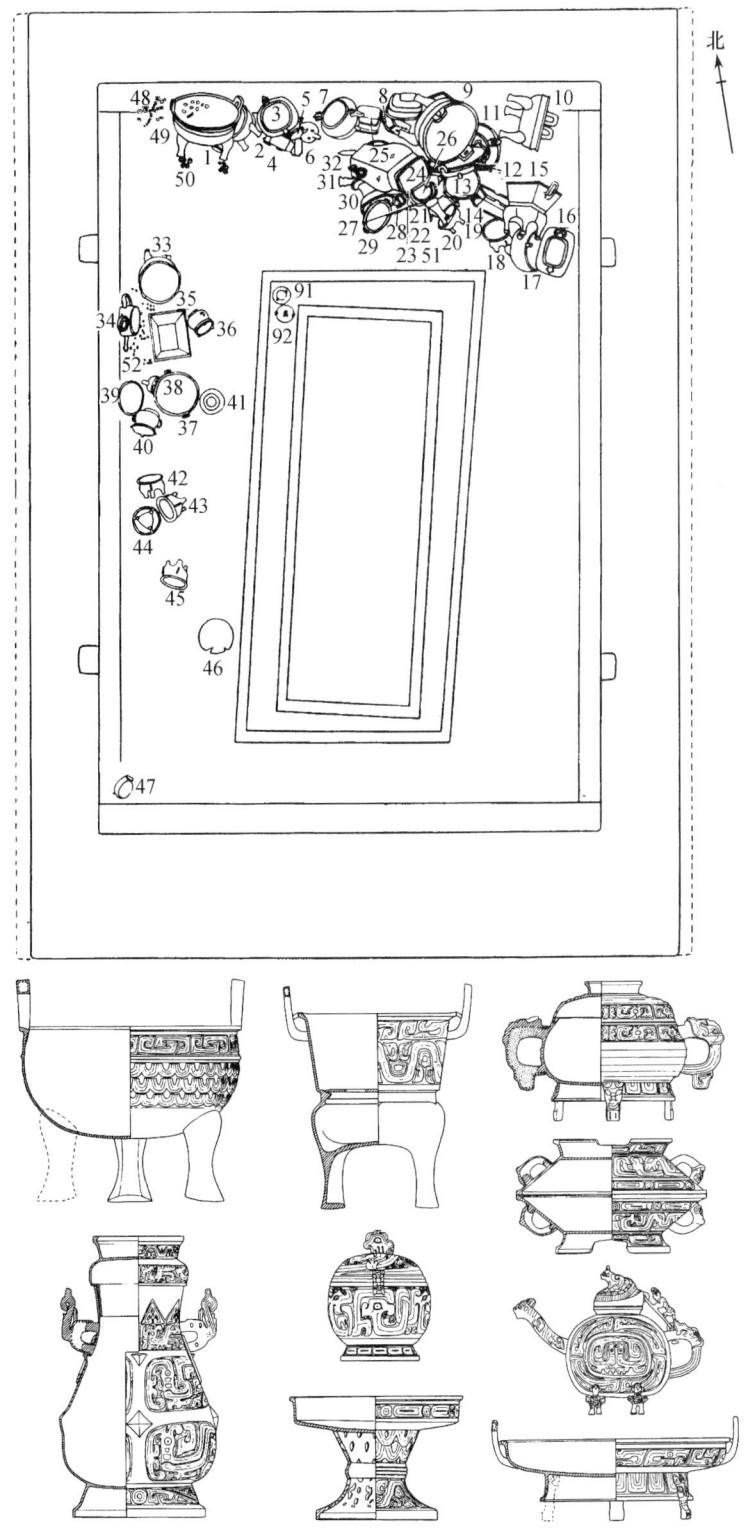

图3-54 河南三门峡市上村岭虢国墓地M2012及其出土青铜器

其是椁室东北角，在内外棺之间还放置有2件小铜罐。出土器物有鼎5、鬲8、甗1、簋4、簠2、铺2、小罐2、壶2、盘1、盉1；明器有鼎6、簋6、方彝5、爵4、觚1、觯6、盘6、匜1、盉5。

上村岭M2017在墓地北区西部，东距M2001车马坑仅8米，规模较小。此墓为南北向长方形墓，方向359°。墓壁基本垂直，墓底长4.1米、宽2.35米，深7.3米。墓底有熟土二层台，葬具为一椁一棺，椁室长2.58米、宽1.5米。墓主人骨架为仰身直肢，头北足南。青铜礼器放置于椁室的西北部，出土有鼎1、簋1，明器有鼎1、簋1、盘1。

上村岭M2121在墓地北区西部，与上述三墓相距都不远。其规模和墓主身份较高，并被一号车马坑M2001CHMK1打破，其入葬年代应早于M2001。此墓为南北向长方形墓，方向6°。墓口略大于墓底，墓口长4.6米、宽3.2米，墓底长4.45米、宽3.14米，深8.6米。墓底有熟土二层台，葬具为一椁一棺，椁室长3.8米、宽2.3米。由于被盗严重，墓主葬式不详，大部分器物都已流失，在椁室西北部发现有两件簋，均失盖，仅存器身。

上村岭M2006为南北向长方形墓①，方向4°。此墓西北距M2001约20米。墓口略小于墓底，墓口长4.65米、宽3.06米，墓底长5米、宽3.3米，深9.3米。葬具为一椁一棺，椁室长3.8米、宽2.46米，墓底中部有椭圆形腰坑。棺内人骨架已经腐朽，葬式为仰身直肢，头向北。此墓未经盗扰，大部分青铜礼器堆放在西南角，各一件簋盖和壶盖置于东南角，甗筐单独放置在东北角，明器及车马器置于西北角。出土器物有鼎3、甗1、鬲4、盨2、簋1、壶2、盘1（图3-55），明器有尊1、方彝1、爵1、觯1、盉1。丰伯盨父簋器盖同铭作"丰伯盨父作匡（簋），其子子孙孙永宝用"。

上村岭M2013为南北向长方形墓②，方向5°。此墓在虢国墓地北区西南部，西距M2017约17米，北距M2011约11.5米，东北距M2010约8米。墓口略大于墓底，墓口长4.4米、宽2.8米，墓底长4.3米、宽2.72米，深7.2米。葬具为一椁一棺，椁室长4.3米、宽2.66米。棺内人骨架腐朽，葬式为仰身直肢，头向北。棺椁之间主要放置青铜礼器和车马器，且多集中于椁室北侧，棺内主要放置玉器。出土器物有鼎3、簋2、盘1、匜1。两件青铜簋均失盖，仅存器身，纹饰有别。其中一件虢仲簋铭文作"虢仲作丑姜宝匡（簋），其万年子子孙孙永宝用"。

这几座墓被盗后，追缴回来一批青铜礼器，其中有一件虢硕父簋（SG：62）不清楚其墓葬归属，器盖同铭作"虢硕父作旅匡（簋），其万年子子孙孙永宝用享"。

---

① 河南省文物考古研究所、三门峡市文物工作队：《上村岭虢国墓地M2006的清理》，《文物》1995年第1期。

② 河南省文物考古研究所、三门峡市文物工作队：《三门峡虢国墓地M2013的发掘清理》，《文物》2000年第12期。

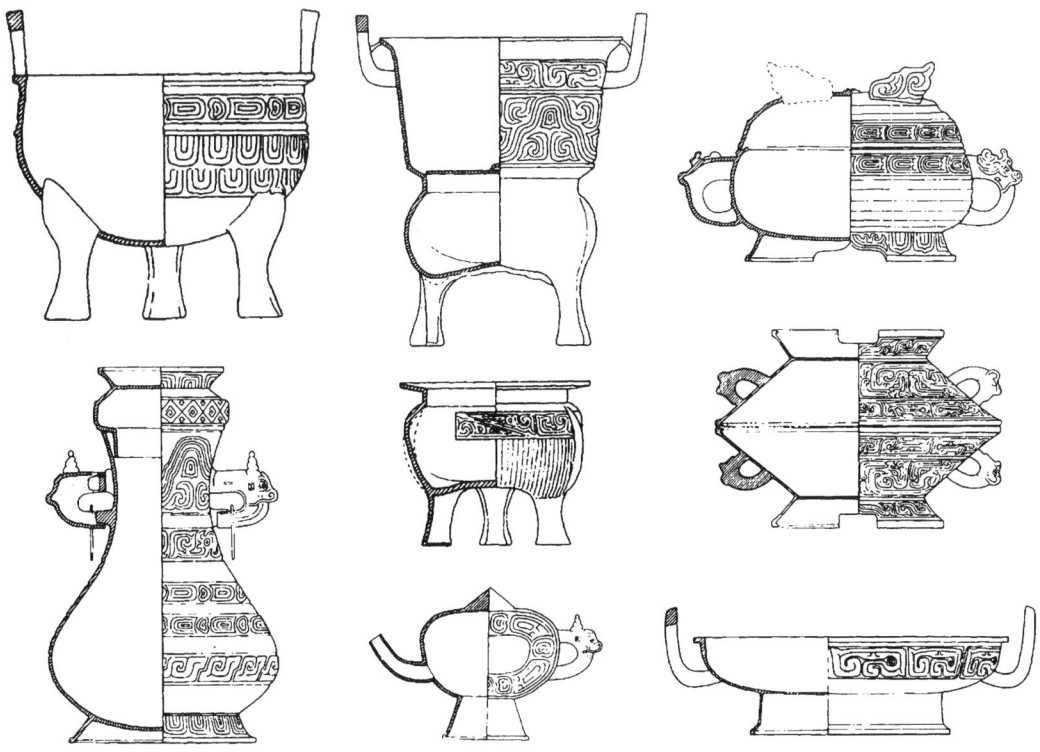

图3-55 河南三门峡市上村岭虢国墓地M2006出土青铜器

上村岭M2008为南北向长方形墓[①],方向0°。此墓北距M2010约34米,东北距M2009约41米,西南距M2006约34米,西距M2007约4.8米。墓口小于墓底,墓底挖有腰坑,殉犬一只。墓口南北长4.8米、东西宽3.1米,墓底长5.2米、宽3.4米,深7.8米。葬具一椁一棺,椁室长4米、宽2.9米、高1.25米。此墓被盗严重,墓主人葬式不详。青铜礼器、车马器置于椁室西部,出土器物主要有鬲2、簋1、簠1、方壶盖1、盘1、匜1;明器有簋1、方壶1、方彝2、爵1、盘1。

3. 郑州地区

1923年新郑县南门外李家楼郑公大墓虽然是有组织的发掘,但完全没有运用考古学方法。除起初凿井所获的少数器物悉数收回外,后来挖掘所获更是全部归公,使得一座大墓的器物能够集中著录和收藏,在那个时代尚属首次。靳云鹗的《新郑出土古器图志》著有墓坑草图和出土器物的原始照片,孙海波的《新郑彝器》所收的材料最为丰富,关百益的《新郑古器图录》《郑冢古器图考》都具有重要价值。由于早年统

---

① 河南省文物考古研究所、三门峡市文物考古研究所:《河南三门峡虢国墓地M2008发掘简报》,《文物》2009年第2期。

计数量不同，按照最新研究成果①，出土礼器有鼎22、鬲9、甗1、簋8、簠6、盏2、盒1、壶6、罍2、虎形觥1、浴缶2、鉴2、盘4、匜4、钟20、镈4。青铜簠3件保存完整，3件破碎较甚。

1995年登封市告成镇袁窑村告成铝厂发现两座墓葬（图3-56、图3-57）②，M1与M2相距约2米。M1为南北向长方形墓，方向6°。墓口与墓底几乎同大，墓底有熟土二层台，中部挖有长方形腰坑，殉犬一只。墓口南北长5.4米、东西宽3.58～3.76米，墓底长5.4米、宽3.6米，深4米。葬具一椁二棺，椁室长4.8米、宽3.1米。两层套棺位于墓室中部，墓主人葬式不详，头向北。此墓被严重盗扰，大部分随葬品已经不知原来位置，根据痕迹判断青铜礼器主要放置于椁室南端。出土器物主要有鼎7、甗1、簋2、簠1、盆2、方壶2、盘1。M2为南北向长方形墓，方向352°。墓口小于墓底，墓底有熟土二层台，中部挖有长方形腰坑，殉犬一只。墓口南北长5.24米、东西宽3.75～3.8米，墓底长4.62米、宽3.08米，深3.5米。葬具一椁二棺，椁室长4.22米、宽2.88米。两层套棺位于墓室中部，墓主人骨架仰身直肢，头向北。青铜礼器放置在椁室东部，棺饰散置在棺外，玉器置于棺内。出土器物主要有鼎1、簠2、杯1、盉1、盘1。

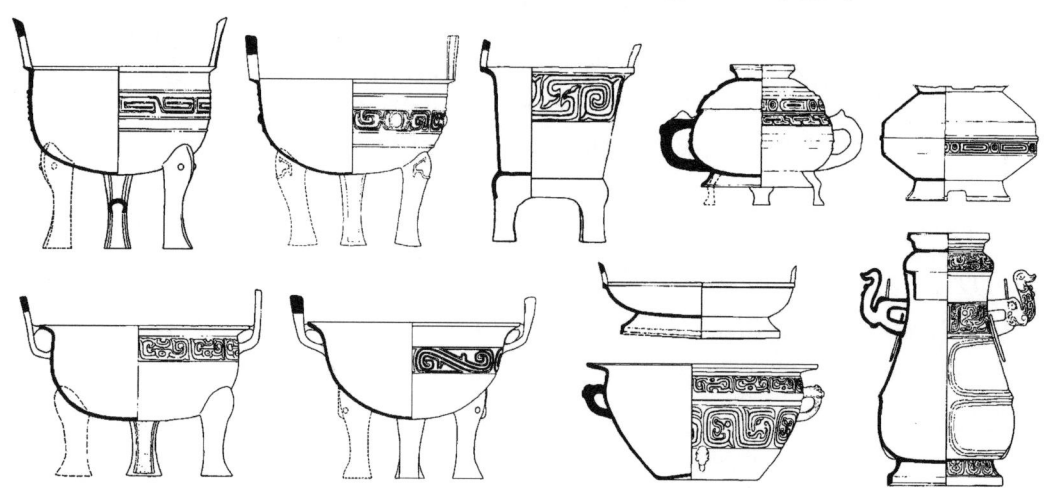

图3-56　河南登封市告成镇袁窑村M1出土青铜器

4. 开封地区

1971年尉氏县河东周村北发现一处墓葬③，河东周村位于尉氏县西部，春秋时期属郑国。由于墓葬破坏严重，出土器物有鼎2、甗3、敦4、簠2、壶1、舟3、盘2、匜2，现藏郑州市博物馆。

---

① 河南博物院、台北"历史博物馆"：《新郑郑国大墓青铜器》，大象出版社，2001年，40页。
② 郑州市文物考古研究院、登封市文物管理局：《河南登封告成春秋墓发掘简报》，《文物》2009年第9期。
③ 郑州市博物馆：《尉氏出土一批春秋时期青铜器》，《中原文物》1982年第4期。

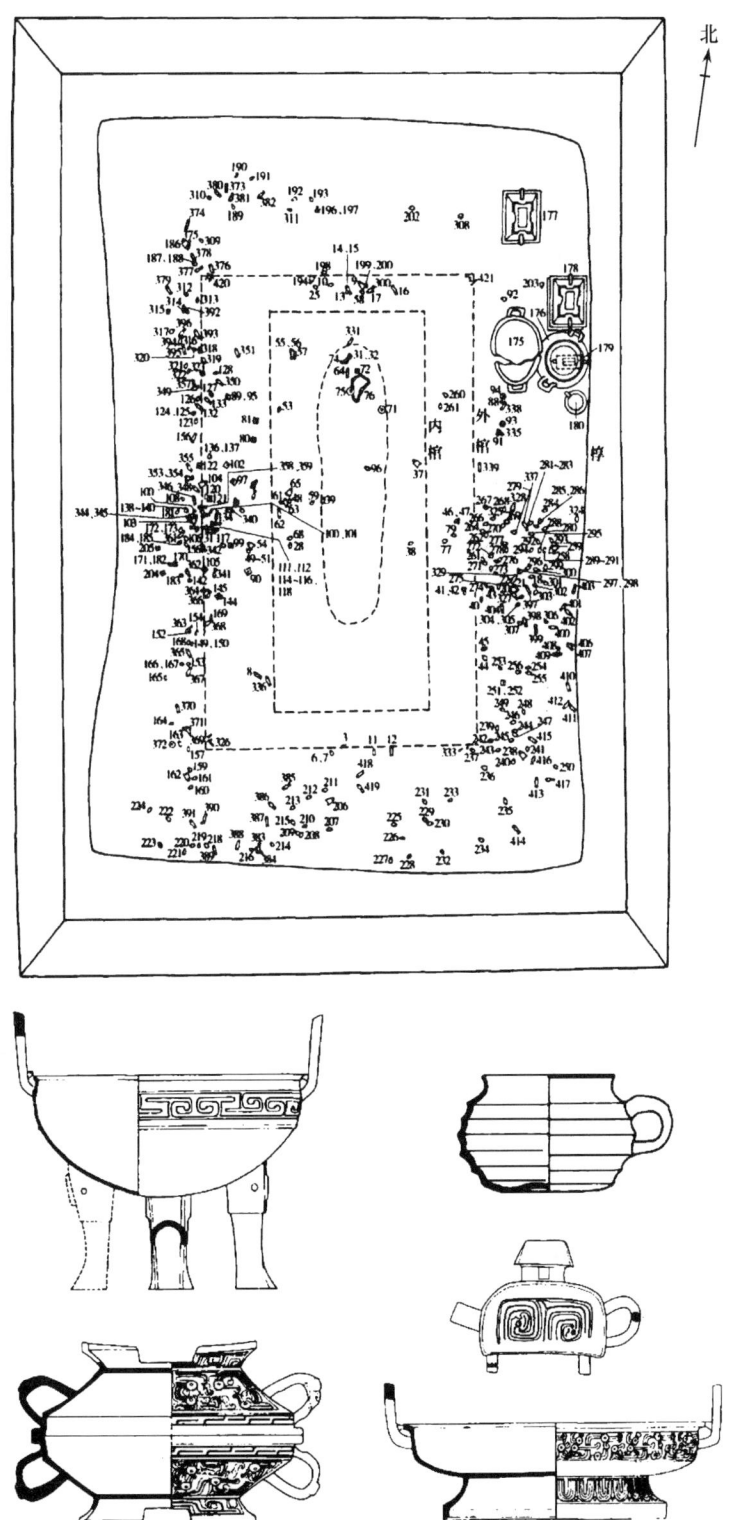

图3-57　河南登封市告成镇袁窑村M2及其出土青铜器

5. 新乡地区

1935年汲县山彪镇发掘一座大墓M1[①]。山彪镇距汲县城西10千米，春秋时期属于卫国，战国时期属于魏国。这座墓葬曾遭盗掘，棺椁中心及西北角的人骨和遗物被扰乱和搜刮，其他大部分遗物为石卵木炭所掩，尚未全部破坏。墓葬为南北向长方形墓，墓向12°。墓口略大于墓底，墓口东西长7.8米、南北宽7.2米，墓底东西长7.4米、南北宽7.1米，深11.49米。墓底依次铺上木炭、石板和木板，墓壁四周用成段的木炭围成方墙，中心置木椁，并用鹅卵石填充椁外空间。葬具朽甚，推测为一椁一棺，椁室长4.8米、宽4米，木棺四周有殉葬人骨四具。随葬器物放置于棺椁之间，西北隅为鼎彝，西南隅为壶鉴、簠簋尊豆在西壁，钟镈石磬在南壁，东南隅以车马饰为多，东北隅及东侧以兵器为多，北壁大多是工具。出土礼器主要有鼎6、鬲2（匕2）、甗1、簠1、敦1、盆1、豆4、壶7、鉴2、盘2、匜3、镈14、石磬10，明器有小鼎9、小缶1。青铜簠失盖，仅存器身，质薄，无纹饰，全体浑铸，唯两耳焊接。

1936年辉县琉璃阁发掘了甲、乙两座墓葬[②]。甲墓距离琉璃阁626米，为东西向长方形墓，墓口长约11米、宽约10.3米，深约11米。墓底无棺痕，以柏木为椁，保存较好。乐器放置在椁室西北隅，编镈自北而南，由大而小放置。编钟叠为数层，编磬夹置中间，与他器不相混淆。乙墓与甲墓并列，相距约4米，墓口长约9.1米、宽约7.6米，深约11米。其规模、器物数量略逊于甲墓。关于出土器物的数量和种类多有混淆，按照最近研究成果[③]，甲墓有鼎18、鬲5、甗1、簠6、簋5、豆7、铺1、敦4、罍2、壶5、舟1、鉴1、钟17、镈13、石磬11，乙墓有鼎10、鬲5、甗1、簠4、簋3、铺1、敦2、壶2、罍2、舟1、盘1，还有鉴3、盘1、盂1无法确定具体墓别。

1937年辉县琉璃阁发掘了一处墓地[④]，大墓5座、中小墓44座，青铜簠出土于3座大墓。M80和M55在墓地东区，南北并列相距4.5米，为一处夫妻异穴合葬墓。M80是男性墓主，M55是女性墓主。这种丧葬习俗还见于同墓地的甲墓（男性）和乙墓（女性）。M80为东西向长方形墓，墓底长约7.4米、宽约4.8米，深约10米。人骨头东足西，仰身直肢，器物分布在人骨右侧，与M55器物在人骨左侧形成对称之势。出土礼器有鼎13、鬲6、甗1、簠4、敦2、簋4、壶1、罍2、舟1、鉴2、盘1、匜1、盂1、铙1、编镈3。M55东西长7.8米、南北宽5.9米，深约10米。墓底的木椁保存甚好，人骨在右，器物在左，葬式与男性墓主相同。出土礼器有鼎12、鬲6、簋4、簠4、豆2、壶2、

[①] 郭宝钧：《山彪镇与琉璃阁》，科学出版社，1959年。
[②] 郭宝钧：《山彪镇与琉璃阁》，科学出版社，1959年。
[③] 河南博物院、台北"历史博物馆"：《辉县琉璃阁甲乙二墓》，大象出版社，2003年，20页。
[④] 郭宝钧：《山彪镇与琉璃阁》，科学出版社，1959年。

鉴2、盘1、匜1、舟1以及明器鼎2。M60在墓地中区黄家坟附近，为东西向长方形墓，东西长约7米、南北宽约5.1米，深8~9米。出土礼器有鼎24、鬲6、甗1、簋6、簠4、豆1、罍2、壶3、鉴3、舟1、盉1、盘2、勺1、镈12、钟17、石磬11，还有明器鼎5。

6. 安阳地区

2004年安阳市王古道村发现两座墓葬，仅M2出土有青铜簠[①]。这座墓地南距东周防城遗址5千米，距离浚县辛村卫国墓地20千米。此墓为南北向长方形墓，墓口长4.25米、宽2.4米，墓底长4.4米、宽2.9米，深5.7米。葬具一椁一棺，墓主人葬式不详。墓底挖有腰坑，殉犬一只，头北背东。大部分随葬品放置在墓室西部，出土器物有鼎2、甗1、簋2、簠1、方壶2、匜1。

7. 平顶山地区

1953年郏县太仆乡村民私自挖掘了一批铜器，后将出土文物全部交公[②]。太仆乡在郏县城西25千米，郏县在两周之际属于应国，后属郑国。《国语·郑语》："惟谢、郏之间。"韦昭注："郏，后属郑。郑衰，楚取之。"出土礼器有鼎5、甗1、簋4、簠4、壶2、钘1、罍2、鉴1、盘1、匜1（图3-58）。

图3-58　河南郏县太仆乡出土青铜器

[①] 安阳市文物考古研究所：《河南安阳市王古道村东周墓葬发掘报告》，《华夏考古》2008年第1期。

[②] 《河南郏县发现的古代铜器》，《文物参考资料》1954年第3期；唐兰：《郏县出土的铜器群》，《文物参考资料》1954年第5期。

20世纪80年代临汝县文化馆征集陵头乡前户村出土的一件青铜簋盖[①]，口沿有两个兽形扣。

1992年平顶山市新城区滍阳镇北滍村应国墓地发掘一座墓葬M301（图3-59）[②]，此墓为南北向长方形墓，方向9°。墓口小于墓底，墓底有熟土二层台，墓口南北长5.12米、东西宽4.2米，墓底南北长5.24米、东西宽4.3米，深6.11米。葬具一椁一棺，椁室长3.34米、宽2.06米、残高1.26米。墓主人骨架仰身直肢，双手放于腹部，头向北，面朝上。青铜礼器以及少量兵器、工具、车器放置于椁室北端，车马器置于椁室西侧，玉器置于棺内。出土器物主要有鼎3、簋2、敦1、盥缶2、盘1、匜1。

2002年平顶山市叶县旧县乡常庄村发掘了一座墓葬M4[③]，西距1986年发掘的M1约200米。此墓为南北向长方形墓，方向10°。墓口略大于墓底，墓底有熟土二层台。墓口南北长8.7米、东西宽6.2米，墓底长8.5米、宽6米，深4.5米。葬具一椁一棺，椁室长7.4米、宽5.2米、残高0.6米。墓主人葬式不详，头向北。此墓被盗严重，大部分器物已经流失。青铜礼器放置在椁室西部及南部近棺处，乐器置于椁室东北部，兵器和车马器置于椁室南部和西南部。出土器物剩余的有鼎6、甗1、簋2、簠1、方壶1、鉴1、盥缶盖1、勺2、甬钟20、纽钟9、镈8、建鼓座1。

8. 周口地区

1973年淮阳县大连乡堌堆李庄村水塘里出土1件曹公簠、1件曹公盘[④]，水塘位于堌堆李庄村南约100米。曹公簠仅存器身，铭文作"曹公媵孟姬悆母匡（筐）臣（簠），用祈眉寿无疆，子子孙孙永寿用之"。

1975年商水县朱集村发现一座墓葬[⑤]，位于朱集和杨庄之间，俗称"杨冢"，东南距顿国故城5千米。《左传·僖公二十五年》："秋，楚人围陈纳顿子于顿。"注云："顿迫于陈而出奔楚。"出土器物中鼎全部散佚，仅存簠4、簋2。原氏仲簠（一）器盖同铭6行，作"唯正月初吉丁亥，原氏仲作沧仲媯家母媵臣（簠），用祈眉寿，万年无疆永用之"。原氏仲簠（二）同铭7行，器盖分藏两处。

---

① 临汝县文化馆：《河南临汝出土一批商周青铜器》，《考古》1985年第7期。
② 河南省文物考古研究所、平顶山市文物管理局、河南大学历史文化学院：《河南平顶山春秋晚期M301发掘简报》，《文物》2012年第4期。
③ 平顶山市文物管理局、叶县文化局：《河南叶县旧县四号春秋墓发掘简报》，《文物》2007年第9期。
④ 淮阳县太昊陵文物保管所：《淮阳县发现两件西周铜器》，《中原文物》1981年第2期。
⑤ 河南省周口市博物馆：《周口市博物馆藏有铭青铜器》，《考古》1988年第8期；秦永军、韩维龙、杨凤翔：《河南商水县出土周代青铜器》，《考古》1989年第4期。

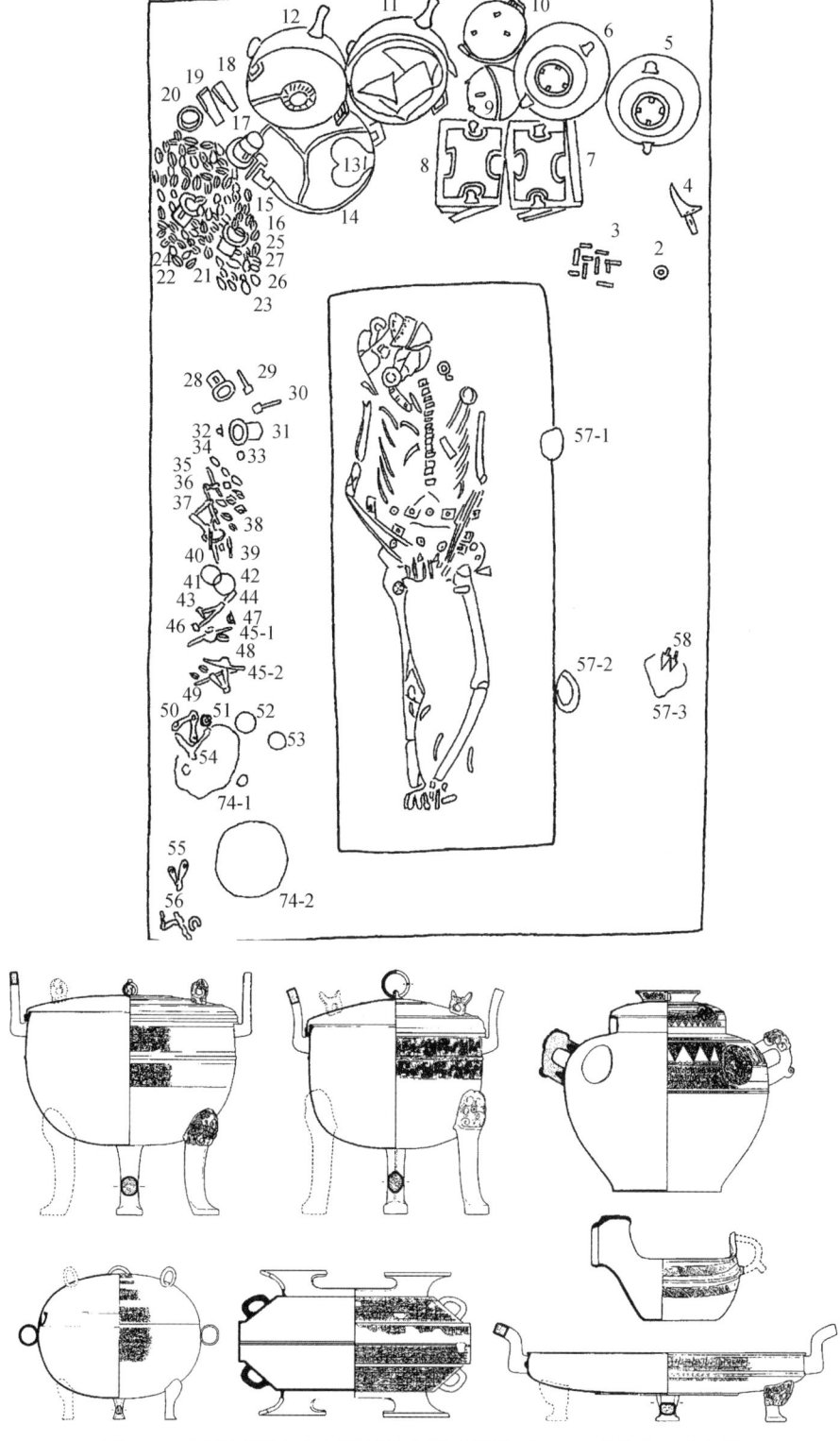

图3-59　河南平顶山市新城区滍阳镇应国墓地M301及其出土青铜器

9. 驻马店地区

1994年新蔡县葛陵村发掘一座墓葬M1[①]，在葛陵故城外的东北部城墙附近，这个葛陵故城有可能就是"平夜君"的封邑。此墓为东西向"甲"字形墓，方向103°。墓口大于墓底，墓壁呈七层台阶内收。墓口长25.25米、东端宽22.5米、西端宽23.25米。墓室东壁中部有斜坡状墓道，墓底长13.4米、宽11.7米、深4.1米。葬具为二椁二棺，外椁呈"亚"字形，分为东、西、南、北、中五个椁室，总面积为99.5平方米。内椁位于外椁中室的中部，长5米、宽4.2米。男性墓主人骨架遭到盗扰，发现于外椁的西室，并有7具殉人骨架，皆为女性。这座墓葬在历史上多次被盗，根据残留的随葬品推断，东室主要放置漆木器和乐器。南室主要放置兵器和车马器，竹简集中放置在南室的东南角，还在南室的东北部发现有铜簠、木簠，东南部发现有铜豆等器。西室出土器物较少，以玉器为主，主要放置在中南部和中北部。北室基本被盗一空，仅发现少量青铜工具和彩绘漆木钟架痕迹，放置编钟、编磬等大型乐器和成组青铜礼器的可能性比较大。由于青铜礼器大部分被盗，出土仅有簠1、豆1、纽钟1。青铜簠失盖，仅存器身，还出土有5件漆木簠。

10. 信阳地区

1966年信阳市潢川县隆古乡高稻场村水塘里发现一批青铜器[②]，水塘位于春秋时期黄国故城西北0.5千米处。出土位置发现有残朽的椁木和底板，器物呈有规则等距离排列。出土礼器有鼎1、簠1、敦1、盥缶1、舟1、盘1、匜1。蔡公子义工簠器、盖皆全，铭文作"蔡公子义工作飤匠（簠）"。

1978年固始县侯古堆发现一座大墓M1（图3-60）[③]，位于固始县城东南隅1.5千米的土岗上，西北距古潘国城址约1.5千米。此墓为东西向"甲"字形墓，方向87°。墓道在墓坑的东端，长11米、宽4米，墓道西端距墓底深7.56米，与墓室西侧的生土二层台高度相当。墓口大于墓底，墓口长12米、宽10.5米，墓底长10.8米、宽9米。葬具为二椁一棺，外椁长5.2米、宽4.3米，内椁长2.76米、宽2.2米。椁室下面还有两根垫木，使得整个椁室全在积沙、积石的包围之中。墓主人骨架保存较好，仰身直肢，头向东，为年轻女性。围绕主棺的内、外椁之间及外椁四周共有殉人17具，皆有棺木。这些殉人排列有序，靠近主棺的6具殉人皆为女性，当是墓主人生前的奴婢。椁室东侧的殉人为壮年男性，体格健壮，横置于墓道口和椁室正前方，应为守护墓主人的"守门

[①] 河南省文物考古研究所：《新蔡葛陵楚墓》，大象出版社，2003年。

[②] 信阳地区文管会、潢川县文化馆：《河南潢川县发现黄国和蔡国铜器》，《文物》1980年第1期。

[③] 河南省文物考古研究所：《固始侯古堆一号墓》，大象出版社，2004年。

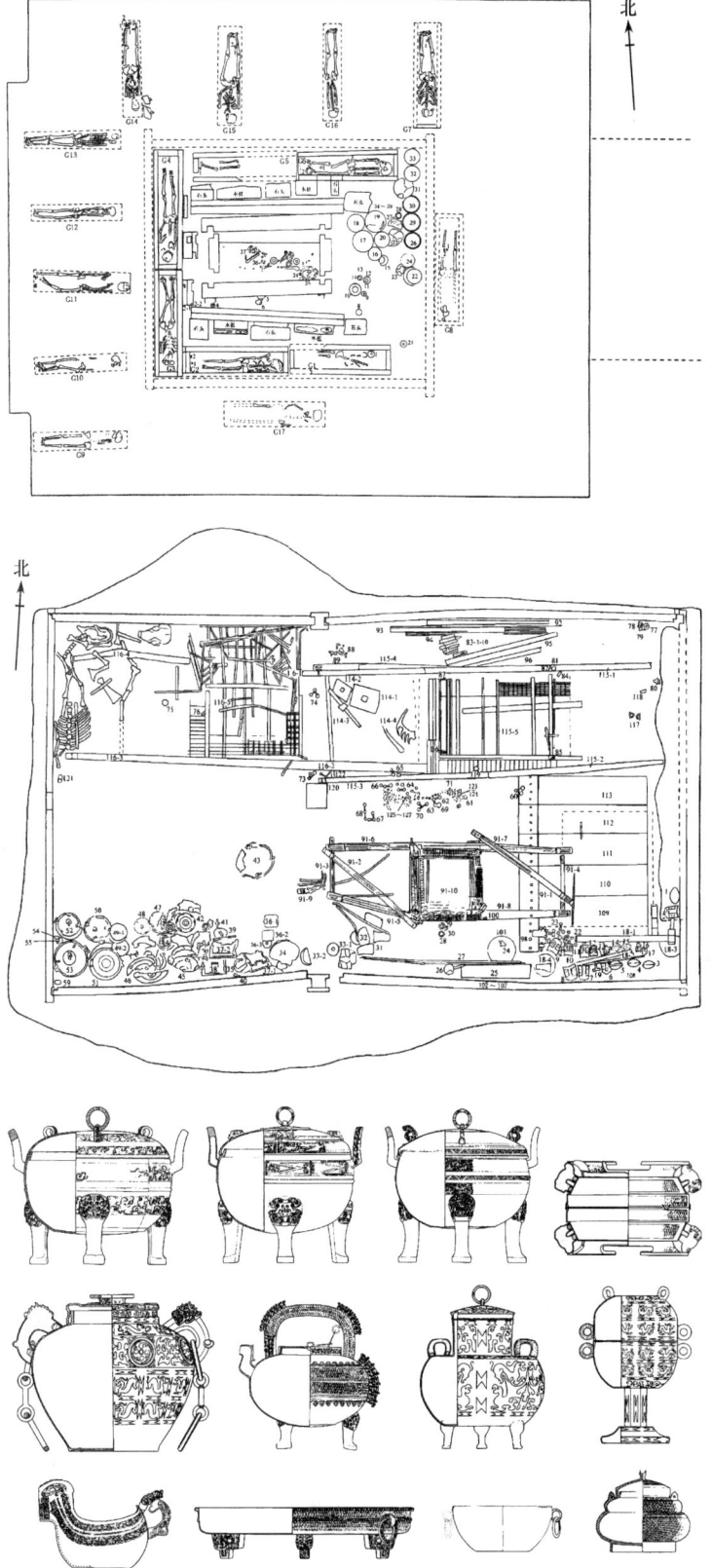

图3-60　河南固始县侯古堆M1及其出土青铜器

人"。椁室北侧、南侧和西侧的10具殉人为墓主人的一般"粗役",地位较低。主棺南侧与内椁南侧板之间放置壶、舟、匜和印纹硬陶罐,主棺东端的头箱内有数量较多的陶质明器,然而大量的青铜礼器却在距离主墓13米远的一座陪葬坑内。

这座陪葬坑为东西向长方形,口大底小,坑口长9.4米、宽5.4米,底长8.66米、宽4.86米,深11.55米。陪葬坑铺垫有青膏泥,并用方木垒砌成长方形的木椁室,整个椁室长8.66米、宽4.86米。随葬器物种类繁多,位置井然有序。在椁室西南隅集中放置着大批的青铜礼器和生活用具,9件列鼎按照大小依次排列。在椁室西北、东北和东南隅,分别放置有3乘肩舆以及车马器。在椁室东南角则有编钟、编镈各一套,以及鼓、柄鼓等。椁室南壁靠近青铜礼器的东端还有彩绘漆木豆、俎等器物。出土器物主要有鼎9、簠2、豆1、壶3、罍1、舟2、盉1、盘1、匜1、盒1、勺2、钟9、镈8。两件宋公䜌簠器盖同铭作"有殷天乙汤孙,宋公䜌作其妹句吴夫人季子媵固(簠)"。

1978年信阳市五星乡平西村南山咀台地发现两座墓葬①。M2(图3-61)破坏了M1北壁,为东西向长方形墓,方向80°。墓口大于墓底,墓口长4.92米、宽3.3米,墓底宽2.96米,深5.2米。墓室偏南置棺与M1偏北置棺相靠近,随葬器物均在木棺另一侧的二层台上。M1墓葬规模大体相同,但是不出青铜簠。M1出土器物有鼎1、鬲2、壶1、盆1、盘1、匜1。M2出土器物有鼎2、簠2、壶2、盘1、匜1。两座墓葬的人骨无存,根据M1头部的玉饰和随葬品规格表明M1应是M2的夫人墓。

1983年固始万营山发现一座墓葬M2(图3-62)②,万营山位于固始县东北约2.5千米处的岗岭上,在固始北山口东周时期古城址外城的东南角。此墓为东西向长方形墓,方向87°。墓口遭到破坏,墓底东西长2.5米、南北宽1.17米,葬具与人骨无存。在M2南侧有陪葬坑,长2米、宽0.8米,出土有鼎2、簠1、敦1、缶1、舟1、盘1、匜1。

11. 南阳地区

1970年南阳市西关汽车发动机厂出土一件楚子弃疾簠盖③,随即又发现缶2、盘1、匜1、勺1等器物。南阳是申、吕之国,春秋初期被楚文王所灭,归属楚地。楚子弃疾簠铭文作"楚子弃疾择其吉金,自作饙匠(簠)"。

1971年新野县城关镇小西关村发现一座墓葬(图3-63)④,此墓为南北向长方形墓,方向239°。墓口被汉代地层打破,残存墓口长3.6米、宽2.44米,墓底长3.8米、宽

---

① 河南省博物馆、信阳地区文管会、信阳市文化局:《河南信阳市平桥春秋墓发掘简报》,《文物》1981年第1期。
② 信阳地区文管会、固始县文管会:《河南固始万营山春秋墓清理简报》,《考古》1992年第3期。
③ 徐俊英:《南阳市发现一"弃疾"簠盖》,《中国文物报》1989年5月26日第2版;尹俊敏、刘富亭:《南阳市博物馆藏两周铭文铜器介绍》,《中原文物》1992年第2期。
④ 郑杰祥:《河南新野发现的曾国铜器》,《文物》1973年第5期。

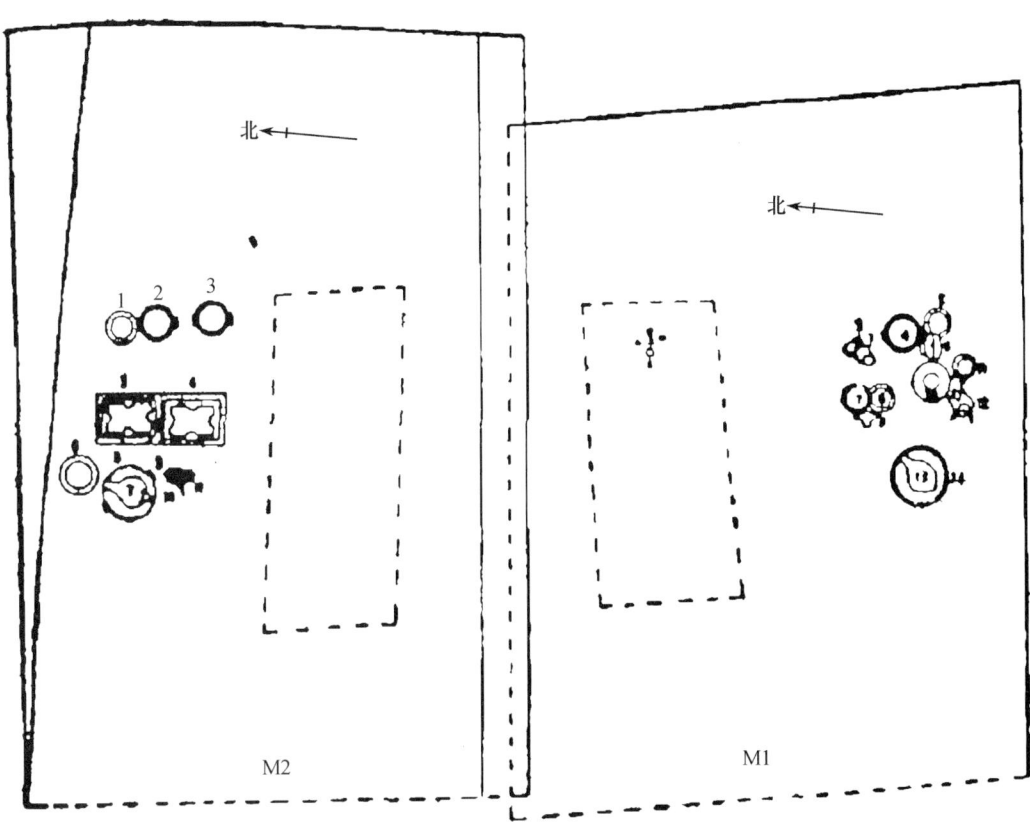

图3-61　河南信阳市五星乡平西村M2及其出土青铜器

2.5米，深2.3米。葬具为一椁二棺，椁室长2.5米、宽1米。二棺分别葬有一人，皆仰身直肢，头向北。出土器物有鼎2、甗1、簠2、敦1、盘1、匜1。

1975年淅川县毛坪发掘了一处墓地①，共清理27座墓葬，有2座铜器墓。墓地位于淅川县南35千米丹江库区内，西北距淅川老城15千米，南距下寺墓地32千米。出土青

---

① 淅川县博物馆、南阳地区文物队：《淅川县毛坪楚墓发掘简报》，《中原文物》1982年第1期。

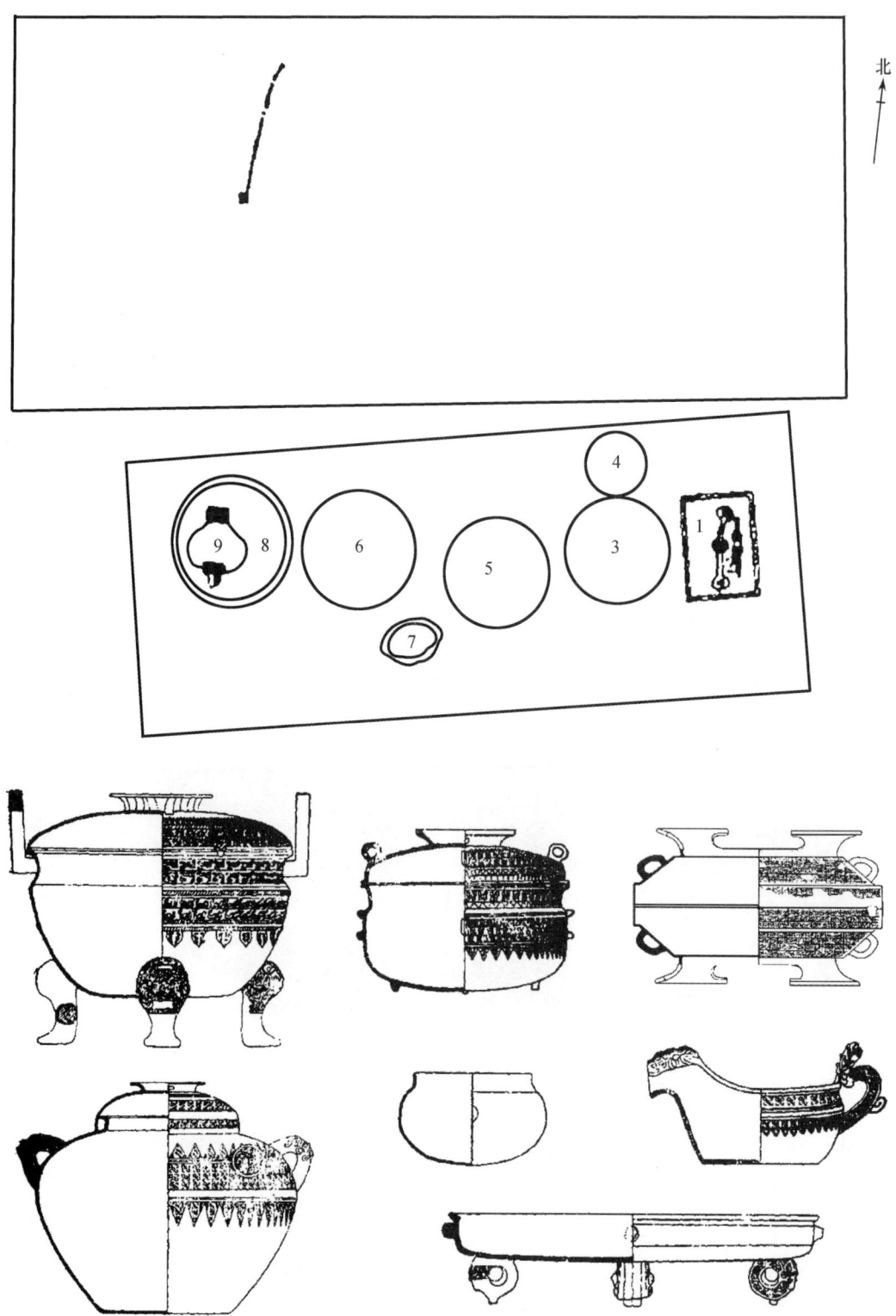

图3-62 河南固始万营山M2及其出土青铜器

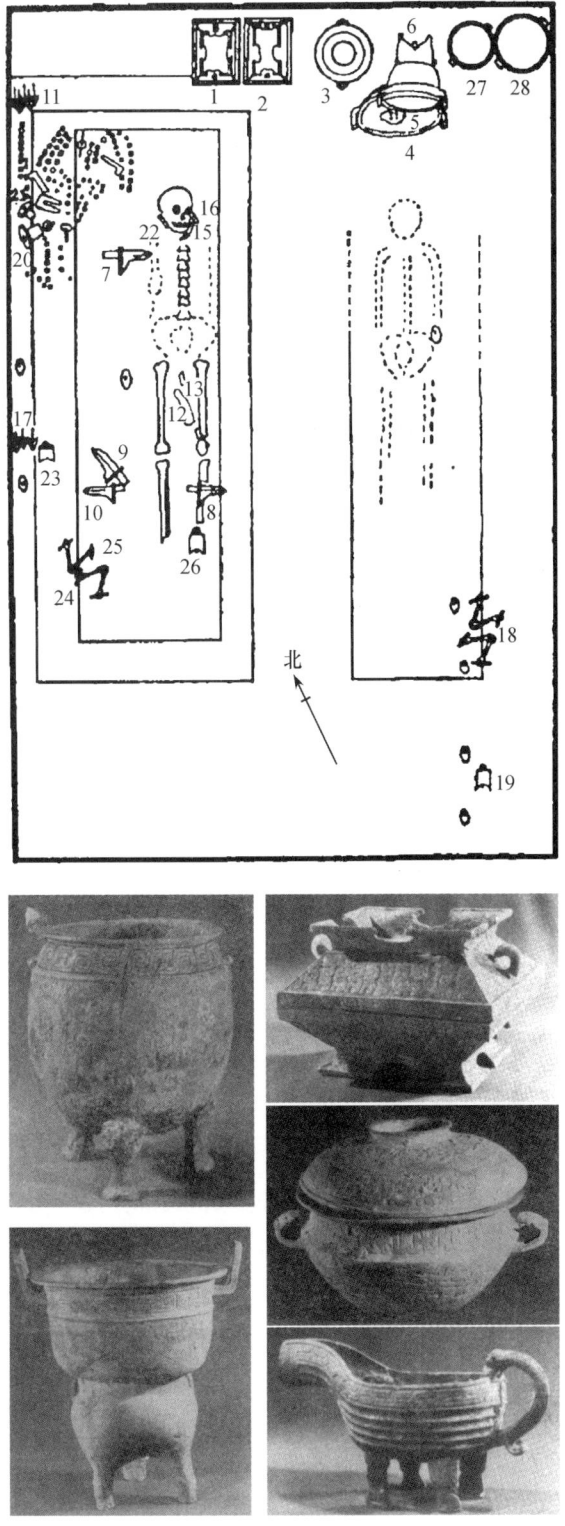

图3-63 河南新野县城关镇小西关村墓葬及其出土青铜器

铜簠的仅有M18，此墓形制、规模不详，出土器物大概有鼎2、簠2、盘1、匜1。

1975年南阳市西关煤厂发现一座墓葬①，这座墓葬位于南阳市西郊，东距古宛城约1000米。残存的部分墓室为长方形，葬具已经腐朽，仅存棺灰及漆皮痕迹。墓室底部铺有朱砂，发现有成年人和小孩的牙齿。出土青铜器比较完整，即鼎3、簠2、壶2。两件申公彭宇簠，器盖同铭作"唯正十又一月辛子申公彭宇自作淄叵（簠），宇其眉寿万年无疆，子子孙孙永宝用之"。

1978年淅川县丹江水库下寺发掘了一处墓地②。下寺墓地东距丹江西岸6千米，清理墓葬24座、车马坑5座。9座大中型墓葬出土有青铜簠，分为三个墓区，即甲组墓区M8、M7、M36，乙组墓区M1、M2、M3、M4，丙组墓区M10、M11。

下寺M8在墓地最南端，往北依次是M7、M36。此墓为东西向长方形墓，方向110°。墓口略大于墓底，墓口长7.25米、宽5.68米，墓底长6.62米、宽5.26米，深4.3米。墓室四周有二层台，葬具为一椁一棺，椁室长4.56米、宽3.18米。椁室内置南北并列的两棺，南棺较长，其西端紧靠椁室西壁，墓主人骨架为中年男性，仰身直肢，头向东。北棺较短，人骨被扰乱，葬式不明。此墓早年多次被盗，从痕迹判断青铜礼器主要放置于椁室东部，兵器多放在南棺与椁室南壁之间，车马器大部分放在椁室西端，西北角放有部分戈、矛。出土器物有鼎1、簠4、盥缶1、盉1、匜1。其中一件上鄀公簠器盖同铭作"唯正月初吉丁亥，上鄀公择其吉金，铸叔羋番改媵叵（簠），其眉寿万年无期，子子孙孙永宝用之"。三件何次簠，两件器盖同铭作"唯正月初吉乙亥，毕孙何次自作馈叵（簠），其眉寿万年无疆，子子孙孙永保用之"；另一件略有不同，无盖铭，器铭作"唯正月初吉乙亥，毕孙何次择其吉金自作馈叵（簠），其眉寿万年无疆，子子孙孙永保用之"。

下寺M7（图3-64）北距M8约6米，为东西向长方形墓，方向125°。墓口大于墓底，墓口长7米、宽5米，墓底长5.3米、宽3.6米，深5.8米。葬具为一椁一棺，椁室长3.6米、宽2.3米，墓主人骨架无存。随葬品绝大多数放在头箱里，出土器物有鼎2、簠2、敦1、盥缶2、盘1、匜1。两件仲改衛簠仅有器底铭文作"唯正月初吉丁亥，仲改衛用其吉金，自作旅叵（簠），子子孙孙用之"。

下寺M36东北距M7约53米，由于被库水冲掉，破坏严重。仅知此墓为东西向长方形墓，方向85°。墓底长4.74米、宽2.78米，棺椁情况不明，未见人骨架。出土器物有鼎2、簠2、盥缶2、盘1、匜1（图3-65）。

下寺M1（图3-66）在墓地中部最南边，为东西向长方形墓，方向79°。墓口大于

---

① 王儒林、崔庆明：《南阳市西关出土一批春秋青铜器》，《中原文物》1982年第1期；尹俊敏：《南阳市西关出土一批春秋青铜器补记》，《华夏考古》1999年第3期。

② 河南省文物研究所、河南省丹江库区考古发掘队、淅川县博物馆：《淅川下寺春秋楚墓》，文物出版社，1991年。

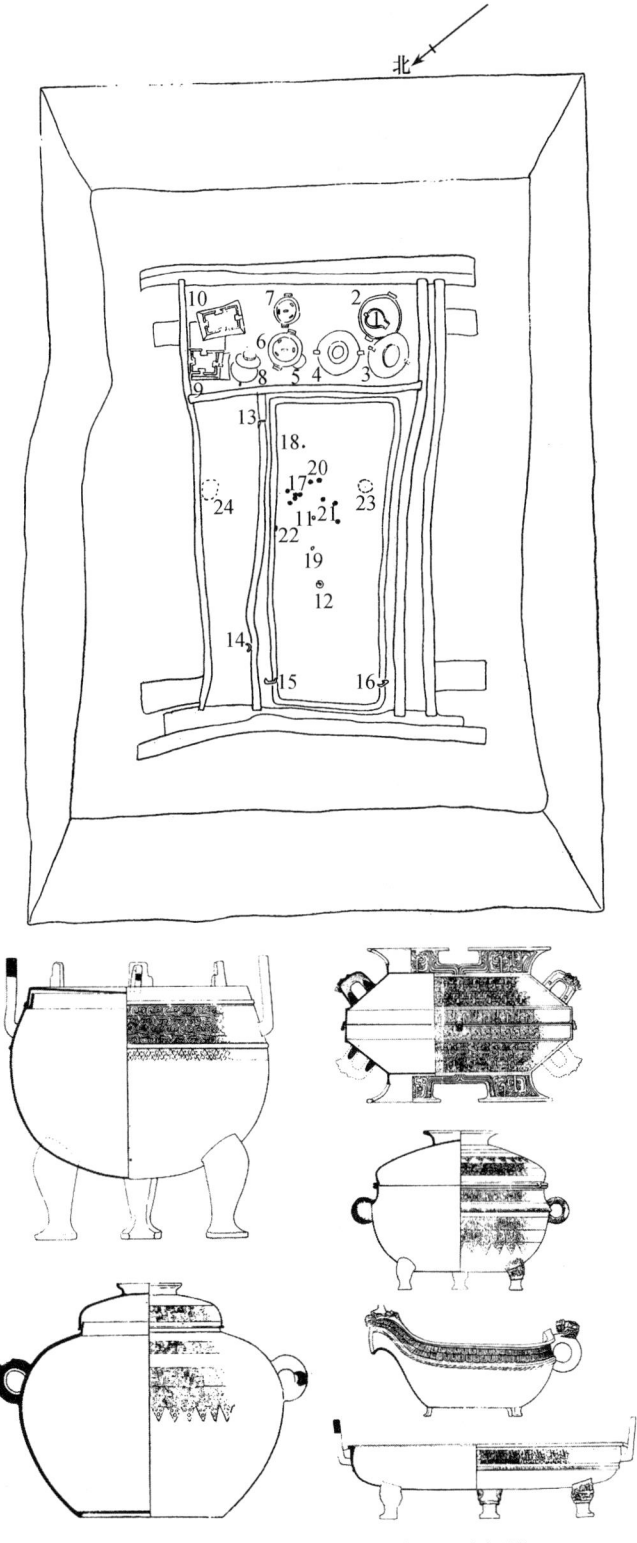

图3-64 河南淅川下寺M7及其出土青铜器

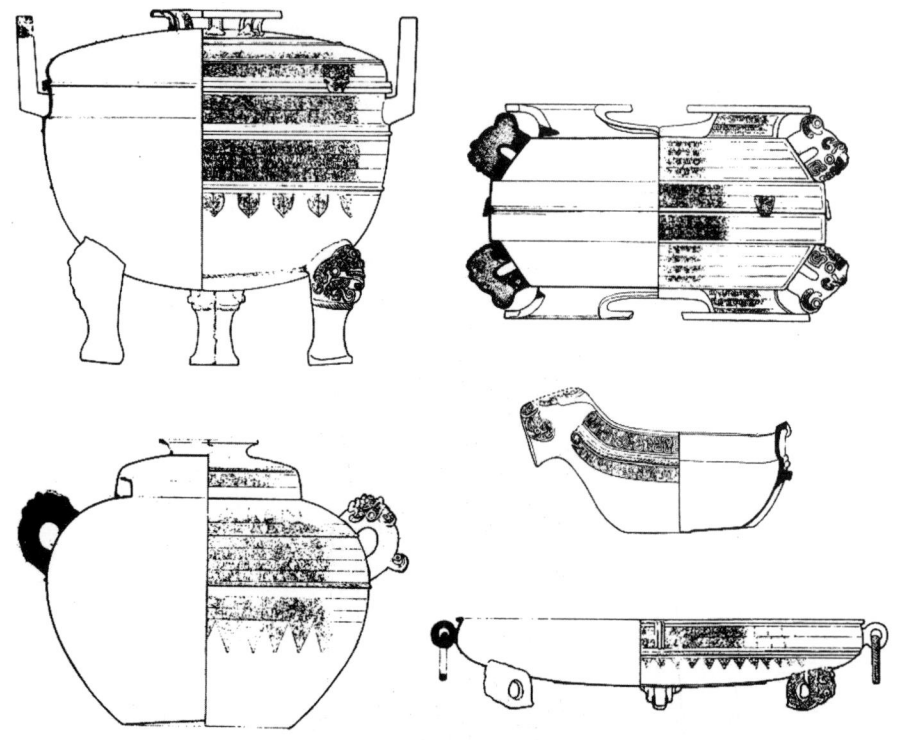

图3-65 河南淅川下寺M36出土青铜器

墓底,墓口长9.9米、宽7.1米,墓底呈梯形,长7.35米、东端宽5.25米、西端宽4.18米。由于墓口西高东低呈斜坡状,东部深仅3.8米,西部深6.1米。葬具为一椁二棺,骨架已朽,葬式不明。青铜容器主要放置在椁室东部,棺南的编钟与棺东的编磬构成曲尺形,棺北主要放置玉器,棺西又放有鼎、方形器座等。出土器物有鼎13、鬲2、簠2、簋1、敦1、壶2、尊缶2、盥缶2、盉1、盘1、匜1、勺1、钟9、石磬13。两件佣簠器盖同铭作"佣之匠(簠)"。鼾鼎、鼾鼎和䉤鼎集中放置一个区域,簠、敦和簋一字排列于另一个区域。

下寺M2(图3-67)北距M1约23米,为东西向长方形墓,方向79°。墓壁垂直,墓底长9.1米、宽6.47米、深3.88米。墓室有熟土二层台,并有一个汉代的扰坑。葬具为一椁一棺,椁室西部内置南北并列的两棺,南棺较大,北棺较小,人骨架无存。椁室东部主要放置礼器和少量乐器,南部主要放置乐器,西部放置大量的车马器及兵器。出土器物有鼎19、鬲2、簠2、簋1、敦1、豆1、俎1、禁1、壶1、舟1、尊缶2、盥缶2、盘1、匜1、盆2、鉴1、钟26、石磬13。

下寺M3(图3-68)北距M2约18米,为东西向长方形墓,方向77°。墓壁垂直,墓底长5.48米、宽4.1米、深3.4米。葬具为一椁一棺,椁室长3.7米、宽2.34米。椁室内置南北并列的两棺,人骨架皆仰身直肢,头向东。南棺人骨双手交叉放于腹部,北棺人骨右手放于腹部,左手放于下腹部边沿。青铜礼器均放在椁室东侧和南侧,出土器物

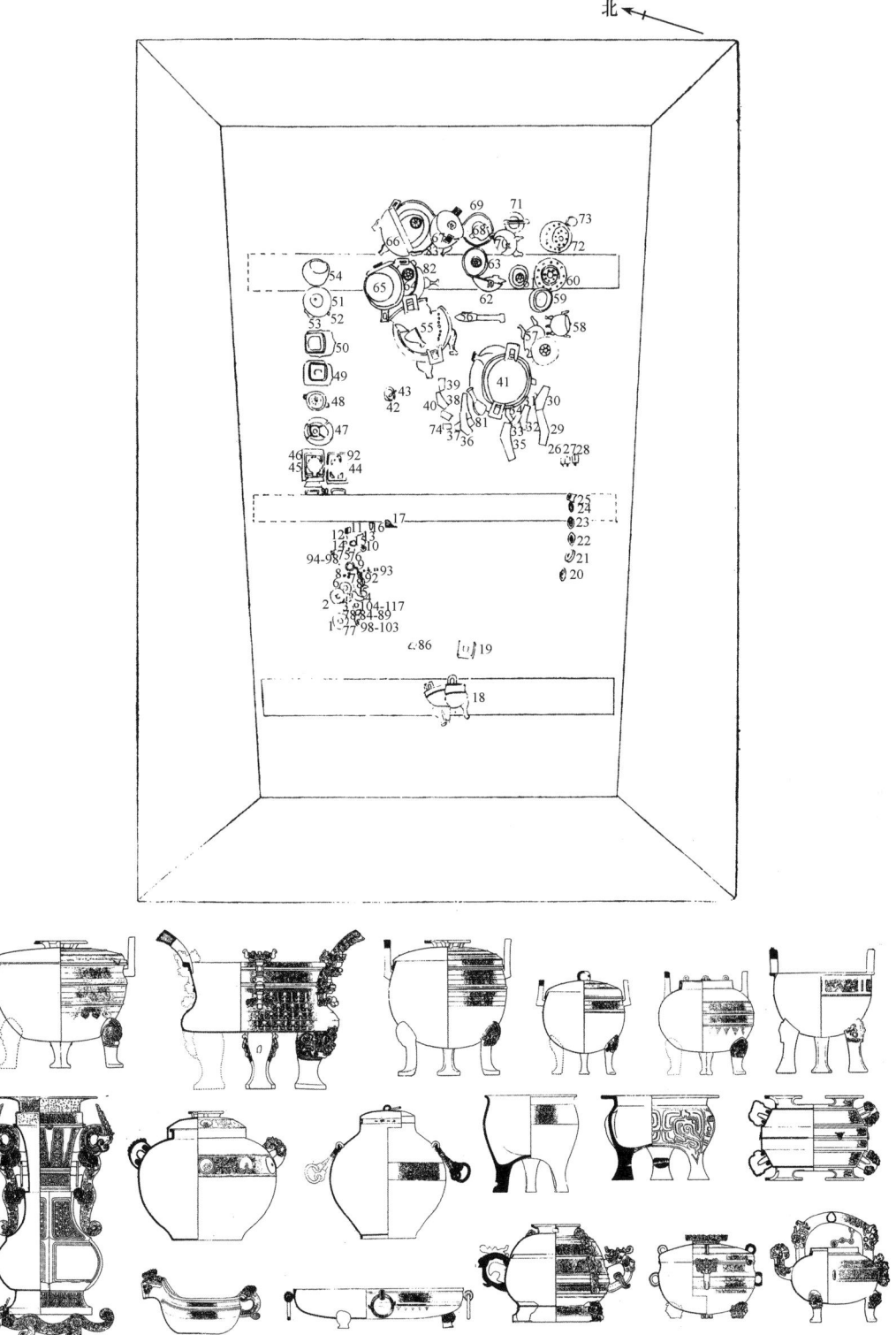

图3-66　河南淅川下寺M1及其出土青铜器

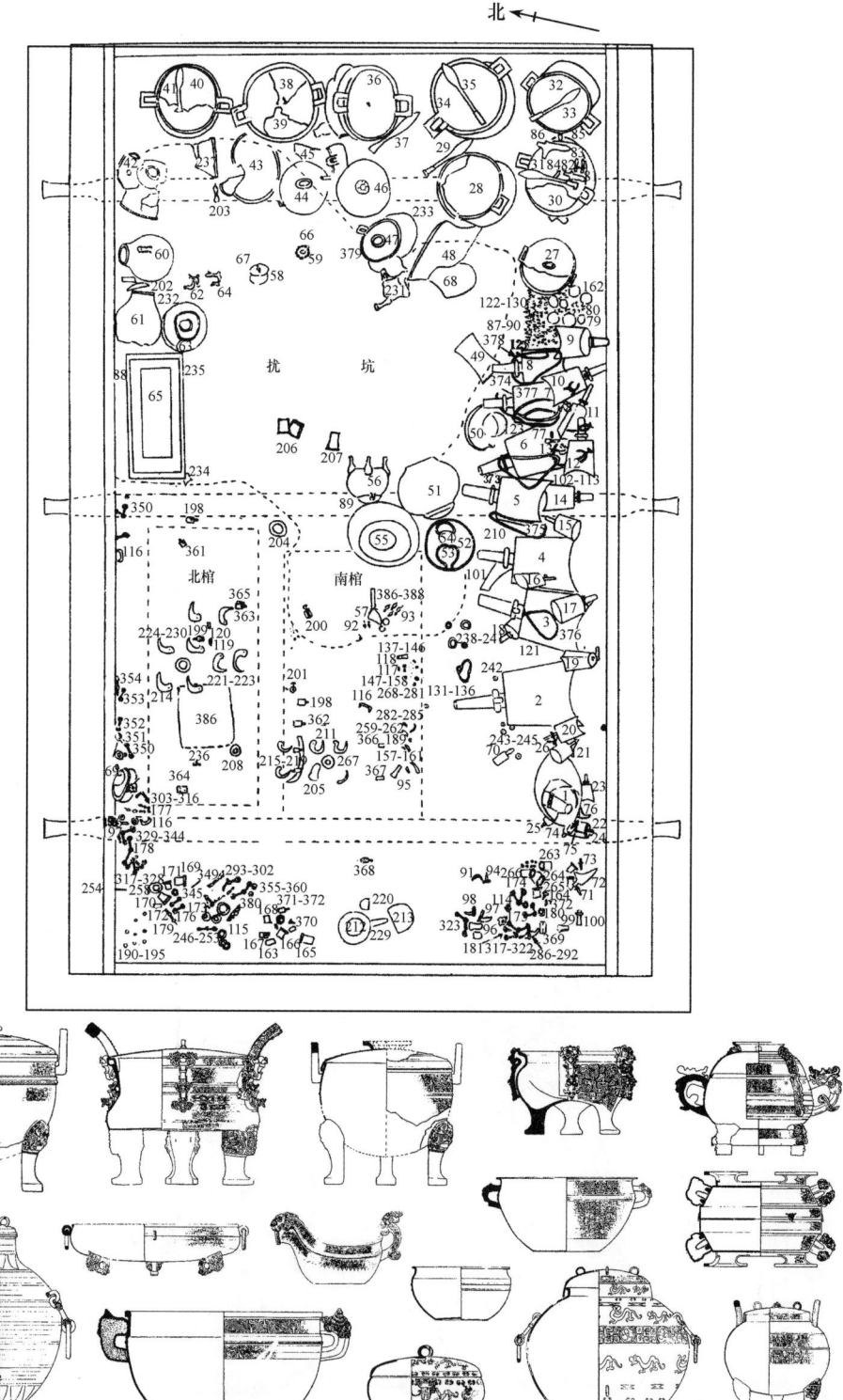

图3-67 河南淅川下寺M2及其出土青铜器

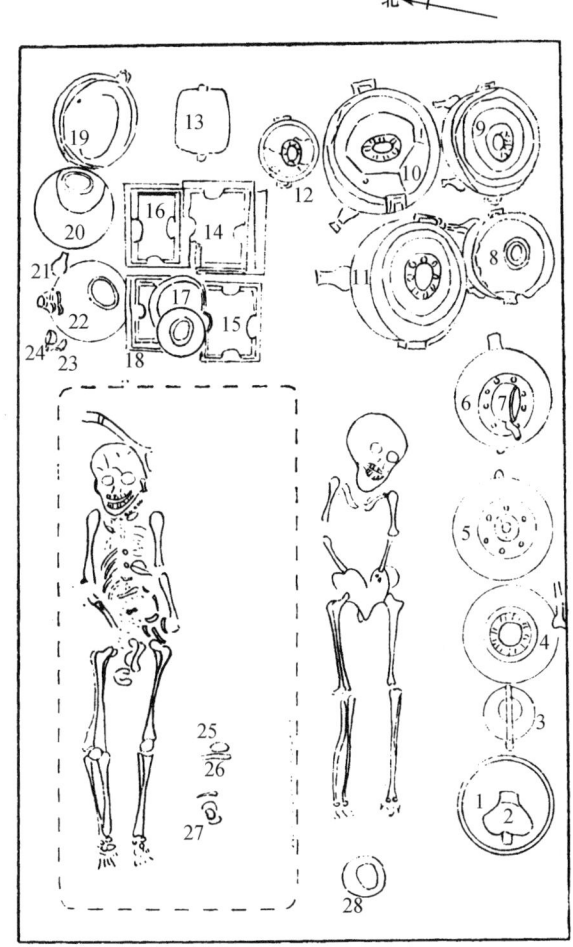
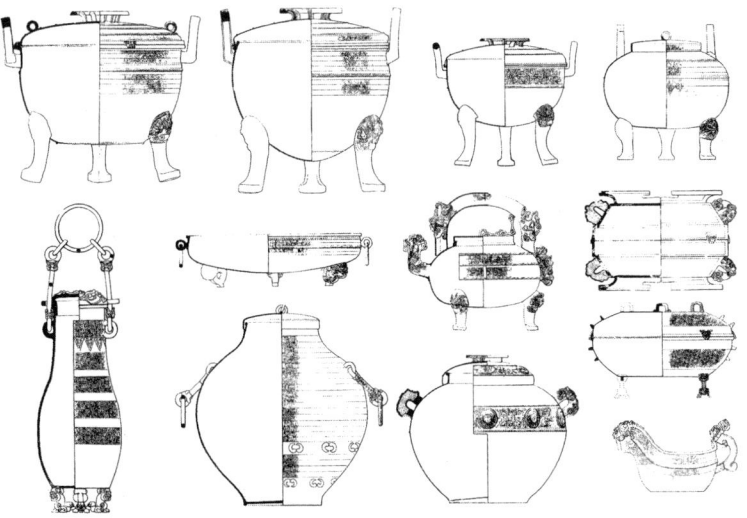

图3-68 河南淅川下寺M3及其出土青铜器

有鼎6、簠4、敦1、方盒1、壶1、尊缶2、盥缶2、鉴1、盂1、盘1、匜1。4件王子□簠器盖同铭作"[王子]□自作飤匡（簠），子子孙孙永保用之"，首句作器人名均被铲去，一器隐约可见"王子"二字。

下寺M4西北距M3约6.5米，墓室上部已被水库冲掉。此墓为东西向长方形墓，方向90°。墓壁较直，墓底长4.7米、宽4米，残深0.8米。葬具为一椁一棺，椁室长2.05米、宽1.2米，人骨架为仰身直肢，头向东，双手交于下腹部。随葬品放置于墓室东部，出土有鼎1、簠1、盥缶1、盘1、匜1。

下寺M10（图3-69）在墓地北部，南距M3百余米。此墓为东西向长方形墓，方向78°。墓底长5.86米、宽3.93米，深2.7米。葬具为一椁一棺，椁室长4.56米、宽2.68米。椁室西部内置南北并列的两棺，人骨架保存不好。青铜礼器和乐器主要放置在椁室东部，钟、镈和石磬呈曲尺形陈设。椁室南部有长方形的漆案痕迹，兵器、车马器和装饰品放置在南、北两棺内外。出土器物有鼎4、簠2、敦1、尊缶2、盥缶2、盘1、匜1、钮钟9、镈8、石磬13。

下寺M11在墓地最北端，南距M10约60米。此墓为东西向长方形墓，方向75°。墓口略大于墓底，墓口长5.4米、宽4.02米，墓底长5.25米、宽3.8米，深6.1米。葬具为一椁一棺，椁室长3.5米、宽2.4米。棺椁已经腐朽，迹象表明椁室西部置有南北并列的两棺，北棺较长，南棺较短，人骨架皆为仰身直肢，双手交于腹部，头向东，面向上。青铜礼器主要放置在椁室东部，椁室南部有长方形漆案痕迹，放置着兵器和车马器。出土器物有鼎3、簠2、敦1、尊缶2、盥缶1、盘1、匜1。

1980年西峡县回车乡花元村发现一批青铜器①，出土器物有鼎1、簠1、盘1、匜1。

1987年淅川县仓房乡东沟村征集到一件蟠螭纹簠②，现藏淅川博物馆。

1988年南阳市西关八一路发现一处墓地③，出土青铜簠的有M1、M22、M40三座墓葬。墓地东距古宛城约1000米，三座墓葬为东西向长方形墓，方向在88°~95°，大致呈南北平行排列，其西侧各有一座车马坑。M1墓口长3.9米、宽2.5米，墓底深3.5米，其余两墓规模大体相同。三座墓葬均设有熟土二层台，墓底有椭圆形腰坑。葬具均为一椁一棺，椁室由棺室、头箱和边箱三部分组成。墓主人骨架残存较少，可辨为头向东。M1出土有鼎1、簠2、盂1、盘1，M22出土有鼎1、簠2，M40出土有鼎1、簠2。

1990年淅川县仓房乡陈庄村和尚岭发掘一处墓地④。这个墓地位于和尚岭的最高

---

① 谢宏亮、徐明法：《西峡县出土春秋时期青铜器》，《中原文物》1980年第3期。
② 唐新：《渠首遗珍——河南淅川博物馆藏楚国青铜器鉴赏》，《收藏家》2015年第10期。
③ 南阳市文物工作队：《南阳市西关三座春秋楚墓发掘简报》，《中原文物》1992年第2期。
④ 河南省文物考古研究所、南阳市文物考古研究所、淅川县博物馆：《淅川和尚岭与徐家岭楚墓》，大象出版社，2004年，5~121页。

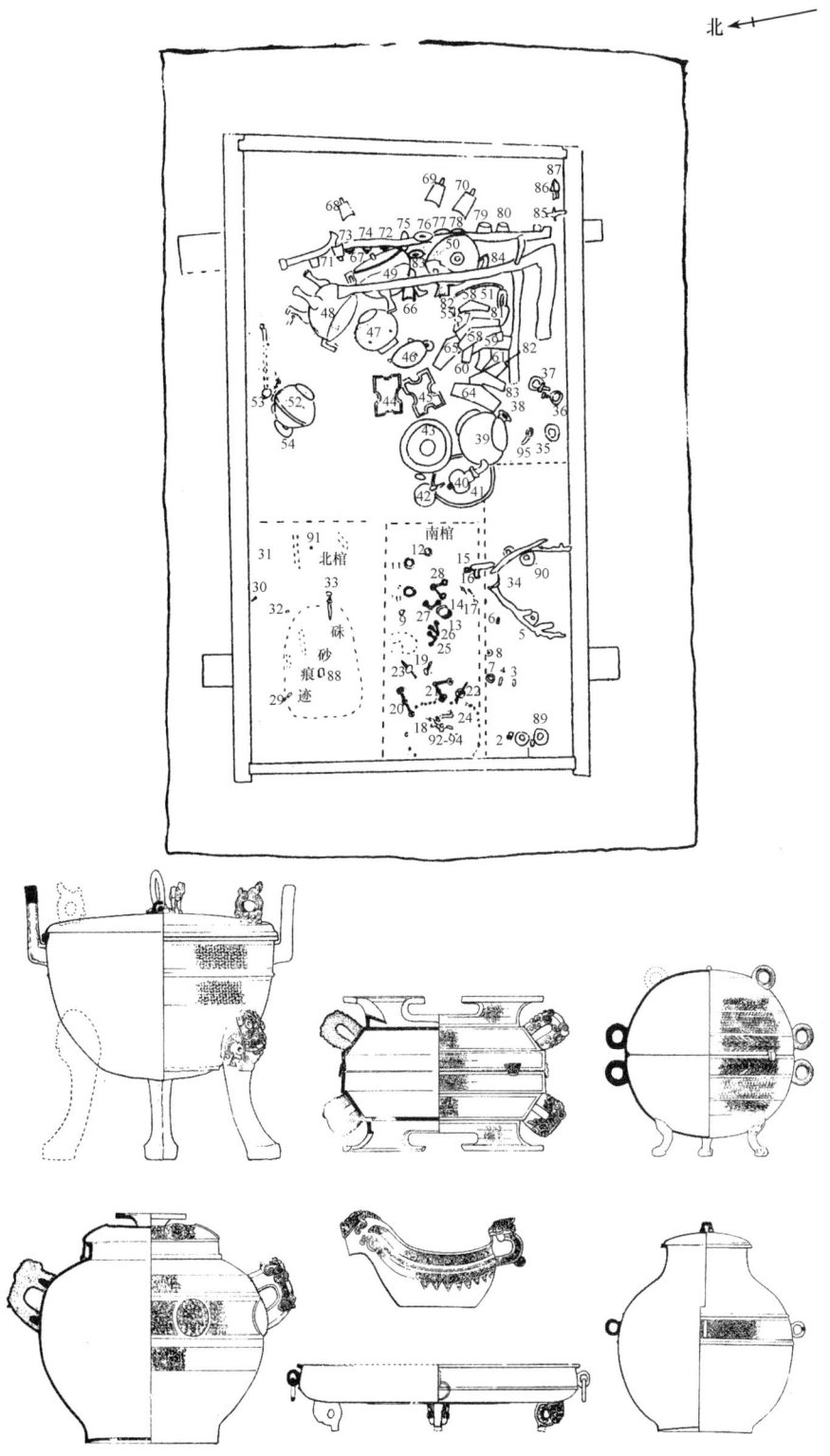

图3-69 河南淅川下寺M10及其出土青铜器

处，北距下寺墓地仅400米。两座墓葬M1居南、M2居北，相距9米。在发掘清理前曾多次被盗，据说这两座墓的东南部曾冲刷出一座楚墓，部分随葬品现存淅川县博物馆。

和尚岭M1为东西向长方形墓，墓向68°，墓室平面近正方形。墓口大于墓底，四壁向下内收，墓底四周有熟土二层台。墓口长6.8米、宽6.44米，墓底长5.5米、宽5.2米，深3.78米。葬具为一椁一棺，椁室长4.2米、宽4米。由于严重被扰，人骨无存。清理后的椁室只有两处未经盗扰，礼器的鼎和兵器的殳置于椁室的东北部，车马器和戈置于椁室的东南部，石编磬置于椁室中部，西部棺内放置玉器。残存器物有鼎6、簠（残片）、石磬9。

和尚岭M2（图3-70）为东西向长方形墓，墓向70°，形制相同。墓口长7.48米、宽7.36米，墓底长4.45米、宽3.7米，深4.3米。葬具已朽，从痕迹判断应为一椁二棺，椁室长4.45米、宽3.7米。墓主人骨架虽朽，仍能看出为仰身直肢，头向东，在外棺西侧和南侧还有两具殉人骨架。此墓虽然被盗，但大部分随葬品未被盗走。青铜礼器的鼎、簠、敦、壶放置在椁室东北部，编钟、编磬放置在椁室的东南部。车马器和浴缶放置在椁室西南部，椁室中部放置镇墓兽、盘、匜等器物。出土器物有鼎7、簠2、敦1、壶2、浴缶1、盘1、匜1、钟9、镈8、石磬12。两件青铜簠均有用铜补焊的痕迹。

1990～1991年淅川县仓房乡沿江村徐家岭发掘一处墓地①。徐家岭墓地北距和尚岭3千米，共清理了10座墓葬，由于半数墓葬被盗严重，仅有4座墓葬M1、M10、M3、M9发现铜簠及碎片，1座墓葬M5出土陶簠碎片。

徐家岭M1（图3-71）在墓地东南端，为东西向"甲"字形墓，方向98°。墓道位于墓室东部正中，共有七级台阶，墓室平面近正方形。墓口南北长9.3米、东西宽9.2米，墓底南北长6.44米、东西宽6.08米，深6.5米。墓室底部有熟土二层台，葬具为一椁一棺，椁室为正方形，边长4.1米。墓主人骨架尚存，为男性，仰身直肢，头向东。椁室底部有一殉人骨架，为未成年的儿童，仰身直肢，头向南。此墓虽有两个盗洞，但随葬器物大部分保存完好。青铜礼器主要放置在椁室东部、西部，兵器中的戈、矛放置在椁室的西南角，镞放置在椁室东端，剑放置在墓主人左侧，车马器放置比较分散，椁室南部、中部和西北部都有，玉器多放置在棺内。出土器物有鼎5、簠2、敦2、尊缶2、浴缶1、盘1、匜1。铜鼎内发现有许多猪骨，铜簠、敦、壶内发现有已经炭化的谷粒。其中一件䣄子孟青嬭簠，盖铭作"䣄（鄔）子孟嬭青之飤盙（簠）"，器铭作"䣄（鄔）子孟青嬭之飤盙（簠）"，两者私名顺序稍有不同。

徐家岭M10（图3-72）在墓地北部，为东西向"甲"字形墓，方向90°。墓道斜长，墓室近方形，墓口大于墓底，墓口东西长13.8米、南北宽13米，墓底东西长5.4米、南北宽4.9米，深13米。葬具全部腐朽，从痕迹判断椁室内有三具木棺，椁室东西

---

① 河南省文物考古研究所、南阳市文物考古研究所、淅川县博物馆：《淅川和尚岭与徐家岭楚墓》，大象出版社，2004年，122～353页。

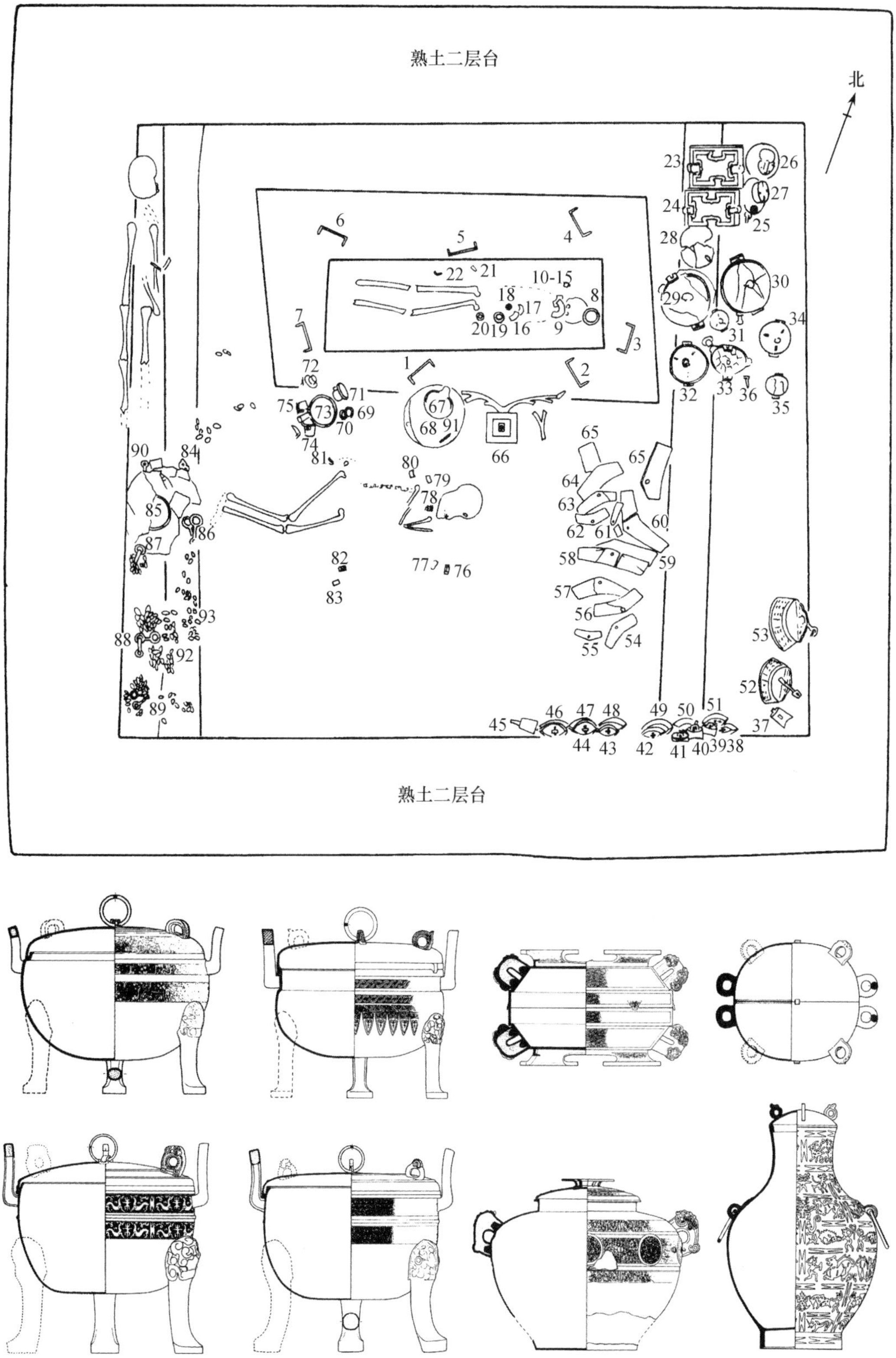

第三章 出土青铜簠墓葬概述

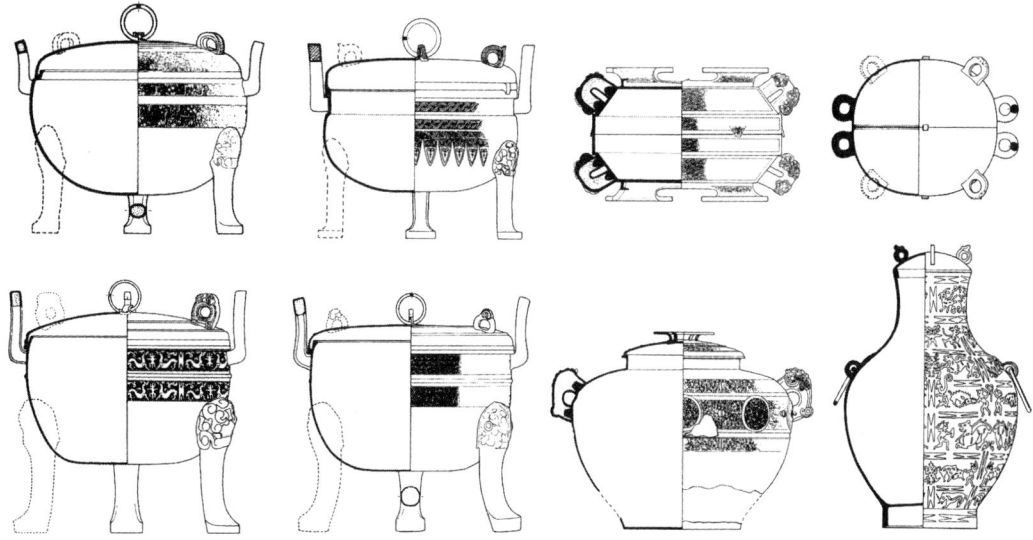

图3-70 河南淅川和尚岭M2及其出土青铜器

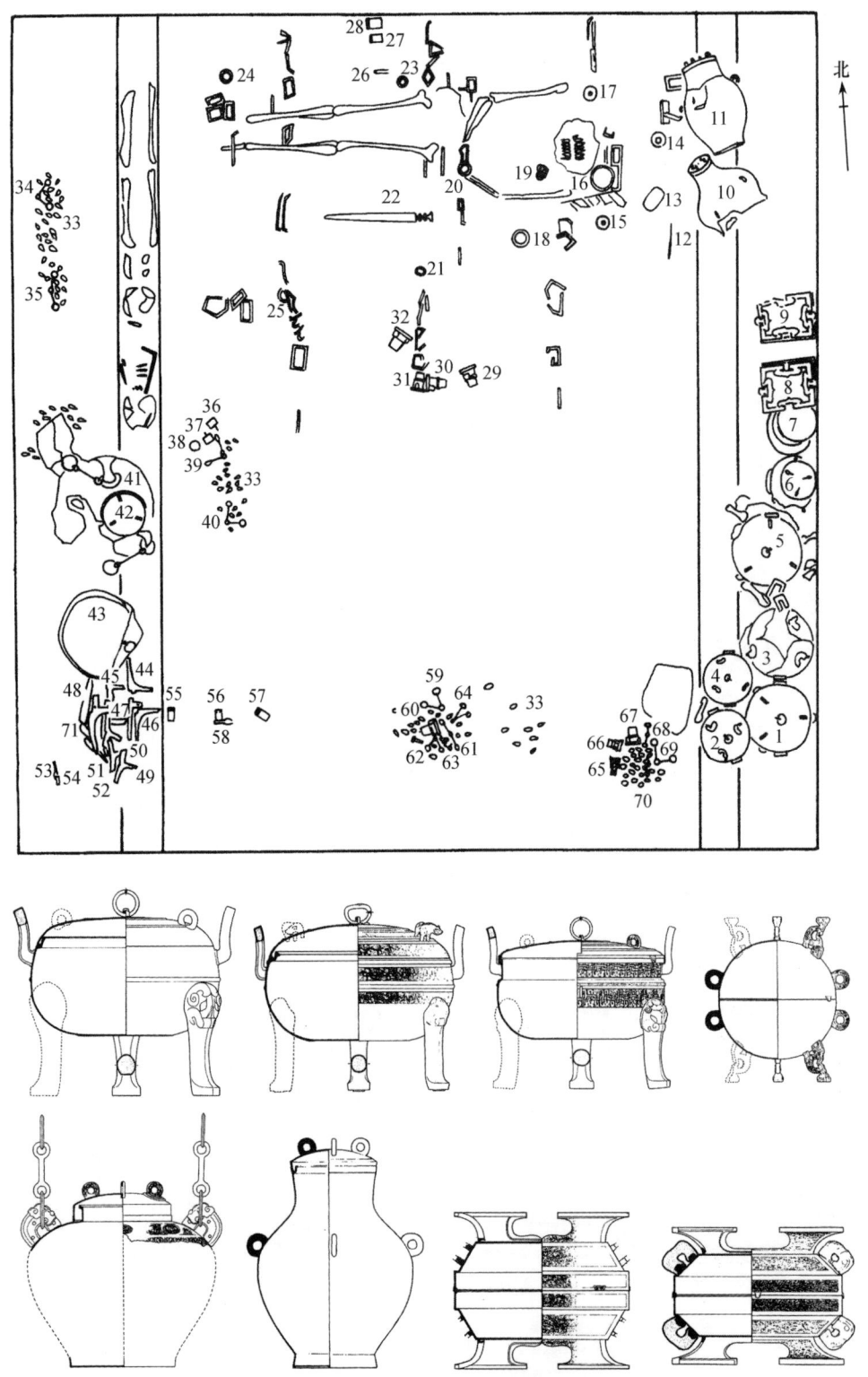

图3-71 河南淅川徐家岭M1及其出土青铜器

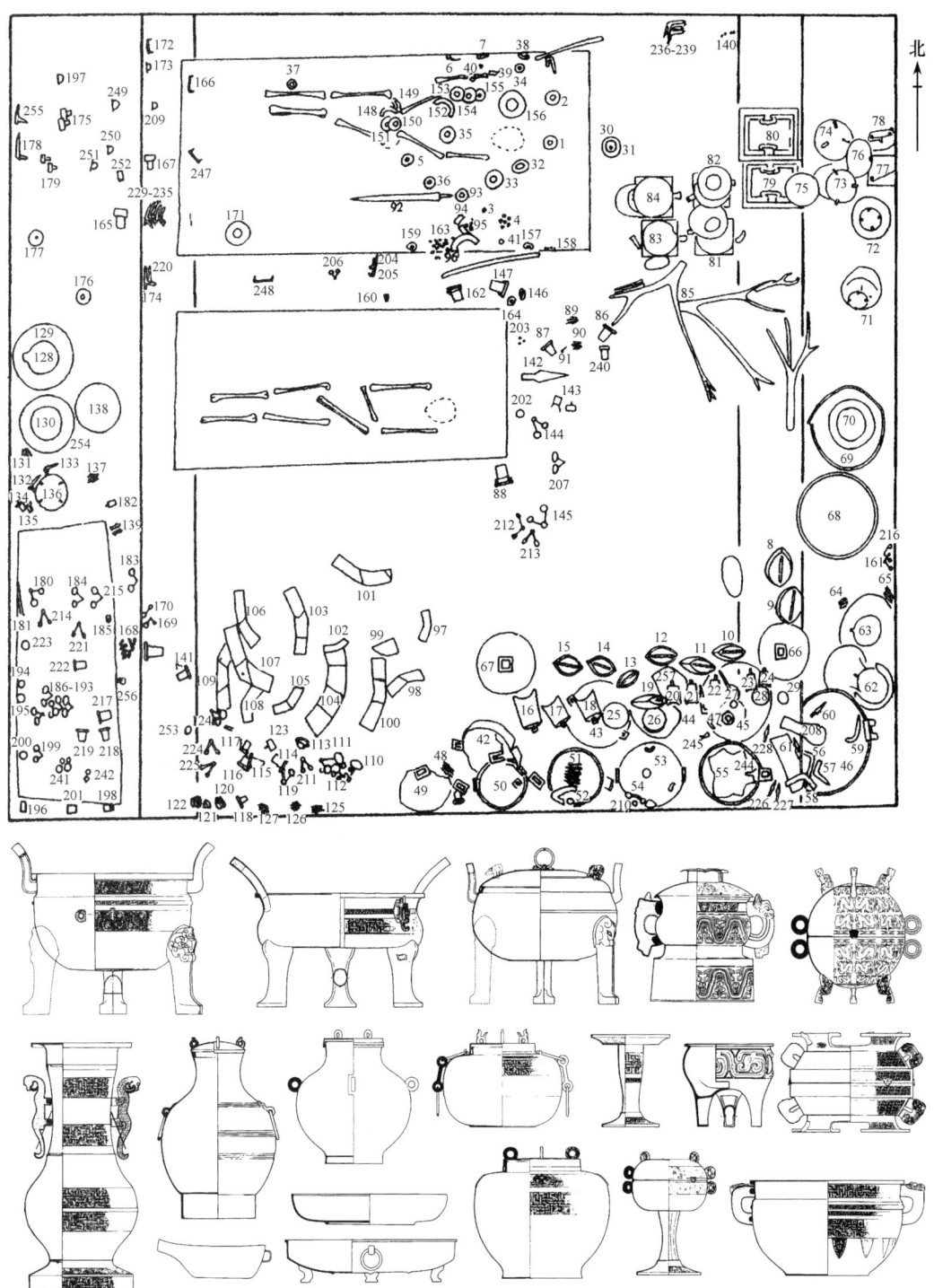

图3-72 河南淅川徐家岭M10及其出土青铜器

长5.4米、南北宽4.9米。墓主人骨架保存较好，仰身直肢，头向东，双手交于骨盆处。另一棺置于椁室中部，与主棺平行稍偏西，人骨架仰身直肢，头向东，左手置于骨盆处，右手置于胸部。还有一棺置于椁室西南角，南北向放置，葬式不详。此墓虽有两个盗洞，皆没有进入椁室。青铜礼器壶、簠、敦、豆、篚放置在椁室的东北部，圆鉴放置在东部，南部偏东放置鼎，其北部悬挂编钟。椁室中南部放置石编磬、车马器，西南角放置甲和车马器，西部正中放置盘、匜、缶，东端放置兵器和车马器。出土器物有鼎11、鬲5、簋4、簠2、敦3、豆2、铺2、壶4、尊缶2、盥缶2、鉴2、匜1、盘2、钟9、镈8、石磬13。其中一件酓忎想簠器盖同铭作"酓忎想之飤匿（簠）"。

徐家岭M3在墓地东南部，为东西向长方形竖穴墓，方向82°。墓口大于墓底，其东北部由于水库侵蚀，已成为断崖。墓口东西长10.6米、南北宽9.7米，墓底东西长6.2米、南北宽4.7米，深6.7米。墓底四周有熟土二层台，葬具全部腐朽，从痕迹判断椁室内有三具木棺，椁室长4.98米、宽4.48米。墓主人骨架仰身直肢，头向东。另一棺置于椁室西部稍偏南，人骨架仰身直肢，双臂交于腹部，头向东。还有一棺置于椁室西北部，人骨架残朽，头向北。此墓东北部严重被盗，根据M10放置器物的规律，此处正是青铜礼器最集中的区域。其余随葬品钟、镈置于椁室的南部偏东，石编磬置于椁室的东部偏南，鼎、浴缶、斗置于椁室中部，兵器和车马器置于椁室西北部。出土器物有鼎8、簠（残片）、浴缶1、钟9、镈8、石磬12。

徐家岭M9（图3-73）在墓地中部偏西北，为东西向长方形墓，方向90°。墓口大于墓底，墓口东西长14.1米、南北宽12米，墓底东西长5.6米、南北宽4.82米，深12米。葬具全部腐朽，从痕迹判断椁室内有三具木棺，椁室长5.6米、宽4.82米。墓主人骨架被盗扰，葬式不详。另一棺放置在椁室中西部，头向东。还有一棺放置在椁室的西北部，头向北。此墓东部有一个盗洞，由椁室西北角进入墓室盗走鼎、壶、编钟等器物，其余大部分随葬品的位置比较清楚。青铜礼器中鼎、簠、鉴置于椁室的东部，缶、神兽、车马器置于椁室正中，兵器置于椁室的东南角，椁室的南部放置石编磬以及少量兵器和车马器。出土器物有鼎4、鬲3、簠1、尊缶2、浴缶2、鉴1、盘2、匜1、石磬14。曾孟嬭朱姬簠器盖同铭作"穆穆曾孟嬭邾姬之持"。

2005年南阳市独山大道与光武路交叉口的万家园发现一处墓地[1]，共清理了247座墓葬，M181（图3-74）出土有青铜簠。此墓为东西向长方形墓，方向105°。墓口与墓底同大，墓底有熟土二层台，东西长4.3米、南北宽3米，深1.7米。葬具一椁二棺，椁室长3.46米、宽1.84米，墓主人葬式不详。青铜礼器放置于椁室东部，一件戈放置在外棺东南角。出土器物主要有鼎3、簠2、敦1、盥缶1、牺尊1、盘1、匜1。

---

[1] 南阳市文物考古研究所：《南阳市万家园M181发掘简报》，《中原文物》2009年第1期。

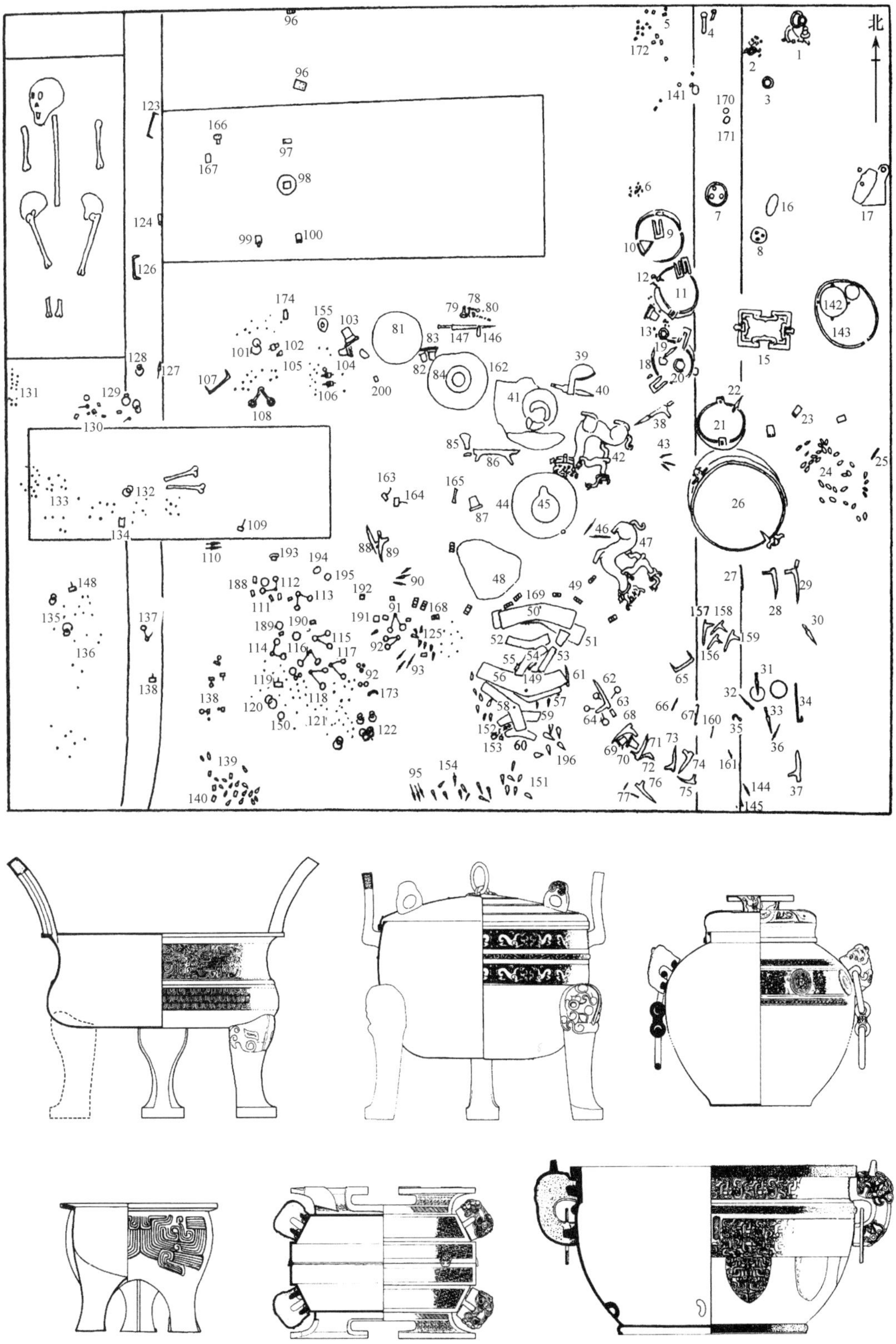

第三章 出土青铜簋墓葬概述

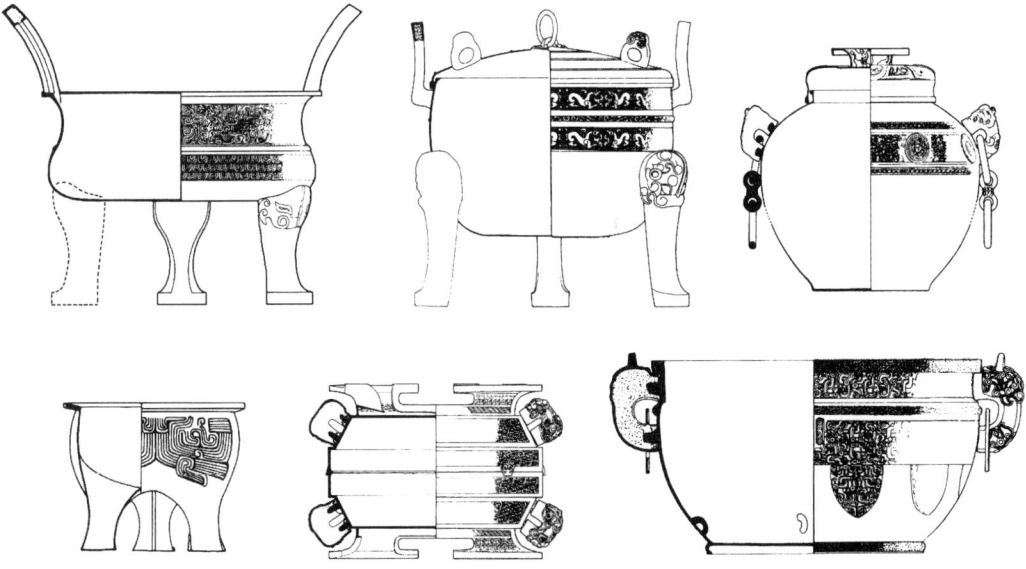

图3-73 河南淅川徐家岭M9及其出土青铜器

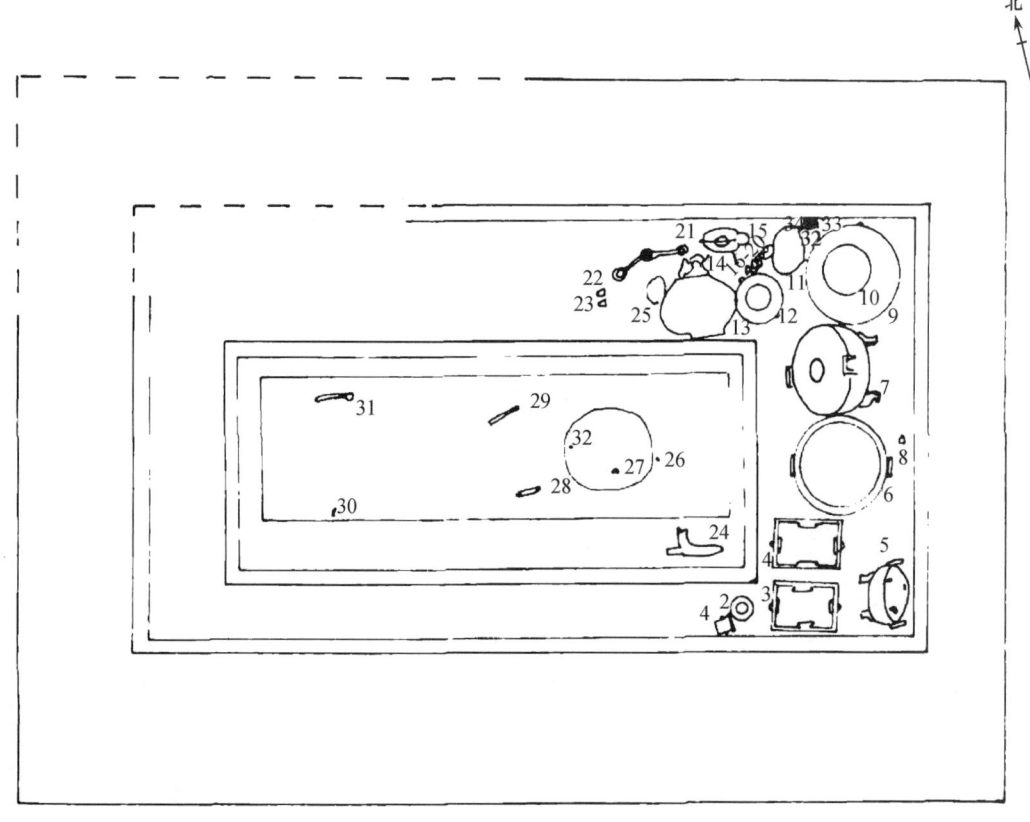
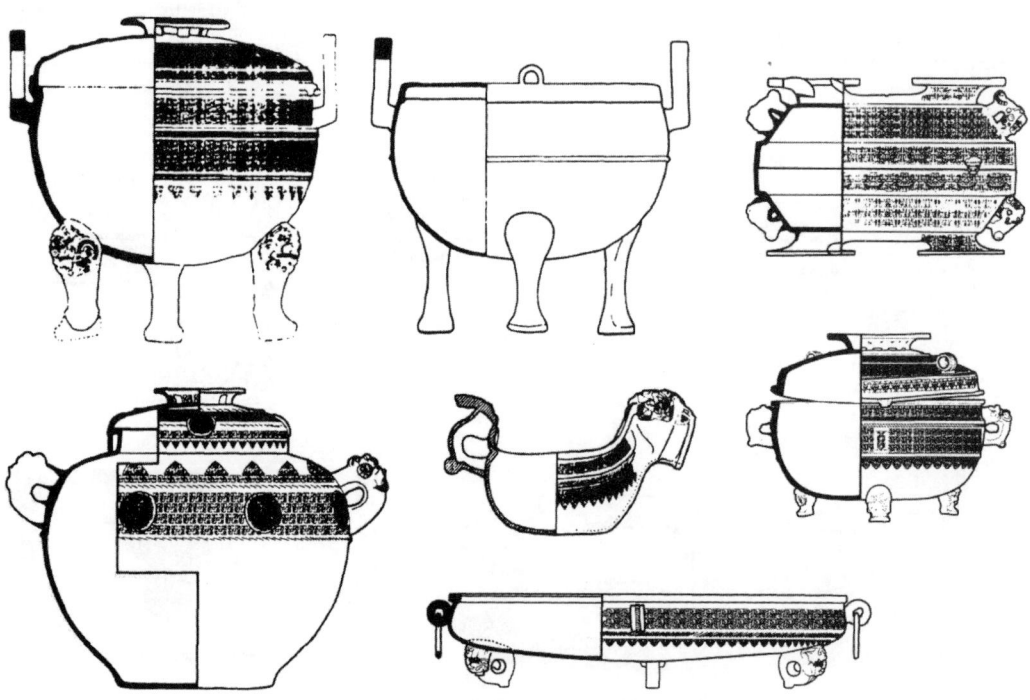

图3-74 河南南阳市万家园M181及其出土青铜器

2006~2007年对南阳市淅川县徐家岭墓地进行了第二次发掘①。清理了3座墓葬，其中M11（图3-75）出土有青铜簠。此墓为东西向"甲"字形墓，方向90°。墓口设有三级生土台阶，东端设有墓道，墓底有熟土二层台。墓口大于墓底，墓口东西长11.5米、南北宽10米，墓底东西长6.25米、南北宽6米，深10.5米。葬具一椁二棺，椁室长4.4米、宽3.7米。主棺放在椁室中部偏北处，椁室西侧北端和北侧各有一具陪葬棺。墓主人骨架仰身直肢，双手交叉放于腹部，头向东。此墓曾经被盗，青铜礼器集中置于椁室西南角，乐器、兵器置于椁室南部，车马器散放于棺椁之间。出土器物主要有鼎6、甗1、鬲1、簠3、敦3、壶2、尊缶2、盥缶1、盘1、匜1、钟11、石磬13。

2008年对南阳市八一路墓地进行了发掘②，共清理春秋至汉代墓葬42座，其中M44出土有青铜簠。此墓东距2000年发掘的彭子寿墓约7米，破坏严重。出土器物有鼎2、簠2、敦2。两件蔡侯申簠器盖同铭，"蔡侯申之飤匡（簠）"。

2008年南阳市八一路墓地发掘的M38（图3-76）③，位于汉宛城西城墙以西1~2千米。此墓为南北向长方形墓，方向175°。墓口大于墓底，墓底有熟土二层台，墓口南北长7米、东西宽5米，墓底长6.5米、宽4.5米，深5米。葬具为一椁一棺，椁室长4.8米、宽3.2米、高1.2米。主棺放置在椁室北部，靠近椁室东壁，一具陪葬棺与主棺并列，紧靠椁室西壁。墓主人骨架仰身直肢，头向南，面朝上。青铜礼器集中放置在椁室南部，兵器、车马器置于椁室东端和北端。出土器物主要有鼎5、汤鼎1、簠4、敦1、尊缶2、盥缶2、盘1、匜1、斗1。4件彭子射儿簠器盖同铭，"彭子射儿自作飤簠（簠），其眉寿无期，永宝用之"。两件鼎自名为"飤鼎"，3件鼎自名为"行鼎"，鼎与簠位置相邻，可知飤器组合关系。

小结：河南地区出土青铜簠的族属比较复杂，姬姓虢国和郑国的诸侯墓、大夫墓主要以鼎簋组合为核心礼器，铜簠只是作为陪器，地位不如铜簋。东周王城的士墓和大夫墓以鼎簠组合为主，说明族属构成的来源较广。礼器组合形式是鼎、簠、敦、壶、罍、盘、匜，二簠一敦成为基本制度，新出现的铜敦级别低于铜簠。并且东周王城的家族墓葬分区比较明显，城内为南北向墓葬，城外为东西向墓葬，礼器组合却完全相同。受楚文化影响，许公大墓、辉县琉璃阁魏国贵族墓葬仍以鼎簋组合为核心，士墓和大夫墓的鼎簠组合很少出现。以南阳和信阳两个地区墓葬为代表的楚国贵族丧葬制度有着稳定的一致性，鼎簠组合占据比较重要的地位，存在时间较长。

---

① 河南省文物管理局南水北调文物保护办公室、南阳市文物考古研究所：《河南淅川县徐家岭11号楚墓》，《考古》2008年第5期。
② 乔保同、李长周：《南阳发现蔡侯申簠》，《中原文物》2009年第2期。
③ 南阳市文物考古研究所：《河南南阳春秋楚彭射墓发掘简报》，《文物》2011年第3期。

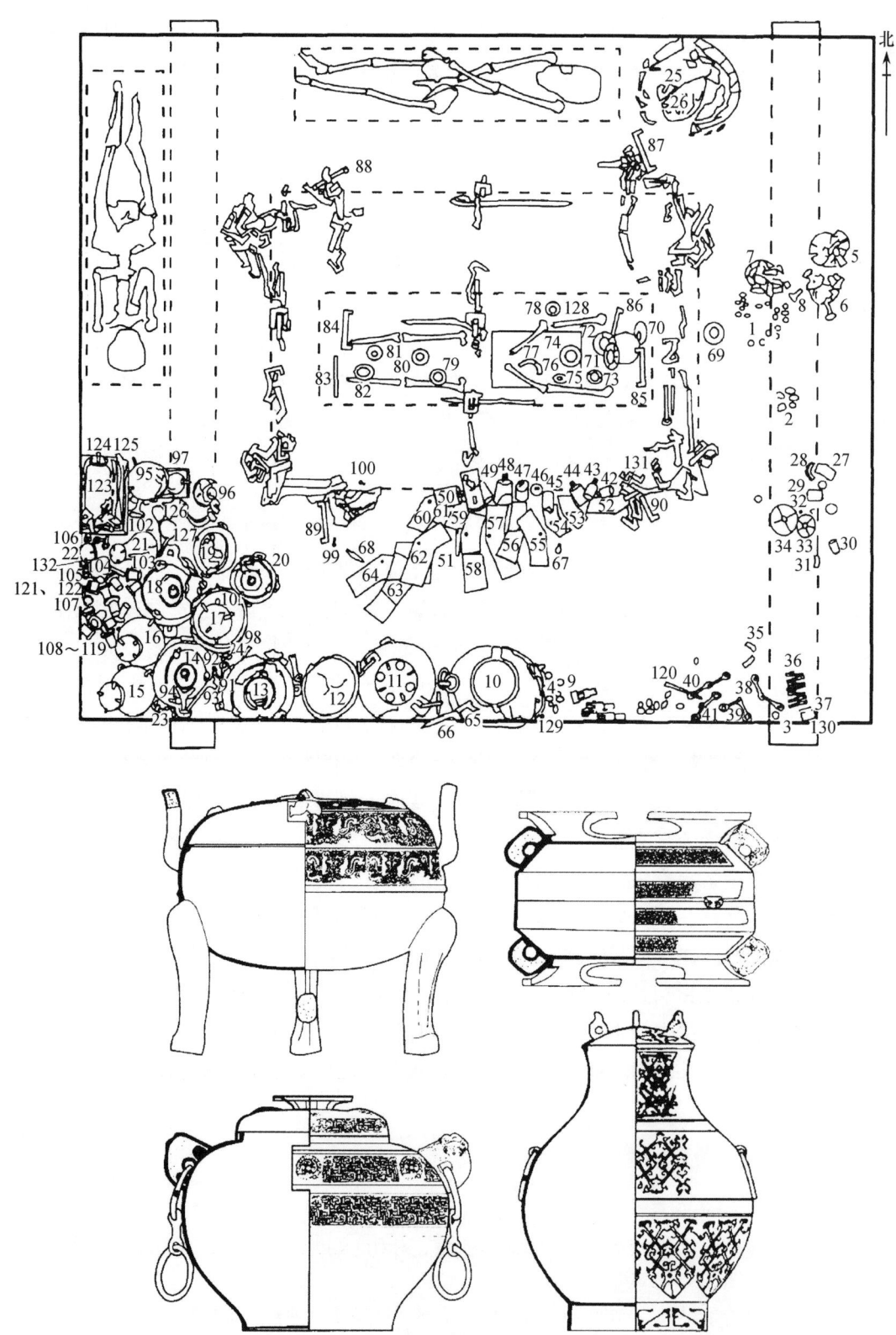

图3-75 河南淅川徐家岭M11及其出土青铜器

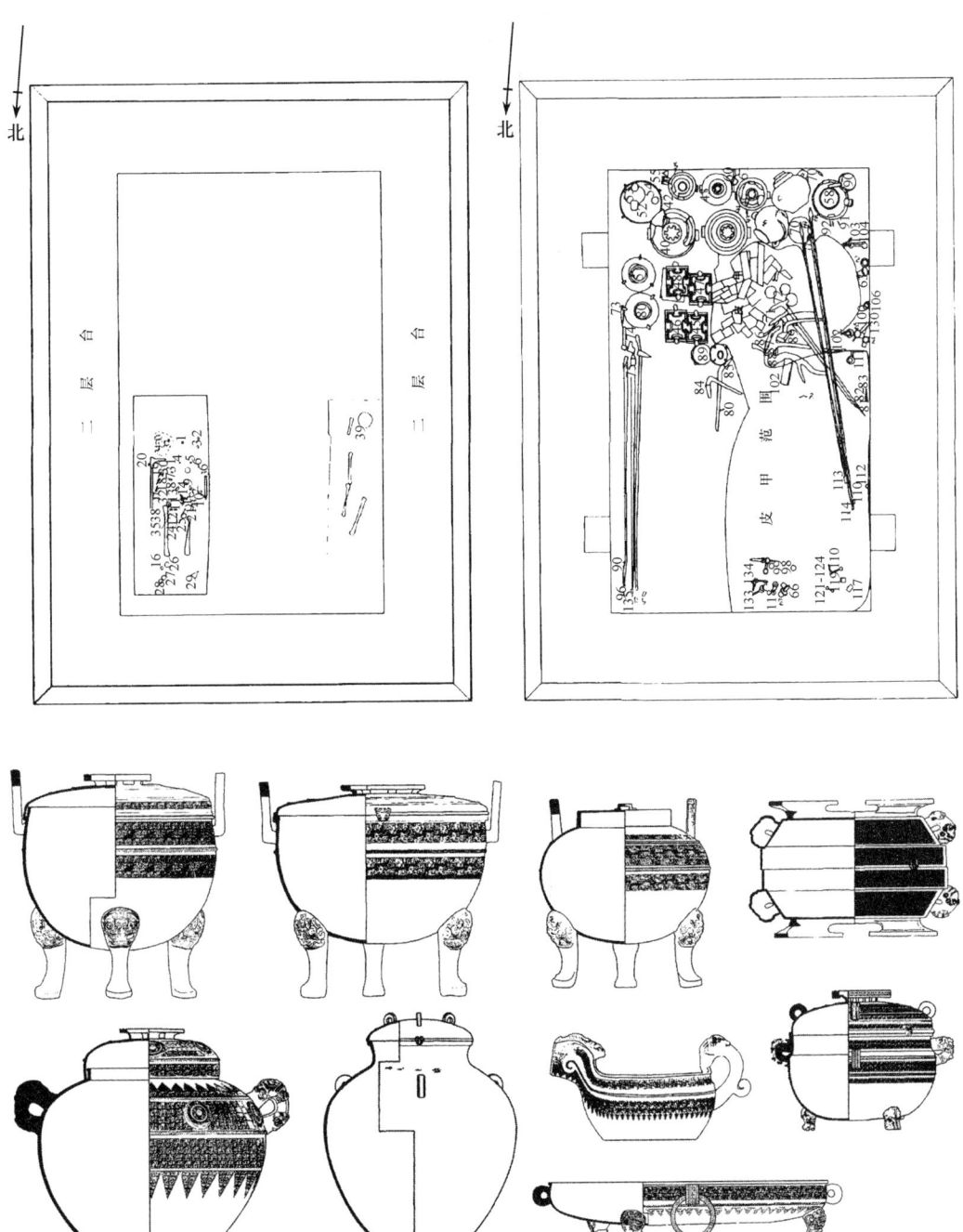

图3-76 河南南阳市八一路M38及其出土青铜器

二、湖北

1. 襄阳地区

1972年对襄阳余岗村北部蔡坡墓地进行了发掘①，东距山湾墓地约1千米，隔沟相望。一共清理了11座墓葬，仅有规模最大的M4（图3-77）出土青铜簠。此墓为东西向长方形，方向90°。墓口设有五层台阶，墓底设有二层台，墓口大于墓底，墓口长14.1米、宽11米，墓底长5.75米、宽3.92米，深9米。葬具一椁一棺，椁室长5.75米、宽3.92米、高1.4米。椁室内分隔成几个箱室，中部至少有南、北两室，东、西端又各有一室。南北二室各有一具木棺，北部人骨架仰身直肢，头向东。西室北部也有一具木棺，埋葬一小孩骨架。青铜礼器中除壶、敦置于西室北边以外，其余青铜器、陶器均置于东室。兵器分布于椁室的四角和北室两侧，西南角比较集中。车马器分布于南室和北室，东室还有生产工具和鹿角。出土器物主要有鼎2、簠1、敦1、盒2、壶2、缶1、盘1、匜1。

1972~1973年对襄阳余岗村西的山湾墓地进行了发掘②，共清理33座墓葬，其中有M6、M11、M14、M23、M33五座墓葬出土有青铜簠。山湾M6（图3-78）为南北向长方形墓，方向179°。墓口大于墓底，墓底四周设二层台，墓口长3.88米、宽2.24米，墓底长3米、宽1.2米，深4.04米。葬具一椁一棺，墓主人骨架仰身直肢，头向南。出土器物有鼎2、簠2、盥缶2、盘1、匜1。

山湾M11为南北向长方形墓，方向184°。墓口大于墓底，墓底四周设生土二层台，墓口长4.7米、宽3.15米，墓底长3.73米、宽2.03米，深2.74米。葬具一椁一棺，墓主人葬式不详，头向南。此墓被盗严重，椁室西侧有一辆马车随葬，出土器物仅存鼎足3、簠耳1。

山湾M14（图3-79）为南北向长方形墓，方向177°。墓口大于墓底，墓底四周设二层台，墓口长4.1米、宽2.02米，墓底长2.7米、宽0.96米。葬具一椁一棺，墓主人骨架仰身直肢，头向南。出土器物有鼎1、簠1、盥缶1、盘1、匜1。

山湾M23（图3-80）为南北向长方形墓，方向176°。墓口大于墓底，墓底四周设二层台，墓口长3.76米、宽1.94米，墓底长2.6米、宽1.2米，深3.6米。葬具一椁一棺，墓主人骨架仰身直肢，头向南。出土器物有鼎1、簠1、盥缶1、盘1、匜1。

山湾M33（图3-81）为南北向长方形墓，方向179°。墓口大于墓底，墓底四周设二层台，墓口长3.44米、宽2.04米，墓底长2.95米、宽1.28米，深1.81米。葬具一椁一棺，墓主人葬式不详，头向南。出土器物有鼎2、簠1、敦1、盥缶1、盘1、匜1。子季

---

① 湖北省博物馆：《襄阳蔡坡战国墓发掘报告》，《江汉考古》1985年第1期。
② 湖北省博物馆：《襄阳山湾东周墓葬发掘报告》，《江汉考古》1983年第2期。

第三章 出土青铜簠墓葬概述

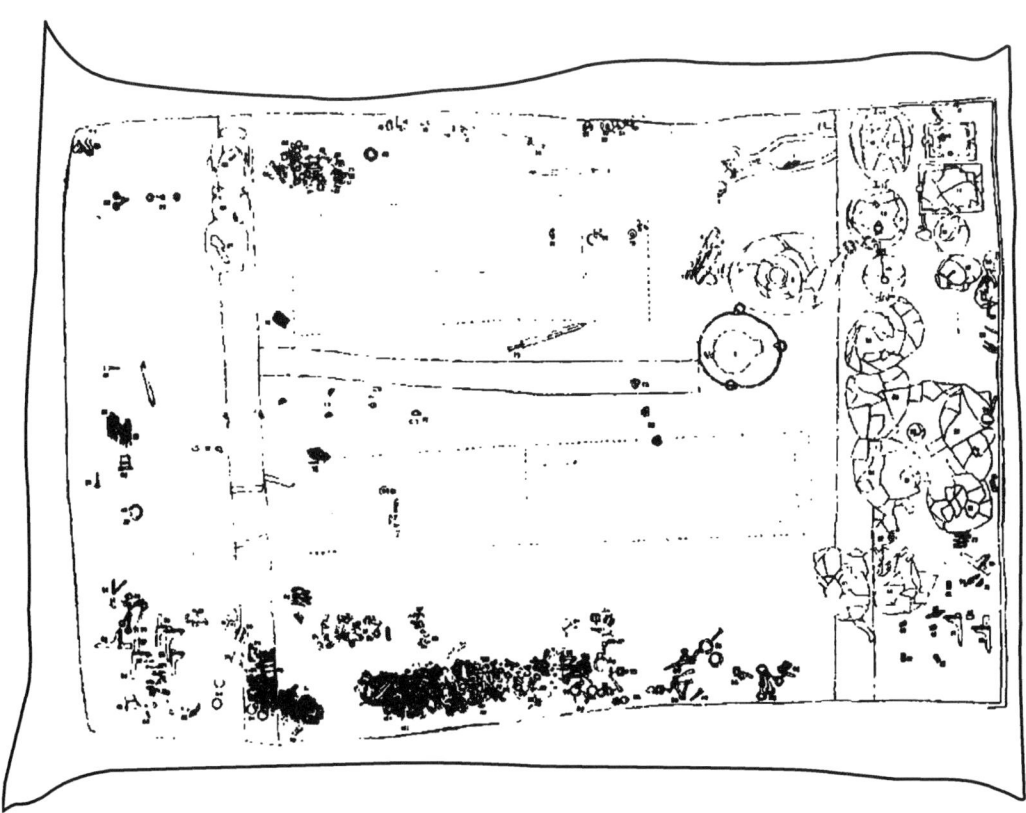

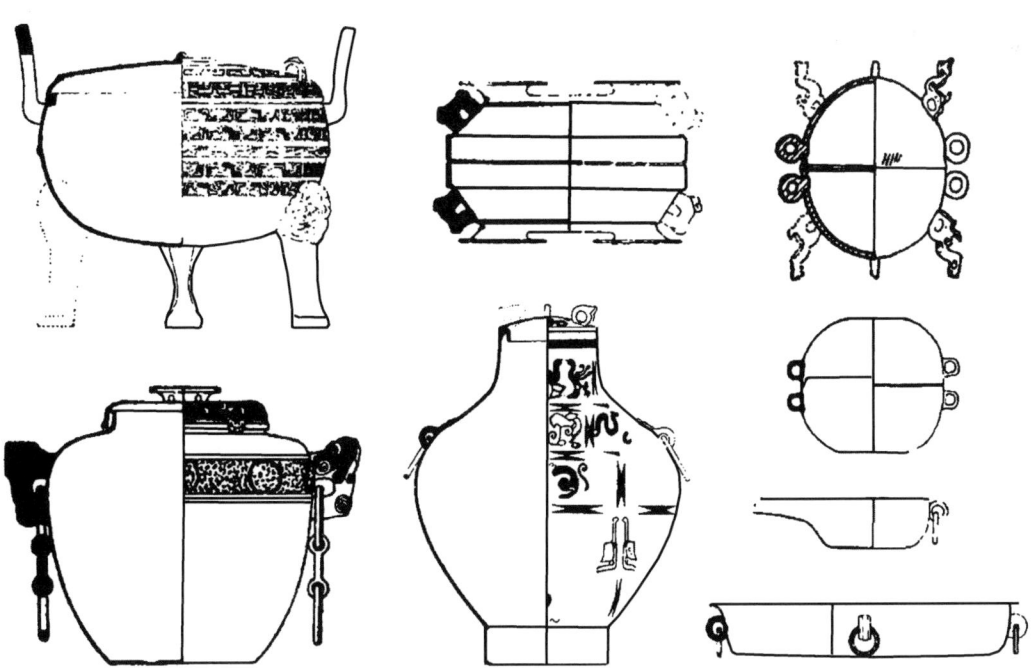

图3-77 湖北襄阳余岗村蔡坡M4及其出土青铜器

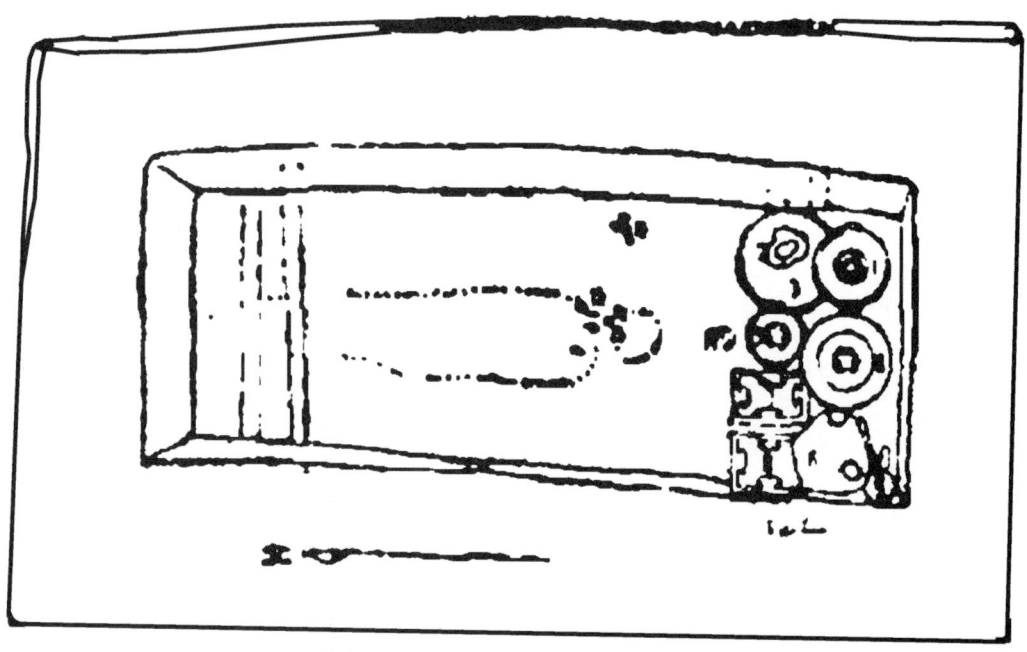

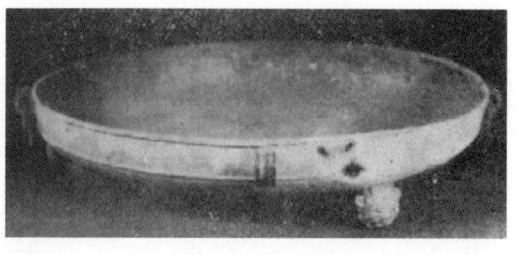

图3-78　湖北襄阳余岗村山湾M6及其出土青铜器

图3-79　湖北襄阳余岗村山湾M14出土青铜器

嬴青簠器盖同铭，"子季嬴青择其吉金，自作飤匡（簠），眉寿无期，子子孙孙永宝用之"。

1972年襄阳山湾墓地采集到一件上鄀府簠[①]，器盖同铭作"唯正六月初吉丁亥，上鄀府择其吉金，铸其䵼匡（簠），其眉寿无期，子子孙孙永宝用之"。

1972年襄阳山湾墓地采集到一件蟠虺纹簠[②]，器、盖皆全。

1977年谷城石花乡下辛店村民取土时发现一批青铜器[③]，经调查这批器物同出于一座墓葬，主要有鼎5、簠4、瓿2、壶2、盘2（图3-82）。

---

① 杨权喜：《襄阳山湾出土的鄀国和邓国铜器》，《江汉考古》1983年第1期。
② 湖北省博物馆：《襄阳山湾出土的东周青铜器》，《江汉考古》1988年第1期。
③ 陈千万：《谷城新店出土的春秋铜器》，《江汉考古》1986年第3期；襄樊市博物馆、谷城县文化馆：《襄樊市、谷城县馆藏青铜器》，《文物》1986年第4期；襄樊市博物馆：《湖北谷城、枣阳出土周代青铜器》，《考古》1987年第5期。

图3-80 湖北襄阳余岗村山湾M23出土青铜器

1987年宜城朱市乡砖瓦厂取土时发现青铜器①,出土遗址破坏严重,出土有鼎1、簠1。蔡大膳夫赵簠器盖同铭,"唯正月初吉壬申,蔡大膳夫赵作其馈匦(簠),其万年眉寿无疆,子子孙孙永用之"。

1987~2005年襄阳市樊城区余岗墓地进行了三次考古发掘②,共清理东周墓葬179座,出土铜簠的有三座大墓M180、M214和M215。三座墓葬都位于墓地南区,M214与M215是南北向并列的夫妇异穴合葬墓。

余岗M180为南北向长方形墓,方向203°。墓口略大于墓底,墓口长4米、宽2.2米,墓底长3.7米、宽1.85米,深6.02米。葬具一椁一棺,椁室长2.86米、宽1.2米。椁室正中底板嵌入悬底方棺,底板高出棺底0.2米。墓主人骨架无存,葬式不详。椁室南端放置随葬品,出土器物主要有鼎1、簠1、尊缶1、陶盆2、陶豆2、漆木豆1、木垫1。

---

① 襄樊市博物馆:《湖北宜城出土蔡国青铜器》,《考古》1989年第11期。
② 襄阳市文物考古研究所:《余岗楚墓》,科学出版社,2011年。

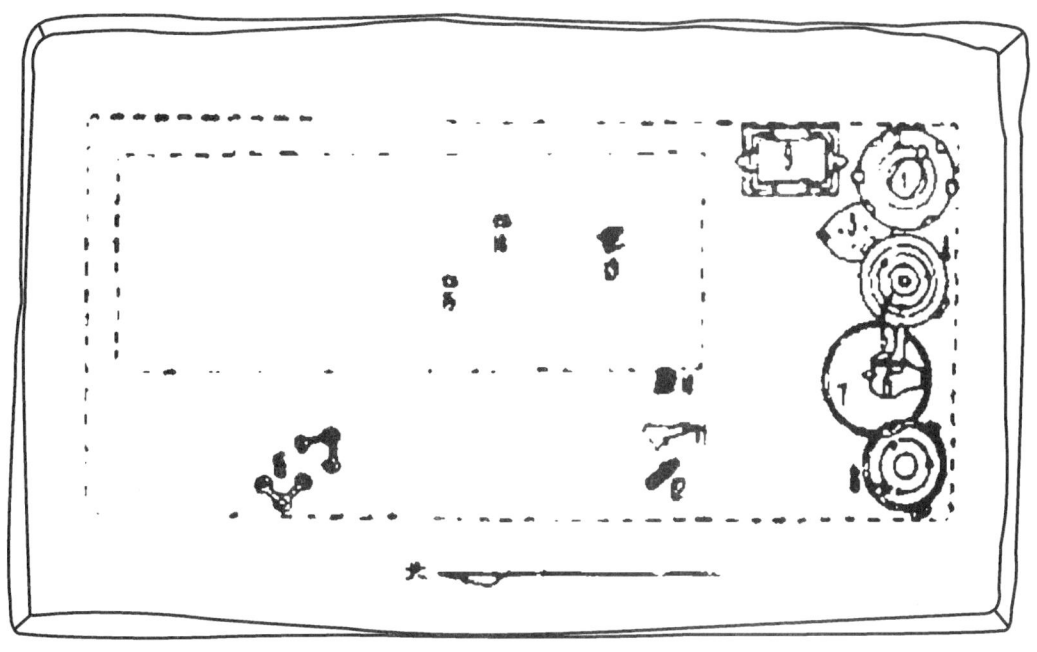

图3-81 湖北襄阳余岗村山湾M33及其出土青铜器

图3-82　湖北谷城石花乡下辛店出土青铜器

余岗M214为南北向长方形墓，方向190°。墓口略大于墓底，墓口长3.7米、宽1.9米，墓底长3.3米、宽1.7米，深6.23米。葬具一椁一棺，保存较差，椁室长2.84米、宽1.14米。椁室内有悬底方棺，人骨架朽尽。椁室南端放置随葬品，出土器物主要有鼎1、簠1、尊缶1、木俎1、陶盆2、陶罐2、陶豆2。

余岗M215为南北向长方形墓，方向200°。墓口大于墓底，墓口长4.1米、宽2.9米，墓底长3.7米、宽2.05米，深4.9米。墓底中部设腰坑，葬具一椁一棺，椁室长2.8米、宽1.24米。椁室内有悬底方棺，人骨架朽尽。椁室南端放置随葬品，出土礼器主要有鼎2、簠1、敦1、尊缶1、陶盆2、陶罐2、陶豆2。

1988年对襄阳市郊余岗村团山墓地进行了发掘①，共清理17座墓葬，仅有M1（图3-83）出土有青铜簠。此墓为南北向近方形墓，方向170°。墓壁垂直，墓口长4.2米、宽3.5米，残深2.5米，墓底四周有二层台。葬具为一椁一棺，椁室内并置二棺，推测为夫妇同穴合葬墓。墓主人骨架为仰身直肢，头向南。随葬器物放置于头箱，出土有鼎2、簠2、盥缶2、盘1、匜1。

1989年宜城市郑集镇蒋湾村砖窑厂发现一座墓葬M1②，北距楚皇城遗址仅6千米。此墓为南北向长方形墓，方向315°。墓口遭到破坏，墓底长3.5米、宽2.3米，深2.4米。葬具一椁一棺，木棺置于椁室东侧北端。墓主人葬式不详，头向南。青铜礼器放

---

① 襄樊市博物馆：《湖北襄阳团山东周墓》，《考古》1991年第9期。
② 宜城市博物馆：《湖北宜城市母牛山出土一批春秋青铜器》，《考古》2008年第9期。

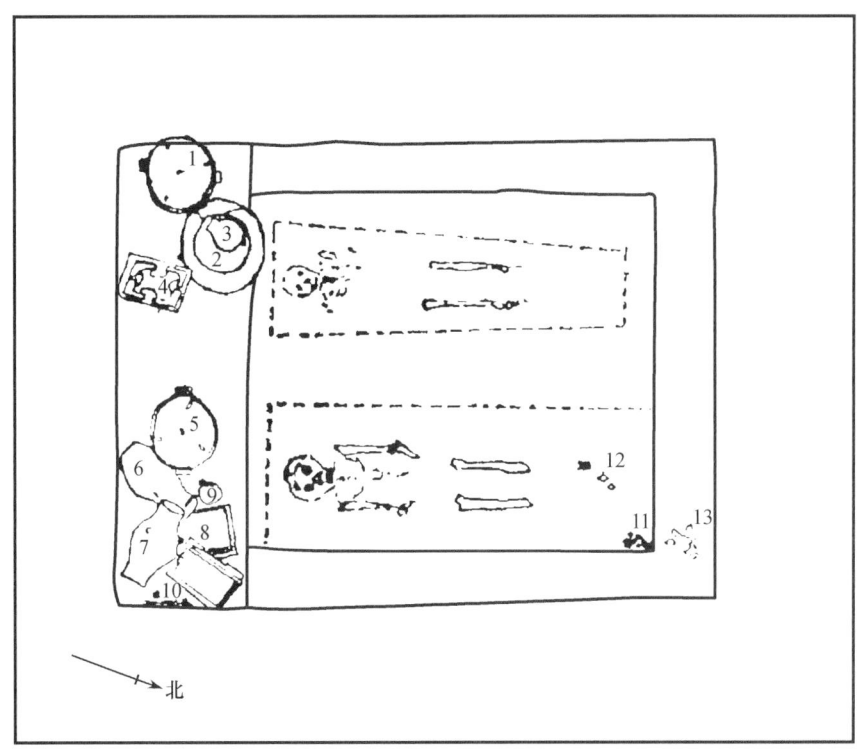
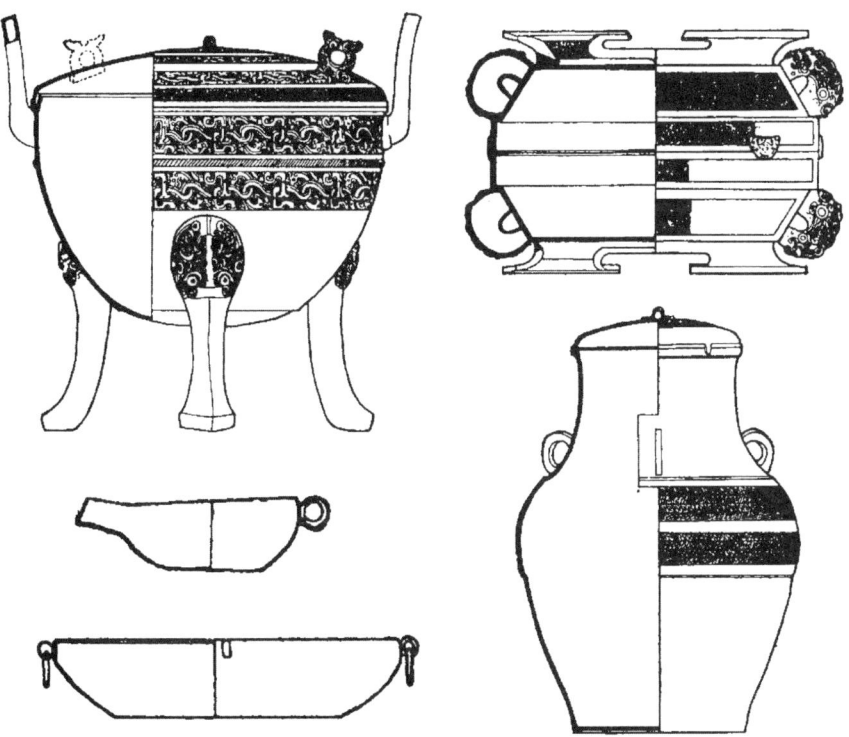

图3-83 湖北襄阳余岗村团山M1及其出土青铜器

置在椁室南端的头箱和西侧的边箱，车马器放在边箱的北部。出土器物主要有鼎2、簠2、盥缶1、盘1、匜1、斗1（图3-84）。

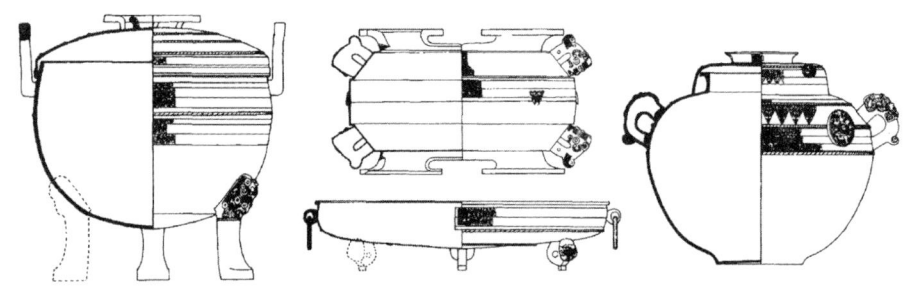

图3-84　湖北宜城市郑集镇蒋湾村M1出土青铜器

20世纪90年代枣阳市博物馆征集到一件发孙虜簠[①]，此器仅存器身，铭文作"唯正月初吉丁亥，发孙虜择其吉金，自作飤匡（簠），永保用之"。

2002～2003年对枣阳市东赵湖村郭家庙墓地郭家庙墓区进行了发掘[②]。这座墓地分布在两座山冈上，北冈为郭家庙墓区，南冈为曹门湾墓区。此次发掘的25座墓葬全部被盗，尤其是带墓道的两座大墓M21、M17几乎被盗空，发现铜簠的仅有一座中型墓M1。此墓在墓区中部偏东处，因修路取土遭到破坏，仅存墓底。东西向长方形竖穴墓，方向97°。墓口东西长4.7米、残宽2.08米，墓底东西长4.5米、残宽1.9米、残深0.7米。葬具一棺一椁，椁室残长3.42米、残宽1.3米。墓主人骨架无存，葬式不详。清理前器物已经流散，现场追缴的礼器主要有鼎1、簠2、方壶2、盘1、匜1。其中一件曾孟嬴剈簠内底铸铭，"曾孟嬴剈自作行匡（簠），则永祜福"。

2004～2009年对襄阳市高新技术开发区团山镇余岗村沈岗墓地进行了发掘。此地距离邓国故城以西约2千米，清理了西周至汉唐墓葬千余座。规模较大的M1022[③]和M70[④]出土有青铜簠。沈岗M1022（图3-85）为南北向长方形墓，方向200°。墓口略大于墓底，墓口长4.45米、南宽3.2米、北宽3.1米，墓底长4.2米、南宽2.94米、北宽2.67米，深2.8米。葬具一椁二棺，椁室南北长3.82米、东西宽2.24米、残高0.8米。主棺两套放置在椁室西部，东部放置有一具陪葬棺。墓主人葬式不详，头向南。青铜礼器置于椁室南端，饪食器和粢盛器分别放置于两处，兵器置于椁室东侧。出土器物主要有鼎2、簠2、敦1、盥缶2、盘1、匜1、句鑃1。

沈岗M70为南北向长方形墓，方向205°。墓口略大于墓底，墓口长3.5米、宽1.8

---

①　枣阳博物馆：《湖北枣阳市博物馆收藏的几件青铜器》，《文物》1994年第4期。
②　襄樊市考古队、湖北省文物考古研究所、湖北孝襄高速公路考古队：《枣阳郭家庙曾国墓地》，科学出版社，2005年。
③　襄阳市文物考古研究所：《湖北襄阳沈岗墓底M1022发掘简报》，《文物》2013年第7期。
④　襄阳市文物考古研究所：《湖北襄阳市沈岗春秋时期墓葬》，《考古》2017年第5期。

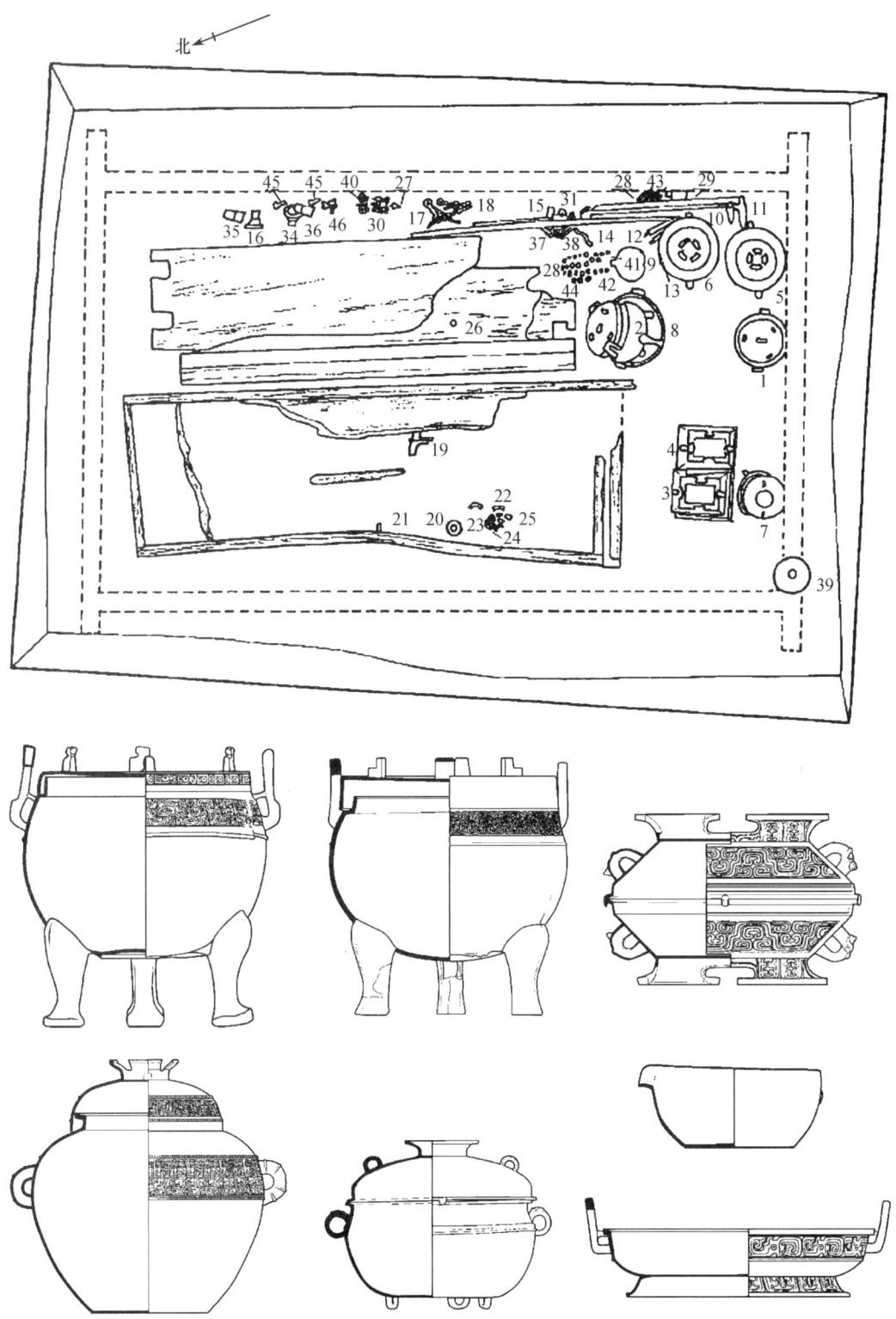

图3-85 湖北襄阳市沈岗M1022及其出土青铜器

米，墓底长3.32米、宽1.54~1.64米，深3.4米。葬具一椁一棺，椁室南北长2.64米、东西宽1.12米、残高0.6米。墓主人葬式不详，头向南。青铜礼器置于椁室南端，出土器物主要有鼎1、簠1、盥缶1、斗1。M70与M65是东西并列的夫妻合葬墓，墓向、棺椁数量均一致。M65随葬有兵器，可以推测M65的墓主人为男性，M70为女性。M65随葬有一鼎一敦，与M70的一鼎一簠，体现了男性和女性随葬用器的差异。

2007年谷城县城关镇邱家楼出土一批青铜器①，公安部门追缴回部分器物，包括鼎2、簠2、壶2。

2014~2015年对枣阳市郭家庙墓地曹门湾墓区进行了第一次发掘②，共清理春秋时期墓葬25座、车坑1座、马坑2座、车马坑1座。这座墓地盗扰严重，M10、M13、M22三座墓葬未被盗扰，仅有M22（图3-86）出土有青铜簠。此墓为东西向长方形墓，方向105°。墓口大于墓底，墓口东西长4.46米、南北宽2.58米，墓底东西长3.74米、南北宽2.12米。葬具一椁一棺，椁室长2.9米、宽0.96~1.1米、残高0.34米。墓主人骨架朽甚，葬式不清，头向东。青铜礼器置于椁室东部，陶器置于椁室西南角。出土器物主要有鼎1、簠2、盘1、匜1。

2015~2016年对枣阳市郭家庙墓地曹门湾墓区进行了第二次发掘③，共清理春秋时期墓葬27座，M43（图3-87）保存完整，出土有青铜簠。此墓为东西向长方形墓，方向103°。墓口大于墓底，墓口东西长490米、南北宽2.8米，墓底东西长3.8米、南北宽1.74米，深2.46米。葬具一椁一棺，椁室长2.56米、宽0.86米、残高0.5米。墓主人骨架为仰身直肢，双手交叉于胸前，头向东，面朝南。青铜礼器和陶器置于椁室东部，出土器物有鼎1、簠2、盘1、匜1。两件曾太保𢆶簠器盖同铭"唯曾太保𢆶用其吉金，自作宝盂用享"。

2. 十堰地区

1990年十堰市郧县五峰乡肖家河村四组调查发现一座墓葬④。墓圹大部分被挖毁，为南北向长方形墓，墓坑南北长4.5米、东西宽2.5、深7米。葬具为一椁一棺，墓主人骨架为仰身直肢，头向南。青铜礼器置于木棺南端的头箱，玉器和兵器置于人骨架左右两侧，出土器物有鼎2、簠2、盥缶2、匜1、盘1。一件青铜簠无铭文，另一件叔姜簠器盖同铭作"申王之孙叔姜，自作飤𠤳（簠），其眉寿无期，永保用之"。

---

① 李广安：《湖北谷城出土许国铜器》，《文物》2014年第8期。
② 湖北省文物考古研究所、湖北荆州文物保护中心、襄阳市文物考古研究所、枣阳市博物馆考古队：《湖北枣阳郭家庙墓地曹门湾墓区（2014）M10、M13、M22发掘简报》，《江汉考古》2016年第5期。
③ 武汉大学历史学院、湖北省文物考古研究所、湖北荆州文物保护中心、枣阳市博物馆考古队：《湖北枣阳郭家庙墓地曹门湾墓区（2015）M43发掘简报》，《江汉考古》2016年第5期。
④ 郧阳地区博物馆：《湖北郧县肖家河春秋楚墓》，《考古》1998年第4期。

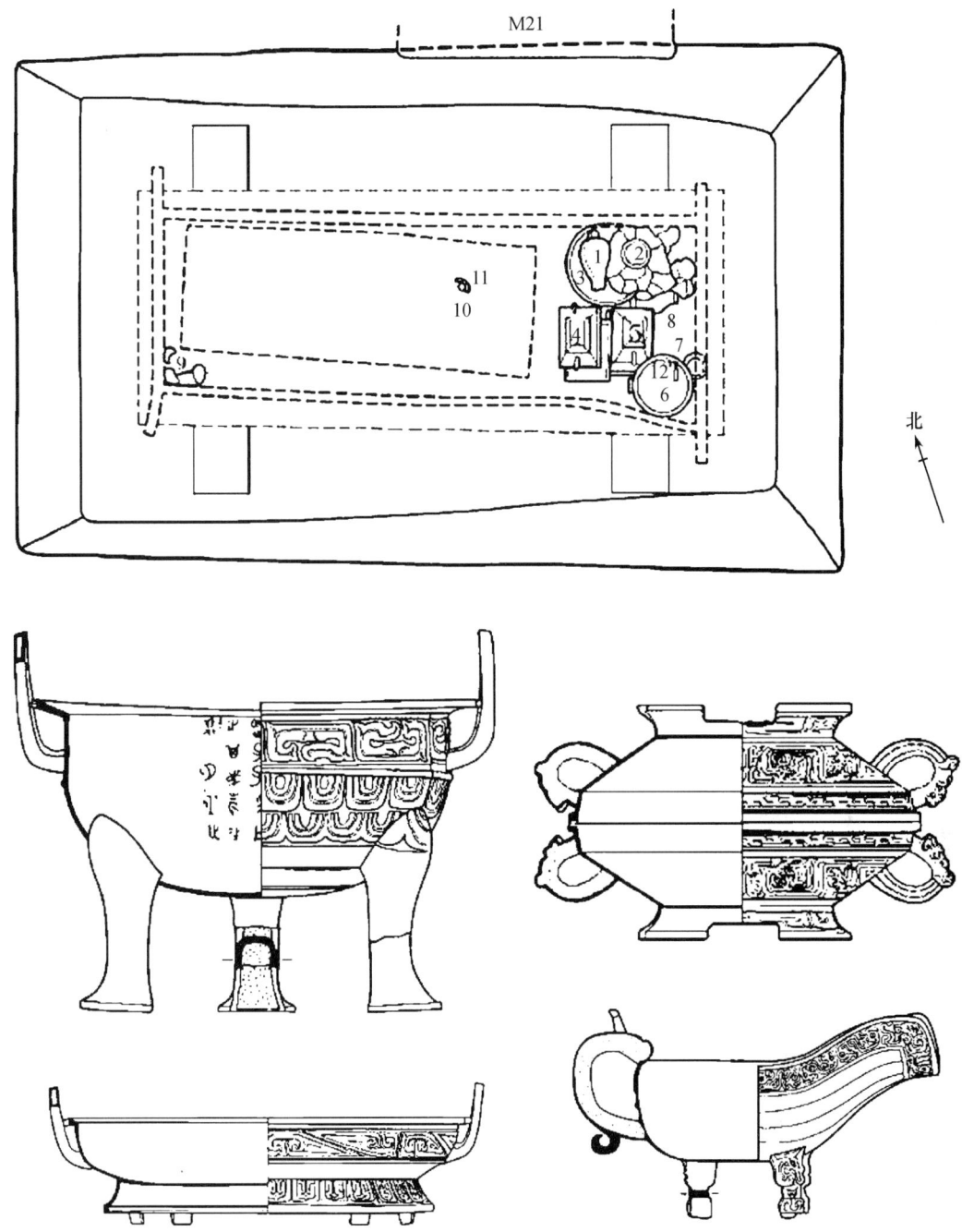

图3-86 湖北枣阳市郭家庙墓地曹门湾墓区M22及其出土青铜器

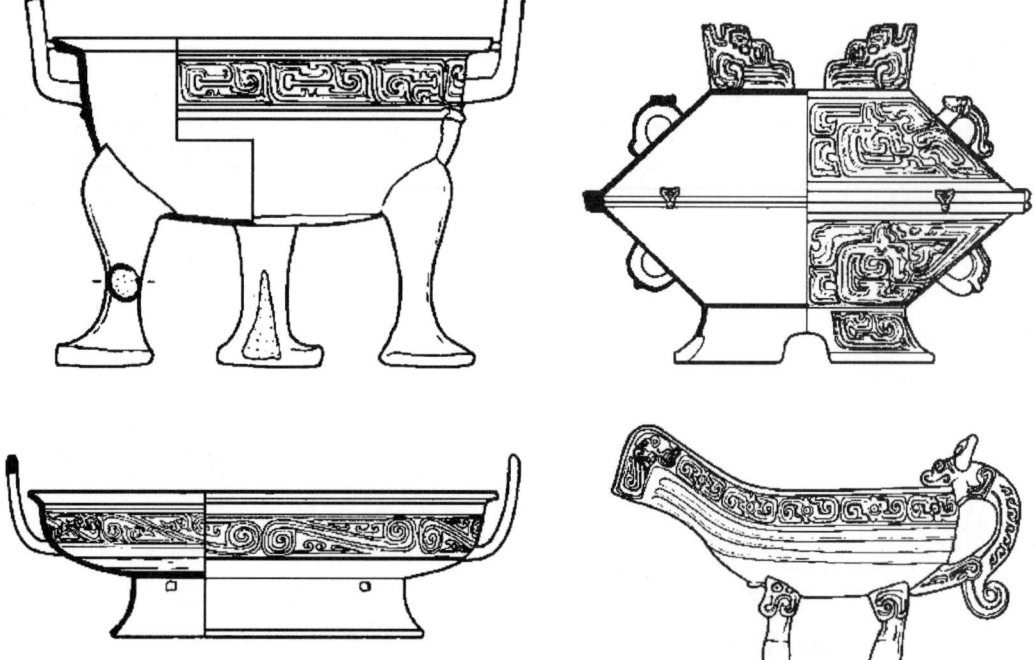

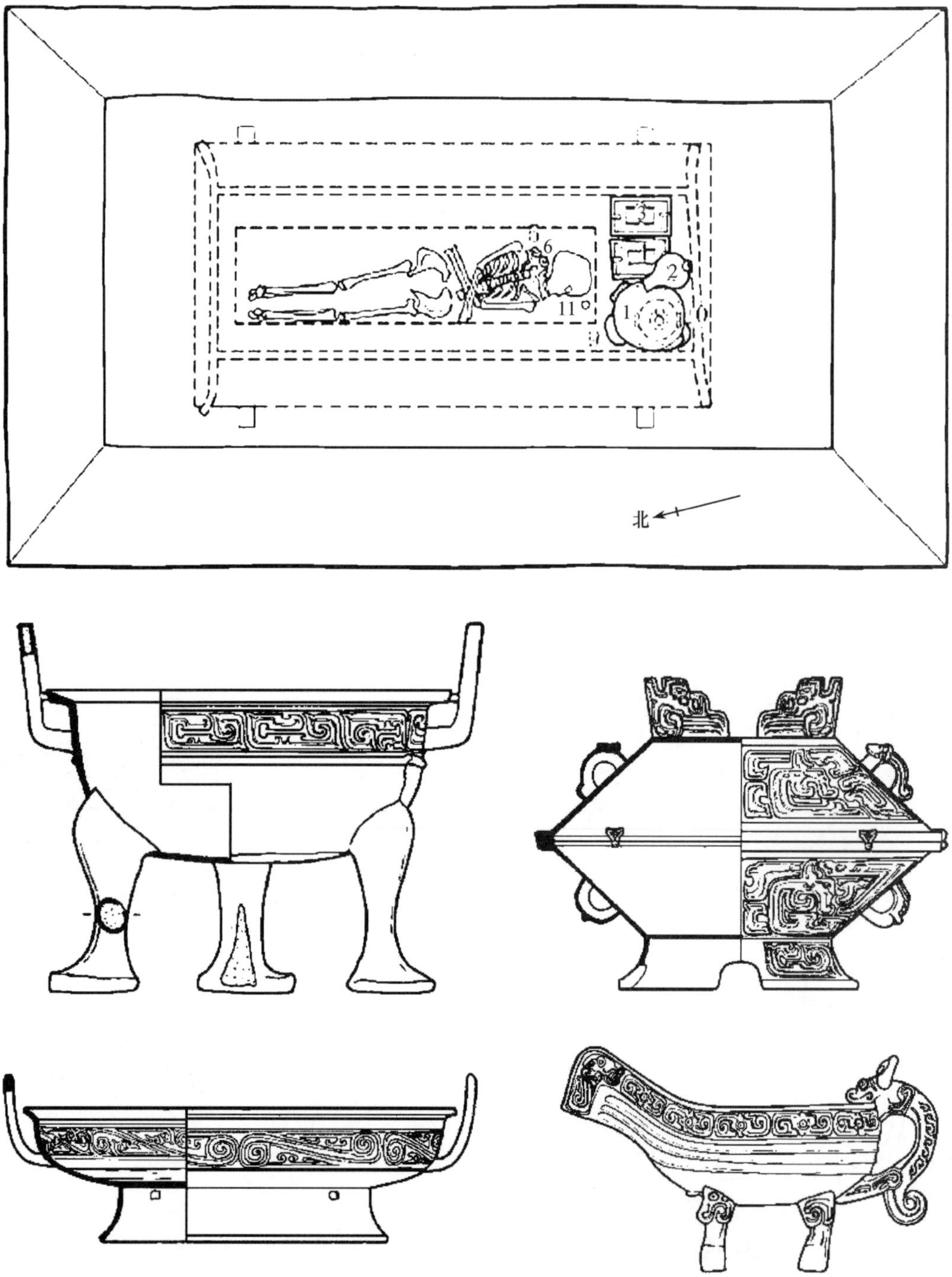

图3-87 湖北枣阳市郭家庙墓地曹门湾墓区M43及其出土青铜器

2006年对十堰市郧县五峰乡肖家河村乔家院墓地进行了发掘[①]，清理了M4、M3、M5、M6四座东周墓，M3盗扰严重没有发现青铜簠。4座墓葬中M4与M3南北并列，M5与M6东西并列，推测为两组夫妇异穴合葬墓。乔家院M4（图3-88）为东西向圆角方形墓，方向69°。墓口大于墓底，墓圹四角圆弧，墓口边长5.35米、墓底边长5.05米、残深1.15～1.7米。葬具一椁一棺，椁室东西残长3.9米、南北宽3.8米。主棺置于椁室中部，椁室北部放置一具陪葬棺。墓主人骨架仰身直肢，双手交叉于腹部，右手叠压在左手之上，头向东。青铜礼器放置于椁室南部的边箱，出土器物主要有鼎2、簠2、敦1、盥缶2、盘1、匜1、斗1。

乔家院M5（图3-89）为东西向长方形墓，方向69°。墓口略大于墓底，墓口东西长6.5米、南北宽4.7米，墓底东西长6.2米、南北宽4.6米，深4米。葬具一椁一棺，椁室长4.5米、宽2.6米、残高0.7米。主棺放置在椁室中部，椁室西部放置一具陪葬棺。墓主人骨架仰身直肢，双手交叉于腹部，头向东。青铜礼器、陶器和鹿角置于椁室东部的头箱和南部的边箱，玉石器置于棺内。出土器物主要有鼎2、簠2、尊缶2、盥缶1、盘1、匜1、斗2。

乔家院M6（图3-90）为东西向长方形墓，方向58°。墓口略大于墓底，墓口东西长5.66米、南北宽4.72米，墓底东西长5.54米、南北宽4.6米，深3.8米。葬具一椁一棺，椁室长3.92米、宽3米。主棺放置在椁室中部，椁室西部放置一具陪葬棺。墓主人骨架仰身直肢，双手交叉于腹部，头向东。青铜礼器置于椁室东部的头箱和南部的边箱，玉石器置于棺内。出土器物主要有鼎2、簠2、尊缶2、盥缶1、盘1、匜1、斗2、匕1。

3. 随州地区

1975年随州㵐阳乡㵐水西岸鲢鱼咀发现一批青铜器[②]，出土遗址已遭破坏，征集器物包括鼎2、簠2、盆1、戈4。一件楚屈子赤目簠器盖同铭，铭文作"唯正月初吉丁亥，楚屈子赤目媵仲芈璊飤匠（簠），其眉寿无疆，子子孙孙，永保用之"；另一件曾子原彝簠仅存器身，铸铭"唯九月初吉庚申，曾子原彝为孟姬䤿铸媵匠（簠）"。

1975年随州均川乡均水北岸刘家崖发现一批青铜器[③]，据当地群众反映这些器物是分三次在百米范围内出土的，墓坑大小和器物位置已经不清楚。出土器物大致包括鼎10、甗1、簋4、簠4、壶5、盘3（图3-91）。

1978年对随州擂鼓墩M1（图3-92）进行了发掘[④]。此墓位于随州城关镇西北郊的

---

① 湖北省文物考古研究所、湖北省文物局南水北调办公室：《湖北郧县乔家院春秋殉人墓》，《考古》2008年第4期。

② 程欣人：《随县㵐阳出土楚、曾、息青铜器》，《江汉考古》1980年第1期。

③ 随州市博物馆：《湖北随县刘家崖发现古代青铜器》，《考古》1982年第2期。

④ 随县擂鼓墩一号墓考古发掘队：《湖北随县曾侯乙墓发掘简报》，《文物》1979年第7期；湖北省博物馆：《曾侯乙墓》，文物出版社，1989年。

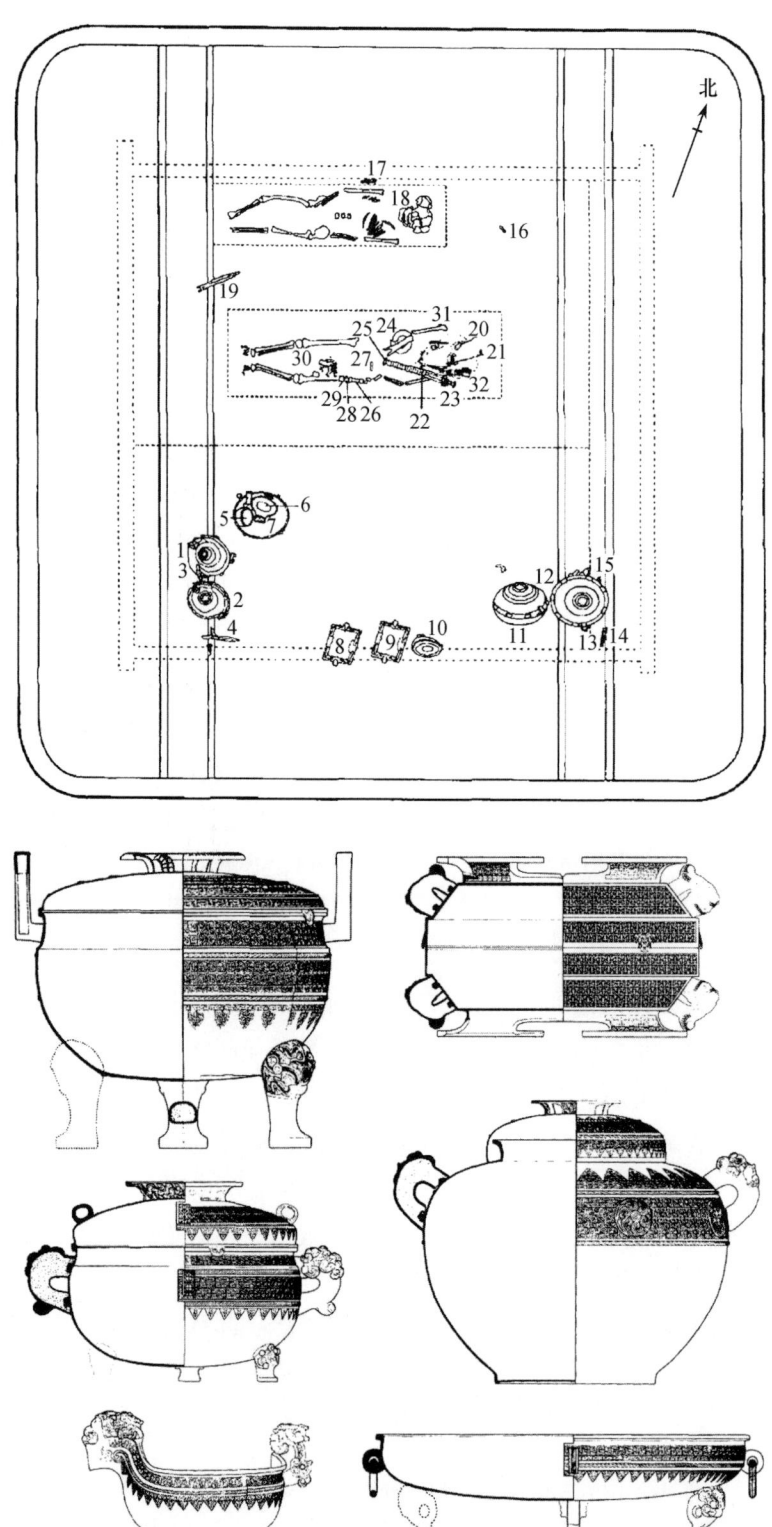

图3-88　湖北十堰市郧县乔家院M4及其出土青铜器

第三章 出土青铜簠墓葬概述

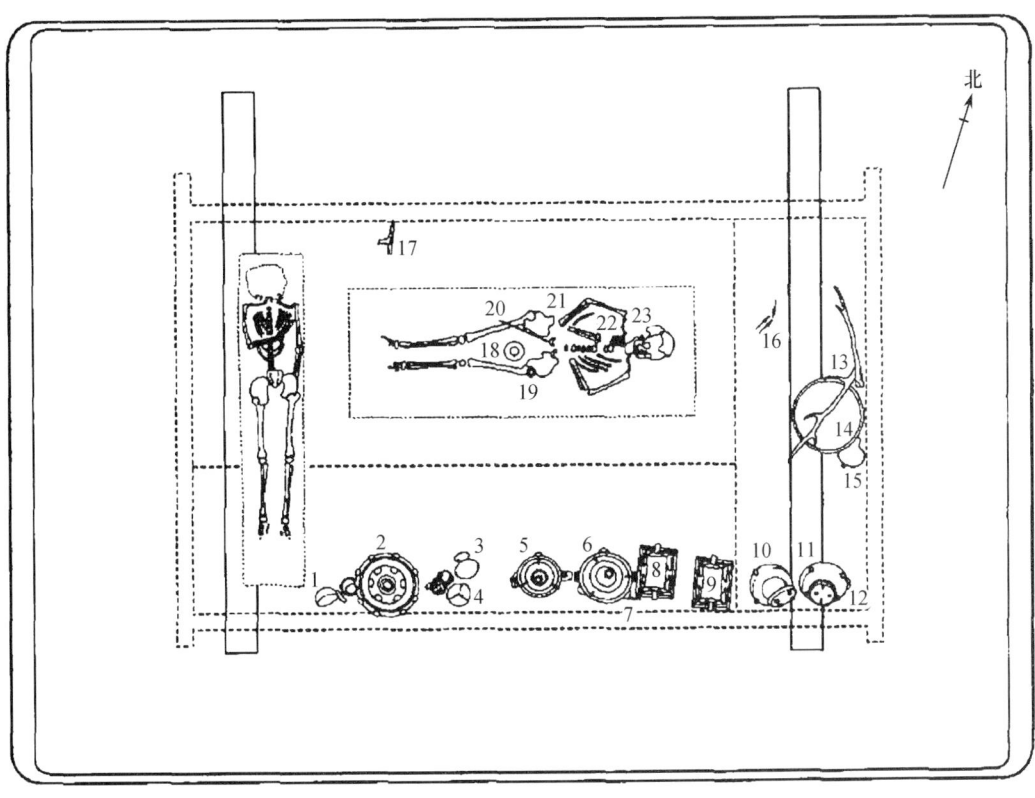

图3-89 湖北十堰市郧县乔家院M5及其出土青铜器

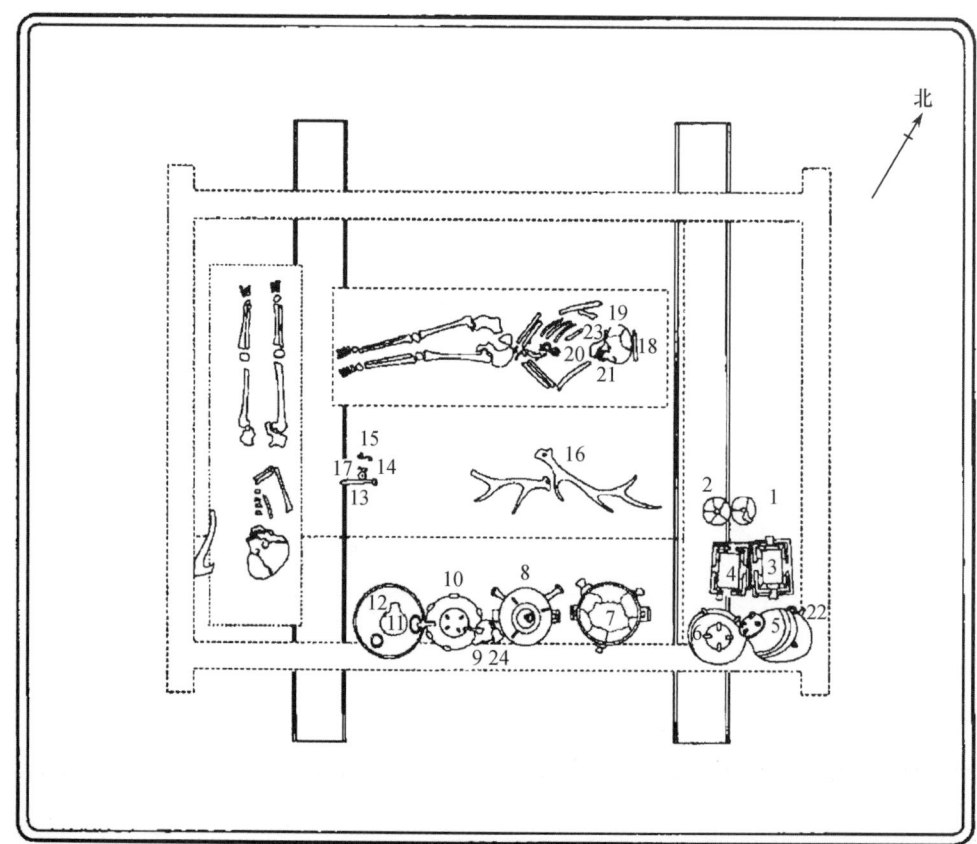

图3-90　湖北十堰市郧县乔家院M6及其出土青铜器

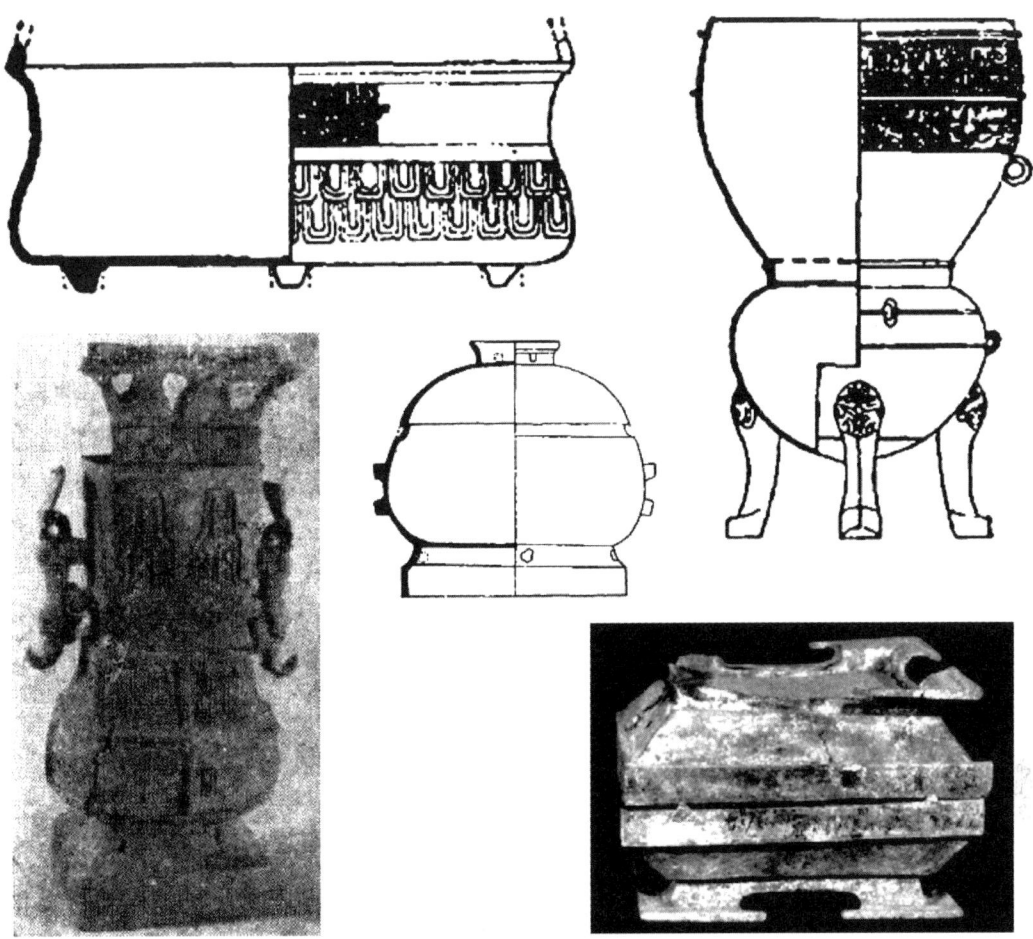

图3-91 湖北随州均川乡刘家崖出土青铜器

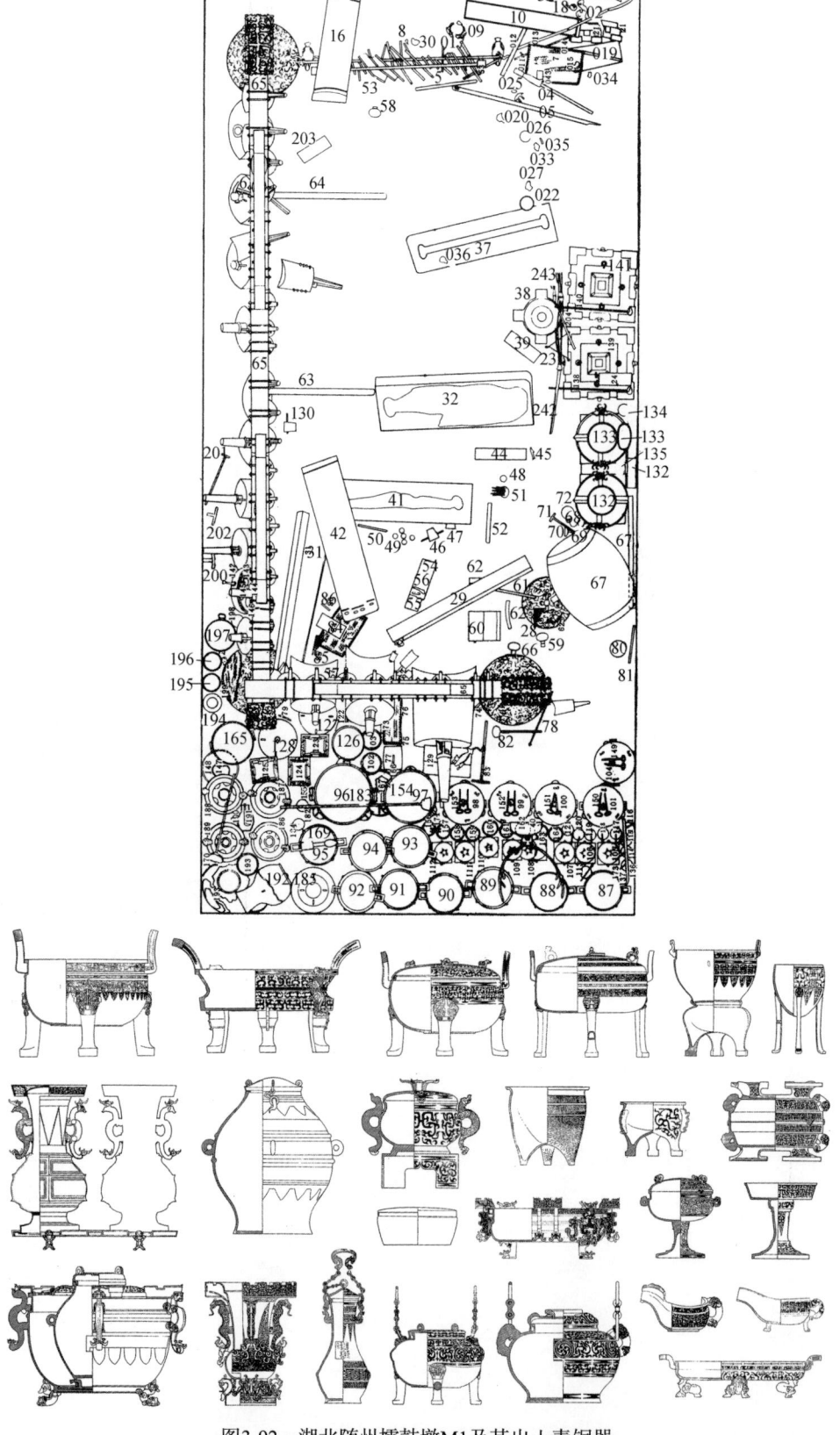

图3-92 湖北随州擂鼓墩M1及其出土青铜器

东团坡上，为南北向的不规则多边形竖穴墓。墓口东西最长处21、南北最宽处16.5米，总面积220平方米。墓壁垂直，深度约13米，椁室分为东、北、中、西四室，每一个椁室基本独立而又相互沟通。北室与中室在一条中轴线上，西室与中室并列而略短，东室单独向东伸出。从北室北部到中室南部长15.72米，从东室东部到西室西部宽19.7米。主棺置于东室中部偏西，外棺为铜木结构，上部比底部略大，内棺紧靠外棺的北壁和西壁。墓主人骨架保存完好，为男性，仰身直肢，头向南。陪棺有21具，东室有8具、西室有13具，皆为年轻女性。东室主棺旁并靠近东室通中室门洞处有一只殉狗。

墓坑中部偏北的位置发现盗洞，对椁室有轻微的扰乱。随葬品主要分布在东室、中室、北室以及墓主棺内。东室主棺周围放置有兵器、乐器、漆木衣箱和车舆，北室放置两件大尊缶、兵器和车马器。中室主要放置礼乐器，青铜礼器置于南部，安排得井然有序。两排9件鼎鼎紧贴中室南壁，其中1件鼎放有1匕，8件簋、9件小鬲、10件敦靠近鼎鼎。其南放置5件镬鼎，每件鼎盖置鼎钩2件。西南角放置1件汤鼎和2件陶缶。靠近陶缶有4件盥缶，西侧2件盥缶盖上放置有1件长柄斗，表明斗与盥缶的组合关系。中部在靠近鼎鼎和镬鼎的地方放置2件馈鼎，每件的两耳上还倒挂一个鼎钩。靠近馈鼎和盥缶有4件簠和1件甗，往南即是编钟的南架。编钟架呈曲尺形紧靠中室西壁及南部偏中，编磬靠近北壁，由此组成三面环绕的形式。在空缺的一面，即靠近中室东壁的地方放置尊盘、过滤器、鉴缶、联禁大壶及建鼓。在钟磬围成的空间内，还有各种漆木质的乐器和酒器。出土器物主要有鼎22、鬲10、甗1、簋8、簠4、盖豆1、铺2、敦10、盒2、大尊缶2、联禁大壶2、提梁壶2、方鉴缶2、尊盘1、罐1、盥缶4、提链盆2、提链炉盘1、盘1、匜2、甬钟45、纽钟19、镈1、石磬32、鼓4。4件曾侯乙簠器盖同铭，铭文作"曾侯乙作持用终"。

1979年随州城郊公社义地岗南部的季氏梁发现一座墓葬①。此墓为东西向长方形，方向302°。仅存墓底，南壁保留生土二层台，墓底长2.8米、宽2米，残深0.4～0.5米。葬具均已腐朽，葬式不详。随葬的青铜礼器、乐器放置在西侧，车马器放置在北端和西南角，兵器放置在东北部，玉器在中部偏东位置。出土器物主要有鼎1、甗1、簠1、纽钟5。陈公子仲庆簠器身铸铭作"陈公子仲庆，自作匧（筐）臣（簠），用祈眉寿，万年无疆，子子孙孙，用寿用之"。

1988年随州安居镇徐家咀村汪家湾窑场发现一座墓葬②。此墓为南北向长方形墓，方向360°。墓口遭到破坏，墓底长4米、宽2米，残深0.5～0.75米。葬具一椁一棺，椁室长3.4米、残宽1.5米。墓主人骨架朽甚，头向北。随葬器主要放置于墓室东部，出土器物有鼎1、簠2、铅方壶2。两件曾都尹定簠器盖同铭，铭文作"曾都尹定之行

---

① 随县博物馆：《湖北随县城郊发现春秋墓葬和铜器》，《文物》1980年第1期。
② 随州市博物馆：《湖北随州市安居镇发现春秋曾国墓》，《江汉考古》1990年第1期。

匜（簠）"。

1981年对随州擂鼓墩M2（图3-93）进行了发掘①。此墓在擂鼓墩M1以西102米的西团坡，为东西向近正方形竖穴墓。发现时墓坑已经被推掉大半，残存墓口南北长7.3、东西宽6.9米，墓底长6.3、宽6米，残深1.4米。葬具为一椁二棺，椁室南北长5.74、东西宽5.47米。棺置于椁室北部居中位置，根据遗迹推断为内外两层套棺，东西长约3.2、南北宽约2米。墓主人骨架已朽，据仅残存朽痕判断头向东。在椁室西南角有一具殉棺，呈南北向，头向北。此墓主棺早年曾被盗扰，但随葬品保存相对完整。青铜礼器和生活用器主要放置在椁室中、东部，成组的礼器由东向西呈一条直线排列，或并列成两排。9件鼎鼎和8件簠排成两排，呈东西向并列摆放在椁室正中，鼎鼎之南是6件镬鼎成两排与之并列，簠之南是4件簋呈一字形与之并列，又与镬鼎同行，镬鼎在簠之东。成双成对的礼器都放置在椁室东部，唯有一对盥缶置于中南部偏西，与鼎鼎为邻。椁室南部主要放置编钟、编磬等乐器和部分车马器，西部主要放置编钟、鼓座等乐器和部分车马器。出土器物主要有鼎17、鬲10、甗1、簠8、簋4、方盖豆1、铺2、盆1、方壶2、圆壶2、方尊缶2、圆尊缶2、盥缶2、盘1、匜1、斗1、提链盘1、甬钟36、石磬12。3件铜簠无铭文，1件盛君縈簠器盖同铭，铭文作"盛君縈之御匜（簠）"。

1994年随州市东城区义地岗墓地发掘三座墓葬②，义地岗M1（图3-94）与M2南北并列相距约2米，都出土有青铜簠。M1为东西向长方形墓，方向265°。墓口大于墓底，墓口长3.7米、宽2.3米，墓底长3.2米、宽1.7米，深1.75米。葬具一椁一棺，椁室长2.64米、宽1.1米。墓主人葬式不详，头向西。随葬品放置于椁室南端，多靠近墓主人足部以下。出土器物有鼎1、簠1、方壶1、盘1、匜1。曾少宰黄仲酉簠器盖同铭，"曾少宰黄仲酉之行匜（簠）"。

义地岗M2（图3-95）为东西向长方形墓，方向265°。墓口大于墓底，墓口长3.75米、宽2.4米，墓底长3.4米、宽1.94米，深1.5米。葬具一椁一棺，椁室长2.35米、宽1.1米。墓主人骨架仰身直肢，头向西。随葬品放置于椁室南端，多靠近墓主人足部以下。出土器物有鼎1、簠1、方壶1、盘1、匜1。可簠器盖同铭，"可之行匜（簠）"。

2011年随州市东城区义地岗墓地发现三座墓葬③，M6曾公子去疾墓（图3-96）发现有青铜簠。此墓为东西向长方形墓，方向121°。墓口与墓底大略相等，墓口东西长4.2米、南北宽2.6~2.75米，墓底东西长4.3米、南北宽2.7~2.8米，深1.76~1.86米。葬

---

① 随州市博物馆：《随州擂鼓墩二号墓》，文物出版社，2008年。
② 湖北省文物考古研究所、随州市曾都区考古队、随州市博物馆：《湖北随州义地岗墓地曾国墓1994年发掘简报》，《文物》2008年第2期。
③ 湖北省文物考古研究所、随州市博物馆：《湖北随州义地岗曾公子去疾墓发掘简报》，《江汉考古》2012年第3期。

第三章 出土青铜簠墓葬概述

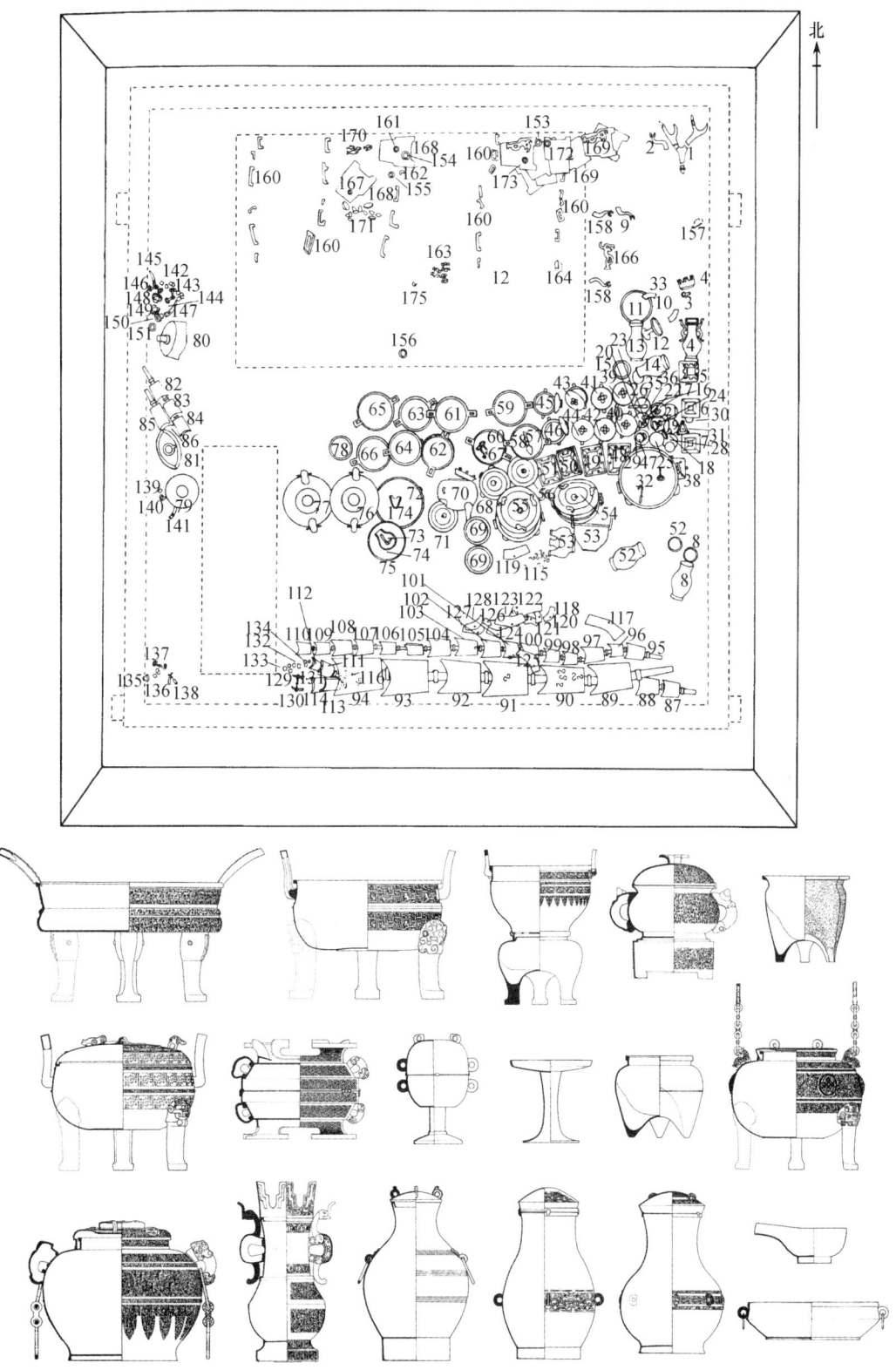

图3-93 湖北随州擂鼓墩M2及其出土青铜器

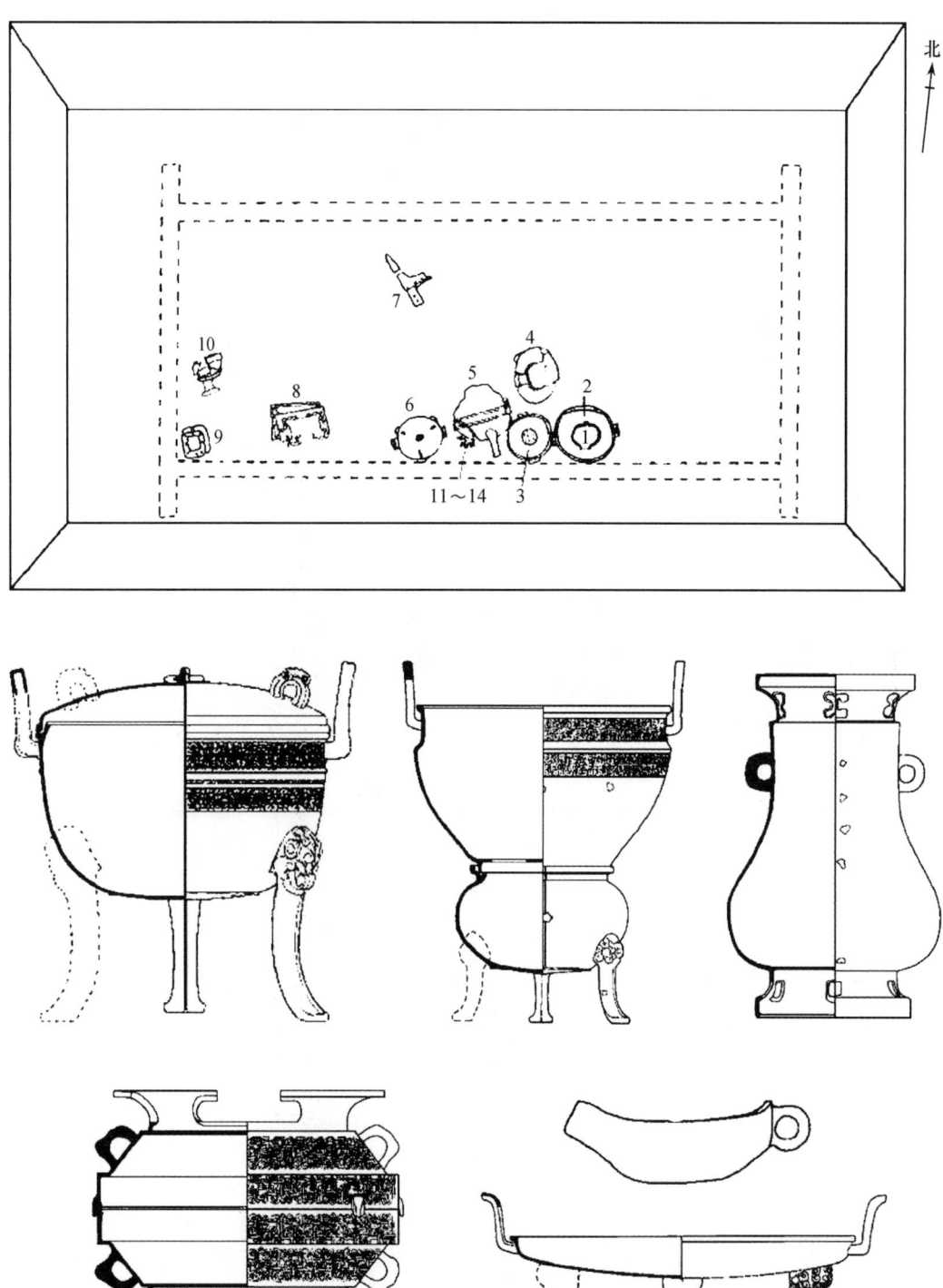

图3-94　湖北随州义地岗M1及其出土青铜器

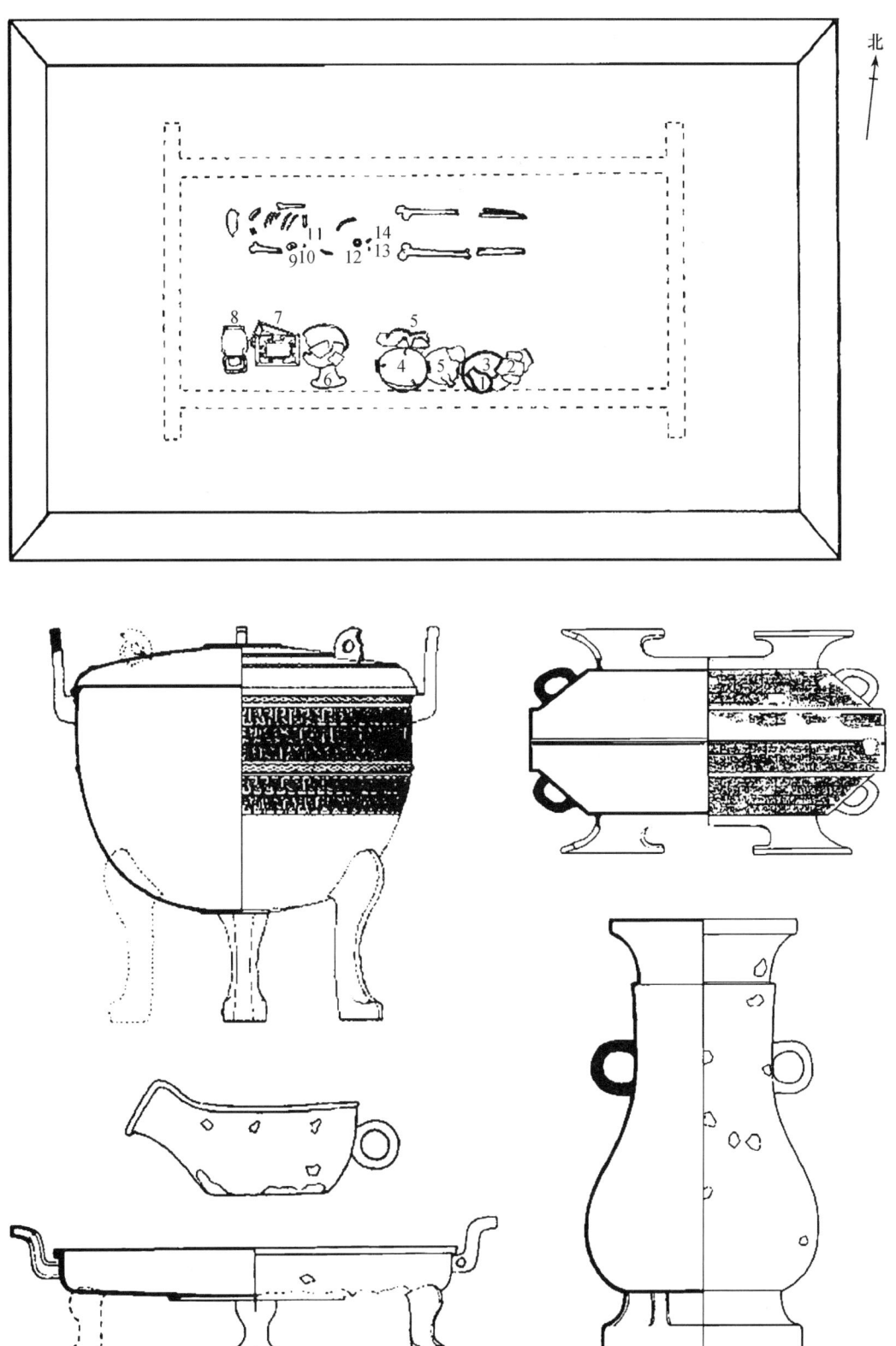

图3-95 湖北随州义地岗M2及其出土青铜器

· 272 · 中国古代青铜器整理与研究·青铜簠卷

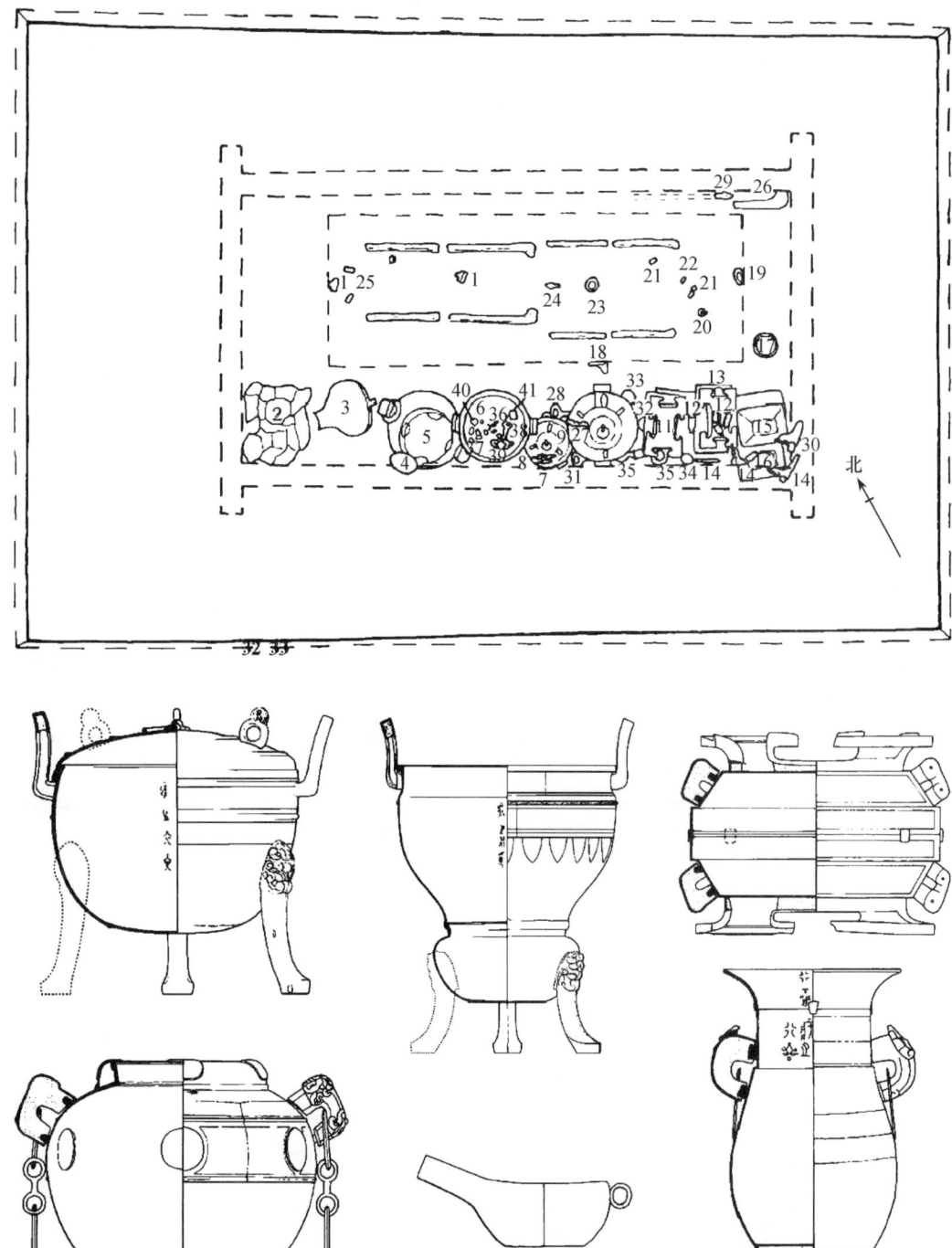

图3-96 湖北随州义地岗M6及其出土青铜器

具一椁一棺,椁室长2.72米、宽1.38~1.41米、残高0.48米。主棺放置在椁室北侧,墓主人骨架为仰身直肢,头向东。青铜礼器、兵器、车马器等置于椁室南部,少量器物置于北侧和东部。出土器物主要有鼎2、甗1、簠2、方壶2、盥缶1、匜1、斗1。两件曾公子去疾簠器盖同铭,"曾公子去疾之登匧(簠)"。曾公子去疾自作的鼎、壶和盥缶自名"行器",甗和簠自名"升器",是明器和祭器两套组合,由此反映甗和簠可能存在一定的组合关系。

2012~2013年随州市东城区文峰塔发现一处墓地[①],共清理54座东周墓葬,出土青铜簠40件,已经报道的有M18、M21、M29、M32、M33、M38、M46、M52、M53九座墓葬。文峰塔M18(图3-97)是规模最大的一座墓葬,为南北向带墓道的"亚"字形墓,方向200°。墓口南北长16.6米、东西宽15.6米,深9米。墓口设有三级台阶,墓底挖有圆形腰坑,坑内放置1件陶罐。葬具一椁三棺,椁室呈"中"字形,分为东、西、南、北、中五室。此墓早年被盗,随葬品大量流失,东室未被盗掘,出土青铜礼器有鼎、鬲、簠、簋、方壶、鉴等。在墓坑东、北、西三面各有一个边长为2米的器物坑,东坑随葬1件陶器,北坑随葬2件方缶,西坑未见器物。

文峰塔M29(图3-98)为东西向长方形墓,方向118°。墓口大于墓底,墓口东西长6.2米、南北宽5.65~5.7米,墓底东西长5.7米、南北宽4.4~4.6米,深3.3米。葬具一椁二棺,椁室长3.92米、宽2.72米、高0.8米。木棺置于椁室东北侧,墓主人葬式不详。青铜礼器放置于椁室南部和西部,出土器物主要有鼎7、鬲5、簠4、簋2、壶4、盘1、匜1以及盥洗器。

文峰塔M33(图3-99)为东西向长方形墓,方形115°。墓口东西长4.55米、南北宽4.4米,深3.05~3.5米。葬具一椁二棺,椁室长3.35米、宽2.15米、高0.7米。木棺置于椁室东北侧,墓主人骨架为仰身直肢,头向东,面朝上。青铜礼器放置于椁室南部,车马器放置于椁室西侧,西北角还有盂和方座器。出土器物主要有鼎6、鬲4、簠4、簋2、盖豆1、尊缶2、盥缶1、壶3、盂1、盉1、盘1、匜1。一件嬭簠铭文作"嬭之行匧(簠)"。

文峰塔M21出土有曾孙邵簠,铭文作"曾孙邵之行匧(簠)"。文峰塔M32出土有曾大司马伯国簠,铭文作"曾大司马伯国之行匧(簠)"。文峰塔M38出土有曾孙怀簠,铭文作"曾孙怀之飤匧(簠)"。文峰塔M46出土有曾工佐臣簠,铭文作"曾工佐臣之行匧(簠)"。文峰塔M52出土有孟芈玄簠,铭文作"孟芈玄之行匧(簠)"。文峰塔M53出土有甬巨簠,铭文作"甬巨之行匧(簠)"。

---

① 湖北省文物考古研究所、随州市博物馆:《湖北随州市文峰塔东周墓地》,《考古》2014年第7期。

图3-97　湖北随州文峰塔M18及其出土青铜器

图3-98 湖北随州文峰塔M29

图3-99 湖北随州文峰塔M33

4. 荆门地区

1986~1987年荆门市十里铺镇王场村包山岗地发现一处墓地，共清理了5座墓葬，其中4座为"甲"字形墓，只有规模最大M2出土有青铜簠[①]。包山墓地与纪南城北的纪山、望山、藤店，城西的八岭山、五山冢，城东的孙家山、天星观等墓地构成了以纪南城为中心的楚国高等级墓葬群。M2在墓地中部偏东，其西南部紧邻M1，为东西向"甲"字形墓，方向93°。墓口设有十四级台阶，东部有墓道。墓口大于墓底，墓口

---

① 湖北省荆沙铁路考古队：《包山楚墓》，文物出版社，1991年。

长34.4米、宽31.9米，墓底长7.8米、宽6.85米，深12.45米。墓底中间有东西向椭圆形腰坑，殉羊一只。葬具二椁三棺，外椁室长6.32米、宽6.26米，以横梁和隔板分隔为五室，五个椁室的排列呈"曰"形，即东室偏南，南室偏西，西室偏北，北室偏东。内椁置于外椁中室，长3.76米、宽2.36米。内椁之中，放置了套合紧密的三重木棺，外棺为长方盒形棺，中棺为悬底弧形棺，内棺为彩绘长方形棺。墓主人骨架为仰身直肢，双手置于腹部，头向东。东室主要放置礼器和装盛果食的器物，遣册称之为"飤室"。南室主要放置兵器和车马器，西室主要放置可供出行所用的折叠床等起居生活用器，北室为竹简和日常用具，中室棺内放置墓主人的佩剑和玉饰。出土器物主要有鼎19、甗1、簠2、敦2、壶6、盥缶2、尊缶4、鉴2、盂1、盒3、盘4、匜1、钲1、鼓1（图3-100）。两件铜簠无铭文，根据墓中出土遣册记为"二享匡"。

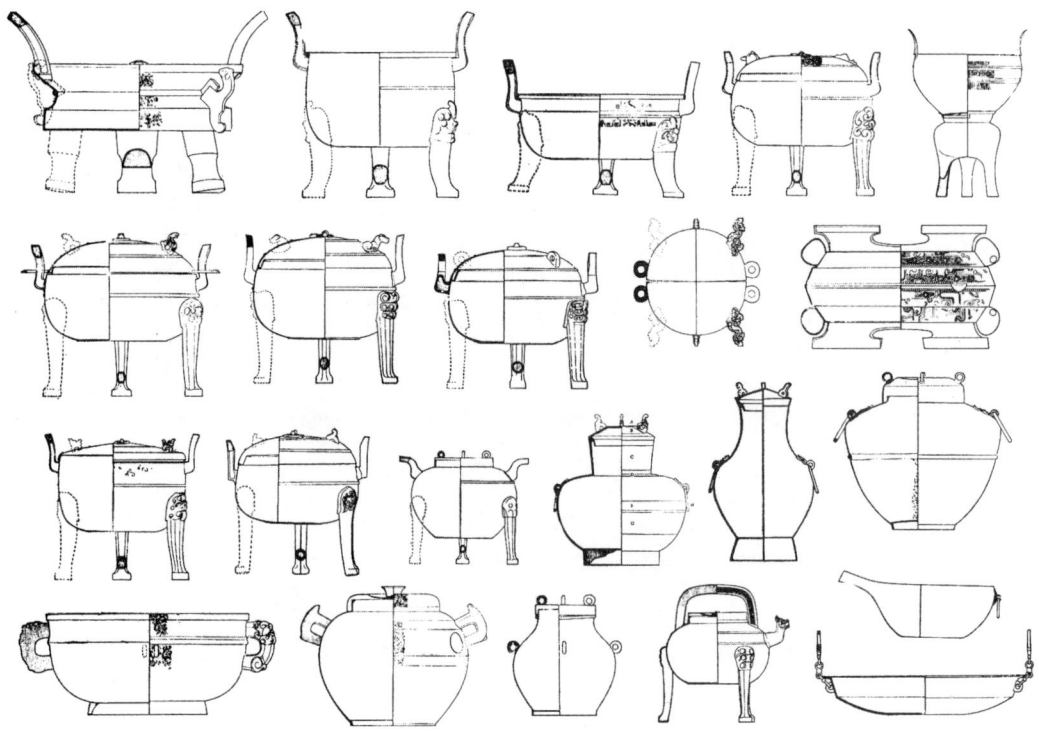

图3-100　湖北荆门市十里铺M2出土青铜器

5. 宜昌地区

1969年枝江百里洲八亩乡王家岗发现一批青铜器[①]，出土时鼎、簠和方壶放在一起，西距盘、匜约1米。器物共计鼎3、簠2、方壶1、盘1、匜1（图3-101）。两件考叔㝬父簠器盖同铭，铭文作"唯正月初吉丁亥，考叔㝬父自作尊匡（簠），其眉寿万年

---

① 湖北省博物馆：《湖北枝江百里洲发现春秋铜器》，《文物》1972年第3期。

图3-101 湖北宜昌枝江百里洲八庙乡王家岗出土青铜器

无疆，子子孙孙永宝用之"。

1985年枝江姚家港镇姚家港村高山庙发现一处墓地[①]，共清理了23座墓葬，其中M14和M15位于山顶，相隔5米呈东西排列。两座墓葬是保存较好的铜器墓，仅有M14（图3-102）出土青铜簠。此墓为南北向长方形墓，方向175°。墓口大于墓底，墓口长3.9米、宽2.05米，墓底长2.5米、宽1.6米，深2.5米。葬具一椁一棺，椁室长3米、宽1.15米。墓主人葬式不详，头向南。随葬器物均放置于椁室南部的头箱，包括有鼎2、簠2、盥缶1、盘1、匜1、勺1。

1975年当阳县河溶镇曹家岗发现一座墓葬M5[②]，此墓东距1979年发掘的4座小墓约200米。M5为东西向长方形墓，方向94°。墓口略呈梯形大于墓底，墓口东西长9.07米、东壁宽8.4米、西壁宽7.64米，墓底长4.94米、宽4.06米，深7.6米。葬具一椁二棺，并有两具陪棺。椁室长4.13米、宽3.75米、高2.1米。主棺置于椁室西北部，两具陪棺并列于主棺南侧。墓主人与陪葬人骨架均为仰身直肢，头向东，各用一粗一细两床主席包裹，这是赵家湖一带的普遍葬俗。此墓被盗，没有发现青铜礼器，头箱叠压有大量甲片，椁室中部和南侧堆积有兵器，椁室北部散布着金属装饰和车马器。墓葬正东

---

① 湖北省宜昌地区博物馆：《湖北枝江姚家港高山庙两座春秋楚墓》，《文物》1989年第3期。

② 湖北省宜昌地区博物馆：《当阳曹家岗5号楚墓》，《考古学报》1988年第4期。

图3-102　湖北宜昌枝江姚家港镇姚家港村高山庙M14及其出土青铜器

1~2米处有一座器物坑,为堰塘水所毁。出土器物主要有鼎4、簠2、盥缶1、舟1、勺1、斗1(图3-103)。一件铜簠无铭文,另一件王孙霝簠仅有盖铭作"王孙霝作蔡姬飤匡(簠)"。

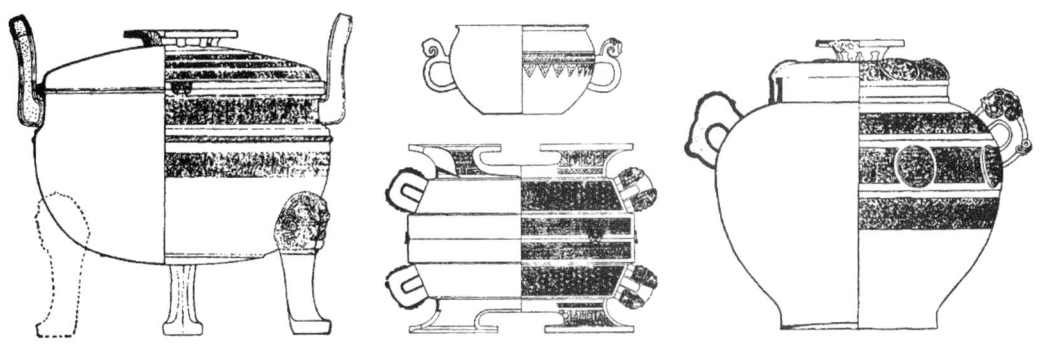

图3-103　湖北当阳县河溶镇曹家岗M5出土青铜器

6. 荆州地区

1960年松滋县西斋大岩嘴发现一处墓地[①],采集到一件青铜簠,器盖皆无铭文。

1973年江陵草市镇岳山村发现一座墓葬[②],西北距离纪南城7.5千米。墓坑已经被破坏,器物出土时排列整齐,共计有鼎1、簠1、敦1、盥缶1、盘1、匜1(图3-104)。郳伯受簠器盖同铭,铭文作"郳伯受用其吉金,作其元妹叔嬴为心媵饙匡(簠),子子孙孙其永用之"。

图3-104　湖北江陵草市镇岳山村出土青铜器

2013~2015年对荆州川店镇望山村望山桥M1进行了发掘[③]。这座墓地位于楚纪南故城与熊家冢墓地之间,分布有M1、M2两座墓葬和车马坑CHMK1。M1破坏严重,为东西向"甲"字形墓,方向89°。墓坑大体呈正方形,墓口设有十三级台阶,东端

---

① 湖北省文物管理委员会:《湖北松滋县大岩嘴东周土坑墓的清理》,《考古》1966年第3期。
② 荆州地区博物馆:《江陵岳山大队出土一批春秋铜器》,《文物》1982年第10期。
③ 荆州博物馆:《湖北荆州望山桥一号楚墓发掘简报》,《文物》2017年第2期。

设有墓道，墓底挖有腰坑，埋羊一只。墓口大于墓底，墓口长3.4米、宽3.2米。葬具二椁二棺，外椁室呈长方形，长7.19米、宽6.5米，以横梁和隔板分隔为五室，五个椁室的排列呈"日"形。内椁置于中室，长3.25米、宽2米。重棺置于内椁，内棺为悬底棺弧棺，墓主人葬式不明。此墓被盗严重，东室主要放置青铜礼器、漆木礼器，南室主要放置车马器，西室和北室均为日常生活用器。出土器物仅有鬲6、簠盖6、簋1、壶盖2、缶盖1、匜1、匕15、勺2、斗2。

7. 孝感地区

20世纪80年代在安陆市王家山和死土岗分别采集到一件青铜簠①，两件器盖皆全，无铭文。

8. 黄冈地区

1976年黄州区禹王城出土了一件许公买簠②，现藏黄冈市博物馆，器盖同铭作"唯王正月初吉丁亥，许公买择厥吉金，自作飤匠（簠），以祈眉寿，永命无疆，子子孙孙永宝用之"。

1992～1995年麻城市宋埠镇李家湾发现一处墓地③，共清理98座墓葬。其中春秋墓葬12座，M1、M70、M78三座墓葬出土有青铜簠，其余为西汉墓。李家湾M1为东西向长方形墓，方向97°。墓口遭到破坏，墓底长3.84米、宽2.2米，深0.7米。棺椁、葬式不详，出土器物有鼎1、簠1、盥缶1、勺1、匕1。

李家湾M70（图3-105）为东西向长方形墓，方向80°。墓口残长3.6米、宽2米，墓底长3.26米、宽1.98米，深0.7米。葬具一椁一棺，椁室长2.8米、宽1.5米。墓主人骨架无存，头向东。椁室分为头箱、边箱和棺室三部分，青铜礼器置于头箱，兵器和车马器置于边箱。出土器物有鼎1、簠1、盥缶1、斗勺1、匕1。

M78为东西向长方形墓，方向80°。墓口长4.2米、宽2.5米，墓底长4.2米、宽2.4米，深1.76米。棺椁、葬式不详，出土器物有簠1、盥缶1、匕1。

小结：湖北地区出土青铜簠的族属基本一致，这里是楚文化的核心区。青铜簠形制发生转变的区域最早在谷城—襄阳—枣阳，即广义上的襄阳地区。规模最大的东西向墓葬是楚国典型的贵族墓，东西向的低级士墓非常流行一鼎一簠或二鼎二簠的组合，说明鼎簠组合是楚文化的核心组合。而且部分级别不高的南北向士墓开始大量出现鼎簠组合，反映了楚文化北上的影响力逐步扩大，尤以鄂东地区的曾国受楚文化影响最为明显。

---

① 安陆市博物馆：《安陆发现一批东周时期青铜器》，《江汉考古》1990年第2期。
② 吴晓松、洪刚：《许公买簠》，《中原文物》2004年第1期。
③ 湖北省文物考古研究所：《湖北麻城市李家湾春秋楚墓》，《考古》2000年第5期。

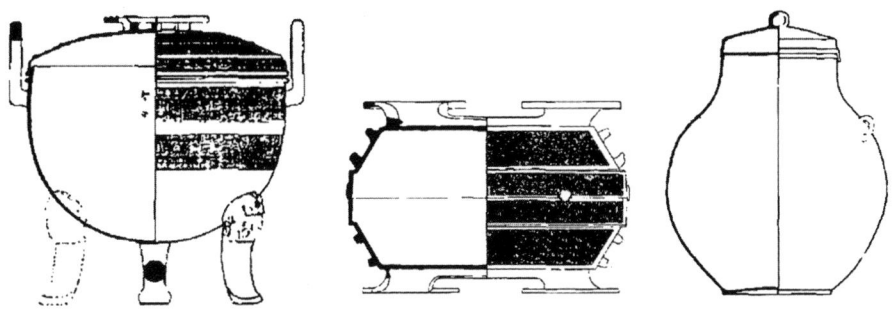

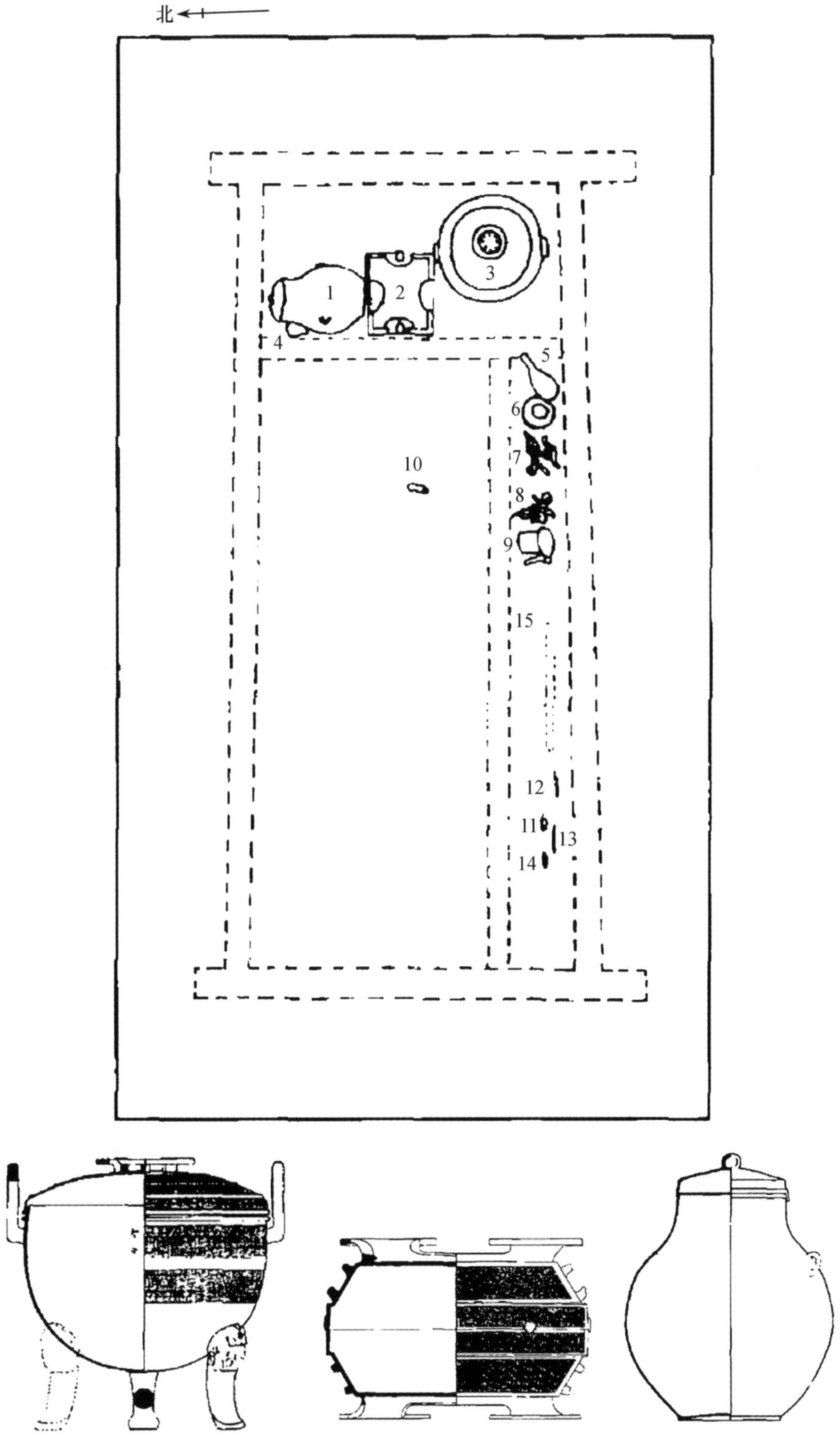

图3-105　湖北黄冈李家湾M70及其出土青铜器

三、湖南

1. 岳阳地区

1986年岳阳筻口镇莲塘村凤形嘴山发现3座墓葬[①]。这三座墓葬呈品字形排列，M2、M3破坏较甚，均无器物出土，M1出土有青铜簠。M1（图3-106）为东西向长方形墓，墓口遭到破坏，残长5.5米、宽4米，墓底长4.48米、宽3.38米，深7.1米。推测有棺椁葬具，葬式不详。墓坑西壁挖有长方形龛，长1.7米、宽0.44～0.52米、残高0.96米，龛底距墓底1.96米。墓底铺有一层鹅卵石，其上涂抹的白膏泥中出土铜戈2件。随葬品主要放置在壁龛内，出土器物有鼎2、簠1、敦1、盉1、盘1、匜1、勺1。

1993年汨罗市城关镇高泉山发现两座墓葬，M1出土有青铜簠[②]。《水经注》记载："汨水西迳罗县，本罗子国。故在襄阳宜城县西，楚文王移此，秦立长沙郡。"在汨罗县西北约4千米有春秋时期的罗子国城址，墓地与之遥遥相对。高泉山M1（图3-107）为南北向长方形墓，方向344°。墓口大于墓底，墓口遭到破坏，残长4.64米、宽2.58米，墓底长4.4米、宽2.5米，残深1.2米。葬具已经腐朽，推测有棺椁，葬式不明。青铜礼器放置于墓室南部，中部有玉饰和象牙饰，西北角有车马器和料珠。出土器物有鼎2、簠2、盘1、匜1。

2. 益阳地区

1985年对益阳陆贾山热电厂墓地进行了发掘，共清理东周墓葬50座，仅有M183（图3-108）出土青铜簠[③]。M183（85益热M46）在陆贾山北坡，东西向长方形墓，方向266°。墓口上部遭到破坏，残长3.3米、宽1.2米，墓底长3.2米、宽1.1米，残深0.9米。墓坑近似狭长形，长宽比例均在3∶1以上，这种墓葬特征与桃江腰子仑春秋越人墓葬的特点几乎一致。墓壁不规整，葬具、人骨架无存，棺椁形制、葬式均不明。在距墓底0.3米的坑内发现有三组六小堆铜渣均匀分布在墓坑两边，上小下大，垂直构成梯形，延伸至墓底，可能系葬具的附件。在北壁近东端有长条形壁龛，长1.35米、高0.4米、深0.3米，距离墓底0.6～0.8米。随葬青铜礼器放置在壁龛里，兵器和玉饰件放置在墓底西端。出土礼器主要有鼎1、簠1、尊缶1、盘1。

小结：湖南地区出土的青铜簠虽然是楚式簠，但是墓葬与典型的楚墓不同。有的墓葬特征与同时期的越人墓葬相同，随葬器物多放置于壁龛内。

[①] 岳阳市文物工作队：《湖南省岳阳县凤形嘴山一号墓发掘简报》，《文物》1993年第1期。
[②] 岳阳市文物考古研究所、汨罗市文物管理处：《湖南省汨罗市高泉山一号墓发掘简报》，《湖南省博物馆馆刊》第5辑，岳麓书社，2008年。
[③] 益阳市文物管理处、益阳市博物馆：《益阳楚墓》，文物出版社，2008年。

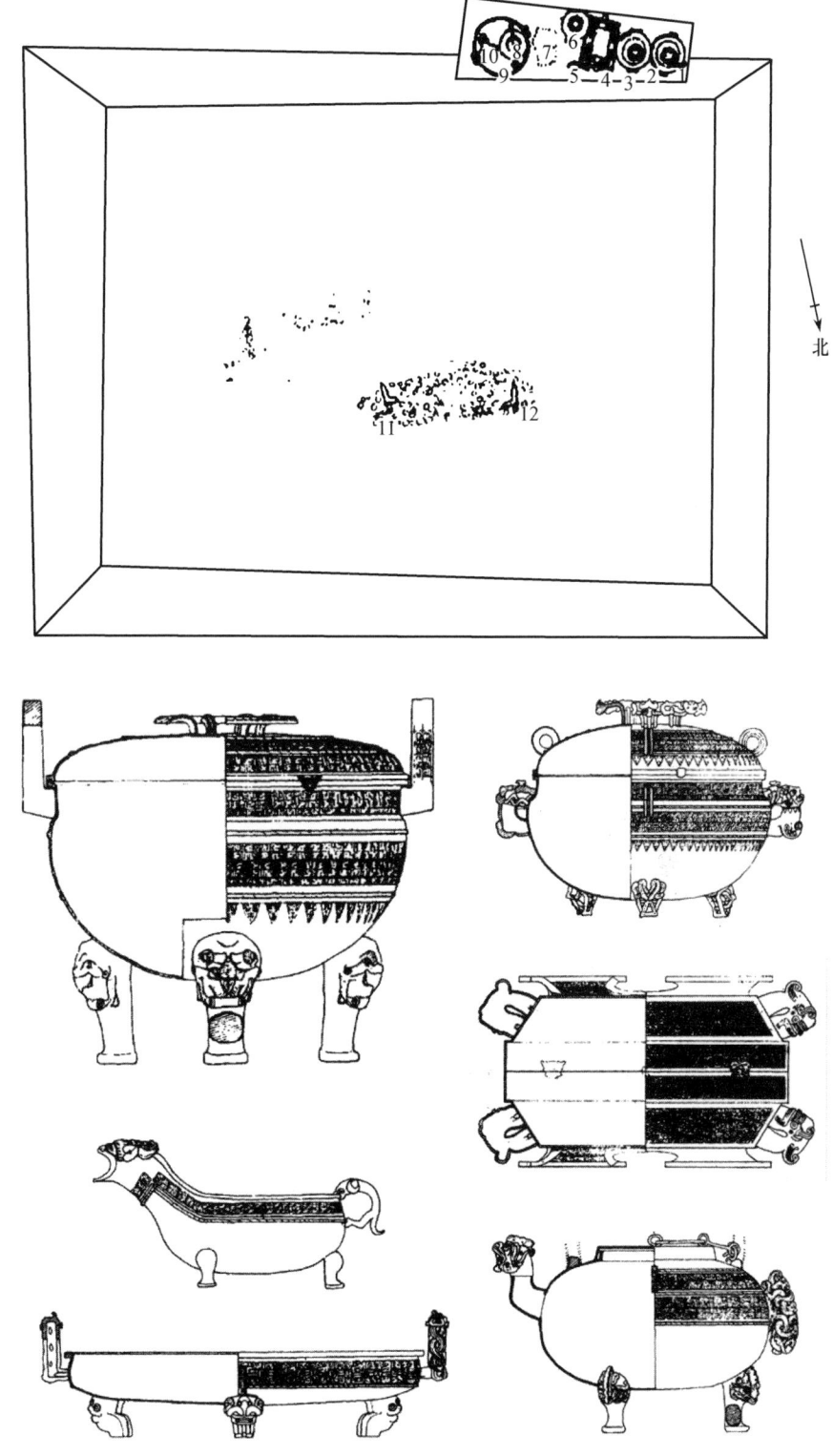

图3-106　湖南黄岳阳篁口镇莲塘村凤形山嘴山M1及其出土青铜器

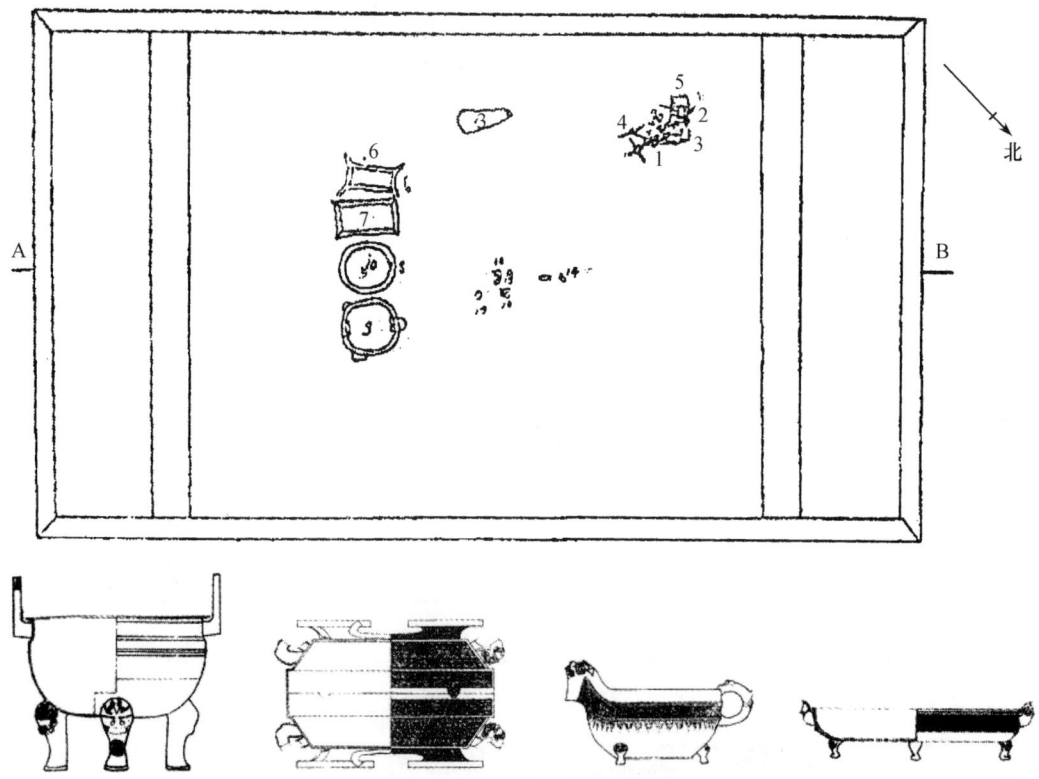

图3-107　河南汨罗市城关镇高泉山M1及其出土青铜器

四、安徽

1. 亳州地区

1984年利辛县张村镇管台子庄西头的古淝河发现一批青铜器[①],出土器物有鼎1、簋2。

1989年蒙城县小涧区郭店乡狼山村发现一批青铜器[②],埋藏环境破坏殆尽,出土器物有簋1、戈1、马衔2。

2. 蚌埠地区

2006~2008年蚌埠市淮上区小蚌埠镇双墩村发掘两座大墓,M1钟离君柏墓(图3-109)出土有青铜簋[③]。此墓为一座大型封土圆形土坑墓,正东向有一条阶梯式短墓

---

① 安徽省地方志编纂委员会:《安徽省志·文物志》,方志出版社,1998年,342页。
② 鹿俊倜:《安徽蒙城出土春秋青铜器》,《考古》1995年第1期。
③ 安徽省文物考古研究所、蚌埠市博物馆:《钟离君柏墓》,文物出版社,2013年。

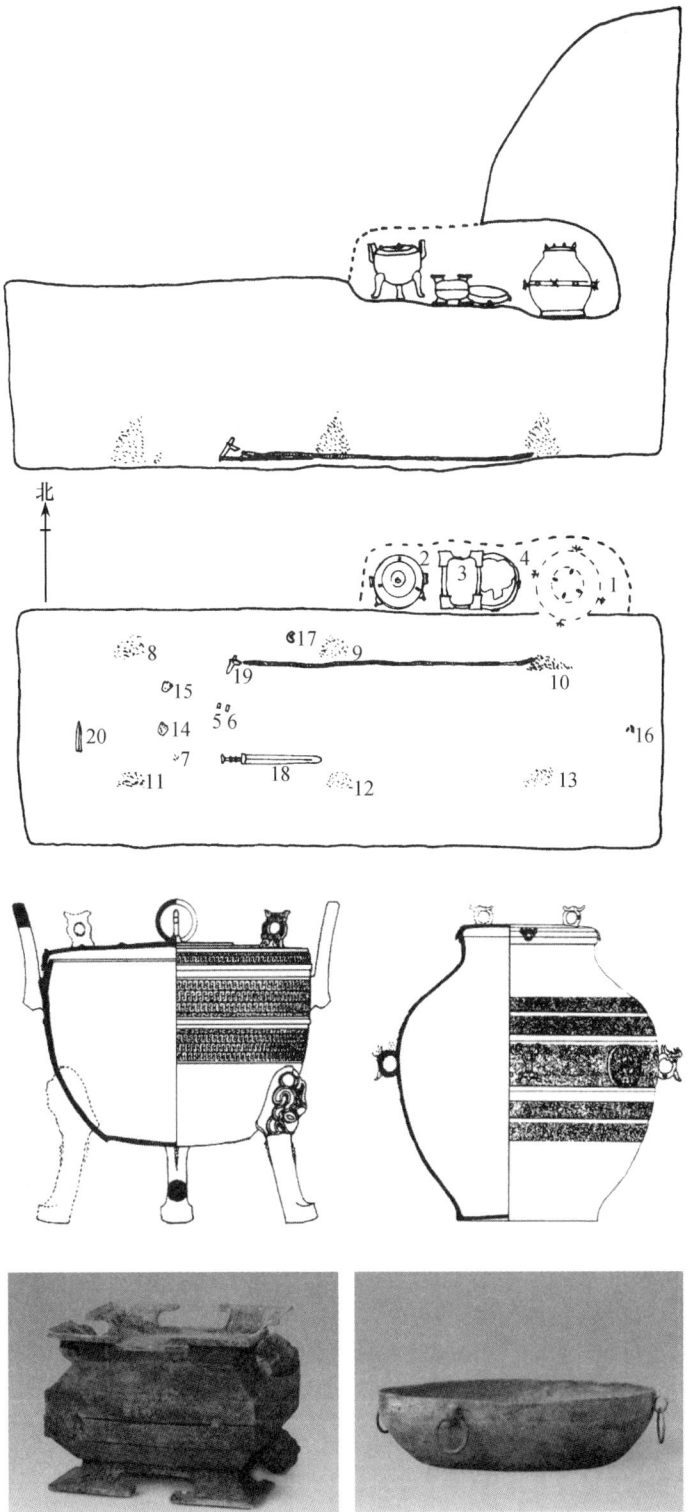

图3-108 湖南益阳陆贾山热电厂M183及其出土青铜器

道，深至2米处设有生土二层台。墓口直径20.2米，底部直径14米，深7.5米。圆形墓室中葬具均围绕主棺椁分布，正东、西、北三面各放置三具殉棺，南面放置一具殉棺和一个硕大的随葬品椁室。南椁室又分为南北两个椁箱，南椁箱放置食物和祭牲，北椁箱放置随葬器物，由此构成十字形的三三对称布局。墓主葬具一椁一棺，椁室长3.5米、宽1.6米、高0.9米。墓主人骨架为中年男性，仰身直肢，头向东。青铜礼器有序地排列在器物箱的西部和北侧边，豆、盒、匜、三足盘、勺、甗位置在器物箱北壁东段的侧边位置，其他器物按照相同器物组合分类放在器物箱西部位置。出土器物主要有鼎5、豆2、盉1、簠4、罍2、甗1、匜2、盒1、盘1、勺1、纽钟9、石磬12、铃1、鼓纽环以及车马器、兵器、彩绘陶器、硬纹陶器、玉石器和漆木器等。4件青铜簠两件大的在下，两件小的在上，相互叠压并列放置在器物箱西南角侧边上。3件有铭文，两件大的器盖同铭作"唯正月初吉丁亥，钟离君柏作其吉金，作其飤医（簠）"；一件小的盖内顶有刻划铭文作"柏之簠"，字体似针刻，刻划痕迹极浅极细。另一件小的因器体残碎并锈蚀，经修复完整，无法辨清是否有铭文存在。

3. 滁州地区

2007年凤阳板桥镇古城村卞庄发现一座墓葬M1[①]，距离蚌埠双墩M1约35千米。此墓为圆形土坑墓，方向0°。墓口遭到破坏，直径约11米，墓底直径8米，深4.5米。葬具已朽，墓底发现棺木灰痕。墓底东、西、南、北、中共有5个打破生土的浅墓坑，以主墓为中心，四周有规律地排列着陪葬墓。墓主人骨架遭到扰乱，葬式不详。东部和南部为双人陪葬坑，西部和北部为三人陪葬坑。随葬器物主要放置在墓室南部的边箱，出土器物有甗1、簠1、豆1、盥缶1、盉1、盘1、纽钟9、镈5。镈铭记有"钟离公柏之季子康"，且未发现有鼎，推测是放置于东部被盗掘。若如此，此墓葬制可能与双墩M1钟离公柏一样，都是十字形的三三对称布局。

4. 淮南地区

1955年寿县西门内取土发现蔡侯墓[②]（图3-110）。此墓为南北向近正方形墓，墓向10°。墓口大于墓底，墓底长8.45米、宽7.1米、深3.35米。棺椁、葬式不详，根据佩玉与铜剑的位置推测头向北，墓室东部有一具殉人。墓室北部放置着礼器和乐器，一部分被取土民工掘出，根据当事人的回忆，"东面整齐地放置着两排甬钟，向西为鼎、鉴、缶、豆等，最大的鼎放在墓主人北部的中央，其左是两个圆鉴（吴王光鉴）

[①] 安徽省文物考古研究所、凤阳县文物管理所：《安徽凤阳卞庄一号春秋墓发掘简报》，《文物》2009年第8期。

[②] 安徽省文物管理委员会、安徽省博物馆：《寿县蔡侯墓出土遗物》，科学出版社，1956年。

第三章 出土青铜簠墓葬概述

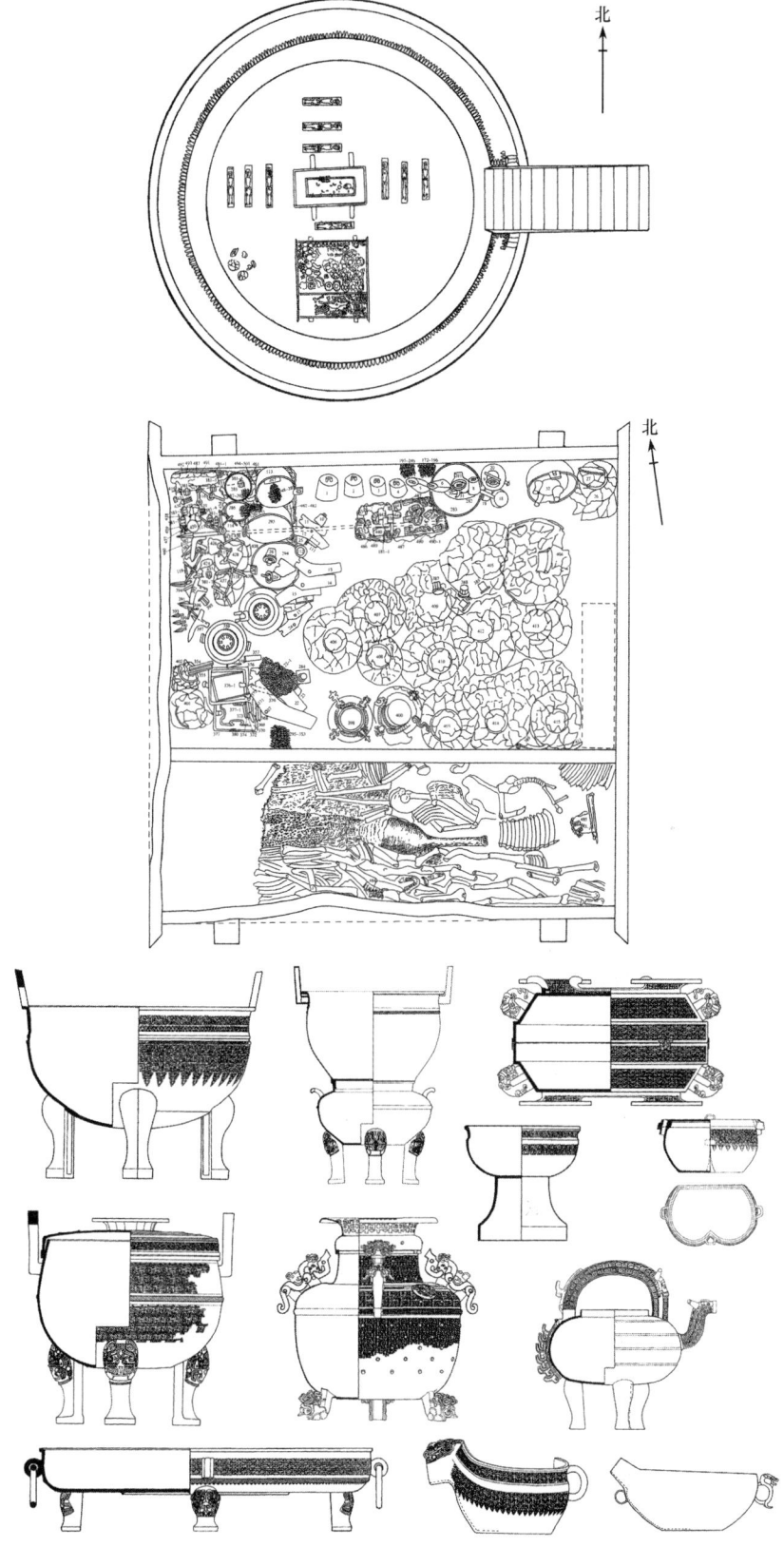

图3-109 安徽蚌埠市淮上区小蚌埠镇双墩村M1及其出土青铜器

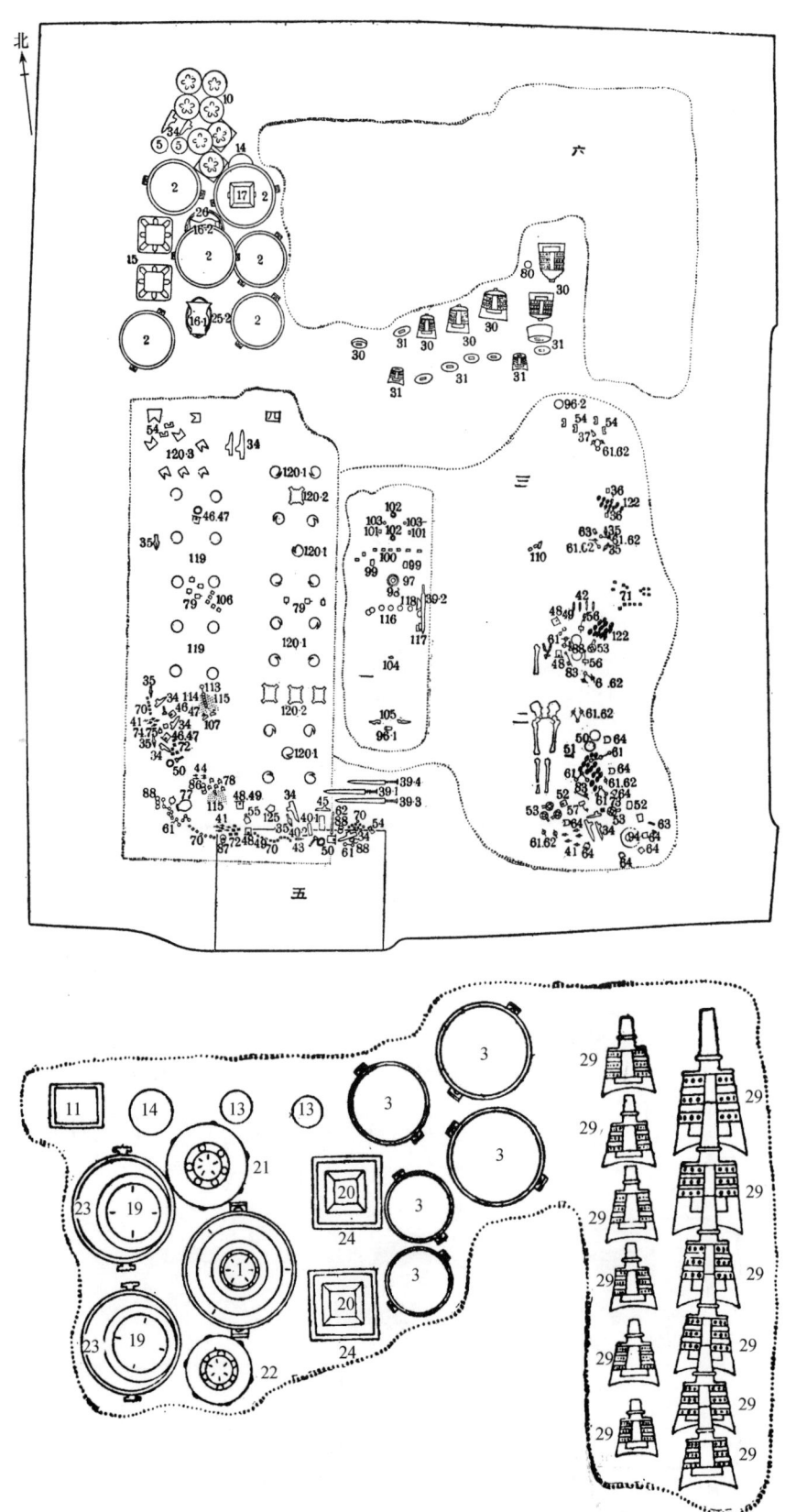

图3-110 安徽寿县蔡侯墓

内装着圆缶；其右是两个方鉴内装着方缶，还有一些较小和破碎的器物，已记不清原来放置的地方了"。西北角的礼器是正式发掘的，整齐的放置着鼎、簠、簋、豆、尊、壶、方盉、洗等。最北为簠、豆，两者之间夹放两件铜戈。方盉在鼎内，一尊在洗内（三洗相叠）挤压于鼎底之旁，另一尊在盘内，两个方壶并列于诸鼎之西。在两排甬钟的西南部放置着两组编钟和编镈。南部以墓主人为中心，东、西、南三面放置着车马器、兵器、漆器等。出土器物主要有鼎18、鬲8、甗1、簋8、簠4、敦2、豆2、铺2、尊3、方壶2、方盉1、鉳1、尊缶4、盥缶2、鉴2、方鉴2、盘4、洗3、匜1、盂1、甬钟12（不含残片）、纽钟9、镈8、钲1、錞于1。4件蔡侯申簠器盖同铭作"蔡侯申之飤匠（簠）"。

1980年舒城县孔集乡九里墩村窑厂发现一座墓葬[①]。此墓为东西向长方形墓，方向120°。墓壁垂直，东西长8.6米、南北宽4.44米，深2.7米。棺椁、葬式不详，根据头骨位置可知头向东。此墓早年被盗，青铜礼器所剩不多，乐器置于墓室南部，兵器置于墓室南北两侧，车马器置于墓室东南部和西部。出土器物有鼎盖1、鼎足3、簠2、敦1、盉流1。

小结：安徽地区出土的青铜簠主要是蔡侯墓和钟离君墓两处诸侯级别的墓葬，凤阳下庄和舒城九里墩两处高等级墓葬的出土数量和组合不甚清楚。两处诸侯级大墓均以鼎簠组合为核心，4件簠是陪器的最高组合形式。

五、四川

达州地区

1999~2007年宣汉普光镇进化村罗家坝遗址经过三次大规模发掘[②]，第二次发掘共清理墓葬33座、灰坑31座，规模最大的M33出土有青铜簠。罗家坝遗址地处四川盆地东北大巴山南麓，位于嘉陵江水系的中河和后河的交汇之处。M33（图3-111）平面形状略呈不规则的曲尺形，方向180°。墓口北宽南窄，在西壁南部折而向东内收再折向南，其南壁被改田改土破坏。墓口南北残长5.93~6.62米、东西宽3.2~4.6米，深1米。墓室未发现葬具遗迹，3具人骨架从东向西逐渐增高放置。一号人骨架位于三副骨架的东边，紧靠东部的器物群，脚部放置有一堆动物骨骼。葬式为仰身直肢，头向南，面向上，右手上举，左手平放于胸前。二号人骨架处于两副人骨架的中间，仰身直肢，头向南，面向上，双手平放于胸前，其右腿胫骨向上错位近10厘米，腓骨无任

---

① 安徽省文物工作队：《安徽舒城九里墩春秋墓》，《考古学报》1982年第2期。
② 四川省文物考古研究院、达州市文物管理所、宣汉县文物管理所：《宣汉罗家坝》，文物出版社，2015年。

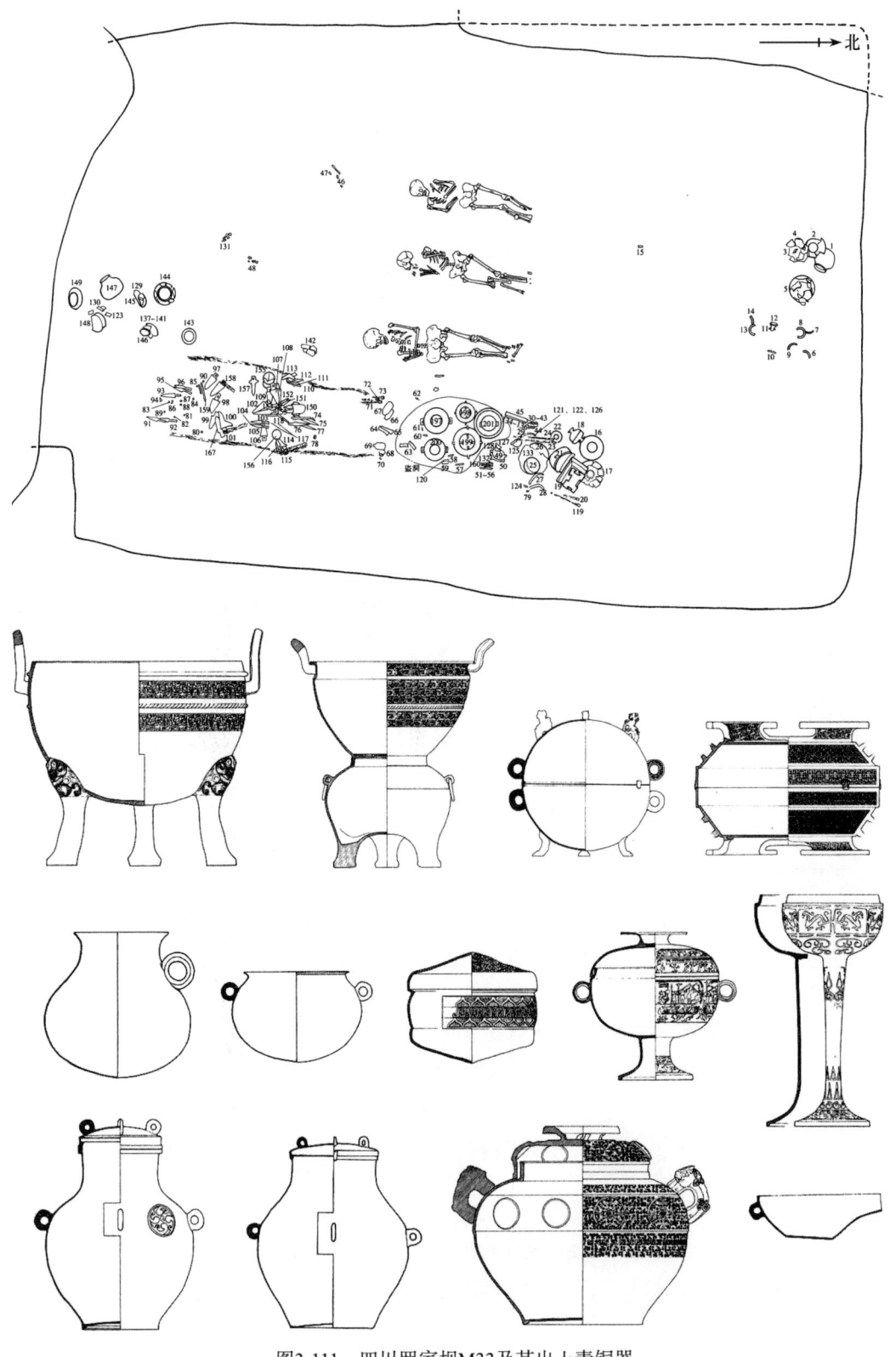

图3-111　四川罗家坝M33及其出土青铜器

何位移。三号人骨架处于最西边，仰身直肢葬，头向南，面向上，右手上举，左手平放于胸前，骨架的下肢骨旁放置有一堆禽类骨骼。随葬品放置在墓室东部，南端主要是青铜兵器及少量陶器，北端是青铜礼器、生活用具及生产工具，墓室北部放置彩绘陶器、镂空器座及8枚野猪獠牙，墓室中部放置少量陶器。出土器物主要有鼎1、甗1、簠1、敦2、豆2、尊缶2、盥缶1、鉴1、匜1、容器1、鍪1、釜1、尖底盒1。

小结：四川地区出土的青铜簠仅此一例，反映了楚文化影响到川东北地区。在罗家坝三次发掘的65座墓葬中，这种曲尺形的墓葬仅此一座，且是规模最大的一座，出土青铜器基本都是楚式器。

第四章　青铜簠定名问题研究

宋代金石学兴起以来，始开青铜器定名之先河。王国维谈道：

> 凡传世古礼器之名，皆宋人所定也，曰钟、曰鼎、曰鬲、曰甗、曰敦、曰簠、曰簋、曰尊、曰壶、曰盉、曰盘、曰匜、曰盦，皆古器自载其名，而宋人因以名之者也。曰爵、曰觚、曰觯、曰角、曰斝，古器铭辞中均无明文，宋人但以大小之差定之。①

如今称之为"簠"的青铜器是一种盖与器皆为长方形，可以相互扣合的盛食器。

汉代文献对青铜簠是方形器还是圆形器的讨论一直存在争议。《说文·竹部》："簠，黍稷圜器也；簋，黍稷方器也。"《周礼·地官·舍人》："凡祭祀共簠簋。"郑玄注："方曰簠，圆曰簋，盛黍稷稻粱器。"唐代学者倾向调和之论，或是认为"外方内圆曰簠"②，或是认为"外圆内方曰簠"③。北宋聂崇义《三礼图》根据旧图称"内方外圆曰簠""外方内圆曰簋"（图4-1）。吕大临所著《考古图》首次明确了这种方形器为"簠"，"芮公簠"条下称：

> 与后所图弭仲及史利二器形制全相类，铭皆从匿，而文不同。此器从䒼，弭仲器从夫，史利器从古，亦䒼字，夫字即古簠字。䒼与簠声相近，又形制皆如簋而方，文虽不同，疑皆簠也。

吕氏《释文》又称：

> 弭仲匿，《说文》簠字，古文作匚从匸，读若方，象受物之器，籀文作匿。此器匚中有大字，乃古夫字。盖古文夫、大止用一字，秦峄山碑御史大夫字，止于大字下加以二而已，唯大字左右比字未详，盖古文笔划多寡不同尔。此器既方，其文又如是则为簠无疑。

---

① 王国维：《观堂集林·说觥》，中华书局，2004年，147页。
② 《诗经·秦风·权舆》"每食四簋"陆德明释文。
③ 《仪礼·聘礼》"夫人使下大夫劳以二竹簠方"陆德明释文。

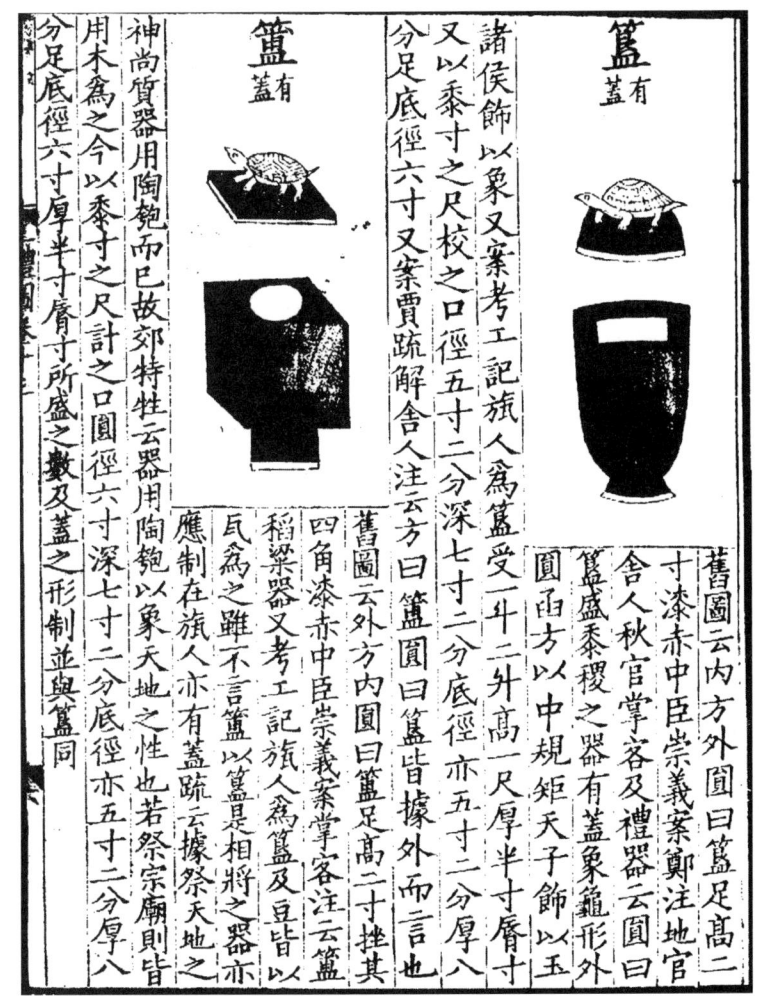

图4-1 北宋聂崇义《三礼图》

宋人认为青铜簠实物的发现不仅证明了许说之误，也证实聂氏《三礼图》多是后儒之臆说。清人又在青铜簠自名与传世文献之间建立联系，如阮元《积古》"番君召簠"条称：

> 簠字匿，从古从匚，古声通作胡。《左·哀十一年》传"胡簋之事则尝学之"，胡簋即簠簋也。《礼·明堂位》"殷之六瑚"与敦簋并列，明为盛黍稷之器。瑚之为簠，异名无疑矣。

刘心源《古文审》"铸公簠"条称：

> 釒，郜公诚簠作匿，知此从釒即金，从古是其声也，定为簠字。鲁士孚

父簠作🗆亦此字，古声即胡字，一作瑚。《左传》"胡簋之事"，亦簠字也。《明堂位》"殷之六瑚"，亦簠字也。《说文·皿部》"盨器也，从皿从缶古声"，亦簠字也。

民国时期的学者基本持此论，容庚说："今证之彝器，簠形长方，铭云'用盛稻粱'，则郑玄之说是也。"① 杨树达说："今验之古器，簠形侈口而长方，簋形敛口而椭圆，与郑注说合。事经目验，许君误记，不待论矣。"②

然而，清末就有学者开始质疑"簠"为方形器，强运开称：

> 若彝器所传范铜之匡，侈口而长方，既与许说不合，当别为一器。……未可认匡即簠之古文。窃谓匡之为器实即胡琏之胡，匡为正字而胡瑚则藉字也。③

1976年陕西扶风庄白一号窖藏出土一件豆形器，铭文为："微伯癲作筥，其万年永宝"④。唐兰先生认为这件器物应称为"癲簠"，随即说道：

> 癲簠似豆而大，浅盘平底，圈足镂空，铭作筥，是簠的本字。宋代曾有刘公铺，1932年出土的厚氏元匡，过去都归入豆类，是错了。《说文》："簠，黍稷圜器也"，就是这类器。本多竹制，在铜器中发展较晚。宋以来金石学家都把方形的筐当作簠，铭文自称为筐，也称为匡，或作匚，则是瑚的本字。学者们纷纷说许慎错了。今见此器，可以纠正宋以来的错误，也可以证明这类的簠在西周中期已经有了。⑤

高明先生也著文认为那种上部为一浅腹圆盘，下部做一喇叭形镂空花纹样的器物应称为簠，而以前称为簠的方形器应称为盨⑥。两位先生力证许慎之说，在学术界引起了很

---

① 容庚：《商周彝器通考》上册，哈佛燕京学社，1941年，356页。
② 杨树达：《积微居小学述林·释簠》，中华书局，1983年，11页。
③ 强运开：《古文古籀三补》，中华书局，1986年，23、24页。
④ 陕西周原考古队：《陕西扶风庄白一号西周青铜器窖藏发掘简报》，《文物》1978年第3期。
⑤ 唐兰：《略论西周微史家族窖藏铜器群的重要意义》，《文物》1978年第3期。
⑥ 高明：《盨、簠考辨》，《高明论著选集》，科学出版社，2001年。

大的反响，至今古文字学界多有从之①。但是，搞器物学研究的学者多坚称"簠"应为方形器②，由此形成两派。

研究青铜器首先要从器物的名称入手。正所谓无规矩不成方圆，只有确定了器物的名称，才能对器物的形制加以分析。下面我们将对青铜簠的自名和功能用途进行一番整理，以确定器物的名称。

第一节 青铜簠的自名与功用

一般来说，青铜器的命名应该遵从"名从主人"的原则，即根据器物本身的铭文来命名。青铜簠自名的情况比较复杂，繁简异体不下20余种。为了便于讨论，根据《商周青铜器铭文暨图像集成》（以下简称《铭图》）和《商周青铜器铭文暨图像集成续编》（以下简称《铭续》）中所收簠的自名制成表格以备诸家参考（附表一）。

附表一中所列诸字根据声符的不同可划分为六大类。

第一类以"古"为声符，其中又以形符的不同可分为八型。

A型 匚，从匚古声。根据金文字体书写的不同可分为三亚型。

Aa型 金文写作"匡"，代表器物为射南簠（《铭图》5763），时代为西周晚期，铭文记："射南自作其匚（簠）。"从附表一中得知，目前所见的铜簠自名中，"匡"字使用频率最高。共计183例，约占总数的四分之三。而且沿用的时间跨度很长，从西周晚期到战国晚期的器物上都可见到。

Ab型 金文写作"匡"，代表器物为嘉子伯昜臚簠（《铭图》5946），时代为春秋晚期，铭文记："唯九月初吉壬寅，嘉子伯昜臚，用其吉金，自作宝匚（簠），子子孙孙永寿用之。"此字在铜簠自名中有2例，以金文常例而言经常可见缺笔、多笔的现象。□王□簠（《铭图》5865）盖铭作"匡"，器铭作"匡"，器铭为多笔的匚字。

Ac型 金文写作"匡"，代表器物为盛君縈簠（《铭图》5780），时代为战国早期，铭文记："盛君縈之御匚（簠）。"其自名在铜簠中只此1例，《楚文字编》收此字于"匚"下③。

---

① 陈芳妹：《晋侯铺——兼论铜铺的出现及其礼制意义》，《故宫学术季刊》2000年第17卷第4期；麦里筱：《簠字构形分析与簠形状之争议》，《古文字研究》第二十八辑，中华书局，2010年；李刚：《盨、簠补释》，《古文字研究》第二十九辑，中华书局，2012年；赵平安：《"盨、铺"再辨》，《古文字研究》第三十一辑，中华书局，2016年。

② 刘翔：《簠器略说》，《古文字研究》第十三辑，中华书局，1986年；周聪俊：《簠筩为黍稷圆器说质疑》，《大陆杂志》第100卷第3期；李学勤：《青铜器中的簠与铺》，《中国古代文明研究》，华东师范大学出版社，2005年。

③ 李守奎：《楚文字编》，华东师范大学出版社，2002年，713页。

匚，古代字书并无其字。《说文》有："匚，受物之器，象形。🔲，籀文匚。"段玉裁注曰："此其器盖方正，文如此作者，横视之耳。"故而此字以匚为其形符，表示器物之形状。🔲形象征着用竹篾或柳条编织成的器皿的横截面，当🔲形演变为匚形时竹条编织的痕迹完全消失，并且椭圆形的横截面也变成了长方形起角的横截面。因此有的学者质疑"簠器的原型，重要的不是它是圆形还是椭圆形，而是它是不带角的"[①]。造成这种误会的原因，是古文字学者对器物定名的研究过多关注于铭文，而不熟悉器物本身。

故宫博物院藏的龙纹簠和宝鸡石鼓山M4出土的龙纹簠，都是呈椭方形的口沿。《积古》著录有一件免簠，为阮元收藏。根据阮元的描述"此圆器而定为簠者"，可知到西周中期晚段仍有早期椭方形口沿的簠。《梦坡室获古丛编》著录有一件繺伯簠，亦是这种样式，时代为西周中期。通过西周早、中期5件青铜簠可证，匩字自名的构形确实与器物形制相同，早期为椭方形横截面，晚期为起角的长方形横截面。

根据文献记载，"胡簋"即"簠簋"。典籍中的"胡"或"瑚"从古得声，上古音在见母鱼部。簠字从甫得声，上古音在帮母鱼部。一为牙音，一为唇音，韵部相同，声纽相隔稍远。但是古文字中不乏相通之例。1993年湖北荆门郭店出土战国简《穷达以时》2+3简称"舜耕于鬲（历）山，陶拍于河匩，立而为天子，遇尧也"。袁国华考释说：

> 简文云："陶拍于河匩。"查古籍如《墨子·尚贤》、《吕氏春秋·慎人》、《管子·版法解》、《史记·五帝本纪》、《列女传·周男之妻》等皆有舜"陶于河濒（濒或作滨）"的记载，故循音义求之，"河匩"应读作"河浦"。"匩"金文亦作"匚"，可见二字古音极近甚至相同。"匚"即小篆"簠"字。"簠"古音属帮母鱼部，"浦"，古音属滂母鱼部。故由此推论所得，"匩"、"浦"二字，音近可通假。"浦"，《说文》水部云："濒也。"由是观之，将"河匩"读做"河浦"于音义皆合。[②]

此外，包山简111简"定阳莫嚚达、定阳赶公昃"，119简又作"定阳司马达、芙公駉"，"赶"字为双声字，是以夫、古通假之例。传世文献和楚简中"夫"声字与"甫"声字又多有通假，《诗经·邶风·谷风》："匍匐救之。"《礼记·檀弓下》《孔子家语·论礼》《汉书·谷永传》引"匍"作"扶"。上博简《容成氏》："禹

[①] 麦里筱：《簠字构形分析与簠形状之争议》，《古文字研究》第二十八辑，中华书局，2010年，267页。

[②] 袁国华：《郭店楚简文字考释十一则》，《中国文字》新24期，艺文印书馆，1998年，141页。

既已受命，乃弁服笲筓，帽芙笠囗足囗囗面乾骰，胫不生之毛，囗溼渚流。"上博简《慎子曰恭检》："首戴茅芙，撰铫执鉏，蹲甽伏畝，必於囗。""帽芙笠"可读作"帽蒲笠"，"茅芙"可读作"茅蒲"，《国语·齐语》："脱衣就功，首戴茅蒲。"韦昭注："茅蒲，簦笠也。"因此，"古""夫"二声字与"甫"声字相通。

B型　鈷，从金古声，金文写作"鈷"。代表器物为西替簠（《铭图》5799），时代为战国早期，铭文记："西替作其妹嫄薦鈷（簠）。"

鈷字，在铜簠自名中只见1例。不从匚而从金，表示器物之质地为金属器。辽宁省博物馆藏蔺令赵狨矛，骸部刻铭有"十一年，蔺令赵狨，下库工师皈石，冶人参所鈄鈷户者"（《铭图》17693）。"鈄鈷"与蔺令囗买戈的"鈄（铸）旗（戈）"（《铭图》17223）、洱阳令张定戟的"鈄（铸）旗（戟）"为对文。睡虎地秦简《日书》甲《毁弃》："大祠，以大牲大凶，以小牲小凶，以腊古吉。"影本"古"读为"腒"。《说文》："北方谓鸟腊曰腒。"银雀山汉简《孙膑兵法·势备》："夫陷齿戴角，前蚤后钜。"《淮南子·兵略》："凡有血气之虫，含牙戴角，前爪后距。"燕王职戈"萃鋸"的金文写作"鋸"，是以"鈷"又可读为"鋸"。

C型　祜，从示古声，金文写作"祜"。代表器物为伯其父簠（《铭图》5913），时代为西周晚期，铭文记："唯伯其父瘦作旅祜（簠），用赐眉寿万年。"

祜字，在铜簠自名中见有3例，时代均在西周晚期。吴大澂《说文古籀补》中说："祜，伯其父簠，借祜为簠。"①李学勤先生谈到此字时说："前人多释为'祜'，'示'旁疑也是'金'的讹变。"②丁山考证殷代六宗时说道："二示之示，外或从匚作囗，是知示即匚也。匚，或称示丁（《后上》1.2）。三匚，或称三示（《遗珠》402：癸酉卜其帝三示），是知匚即示也。"③丁先生所论极为有理，文字的发展从甲骨文到金文乃是一脉相承的。故金文中所见之示乃是匚的或体。《仪礼·士冠礼》云："眉寿万年，永受胡福。"铜簠铭文亦有"永祜福"（《集成》4526、4528、4529、4544），"祜"与"胡"当可通假。

D型　匫，从匚从金古声，金文写作"匫"，代表器物为史利簠（《铭图》5756），时代为西周晚期，铭文记："史利作匫（簠）。"此字在铜簠自名中见4例，时代皆为西周晚期。

E型　匲，从匚故声，金文写作"匲"。代表器物为商丘叔簠（《铭图》5872），时代为春秋早期，铭文记："商丘叔作其旅匲（簠），其万年，子子孙孙永宝用。"

匲字，在铜簠自名中见有5例，3例为商丘叔簠、2例为邿仲簠，时代皆为春秋早

---

① 吴大澂：《说文古籀补》，《金文文献集成》第十七册，线装书局，2005年。
② 李学勤：《青铜器中的簠与铺》，《中国古代文明研究》，华东师范大学出版社，2005年，78页。
③ 丁山：《卜辞所见先帝高祖六宗考》，《古代神话与民族》，商务印书馆，2015年，113页。

期。马叙沦在《说文解字六书疏证》中说道："商丘叔簠作匦。则从匸故声。故声犹古声矣。"①

F型　㲴，从皿古声，金文写作"㲴"。代表器物为夔膚簠（《铭续》30500），时代为春秋晚期，铭文记："唯正月丙辰，夔膚择其吉金，为驿儿铸塍㲴（簠），子子孙孙永保用之。"此字在铜簠自名中只见1例。

G型　錔，从皿从金古声，金文写作"錔"。代表器物为伯公父簠（《铭图》5976），时代西周晚期，铭文记："伯太师小子伯公父作錔（簠），择之金，唯鐈唯铝，其金孔吉，亦玄亦黄，用盛糕稻糯粱，我用绍卿士、辟王，用绍诸老诸兄，用祈眉寿，多福无疆，其子子孙孙用宝用享。"

錔字，在铜簠自名中只此1例。高明先生谓此为《说文》中的盫字②。《说文·皿部》："器也，从皿，从缶，古声。"杨树达先生曾说："窃疑其为金文匿字之或体也。字从皿与簠同，从古声与匿同，从缶表其初器之质，犹簠之从竹也。"③

H型　盫，从皿从缶古声，金文写作"盫"。代表器物为彭子射兒簠（《铭图》5884），时代为春秋晚期，铭文记："彭子射兒自作飤盫，其眉寿无期，永宝用之。"此字在铜簠自名中只此1例。

第二类以"吾"为声符，其中又以形符的不同可分为四型。

A型　䇻，金文写作"䇻"，通常隶定作"害"。代表器物为铸公簠（《铭图》5905），时代为春秋早期，铭文记："铸公作孟妊車母塍䇻（簠），其万年眉寿，子子孙孙永宝用。"

䇻字，在铜簠自名中见有9例，除了西周晚期的黄君子叕簠，其余8例伊殹簠、彙山奢滤簠、薛子仲安簠、铸公簠均是山东国族或在山东地区出土，说明这类自名的使用极有地域特点。刘心源《古文审》称："䇻，都公鍼簠作匦。知此从金，即金。从古，是其声也。定为簠字。"④将"䇻"隶定作"金"，此说不确。龙宇纯先生释䇻为害，根据害盇音近，蓋盇通用，蓋从盇声为由认为：

害本义为有盖食器，与盇为一语之转。其字原作䇻，见史墙盘，象形。其先盖编篾为之，以粗者三数枝对弯构合为经，而编以细篾，至末端留出稍许，为覆合时交错午贯之用。及后发展至以青铜铸造，形制虽然大异，但名称沿用不改。其字于中加"●"或"○"，始意不明；或表器中所盛食物形，略同于血字。说文云："五，从二，阴阳在天地之间交午也。"因器盖

---

① 马叙沦：《说文解字六书疏证》，上海书店，1985年。
② 高明：《盫、簠考辨》，《高明论著选集》，科学出版社，2001年。
③ 杨树达：《积微居小学述林·释簠》，中华书局，1983年，11页。
④ 刘心源：《古文审》8.3，《金文文献集成》第十一册，线装书局，2005年。

本上下午贯以合，大抵即其字又或于中加五字的道理。……匿实为瑚，与害不同字，但二者声母相同，匿与害亦当为语转，故为同器物之异称。①

朱凤瀚先生亦称：

> 从五（吾）得声，五与古上古声母极近，分别为疑母、见母，而韵部皆属鱼部，音可通……古甫音同，故从五与从古、从甫音皆可通。②

B型 匷，从匚从䇫，金文写作"匷"，代表器物为鲁士浮父簠（《铭图》5819），时代为春秋早期，铭文记："鲁士浮父作飤匷（簠），永宝用。"此字在铜簠自名中见有4例，且都是鲁士浮父簠，时代相同。

C型 匫，从匚从䇫从夫，金文写作"匫"。代表器物为季宫父簠（《铭图》5889），时代为西周晚期，铭文记："季宫父作仲姊孋姬媵匫（簠），其万年，子子孙孙永宝用。"

匫字，在铜簠自名中只此1例。唐兰先生在《周王𣪘钟考》一文中曾讲："季宫父簠自称其器为匫，其所从之䇫，亦即𣪘字也。铜器之簠，铭中多作匩字，从匚古声，即经传瑚琏之瑚也。季宫父簠以匫为匩，则𣪘可读为胡也。"③高明先生说道："𣪘胡古为双声叠韵，可通用。"④刘翔先生也说："古与胡的古音皆在鱼部，是可以互通的。"⑤如今这种观点，已为学术界所遵从。龙宇纯先生认为匫字亦是害字，以其音读与盍、匚为转语⑥。

D型 錯，从金从䇫，金文写作"錯"。代表器物为刉伯簠（《铭图》5765），时代为西周晚期，铭文记："刉伯作孟姬錯（簠）。"此字在金文自名中只此1例。

第三类以"𠂤"为声符，其中又以形符的不同可分为四型。

A型 匯，从匚𠂤声，金文写作"匯"。代表器物为𡧑姒簠（《铭图》5837），时代为西周晚期，铭文记："𡧑姒作旅匯（簠），其子子孙孙永宝用。"

匯字，在铜簠自名中见7例，西周晚期的占大多数，说明这是青铜簠较早的一种自名。薛尚功《历代钟鼎彝器款识法帖》"芮公簠"条称："此从𠂤者，皆𠂤字。从

---

① 龙宇纯：《说簠匚䇫匯及其相关问题》，《"中央研究院"历史语言研究所集刊》第六十四本第四分册，1030页。
② 朱凤瀚：《中国青铜器综论》，上海古籍出版社，2009年，139页。
③ 唐兰：《周王𣪘钟考》，《国立北平故宫博物院年刊》，1936年。
④ 高明：《𥂴、簠考辨》，《高明论著选集》，科学出版社，2001年，219页。
⑤ 刘翔：《簠器略说》，《古文字研究》第十三辑，中华书局，1986年，459页。
⑥ 龙宇纯：《说簠匚䇫匯及其相关问题》，《"中央研究院"历史语言研究所集刊》第六十四本第四分册，1029页。

夫，即古簠字。生与簠声相近，故古人皆同为簠字尔。"①吴大澂《说文古籀补》说："匧或从生，借匧为簠，筐字重文。"②上博简《容成氏》简5："（尧）生天下之政十有九年而王天下。"《诗经·小雅·六月》："王子出征，以匡王国。""生"为匣纽阳部，"匡"为溪纽阳部，两字可通假。高明先生称："匡字古之声在溪纽，韵在阳部；胡字在匣纽鱼部，溪匣乃是舌根与喉，鱼阳属于阴阳对转。"③刘翔先生也认为："簠器称匡，当系其别名。《说文》：'匡，饭器。'这与簠器自铭'用盛稻粱'也是吻合的。"④从生得声与从古得声的字俱是簠的异体字。

B型　𫡝，从匚从金生声，金文写作倒置的"𫡝"。代表器物为𪚔叔簠（《铭图》5858），时代为春秋早期，铭文记："𪚔叔作吴姬尊𫡝（匡），其万年，子子孙孙永宝用。"

𫡝字，在铜簠自名中只此1例。从字形上看从匚从金皆合匧字，只是匧字声符为古，此字声符为生而略有不同。

C型　匩，从匚黄声，金文写作"匩"。代表器物为冶遣簠（《铭文》5829），时代为西周晚期，铭文记："冶遣作宝匩（匡），子子孙孙永宝用。"

匩字，在铜簠自名中只此1例。《说文》："生，艸木妄生也，从屮在土上。读若皇。"陈逆簠："作生祖大宗簠"（《集成》4096），应读作"皇祖"。𩰿卣："𩰿作生号曰辛尊彝"（《集成》5322），应读作"皇考"。郭店简《老子》乙简11："生德如不足"，马王堆帛书甲、乙本及王弼本皆作"廣德如不足"。"廣"字从黄得声，可知黄与生相通。高明先生称："从黄得声之匩，古声属匣，与胡同纽，韵在阳部，与鱼部之胡亦乃一声之转。"⑤

D型　匡匧，代表器物为曹公簠（《铭图》5929），时代春秋晚期，铭文记："曹公媵孟姒念母匡匧（匡簠），用祈眉寿无疆，子子孙孙，永寿用之。"

这个自名比较特殊，在铜簠自名中见有6例，均是春秋中晚期江淮地区的青铜簠。刘翔先生认为自名为"匡匧"，表明"簠器既可以称为匡，又可以称为匧，并不矛盾。还可以并称作匡匧"⑥。通过金文研究发现，这个时期江淮地区的器物称名比较盛行一种复称名⑦。例如，《考工记》所载的"句孑戟"，杨雄《方言》称"戟，楚谓之

---

① 薛尚功：《历代钟鼎彝器款识法帖》144，《金文文献集成》第九册，线装书局，2005年。
② 吴大澂：《说文古籀补》，《金文文献集成》第十七册，线装书局，2005年。
③ 高明：《𠤳、簠考辨》，《高明论著选集》，科学出版社，2001年，219页。
④ 刘翔：《簠器略说》，《古文字研究》第十三辑，中华书局，1986年，459页。
⑤ 高明：《𠤳、簠考辨》，《高明论著选集》，科学出版社，2001年，219页。
⑥ 刘翔：《簠器略说》，《古文字研究》第十三辑，中华书局，1986年，459页。
⑦ 胡嘉麟：《从蔡侯產剑"戤戋"释读看吴越式剑和矛的同源关系》，《文物研究》第23辑，科学出版社，2018年。

子"。子与戟为双声叠韵，子即为戟，"匡臣"亦是如此。

第四类以"夫"为声符，其中又以形符的不同可分为二型。

A型　医，从匚夫声，金文写作"医"。代表器物为叔邦父簠（《铭图》5910），时代为西周晚期，铭文记："叔邦父作医（簠），用征用行，用从君王，子子孙孙，其万年无疆。"

医字，在铜簠自名中只此1例。《说文》云："医，古文簠。从匚，从夫。"故有学者认为医应是簠器的本名①。

B型　筊，从竹夫声，金文写作"筊"。代表器物为陈逆簠（《铭图》5978），时代为战国早期，铭文记："唯王正月，初吉丁亥，少子陈逆曰：余陈趮子之裔孙，余寅事齐侯，懽恤宗家，择厥吉金，台作厥元配季姜之祥器，铸兹宝筊（簠），台享台孝于大宗、皇祖、皇妣、皇考、皇母、作遂今命，沫寿万年，子子孙孙永宝用。"

筊字，在铜簠自名中见有2例，且都出于同铭器。高明先生认为："陈逆簠自名为筊，从竹夫声，同《说文》簠字古文'医'两字相应。"②刘翔先生著文提供了一个旁证，认为"筊字应视作医字的异体"③。

第五类为声符简省。

A型　匡，从匚从金，金文写作"匡"。代表器物为仲其父簠（《铭图》5767），时代为西周晚期，铭文记："仲其父作旅匡（簠）。"

匡字，在金文自名中见有3例，西周晚期至春秋早期的青铜簠上出现。匡字从匚从金古声，匩字从匚从金生声。此字从匚从金，乃是省去其声符。并且，宰兽簠铭文有"用作朕烈祖幽仲、益姜宝匡簠"（《铭图》5376、5377），"匡簠"连称正好合于文献记载。清华简《封许之命》记述了周成王赏赐吕丁的一组彝器，相关简文如下：

　　赠尔荐彝，□□□□，龙鬲、璉、钲、□□、盘、鉴、鋬、□、雕匡、鼎、簠、觥、卣、格。④

"雕匡"即"雕簠"，考古发现证实西周早期确有青铜簠，这段文献的来源并不是没有根据的。简文用"匡"字而不用时下流行的"匡"字，可能反映的正是早期称名的用字习惯。需要注意的是，这篇楚文献对其他器类的称名也是如此，比如盉称为"鋬"从西周早期到西周晚期都有出现，春秋以后却很难见到。但是春秋晚期有一例，1997

---

① 刘翔：《簠器略说》，《古文字研究》第十三辑，中华书局，1986年。
② 高明：《𬭚、簠考辨》，《高明论著选集》，科学出版社，2001年，222页。
③ 刘翔：《簠器略说》，《古文字研究》第十三辑，中华书局，1986年，460页。
④ 清华大学出土文献研究与保护中心：《清华大学藏战国竹简（伍）》，中西书局，2015年，117~123页。

年江苏邳州戴庄镇九女墩M6出土的攻吴王之孙鉴，说明在长流流域可能保留有早期称名的用字，使用却是已经不太普遍。

B型　匫，从匸缶声，金文写作"▨"。代表器物为芮公簠（《铭图》5831），时代春秋早期，铭文记："内公作铸宝匫（簠），子孙永宝用享。"

匫字，在铜簠自名中见有2例，另一件为春秋早期的都于子瓶簠。河南三门峡虢国墓地M2012出土的梁姬罐铭文有"梁姬作糯匫"，金文写作"▨"。此器为圆形小罐，"匫"字可能不是一种固定称名。《说文・皿部》："䀇，器也，从缶皿，古声。"上述，䀇字从金从皿古声，与字书"䀇"字仅义符有别，匸形与皿形又可替换，芮公簠的匫字当是省声无疑。

第六类为异名自名。

A型　匧，金文写作"▨"。代表器物为弭仲簠（《铭图》5975），时代为西周晚期，铭文记："弭仲作宝匧（簠），择之金，镛鉽鏷铝，其鋈、其玄、其黄，用盛秫稻糯粱，用饗大正，歔王宾，饙俱旨食，弭仲受无疆福，诸友饪飤俱饱，弭仲耇寿。"

匧字，在铜簠自名中只此1例。张亚初先生释此字为"琏"①。高明先生以"从音者难以考订音读"未予讨论②。1962年河南洛阳北窑村庞家沟M410出土的簠、鬲、壶、罍③分别有"考母作絫"的铭文，絫字金文写作"▨"，可隶定为"琏"。有的学者将这个字拆释作"医联"④，即文献里的"瑚琏"。从铭文行款来看，这个字是个合体字，不能拆开解释。《论语・公冶长》："曰：何器也？曰：瑚琏也。"何晏注："包咸曰：瑚琏，黍稷之器。夏曰瑚，商曰琏，周曰簠簋，宗庙之器贵者。"按照文献的说法，瑚琏是不同时代对粢盛器的称名，显然是存在问题的。四种器类均称之"琏"，有两种可能性：其一，这是青铜礼器的通称，瑚琏与尊彝意思大致相同；其二，仅有簠称为"琏"是合理的，鬲、壶、罍三器则错用了簠的铭文范。后一种推测在考古发现中有确证，山东枣庄小邾国墓地出土的邾庆壶和邾庆匜都错用了簠的铭文范⑤。匧字与此字构形相近，隶定作"琏"，表明了粢盛器器类之间的关系。

B型　匽，金文盖铭写作"▨"，器铭写作"▨"。代表器物为虢硕父簠（《铭图》5880），时代为西周晚期，铭文为："虢硕父作旅匽（簠），其万年子子孙孙，永宝用享。"匽字，在铜簠自名中只此1例。《说文》："匿也。"《汉书・苏武传》："赐武服匿。"注："孟康曰：服匿如甖，小口大腹方底，用受酒酪。"由此

---

① 张亚初：《殷周金文集成引得》，中华书局，2001年。
② 高明：《䀇、簠考辨》，《高明论著选集》，科学出版社，2001年，218页。
③ 洛阳博物馆：《洛阳庞家沟五座西周墓的清理》，《文物》1972年第10期。
④ 何琳仪、黄锡全：《"瑚琏"探源》，《史学集刊》1983年第1期。
⑤ 胡嘉麟：《东周时期的小邾国青铜簠——兼论小邾国墓地的相关问题》，《东方考古》第14集，科学出版社，2018年。

可见，"匚"指代一种方形器皿。

C型　盂，金文写作"盃"，代表器物为芮太子白簠（《铭图》5848），时代为春秋早期，铭文记："芮太子白作匠（簠），其万年子子孙永用。"

盂字，在铜簠自名中见有2例。匚形中的皿形刻划得均比较清楚，于字模糊不清。2015年湖北枣阳郭家庙墓地曹门湾M43出土的曾太保簠自名为"作宝盂"①，金文写作"盃"，则是提供了第三例。"盂"除了作为盂形器的自名，还常常当作一种修饰语出现，大鼎铭文有"用作朕烈考己伯盂鼎"（《集成》2808），苏公簠有"作王改盂簠"（《集成》3739），王子申敦有"作嘉芈盠盂"（《集成》4643）等，其义特指深腹的某类器。铜簠以"盂"作为自名，且未有与器名连称的现象，恰好反映出青铜簠器类源流的一种关系，后章有详论。

综上所述，《铭图》和《铭续》收集有自名的青铜簠243件，"匠"约占总数的四分之三，无论是沿用时间还是使用范围都是最广泛的一种。有些学者倾向青铜簠的定名应当从匠字去考虑，并非没有道理。但是，不能忽视的一个现象，即西周晚期的叔邦父簠自名为"医"、史免簠自名为"筐"，两周之际的虢硕父簠自名为"匧"、芮太子白簠自名为"盂"等。说明早期青铜簠的自名并不十分固定，况且山东地区的方言还称之为"匿"。春秋中期以后，南北地域都称作"匠"，这是青铜簠自名发展的总体趋势。

历史为何最终选择"匠"作为青铜簠的自名，不得而知。但是有一点是明确的，那就是称"匠"的器物的确是文献记载的"簠"。以下将从文献著录和器物功能两个方面来阐述。

《论语》成书年代比较明确，通常认为在战国早期。《论语·公冶长》：

> 子贡问曰："赐也何如？"子曰："女，器也。"曰："何器也？"曰："瑚琏也。"

"瑚琏"，何晏《集解》引东汉初年经学家包咸注："瑚琏黍稷之器，夏曰瑚，殷曰琏，周曰簠簋，宗庙之器贵者。""瑚琏"与"簠簋"属于粢盛器是东汉学者的普遍认识。但是包咸并不清楚簠簋形制的异同，有关瑚琏的记述也与《礼记·明堂位》相抵牾。东汉末年，郑玄注《礼记·明堂位》"有虞氏之两敦，夏后氏之四琏，殷之六瑚，周之八簋"说："皆黍稷器，制之异同未闻。"唐代贾公彦就提出了疑问"按郑注《周礼·舍人》云：'方曰簠，圆曰簋。'此云未闻者，谓瑚琏之器与簠异同未闻也"。说明在郑玄看来，簠簋是分得清的，瑚琏形制却不清楚。

---

① 武汉大学历史学院、湖北省文物考古研究所、湖北荆州文物保护中心、枣阳市博物馆考古队：《湖北枣阳郭家庙墓地曹门湾墓区（2015）M43发掘简报》，《江汉考古》2016年第5期。

《左传》成书年代根据杨伯峻先生考证为公元前403～前386年①，王和先生考证为公元前375～前360年②，大致在战国中期。《左传·哀公十一年》：

> 孔文子之将攻大叔也。访于仲尼。仲尼曰："<u>胡簋</u>之事则尝学之矣。甲兵之事，未之闻也。"

西晋杜预注："胡簋，礼器名。夏曰胡，周曰簋。"可知杜预还是采用了包咸的说法。孔颖达疏："胡簋，行礼所用之器，故以胡簋言礼事。"

《仪礼》成书年代是三礼中共识度较高的一种，唐代孔颖达、贾公彦、陆德明认为是周公作，清代皮锡瑞、顾栋高认为经孔子删订而成，疑古学派的先驱人物崔东壁认为作于战国③，今人沈文倬④、陈公柔⑤、王辉⑥等先生均认为成书于春秋以后，战国中期以前。换句话说，《仪礼》成书年代可能是三礼中最早的一部。

《仪礼·聘礼》：

> 君使卿韦弁，归饔饩五牢。上介请事，宾朝服礼辞。有司入陈。饔：饪一牢，鼎九，设于西阶前，陪鼎当内廉，东面，北上，上当碑，南陈；牛、羊、豕、鱼、腊、肠胃同鼎，肤、鲜鱼、鲜腊，设扃鼏。臑、臆、膮、盖陪牛、羊、豕。腥二牢，鼎二七，无鲜鱼、鲜腊，设于阼阶前，西面，南陈加饪鼎，二列。堂上八豆，设于户西，西陈，皆二以并，东上，韭菹，其南醓醢，屈。八簋继之，黍其南稷，错。六铏继之，牛以西羊、豕，豕南牛，以东羊、豕。<u>两簠</u>继之，粱在北。八壶设于西序，北上，二以并，南陈。西夹六豆，设于西墉下，北上。韭菹，其东醓醢，屈。六簋继之，黍其东稷，错。四铏继之，牛以南羊，羊东豕，豕以北牛。<u>两簠</u>继之，粱在西。皆二以并，南陈。六壶西上，二以并，东陈。

郑玄注："簠不次簋者，稻粱加也。"贾公彦疏："此陈饔饩，堂上及东西夹簋有

---

① 杨伯峻：《春秋左传注》，中华书局，1981年。
② 王和：《〈左传〉的成书年代与编纂过程》，《中国史研究》2003年第4期。
③ 崔述：《崔东壁遗书》，上海古籍出版社，1983年，530页。
④ 沈文倬：《略论礼典的实行和〈仪礼〉书本的撰作》，《文史》第十五、十六辑，中华书局，1982年。
⑤ 陈公柔：《〈士丧礼〉〈既夕礼〉中所记载的丧葬制度》，《考古学报》1956年第4期。
⑥ 王辉：《从考古与古文字的角度看〈仪礼〉的成书年代》，《传统文化与现代化》1999年第1期。

二十，簠六。"按照文献记述，正馔为九鼎八豆八簠。陪鼎三牲"臐、膮、膷"①，郑注："庶羞加也。"可知三鼎二簠为庶羞，簠为粢盛器明矣。

《仪礼·公食大夫礼》：

> 宾北面自间坐，左拥簠粱，右执湆以降。……赞者盥，从俎升。簠有盖幂。

"拥簠"，郑注："拥，抱也。""执湆"，《仪礼·公食大夫礼》有"执豆如宰"，郑注云："如宰，如其进大羹湆，右执镫，左执盖。"是知，盛湆的器皿应是如豆、登、铺一类的柄形器，可以手执。文献中盛谷物的簠只能怀抱，持用方式的不同表明其形制与柄形器判断有别。"簠有盖幂"，郑注："稻粱将食乃设，去会于房，盖以幂。幂，巾也，今文或作幕。"这条文献又揭示了一点信息，即簠是有盖之器。《仪礼·公食大夫礼》有"宰夫东面，坐启簠会，各却于其西"，郑注云："会，簠盖也。亦一一合却置。各当其簠之西。"关百益在"周敦考"中称：

> 古者鼎敦簋簠之盖可以仰置者皆名会，《特牲馈食礼》曰："佐食启会，却于豆南。"此谓佐食者，取会却置而奠之以待尸入而食也。《公食大夫礼》曰："宾卒，食会饭。"此谓取饭于敦，仰会而食，置其余以待馂也。古器之盖如此，俯之则为盖，仰之则为会，非特美观亦为适用耳。②

从考古材料来看，青铜簠出现伊始就是有盖器。然而早期青铜铺均无盖，如扶风庄白一号窖藏出土的微伯瘨铺（图4-2）。直到春秋中期才出现有盖的，如故宫博物院藏的鲁大司徒厚氏元铺（图4-3），并且有盖铜铺发现的数量并不多。

《礼记》是西汉宣帝甘露三年至成帝阳朔四年之间编纂成书的，但是各篇的成篇年代各有早晚，基本都在战国时期。《礼记·明堂位》：

图4-2 扶风庄白一号窖藏出土的微伯瘨铺

> 有虞氏之两敦，夏后氏之四琏，殷之六瑚，周之八簠。

---

① 《仪礼·公食大夫礼》郑注："牛曰臐、羊曰膷、豕曰膮，皆香美之名也。"
② 关百益：《郑冢古器图考》，《金文文献集成》第二十一册，线装书局，2005年。

图4-3　故宫博物院藏鲁大司徒厚氏元铺

孔颖达疏:"簠是黍稷之器,敦与瑚琏共簠簋连文,故皆云黍稷器也。"

《礼记·曾子问》：

曾子问曰："天子尝、禘、郊、社五祀之祭,簠簋既陈,天子崩,后之丧,如之何？"孔子曰："废。"

《曾子问》又有"诸侯之祭社稷,俎豆既陈""大夫之祭,鼎俎既陈","俎豆""鼎俎"均与肉食有关,可知这些语句为同类并列关系,"簠簋"为粢盛器组合。

《礼记·礼运》：

然后退而合亨,体其犬豕牛羊,实其簠簋笾豆铏羹。祝以孝告,嘏以慈告,是谓大祥。

《礼记·乐记》：

簠簋俎豆,制度文章,礼之器也。

根据王锷先生的考证①,《曾子问》和《乐记》都成篇于战国早期。《礼记·坊记》和《孟子》曾征引过《曾子问》,郭店楚简已经证明《坊记》是子思的作品。《曾子问》作者为曾子的弟子,其年代早于孟子,大致与子思同时代。《乐记》作者为公孙尼子,郭店楚简《性自命出》的语句和思想多与《乐记》相同。《礼运》和《明堂位》都成篇于战国末期。《礼运》中有关阴阳五行的文字,应该是吸收了战国晚期阴阳五行家的思想。《明堂位》清代学者就考证出是战国晚期鲁国某一儒家弟子整理成篇的,有关礼乐制度与历史记载不符,表明作者对故国的怀念之情。

《周礼》是西汉景帝、武帝之际河间献王刘德从民间征集的先秦古书之一。贾公彦《周礼正义序》载："《周官》孝武之时始出,秘而不传……既出于山岩屋壁,复入于秘府,五家之儒莫得见焉。至孝成皇帝,达才通人刘向、子歆校理秘书,始得列序,著于《录》、《略》。然亡其《冬官》一篇,以《考工记》足之。"其成书年代

---

① 王锷:《〈礼记〉成书考》,中华书局,2007年。

历来广有争议,有西周说、春秋说、战国说、秦汉之际说、汉初说、王莽伪作说等六种。学术界大多数学者认为成书于战国时期,下限可到汉初①,是三礼中成书年代最晚的一部。《周礼·地官·舍人》:

> 舍人掌平宫中之政,分其财守,以法掌其出入。凡祭祀,共<u>簠簋</u>,实之,陈之。宾客,亦如之,共其礼,车米、筥米、刍禾。丧纪,共饭米、熬谷。以岁时县穜稑之种,以共王后之春献种。

郑玄注:"方曰簠、圆曰簋,盛黍稷稻粱器。"贾公彦疏:"云'方曰簠、圆曰簋',皆据外而言。案《孝经》云:'陈其簠簋而哀戚之',注云:'内圆外方,受斗二升者。'直据簠而言。若簋则内方外圆。"值得注意的是,贾疏所引的"注"不见于"李隆基注"和"刑昺疏"。按照《旧唐书·贾公彦传》的记载,他是在唐高宗永徽年间官至太常博士,撰写的《周礼义疏》,这个"注"自然不会是"御注"。

隋唐之际,《孝经》主要有郑注本和孔注本两种存世本。刑昺《孝经注疏序》称:"至有唐之初,虽备存秘府,而简编多有残缺,传行者唯孔安国、郑康成两家之注,并有梁博士皇侃《义疏》,播于国序。"郑玄主今文,其说传自荀昶。孔安国主古文,其书出自刘炫。至五代,郑注本和孔注本皆已亡佚。清初朱彝尊《经义考》始为辑佚,到敦煌遗书的发现,郑注本几近完璧。

> 敦煌写本郑注:<u>簠簋</u>,祭器之名,受斗二升,内圆外方。祭不见亲,故哀戚之。②
> 御注:<u>簠簋</u>,祭器也。陈奠素器而不见亲,故哀戚也。

可知贾疏所引当来自郑玄注。北魏元行冲《孝经郑注义疏》敦煌本称:

> <u>簠簋</u>,黍稷器也。方曰簠,圆曰簋。

即沿用《周礼·舍人》郑注之说。《诗经·秦风·权舆》"每食四簋",毛亨传:"四簋,黍稷稻粱。"郑玄笺:"内方外圆曰簋,以盛黍稷。外方内圆曰簠,用贮稻粱。皆容一斗二升。"亦可知郑注"方曰簠,圆曰簋"皆是据外形而言,其实郑玄本人也没有搞清楚这些器物的形制。还有一个证据来验证这个猜测,根据文献记载聂崇义《三礼图》是采用郑玄、阮谌、夏侯伏郎、张镒、梁正及隋开皇官撰六家《三礼

---

① 彭林:《〈周礼〉主体思想与成书年代研究》(增订版),中国人民大学出版社,2009年。
② 张涌泉:《敦煌经部文献合集》第四册,中华书局,2008年,1935页。

图》订正而成。郑玄是最早绘制《三礼图》的人，流传下来"三礼图系统"的簠簋形制与郑玄注吻合，说明他的时代没有看到过两周时期的簠簋。那么，"三礼图系统"簠簋的原型是什么呢？笔者认为当来自于秦汉时期的陶仓，其理由如下：①陶仓有圆筒形和方筒形，与"三礼图系统"的簠簋形制大体相似，在河北获鹿县（今鹿泉市）高庄村M1出土有陶方仓①；②陶仓作为明器用于盛放谷物，与礼书的簠簋功能相同。因此，郑玄以他所看到的秦汉时期的陶仓为原型，认为即礼书的簠簋。

《周礼·地官·饎人》：

> 饎人掌凡祭祀共盛。共王及后之六食。凡宾客，共其<u>簠簋</u>之实，飨食亦如之。

《周礼·秋官·掌客》：

> 掌四方宾客之牢礼、饩献、饮食之等数与其政治。王合诸侯而飨礼，则具十有二牢，庶具百物备，诸侯长十有再献。王巡守、殷国，则国君膳以牲犊，令百官百牲皆具。从者，三公视上公之礼，卿视侯伯之礼，大夫视子男之礼，士视诸侯之卿礼，庶子壹视其大夫之礼。凡诸侯之礼，上公五积，皆视飧牵，三问皆脩，群介、行人、宰、史皆有牢。飧五牢，食四十，<u>簠十</u>，豆四十，铏四十有二，壶四十，鼎簋十有二，牲三十有六，皆陈。饔饩九牢，其死牢如飧之陈，牵四牢，米百有二十筥，醯醢百有二十瓮，车皆陈。车米视生牢，牢十车，车秉有五籔，车禾视死牢，牢十车，车三秅，刍薪倍禾，皆陈。乘禽日九十双，殷膳大牢，以及归，三飨、三食、三燕，若弗酌则以币致之。凡介、行人、宰、史皆有飧饔饩，以其爵等为之牢礼之陈数，唯上介有禽献。夫人致礼，八壶、八豆、八笾，膳大牢，致飨大牢，食大牢。卿皆见，以羔，膳大牢。侯伯四积，皆视飧牵，再问皆脩。飧四牢，食三十有二，<u>簠八</u>，豆三十有二，铏二十有八，壶三十有二，鼎簋十有二，腥二十有七，皆陈。饔饩七牢，其死牢如飧之陈，牵三牢，米百筥，醯醢百瓮，皆陈。米三十车，禾四十车，刍薪倍禾，皆陈。乘禽日七十双，殷膳大牢，再飨、再食、再燕。凡介、行人、宰、史皆有飧饔饩。以其爵等为之礼，唯上介有禽献。夫人致礼，八壶、八豆、八笾，膳大牢，致飨大牢，食大牢。卿皆见，以羔，膳特牛。子男三积，皆视飧牵，壹问以脩。飧三牢，食二十有四，<u>簠六</u>，豆二十有四，铏十有八，壶二十有四，鼎簋十有二，牲十有八，皆陈。饔饩五牢，其死牢如飧之陈，牵二牢，米八十筥，醯醢八十

---

① 河北省文物研究所、鹿泉市文物保管所：《高庄汉墓》，科学出版社，2006年。

甕，皆陈。米二十车，禾四十车，刍薪倍禾，皆陈。乘禽日五十双，壹飧、壹食、壹燕。凡介、行人、宰、史皆有飧饔饩。以其爵等为之礼，唯上介有禽献。夫人致礼，六壶、六豆、六笾，膳视致飧。亲见卿皆膳特牛。

郑玄注："簠簋之实，其米实于筐，豆实实于甕……簠，稻粱器也。公十簠，堂上六，西夹东夹各二也。侯伯八簠，堂上四，西夹东夹各二。子男六簠，堂上二，西夹东夹各二也。"筐筥亦是粢盛器，与簠簋的差别就在于盛放生食和熟食的不同。《仪礼·公食大夫礼》：

若不亲食，使大夫各以其爵、朝服以侑币致之。豆实，实于瓮，陈于楹外，二以并，北陈。<u>簠实，实于筐</u>，陈于楹内、两楹间，二以并，南陈。

郑玄注："瓮数如豆，醢芥酱从焉。筐米四。"贾公彦疏："上大夫八豆则八瓮，下大夫六豆则六瓮。……黍稷宜各一筐，稻粱又二筐，故云筐米四。"瓮中所盛醯醢与筐中所盛谷物都是用于正馔的食材。换言之，生谷物用筐、筥盛放，熟谷物用簠、簋盛放。此条与《周礼·秋官·掌客》"米百筥，醯醢百瓮"亦为对文，筐为方形器，筥为圜形器。

《诗经·召南·采蘋》：

于以盛之，<u>维筐及筥</u>。于以湘之？维锜及釜。

毛亨传：

"方曰筐，圆曰筥。"

《诗经·小雅·采芑》：

采芑采芑，<u>筐之筥之</u>。

《诗经·周颂·良耜》：

或来瞻女，<u>载筐及筥</u>。其镶伊黍，其笠伊纠。

毛亨传："筐筥，所以盛黍也。"孔颖达疏云："筐筥之下，即云饟黍，故知筐筥所以盛黍也。"文献中"筐筥"并称，与"簠簋"形成对文。毛亨是战国末年的鲁国人，他对筐筥形制的描述应该说是值得信从的，青铜簠自名为"筐"恰好也证实了这一点。郑玄取毛传"方曰筐，圆曰筥"，注为"方曰簠，圆曰簋"是有着轨迹可寻的。然而许慎"簠，黍稷圆器；簋，黍稷方器"的提出，显然对郑玄造成了影响。才有了郑注"内方外圆曰簋，外方内圆曰簠"这样调和的说法。

"簠簋"和"筐筥"所盛谷物有生熟之别，体现在文献中没有一处是将"筐"陈设于堂上或东西夹。例如，《仪礼·聘礼》：

> 大夫饩宾大牢，米八筐。宾迎，再拜。老牵牛以致之，宾再拜稽首受。老退，宾再拜送。上介亦如之。众介皆少牢，米六筐，皆士牵羊以致之。

《仪礼·聘礼》：

> 凡饩，大夫黍、粱、稷，筐五斛。

这些表明用筐筥盛放的谷物与活的牺牲是作为饩宾的馈礼。《仪礼·士丧礼》：

> 贝三，实于笲。稻米一豆，实于筐。……祝渐米于堂，南面，用盆……祝盛米于敦，奠于贝北……宰洗枏，建于米，执以从……祝又受米，奠于贝北……主人左扱米，实于右，三；实一贝。左、中亦如之。又实米，唯盈。

这个"豆"是量器，稻米并非是用来吃的，而是丧礼仪式中重要的道具。当然，还有一种将煮熟的谷物盛于筐的情形，是在墓葬中陈设于亡者身旁供地虫食用的。《礼记·丧大记》：

> 熬，君四种八筐，大夫三种六筐，士二种四筐，加鱼腊焉。

郑玄注："熬者，煎谷也，将涂，设于棺旁，所以惑蚍蜉，使不至棺也。"孔颖达疏曰："熬者谓火熬其谷使香，欲使蚍蜉闻其香气食谷，不侵尸也。"

在青铜簠的铭文中，对其功能和用途有着明确的记述。比如：

史免簠：史免作旅筐（簠），从王征行，用盛稻粱，其子子孙孙永宝用享。（《集成》4579）

郜召簠：郜召作为其旅筐（簠），用实稻粱，用飤诸母者诸兄，使受宝，毋有疆。（《铭图》5925）

叔家父簠：叔家父作仲姬筐（簠），用盛稻粱，用速先后诸兄，用祈眉

老无疆，哲德不忘，孙子之貺。（《集成》4615）

叔朕簠：唯十月初吉庚午，叔朕择其吉金，自作荐𠤳（簠），以敦稻粱，万年无疆，叔朕眉寿，子子孙孙，永宝用之。（《集成》4620、4621、4622）

伯公父簠：伯太师小子伯公父作盨（簠），择之金，唯镐唯铝，其金孔吉，亦玄亦黄，用盛糯稻糯粱，我用绍卿士、辟王，用绍诸老诸兄，用祈眉寿，多福无疆，其子子孙孙用宝用享。（《集成》4628）

曾伯克父簠：唯曾伯克父甘娄，迺用吉父雉叔鉴金，用自作旅祜（簠），用征用行，走追四方，用龢用稴，用盛秦稷稻粱，用饗百君子辟王，伯克父其眉寿无疆，釆夫無若，雍人孔泽，用享于我皇考，子孙永宝，钖勾眉寿，曾鄂氏保。（《铭续》30518）

曾伯霖簠：唯王九月初吉庚午，曾伯霖哲圣元武，元武孔黹，克狄淮夷，抑燮繁阳，金导锡行，具既俾方，余择其吉金黄铝，余用自作旅𠤳（簠），以征以行，用盛稻粱，用孝用享于我皇祖、文考，天赐之福，曾伯霖遐不黄耇、万年眉寿无疆，子子孙孙，永宝用之享。（《集成》4631、4632）

根据上述铭文所示，青铜簠确系盛黍稷稻粱之器，与文献记载是一致的。近年来的考古发现又为我们提供了新的佐证。1991年在薛国故城M1出土的两件青铜簠（M1∶76、M1∶77），形制均为长方覆斗形，上下相互扣合。出土时"上下合均锈蚀在一起，用手铲慢慢撬开后发现，M1∶76内盛粟米类食物，已炭化。M1∶77内密密排放着三角形食物，表面有一层白色粉状物，为当初霉变所致，风一吹即消失掉，露出三角形食物，状似水饺，亦已炭化，用竹签轻轻拨动即破碎。

图4-4 薛国故城M1出土青铜簠

三角形食物内包馅状屑物，已无法辨认是什么馅。经观察分析，我们认为铜簠内三角形食物，当即中国传说美食水饺或早期馄饨"①（图4-4）。

---

① 山东省济宁市文物管理局：《薛国故城勘察和墓葬发掘报告》，《考古学报》1991年第4期，460页。

河北中山王譻墓中出土的青铜簠（XD：22、XD：24）内发现"所盛食物皆褐色，颗粒较粗，空隙较大而长，有稻壳，说明原盛稻米饭"①。青铜簠（XK：25）中发现"内中食物皆深褐色，颗粒较细密，有谷壳，说明原为小米饭"②。这些实物的出土有力地证明了，此种方形器就是用于盛放谷物的粱盛器。

通过上述文献和实物的分析，可以明确以下几点。

其一，《论语》《左传》《礼记·明堂位》所记载的"瑚"属于鲁国的称名习惯，也就是说"匿"实际上代表了中原文化对这种方形器的定名。在楚器上依然沿用这个字，但是至迟在战国早期已经发生了音变，即从古得声与从甫得声可以通假。我们看到传世文献中，"胡簋"到"簠簋"的更替。到最晚成书的《周礼》，"瑚"已经不见于文献记载。由于汉文化承袭了楚文化的许多因素，楚方言在汉代也并不陌生。那么，今天所看到传世文献的"三礼"极有可能跟楚本的流传有关。

1956年信阳长台关M1出土的楚简遣册2-05简记：

竹器：十笑（簠），纯赤绵之幂。③

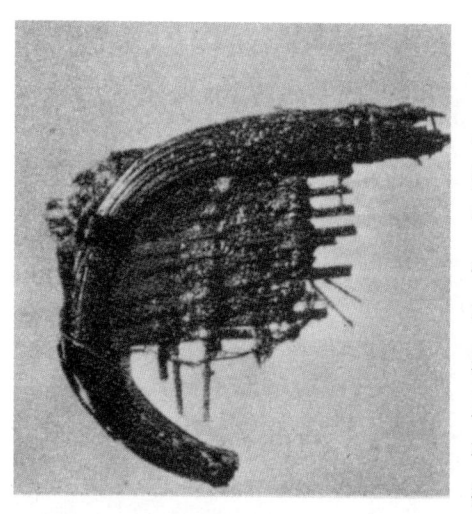

图4-5 信阳长台关M1出土竹簠口沿残片

根据考古发现在墓室左后室出土有用篾片编织成十字纹的竹簠残片，其中一件藤条捆扎的口沿呈椭方形（图4-5），与时代最早的青铜簠口沿相同。另一件只剩下藤条口沿（图4-6），从其长度判断器物的尺寸应该不小④。在左后室同出的还有陶鼎、陶敦、陶盘、陶盉、陶匜、铜盘、铜匜等，应与祭祀礼仪制度有关。《周礼·秋官·掌客》"凡诸侯之礼……（上公）簠十"的记载，并非是没有根据的。出土实物证明，遣册上记载的"笑"不是柄形器"铺"，而是方形器"簠"。

其二，"簠簋"均为粱盛器，两者器型相近。战国晚期毛亨注解"筐筥"，说得十分清楚。"筐"在青铜簠的自名中有出现，足以证明"筐"就是"簠"。西汉马王堆帛书《周易·坎》：

---

① 河北省文物研究所：《譻墓——战国中山国国王之墓》，文物出版社，1996年，117页。
② 河北省文物研究所：《譻墓——战国中山国国王之墓》，文物出版社，1996年，118页。
③ 刘雨：《信阳楚简释文与考释》，《信阳楚墓》，文物出版社，1986年，129页。
④ 河南省文物研究所：《信阳楚墓》，文物出版社，1986年。

图4-6　信阳长台关M1出土竹簠口沿

六四，尊酒巧（簠）言夫（簠）用缶，入约自牖，终无咎。

通行本作"尊酒簋二用缶"。于豪亮称：

> 帛书的巧与簠同为幽部字，巧当读为簠。言夫从夫声，当读为簠。《说文系传》："簠，古文簠从匚夫，臣锴曰夫声。"陈逆簠的簠字也从夫声作𥬔。所以言夫可以假为簠。帛书作巧（簠）言夫（簠），通行本作簋二，文字虽有差异，文义的差别却不大，都能讲得通。①

这条材料的重要性，表明了汉初文献与楚方言的关系非常密切。传世文献的语言体系如何又回到了中原语系的范畴，推测可能与刘向父子整理典籍有关。到了东汉许慎、郑玄的时代，已经对此不太熟悉了。通过上述论证，可以确认金文中的"匚""筐"就是文献中的"簠"。

第二节　青铜铺的自名与功用

唐兰、高明二位先生将一种浅盘、镂空圈足的豆形器定名作"簠"。吕大临的《考古图》中称这种器物为"铺"，是有一定依据的。我们通过金文自名和文献来考证这种豆形器并不是文献中所说的"簠"。

目前发现的青铜铺自名依据金文字形的不同可以分为六型。

A型　甫，金文写作"𤮻"。代表器物为虢季铺（《铭图》6144），时代为春秋早期，铭文记："虢季作甫（铺），子子孙孙用享。"

甫字，在铜铺自名中见9例，时代从西周晚期到春秋早期。传世文献和金文中，"甫"与"父"常通假。《诗·大雅·烝民》："保兹天子，生仲山甫。"《仪

---

① 于豪亮：《帛书〈周易〉》，《文物》1984年第3期。

礼·士冠礼》："永受保之，曰伯某甫。"2007年安徽凤阳县板桥镇下庄M1出土的季子康镈有"以从我师行，以乐我甫（父）兄"（《铭图》15787）。又与"夫"或"斧"通假，1983年河南光山县宝相寺上官岗墓葬出土的黄子豆有"黄子作黄甫（夫）人孟姬器则"（《铭图》2844），上海博物馆藏叔司徒斧有"叔司徒，北征镐甫（斧）"。

B型　箳，从竹甫声，金文写作"箳"。代表器物为微伯瘨铺（《铭图》6140），时代为西周中期，铭文记"微伯瘨作箳（铺），其万年永宝"。

箳字，在铜铺自名中见5例，其余三例同铭器为春秋晚期的宋公固铺。

C型　铺，从金甫声，金文写作"鋪"。代表器物为遣盨父铺（《铭图》30528），时代为西周晚期，铭文记"遣盨父作宝铺，其万年永宝用"。

铺字，在铜铺自名中见2例，时代均在西周晚期。《说文·金部》："箸门铺首也。"信阳长台关M1出土的楚简遣册2-05简记："□纯四鈇（铺）首，有环一。"①《礼记·王制》"诸侯赐弓矢然后征，赐鈇钺然后杀"，"鈇钺"即"斧钺"。说明先秦时期从甫、从夫、从父之字常通用。1981年陕西扶风法门镇下务子村窖藏出土的师同鼎铭文有"掠戎金胄卅、戎鼎廿、铺五十、剑廿"（《铭图》2430）。师同俘获游牧民族的"铺"，绝不可能是微伯瘨铺这类器物，应该是草原地区常用的炊器"镬"。

D型　盙，从皿甫声，金文写作"盙"。代表器物为虢仲铺（《铭续》30527），时代为春秋早期，铭文记"虢仲作旅盙（鋪）"。盙字，在铜铺自名中仅此1例。

E型　庯，从厂甫声，金文写作"庯"。代表器物为晋侯对铺（《铭图》6153），时代为西周晚期，铭文记"唯九月初吉庚寅，晋侯对作铸尊庯（鋪），用旨食大楚，其永寶用"。庯字，在铜铺自名中仅此1例。

F型　匍，从匚从肉甫声，金文写作"匍"。代表器物为鲁大司徒厚氏元铺（《铭图》6154），时代为春秋中期，铭文记"鲁大司徒厚氏元作膳匍（铺），其眉寿，万年无疆，子子孙孙永宝用之"。匍字，在铜铺自名中见有3例，皆为同铭器。

综上所述，《铭图》和《铭续》收集有自名的青铜铺只有20件，数量较少。自名均以"甫"为声符，构形或从竹或从金或从皿或从匚，时间范围在西周晚期到春秋晚期之间。张翀博士认为这类粗柄、浅盘的豆形器最早出现于宝鸡茹家庄M1，时代为西周穆王时期②。战国早期这类器物开始消失，随之而代起的是一种细高柄、浅盘的豆形器，亦可称之为"铺"。此种器物在墓葬中与粗柄豆形成组合，正是文献所记载的"笾豆有楚"。

---

① 刘雨：《信阳楚简释文与考释》，《信阳楚墓》，文物出版社，1986年，129页。
② 张翀：《中国古代青铜器整理与研究·青铜豆卷》，科学出版社，2015年，36页。

高亨先生认为青铜铺应是文献中的"笾"①，陈梦家先生亦从其说②。台北"故宫博物院"所藏晋侯䤹铺的铭文记述了这种器物的功能，即"用旨食大楚"。《仪礼·士冠礼》：

> 醮辞曰："旨酒既清，嘉荐亶时。始加元服，兄弟具来。孝友时格，永乃保之。"再醮，曰："旨酒既湑，嘉荐伊脯。乃申尔服，礼仪有序。祭此嘉爵，承天之祜。"三醮，曰："旨酒令芳，笾豆有楚。承天之庆，受福无疆。"

郑玄注："旨，美也。楚，陈列之貌。"《诗经·豳风·伐柯》：

> 伐柯伐柯，其则不远。我觏之子，笾豆有践。

毛亨传："践，行列貌。"孔颖达疏："言其笾豆有列，见礼法大行也。"晋侯䤹铺是在燕飨时陈设的礼器。原本"笾豆"作"复笾"，阮元校："闽、监、毛本'笾'下有'豆'字，案'复笾'当作'笾豆'。"春秋、战国时期，北方地区出现的青铜鍑与深腹的青铜豆形制非常相近，两者不易区分。古本以"复"称"豆"，可能正是二者形近易混的结果。至于"笾豆"所盛之物，在《士冠礼》前文说得十分清楚：

> 始醮，如初。再醮，两豆：葵菹、蠃醢；两笾：栗、脯。三醮，摄酒如再醮，加俎，嚌之，皆如初，嚌肺。卒醮，取笾脯以降，如初。

豆盛菹醢，郑注《周礼·醢人》云："细切为齑，全物若脄为菹。"孔颖达疏："作醢及齑者，先膊干其肉，乃后剉之，杂以粱麹及盐，渍以美酒，涂置甀中，百日则成矣，是作醢及菹之法也。"笾盛栗脯，栗是干果，脯是干肉。《仪礼·乡射礼》：

> 荐，脯用笾，五膱，祭半膱，横于上。醢以豆，出自东房。

郑玄注："脯用笾，笾宜干物也。醢以豆，豆宜濡物也。"《周礼·腊人》有："掌干肉，凡田兽之脯腊朒胖之事。"郑玄注："大物解肆干之，谓之干肉，若今凉州乌翅矣。薄析曰脯，棰之而施姜桂曰锻脩。"鲁大司徒厚氏元铺自名为"䥞"，从肉的义符正好体现了此器可以用来盛放干肉。《周礼·腊人》还有一条重要的记载：

---

① 高亨：《说铺》，《河南博物馆馆刊》第5集，河南博物馆，1936年。
② 陈梦家：《寿县蔡侯墓铜器》，《考古学报》1956年第2期。

> 凡祭祀，共豆脯，荐脯、朓、胖，凡猎物。

"凡祭祀，共豆脯"，与《周礼·舍人》"凡祭祀，共簠簋"为对文。郑玄不解，注云："脯非豆实，豆当为笾，声之误也。"其实，"豆脯"俱为器名，两器形制相类，所盛之物稍有区别。这种粗柄、浅盘的器物自名为"铺"，无论是从文字学还是文献学上都能找到依据。

《说文·竹部》："笾，竹豆也。"《尔雅·释器》："竹豆谓之笾。"《诗经·大雅·生民》："于豆于登。"毛传："木曰豆，瓦曰登。"《论语·述而篇》皇疏云："竹曰笾，木曰豆。豆盛菹醢，笾盛果实，并容四升。"《仪礼·公食大夫礼》："宰右执镫，左执盖，由门入，升自阼阶，尽阶，不升堂，授公，以盖降，出，入反位。""镫"字从金，料想宰右授公的器皿定不会为陶器。由此推知，金制为"铺"，竹制为"笾"，盛干肉的"铺"不能与盛谷物的"簠"相混淆。

早期文献记载的"笾豆"均与肉食有关。《诗经·鲁颂·閟宫》：

> 毛炰胾羹，笾豆大房。

毛亨传："毛炰，豚也。胾，肉也。羹，大羹，铏羹也。大房，半体之俎也。"《礼记·曲礼》："凡进食之礼，左殽右胾。食居人之左，羹居人之右。脍炙处外，醯酱处内。"郑玄注："殽胾之外内也。近醯酱者，食之主。脍炙皆在豆。"到成书最晚的《周礼》，可以发现"笾"的功能得到扩大。《周礼·天官·笾人》：

> 笾人掌四笾之实。朝事之笾，其实麷、蕡、白、黑、形盐、膴、鲍鱼、鱐。馈食之笾，其实枣、栗、桃、干䕩、榛实。加笾之实，菱、芡、栗、脯，菱、芡、栗、脯。羞笾之实，糗饵、粉餈。凡祭祀共其笾荐羞之实。丧事及宾客之事，共其荐笾羞笾。

郑注："朝事谓祭宗庙荐血腥之事。"贾疏："此言朝事，谓祭宗庙，二灌之后，祝延尸于户外，后荐此八笾。八笾者，则麷为熬麦，一也；蕡为麻子，二也；白为熬稻米，三也；黑为熬黍米，四也；形盐，盐似虎形，五也；膴，以鱼肉为大脔，六也；鲍，以鱼于煏室糗干之，七也；鱐为干鱼，八也。""笾"盛放的品种开始增多，并且出现盛放熟谷物的情况，这可能与《仪礼·少牢馈食礼》的文本有些关联。《少牢馈食礼》：

> 祝与二佐食皆出，盥于洗，入，二佐食各取黍于一敦，上佐食兼受，

传之,以授尸。尸执以命祝。卒命祝,祝受以东,北面于户西,以嘏于主人曰:"皇尸命工祝,承致多福无疆于女孝孙。来女孝孙,使女受禄于天,宜稼于田,眉寿万年,勿替引之。"主人坐奠爵,兴,再拜稽首,兴,受黍,坐振祭,嚌之,诗怀之,实于左袂,挂于季指,执爵以兴,坐卒爵,执爵以兴,坐奠爵,拜。尸答拜。执爵以兴,出。宰夫以<u>笾受啬黍</u>,主人尝之,纳诸内。

郑注:"宰夫,掌饮食之事者。收敛曰啬,明丰年乃有黍稷也。"贾疏:"此宰夫以笾受啬,大夫之礼,《特牲》主人出写啬于房,祝以笾受,彼士礼,与大夫异也。……案《楚茨》诗:'既齐既稷,既匡既敕。'注云:'嘏之礼,祝遍取黍稷牢肉鱼濡于醢,以授尸。孝孙前就尸受之,以筐祝则释嘏辞以敕之'。""醢"即代指豆,可知要完成祭祀仪式需要用笾豆来盛放一些具有象征意义的食物,但这些并不用于馈食之礼。因为《少牢馈食礼》里讲得很清楚:

主妇自东房执一金敦黍,有盖,坐设于羊俎之南。妇赞者执敦稷以授主妇,主妇兴受,坐设于鱼俎南。

盛放黍稷的是器皿是"金敦"。所以《周礼》"馈食之笾"中也没有黍稷稻粱,而是各类干果和干肉。"糗饵"和"粉餈"为谷物粉掺和大豆粉做的点心,亦非正馔。郑司农云:"糗,熬大豆与米也。粉,豆屑也。茨字或作餈,谓干饵饼之也。"郑玄谓:"此二物皆粉稻米黍米所为也。合蒸曰饵,饼之曰餈。糗者,捣粉熬大豆,为饵餈之黏著,以粉之耳。饵言糗,餈言粉,互相足。"从文献的角度分析,"铺""笾"并不是用来专门盛放黍稷稻粱的粢盛器。

从考古材料来看,西周晚期到春秋晚期的青铜铺有单出的,亦有成对出的。马承源先生指出"铺盘浅,不能多置物"[①],显然不适合装盛稻粱谷物,铭文以及考古发现都没能证明此器盛放过谷物。墓葬中也没有形成鼎铺组合的现象,就是说在功能上无法替代铜簠和铜敦,所以并不能认为这类器物是粢盛器。战国时期的墓葬中,由于仿铜陶器和漆木器的大量使用,豆形器的数量和类型都比较多,盛放物品的种类亦是多样的。这个时期的墓葬组合以深腹盖豆代替簠、簋、敦作为粢盛器。铺的形制以高柄、平盘为主要特征,与另一种柄部稍粗、盘底内凹的豆形成组合,与文献记载的"笾豆有楚"基本相符。

1973年江苏无锡前洲镇高渎湾出土的王子申铺,时代为战国晚期,铭文记"郙陵君王子申,攸哉,造鈇(铺)盍,攸沽岁尝,以祀皇祖,以会父兄,永用之,缩悠无

---

① 马承源:《中国青铜器》,上海古籍出版社,2003年,147页。

疆"（《铭图》6160、6161）。此器自名"鈇盍"，"盍"即"蓋"。楚王酓忎鼎有"正月吉日，室铸鐈鼎之盇（蓋），以供岁赏"（《铭图》2359）。望山楚简2-6记："四盘有盇（蓋）。"西替盆自名为"馈鉦鐀"（《铭图》6257）、王子申匜自名为"鐀匜"（《铭图》14868）。《士虞礼》"启會"，郑注："會谓敦盖也。"信阳楚简2-25记："二鐀豆，"出土实物正好有两件有盖豆。因此，"某盍"或"某鐀"皆指有盖之器，制造这件铜铺的用途是用于尝祭。

图4-7　河南固始县城关镇侯古堆M1出土訇方豆

1979年河南固始县城关镇侯古堆M1出土的訇方豆（图4-7），容器部分为器、盖相互扣合的方形器，深腹，八棱形柄，覆盘形底座，时代为春秋晚期。其铭文作"訇之飤盇。"盇，从皿从奇，金文写作"奇"。信阳长台关楚简遣册2-12记：

其木器，八方琦，二十豆，纯缘。①

"琦"与"豆"为对文，在出土的漆木器中就有类似的方豆（图4-8），器、盖相互扣合，器下置有高柄假圈足。内髹朱漆，外部及柄皆涂黑漆地，再施黄、红、银等色彩绘的云纹、三角纹。由此可知，这种方形豆自名为"錡"。石鼓文《作原》："亚箬其华。"罗振玉引王国维释曰："亚箬与猗傩音义俱近。亚箬其华，犹诗言猗傩其华。"于省吾《甲骨文字释林·释亚》中称：

亚与阿双声，鱼歌通谐。……箬从若声，古读如诺，故与傩通用。《诗·隰有苌楚》的"猗傩其华"，猗傩连语也作阿难。《诗·隰桑》分用之作"隰桑有阿，其叶有難"。以上是亚与阿通用之证。章炳麟《新方言》："凡亚声语，后多转为可声"，又谓"阿读若亚"，甚是。……阿之训曲隅，正与亚为方隅或角落之义相符。②

亚字象方隅之形，其读与"猗"声相通。古文字中，歌部群纽的"奇"与歌部影纽

---

① 刘雨：《信阳楚简释文与考释》，《信阳楚墓》，文物出版社，1986年，129页。
② 于省吾：《甲骨文字释林·释亚》，中华书局，1988年，338、339页。

图4-8 河南信阳长台关M1出土漆方豆

"猗""倚"多通假。睡虎地秦简《日书》甲《诘咎》:"鬼恒为人恶梦,觉而弗占,是图夫,为桑丈(仗)奇户内,覆䈰户外,不来矣。"《周易·说卦》:"参天地两而倚数。"释文:"倚,蜀才作奇。"《周礼·地官·媒氏》郑玄注:"奇,於岂反,本或作倚,音同。"方豆自名为"錡",正是取其古音的方形之义。

还有1975年湖北随县均川刘家崖出土的邵方豆(图4-9),器形与訏方豆基本相似,铭文作"邵之御錂"(《铭图》6113、6114)。錂字,从皿从金从兄,金文写作"錂"。此字从兄得声,与坙得声、从黄得声皆可通。马王堆帛书《老子》乙本卷前古佚书《十六经·立命》:"吾爱民而民不亡,吾爱地而地不兄。"影本注"兄"读为"旷",平装本读为"荒"。邵方豆自名为"錂",其义即为方形器。《诗经·召南·采蘋》:

图4-9 湖北随县均川刘家崖出土邵方豆

于以盛之,维筐及筥。于以湘之？维锜及釜。

毛亨传："湘,亨也。锜,釜属,有足曰锜,无足曰釜。"郑玄笺："锜,三足釜也。"孔颖达疏："此皆《尔雅》无文,传以当时验之,以锜与釜连文,故知釜属。《说文》曰：'江淮之间谓釜曰锜。'定本'有足曰锜'下更无传,俗本'锜'下又云'无足曰釜'。"毛亨已经弄不清早期文献中二者之间的差别,所作的注解是不准确的。从文义而言,筐筥连文为粢盛器、锜釜连文为炊煮器,均是别以方圆,即筐、锜为方形器,筥、釜为圜形器。

许慎称："簠,黍稷圜器也；簋,黍稷方器也。"遭到了宋代、清代金石学家的一致否定。他的这个论断可能基于两个理由：其一,他将见到的方形器误认为"簋"。战国末期,毛亨注《诗经·小雅·伐木》"陈馈八簋"说得非常清楚,"圆曰簋,天子八簋"。许慎不采纳毛传,必是见到与之说法不符的实物。吕氏《考古图》3.36.1著录有一件师寰父盨（图4-10）。"三礼"中记载的礼器没有盨,宋代金石学家将盨都归入簋属,如《考古图》定名为"师寰父旅簋"。日本山中商会还收有一件兽面纹簋（图4-11）,也是比较少见的方形簋。这种困惑在许慎时代肯定是存在的,《仪礼·聘礼》：

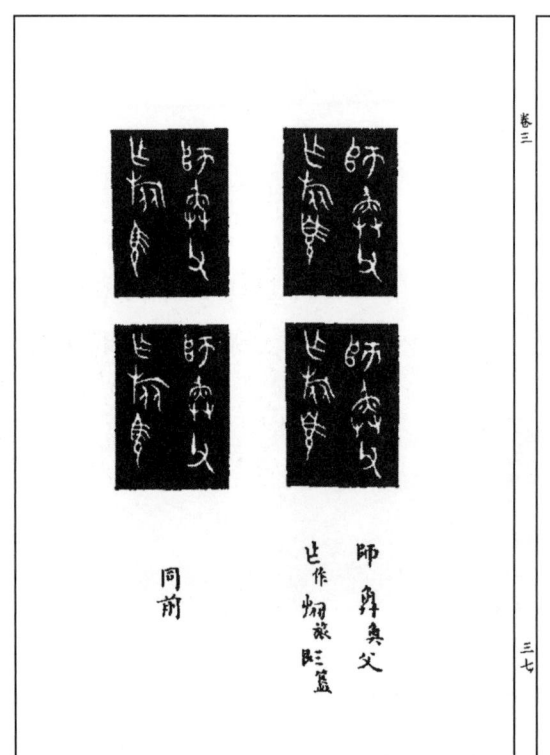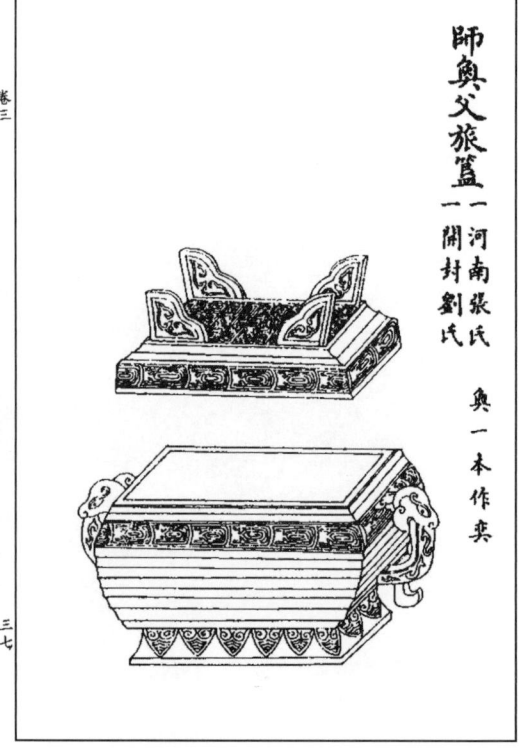

图4-10　吕大临《考古图》师寰父盨

夫人使下大夫劳以二竹簠方，玄被纁里，有盖。其实枣蒸栗择，兼执之以进。

郑玄注："竹簠方者，器名也。以竹为之，状如簠而方，如今寒具筥。筥者圜，此方耳。"早于郑玄的许慎从这条文献中寻找到了簠为方形器的根据，所以他改了毛传的说法。

其二，文献记载的不准确以及对文献的误读。《周礼·地官·廪人》：

图4-11 日本山中商会兽面纹簠

凡万民之食食者，人四鬴，上也；人三鬴，中也；人二鬴，下也。

郑玄注："此皆谓一月食米法。六斗四升曰鬴。"也就是说一个月能够食用的粮食数量，鬴为盛粮食的器皿。《周礼·冬官·㮚氏》：

量之以为鬴，深尺，内方尺而圜其外，其实一鬴；其臀一寸，其实一豆；其耳三寸，其实一升。

图4-12 上海博物馆藏陈纯釜

郑注引杜子春云："臀，谓覆之其底深一寸也。"贾疏曰："此谓鬴之底著地者。"文献记述的"鬴"是器底有圈足且内凹一寸，并有一豆的容积。这种形制与战国时期的量器"釜"不同，如上海博物馆藏的陈纯釜（图4-12），亦不太像秦汉时期平底或圜底的炊器"釜"。或许，汉代的经学家认为这样的"鬴"就是文献中的"簠"。《周礼·冬官》很早就遗失了，西汉中期河间献王取《考工记》补入，因此这段记载的成篇年代较晚。从中可以发现，郑玄注《诗经》《孝经》"内方外圆曰簠，外方内圆曰簋"文本的来源即源于此。然而，郑注有"圜其外者，为之唇"，其意在调和"方曰簠，圆曰簋"的说法，将"圜其外"解释为口沿，就变成了簠为圆口的方形器，《诗经》毛传和《周礼·㮚氏》的说法都得到了保留。时代稍早的许慎当然不会这么认为，直接将"圜其外"释为外形，随即产了"簠，黍稷圜器也。"

第三节　青铜簠与青铜铺释疑

在辨认青铜簠与青铜铺两种器类之前，首先要明确我们到底是要寻找字书里的"簠"，还是要寻找文献里的"簠"。字书的信息量太少，只知道是圜器，用来盛黍稷仅此而已。同样是盛黍稷，是祭享，是饔飧，是饫宾，还是称量，皆不得而知。相反，三礼文献就记载得比较详细。所以，我们试图求证的"簠"，应该从文献学的角度，再结合古文字和考古学进行立体式的考察。

综合以往各家所说，坚持"簠"为豆形器的主要有三条理由。

第一，长方形器的自名从古、吾、生、夫为声符，无一例从甫得声。这个认识的问题，在于没有历史地看待文献形成和流传的整个过程。"三礼"是战国时期形成的文献，有的篇章更是晚到西汉。因此，我们看到"三礼"中使用礼器的名称和数量与西周的考古发现是不吻合的。近些年楚墓的大量发现，便知文献记载中繁多的礼器数量和种类并不是没有根据的。"瑚"作为青铜簠的自名，一直在北方中原语系中沿用。战国时期，楚方言使得这个字发生了音变。虽然楚系青铜簠依然写作"匡"，在楚简里依然写作"河匡"。然而，楚本文献的流传和整理，使得汉代所看到的文献定本"匡"字已经改作"簠"。今天来讨论文献里的"簠"到底是哪种器型，不能以西周至春秋的自名为标准。换句话说，不能不考虑音变因素对传世文本的影响，用晚期文献的称名来比对早期铜器的自名需要慎重。

第二，金文中自名从甫得声的都是豆形器。论者从来没有解释过这种浅盘、镂空高圈足的器物为何会自名"铺"。其实金文字体和文献都说得很清楚，鲁大司徒厚氏元铺的"䐭"字从肉，肉为义符，如同金文"䵼"字从米。《周礼·腊人》"凡祭祀，共豆脯"与《周礼·舍人》"凡祭祀，共簠簋"为对文。"铺"为盛肉脯之器，竹制的称作"笾"。早期文献《诗经》表明"笾豆"均与肉食有关，到了《礼仪》开始盛放干果，其功能得到扩大。最晚的《周礼》可见这类器物所盛物品之丰富，肉脯、干果、糕点、谷物皆有。然而，"笾"盛谷物却有一个限定场合，即在"朝事"作为象征性的使用，不用于馈食和羞食。因此，这类器物并不是文献上所载的粱盛器"簠"。

第三，许慎认为簠是圜器。许叔重是个优秀的文字学家，不一定是优秀的器物学家。他立论的基础一方面是否定了毛亨"圆曰簋"的说法。当东汉时期的许慎和战国末期的毛亨观点相矛盾的时候，后者更接近于那个时代，其说法应当不致轻易否定，现在的考古发现也证明了这一点。另一方面是受到《周礼·㮚氏》"（䵼）内方尺而圜其外"的误导。此篇成书于西汉中期，许慎据此认定簠是"圜其外"。稍晚的郑玄还是遵从毛亨的说法，在处理这条文献时选择了调和之论，认为簠是圆口的方形器。

凡持此论者，上述三点皆不能指认这种浅盘、镂空高圈足的器物为文献中的

"簠"。以往各家所论,坚持"簠"为方形器的也有三条理由。

第一,礼书注解与匩的形制相同,《周礼·舍人》郑玄注:"方曰簠,圆曰簋。"

第二,礼书注解与匩的功能相同,《周礼·掌客》郑玄注:"簠,稻粱器也。"《仪礼·公食大夫礼》郑玄注:"膳犹进也,进稻粱者以簠。"金文有"用盛稻粱"(《集成》4579)、"用实稻粱"(《铭图》5925)、"用盛糕稻糯粱"(《集成》4628)、"用盛黍稷稻粱"(《铭续》30518)。

第三,从古得声与从甫得声多有通假之例,如郭店楚简《穷达以时》2+3简"河匩",袁国华[①]、张光裕[②]、刘钊[③]均读作"河浦",金文自名的"匩"就是文献中的"簠"。

此外,通过上文的分析和考证,还能补充七条理由。

第一,礼书注解与匩的器物组合相符,《仪礼·聘礼》"腒、臐、膮"与"稻粱",构成羞食组合。考古发现大型墓葬出土的器物,以七鼎六簠作为正鼎,同出还有三鼎二簠与文献记载相合。

第二,礼书注解与匩的持用方式相符,《仪礼·公食大夫礼》"左拥簠粱"与"右执湆以降"正好说明两类器物的形制不同。豆形器盛羹湆用手执,方形器盛稻粱无法手持,只能怀抱。

第三,礼书注解与匩的局部形制相符,《仪礼·公食大夫礼》"簠有盖幂",郑注:"稻粱将食乃设,去会于房,盖以幂。"说明簠是有盖之器,与实物相合。有盖的青铜铺只出现在春秋中期至战国早期,流行时间短暂。

第四,文献"胡簋"与"簠簋"连文对称,称作"瑚"均与鲁国文献有关,反映了中原文化对这种方形器的定名。战国时期"三礼"文献出现的"簠簋"可能跟楚本文献的流传和整理有关。

第五,文献"筐筥"与"簠簋"并列对称,战国末期毛亨传"方曰筐,圆曰筥"是可信的,青铜簠又有自名为"筐",足证此器为方形器。

第六,金文构形"🅱"像用竹篾或柳条编织成的器皿,考古发现最早的青铜簠全部为椭方形的口沿,这种类型的竹制"簠"在信阳楚墓中有发现。

第七,信阳楚简记有"十笑(簠)",考古发现有实物,并且与《周礼·掌客》"凡诸侯之礼……(上公)簠十"的记载相吻合。

有此上述十点证据,青铜簠为方形器的观点恐怕再难轻易否定。

---

① 袁国华:《郭店楚简文字考释十一则》,《中国文字》新24期,艺文印书馆,1998年,141页。

② 张光裕:《郭店楚简研究》第一卷《文字编》0152,台北艺文印书馆,1999年。

③ 刘钊:《郭店楚简校释》,福建人民出版社,2003年,170页。

第五章　青铜簠类型学研究

　　类型学是一种从考古材料中寻找器物发展规律和结构的过程，通常"把式规定为只表示先后（上下）的直系关系，而把类和型主要视为平行（左右）的旁系关系，或原生与次生（派生）的关系"①。分类分型的依据是以某种较大的形制特征，目的在于最大限度地体现出器物变化的趋势，从而建立相对的年代序列。类型学的这种分类法，却是因人而异、因器而异。需要说明的是，各式之间的时代并不是绝对独立的，同式器物的延续时间或长或短，甚至可以跨越几个时期。因而式与式之间所体现的是一种相对的早晚关系，也不排除后一式中时代较早者的绝对年代可能早于前一式中时代较晚者的绝对年代。

　　最早对青铜簠进行分类的是《商周彝器通考》（1941年），容庚先生谈道："簠之形状长方，侈口两耳，盖与器同，于四周之正中有小兽首下垂，加于器上，使弗移也。有四小足者，有四长足者，有无耳者。"②《殷周青铜器通论》（1984年）将之分为两类，两耳簠属三器，无耳簠属一器③。马承源先生《中国青铜器》（1988年）分为六式，即方体方圆角圈足式、斜壁环耳中深腹式、斜壁兽首耳浅腹式、折壁直缘兽首耳式、折壁直缘无耳式、折壁直缘兽首浅腹高足式④。刘彬徽先生《楚系青铜器研究》（1995年）针对楚地出土的青铜簠分为八期，认为"器形上的演变，主要看器身近口部的直壁与腹部斜壁的比例，东周一期和二期之初，斜壁与直壁的比例约为2∶1，此后比例不断缩小，到战国早中期之际，斜壁与直壁的比例趋于相等。战国中期以后，由腹壁长于直壁变化为小于直壁，六期的包山M2的簠，七期楚幽王墓的簠最明显，与第一期相较，可谓明显之极"⑤。这个结论对东周时期青铜簠的分式具有重要的指导意义。

　　采用考古类型学范式，首先进行综合分类的是朱凤瀚先生，他在《古代中国青铜器》（1995年）中将其分为二型四式，将有缺口圈足与曲尺形足相分开，但是在分式

---

① 邹衡：《论古代器物的形式分类》，《夏商周考古学论文集（续集）》，科学出版社，1998年。
② 容庚：《商周彝器通考》，上海人民出版社，2008年，275页。
③ 容庚、张维持：《殷周青铜器通论》，文物出版社，1984年，38页。
④ 马承源：《中国青铜器》，上海古籍出版社，1988年，152页。
⑤ 刘彬徽：《楚系青铜器研究》，湖北教育出版社，1995年，146页。

时候已经关注到斜壁至折壁,直壁由短至长的变化过程①。《中国青铜器综论》(2009年)仍是二型四式,分型标准相同②。笔者硕士学位论文《两周时期青铜簠研究》(2007年)分为三型七亚型二十二式,分型标准是斜壁、折壁、折壁特殊足三种,分亚型标准是无缺口、矩形缺口、弧形缺口、兽首形足、动物形足、斜支足③。张婷师姐《两周青铜簠初步研究》(2009年)分为二型八亚型十二式,分型标准是圈足和无圈足,分亚型标准是圈足无缺口、果叶形缺口、梯形缺口、弧形缺口、凸形缺口、动物形足、长斜足、曲尺形足④。彭裕商先生《春秋青铜器年代综合研究》(2011年)分为二型五式,分型标准是鋬耳较小和鋬耳较大两种⑤。路国权先生《周楚二系:试论东周时期铜簠的分类和谱系》(2016年)分为二型八亚型五十一式,分型标准是折沿和无沿两者,分亚型标准是凹蹼足、凸蹼足、瓣蹼足、全蹼足、兽形足。这种谱系模式的类型学方法属于进化考古学的直线发展模式,忽略了器物的跳跃性发展和文化交流对器物影响的可能性,导致了谱系模式中很多分式是暂缺的现象⑥。

将器物学研究方法引入考古类型学范式,影响最大的当属陈芳妹先生《商周青铜簠形器研究——附论簠与其他粢盛器的关系》一文。根据器物自身特点,将其拆分为若干构件,再进行组合研究是器物学研究的一大特色。这种研究方式建立在对器物细节的观察,以及从艺术发展的脉络来考量。因此,她将青铜簠置于"三类足形,四种腹壁曲线,六种耳型"⑦的范围来研究器型变化关系。然而,这个方法最早的开创者却是李济先生。他在《中国古器物学的新基础》谈到"把时代进展的秩序与形态演变的阶段——两者相依的关联,有系统地说明出来,实在是现代古器物学家的中心课题",同时又强调"对于器物形态发展的秩序应有充足的认识:有几微的差异,可能象征重要演变的开始"⑧。李济先生根据器物特征所编制的序数法则影响了晚年的邹衡先生,《天马—曲村(1980~1989)》报告中邹衡先生没有使用传统考古类型学分类方式,从容器的"底或裆""足""领""口或沿""肩""腹"五个部分进行观察,并对每一类特征赋予一个指定代码,用大写英文字母或阿拉伯数字表示⑨。

---

① 朱凤瀚:《古代中国青铜器》,南开大学出版社,1995年,83页。
② 朱凤瀚:《中国青铜器综论》,上海古籍出版社,2009年,140页。
③ 胡嘉麟:《两周时期青铜簠研究》,陕西师范大学硕士学位论文,2007年,20页。
④ 张婷:《两周青铜簠初步研究》,《四川文物》2009年第1期。
⑤ 彭裕商:《春秋青铜器年代综合研究》,中华书局,2011年,66~90页。
⑥ 路国权:《周楚二系:试论东周时期铜簠的分类和谱系》,《四川文物》2016年第4期。
⑦ 陈芳妹:《商周青铜簠形器研究——附论簠与其他粢盛器的关系》,《商周青铜粢盛器特展图录》,台北"故宫博物院",1994年,28页。
⑧ 李济:《中国古器物学的新基础》,《李济文集》第一卷,上海人民出版社,2006年,334、344页。
⑨ 北京大学考古系商周组、山西省考古研究所:《天马—曲村(1980~1989)》,科学出版社,2000年,12、13页。

本书运用这种通过器物学进行分类的方法，对收集到传世青铜簠194件（附表二）、出土青铜簠385件（附表三）进行综合研究。青铜簠的基本形态是长方体，按照腹部的横截面有椭方形和长方形两类。这两类几乎囊括了所有型式的青铜簠，并且还具有先后次序关系，将之分为两类，即甲类：椭方形；乙类：长方形。

甲类分型的标准是以腹壁和器足的不同，即斜壁圈足型和折壁四足型。分亚型的标准是以有无附耳的不同，体现为两个亚型之间的并列关系。

乙类分型的标准是以腹壁变化，即斜腹壁和折腹壁。亚型的标准比较复杂，由于构件数量以及样式不同。主要包括以下几项。

（1）口沿分为折沿方唇和直口无唇两类；

（2）附耳形状分为环形耳、半环形耳（半环形兽首耳）、銴形耳、无耳四类；

（3）附耳位置分为斜壁耳、直壁耳、交壁耳（相交于直壁与斜壁之间）三类；

（4）底足形状分为：圈足、蹼形足、兽首足、龙形足、斜支足五类；

（5）圈足缺口形状分为矩形、凸字形、凹弧形三类；

乙A型根据附耳形状不同，即环形耳、半环形耳、无耳。乙B型根据口沿、附耳、底足三大构件相互搭配分为十七亚型，即

乙Ba型——方唇半环形交壁耳矩形缺口；

乙Bb型——方唇半环形交壁耳凸字形缺口；

乙Bc型——方唇半环形交壁耳凹弧形缺口；

乙Bd型——方唇环形直壁耳蹼形足；

乙Be型——方唇半环形斜壁耳凹弧形缺口；

乙Bf型——无唇半环形斜壁耳矩形缺口；

乙Bg型——无唇半环形斜壁耳凹弧形缺口；

乙Bh型——无唇半环形交壁耳凹弧形缺口；

乙Bi型——无唇无耳凹弧形缺口；

乙Bj型——无唇无耳矩形缺口；

乙Bk型——方唇半环形交壁耳龙形足；

乙Bl型——方唇半环形交壁耳兽首足；

乙Bm型——方唇无耳矩形缺口；

乙Bn型——方唇半环形交壁耳斜支足；

乙Bo型——方唇无耳凹弧形缺口；

乙Bp型——方唇銴形斜壁耳凹弧形缺口；

乙Bq型——方唇环形直壁耳凸字形缺口。

三大构件基本属于平行关系或次生关系，除了圈足向蹼形足的转变有年代早晚，其余各种形式的搭配均取决于一定的文化因素。直壁的长短、圈足的大小则是这些亚型发展演变的共同特点，将之作为分式的重要依据。

第一节　甲类椭方形簋的型式

这类器物的口沿呈椭方形，转角稍圆，器、盖大小相同，偶有盖体略小于器体，按照腹部和足部不同分为二型。

A型　腹壁斜收，器底下承封闭状的圈足。器、盖基本相等，盖沿下折扣住器口，腹壁自口沿斜收。根据耳部的变化分为二亚型。

Aa型　无耳。标本为故宫博物院所藏龙纹簋①。器型高大，腹部正面两隅角有残断的小饰件，推测可能是悬有小铃。器壁中央饰以形似辐射状的直棱纹，上下两端饰有相向的长身卷尾龙纹，捉手和圈足饰有同样的纹饰，以云雷纹为地纹。通高37厘米、口长55.8厘米、重17.5千克（图5-1）。

图5-1　故宫博物院藏龙纹簋

Ab型　腹壁两侧设弯曲的附耳。根据口沿的变化分为二式。

Ⅰ式：口沿较圆转。标本一为2013年陕西宝鸡石鼓山M4出土的龙纹簋②。器型高大，腹部两侧设有弯翘的半环状附耳，捉手和圈足长边近腹部设有对称的长方形镂孔，器身正面中央悬有一铃。腹壁直棱纹上下饰有两两相对的长身卷尾龙纹，盖亦如此，圈足和捉手饰两道弦纹。通高34.5厘米、口长45.5厘米、口宽34.8厘米、重10.2千克（图5-2）。标本二为2013年陕西宝鸡石鼓山M4出土的光簋③。此器较小，捉手为四勾戟形。长方形圈足无镂孔，器盖有一大字铭文"光"。器壁直棱纹上下饰以相向的长身卷尾龙纹，圈足无纹饰。通高19.5厘米、口长25.6厘米、口宽18.8厘米、重3.9千克（图5-3）。

Ⅱ式：口沿较方折。标本为《梦坡室获古丛编》著录的䜌伯簋④，此器全形拓显示腹部设有一对半环状附耳，口沿转角已经略呈方形，预示着开始向成熟青铜簋转变。器壁中央饰有直棱纹，铭文称"䜌伯作害姬旅簋，其万年子子孙孙永用享"。通高16.1厘米、口长17厘米（图5-4）。

---

① 故宫博物院：《故宫青铜器》，紫禁城出版社，1999年，142页。
② 陕西省考古研究院、宝鸡市考古研究所、宝鸡市渭滨区博物馆：《陕西宝鸡石鼓山商周墓地M4发掘简报》，《文物》2016年第1期。
③ 陕西省考古研究院、宝鸡市考古研究所、宝鸡市渭滨区博物馆：《陕西宝鸡石鼓山商周墓地M4发掘简报》，《文物》2016年第1期。
④ 周庆云、邹安：《梦坡室获古丛编》，民国十六年（1927）石印本。

B型　腹壁折收，直壁和斜壁之间设半环形耳。标本为1978年河南淅川下寺M3出土的交龙纹簠①。器盖较之器身略浅，盖顶正中及四角各有一个竖环纽，盖沿下有八个兽首状卡扣，长边二个、短边一个。器、盖肩部两侧均有残失的双耳，仅剩下凸榫头。口沿下直壁较短，腹壁斜收，底部置有四个小兽足。器、盖皆饰细密的交龙纹，兽足做半立状，昂首伸颈，凹腰鼓肚。通高17厘米、口长26厘米、口宽20.5厘米，重2.6千克（图5-5）。

图5-2　陕西宝鸡石鼓山M4出土的龙纹簠

图5-3　陕西宝鸡石鼓山M4出土的光簠

图5-4　《梦坡室获古丛编》著录的䜌伯簠

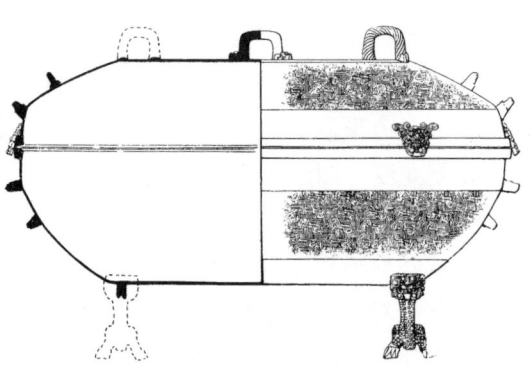

图5-5　河南淅川下寺M3出土的交龙纹簠

---

①　河南省文物研究所、河南省丹江库区考古发掘队、淅川县博物馆：《淅川下寺春秋楚墓》，文物出版社，1991年。

第二节 乙类长方形簋的型式

这类器物的口沿呈长方形，转角方折，器、盖大小相同，偶有盖体略小于器体，按照腹部变化特点分为二型。

A型 腹壁斜收。器、盖大小相同，腹壁自口沿斜收，根据附耳不同又分为三亚型。

Aa型 环形耳。方唇折沿，腹壁两侧设有环形耳，圈足外侈折沿。根据圈足是否有缺口以及数量变化分为三式。

Ⅰ式：圈足无缺口，呈封闭状。标本为山东省博物馆所藏史免簋[①]。失盖，口沿下饰S形窃曲纹，腹部饰相对的卷龙纹，圈足饰垂鳞纹。铭文称"史免作旅筺，从王征行，用盛稻粱，其子子孙孙永宝用享"。高9.2厘米、口长27.4厘米、口宽22.7厘米，重2.38千克（图5-6）。

Ⅱ式：圈足前后两面有矩形缺口。标本一为1960年陕西扶风法门镇齐家村窖藏出土的冶遣簋[②]。失盖，口沿下饰重环纹，腹部饰波曲纹，圈足饰垂鳞纹，铭文称"冶遣作宝筺，子子孙孙永宝用"。高9.8厘米、口长25.7厘米、口纵22.6厘米，重2.13千克（图5-7）。标本二为1981年陕西扶风法门镇齐家村窖藏出土的伯䚄父簋[③]。失盖，腹部不饰纹饰，口沿下饰重环纹，圈足饰垂鳞纹，铭文称"伯䚄父作饙匡，□其万年永宝用"。高10.4厘米、口横28厘米、口纵22.6厘米，重2.15千克（图5-8）。

Ⅲ式：圈足四面有矩形缺口。标本为1977年陕西扶风云塘村二号窖藏出土的伯公父簋[④]。器、盖皆全，盖沿有四个小牛首卡扣，口沿下饰重环纹，腹部饰波曲纹，圈足饰垂鳞纹，盖顶和足底皆饰窃曲纹。铭文称"伯太师小子伯公父作盙（簠），择之金，唯镣唯鑢，其金孔吉，亦玄亦黄，用盛糕稻糯粱，我用绍卿士辟王，用绍诸老诸兄，用祈眉寿，多福无疆，其子子孙孙，永宝用享"。通高19.8厘米、口长28.3厘米、口宽23厘米，重5.75千克（图5-9）。

Ab型 半环形耳。方唇折沿，腹壁两侧设有半环形耳或半环形兽首耳，根据圈足缺口数量变化分为四式。

Ⅰ式：圈足微外侈无折沿，前后两面有矩形缺口。标本为1976年陕西扶风法门镇庄白村二号窖藏出土的密㚸簋[⑤]。失盖，腹壁设一对细索状半环形耳，口沿下有一道弦

---

① 端方：《陶斋吉金续录》1.43，清宣统元年（1909）石印本。
② 陕西省博物馆、陕西省文物管理委员会：《扶风齐家村青铜器群》，文物出版社，1963年。
③ 陕西周原扶风文管所：《周原西周遗址扶风地区出土几批青铜器》，《考古与文物》1982年第2期。
④ 周原考古队：《周原出土伯公父簋》，《文物》1982年第6期。
⑤ 宝鸡市周原博物馆：《周原—庄白西周青铜器窖藏考古发掘报告》，科学出版社，2016年。

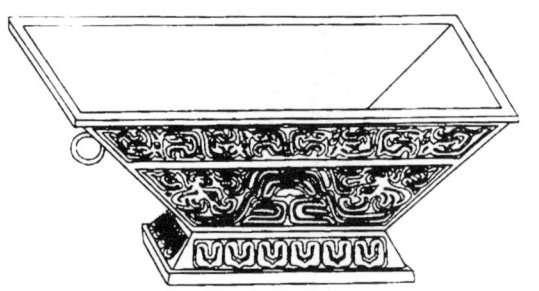

图5-6　山东省博物馆藏史免簠

图5-7　陕西扶风法门镇齐家村窖藏出土的冶遣簠

图5-8　陕西扶风法门镇齐家村窖藏出土的伯嚭父簠

图5-9　陕西扶风云塘村二号窖藏出土的伯公父簠

图5-10　陕西扶风法门镇庄白村二号窖藏出土的密姒簠

纹，其余不饰纹饰。铭文称"密姒作旅筐，其子子孙孙永宝用"。高9厘米、口长28.7厘米、口宽24.3厘米，重1.68千克（图5-10）。

Ⅱ式：圈足外侈有折沿，前后两面有矩形缺口。标本为1974年陕西蓝田辋川乡枝家湾村窖藏出土的仲其父簠[①]。器盖同铭，盖残破，腹壁设一对较粗的兽首半环形耳，口沿下饰重环纹，腹部饰波曲纹，圈足饰S形的简省龙纹。铭文称"仲其父作旅匿"。通高24.6厘米、口长30厘米、口宽23厘米，重2千克（图5-11）。

Ⅲ式：圈足外侈有折沿，四面皆有矩形缺口，腹壁饰有两段纹饰。标本一为1933年陕西扶风法门镇康家村窖藏出土的函交仲簠[②]。通过伯公父簠所知盖顶和足底皆有纹饰，盖则设有小卡扣。此器失盖，口沿下饰重环纹、腹部饰相背的卷龙纹，圈足饰垂

---

① 吴镇烽、朱捷元、尚志儒：《陕西永寿、蓝田出土西周青铜器》，《考古》1979年第2期。
② 张天恩：《陕西金文集成》第三册，三秦出版社，2016年，132、133页。

图5-11　陕西蓝田辋川乡枝家湾村窖藏出土的仲其父簠　　图5-12　陕西扶风法门镇康家村窖藏出土的函交仲簠

1　　　　　　　　　　　　　　2

图5-13　河南三门峡虢国墓地M2012出土的卷龙纹簠及其拓片
1. 卷龙纹簠　2. 拓片

鳞纹，足底饰窃曲纹。高10厘米、口长30.6厘米、口宽25.1厘米（图5-12）。标本二为1990年河南三门峡虢国墓地M2012出土的卷龙纹簠[①]。口沿下饰重环纹，腹部饰相背的卷龙纹，圈足饰S形云纹。盖顶饰窃曲纹，足底不施纹饰。通高28厘米、口长27厘米、口宽22.3厘米，重4.23千克（图5-13）。

Ⅳ式：圈足外侈有折沿，四面皆有矩形缺口，腹壁饰有一段纹饰。标本为台北"故宫博物院"藏召叔山父簠[②]。失盖，腹部仅饰有一段相背的卷龙纹，圈足饰S形云纹。铭文称"郑伯大司工召山叔父作旅匿，用享用孝，用匄眉寿，子子孙孙，用为永宝"。高7.6厘米、口长28.7厘米、口宽23.9厘米、足长17.3厘米、足宽13.5厘米（图5-14）。

Ac型　无附耳。标本为1953年河南郏县太仆乡出土的青铜簠[③]。器形低矮，器盖皆

---

① 河南省文物考古研究所、三门峡市文物工作队：《三门峡虢国墓》，文物出版社，1999年。
② 陈芳妹：《商周青铜粢盛器特展图录》，台北"故宫博物院"，1985年，第346、347页。
③ 《河南郏县发现的古代铜器》，《文物参考资料》1954年第3期。

图5-14 台北"故宫博物院"藏召叔山父簠及其拓片
1. 召叔山父簠 2. 拓片

全,方唇折沿,无附耳,圈足外侈,四面有矩形缺口。纹饰、尺寸不详(图5-15)。

B型 腹壁折收。器、盖大小相同或盖体略小于器体,口沿下有一段直壁,腹壁下折斜收为平底。根据口沿、附耳和底足特征不同又分为十七亚型。

Ba型 折沿方唇,半环形兽首耳置于直壁与斜壁之间,圈足外侈有折沿,缺口呈矩形,后来演变为独立的蹼形足。按照直壁和圈足缺口变化分为七式。

Ⅰ式:直壁极短且无装饰。标本为2002年湖北枣阳郭家庙M1出土的曾孟嬴剈簠①。此器口沿下的直壁若不仔细观察很容易忽略,兽首半环形附耳设于斜壁,圈足缺口虽然较宽,但是高度却是足高的半径。直壁极短不施纹饰,腹部纹饰为一段相背的双头卷龙纹,圈足饰垂鳞纹。铭文称"曾孟嬴剈自作行匡,则永祜福"。通高18厘米、口长28厘米、口宽23.4厘米(图5-16)。

Ⅱ式:直壁稍长且有装饰。标本为2014年湖北枣阳郭家庙曹门湾M22出土的卷龙

图5-15 河南郏县太仆乡出土的青铜簠   图5-16 湖北枣阳郭家庙M1出土的曾孟嬴剈簠

---

① 襄樊市考古队、湖北省文物考古研究所、湖北孝襄高速公路考古队:《枣阳郭家庙曾国墓地》,科学出版社,2005年。

纹簋（M22∶5）①。此器直壁明显增长，饰以Z形云纹，腹部饰以双头卷龙纹，圈足饰以简化的龙纹。通高19.2厘米、口长29.6厘米、口宽22.8厘米、足长17.6厘米、足宽12.2厘米（图5-17）。

Ⅲ式：直壁较长，装饰面积增大，纹饰风格粗犷。标本为上海博物馆藏陈侯簋②。此器直壁饰连续式C形小龙纹，腹壁中央饰对称的回首龙纹，两侧配以双头龙纹，龙目凸起呈圆乳状，圈足、盖顶以及足底均饰爬行龙纹。铭文称"唯正月初吉丁亥，陈侯作王仲妫媵簋，用祈眉寿无疆，永寿用之"。通高21.6厘米、口长33.6厘米、口宽24.8厘米、足长22.4厘米、足宽14.6厘米，重7.57千克（图5-18）。

图5-17　湖北枣阳郭家庙曹门湾M22出土的卷龙纹簋

Ⅳ式：矩形缺口高度约为足高半径，纹饰风格细化。标本为1979年湖北随州义地岗季氏梁出土的陈公子仲庆簋③。此器直壁饰Z形和C形云纹，圈足饰爬行龙纹与Ⅲ式相同，腹部饰C形交龙纹明显表现出从粗犷风格向细化风格的转变。铭文称"陈公子仲庆，自作筐簋，用祈眉寿，万年无疆，子子孙孙，用寿用之"。通高19.3厘米、口长30厘米、口宽23.5厘米，重6.5千克（图5-19）。

图5-18　上海博物馆藏陈侯簋

图5-19　湖北随州义地岗季氏梁出土的陈公子仲庆簋

---

① 湖北省文物考古研究所、湖北荆州文物保护中心、襄阳市文物考古研究所、枣阳市博物馆考古队：《湖北枣阳郭家庙墓地曹门湾墓区（2014）M10、M13、M22发掘简报》，《江汉考古》2016年第5期。

② 陈佩芬：《夏商周青铜器研究·东周篇》，上海古籍出版社，2004年，61页。

③ 随县博物馆：《湖北随县城郊发现春秋墓葬和铜器》，《文物》1980年第1期。

Ⅴ式：直壁较长，矩形缺口高度超过足高半径。标本为2005年河南洛阳体育场路M8832出土的交龙纹簠（M8832：18）[①]。此器高度与口沿直径比例发生变化，两者之差不足10厘米。圈足比例明显缩小，缺口开始增高，表明开始向蹼形足转变。腹部饰波曲形交龙纹，盖顶的交龙纹呈S形与C形相交的样式。通高19厘米、口长28厘米、口宽22.6厘米、足长17.8厘米、足宽12.6厘米（图5-20）。

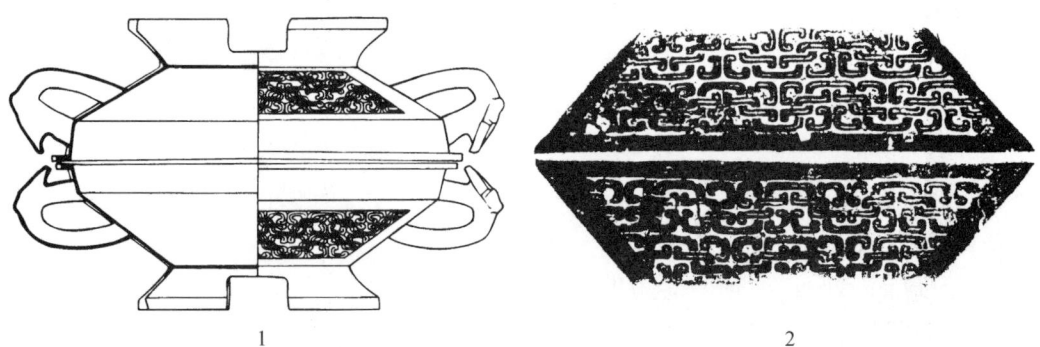

图5-20　河南洛阳体育场路M8832出土的交龙纹簠及其拓片
1. M8832：18　2. 纹饰拓片

Ⅵ式：矩形缺口高度接近足高，尚未分离为独立四足。标本为1954年洛阳中州路M4出土的交龙纹簠（M4：29）[②]。此器高度与口沿直径之差在5厘米左右，腹部饰浅平细化的交龙纹。通高21厘米、口长26.3厘米、口宽19.3厘米（图5-21）。

Ⅶ式：直壁缩短，圈足发展为独立的四足。标本为1998年河南洛阳613所C1M6112

图5-21　洛阳中州路M4出土的交龙纹簠
1. M4：29　2. 纹饰拓片

---

① 洛阳市文物工作队：《洛阳体育场路西东周墓发掘报告》，文物出版社，2011年。
② 中国科学院考古研究所：《洛阳中州路（西工段）》，科学出版社，1959年。

出土的素面簠（C1M6112∶18）①。这种短直壁类似于春秋早期的样式，盖沿有六个卡扣以及焊铸的四足表明年代偏晚。通高14厘米、口长26.6厘米、口宽21.2厘米、足长13.8厘米、足宽11.8厘米（图5-22）。

Bb型　折沿方唇，半环形兽首耳置于直壁与斜壁之间，圈足外侈有折沿，缺口呈"凸"字形。按照直壁和圈足缺口变化分为四式。

Ⅰ式：直壁稍长。标本为1978年山东滕州薛国故城M4出土的交龙纹簠（M4∶1）②。此器盖沿有四个卡扣，圈足缺口逐渐增高，直壁饰三角纹，内填卷云纹，腹壁饰粗犷的交龙纹，纹饰体躯有凸起的兽目。通高20.5厘米、口长24.5厘米（图5-23）。

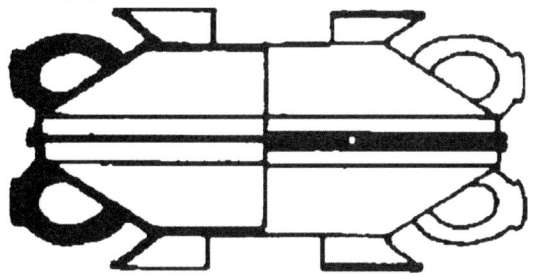 

图5-22　河南洛阳613所C1M6112出土的素面簠　　图5-23　山东滕州薛国故城M4出土的交龙纹簠

Ⅱ式：凸字形缺口较宽，纹饰风格细密。标本为2005年河南洛阳体育场路M8821出土的交龙纹簠（M8821∶18）③。此器直壁和斜壁均饰波曲形交龙纹，圈足饰双层垂鳞纹。通高21厘米、口长29.2厘米、口宽23.7厘米、足长21.7厘米、足宽16.9厘米（图5-24）。

Ⅲ式：直壁较短，凸字形缺口高度接近足高。标本为1991年河南洛阳西工区C1M3427出土的素面簠（C1M3427∶21）④。此器通体素面，圈足缺口较高意味着即将发展成为蹼形足。通高17.8厘米、口长25.3厘米、口宽20厘米（图5-25）。

Ⅳ式：直壁长度接近腹深半径。标本为1936年河南辉县琉璃阁甲墓出土的交龙纹簠⑤，现藏河南省博物院。此器直壁装饰有三角纹和卷云纹，斜壁饰有细密的交龙纹，仍未达到极其细腻的程度。通高21厘米、口长29厘米、口宽21厘米（图5-26）。

Bc型　折沿方唇，半环形兽首耳或环耳置于直壁与斜壁之间，圈足外侈有折沿，缺口呈凹弧形，后来演变为独立的蹼形足。按照直壁和圈足缺口变化分为六式。

---

① 洛阳市文物工作队：《洛阳市613所东周墓》，《文物》1999年第8期。
② 山东济宁市文物管理局：《薛国故城勘查和墓葬发掘报告》，《考古学报》1991年第4期。
③ 洛阳市文物工作队：《洛阳体育场路西东周墓发掘报告》，文物出版社，2011年。
④ 洛阳市文物工作队：《洛阳西工区春秋墓发掘简报》，《文物》2010年第8期。
⑤ 河南博物院、台北"历史博物馆"：《辉县琉璃阁甲乙二墓》，大象出版社，2003年。

Ⅰ式：直壁稍长，缺口略呈凹弧。标本为湖北谷城县石花镇下新店墓地出土的三角纹簠①。此器盖沿有四个卡扣，兽首附耳较粗，直壁饰三角纹，内填卷云纹，腹部不施纹饰。通高19厘米、口长30厘米、口宽23厘米（图5-27）。

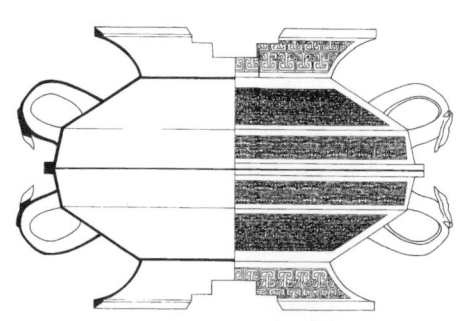

图5-24　河南洛阳体育场路M8821出土的交龙纹簠　　图5-25　河南洛阳西工区C1M3427出土的素面簠

图5-26　河南辉县琉璃阁甲墓出土的交龙纹簠　　图5-27　湖北谷城县石花镇下新店墓地出土的三角纹簠

Ⅱ式：直壁较长，圈足底径较小。标本为中国国家博物馆藏许公簠②。此器兽首形附耳攀爬有一条卷尾小龙，直壁饰三角纹，内填卷云纹，腹部饰细密的交龙纹，圈足饰卷云纹。铭文称"唯王五月初吉丁亥，许公作叔姜媵簠，用享用孝，永命无疆，子子孙孙，永保用之"。通高18.4厘米、口横34厘米、口纵21厘米（图5-28）。

Ⅲ式：圈足底径较长，凹弧形缺口较大。标本为上海博物馆藏长子䑣臣簠③。此器盖沿有四个卡扣，附耳残失，在直壁和斜壁各留一个榫头，通体饰各种结构的交龙

---

① 谷城县博物馆：《谷城文物精粹》，文物出版社，2012年。
② 吕章申：《中国国家博物馆百年收藏集粹》，安徽美术出版社，2014年，148页。
③ 陈佩芬：《夏商周青铜器研究·东周篇》，上海古籍出版社，2004年，142页。

纹，纹饰细密。通高19.3厘米、口长29厘米、口宽23.5厘米、底长27.2厘米、底宽21厘米，重4.39千克（图5-29）。

Ⅳ式：直壁长度超过腹深半径，圈足发展成为独立的蹼形足。标本为1988年山西太原金胜村M251出土的蟠虺纹簠①。此器盖沿有六个卡扣，底足长度接近口沿长度，四足之间无连接，通体饰细腻的蟠虺纹。通高20厘米、口长35.6厘米，重5.41千克（图5-30）。

图5-28 中国国家博物馆藏许公簠

图5-29 上海博物馆藏长子䣊臣簠

图5-30 山西太原金胜村M251出土的蟠虺纹簠

Ⅴ式：直壁较短，下置独立的四足。标本为1991年河南洛阳西工区C1M3498出土的卷龙纹簠②。此器直壁与斜壁之间设有三角形錾耳，直壁和圈足的变化并不同时，当有着比较明显的地域性。腹壁饰同向并列的小卷龙纹，C形的龙体卷曲，龙口吐舌下垂。通高12.2厘米、口长20.8厘米、口宽15厘米（图5-31）。

Ⅵ式：直壁长度不及腹深半径，下置独立的蹼形足。标本为1978年河北平山三汲乡M6出土的素面簠（M6：119）③。此器蹼形足折沿较高，四足之间有小尖舌饰，通体素面。通高23.8厘米、口长34.2厘米、口宽23.6厘米（图5-32）。

Bd型 折沿方唇，环形耳置于直壁，圈足为独立的蹼形足，外侈有折沿。按照直壁和圈足缺口变化分为二式。

Ⅰ式：直壁长度超过腹深半径。标本为1977年山西长子牛家坡M7出土的交龙纹

---

① 山西省考古研究所、太原市文物管理委员会：《太原晋国赵卿墓》，文物出版社，1996年。
② 洛阳市文物工作队：《洛阳西工区春秋墓发掘简报》，《文物》2010年第8期。
③ 河北省文物研究所：《战国中山国灵寿城——1975～1993年考古发掘报告》，文物出版社，2005年。

图5-31　河南洛阳西工区C1M3498出土的卷龙纹簠及纹饰拓片

1. 卷龙纹簠　2. 纹饰拓片

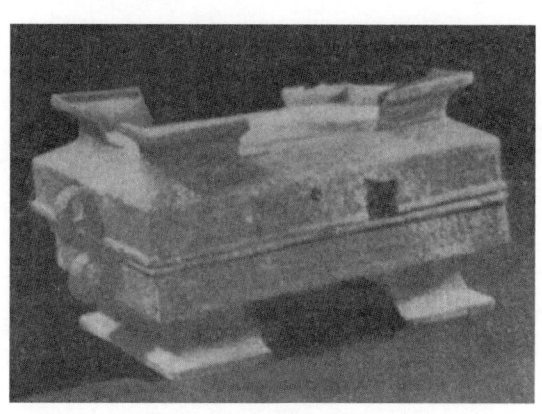

图5-32　河北平山三汲乡M6出土的素面簠　　图5-33　山西长子牛家坡M7出土的交龙纹簠

簠（M7∶9）[①]。此器直壁饰交龙纹，环形耳饰贝纹，腹部斜壁不施纹饰。通高13.6厘米、口长23.8厘米（图5-33）。

Ⅱ式：直壁更长，超过腹深三分之二。标本为1974年河北平山三汲乡M1出土的左使库簠（M1∶23）[②]。此器盖沿下折，盖顶四角各立一个环形纽，蹼形足折沿较高，四足之间设有舌状饰，通体素面。铭文称"左使库，工蔡"。通高17.8厘米、口长30.2厘米、口宽21.2厘米，重9.75千克（图5-34）。

Be型　折沿方唇，半环形兽首耳置于斜壁，圈足外侈有折沿，缺口呈凹弧形。按照直壁和圈足缺口变化分为三式。

Ⅰ式：直壁较短。标本为2009年湖北襄阳沈岗M1022出土的波曲纹簠

---

① 山西省考古研究所：《山西长子县东周墓》，《考古学报》1984年第4期。
② 河北省文物研究所：《䰅墓——战国中山国国王之墓》，文物出版社，1996年。

（M1022：4）[①]。此器盖沿有四个卡扣，兽首形附耳较大，直壁饰Z形云纹，腹部斜壁饰波曲纹，圈足饰垂鳞纹。通高18.4厘米、口长28.2厘米、口宽22.2厘米（图5-35）。

Ⅱ式：直壁稍长。标本为1979年河南淅川下寺M8出土的上鄀公簠（M8：1）[②]。此器盖沿有四个卡扣，直壁饰两层小卷龙纹，腹部斜壁饰交龙纹，纹饰线条较粗。铭文称"唯正月初吉丁亥，上鄀公择其吉金，铸叔羋番改媵匿，其眉寿万年无期，子子孙孙，永宝用之"。通高17.8厘米、口长31厘米、口宽24厘米，重5.55千克（图5-36）。

Ⅲ式：直壁较长。标本为随州公安局追缴曾国墓地被盗的曾公子叔浧簠[③]。此器略显高，盖沿有四个卡扣，兽首耳稍粗壮，通体饰细密的交龙纹。铭文称"唯正月吉日丁亥，曾公子叔浧择其吉金，自作飤匿，子子孙孙其永宝用之"。通高23厘米、口长32.5厘米、口宽25厘米（图5-37）。

图5-34　河北平山三汲乡M1出土的左使库簠

图5-35　湖北襄阳沈岗M1022出土的波曲纹簠

图5-36　河南淅川下寺M8出土的上鄀公簠

图5-37　随州公安局追缴曾国墓地被盗的曾公子叔浧簠

---

① 襄阳市文物考古研究所：《湖北襄阳沈岗墓底M1022发掘简报》，《文物》2013年第7期。

② 河南省文物研究所、河南省丹江库区考古发掘队、淅川县博物馆：《淅川下寺春秋楚墓》，文物出版社，1991年。

③ 吴镇烽：《商周青铜器铭文暨图像集成续编》30507，上海古籍出版社，2016年。

Bf型 直口无唇，半环形附耳置于斜壁，圈足外侈有折沿，缺口呈矩形。根据直壁和圈足缺口变化分为二式。

Ⅰ式：直壁较短且无装饰，矩形缺口较小。标本为2005年河南洛阳体育场路M8781出土的卷龙纹簠（M8781∶8）①。器口没有平折沿，直口发展为小直壁，腹部饰相对的双头卷龙纹，圈足饰变形蝉纹。通高11.1厘米、口长21.1厘米、口宽16厘米、足长13.5厘米、足宽8厘米（图5-38）。

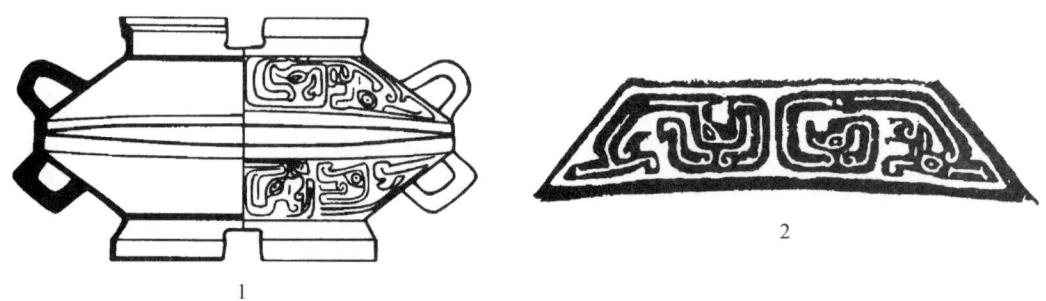

图5-38　河南洛阳体育场路M8781出土的卷龙纹簠及其纹饰
1. M8781∶8　2. 纹饰

Ⅱ式：直壁稍长且有装饰，矩形缺口略大。标本为中国国家博物馆藏曾子㠱簠②。此器直壁饰Z形云纹，腹部斜壁饰两层垂鳞纹，圈足亦饰垂鳞纹。铭文称"曾子㠱自作行器，则永祜福"。通高17.3厘米、口长20.8厘米、口宽26.9厘米（图5-39）。

Bg型　直口无唇，半环形附耳置于斜壁，圈足外侈有折沿，缺口呈凹弧形。根据直壁和圈足缺口变化分为九式。

Ⅰ式：直壁较短，纹饰风格粗犷。标本为湖北谷城城关镇邱家楼墓地出土的波曲形交龙纹簠③。此器直壁饰勾云纹，腹部斜壁饰波曲形纹交龙纹，纹饰风格粗犷，圈足饰垂鳞纹。通高15厘米、口长32厘米、口宽20厘米（图5-40）。

Ⅱ式：直壁稍长，缺口凹弧略小，纹饰风格细密。标本为中国国家博物馆藏曾伯㬢簠④。器身已佚，盖沿有四个小卡扣，腹部斜壁双耳残失，直壁饰C形顾龙纹，腹壁饰波曲纹交龙纹，圈足饰垂鳞纹。铭文称"唯王九月初吉庚午，曾伯㬢哲圣元武，元武孔㸓，克逊淮夷，抑燮繁阳，金道锡行，具既俾方，余择其吉金黄铝，余用自作旅，以征以行，用盛稻粱，用孝用享于我皇文考，天赐之福，曾㬢遐不黄耇，万年眉寿无疆，子子孙孙，永宝用之享"。高9.9厘米、口长32.8厘米、口宽24.8厘米（图5-41）。

---

① 洛阳市文物工作队：《洛阳体育场路西东周墓发掘报告》，文物出版社，2011年。
② 湖北省文物考古研究所：《曾国青铜器》，文物出版社，2007年，439页。
③ 谷城县博物馆：《谷城文物精粹》，文物出版社，2012年。
④ 湖北省文物考古研究所：《曾国青铜器》，文物出版社，2007年，441页。

图5-39　中国国家博物馆藏曾子斝簋

图5-40　湖北谷城城关镇邱家楼墓地出土的波曲形交龙纹簋

Ⅲ式：直壁稍长，约占腹深四分之一。标本为1979年河南淅川下寺M8出土的何次簋（M8∶2）①。盖沿有四个卡扣，兽首形耳廓较大，直壁和斜壁遍饰交龙纹，纹饰线条稍粗。铭文称"唯正月初吉乙亥，毕孙何次，择其吉金，自作馈匡，其眉寿万年无疆，子子孙孙，永保用之"。通高18.8厘米、口长29.5厘米、口宽22.9厘米，重6.33千克（图5-42）。

Ⅳ式：直壁稍长，约占腹深三分之一，凹弧形缺口较大。标本为1994年湖北随州东风油库M2出土的可簋（M2∶7）②。整器扁长与前式风格相同，盖沿有六个小卡扣，兽首形附耳稍细，通体饰细密的交龙纹。铭文称"可之行匡"。通高12厘米、口长19.9厘米、口宽13.2厘米（图5-43）。

Ⅴ式：直壁较长，圈足底径接近于口径。标本为1994年湖北随州东风油库M1出土的曾少宰黄仲西簋（M1∶8）③。此器呈现向高发展的新趋势，滥用垫片的铸造风格是

图5-41　中国国家博物馆藏曾伯霖簋

图5-42　河南淅川下寺M8出土的何次簋

---

①　河南省文物研究所、河南省丹江库区考古发掘队、淅川县博物馆：《淅川下寺春秋楚墓》，文物出版社，1991年。

②　湖北省文物考古研究所、随州市曾都区考古队、随州市博物馆：《湖北随州义地岗墓地曾国墓1994年发掘简报》，《文物》2008年第2期。

③　湖北省文物考古研究所、随州市曾都区考古队、随州市博物馆：《湖北随州义地岗墓地曾国墓1994年发掘简报》，《文物》2008年第2期。

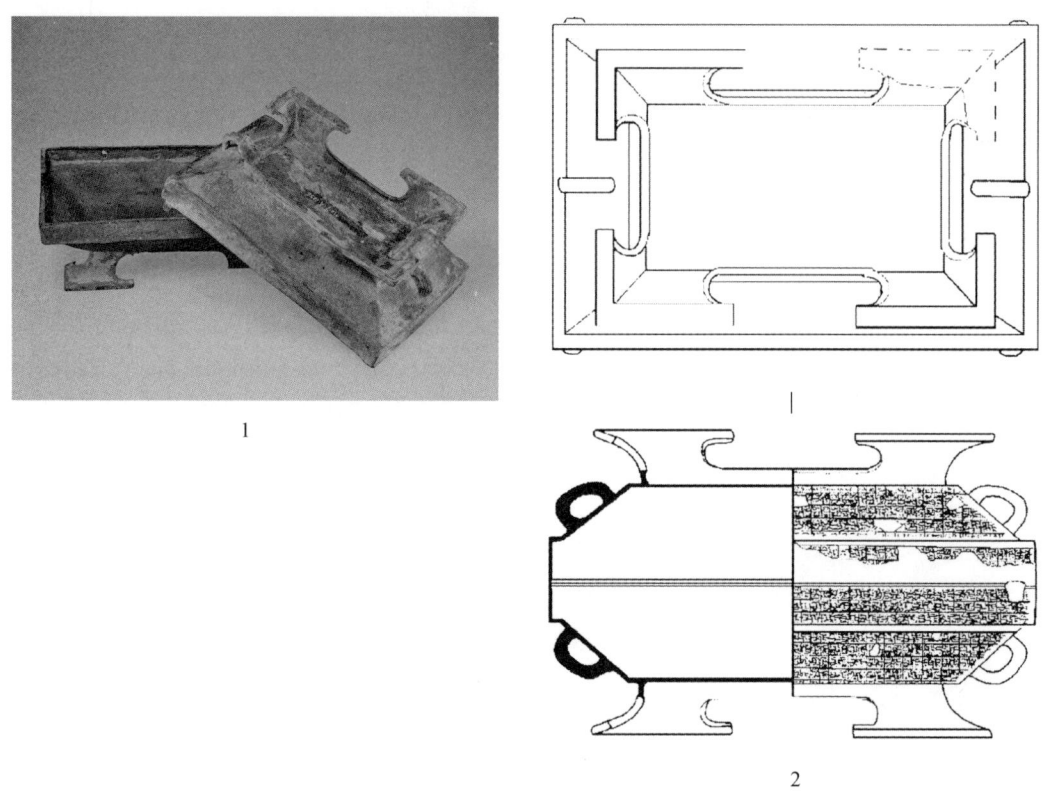

图5-43　湖北随州东风油库M2出土的可簠
1. M2∶7　2. 线图

这个时期的一种典型特征，盖沿有六个小卡扣，通体饰细腻的交龙纹。铭文称"曾少宰黄仲酉之行匜"。通高14.6厘米、口长19.2厘米、口宽13.5厘米（图5-44）。

Ⅵ式：直壁长度接近腹深半径，圈足底径等于口径。标本为苏州博物馆藏曾子遱簠[①]。此器兽首形附耳较粗壮，耳孔变小，细腻的交龙纹表现为S形双头龙纹与G形双头龙纹相交，构成三段互交的连环式图案。铭文称"曾子遱之行匜"。高10.3厘米、口长27.4厘米、口宽19.8厘米（图5-45）。

Ⅶ式：圈足高度增加，纹饰从繁密的交龙纹向几何纹发展。标本一为1990年河南淅川徐家岭M9出土的曾孟嬭朱姬簠（M9∶15）[②]。此器盖沿有六个小卡扣，通体饰细腻的交龙纹。铭文称"穆穆曾孟嬭邾姬之持"。通高23.5厘米、口长29.5厘米、口宽22.3厘米（图5-46）。标本二为1978年湖北随州擂鼓墩M1出土的曾侯乙簠

---

① 湖北省文物考古研究所：《曾国青铜器》，文物出版社，2007年，373页。
② 河南省文物考古研究所、南阳市文物考古研究所、淅川县博物馆：《淅川和尚岭与徐家岭楚墓》，大象出版社，2004年。

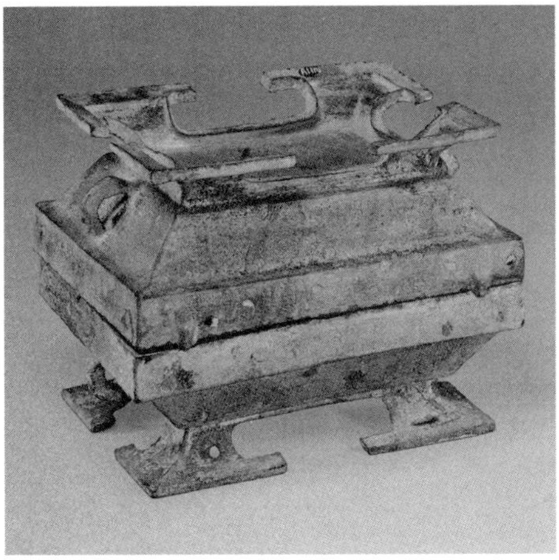

1

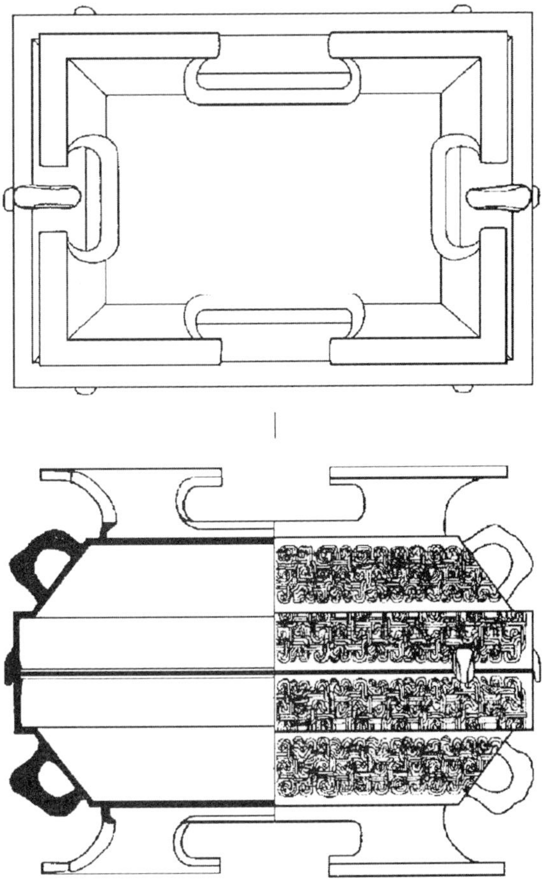

2

图5-44　湖北随州东风油库M1出土的曾少宰黄仲酉簠

1. M1：8　2. 线图

图5-45　苏州博物馆藏曾子遇簠

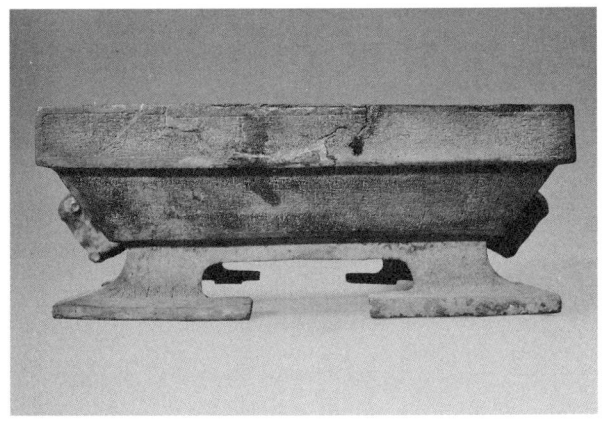

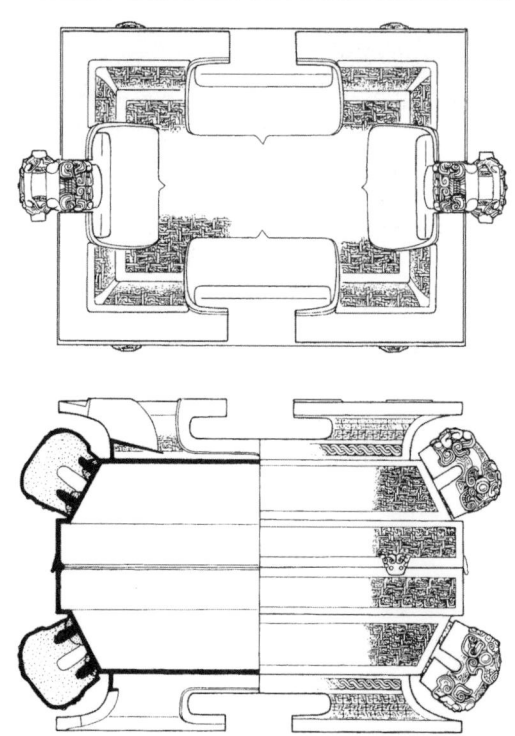

图5-46 河南淅川徐家岭M9出土的曾孟嬭朱姬簠
1. M9∶15 2.线图

图5-47 湖北随州擂鼓墩M1出土的曾侯乙簠

（C.123）[①]。盖沿有六个小卡扣，直壁饰T形勾连纹，腹部斜壁和盖顶饰龙纹勾连纹，圈足饰鸟首龙纹，纹饰凹槽均有褐、白色的填充物。铭文称"曾侯乙作持用终"。通高25.4厘米、口长31厘米、口宽24厘米，重13千克（图5-47）。

Ⅷ式：直壁稍短，圈足较高。标本为1994年河南新蔡葛陵M1001出土的交龙纹簠（N∶4）[②]。此器失盖，兽首耳粗壮，通体饰有浅平细密的交龙纹。高12.7厘米、口长30.6厘米、口宽23厘米、上腹深3.8厘米、下腹深4.2厘米（图5-48）。

---

① 随县擂鼓墩一号墓考古发掘队：《湖北随县曾侯乙墓发掘简报》，《文物》1979年第7期；湖北省博物馆：《曾侯乙墓》，文物出版社，1989年。

② 河南省文物考古研究所：《新蔡葛陵楚墓》，大象出版社，2003年。

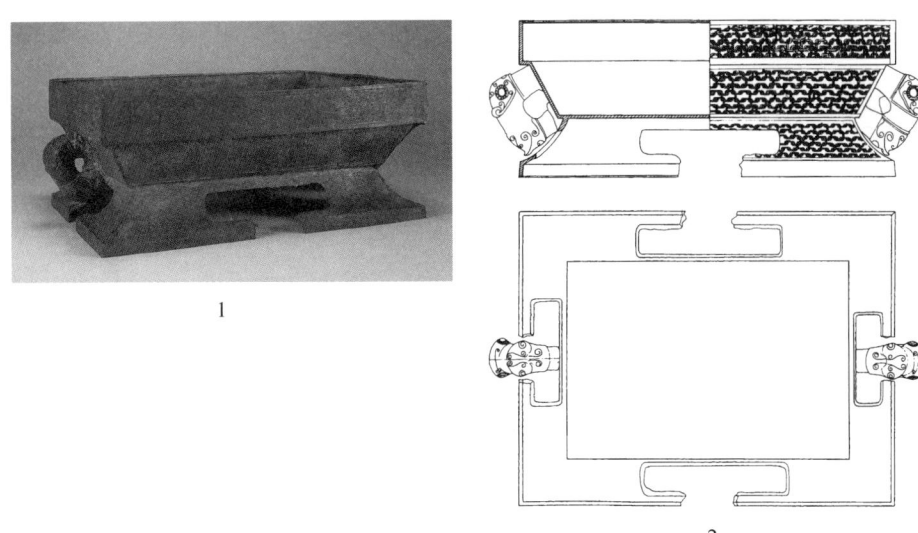

图5-48　河南新蔡葛陵M1001出土的交龙纹簠
1. N：4　2. 线图

Ⅸ式：直壁长度超过腹深半径，圈足底径小于口径。标本为1986年湖北荆门十里铺镇王场村包山M2出土的几何纹簠（M2：169）[①]。此器从高挺转向扁长样式，直壁略大于腹深半径，盖沿有六个小卡扣，兽首状附耳呈团状，耳孔极小，通体饰变形三角雷纹和勾连云纹。通高17.4厘米、口长27.8厘米、口宽18.2厘米，重3.8千克（图5-49）。

Bh型　直口无唇，半环形兽首耳置于直壁与斜壁之间，圈足外侈有折沿，缺口呈凹弧形。按照直壁和圈足缺口变化分为三式。

Ⅰ式：直壁较短，凹弧形缺口稍大。标本为《陶斋吉金录》著录的楚子暖簠[②]。此器通体饰交龙纹，纹饰稍粗。铭文称"唯八月初吉庚申，楚子暖铸其飤匿，子孙永保之"。通高10.1厘米、口长34.1厘米、口宽23.5厘米（图5-50）。

Ⅱ式：直壁较长，凹弧形缺口较大，足径长度接近口径。标本为1976年湖北随州鲢鱼嘴出土的楚屈子赤角簠[③]。此器附耳残失，仅留有榫头，盖沿有六个小卡扣，通体饰细腻的交龙纹。铭文称"唯正月初吉丁亥，楚屈子赤目朕仲芈璜飤匿，其眉寿无疆，子子孙孙，永保用之"。通高20.3厘米、口长27.7厘米、口宽20.9厘米（图5-51）。

Ⅲ式：直壁长度等于腹深半径，凹弧形缺口较大。标本为2002年湖北枣阳九连墩M1出土的四叶菱花凤纹簠[④]。此器盖沿有六个小卡扣，通体饰四叶菱花形凤鸟纹。通

---

① 湖北省荆沙铁路考古队：《包山楚墓》，文物出版社，1991年。

② 端方：《陶斋吉金录》2.44，清光绪三十四年（1908）石印本。

③ 程欣人：《随县涢阳出土楚、曾、息青铜器》，《江汉考古》1980年第1期。

④ 山西博物院、湖北省博物馆：《荆楚长歌——九连墩楚墓出土文物精华》，山西人民出版社，2011年。

图5-49　湖北荆门十里铺镇王场村包山M2出土的几何纹簠
1. M2∶169　2. 线图

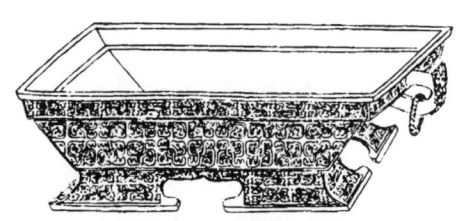

图5-50　《陶斋吉金录》著录的楚子暖簠　　图5-51　湖北随州鲢鱼嘴出土的楚屈子赤角簠

高33.4厘米、口长33厘米、口宽23.4厘米（图5-52）。

Bi型　直口无唇，无耳，圈足外侈有折沿，缺口呈凹弧形。按照直壁和圈足缺口变化分为三式。

Ⅰ式：直壁较短，弧形缺口较大。标本为1987年山西临猗程村M1001出土的素面簠（M1001∶21）[①]。此器轻薄，制作粗糙。通高14.4厘米、口长28.8厘米、口宽22厘米、足长15.8厘米、足宽11厘米（图5-53）。

Ⅱ式：直壁稍长，圈足较高。标本为1982年山西侯马上马村M5218出土的交龙纹簠（M5218∶8）[②]。此器盖沿有六个小卡扣，器身和盖顶饰有细密的交龙纹。通高16厘米、口长24.5厘米、口宽17.2厘米（图5-54）。

Ⅲ式：直壁长度超过腹深半径，圈足演变成为独立的蹼形足。标本一为1933年安

---

① 中国社会科学院考古研究所、山西省考古研究所、运城市文物局、临猗县博物馆：《临猗程村墓地》，中国大百科全书出版社，2003年。

② 山西省考古研究所：《上马墓地》，文物出版社，1994年。

图5-52　湖北枣阳九连墩M1出土的四叶菱花凤纹簠

图5-53　山西临猗程村M1001出土的素面簠

徽寿县朱家集李三孤堆出土的铸客簠[①]，现藏安徽博物院。此器盖沿无卡扣，腹部饰云雷纹和菱形纹组成的几何纹饰。铭文称"铸客为王后六室为之"。通高25厘米、口长31.7厘米、口宽26厘米，重9.2千克（图5-55）。标本二为1933年安徽寿县朱家集李三孤堆出土的楚王酓胐簠[②]，现藏故宫博物院。此器失盖，腹部饰几何云纹。铭文称"楚王酓胐作铸金臣，以供岁尝，辛"。高11.8厘米、口长32.4厘米、口宽21.6厘米，重5.26千克（图5-56）。

Bj型　直口无唇，无耳，圈足为独立的蹼形足，外侈有高折沿。按照直壁和圈足形状变化分为二式。

Ⅰ式：直壁长度超过腹深半径，四足之间无连接。标本为1983年山西潞城潞河M7出土的交龙纹簠（M7∶158）[③]。此器直壁饰交龙纹。通高11.9厘米、口长25.2厘米、口宽18厘米（图5-57）。

Ⅱ式：直壁长度超过腹深半径，四足之间有连接。标本为1982年河南洛阳解放路C1M395出土的素面簠（C1M395∶76）[④]。通体素面。高8.8厘米、口长25厘米、口宽16厘米（图5-58）。

Bk型　折沿方唇，半环形龙耳置于直壁与斜壁之间，器底下承四龙形足。标本为1963年山东肥城小王庄出土的卷龙纹簠[⑤]。此器盖沿有四个小卡扣，直壁稍长，附耳为拱背状的卷尾龙，捉手与四足为疾走状的小龙。直壁饰S形云纹，腹部斜壁相背的饰卷

---

① 故宫博物院：《故宫青铜器》，紫禁城出版社，1999年，317页。
② 故宫博物院：《故宫青铜器》，紫禁城出版社，1999年，316页。
③ 山西省考古研究所、山西省晋东南地区文化局：《山西省潞城县潞河战国墓》，《文物》1986年第6期。
④ 洛阳市文物工作队：《洛阳解放路战国陪葬坑发掘报告》，《考古学报》2002年第3期。
⑤ 鲁文生：《山东省博物馆馆藏精品》，山东友谊出版社，2008年。

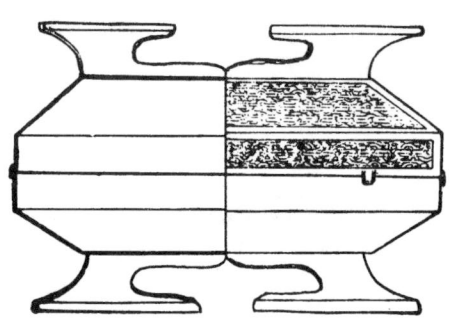

图5-54 山西侯马上马村M5218出土的交龙纹簠

图5-55 安徽寿县朱家集李三孤堆出土的铸客簠

图5-56 安徽寿县朱家集李三孤堆出土的楚王酓朏簠

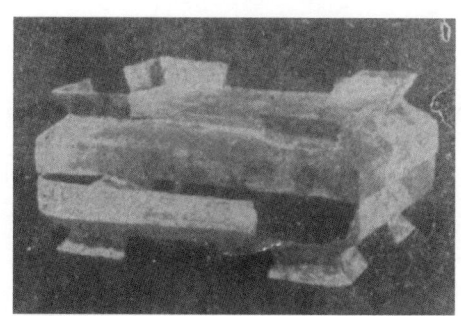

图5-57 山西潞城潞河M7出土的交龙纹簠

龙纹。通高17.5厘米、口长26.8厘米、口宽21.1厘米（图5-59）。

Bl型 折沿方唇，半环形兽首耳置于直壁与斜壁之间，器底下承四兽首足。标本为上海博物馆藏猷叔簠[1]。此器失盖，直壁饰大小相间的重环纹，腹部斜壁饰波曲纹。铭文称"猷叔作吴姬尊簠，其万年子子孙孙永宝用"。高9.2厘米、口长30.5厘米、口宽23.1厘米，重3.03千克（图5-60）。

Bm型 折沿方唇，无耳，圈足折沿较高，矩形缺口。标本为1995年河南登封告成镇袁窑村M1出土的重环纹簠[2]。此器直壁约占腹壁三分之一，圈足较小，直壁饰重环纹，斜壁无纹饰，铸造略显粗糙，圈足微残（图5-61）。

Bn型 折沿方唇，半环形兽首耳置于直壁与斜壁之间，器底下承四长斜支足。标本为上海博物馆藏陈曼簠[3]。此器失盖，直壁接近腹深半径，饰浅细的交龙纹，腹部斜

---

[1] 陈佩芬：《夏商周青铜器研究·西周篇》，上海古籍出版社，2004年，528页。

[2] 郑州市文物考古研究院、登封市文物管理局：《河南登封告成春秋墓发掘简报》，《文物》2009年第9期。

[3] 陈佩芬：《夏商周青铜器研究·东周篇》，上海古籍出版社，2004年，310页。

图5-58 河南洛阳解放路C1M395出土的素面簠

图5-59 山东肥城小王庄出土的卷龙纹簠

图5-60 上海博物馆藏趞叔簠

图5-61 河南登封告成镇袁窑村M1出土的重环纹簠

壁饰方折式交龙纹。铭文称"齐陈曼不敢逸康，肇谨经德，作皇考献叔馈盘，永保用
匡"。高11厘米、口长31厘米、口宽19.4厘米，重3.15千克（图5-62）。

Bo型　折沿方唇，无耳，圈足折沿较高，缺口呈凹弧形。标本一为1957年河南陕
县后川M2040出土的交龙纹簠（M2040∶36）[①]。此器直壁等于腹深半径，交龙纹是
晋地特有的风格。通高14.7厘米、口长26厘米、口宽17.1、足长22厘米、足宽12.8厘米
（图5-63）。标本二为1982年河北涉县北关凤凰台M1出土的交龙纹簠[②]，现藏邯郸市
文物保护研究所。此器略显高挺，盖沿有六个小卡扣，纹饰与后川M2040基本相同。
通高18厘米、口长25.5厘米、口宽16.5厘米（图5-64）。

Bp型　折沿方唇，錾形耳置于斜壁，圈足折沿较低，缺口呈弧形。标本为1935
年河南新乡汲县山彪镇M1出土的素面簠（M1∶196）[③]。此器失盖，盖沿与六个小卡
扣，直壁稍短，约占腹深三分之一，足径长度等于口径。高10厘米、口长24.7厘米、口

---

① 中国社会科学院考古研究所：《陕县东周秦汉墓》，科学出版社，1994年。
② 邯郸市文物研究所：《邯郸文物精华》，文物出版社，2005年。
③ 郭宝钧：《山彪镇与琉璃阁》，科学出版社，1959年。

图5-62　上海博物馆藏陈曼簠

图5-63　河南陕县后川M2040出土的交龙纹簠

宽19厘米、重1.5千克（图5-65）。

Bq型　折沿方唇，环形耳或兽首环形耳置于直壁，圈足外侈有折沿，缺口呈凸字形。直壁稍短，不及腹深半径，缺口呈凸字形。标本一为1954年山西长治分水岭M12出土的素面簠（M12∶28）[①]。此器通体素面，环形耳装饰有三角纹和卷云纹。通高19.5厘米、口长28.3厘米、口宽23.2厘米、底长18厘米、底宽13.5厘米（图5-66）。标本二为1959年山西长治分水岭M26出土的卷龙纹簠（M26∶17）[②]。此器直壁饰卷龙纹，两侧设兽首环形耳，斜壁不施纹饰。通高20.6厘米、口长28厘米、口宽23厘米（图5-67）。

图5-64　河北涉县北关凤凰台M1出土的交龙纹簠

图5-65　河南新乡汲县山彪镇M1出土的素面簠

[①] 山西省考古研究所、山西博物院、长治市博物馆：《长治分水岭东周墓地》，文物出版社，2010年。

[②] 山西省考古研究所、山西博物院、长治市博物馆：《长治分水岭东周墓地》，文物出版社，2010年。

图5-66　山西长治分水岭M12出土的素面簋　　　图5-67　山西长治分水岭M26出土的卷龙纹簋

第三节　青铜簋类型关系与地域特征

本书类型学研究最大的贡献就是将器物学研究的方法引入分型定式之中，将之分为两类四型二十三亚型五十九式，完整地体现出青铜簋的发展谱系，基本没有缺环。传统类型学是以墓葬年代作为标尺，众所周知墓葬器物的年代只能明确其下限，这样的类型学在编排器物序列时难免产生混乱。器物学研究是从器物本身的形制特点出发，通过一些时代明确的器物找出演变规律，拉出器型发展谱系。这种以器物学研究为主，墓葬年代标尺为辅的类型学才能准确地反映出器物发展演变所体现出的文化关系和地域差异。

一般来说，青铜艺术的发展与王朝的更替并非是同步的。如何区分西周晚期和春秋早期、春秋晚期和战国早期这样处于衔接时段的器物一直是个难题。通过本书的类型学分析，可以明确西周时期斜壁簋的圈足是全封闭—两个缺口—四个缺口这样一个演变序列，全封闭圈足的年代下限在西周中期，两个缺口年代下限在西周晚期，四个缺口则是西周晚期和春秋早期都有。纹饰布局的变化则是从西周早期的三段式，转变为西周晚期和春秋早期的两段式，再转变为春秋早期的一段式。斜壁簋的一段式纹饰恰好与最早折壁簋的一段式纹饰相同，从而建立联系。卡住这两个条件，基本上就可以把西周晚期和春秋早期的斜壁簋进行区分，即两个缺口+两段式纹饰（西周晚期早段）、四个缺口+两段式纹饰（西周晚期晚段至春秋早期早段）、四个缺口+一段式纹饰（春秋早期早段）。春秋晚期和战国早期的典型楚式簋因为直壁和圈足缺口无显著变化，也不易区分。但是圈足直径与口沿直径的比例变化却是明显的。即足径小于口径（春秋中期晚段）、足径接近口径（春秋晚期早段）、足径等于口径（春秋晚期晚段至战国早期）。因此可以明确一部分足径与口径尚未相等的典型楚式簋划归为春秋晚期是没有问题的。

判断青铜簋时代的标准在于器型、直壁、圈足和纹饰等条件的综合分析，并且这些条件不一定是同步的。例如，乙Ba型Ⅶ式、乙Bb型Ⅲ式和乙Bc型Ⅴ式都是洛阳地区不同墓葬出土的器物，其特点都表现为直壁较短，但是圈足已经分离为独立的四足。乙Bc型Ⅴ式的卷龙纹是春秋战国之际在三晋地区非常流行的纹饰，有较强的时代特征。因此这种演变规律不同于直壁越长时代越晚的普遍性特点，当有着比较特殊的地域文化色彩。又如乙Bg型是以曾国青铜簠为标本序列，则表现了比较一致的发展演变关系。由此说明，列国器物的演变具有非常大的不均衡性。类型学研究以某一地区进行排列最具有合理性，若放在大空间则会表现出一些矛盾的地方，但是这些矛盾也恰恰说明了器物演变特征的区域性和差异性。

  青铜簠发展演变的速率不仅表现在器型与纹饰的关系上，器物局部所体现的滞后性因素尤其明显。通常而言，腹壁的变化往往要比圈足缺口的变化更加明显。但是，还有情况表明有些器物的直壁已经较长，但凹弧形缺口还较小的局部滞后性变化。从整体造型看，春秋中、晚期之际中原地区青铜簠的圈足开始加高，如乙Ba型Ⅵ式，呈现一种从扁长向挺拔发展的趋势。楚文化接受这种趋势却是到了春秋战国之际，如乙Bg型Ⅶ式，表明中原系和楚系并非是同步进行的。又如同时期晋东南地区的乙Bd型Ⅰ式和乙Bj型Ⅰ式的直壁长度都超过腹深半径，其后逐渐影响到中山国和洛阳东周王城地区。楚文化区直到战国中期晚段的乙Bg型Ⅸ式才开始顺应这种趋势。因此，圈足缺口可以作为区分长时段特征的因素，腹壁作为短时段器物早晚关系的重要依据。其共同之处则是矩形（凸字形）缺口和凹弧形缺口同向逐渐增大，结果就是形成独立的蹼形足，可谓是殊途同归。

  椭方形口沿演变为长方形口沿，繺伯簠和史免簠是二者发展关系的重要衔接点，通过器型发展序列（图5-68）可知口沿转角是如何从圆转变得方折，圈足缺口又是如何出现的。从斜壁簠到折壁簠的转变关系，笔者曾著文略有讨论[①]。通过纹饰发展序列（图5-69）可以建立起这种转变的逻辑关系。枣阳郭家庙的曾孟嬴剈簠和襄阳沈岗的波曲纹簠，恰好是以矩形缺口为代表的中原系簠和以凹弧形缺口为代表楚系簠的源头。两件器物在襄阳地区出现也绝非偶然，这个区域正好是春秋早期中原文化与楚文化的交汇区域。典型楚式簠在谷城、襄阳地区最早出现，并得以持续延续。战国晚期楚王簠的样式，同样在晋地找到了源头，不过是附加了独特的圈足样式。直壁环耳的样式是流行于晋东南的一种地方特色，长治分水岭墓葬的发现为中山国这种类型的青铜簠找到了文化来源。

  以往讨论文化交流时，只看到楚文化对中原和三晋地区的影响。典型楚式簠的凹弧形圈足最早出现于襄阳、谷城地区，从豫南到晋南豫北、再到晋中冀南的传播序列比较清楚。实际上，这种文化交流应当是双向的，Be型和Bh型正好说明了这个问

---

① 胡嘉麟：《论东周时期的曾国青铜簠》，《上海博物馆集刊》第十二期，上海书画出版社，2011年。

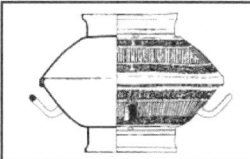   

图5-68 器型发展序列

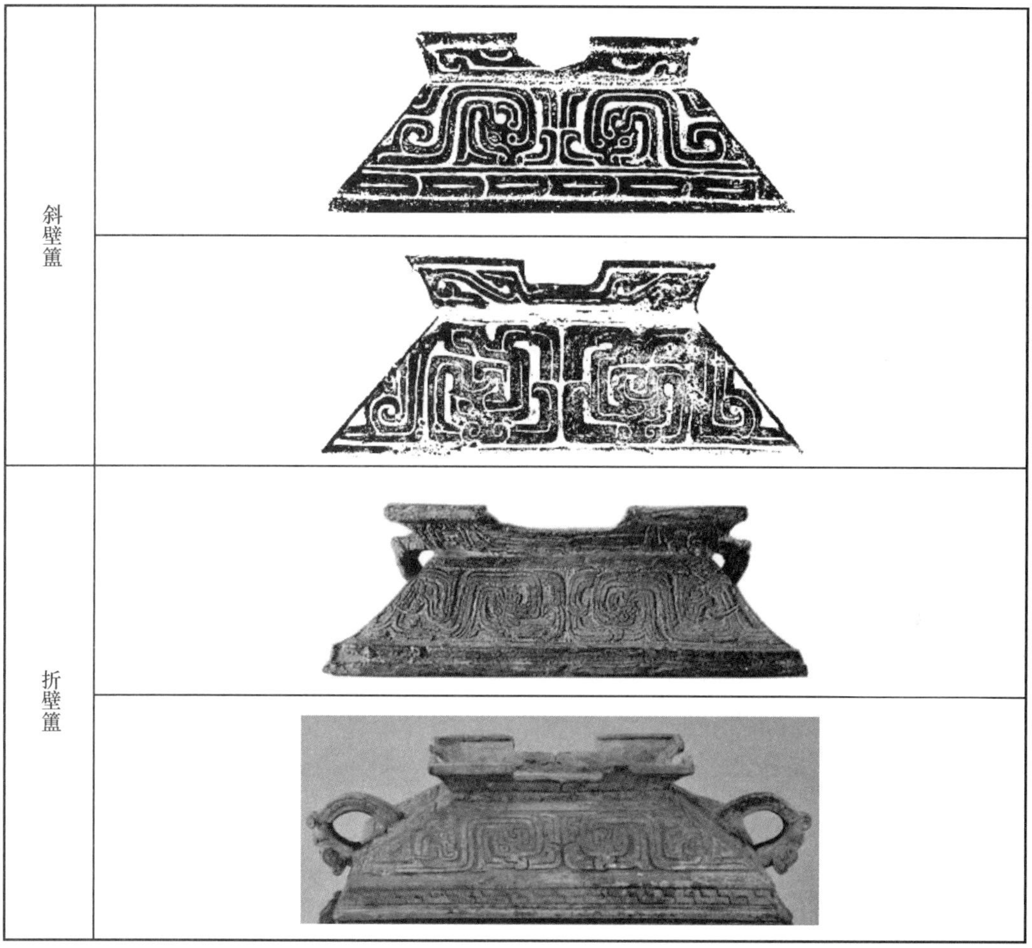

图5-69 纹饰发展序列

题。Be型铭文表明多为多汉江地区的小国，一方面固守着折沿方唇的特征，另一方面已经深受楚文化的斜壁附耳、凹弧形圈足的影响。Bh型铭文表明多为楚国宗室贵族，在保持直口无唇、凹弧形圈足特征的同时，也受到中原地区半环形兽首耳置于直壁与斜壁之间的样式。这些类型数量很少，偶有发现，正好反映了某些局部形制的外来文化因素。

器型演变会受到器物功能转变、审美情趣等因素的影响，还有一个不能忽视的因素就是铸造技术的改变。春秋晚期北方地区开始流行的四蹼形足、直壁环耳多是铸焊技术制作的,由此反映了青铜器制作模块化的特点,整器、附耳、底足分开铸造再焊接成一体。在这种趋势下有缺口的圈足发展成为独立的蹼形足是不可避免的,而且这种铸造方式制作的附耳极容易脱落,这也是导致无耳簠出现的一个重要因素。

综上所述,青铜簠的器型演变规律是口沿由椭方形变为长方形,圈足由无缺口变为有缺口,缺口数量由两个变为四个。春秋早期晚段缺口形状和附耳位置开始出现种类繁多的样式,主要是以矩形或凸字形缺口、附耳设在直壁与斜壁为代表的中原系,以凹弧形缺口、附耳设在斜壁为代表的楚系。腹壁开始从斜壁簠到折壁簠转变,直壁长度逐渐加长,开始超过腹深半径的发展历程。盖沿从下折变为平沿,又增设四个卡扣,后又变为六个卡扣。纹饰布局则是经历了三段式、二段式、一段式的变化过程。纹饰特点是从粗犷交龙纹,到细腻交龙纹的转变,再到抽象的几何形纹饰。

第六章　青铜簠分期断代研究

如同历史分期是研究历史发展的重要问题，青铜器也需要通过分期来揭示器型、纹饰发展演变的大致进程以及主要特征。"所谓分期，乃是在相对的意义上分出大致可以区别的阶段，在一定的时间范围内，青铜器的发展具有容易识别的某几个方面的要素或特征，而这些能与其他的时期比较明显地区别开来。青铜器的分期，就是要对一定时期内的器物形制、纹饰、铭文和组合使用的情形等等问题，找出相对稳定的共同特点。这些特点作为青铜器在一定时期内发展的新因素而起着界标的作用。"[①]关于青铜器的分期，目前大致有两种范式：第一种是艺术史范式，郭沫若的《两周金文辞大系图录考释》（1931年）奠定了青铜器分期与断代科学性研究的基础，最大的贡献就是确立了标准器断代法。他在《彝器形象学试探》（1935年）一文中，根据青铜器造型、花纹和铭文的综合考察，找出了同时代青铜器的共同特征，确定了青铜器分期断代的标准，即按照青铜艺术的发展分作五大时期：①滥觞期——大概相当于殷商前期；②勃古期——殷商后期周初至昭穆之世；③开放期——共懿以后至春秋中叶；④新式期——春秋中叶至战国末年；⑤衰落期——战国末叶以后[②]。郭沫若"五期说"的材料依据，全是传世青铜器。随着考古新材料的不断发现，马承源先生进一步修正了"五期说"。他在《上海博物馆藏青铜器》（1964年）序言中对郭氏"五期说"的时间界限有所调整。提出：①育成期——商代盘庚迁殷以前；②鼎盛期——自殷墟期至西周昭王；③转变期——西周穆王以后至春秋早期；④更新期——春秋中期至战国、秦；⑤衰退期——两汉时期[③]。这种分期符合青铜艺术的发展规律，但是每个艺术时期对应的历史时期往往是不同的政权。由于时空框架过于粗放，具体讨论青铜器的文化属性和地域特点多有不便。

第二种是考古学范式，邹衡先生的《试论殷墟文化分期》（1964年），通过对陶器和青铜器的研究，来探讨殷墟遗址和墓葬的分期和年代[④]。其研究方法首先是从典型层位开始，通过确定典型陶器的型式演变，建立基本的年代序列。再进行陶器形制

---

① 马承源：《中国青铜器》，上海古籍出版社，2003年，402页。
② 郭沫若：《彝器形象学试探》，《郭沫若全集（考古编）》第七卷，科学出版社，2002年，63页。
③ 马承源：《上海博物馆藏青铜器》，上海人民美术出版社，1964年。
④ 邹衡：《试论殷墟文化分期》，《夏商周考古学论文集》，科学出版社，2001年，31~92页。

的比对，系连更多的遗迹单位，对这些遗迹单位进行分组，然后根据各组内典型陶器的型式分布状况和器物组合情况，将组归并为期。确立了陶器的分期之后，以此为标尺再对墓葬和基址分期，由此又可建立殷墟青铜器和居址的分期。最后根据各期有关遗迹单位出土卜辞的年代来确定该期的绝对年代，即①殷墟文化第一期——盘庚、小辛、小乙；②殷墟文化第二期——武丁、祖庚、祖甲；③殷墟文化第三期——廪辛、康丁、武乙、文丁；④殷墟文化第四期——帝乙、帝辛。这种分期是以陶器发展为依据的考古学文化，与历史学分期大致吻合，可以通过器物看到政权转变和族群迁徙的历史文化因素。但是青铜器的发展又未必与考古学文化分期相一致，有些器物不能准确地归入某一时期的考古学文化。

那么，我们讨论青铜簋的分期，一方面是要通过一系列相互联系的墓葬确定其年代归属；另一方面是要弄清楚导致艺术发展演变的文化因素和地域差别。因此，编年史的年代框架是不可或缺的。本书将两种分期范式结合起来，首先采用考古学文化分期来确定年代框架，在编年史框架内采用艺术发展脉络进行分段。由于器物在不同时期变化程度不太一样，变化不剧烈的不分段，变化比较剧烈的，视具体情况分为二段或三段。按照艺术发展特征所分的时段，只是相对的早晚关系。虽然有些大体符合编年史的时段，由于缺乏绝对年代信息的佐证，某一时期的早晚两段或早中晚三段并非是等分的年代。需要指出的是，在编年史分期中某式器物可能同时出现于两个时期，如乙Ab型Ⅲ式存在于西周晚期和春秋早期，器物分期时都会列出表示延续性。艺术史分段中某式器物可能在早中晚三个时段都有延续，器物分段时只列出最早出现的时段，表示其年代上限。例如，乙Ab型Ⅲ式可能在春秋早期的早中晚三个时段都有延续，随着乙Ab型Ⅳ式在春秋早期早段的出现，导致此式最终走向消亡，然而消亡的下限并没有绝对年代的材料能够说明。

青铜器的器型、纹饰和铭文是一定社会历史条件下的产物，用科学的方法确定年代并使之回归所属时代进行研究是青铜器断代的重要意义。断代的"代"指的是世代，并非是朝代。断代的方法有两种：第一种是墓葬层位叠压关系确定各地层出土器物的相对年代，同一历史时期墓葬的叠压关系，往往是判断各墓出土青铜器年代前后的重要条件。通过地层关系建立青铜器形制、纹饰发展的序列，是青铜器断代的相对年代标尺。第二种是青铜器铭文与历史文献相结合的标准器断代法，通过标准器来建立绝对年代标尺。只有将两种年代标尺结合起来断代，才能得到准确的认识。

第一节 青铜簋的分期

根据类型学分析，本书将两周时期青铜簋分为九期16段，下面分述各期段的代表器物和主要特征。

第一期　甲Aa型、甲Ab型Ⅰ式。

甲Aa型代表器物有故宫博物院藏龙纹簠①。甲Ab型Ⅰ式代表器物有2013年陕西宝鸡石鼓山M4出土的龙纹簠和光簠②。两种亚型的形制、纹饰基本相似，盖沿下折，口沿呈椭方形，圈足呈封闭状，其差别在于是否设有附耳。腹壁斜直下收，已经具备后世青铜簠的主体形态。纹饰以直棱纹为主，云雷纹衬底的长身龙纹上下相间，纹饰结构为三段式。无铭文或有简单族徽铭文，这是本期的主要特点。

第二期　甲Ab型Ⅱ式、乙Aa型Ⅰ式。

甲Ab型Ⅱ式代表器物有周庆云旧藏繺伯簠③、阮元旧藏免簠④。乙Aa型Ⅰ式代表器物有山东省博物馆藏史免簠⑤。本期特点是口沿由椭方形演变为长方形，高度基本定型在20厘米左右。免簠和史免簠分属两类，由此看到青铜簠形制由甲类到乙类的过渡，长方形口沿的基本特征至此得以确立。乙Aa型Ⅰ式保持了甲A型封闭状圈足的特点，这是衔接前后期形制演变的重要环节。纹饰结构为两段式，以窃曲纹、波曲纹、垂鳞纹为主。开始有长篇记事铭文，出现自名为"匡"。

第三期　分为早、晚两段。早段有乙Aa型Ⅱ式、乙Ab型Ⅰ式、乙Ab型Ⅱ式；晚段有乙Aa型Ⅲ式、乙Ab型Ⅲ式。

早段　乙Aa型Ⅱ式代表器物有1960年陕西扶风法门镇齐家村窖藏出土的冶遣簠⑥、1981年陕西扶风法门镇齐镇村窖藏伯嚣父簠⑦、上海博物馆藏虢叔簠⑧。乙Ab型Ⅰ式代表器物有1976年陕西扶风法门镇庄白二号窖藏出土的密妏簠⑨。乙Ab型Ⅱ式代表器物有1974年陕西蓝田辋川乡枝家湾村出土的仲其父簠⑩、1991年山东长清万德镇石都庄M1出土的郜仲簠⑪。本段特点是圈足出现矩形缺口，全部都是两个缺口。两段式纹饰结构成为主流，有的腹壁无纹饰或仅饰一道弦纹。器物自名具有多样性，主要有"匡""匮""匧""臣"等，"臣"字所占比例较少。

---

① 故宫博物院：《故宫青铜器》，紫禁城出版社，1999年，142页。

② 陕西省考古研究院、宝鸡市考古研究所、宝鸡市渭滨区博物馆：《陕西宝鸡石鼓山商周墓地M4发掘简报》，《文物》2016年第1期。

③ 周庆云、邹安：《梦坡室获古丛编》，民国十六年（1927）石印本。

④ 阮元：《积古斋钟鼎彝器款识》7.3-4，清嘉庆九年（1804）文选楼自刻本。

⑤ 端方：《陶斋吉金续录》1.43，清宣统元年（1909）石印本。

⑥ 陕西省博物馆、陕西省文物管理委员会：《扶风齐家村青铜器群》，文物出版社，1963年。

⑦ 陕西周原扶风文管所：《周原西周遗址扶风地区出土几批青铜器》，《考古与文物》1982年第2期。

⑧ 陈佩芬：《夏商周青铜器研究·西周篇》，上海古籍出版社，2004年，524页。

⑨ 宝鸡市周原博物馆：《周原—庄白西周青铜器窖藏考古发掘报告》，科学出版社，2016年。

⑩ 吴镇烽、朱捷元、尚志儒：《陕西永寿、蓝田出土西周青铜器》，《考古》1979年第2期。

⑪ 昌芳：《山东长清石都庄出土周代铜器》，《文物》2003年第4期。

晚段　乙Aa型Ⅲ式代表器物有1977年陕西扶风黄堆乡云塘村二号窖藏出土的伯公父簠①、故宫博物院藏史颂簠②。乙Ab型Ⅲ式代表器物有1933年陕西扶风法门镇上康村窖藏出土的函交仲簠③、1995年山东长清黄崖村仙人台M3出土的鄀召簠④、上海博物馆藏虢叔簠⑤。本段特点是圈足都是四个缺口，盖沿出现有四个卡扣。流行窃曲纹、重环纹、波曲纹和垂鳞纹的组合，开始出现的相背式卷龙纹逐渐发展成为第四期的流行纹饰。器物自名有"匩""𠭯""錆""医""盨""鉆""匡"等，种类繁多的自名说明本期尚未形成统一的名称。

第四期　分为早、中、晚三段。早段有乙Ab型Ⅲ式、乙Ab型Ⅳ式；中段有乙Ac型、乙Ba型Ⅰ式、乙Ba型Ⅱ式；晚段有乙Ba型Ⅲ式、乙Be型Ⅰ式、乙Bf型Ⅰ式、乙Bg型Ⅰ式、乙Bk型、乙Bl型、乙Bm型。

早段　乙Ab型Ⅲ式代表器物有1990年河南三门峡虢国墓地M2012出土的卷龙纹簠⑥、故宫博物院藏芮太子伯簠⑦。乙Ab型Ⅳ式代表器物有台北"故宫博物院"藏召叔山父簠⑧、1965年山东邹县七家峪村出土的胄簠⑨。本段特点是环形耳开始消失，兽首形耳成为附耳的主要形态。圈足的矩形缺口开始增高，缺口上部几乎不施纹饰，表示为圈足向蹼形足转变之预兆。纹饰结构从两段式向一段式过渡，相背式卷龙纹成为腹壁装饰的主流纹饰。器物自名有"匩""𠭯""匡"等，"匡"字所占比例提高，其他自名显示有一定的地域性。

中段　乙Ac型代表器物有1953年河南郏县太仆乡出土的铜簠⑩。乙Ba型Ⅰ式代表器物有2002年湖北枣阳郭家庙M1出土的曾孟嬴剈簠⑪、2002年山东枣庄东江村M3出土的邾公子害簠⑫、2015年湖北枣阳郭家庙曹门湾M43出土的曾太保簠⑬。乙Ba型Ⅱ式代

---

① 周原考古队：《周原出土伯公父簠》，《文物》1982年第6期。
② 陈承裘、孙壮：《澂秋馆吉金图》，民国二十年（1931）北平涵芬楼影印本。
③ 张天恩：《陕西金文集成》第三册，三秦出版社，2016年，132、133页。
④ 山东大学考古系：《山东长清县仙人台周代墓地》，《考古》1998年9期。
⑤ 陈佩芬：《夏商周青铜器研究·西周篇》，上海古籍出版社，2004年，526页。
⑥ 河南省文物考古研究所、三门峡市文物工作队：《三门峡虢国墓》，文物出版社，1999年。
⑦ 故宫博物院：《故宫青铜器》，紫禁城出版社，1999年，209页。
⑧ 陈芳妹：《商周青铜粢盛器特展图录》，台北"故宫博物院"，1985年，346、347页。
⑨ 王轩：《山东邹县七家峪村出土的西周铜器》，《考古》1965年第11期。
⑩ 《河南郏县发现的古代铜器》，《文物参考资料》1954年第3期。
⑪ 襄樊市考古队、湖北省文物考古研究所、湖北孝襄高速公路考古队：《枣阳郭家庙曾国墓地》，科学出版社，2005年。
⑫ 枣庄市博物馆、枣庄市文物管理办公室：《枣庄市东江周代墓葬发掘报告》，《海岱考古》第四辑，科学出版社，2011年。
⑬ 武汉大学历史学院、湖北省文物考古研究所、湖北荆州文物保护中心、枣阳市博物馆考古队：《湖北枣阳郭家庙墓地曹门湾墓区（2015）M43发掘简报》，《江汉考古》2016年第5期。

表器物有2014年湖北枣阳郭家庙曹门湾M22出土的卷龙纹簠①。本段特点是斜壁簠器型矮小，标志着乙A型青铜簠的衰落，随之开创了东周时期蔚然成风的折壁簠时代。乙Ba型Ⅰ式与乙Ab型Ⅳ式都饰有一段式卷龙纹，差别仅在于口沿下出现的小折棱，这是从斜壁簠向折壁簠过渡阶段的重要一环。乙Ba型Ⅰ式和乙Ba型Ⅱ式形制、纹饰基本相同，唯有直壁长短不同。Ⅰ式的直壁极短，不能施加纹饰，Ⅱ式的直壁稍长，开始装饰有折线纹，那么折壁的出现在某种程度上来说就是为了容量的增大和装饰的要求。郏县太仆乡包含有两种类型的铜簠，充分说明了这种更替关系。新的样式在襄阳地区的出现，可能反映了南北两种文化交流碰撞的结果。

晚段　乙Ba型Ⅲ式代表器物有上海博物馆藏陈侯簠②、1975年河南商水朱集村出土的原氏仲簠③。乙Be型Ⅰ式代表器物有2009年湖北襄阳沈岗M1022出土的波曲纹纹簠④。乙Bf型Ⅰ式代表器物有2005年河南洛阳体育场路M8781出土的卷龙纹簠⑤。乙Bg型Ⅰ式代表器物有湖北谷城城关镇邱家楼出土的波曲形交龙纹簠⑥。乙Bk型代表器物有1963年山东肥城小王庄出土的卷龙纹簠⑦、清宫旧藏京叔姬簠⑧。乙Bl型代表器物有上海博物馆藏默叔簠⑨。乙Bm型代表器物有1995年河南登封告成镇袁窑村M1出土的重环纹簠⑩。本段特点是折壁簠的地域分化现象开始出现，乙Ba型中原系折壁簠持续发展，直壁加长使得装饰面积增大。乙Bg型楚系簠开始出现，凹弧形缺口和斜壁耳的特点影响到乙Be型，直口无唇的特点影响到乙Bf型。纹饰以卷龙纹和粗犷的波曲形交龙纹、爬形龙纹为主。乙Bk型和乙Bl型是特殊足类折壁簠，根据出土地点和国族铭文显示是有一定地域性的产物。青铜簠自名基本确立，以"𠤎"字作为统一名称。

第五期　分为早、中、晚三段。早段有乙Ba型Ⅳ式、乙Bb型Ⅰ式、乙Bf型Ⅱ式、乙Bg型Ⅱ式；中段有乙Ba型Ⅴ式、乙Bb型Ⅱ式、乙Bc型Ⅰ式、乙Be型Ⅱ式、乙Bg型Ⅲ式、乙Bh型Ⅰ式；晚段有乙Ba型Ⅵ式、乙Bb型Ⅲ式、乙Bc型Ⅱ式、乙Be型Ⅲ式、乙

---

① 湖北省文物考古研究所、湖北荆州文物保护中心、襄阳市文物考古研究所、枣阳市博物馆考古队：《湖北枣阳郭家庙墓地曹门湾墓区（2014）M10、M13、M22发掘简报》，《江汉考古》2016年第5期。

② 陈佩芬：《夏商周青铜器研究·东周篇》，上海古籍出版社，2004年，61页。

③ 河南省周口市博物馆：《周口市博物馆藏有铭青铜器》，《考古》1988年第8期；秦永军、韩维龙、杨凤翔：《河南商水县出土周代青铜器》，《考古》1989年第4期。

④ 襄阳市文物考古研究所：《湖北襄阳沈岗墓底M1022发掘简报》，《文物》2013年第7期。

⑤ 洛阳市文物工作队：《洛阳体育场路西东周墓发掘报告》，文物出版社，2011年。

⑥ 谷城县博物馆：《谷城文物精粹》，文物出版社，2012年。

⑦ 鲁文生：《山东省博物馆馆藏精品》，山东友谊出版社，2008年。

⑧ 清高宗敕编：《宁寿鉴古》11.26，民国二年（1913）涵芬楼依宁寿宫写本石印本。

⑨ 陈佩芬：《夏商周青铜器研究·西周篇》，上海古籍出版社，2004年，528页。

⑩ 郑州市文物考古研究院、登封市文物管理局：《河南登封告成春秋墓发掘简报》，《文物》2009年第9期。

Bg型Ⅳ式。

早段　乙Ba型Ⅳ式代表器物有1979年湖北随州义地岗季氏梁出土的陈公子仲庆簠①。乙Bb型Ⅰ式代表器物有1978年山东滕州薛国故城M4出土的交龙纹簠②。乙Bf型Ⅱ式代表器物有中国国家博物馆藏曾子㠱簠③。乙Bg型Ⅱ式代表器物有中国国家博物馆藏曾伯㡠簠④。本段特点是南北两系青铜簠各自发展，自成体系。乙Ba型和乙Bb型形制相同，只是圈足缺口形状不同，纹饰均有凸目的C形交龙纹，这两型构成了典型中原系簠的基本形式。典型楚系簠的乙Bg型Ⅰ式和乙Bg型Ⅱ式形制、纹饰基本相同，只是后者纹饰更加细密，表明纹饰随着时代推进的发展趋势。乙Bf型自本段后退出青铜簠发展序列，此型所装饰的垂鳞纹具有江淮地区纹饰特点，这个地区诸侯国恰好此时被楚国吞并，由此揭开了江汉、江淮一带受到中原系和楚系两大文化圈影响的小诸侯国青铜簠纷纷消亡的序幕。

中段　乙Ba型Ⅴ式代表器物有2005年河南洛阳体育场路M8832出土的交龙纹簠⑤。乙Bb型Ⅱ式代表器物有2005年河南洛阳体育场路M8821出土的交龙纹簠⑥。乙Bc型Ⅰ式代表器物有1977年湖北谷城石花镇下新店出土的三角纹簠⑦。乙Be型Ⅱ式代表器物有1979年河南淅川下寺M8出土的上鄀公簠⑧。乙Bg型Ⅲ式代表器物有1979年河南淅川下寺M8出土的何次簠⑨。乙Bh型Ⅰ式代表器物有端方旧藏的楚子暖簠⑩。本段特点是乙Ba型和乙Bb型仍保持了形制、纹饰的同步发展趋势。受到楚系簠影响的乙Bc型表现为主体形制与中原系簠相同，但是圈足接受了凹弧形缺口的特点。受到楚系簠影响更为深远的乙Be型与典型楚式簠乙Bg型在同一墓葬出土，纹饰风格相近。乙Be型铭文显示器主为江汉地区诸侯国，与楚国的政治、婚姻关系非常密切。乙Bh型铭文显示器主为楚国贵族，但是器物受到中原系簠交壁耳特征的影响。这两个现象恰好反映了文化的双向交流与相互影响。

---

① 随县博物馆：《湖北随县城郊发现春秋墓葬和铜器》，《文物》1980年第1期。
② 山东济宁市文物管理局：《薛国故城勘查和墓葬发掘报告》，《考古学报》1991年第4期。
③ 湖北省文物考古研究所：《曾国青铜器》，文物出版社，2007年，439页。
④ 湖北省文物考古研究所：《曾国青铜器》，文物出版社，2007年，441页。
⑤ 洛阳市文物工作队：《洛阳体育场路西东周墓发掘报告》，文物出版社，2011年。
⑥ 洛阳市文物工作队：《洛阳体育场路西东周墓发掘报告》，文物出版社，2011年。
⑦ 谷城县博物馆：《谷城文物精粹》，文物出版社，2012年。
⑧ 河南省文物研究所、河南省丹江库区考古发掘队、淅川县博物馆：《淅川下寺春秋楚墓》，文物出版社，1991年。
⑨ 河南省文物研究所、河南省丹江库区考古发掘队、淅川县博物馆：《淅川下寺春秋楚墓》，文物出版社，1991年。
⑩ 端方：《陶斋吉金录》2.44，清光绪三十四年（1908）石印本。

晚段 乙Ba型Ⅵ式代表器物有1954年洛阳中州路M4出土的交龙纹簋①。乙Bb型Ⅲ式代表器物有1991年洛阳西工区C1M3427出土的素面簋②。乙Bc型Ⅱ式代表器物有中国国家博物馆藏许公簋③。乙Be型Ⅲ式代表器物有湖北随州出土曾公子叔㳽簋④。乙Bg型Ⅳ式代表器物有1994年湖北随州东风油库M2可簋⑤，以及传世的曾仲𡩜簋⑥。本段特点是盖沿仍为四个卡扣，直壁长度约占腹深半径三分之一，圈足呈现不均衡性发展。乙Ba型的圈足开始缩小增高，整器显得挺拔，这种趋势后来逐渐影响到楚系簋。乙Bg型圈足开始增大，这个特点成为断代的主要依据。但是乙Bb型Ⅲ式的直壁较短、器型偏小、不施纹饰的特点，表明洛阳地区的中原式簋呈现出一种复古化和明器化的倾向，这股风气影响到此后这个地区其他类型器物，标志着中原系簋首先在东周王城开始走向衰落。乙Bc型开始从南向北传播，乙Bc型Ⅱ式表明已经达到河南中部地区。乙Be型自本段后退出青铜簋发展序列，说明此时楚文化的扩张使得江汉地区诸侯国完全依附于楚文化。早期曾国青铜簋还呈现文化来源和类型不统一的情况，至此期后完全归入楚式簋序列。纹饰风格向细密化发展，显得愈益规矩精细，纹饰间隙几乎没有留白。

第六期 分为早、晚两段。早段有甲B型、乙Ba型Ⅶ式、乙Bb型Ⅳ式、乙Bc型Ⅲ式、乙Bg型Ⅴ式、乙Bh型Ⅱ式、乙Bi型Ⅰ式；晚段有乙Bc型Ⅳ式、乙Bd型Ⅰ式、乙Bg型Ⅵ式、乙Bi型Ⅱ式、乙Bj型Ⅰ式。

早段 甲B型代表器物有1978年河南淅川下寺M3出土的交龙纹簋⑦。乙Ba型Ⅶ式代表器物有1998年河南洛阳613所C1M6112出土的素面簋⑧。乙Bb型Ⅳ式代表器物有1936年河南辉县琉璃阁甲墓出土的交龙纹簋⑨、1972年山西长治分水岭M269和M270出土的蟠螭纹簋⑩。乙Bc型Ⅲ式代表器物有上海博物馆藏长子𫵒臣簋⑪。乙Bg型Ⅴ式代表

---

① 中国科学院考古研究所：《洛阳中州路（西工段）》，科学出版社，1959年。
② 洛阳市文物工作队：《洛阳西工区春秋墓发掘简报》，《文物》2010年第8期。
③ 吕章申：《中国国家博物馆百年收藏集粹》，安徽美术出版社，2014年，148页。
④ 吴镇烽：《商周青铜器铭文暨图像集成续编》30507，上海古籍出版社，2016年。
⑤ 湖北省文物考古研究所、随州市曾都区考古队、随州市博物馆：《湖北随州义地岗墓地曾国墓1994年发掘简报》，《文物》2008年第2期。
⑥ 吴镇烽：《商周青铜器铭文暨图像集成》5930，上海古籍出版社，2014年。
⑦ 河南省文物研究所、河南省丹江库区考古发掘队、淅川县博物馆：《淅川下寺春秋楚墓》，文物出版社，1991年。
⑧ 洛阳市文物工作队：《洛阳市613所东周墓》，《文物》1999年第8期。
⑨ 河南博物院、台北"历史博物馆"：《辉县琉璃阁甲乙二墓》，大象出版社，2003年。
⑩ 山西省考古研究所、山西博物院、长治市博物馆：《长治分水岭东周墓地》，文物出版社，2010年。
⑪ 陈佩芬：《夏商周青铜器研究·东周篇》，上海古籍出版社，2004年，142页。

器物有1994年湖北随州东风油库M1出土的曾少宰黄仲酉簠[①]。乙Bh型Ⅱ式代表器物有1976年湖北随州鲢鱼嘴出土的楚屈子赤角簠[②]。乙Bi型Ⅰ式代表器物有1987年山西临猗程村M1001出土的素面簠[③]。本段特点是盖沿有六个卡扣，直壁较长，尚未达到腹深半径。圈足增大，接近口径长度。纹饰以细腻的蟠虺纹为主。甲B型的椭方形口沿是这个时期楚文化复古风气的产物，与方座簠的出现具有一致性。乙Bb型Ⅳ式是典型中原系簠的最晚形式，集中在晋南豫北地区。随后此型退出青铜簠发展序列，预示着中原文化的持续分裂，为三家分晋后各自文化体系的确立铺平道路。此后这个地区所流行的Bo型、Bp型和Bq型成为韩、赵、魏所属文化体系的器物。受到楚系簠影响的乙Bc型Ⅲ式到达晋南地区，此式成为乙Bc型Ⅳ式赵卿墓青铜簠的直接来源。乙Bi型Ⅰ式开启三晋地区无耳簠样式之先河，对赵系簠和最晚期的楚王簠都产生重要影响。乙Ba型Ⅶ式继承了乙Bb型Ⅲ式的复古化和明器化倾向，两者同地域，又同属中原系簠，至此期后春秋时期中原系簠完全退出青铜簠发展序列。

晚段　乙Bc型Ⅳ式代表器物有1988年山西太原金胜村M251出土的蟠虺纹簠[④]。乙Bd型Ⅰ式代表器物有1977年山西长子牛家坡M7出土的交龙纹簠[⑤]。乙Bg型Ⅵ式代表器物有1978年河南固始侯古堆M1出土的宋公䜌簠[⑥]、1955年安徽寿县西门出土的蔡侯申簠[⑦]、苏州博物馆藏曾子逫簠[⑧]。乙Bi型Ⅱ式代表器物为1982年山西侯马上马M5218出土的交龙纹簠[⑨]。乙Bj型Ⅰ式代表器物有1983年山西潞城潞河M7出土的交龙纹簠[⑩]。此段特点是盖沿仍有六个卡扣，直壁发展呈现不均衡性，北方地区的乙Bc型Ⅳ式、乙Bd型Ⅰ式、乙Bj型Ⅰ式的直壁长度超过腹深半径。南方地区的乙Bg型Ⅵ式的直壁未超过腹深半径，但是圈足相等于口径长度。乙Bd型Ⅰ式与乙Bj型Ⅰ式样式几乎相似，又同在晋东南地区，其区别仅在于是否有环形耳和唇部，反映了两亚型有着共同的发展轨迹。乙Bi型Ⅱ式成为影响战国时期赵系簠Bo型的重要因素，两者的区别在于口沿是否

---

① 湖北省文物考古研究所、随州市曾都区考古队、随州市博物馆：《湖北随州义地岗墓地曾国墓1994年发掘简报》，《文物》2008年第2期。

② 程欣人：《随县涢阳出土楚、曾、息青铜器》，《江汉考古》1980年第1期。

③ 中国社会科学院考古研究所、山西省考古研究所、运城市文物局、临猗县博物馆：《临猗程村墓地》，中国大百科全书出版社，2003年。

④ 山西省考古研究所、太原市文物管理委员会：《太原晋国赵卿墓》，文物出版社，1996年。

⑤ 山西省考古研究所：《山西长子县东周墓》，《考古学报》1984年第4期。

⑥ 河南省文物考古研究所：《固始侯古堆一号墓》，大象出版社，2004年。

⑦ 安徽省文物管理委员会、安徽省博物馆：《寿县蔡侯墓出土遗物》，科学出版社，1956年。

⑧ 湖北省文物考古研究所：《曾国青铜器》，文物出版社，2007年，373页。

⑨ 山西省考古研究所：《上马墓地》，文物出版社，1994年。

⑩ 山西省考古研究所、山西省晋东南地区文化局：《山西省潞城县潞河战国墓》，《文物》1986年第6期。

有唇部。南北地区纹饰的表现形式也不相同，北方的交龙纹躯体上往往饰以细密而均匀的雷纹，南方则表现为密集的回旋状龙纹。

第七期　乙Bc型Ⅴ式、乙Bg型Ⅶ式、乙Bn型、乙Bo型、乙Bp型、乙Bq型。

乙Bc型Ⅴ式代表器物有1991年河南洛阳西工区C1M3498出土的卷龙纹簠①。乙Bg型Ⅶ式代表器物有1990年河南淅川徐家岭M9出土的曾孟嬴朱姬簠②、1978年湖北随州擂鼓墩M1出土的曾侯乙簠③。乙Bn型代表器物有上海博物馆藏陈曼簠④。乙Bo型代表器物有1957年河南陕县后川M2040和M2041出土的交龙纹簠⑤、1982年河北涉县北关凤凰台M1出土的交龙纹簠⑥。乙Bp型代表器物有1935年河南新乡汲县山彪镇M1出土的素面簠⑦。乙Bq型代表器物有1954年山西长治分水岭M12出土的素面簠、1955年分水岭M14出土的素面簠、1959年分水岭M26出土的卷龙纹簠⑧。本期特点是新出现的亚型直壁均未达到腹深半径，乙Bc型Ⅴ式和乙Bg型Ⅶ式仍然坚持东周王城区和楚文化区模式的发展，纹饰细密而繁缛，纯粹的几何纹饰开始出现。各个诸侯国文化的独特性导致青铜簠的形制各有特色，分化出有特色的齐系簠乙Bn型和赵系簠乙Bo型、魏系簠乙Bp型、韩系簠乙Bq型，但都是昙花一现，流行时间非常短暂，其差别特征往往体现在局部构件的不同。齐系簠的长斜支足是齐文化长足器的延续，韩系簠反映了对中原式簠器型特点的一种继承，但是环形耳置于直壁仍是晋东南地区的特色，魏系簠表现在錾形耳的装饰沿袭了三晋地区的风格。

第八期　分为早、晚两段。早段有乙Bc型Ⅵ式、乙Bg型Ⅷ式；晚段有乙Bd型Ⅱ式、乙Bg型Ⅸ式、乙Bh型Ⅲ式、乙Bj型Ⅱ式。

早段　乙Bc型Ⅵ式代表器物有1978年河北平山三汲乡M6出土的素面簠⑨。乙Bg型Ⅷ式代表器物有1994年河南新蔡葛陵M1001出土的交龙纹簠⑩、1981年湖北随州擂鼓墩

---

① 洛阳市文物工作队：《洛阳西工区春秋墓发掘简报》，《文物》2010年第8期。

② 河南省文物考古研究所、南阳市文物考古研究所、淅川县博物馆：《淅川和尚岭与徐家岭楚墓》，大象出版社，2004年。

③ 随县擂鼓墩一号墓考古发掘队：《湖北随县曾侯乙墓发掘简报》，《文物》1979年第7期；湖北省博物馆：《曾侯乙墓》，文物出版社，1989年。

④ 陈佩芬：《夏商周青铜器研究·东周篇》，上海古籍出版社，2004年，310页。

⑤ 中国社会科学院考古研究所：《陕县东周秦汉墓》，科学出版社，1994年。

⑥ 邯郸市文物研究所：《邯郸文物精华》，文物出版社，2005年

⑦ 郭宝钧：《山彪镇与琉璃阁》，科学出版社，1959年。

⑧ 山西省考古研究所、山西博物院、长治市博物馆：《长治分水岭东周墓地》，文物出版社，2010年。

⑨ 河北省文物研究所：《战国中山国灵寿城——1975~1993年考古发掘报告》，文物出版社，2005年。

⑩ 河南省文物考古研究所：《新蔡葛陵楚墓》，大象出版社，2003年。

M2出土的交龙纹簠①。本段特点是直壁未达到腹深半径，延续上期特征。乙Bc型Ⅵ式继承乙Bc型Ⅴ式、乙Bg型Ⅷ式继承乙Bg型Ⅶ式的发展序列比较清楚。这些情况反映了中王国器物受到三晋文化影响以及楚文化大一统的特点。

晚段　乙Bd型Ⅱ式代表器物有1974年河北平山三汲乡M1出土的左使库簠②。乙Bg型Ⅸ式代表器物有1986年湖北荆门十里铺包山M2出土的几何纹簠③。乙Bh型Ⅲ式代表器物是2002年湖北枣阳九连墩M1出土的四叶菱花凤纹簠④。乙Bj型Ⅱ式代表器物有1982年河南洛阳解放路C1M395出土的素面簠⑤。本段特点是直壁超过腹深半径，纹饰以抽象动物纹和几何纹为主。东方齐国和西方秦国势力的扩张，齐文化的豆形器和秦文化的盒形器在器物组合中的地位越来越重要，逐渐影响到中原各个诸侯国，导致中原地区青铜簠数量的急剧下降。乙Bj型Ⅱ式器壁较薄、制作粗糙，出土于随葬器物坑与其他器物形成组合关系，但是明器化的倾向表明中原地区的青铜礼器整体走到了尽头。南方楚国的政治相对稳定，青铜簠仍在楚文化器物组合中占有重要地位。

第九期　乙Bi型Ⅲ式。

乙Bi型Ⅲ式代表器物有1933年安徽寿县朱家集李三孤堆出土的楚王酓胐簠和铸客簠⑥。本期特点是器型较高，无唇、无耳，直壁超过腹深半径。纹饰以云纹、菱形纹、三角纹等变形几何纹为主，素面器风格预示了器物衰亡的征兆。乙Bi型Ⅲ式继承乙Bi型Ⅱ式，反映了楚文化的衰退进而接受中原文化，这与楚国势力消退被迫迁徙到蔡国故地的历史情况相吻合。

第二节　青铜簠的断代

青铜簠断代的依据是时代明确或有相互叠压关系的典型墓葬，即三门峡虢国墓地、韩城芮国墓地、长清邿国墓地、滕州薛国墓地、枣庄小邾国墓地、枣阳曾国墓地、随州曾国墓地、洛阳中州路墓地、洛阳体育场路墓地、淅川鄾氏家族墓地、太原赵卿墓、长治分水岭墓地、平山中山国墓地、新蔡葛陵墓地、荆门包山墓地等。标准器有原氏仲簠（春秋早期），宋公䜌簠、蔡侯申簠、许公买簠、楚子弃疾簠、曾子遹簠（春秋晚期），曾侯㯬簠、曾侯乙簠（战国早期），楚王酓胐簠、铸客簠（战国晚期）。根据这些墓葬和器物，每一期所对应的年代大致如下。

---

① 随州市博物馆：《随州擂鼓墩二号墓》，文物出版社，2008年。
② 河北省文物研究所：《譽墓——战国中山国国王之墓》，文物出版社，1996年。
③ 湖北省荆沙铁路考古队：《包山楚墓》，文物出版社，1991年。
④ 山西博物院、湖北省博物馆：《荆楚长歌——九连墩楚墓出土文物精华》，山西人民出版社，2011年。
⑤ 洛阳市文物工作队：《洛阳解放路战国陪葬坑发掘报告》，《考古学报》2002年第3期。
⑥ 北京故宫博物院：《故宫青铜器》，紫禁城出版社，1999年，316、317页。

1. 第一期：西周早期

故宫龙纹簋是1975年国家文物局调拨到故宫博物院的。杜廼松先生推断此器年代在共王之前①。笔者在十年前的硕士学位论文中，曾根据上海博物馆藏川鼎（图6-1）、美国赛克勒美术馆藏四出戟方彝（图6-2）的龙纹和直棱纹断定这件龙纹簋时代为西周早期，并推断有可能就是出自宝鸡戴家湾。2013年石鼓山墓葬的发现，为这个推论提供了坚实的证据，其时代为西周早期早段已经成为共识。

图6-1 上海博物馆藏川鼎

图6-2 美国赛克勒美术馆藏四出戟方彝

长身龙纹出现于殷墟二期，如2005年安阳范家庄M4宁狄卣②的盖面龙纹（图6-3）。体躯特长的这种龙纹出现在殷墟四期，如1999年安阳刘家庄北地M1046龙纹盘③和1969～1977年安阳殷墟西区M1015龙纹盘④（图6-4）。对比戴家湾和石鼓山的同类纹饰，明显发现殷墟四期的长身龙纹制作得十分粗糙，接近于先周时期的盆式簋纹饰。龙纹簋纹饰制作精细，与戴家湾同类纹饰是一个时期铸造的。器腹的直棱纹装饰

---

① 杜廼松：《夔纹簋》，《故宫博物院院刊》1985年第1期。
② 中国社会科学院考古研究所、安阳市文物考古研究所：《殷墟新出土青铜器》，云南人民出版社，2008年。
③ 中国社会科学院考古研究所安阳工作队：《安阳殷墟刘家庄北1046号墓》，《考古学集刊》15，文物出版社，2004年。
④ 中国社会科学院考古研究所安阳工作队：《1969～1977年殷墟西区墓葬发掘报告》，《考古学报》1979年第1期。

图6-3 河南安阳范家庄M4宁狱卣的盖面龙纹

图6-4 河南安阳殷墟西区M1015龙纹盘的腹部龙纹

图6-5 美国赛克勒美术馆藏辝簋

也是商晚期风格的延续，如美国赛克勒美术馆藏辝簋（图6-5），传河南安阳出土。故宫龙纹簋腹部正面两隅角有残失的悬铃，其特征与石鼓山龙纹簋的悬铃类似。一般多见方座簋设有悬铃，2007年湖北随州安居羊子山M4出土的鄂侯方罍[①]器底也设有悬铃，说明这种装置应该是周初青铜器的一种共性特征，此后亦只有方座簋的悬铃得以延续。

2. 第二期：西周中期

䜌伯簋历来不被重视，《三代吉金文存》《殷周金文集成》等著录均未收。从拓片看铭文书体较差，前人疑伪自有道理。1975年湖北浠水县竹瓦镇朱店村出土了一件䜌伯盘[②]（图6-6），铭文作"唯八月既生霸庚申，辛□□胃□□□䜌伯方□邑，印□山，锡三国，□入吴，□□□亟族西□，鼎立，□邑百，□銮金，自作浣盘，其万年霝寿、黄耉，子子孙孙，宝用于新邑"。䜌伯盘字体更为潦草轻率，以致很多字难以释读。由此可见，䜌伯簋铭文必定不伪，这种书体就是当地的一种特点。

䜌伯盘的附耳高出口沿，这种特征最早出现大致在穆王时期，如1954年西安长安区斗门镇普渡村出土的长由盘[③]。䜌伯盘的腹壁饰连续式的顾龙纹（图6-7），龙冠

---

① 随州博物馆：《随州出土文物精粹》，文物出版社，2009年，31页。
② 浠水县博物馆：《浠水县出土西周有铭铜盘》，《江汉考古》1985年第1期。
③ 陕西省文物管理委员会：《长安普渡村西周墓的发掘》，《考古学报》1957年第1期。

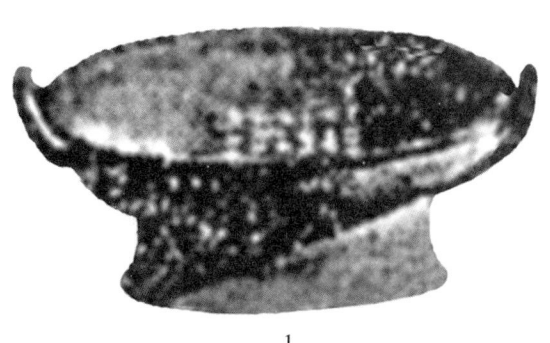
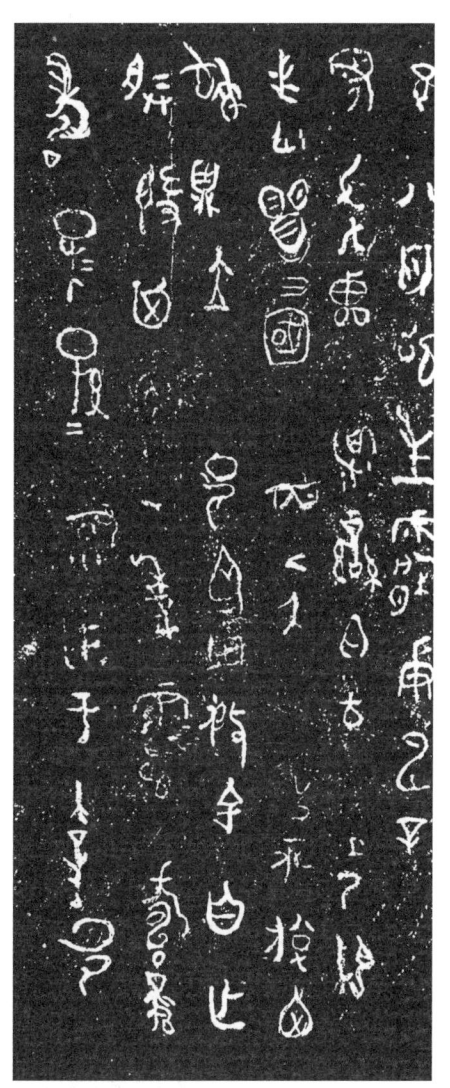

图6-6　湖北浠水县竹瓦镇朱店村出土的䜌伯盘

下垂内卷的样式接近于上海博物馆藏共王时期十五年趞曹鼎（图6-8）。此器与另一件伯硕夯盘同时出土，其铭称"伯硕夯作鳖姬饔盘，其万年子子孙孙永用"。繺伯簋通体饰直棱纹，没有第一期的长身龙纹。直棱纹大致在康王以后就很少出现，直至西周中、晚期又开始使用，有代表性的器物是佣生簋、癞簋、五年师旋簋、欶簋等。但是这些器物亦都是直棱纹上下另施纹饰，唯有上海博物馆藏夷王时期大师虘簋（图6-9）、保利艺术博物馆藏应侯视工簋[①]与繺伯簋纹饰风格相近。由此可见，繺伯簋的年代当在西周中期晚段。

图6-7　繺伯盘的腹部龙纹

图6-8　上海博物馆藏十五年趞曹鼎

图6-9　上海博物馆藏大师虘簋

免簋形制无存，阮元称"免簋铭四十四字，器为元所藏。此圆器而定为簋者……今目验诸器知簋多方而有圆者，簋多圆而有方者，许郑之说可并存也"。可知阮元所看到的免簋是圆口方体的形制，铭文称"唯三月既生霸乙卯，王才在周，令免作司土，司郑还麋、眔虞、眔牧，锡韍衣、銮，对扬王休，用作旅饙彝，免其万年永宝用"（图6-10）。同名器的还有免簠、免尊、免卣、免盘。免簋现藏上海博物馆，仅存器底，形制无征。铭文"宝"字的贝形不封口，"尊"字上竖两笔不出头（图6-11），说明其时代晚不到西周晚期。免尊（图6-12）现藏故宫博物院，体型矮胖，整体形制与1976年扶风庄白一号窖藏出

---

① 保利艺术博物馆：《保利藏金（续）——保利艺术博物馆精品选》，岭南美术出版社，2001年。

图6-10 《积古斋钟鼎彝器款识》著录的免簠铭文 　　图6-11 上海博物馆藏免簠铭文

图6-12　故宫博物院藏免尊

土穆王时期的丰尊（图6-13）相似，腹部鼓起几乎近于口沿的特点又比之稍晚。免盘（图6-14）现藏德国柏林亚洲艺术博物馆，与免尊同样装饰有顾龙纹，大龙冠下垂卷起的特点与上海博物馆藏师奎父鼎（图6-15）纹饰基本相同。免器的年代定在西周中期晚段，大致是没有问题的。

1984～1985年在陕西长安张家坡井叔家族墓地出土了多件井叔青铜器[①]，张长寿先生联系免器中提到的"井叔"推测其时代应在懿孝时期[②]。值得注意的是，免器的字形书体显示这些器物并非一个时期铸造的。免簋的书体最早，免尊和免卣铭文相同，金文书体"宝"字贝形不封口，但是"尊"字上竖两笔已经出头。免盘书体与免尊、免卣相似，免簋书体最晚，"宝"字贝形下面已经封口，这种写法已经开始接近史免簋。

---

① 中国社会科学院考古研究所沣西发掘队：《长安张家坡西周井叔墓发掘报告》，《考古》1986年第1期。

② 张长寿：《论井叔铜器——1983～1986年沣西发掘资料之二》，《文物》1990年第7期。

史免簋口沿下饰S形有目窃曲纹，根据王世民、陈公柔、张长寿先生对窃曲纹的分类，定为Ⅰ型2式，最早见于长由盉，可知其流行于西周中期之初，及至梁其簋、函皇父鼎，可知此式窃曲纹晚期仍流行①。腹部饰波曲纹、圈足饰垂鳞纹，这些纹饰都是西周中、晚期比较常见的纹饰。郭沫若先生认为史免簋与免器当为一组，"免曾为司徒，亦曾为司空，亦曾为史"②。陈梦家先生则认为史免簋"字体文例不同于以上诸免器，其花纹亦晚，与免无涉，应不在免组之列"③。史免簋形制比西周晚期所见的青铜簋都要早，圈足不设缺口的特征与西周早期青铜簋相同。从铭文书体看，史免簋的"宝"字贝形虽然已经封口，但是顶端两侧仍保留微耸的特点。

图6-13　陕西扶风庄白一号窖藏出土的丰尊

说明尚到不了西周晚期字体的典型风格，如故宫博物院藏懿王时期大师虘簋、上海博物馆藏应侯视工鼎等均是这样。因此，史免簋的年代大致在夷王前后，属于西周中期最晚的阶段。

结合免器和史免器的形制、纹饰、铭文内容和书体，恰好勾勒出西周中期晚段"免"的仕途历程。《礼记·曲礼》称："天子建天官，先六大，曰：大宰、大宗、大史、大祝、大士、大卜，典司六典。天子之五官，曰：司徒、司马、司空、司士、司寇，典司五众。"西周时期卿事寮所属有"三事大夫"，即司徒、司马、司工，其长官称太师或太保。太史寮的长官既是文职官员的领袖，又是神职官员的领袖，其地位仅次于卿事寮的太师或太保，高于"三事大夫"。免簠年代最早，大致在穆共之际，免任职为周师司林的佐官。其次是免尊、免卣，大致在恭懿之际，免任职为司工。再次是免簋，大致在懿孝时期，免任职为司徒。最后是史免簋，大致在孝夷时期。

---

① 王世民、陈公柔、张长寿：《西周青铜器分期断代研究》，文物出版社，1999年，193页。
② 郭沫若：《两周金文辞大系图录考释》，《郭沫若全集·考古编》第八卷，科学出版社，2002年，198页。
③ 陈梦家：《西周铜器断代》，中华书局，2004年，184页。

1

2

图6-14　德国柏林亚洲艺术博物馆藏免盘

图6-15　上海博物馆藏师奎父鼎腹部龙纹

3. 第三期：西周晚期

（1）早段。

冶遣簋腹壁是重环纹和波曲纹的两段纹饰组合，不晚于西周晚期。这座窖藏出土的仲伐父甗、鸟纹方壶、火龙纹罍时代可到西周中期，这是窖藏年代的上限。仲友父簋口沿下饰回形有目窃曲纹，与西周中、晚期的大克鼎、元年师旋簋、师嫠簋纹饰基本一致，形制与同类器相同。同窖藏还有柞钟、仲义钟，《西周青铜器分期断代研究》定为厉王前后器[①]。可见，这座窖藏的年代下限当不晚于厉王时期，为西周晚期早段。

上海博物馆藏虢叔簋（图6-16）与冶遣簋形制、纹饰相同，前后两面圈足缺口非常低矮，不打破纹饰，这个特点应该是圈足缺口滥觞期的一种表现，在器型发展关系上衔接了乙Aa型Ⅰ式史免簋。金文中所见的虢叔器主要集中在西周晚期，但是年代上也有早晚。孙壮旧藏有一件虢叔鬲（图6-17），与故宫博物院藏的杜伯鬲（图6-18）基本相似。但是虢叔鬲的

图6-16　上海博物馆藏虢叔簋

柱足还没有发展到杜伯鬲的蹄形足，表明其时代要比宣王时期的杜伯鬲要早，大致应在厉王初年，与这件虢叔簋器型特点的时代相符，两件虢叔器应该属于同一个时期。

密妖簋的腹部不施纹饰与伯鴋父簋相同，是这一时期的共同特征。这座窖藏的年代信息同样复杂，同出窃曲纹簋小耳衔环，装饰有目窃曲纹是西周中期的典型风格。异仲雩父方甗和重环纹匜是西周晚期的器物，但是方甗的蹄形足尚未形成，其下限仍不到西周晚期晚段。仲太师盨圈足下设小支足与扶风法门镇庄白一号窖藏四年𤼈盨颇为相似，其纹饰和圈足中央微开缺口的特点与故宫博物院藏厉王时期的䣄比盨相近。懋鎔师《两周青铜盨研究》一文中指出仲太师盨形近伯鲜盨，而晚于𤼈盨，时代应为西周晚期早段厉王时期[②]。密妖簋和仲太师盨都是两个缺口，具有从早期封闭式圈足向四缺口圈足过渡的特征。

仲其父簋纹饰为重环纹和波曲纹的两段纹饰组合，这个组合显示了早段的特点。圈足的S形简省龙纹又见于1993年山西曲村晋侯墓地M64出土的瓦棱纹簋（图6-19）。同窖藏的宗仲盘前有流口，后有龙形鋬，形制与穆王时期的伯雍父盘相近。然此器不设附耳，口沿与圈足的重环纹比伯雍父盘的顾龙纹要晚。

---

① 王世民、陈公柔、张长寿：《西周青铜器分期断代研究》，文物出版社，1999年，179页。
② 张懋镕：《两周青铜盨研究》，《考古学报》2003年第1期。

图6-17　孙壮旧藏虢叔鬲

图6-18　故宫博物院藏杜伯鬲

图6-19　山西曲村晋侯墓地M64出土的瓦棱纹簋

郜仲簋与仲其父簋都是圈足两个缺口，腹部饰波曲纹。郜仲簋口沿饰S形云纹，又见于孝王时期王臣簋的圈足纹饰。同墓所出的S形云纹鼎与共王时期九年卫鼎的S形窃曲纹结构相似，足根部的兽首装饰又表明其时代要稍晚，大致应在西周晚期早段。

（2）晚段。

1976年扶风云塘村窖藏相距伯公父簋的出土地点仅20多米，出土有伯公父勺、伯公父壶盖、伯公父盨盖以及伯多父盨。伯公父盨盖的盖纽为两两相连的翼形，所饰卷龙纹与师克盨相近，后者时代为厉王时期。1990年三门峡虢国墓地M2001号季盨的盖纽已经呈分离状，伯公父盨盖年代应比春秋早期略早。伯多父盨盖纽是曲尺形纽，盖纽的镂空风格和G形窃曲纹与西周晚期早段的梁其盨相近，其铭文书体仍保留一些稍早的特征。伯公父器的书体特征要比伯多父盨稍晚一些。

传世史颂器有史颂簋、史颂鼎、史颂簠、史颂盘和史颂匜。上海博物馆藏史颂鼎（图6-20）腹部宽扁，纹饰带压缩，与厉王时期的风格不太一样。《西周青铜器分期断代研究》把史颂鼎定为西周晚期厉王前后器[①]。2003年陕西眉县杨家村窖藏出土的四十二年逨鼎（图6-21）是宣王时期的标准器，其形制、纹饰与史颂鼎十分相似。这种宽扁腹的样式，成为春秋早期秦公鼎（图6-22）的范本。史颂器和颂器的铭文相关联，时代皆在西周晚期晚段。

---

① 王世民、陈公柔、张长寿：《西周青铜器分期断代研究》，文物出版社，1999年，32页。

图6-20　上海博物馆藏史颂鼎

图6-21　陕西眉县杨家村窖藏出土的四十二年逨鼎

1933年扶风法门镇上康村窖藏还发现有函皇父器，函皇父鼎与梁其鼎形制、纹饰相同，其时代在西周晚期早段当无疑问。函交仲簋的腹部饰卷龙纹，卷龙纹最早出现于共王时期的仲枏父鬲，但未表现出吻部上颚绕龙首的现象。这种纹饰主要流行于两周之际和春秋早期，因此函交仲簋纹饰风格比函皇父器略晚。

1995年长清黄崖村仙人台M3所出的垂鳞纹鼎腹部中鼓、蹄形足的特点与晋侯墓地M93和M102铜鼎相近。有学者结合文献对晋侯墓地进行排序，推测M93和M102的墓主人为晋文侯夫妇。

图6-22　上海博物馆藏秦公鼎

《史记·晋世家》记载公元前780年晋文侯率其徒袭殇叔而继位，死于公元前746年，因此这两座墓葬的时代应为两周之际。仙人台M3所出的陶鬲斜沿微微上翘，肩部稍外凸，斜腹下部略内收，裆较高。其形制特征比晋侯墓地M102所出陶鬲年代要早，与张家坡墓地M157所出陶鬲相近。郜仲簋与郜召簋以及上海博物馆所藏两件虢叔簋进行比较，可见圈足缺口数量的变化以及主题纹饰的更替，后者时代当在西周晚期晚段。

4. 第四期：春秋早期

（1）早段。

1990年河南三门峡虢国墓地M2001出土52件器物铭文均有"虢季"，可知此器与墓葬年代是同时的。虢季列鼎均为锅底状的半球形腹，三蹄足上下两端较粗壮，这是西周晚期最为流行的样式。考古报告称："此墓应排在晋侯墓地第七组M64、M62、M63与第八组M93、M102之间，具体年代为西周晚期晚段，即宣、幽时期。"①从地层关系来看，M2012被M2001一号车马坑打破，说明M2012入葬年代要早于M2001。M2012出土的梁姬罐纹饰为连续式的卷龙纹，龙口吐舌，这样的纹饰可能还早不到西周晚期。

图6-23　故宫博物院藏芮太子白簠

传世芮太子白簠（图6-23）与2006年陕西韩城梁带村芮国墓地M26卷龙纹簠②基本相同。M26为仲姜夫人墓，同时出土有4件芮太子伯鬲，表明芮太子伯簠至迟不晚于春秋早期中段。台北"故宫博物院"藏芮太子伯壶与虢国墓地M2001虢季壶、芮国墓地M27凤鸟纹壶均相同，可知其时代大致相当。

郑伯大司工召叔山父簠属春秋早期的郑国器，此器与1965年山东邹县七家峪村出土的冑簠纹饰结构相同，都是腹壁仅饰一段纹饰，这是从斜壁簠过渡到折壁簠的一个纹饰转变的关键环节。七家峪村出土的鬲、盘铭文显示是鲁宰伯驷父为女儿姬沦作的媵器，具有西周晚期的特征。但是，窃曲纹匜流口有兽首状的封口，卷龙纹鑐体型较矮，肩部鼓起的特点表明已经进入春秋早期。同墓中射南簠与冑簠共存（图6-24），射南簠口沿下的重环纹已经被挤压得非常狭窄，冑簠已经完全不用，反映了两者纹饰之间的一个更替。

（2）中段。

1953年河南郏县太仆乡出土有两类簠，无耳簠是斜壁簠的最晚阶段，体型矮小表明这种类型的青铜簠即将走向衰亡。唐兰先生认为此墓年代为东周早期③，郭宝钧先

图6-24　山东邹城七家峪村出土青铜簠
1. 射南簠　2. 冑簠

---

①　河南省文物考古研究所、三门峡市文物工作队：《三门峡虢国墓》第一卷，文物出版社，1999年，225页。

②　陕西省考古研究院、渭南市文物保护考古研究所、韩城市文物旅游局：《陕西韩城梁带村遗址M26发掘简报》，《文物》2008年第1期。

③　唐兰：《郏县出土的铜器群》，《文物参考资料》1954年第5期。

生认为这批铜器的时代应在春秋早期,是没有问题的。同墓发现的方壶与韩城梁带村芮国墓地M19、M28的方壶①基本相似,鼎、簋、罍的形制也都是春秋早期的特点。此墓斜壁簋与折壁簋共存,折壁簋的直壁不甚高,以其特点判断当在春秋早期中段。值得注意的是,有数件复古风格的器物,一鼎铭文有"江小仲母生"。《国语·郑语》云:"唯谢、郏之间,其冢君侈骄,其民怠沓其君,而未及周德,若更君而训之,是易取也,且可长用也。"可知郑地在西周晚期还比较落后,为江淮小国盘踞之地。从考古资料来看,最早的折壁簋都是在江汉、江淮地区以及有这些文化因素的中原墓葬中,郏县墓葬即是一例。

曾孟嬴剈簋口沿下有一周凸棱,这是折壁簋出现直壁前的滥觞。枣阳郭家庙M1出土的垂鳞纹鼎腹部宽扁,圜底较平的特征与虢季鼎近同,然其腹部比虢季鼎还要略浅一些,其形制、纹饰与曾侯仲子遊父鼎完全相同。幻伯佳方壶继承了西周夷王时期的散车父方壶的形制,后者为1960年陕西扶风法门镇召陈村窖藏出土。圈足增大、纹饰简化是其主要特点,春秋早期以后就退出了历史舞台。还有一件交龙纹匜,仅有残存的口沿,纹饰呈S形相交的双首龙纹,这种纹饰出现得稍晚,已经接近于春秋早期晚段的特征。

2002年枣庄东江村M3的器物也是早晚各有不同,窃曲纹鼎的颈部较直,腹部呈圆鼓形,下收为圜底,是当地的一种特殊类型。此器的形制和纹饰分别见于1981年临朐泉头村乙墓和1977年临朐泉头村甲墓的同类器②。提链罐则是年代较晚的一件。平顶盖,子母口,环形双耳系提链,鼓腹下置圈足。腹部装饰的浅浮雕交龙纹与1977年临朐泉头村乙墓出土的提链小罐完全相同。类似的提链罐还有1976年烟台蓬莱县村里集M7③和1995年长清仙人台M6④出土的同类器。这种浅浮雕的交龙纹又见于1978年沂水刘家店子M1盘⑤,是春秋早、中期之际比较有特点的纹饰。东江村M2和M3下葬时代均晚,但都有随葬早期青铜簋的特征。

---

① 陕西省考古研究所、渭南市文物保护考古研究所、韩城市文物旅游局:《陕西韩城梁带村遗址M19发掘简报》,《考古与文物》2007年第2期;陕西省考古研究院:《陕西韩城梁带村芮国墓地M28的发掘》,《考古》2009年第4期。

② 临朐县文化馆、潍坊地区文物管理委员会:《山东临朐发现齐、鄩、曾诸国铜器》,《文物》1983年第12期,4页。

③ 山东省烟台地区文管组:《山东蓬莱县西周墓发掘简报》,《文物数据丛刊》3,文物出版社,1980年,52页。

④ 山东大学考古系:《山东长清县仙人台周代墓地》,《考古》1998年第9期,23页。

⑤ 山东省文物考古研究所、沂水县文物管理站:《山东沂水刘家店子春秋墓发掘简报》,《文物》1984年第9期,5页。

图6-25 湖北枣阳郭家庙曹门湾M43出土曾太保簠

2015年枣阳郭家庙曹门湾M43的器物风格比较一致，C形窃曲纹鼎与郭家庙M1鼎相同，矢叔匜口沿饰S形窃曲纹的时代特征也偏早，龙纹盘的圈足较高，盘内底饰蟠龙纹，内腹壁饰三角云纹，外腹壁饰S形简省顾龙纹的风格表明这座墓葬的年代不会太晚。值得注意的是曾太保簠（图6-25）的盖纽作四个镂空龙形，与乙BI型肥城小王庄卷龙纹簠和京叔姬簠的样式相同，然后者直壁已经稍长，说明其时代当晚于曾太保簠。

2014年枣阳郭家庙曹门湾M22卷龙纹簠，口沿下的一周凸棱增高发展为小直壁，并且开始有装饰。同墓所出的郎君鲜鼎与郭家庙M1垂鳞纹鼎形制相同，口沿下饰C形窃曲纹，腹部饰垂鳞纹也是这个时期比较普遍的装饰。郯伯盘的附耳有两根小铜棍连接，腹壁饰斜三角云纹，圈足饰垂鳞纹，圈足底还设有三个小矮足。瓦棱纹匜的流口较长，口沿饰一周S形的双首龙纹，龙形鋬较大衔住器口，腹部饰瓦棱纹，下设四个龙形小足。这座墓葬出土器物的风格比较一致，还未见到稍晚出现的交龙纹。

（3）晚段。

陈侯簠与原氏仲簠形制、纹饰均相同。原氏仲簠铭文称"惟正月初吉丁亥，原仲作沦仲妫嫁媵簠，用祈眉寿万年无疆，永寿用之"。铭文中的"原仲"就是文献记载的陈国大夫。《左传·庄公二十七年》："秋，公子友如陈，葬原仲。"杜预注："原仲，陈大夫。原，氏；仲，字也。原仲，季友之旧也。"季友就是公子友。《史记·鲁世家》："庄公有三弟，长曰庆父，次曰叔牙，次曰季友。"又云："季友母陈女。"因而，原仲与季友的关系十分亲密。文献记载季友执政鲁国十六年，自僖公元年（前659）—僖公十六年（前644）。原仲死于鲁庄公二十七年（陈宣公二十六年），即公元前667年。这件器物是原仲为二女儿所作的媵器，时代应在公元前667年之前，为春秋早期晚段的标准器。

2009年襄阳沈岗M1022出土盖鼎的波曲形交龙纹和盟缶的交龙纹均与淅川下寺M8盖鼎[1]、M7盖鼎[2]同类纹饰相似，表明墓葬时代应在春秋中期中段。但是同出卷龙纹簠的直壁较短，风格粗犷，比淅川下寺M8何次簠明显偏早。因此，卷龙纹簠与盖鼎不属于一个时期。还有一件S形有目窃曲纹盘，这种纹饰在春秋中期已经很少发现，也是属于早期遗留的器物。

---

[1] 河南省文物研究所、河南省丹江库区考古发掘队、淅川县博物馆：《淅川下寺春秋楚墓》，文物出版社，1991年，7页。

[2] 河南省文物研究所、河南省丹江库区考古发掘队、淅川县博物馆：《淅川下寺春秋楚墓》，文物出版社，1991年，29页。

2005年洛阳体育场路M8781的卷龙纹簋虽然出土于中原墓葬，但是同出器物却有南方青铜文化的因素。蛇纹鼎腹部较浅，三蹄足稍长且不内聚的特点是春秋早期的常见样式。S形蛇纹也非中原纹饰，这种抽象风格类似于江淮地区的徐舒文化。弦纹鼎绳索状立耳、深腹下置三个粗短的蹄足与三门峡虢国墓地M1612鳞纹鼎相似，其时代不晚于春秋早期。盘与匜的纹饰相同，匜的长流上翘，饰有一周三角形变形蝉纹，这种纹饰曾在扶风出土的伯公父爵和武功出土的鈇叔簋有发现，传世的鈇侯簋亦是这种纹饰，亦似为江淮地区的一种特色。

谷城城关镇邱家楼的波曲形交龙纹簋直壁较短，饰勾云纹。腹部的波曲形交龙纹线条粗犷，留白空隙较大，整体风格近似于沈岗簋，与曾伯霖簋纹饰特点表现为前后关系。同时所出的双头龙纹鼎是两周之际的典型样式，窃曲纹鼎的浅腹、矮蹄足特征表明时代稍晚。这种呈相叠式的双头龙纹又见于信阳平桥M1樊君盆[①]，是春秋早期晚段的纹饰。

1963年肥城小王庄同出的婴士父盨，是西周晚期的典型器物。窃曲纹盖鼎附耳较长，腹部宽扁，底部近平是春秋早期的特点。盖沿下折饰一周重环纹，盖顶设三个曲尺形纽是齐鲁文化圈的主流样式。腹部装饰的回形窃曲纹则是此类窃曲纹的最晚形式，应该是模仿周文化的一种表现。龙纹盘和龙纹匜也很有特点，龙纹盘高圈足，接近于1974年北京琉璃河M253出土西周早期蝉纹盘，然附耳又高出口沿甚多。盘内底纹饰是商周之际流行的鱼龙纹，然腹部却装饰有西周中晚期S形顾首龙纹，风格非常不统一。龙纹匜的流口做封口状，腹部饰有两段纹饰，上段为S形顾龙纹，下段为卷龙纹。陈侯方壶形制、纹饰与郭家庙M1虢伯佳方壶，除附耳外基本相同。这组器物的年代不会晚于春秋早期，相同纹饰风格的还有卫子叔旡父簋、京叔姬簋。

上海博物馆藏鈇叔簋的纹饰为重环纹和波曲纹，以往多被定在西周晚期[②]。从器型发展角度看，此器直壁较长已经脱离了从斜壁簋到折壁簋的过渡阶段，是比较成熟的折壁簋。这种纹饰组合在春秋早期还有大范围的使用，山东地区可延续到战国早期。此器纹饰与京叔姬簋完全相同，唯有四足样式不同，当为同时期的器物。

1995年河南登封告成镇袁窑村M1出土的窃曲纹附耳鼎、重环纹簋、鸟纹方壶、卷龙纹盆与韩城梁带村芮国墓地M27同类器[③]相似，同出的窃曲纹甗与芮国墓地M28的同类器[④]相同。西距M1大约2米的M2出土的龙纹簋与陈侯簋的纹饰完全相同，同出的交

---

① 河南省博物馆、信阳地区文管会、信阳市文化局：《河南信阳市平桥春秋墓发掘简报》，《文物》1981年第1期，12页。
② 陈佩芬：《夏商周青铜器研究》，上海古籍出版社，2004年。
③ 陕西省考古研究院、渭南市文物保护考古研究所、韩城市文物旅游局：《陕西韩城梁带村遗址M27发掘简报》，《考古与文物》2007年第6期。
④ 陕西省考古研究院：《陕西韩城市梁带村芮国墓地M28的发掘》，《考古》2009年第4期。

龙纹盘也是春秋早期的风格。由此可见两座墓葬的年代大体相同，袁窑村M1的重环纹无耳簠与M2的龙纹簠属于同一个时期。

5. 第五期：春秋中期

（1）早段。

陈公子仲庆簠圈足所饰爬行龙纹与陈侯簠、原氏仲簠相同，但是腹部装饰的C形交龙纹却是春秋中期的典型风格。这个时期纹饰的发展趋势就是从早期粗犷的向晚期细密的方向过渡，此器纹饰正好处于这个过程的中间环节，因此比陈侯簠、原氏仲簠时代稍晚。并且，此类纹饰凸起的目纹特征和数量也有从大变小，从少变多的过程。同出盖鼎的三足残失，敛口鼓腹，腹部最大径在肩部，两侧设有长方形附耳，盖沿下折，盖顶中央设桥形捉手，近缘处等距离分布有三个曲尺形纽，盖面和腹部均饰有三层小鳞纹和三角形纹。其形制与2009年湖北襄阳沈岗M1022盖鼎[①]相近，小鳞纹的装饰又与曲阜故城M201錍[②]相同。

1978年滕州薛国故城M4交龙纹簠与陈公子仲庆簠完全相同，当为一个时期的器物。同出的鳞纹壶与季氏梁盖鼎[③]纹饰相同，矮体和高体两式盖鼎是当地极具特色的器型。簠的腹部圆鼓，附耳为榫卯结构的分铸技术，与河南新郑祭祀坑的同类器[④]相近，只是圈足不设三小足。盘的附耳外折，匜的流口封顶，平直较短的特征与河南新郑郑公大墓的同类器[⑤]均相似。

曾子㠯簠直壁所饰的折线纹与沈岗M1022簠相同，但是直壁长度、圈足缺口的形状又晚于沈岗簠。腹部斜壁饰两层V形垂鳞纹又见于光山宝相寺黄子方器座[⑥]、万店周家岗伯归墅鼎[⑦]。《左传·僖公十二年》："夏，楚灭黄。"黄子器年代下限当为鲁僖公十二年，即公元前648年之前。伯归墅鼎直颈、下腹部外鼓、底部较平的特点是楚式升鼎最早的形制，三足先铸的特征体现了鼎的附件由浑铸向分铸的过渡，其年代为春秋中期早段。

曾伯霖簠直壁比谷城邱家楼簠稍长，腹部的波曲形交龙纹略显浅细，龙首吐舌

---

① 襄阳市文物考古研究所：《湖北襄阳沈岗墓地M1022发掘简报》，《文物》2013年第7期，7页。

② 山东省文物考古研究所、山东省博物馆、济宁地区文物组、曲阜县文管会：《曲阜鲁国故城》，齐鲁书社，1982年，108页。

③ 随县博物馆：《湖北随县城郊发现春秋墓葬和铜器》，《文物》1980年第1期，39页。

④ 河南省文物考古研究所：《新郑郑国祭祀遗址》，大象出版社，2006年，125页。

⑤ 河南博物院、台北"历史博物馆"：《新郑郑国大墓青铜器》，大象出版社，2001年，131页。

⑥ 河南信阳地区文管会、光山县文管会：《春秋早期黄君孟夫妇墓发掘报告》，《考古》1984年第4期，318页。

⑦ 随州市博物馆：《湖北随县发现商周青铜器》，《考古》1984年第6期，511页。

的龙纹形象属于这个时期的典型风格。2016年湖北京山苏家垄墓葬出土的曾伯桼器有鼎、簋、簠、壶等器，出土曾伯桼簋与传世器形制、纹饰完全相同，只是铭文十分简单，仅作"曾伯桼之匜"。曾伯桼鼎与随州周家岗伯归辇鼎相同，曾伯桼簠与周家岗曾太保簠相同。周家岗墓葬同出壶、盘、匜的交龙纹，说明此墓的年代已经进入春秋中期。

（2）中段。

2005年洛阳体育场路M8832的波曲形交龙纹簋的纹饰是从波曲纹发展而来，龙纹交错，从波曲形体躯中突出龙首吻部，相似的纹饰还见于1973年湖北荆州纪南镇岳山村出土的鄀伯受簋[①]。此墓出土鳞纹壶与季氏梁盖鼎[②]纹饰相同，交龙纹罍与1986年北京延庆玉皇庙YYM2罍[③]完全相同。矮体盖鼎与薛国故城M2盖鼎[④]形制相同，纹饰均为双首S形窃曲纹，中间兽目歧出。变形交龙纹鼎和C形交龙纹鼎都颇具江淮文化的特色，变形交龙纹鼎的腹部呈圜底，三足内聚，纹饰抽象风格近似徐舒青铜器。C形交龙纹鼎的腹部扁鼓，C形龙纹上下两排交错，龙首吐舌的特征与光山宝相寺的黄国青铜器相同。

2005年洛阳体育场路M8821出土的镬鼎束颈、深腹圜底，下置三个粗短蹄足，与河南新郑郑公大墓的镬鼎相似，但是附耳较直，不像郑公墓夸张的外撇。镬鼎颈部装饰交龙纹，腹部装饰的波曲形交龙纹在河南淅川下寺M8以邓鼎[⑤]也有发现。M8821蟠虺纹敦是典型的楚式敦，与淅川下寺M7蟠虺纹敦[⑥]形制、纹饰完全相同，说明两座墓葬的时代大致相同。还有一件龙纹壶是两周之际的风格，类似的方壶流行时间比较长，侯马上马M13就出土有这种龙纹壶[⑦]。

1977年谷城石花镇下新店出土的窃曲纹鼎的附耳外撇，腹部较深，圜底下置三蹄足，与洛阳中州路M2415鼎[⑧]基本相同。交龙纹鼎与淅川下寺M7盖鼎近似，波曲纹壶与新郑祭祀坑的壶[⑨]相同。盥缶和盘的年代稍晚，盥缶饰蟠虺纹，盘为环耳衔环，

---

① 荆州地区博物馆：《江陵岳山大队出土一批春秋铜器》，《文物》1982年第10期，17页。
② 随县博物馆：《湖北随县城郊发现春秋墓葬和铜器》，《文物》1980年第1期，39页。
③ 北京市文物研究所：《军都山墓地——玉皇庙》，文物出版社，2007年。
④ 山东济宁市文物管理局：《薛国故城勘查和墓葬发掘报告》，《考古学报》1991年第4期，466页。
⑤ 河南省文物研究所、河南省丹江库区考古发掘队、淅川县博物馆：《淅川下寺春秋楚墓》，文物出版社，1991年，7页。
⑥ 河南省文物研究所、河南省丹江库区考古发掘队、淅川县博物馆：《淅川下寺春秋楚墓》，文物出版社，1991年，37页。
⑦ 山西省文物管理委员会侯马工作站：《山西侯马上马村东周墓葬》，《考古》1963年第5期。
⑧ 中国科学院考古研究所：《洛阳中州路（西工段）》，科学出版社，1959年。
⑨ 河南省文物考古研究所：《新郑郑国祭祀遗址》，大象出版社，2006年，162页。

下置三蹄足的样式接近于春秋晚期。此式簠的圈足凹弧形缺口还不明显，晚不到春秋晚期。

淅川下寺墓地南区的M8和M7相距较近，出土器物的风格基本一致。靠北的M36时代明显偏晚，比如簠的直壁较长，盘的环耳衔环已经出现等特征接近于春秋晚期。考古报告将M8、M7、M36三座南区墓葬归入春秋中期晚段，实际上还是有先后差异的。M8和M7的盖鼎、盥缶、敦、匜均与襄阳沈岗M1022的同类器相同，纹饰风格也以线条粗犷的交龙纹、小鳞纹和S形勾连纹为主。上鄀公簠的直壁比沈岗M1022簠稍长，装饰面纹增大，纹饰风格明显要晚一个阶段。何次簠纹饰风格比曾伯霥簠更细密，纹饰空间几乎没有留白。交龙纹已经抽象化，但是纹饰线条略粗。圈足的足径较小，尚未到达附耳中部位置。1975年河南南阳卧龙区出土的申公彭宇簠①也是属于此式风格，纹饰线条较粗，并且装饰有凸起的兽目。

图6-26　河南南阳卧龙区汽车发动机厂出土的楚子弃疾簠

楚子暖簠的直壁稍短，然纹饰是比较密集的交龙纹，与何次簠的直壁长度、纹饰基本相同。"楚子"为楚国公室子弟，1979年河南南阳卧龙区汽车发动机厂出土有楚子弃疾簠（图6-26）。"弃疾"即楚平王，继位后更名熊居，在位时间为公元前528~前516年。楚子弃疾簠为楚平王继位前所做，即春秋晚期早段的标准器。这件器物的形制、纹饰比楚子弃疾簠显然要早很多。

（3）晚段。

1954年洛阳中州路M4出土的交龙纹鼎深腹圜底，下置三细足，盖顶设三环纽外撇与侯马上马M2148鼎②十分相似。交龙纹敦的腹部扁圆，下置三蹄形足，盖顶三环纽稍内聚与侯马上马M2148敦③基本一致。匜的流口内折平直、下置小蹄足。鑪的圆肩鼓起、腹壁稍短均是这个时期的特征。上马M2148的年代被定为春秋中期晚段，中州路M4器物的交龙纹比较细密，已经接近春秋晚期的风格。

1991年洛阳西工区C1M3427的素面簠比较特殊，是有一定地域性的器型。同出的镬鼎、牢鼎和方壶是礼器，制作精美，纹饰华丽。镬鼎和牢鼎的形制与郑公大墓同类器基本相同，纹饰为细密的蟠虺纹。龙纹方壶虽是两周之际的流行纹饰，但是方壶的颈部较细，与春秋早期的颇有不同。鑪的最大径在腹中部，已经开始由矮胖向高挺的

---

① 王儒林、崔庆明：《南阳市西关出土一批春秋青铜器》，《中原文物》1982年第1期。
② 山西省考古研究所：《上马墓地》，文物出版社，1994年，32页。
③ 山西省考古研究所：《上马墓地》，文物出版社，1994年，56页。

方向发展。

1976年黄冈黄州禹王城出土的许公买簠（图6-27）是春秋晚期的标准器。《春秋·昭公十九年》："夏，五月戊辰，许世子止弑其君买。"《左传·昭公十九年》："夏，许悼公疟。五月戊辰，饮太子止之药卒。""许公买"即许悼公，在位时间为公元前546年～前523年。许公买簠的圈足长度已经接近口沿，这件许公簠的圈足小于口沿，明显要早于许公买簠。其腹壁饰有细密的蟠螭纹，直壁的三角形纹和圈足的钩状纹饰是这个地区纹样的延续。

图6-27 湖北黄冈黄州禹王城出土的许公买簠

曾公子叔浟簠的纹饰风格与上鄀公簠相似，直壁、圈足缺口长度均晚于上鄀公簠。盖沿设四个卡扣、圈足径较短的特征，与春秋晚期普遍设六个卡扣、圈足径较长不同，时代当为春秋中期。

1994年湖北随州东风油库M2的可簠直壁稍长，圈足增大，基本在附耳中部位置，与淅川下寺M36出土的蟠螭纹簠相同。纹饰已经转向浅平细密化的风格，与中州路M4簠相同，是这个时期的共同特征。东风油库M2鼎与下寺M8鼎相似，方壶早于东风油库M1方壶。根据东风油库三座墓葬的序列，M2为春秋中期晚段。曾仲塞同铭器还有鼎、鬲、簠，曾仲塞鼎与下寺M36鼎相同，曾仲塞簠为方座簠，盖面、腹部和方座均饰双线勾勒的波曲纹，与临淄出土春秋中晚期的齐国方座簠完全相同。

6. 第六期：春秋晚期

（1）早段。

1978年淅川下寺M3的交龙纹簠形制非常特殊，是一件异形簠。考古报告将其定名为"盒形器"，本书将之归入簠形器，主要原因有两点：其一，从形制特征来看，除了捉手、圈足与典型簠形器有异外，器盖形制相同、器盖都有附耳、盖沿有小卡扣等主要特征均与典型簠形器相同。从宝鸡石鼓山M4出土的小件龙纹簠可知，捉手与圈足是否等同并不是簠形器的严格标准，中山王M1出土的左使库簠也有类似的特点。通过这件器物反映了春秋晚期楚文化流行的复古因素不仅有周人的方座簠，还有这种西周早期的椭方形簠。其二，从器物组合来看，交龙纹簠出土位置在4件典型簠的北面，南侧还有一件敦。敦的形制、纹饰与淅川下寺M1完全相同。下寺M1器物组合为簠2、簋1、敦1，4件器物从西向东排列，下寺M3是簠4、异形簠1、敦1，亦是从西向东排列，由此可知下寺M3异形簠的功能实际上是代替了下寺M1簋，同是粢盛器。淅川下寺墓地从南向北排列，从墓葬布局看中区M3比南区M7要晚，并且M3发现的小口鼎、环耳盘、提链盉均是流行于春秋晚期的器物。

1998年洛阳613所C1M6112的Ⅰ式鼎与洛阳中州路M6的Ⅱ式鼎[①]相近，但是前者腹部宽而深，底部近平，下腹部外附蹄足的特点均显示时代较晚。Ⅱ式鼎与侯马上马M1006的Ab型Ⅰ式鼎[②]相似，莲盖方壶与长治分水岭M270方壶[③]相似，但是洛阳壶不施纹饰。盘与侯马上马M15的Ba型Ⅲ式盘[④]相同，附耳贴住口沿外折，下置三蹄足。匜与侯马上马M1006的B型Ⅱ式匜[⑤]相同，流口平折，器腹横截面的最大径在中部。考古报告将侯马墓地M1006归为第四期、M15归为第五期，时代为春秋晚期至春秋战国之际[⑥]。

1936年辉县琉璃阁甲墓的蟠虺纹簋比洛阳M8821簋的直壁更长，但是尚未达到腹深半径，不会与金胜村M251簋同时期。纹饰风格比洛阳M8821簋更加细腻，属于春秋晚期的典型特征。此墓年代，郭宝钧先生认为"甲乙二墓位居琉璃阁的最东部，在此墓地为最早，约当春秋战国之交，器形已具有战国时期的特征，但犹带有春秋遗风"[⑦]。需要说明的是，甲乙二墓都出土有早晚不同的器物，并且作为合葬墓下葬时间不会相距太远。乙墓的交龙纹簋与陈公子仲庆簋的纹饰相同，窃曲纹簋又见于新郑祭祀坑的同类器。甲墓的龙纹壶、波曲纹铺属于两周之际的风格，镬鼎、盖鼎均与新郑郑公大墓和侯马上马M13的同类器相似。镶嵌红铜的扁壶和络带纹罐是春秋晚期的风格，方座簋和盖豆的蟠龙纹也是这个时期三晋地区特有的装饰纹样。因此，甲、乙的时代大致在春秋晚期早段。相比较而言，分水岭M269、M270两座墓葬的器物风格比较一致，也是这个时期。

长子骉臣簋的直壁长度比下寺M8何次簋稍长，圈足足径接近口径，缺口宽度较大，属于分离为四蹼形足的早期阶段。细腻的蟠虺纹是春秋晚期的典型纹饰，比何次簋稍粗的交龙纹要晚。

1994年随州东风油库M1的曾少宰黄仲酉簋开始增高，这个特点与中州路M4簋相同，但是圈足并未缩小。M1曾少宰黄仲酉簋大于M2可簋圈足，更加接近口沿长度。东风油库三座墓葬的年代前后衔接，M3出土有曾侯郎鼎，是春秋晚期晚段的标准器。M1盖鼎的腹部变浅、底部近平的特点与下寺M10鼎接近。春秋中晚期鼎的变化特征就是从深腹圜底向浅腹平底演变，蹄足从矮向高发展，并且弯曲的程度越来越大。M1方壶的体型变矮，腹部更鼓，比M2方壶也要晚。因此三座墓葬呈现出从春秋中期晚段向春

---

① 中国科学院考古研究所：《洛阳中州路（西工段）》，科学出版社，1959年，图版伍拾。
② 山西省考古研究所：《上马墓地》，文物出版社，1994年，32页。
③ 山西省考古研究所、山西博物院、长治市博物馆：《长治分水岭东周墓地》，文物出版社，2010年，347页。
④ 山西省考古研究所：《上马墓地》，文物出版社，1994年，64页。
⑤ 山西省考古研究所：《上马墓地》，文物出版社，1994年，67页。
⑥ 山西省考古研究所：《上马墓地》，文物出版社，1994年，174、175页。
⑦ 郭宝钧：《商周铜器群综合研究》，文物出版社，1981年，101页。

秋晚期晚段过渡的序列。

1976年随州鲢鱼嘴的楚屈子赤角簠的盖沿有六个小卡扣，圈足长度和纹饰风格到不了战国早期。楚屈子赤角簠与息子行敦同出，此敦通体光素，与侯马上马M5敦形制完全相同。上马M5同出的盖鼎、环耳盘、小口匜都是春秋中晚期之际的风格。文献记载楚文王十年灭息，即公元前680年。但是息子行敦又不能早到春秋早期，应与楚屈子赤角簠年代相同。

1987年临猗程村M1001出土的蟠螭纹鼎，束颈浅腹，附耳外折装饰有细密的蟠虺纹，圜底下置三蹄形足，其形制与侯马上马M13的Ⅰ式鼎①相近，纹饰又见于侯马上马M1004的乙类Bc型Ⅱ式鼎②。同出的蟠螭纹盖鼎与侯马上马M1004的乙类Bc型Ⅱ式鼎形制、纹饰完全相同，蟠虺纹豆与侯马上马M1002的Ⅱ式豆③相同，蟠螭纹莲盖壶与长治分水岭M270壶基本相似，时代均为春秋晚期。

（2）晚段。

1988年山西太原金胜村M251蟠虺纹簠的直壁更长，已经超过腹深半径，圈足完全分离为四个蹼形足。金胜村M251随葬器物是春秋晚期的典型风格，根据考古报告推断墓主人为赵简子赵鞅④。文献记载赵简子卒于公元前475年，所以墓葬时代为春秋晚期晚段。

1977年长子牛家坡M7交龙纹簠和1983年潞城潞河M7交龙纹簠的直壁较长，已经超过腹深半径，下置四蹼形足。这些特点与同时期赵卿墓簠特征相似，且都是在三晋地区。牛家坡M7的Ⅰ式鼎、潞河M7的Ⅲ式鼎体型已呈扁球状，马蹄形足明显缩短。牛家坡M7的Ⅱ式豆的柄部变得粗而短，牛家坡M7的Ⅰ式豆、潞河M7的Ⅱ式豆深腹特点与洛阳中州路M2717、金胜村M251同类器都十分相似。纹饰普遍采用模板拍印，主要饰以蟠螭纹和蟠虺纹。铸造技术采用了分块合范浇铸，其接缝线和浇口线都十分清楚。器物的凸出部分，附耳、小兽纽等也是分别浇铸后再焊接在一起。

1978年固始侯古堆M1的宋公䜌簠（图6-28），即文献记载的宋景公（前516~前451）。《春秋》称景公名䜌，《史记》称作"头曼"。此器是宋景公为其妹出嫁所作的媵器，是春秋晚期晚段的标准器。1955年寿县西门蔡侯墓出土有吴王光鉴，是吴王光为其女所作的媵器。吴王光在位十九年，蔡昭侯五年即位，蔡昭侯二十三年（前496）卒。此墓的墓主人当是蔡昭侯，蔡侯申簠亦为这个时期的标准器。2009年湖北随

---

① 山西省考古研究所：《上马墓地》，文物出版社，1994年，508页。
② 山西省考古研究所：《上马墓地》，文物出版社，1994年，42页。
③ 山西省考古研究所：《上马墓地》，文物出版社，1994年，57页。
④ 山西省考古研究所、太原市文物管理委员会：《太原晋国赵卿墓》，文物出版社，1996年，244页。

图6-28　固始侯古堆M1的宋公䜌簠

州义地岗文峰塔M1出土有曾侯與器[①]，其中曾侯與编钟铭文有"吴师入郢之役"，符合《左传·定公四年》的记载，即公元前506年。曾侯與、曾侯邲、曾侯乙为祖孙三代，曾子與簠当为即位之前所作之器。文峰塔M1䰝鼎比淅川下寺M1、M2䰝鼎腹部略浅，比曾侯乙墓䰝鼎腹部要略深。并且曾侯乙墓䰝鼎外壁有四只爬兽，前两者都是六只爬兽，与蔡侯墓的䰝鼎基本一致。说明曾侯與器与蔡侯申器时代相近，比淅川下寺M1、M2稍晚。

1982年侯马上马M5218的乙类Bd型Ⅱ式鼎的腹部较深，盖顶扁环纽、圆角方形附耳的特点与中州路M2717的Ⅳ式鼎[②]相近，唯后者腹部更浅，蹄足更矮。上马M5218甗的鬲足较矮，裆部很低，与河北邯郸百花村M57甗相似。此器鬲部还是附耳，甑部设铺首衔环耳多流行于战国时期，中州路M2717甗[③]的甑部、鬲部均为铺首衔环耳。上马M5218鬲、壶与金胜村M251同类器基本相同，时代均为春秋晚期晚段。

7. 第七期：战国早期

1990年河南淅川徐家岭M9的曾孟嬭朱姬簠器型显得很挺拔，同墓的鄬子受䰝鼎比蔡侯墓䰝鼎腹部更浅，并且蔡侯墓䰝鼎有六只爬兽，鄬子受䰝鼎只有四只，与曾侯乙墓䰝鼎相同。徐家岭M9盖鼎的鸟嘴兽纹多流行于战国早期，䰝鼎的蟠螭纹开始向几何纹转化。随州擂鼓墩M1随葬的礼器、乐器、兵器上共有208处出现"曾侯乙"铭文，可以确知墓主人是曾侯乙。其中多数器物的形制都与安徽寿县蔡侯墓所出同类器物十分相似，曾侯乙墓出土器物的几何云纹装饰更加普遍，表明时代还要偏晚一些。曾侯乙墓出土的镈钟上有"唯王五十又六祀，返自西阳，楚王酓章作曾侯乙宗彝，奠之于西阳，其永持用享"的铭文，这为墓葬的年代提供了有力的证据。宋代湖北安陆曾出土过两件铭文与此相同的钟，称之为"楚王酓章钟"。郭沫若对此做了考释，认为"楚王酓章"就是楚幽王熊章[④]。这件镈钟的铭文纪年就是楚幽王五十六年，即公元前433年。考古报告推断此墓的下葬年代在公元前433～前400年[⑤]，是大致正确的，曾侯

---

① 湖北省文物考古研究所、随州市博物馆：《随州文峰塔M1、M2发掘简报》，《江汉考古》2014年第4期。

② 中国科学院考古研究所：《洛阳中州路（西工段）》，科学出版社，1959年，图版陆叁。

③ 中国科学院考古研究所：《洛阳中州路（西工段）》，科学出版社，1959年，图版陆肆。

④ 郭沫若：《两周金文辞大系图录考释》，《郭沫若全集·考古编》第八卷，科学出版社，2002年，356页。

⑤ 湖北省博物馆：《曾侯乙墓》，文物出版社，1989年，464页。

乙簠也可以作为战国早期的标准器。

1991年洛阳西工区C1M3498簠的卷龙纹与侯马上马M5218、M15的盖鼎纹饰相同，是春秋晚期晚段到战国早期的流行纹饰。同墓所出的B型鼎与侯马上马M15的乙类Bd型Ⅱ式鼎相似，盘、匜与侯马上马M15的Ba型Ⅲ式盘、B型Ⅳ式匜①相同。盖豆的腹部宽扁，柄部稍高与侯马上马M1002的Ⅱ式豆②相同。上马M15、M1002的时代均为春秋、战国之际，C1M3498时代大致相当，下限可到战国早期。

陈曼簠的字形书体具有战国早期的特点，春秋时期陈国之"陈"不从土，田氏代齐之"陈"均从土，足见此器当为田氏代齐后的器物。陈曼簠的四足是一种加高的蹼形足，春秋时期齐国青铜器开始就有加高器足的特点，比如临淄淄江花园出土的蟠虺纹鼎、临淄刘家村出土的窃曲纹簠等，都是这种风格。此器纤细的龙纹，是春秋战国之际的特征。

1957年陕县后川M2040的Ⅲ式鼎为扁球状，马蹄形足较短，与洛阳中州路M2717出土的同类器相似。方座豆的柄部粗而短，与洛阳中州路M2717豆相似。后川M2041镶嵌红铜的鸟兽纹壶与中州路M2717壶、信阳长台关M1壶基本相同。

1955年分水岭M14的蟠龙纹鼎、1959年分水岭M26的蟠龙纹壶与金胜村M251鼎、壶大体相同。1954年长治分水岭M12的镶嵌几何纹敦、错金云纹鉴以及线刻宴乐画像纹匜是战国早期的典型风格。

1935年新乡汲县山彪镇M1素面簠的附耳为鋬耳，多为三晋地区青铜鬲的装饰，如上马M11鬲、潞河M7鬲、金胜村M251鬲、分水岭M14鬲样式大体相似，只是繁简各有不同。山彪镇M1的三角云纹鼎与分水岭M25鼎相近，提链三足盘与分水岭M12盘基本相同。羽翅纹盖豆和莲盖变形龙纹壶的形制与金胜村M251相似，但是纹饰比之稍晚。郭宝钧先生认为大致在公元前300～前240年③。这座墓葬的年代大体与分水岭M12、M25接近，应为战国早期。

8. 第八期：战国中期

（1）早段。

1978年平山三汲乡中山国M6的素面簠，直壁稍短，圈足缩小，但是器型变高。所表现的两大特征：一是继承了晋中地区Ⅳ式簠的附耳位置和底足形状；二是开始接受晋南地区簠的环耳形特点，为M1中山王䜏墓的簠开创先河。此墓为中山国成公墓，根据M1中山王䜏墓出土的铁足大铜鼎和铜方壶铭文，以及文献《世本》记载"桓公徙灵寿"，《战国策·秦策》称："乐羊攻中山，三年而拔之。"桓公迁徙到灵寿，大致

---

① 山西省考古研究所：《上马墓地》，文物出版社，1994年，70页。
② 山西省考古研究所：《上马墓地》，文物出版社，1994年，57页。
③ 郭宝钧：《山彪镇与琉璃阁》，科学出版社，1959年，47页。

在公元前407年之后。这个地方埋葬的只有桓公、成公和𧊒三代。M6鼎形似扁球状，鼓腹，附耳外撇，矮三蹄足。方座豆的柄部短而粗，其形制与洛阳中州路M2717出土的铜鼎、铜豆相近。随葬的陶礼器尚未到达黑陶程度，要早于M1陶器。

1994年新蔡葛陵M1001的交龙纹簠、1981年随州擂鼓墩M2的交龙纹簠，两器均饰结构相同的交龙纹。葛陵M1001器物大多数被盗，兵器与江陵天星观M1同类器相近。兵器铭文有"平夜君成之用戟"或"平夜君成之用戈"。竹简中也提到了"小臣成"，可以确认墓主人就是平夜君成。随葬楚简祭祷的先王有荆王、文王、平王、昭王、惠王、简王、声王，因此墓葬年代当在楚声王之后，在公元前340年左右。擂鼓墩M2鼐鼎、盖鼎、方座簠、方壶等器物与擂鼓墩M1基本相同，但是抽象的鸟首龙纹更接近于线条化，说明比擂鼓墩M1时代略晚。

（2）晚段。

1974年平山三汲乡中山国M1出土的䇂蜜壶，表明王蜜是王𧊒的继任者。《史记·秦本纪》昭襄王八年（前299）"赵破中山，其君亡，竟死齐"。《史记·赵世家》惠文王三年（前296）"灭中山，迁其王于肤施。"《太平寰宇记》引《史记》记中山亡国之君王尚。由于王蜜卒于公元前299年，王𧊒墓的时代当在战国中期晚段。

1986年荆门十里铺包山M2的盖鼎向扁盒形的方向发展，鼐鼎蹄足变矮，敦的体型稍显椭圆形，圆壶的腹部呈扁圆形，圈足变高，这些都比江陵望山M1的同类器略晚。根据墓葬出土楚简267"大司马邵愲救郙之岁享月丁亥之日"，即公元前316年楚历六月二十五日。此墓下葬年代在此之后。

2002年湖北枣阳九连墩M1的鼐鼎、镬鼎和龙纹方座簠显示出了春秋、战国之际的特点，与寿县蔡侯墓、随州曾侯乙墓的器物相同或相近。镶嵌几何纹敦、镶嵌几何纹方壶和提链盒的特征均是战国中期的典型风格。九连墩M2蟠螭纹方座簠、错银云纹豆与擂鼓墩M2同类器形相似，M2比M1时代稍晚。

1982年河南洛阳解放路C1M395的地层打破战国文化层，同出有4件盒形器，表明其时代早不过战国中期。Ⅰ式鼎和Ⅰ式簠具有仿早期的形制特征，Ⅱ式簠与1961年万荣庙前村墓的簠[①]基本相似，团花纹又见于洛阳针织厂C1M5269的鼎、敦、提梁壶[②]等器物。镶嵌绿松石几何纹壶与1973年江陵藤店M1壶、1986年荆门包山M2壶完全相同，此墓年代当在战国中期晚段。

9. 第九期：战国晚期

1933年寿县朱家集李三孤堆的楚王酓腋簠，或称"楚王酓簠"，诸家所释甚多，

---

① 杨福斗：《山西万荣庙前村东周墓地调查发掘简讯》，《考古》1963年第5期。

② 洛阳市文物工作队：《洛阳市针织厂东周墓（C1M5269）的清理》，《文物》2001年第12期。

皆不一致。唐兰先生指出楚王畲肯即是楚考烈王熊元[①]。苏建洲先生释为"脡",读作"元"[②]。楚考烈王在位时间为公元前262～前238年,因此,朱家集楚王器是战国晚期的标准器。

综上所述,通过对青铜簠的分期断代研究,基本建立了器型发展序列和年代谱系(附表四)。从中可以看出政治形势和文化取向是导致器型发展演变的决定性因素。西周时期政治局势相对稳定,青铜簠呈现出线性发展态势。进入春秋以后,随着周王室地位的下降和楚文化的崛起,南北对抗开始加剧。青铜簠器型演变的转折点恰恰出现在江汉、江淮一带的南北文化交界区。这个区域的小诸侯国青铜簠种类十分丰富,表现出一种南北文化兼收的倾向。楚国势力的北进,使得长江流域的文化逐渐统一,类型丰富的青铜簠大量消失。但是,北方的中原文化却持续分裂,秦文化、燕文化基本不用,齐文化很少用这种器物。一方面大国的兼并战争使得中原系簠走向消亡;另一方面晋分裂为韩、赵、魏,使得各自文化体系的器物开始出现。由于韩国占据中原大部分地区,自然继承了春秋中原系簠的某些特点。赵国占据晋国的大部分属地,侯马样式得以流传。中王国起初被魏国所灭,复国以后文化选择上与韩国、赵国比较亲近,从青铜簠的器型可见一斑。战国中晚期,中原诸侯国逐渐衰落,随着秦、齐势力的扩张和文化输出,青铜簠首先在中原地区消亡了;一直到战国中期,楚式簠的发展都相对稳定。然而,秦国势力对楚国的打击以及楚王迁都,使得楚文化的输出由强转弱,最晚的楚王簠采用已经消亡的中原样式正好体现了历史发展的趋势。

---

① 唐兰:《寿县所出铜器考略》,《唐兰先生金文论集》,紫禁城出版社,1995年。
② 苏建洲:《论新见楚君畲延尊以及相关的几个问题》,《出土文献》第六辑,中西书局,2015年。

第七章 青铜簠器物组合研究

器物组合是同一座墓葬的器物按照一定的规律和组合方式放置。不同的组合方式反映时代、身份地位以及族属文化的差异。郭宝钧先生的《商周铜器群综合研究》（1965年）首先将这种研究方法运用于青铜器研究之中，"一群原群未散、有详确记录的科学发掘品，即一字不铭，它的本身已含有丰富的科学价值"[①]。他选择地点可靠、时代明确的商周青铜器群划分为六个界标。

（1）第一界标，郑州二里冈器群——中商铜器的尺度。

（2）第二界标，安阳小屯器群——晚商铜器的尺度。

（3）第三界标，西安普渡村器群——西周中期铜器的尺度。

（4）第四界标，陕县上村岭器群——春秋初铜器的尺度。

（5）第五界标，寿县蔡侯墓器群——春秋末期铜器的尺度。

（6）第六界标，寿县朱家集和信阳长台关器群——战国末期铜器的尺度。

通过六个界标将其余青铜器群与之进行比较研究，内容包括器类和组合的统计、器形和铸造的研究、花纹和铭文的表现、人事和使用的遗迹。其研究方式是从器物群的角度出发，具体探讨某类器物的时代和发展演变轨迹。

本书讨论青铜簠的器物组合关系则以分期断代为依据，将之回归到特定时间、特定地域的青铜器群，来研究青铜簠在器物组合中地位的变化，以及不同组合方式所反映的族属文化、地域文化的差异。采用两种模式进行分类：第一种是以时间为经线、地域为纬线，选择未经盗扰的墓葬和组合完整的青铜器群，通过有代表性的个案进行分析；第二种是选择比较完整的国族墓地，通过青铜簠出现的频率来考察规格、文化所引起的差异。

第一节 文献中器物组合的种类

作为粢盛器的青铜簠是"列鼎制度"不可分割的组成部分，通常认为礼器制度的

[①] 郭宝钧：《商周铜器群综合研究》，文物出版社，1981年，2页。

确立是从西周穆王时代才开始形成的。关于两周时期的用鼎情况，俞伟超[①]、高明[②]、林沄[③]、高崇文[④]、张闻捷[⑤]等几位先生都有重要的研究成果。《仪礼·士丧礼》和《仪礼·既夕礼》两篇文献记载了从始死到葬毕虞奠的全部过程，包括始死以至楔齿、奠惟堂、使人赴君、君使人弔襚、沐浴饭含、陈小敛衣、馈小敛奠及设东方之盥、陈床第、尸袭及西方之盥、小敛迁尸、陈大敛衣奠及殡具、大敛、殡、大敛奠、成服、朝夕哭奠、朔月奠及荐新、筮宅兆、视椁视器、卜葬日、自请启期、启殡、迁柩朝祖、荐车马设迁祖之奠、载柩饰柩、陈器与葬具、葬日陈大遣奠、将葬、读赗读遣、柩车发行，以至窆棺藏器葬事完毕。

这两篇文献虽然成书于战国早中期，但对探讨两周时期的用器制度仍然具有重要的意义。陈公柔先生《士丧礼、既夕礼中所记载的丧葬制度》将随葬器物的种类和组合分为六个时段[⑥]。本书依据奠仪从始死到下葬所出现的用器情况分为九个时段。

（一）始死奠

《士丧礼》：

> 奠脯、醢、醴、酒，升自阼阶，奠于尸东。

贾疏："《檀弓》曾子云：'始死之奠，其余阁也与？'郑注云'不容改新'也，则此奠是阁之余食为之。"《士冠礼》："脯用笾，醢用豆。"醴和酒是盛放于类似壶或罐的"甒"中，由此推知始死奠的器物组合是一笾、一豆、两甒。由于所盛之物为余食，那么这些器物应为死者日常生活用器。

《士丧礼》：

> 甸人掘坎于阶间，少西。为垼于西墙下，东乡。新盆、盘、瓶、废敦、重鬲，皆濯，造于西阶下。

郑注："新此瓦器五种者，重死事。盆以盛水，盘承溞濯，瓶以汲水也。废敦，敦无

---

① 俞伟超、高明：《周代用鼎制度研究》，《北京大学学报》（哲学社会科学版）1978年第1、2期。
② 高明：《中原地区东周时代青铜礼器研究》，《考古与文物》1981年第2～4期。
③ 林沄：《周代用鼎制度商榷》，《林沄学术文集》，中国大百科全书出版社，1998年。
④ 高崇文：《楚器使用礼制考》，《古礼足征——礼制文化的考古学研究》，上海古籍出版社，2015年。
⑤ 张闻捷：《周代用鼎制度疏证》，《考古学报》2012年第2期。
⑥ 陈公柔：《士丧礼、既夕礼中所记载的丧葬制度》，《考古学报》1956年第4期。

足者，所以盛米也。重鬲，鬲将县重者也。濯，涤溉也。造，至也，犹馔也。以造言之，丧事遽。"贾疏："云'盆以盛水'者，案下文祝渐米时所用。'盘以盛溴濯'者，谓置于尸床下时，余潘水名为溴濯。知以此盘盛者，下文别云'士有冰，用夷盘'，彼是寒尸之盘，故知此承溴濯。云'瓶以汲水也'者，下文管人汲，用此瓶也。知'废敦，敦无足'者，若有足直名敦，故下文彻朔奠云'敦启会面足'，注云：'面足执之，令足间乡前也。'是其有足直名敦，凡物无足称废。是以《士虞礼》云：'主人洗废爵，主妇洗足爵。'废爵，注云'爵无足'是也。云'所以盛米也'者，以下文而知。云'重鬲，鬲将县重者'也，下文鬻余饭，乃县于重。此时先用煮沐潘，故云将县重者也。以其事未至，故言'将'也。云'以造言之，丧事遽'者，以其不言馔造者，造是造次，故以造言之丧事遽也。"可知，盆、盘、瓶、敦、鬲皆为丧器，是在丧敛中给死者使用的。

（二）小敛奠

《士丧礼》：

> 馔于东堂下，脯、醢、醴、酒，冪奠用功布，实于篚，在馔东。设盆盥于馔东，有巾。

郑注："为奠设盥也。丧事略，故无洗也。"贾疏："云'为奠设盥也'者，谓为设奠人设盥洗及巾。云'丧事略，故无洗也'，直以盆为盥器也。"冪是覆盖，将奠品装在竹筐的篚内，用功布盖好。由此表明，小敛奠的器物是供奠人使用的祭器。

《士丧礼》：

> 陈一鼎于寝门外，当东塾，少南，西面。其实特豚，四鬄，去蹄，两胉、脊、肺。设扃鼏，鼎西末，素俎在鼎西，西顺，覆匕，东柄。

小敛奠的器物组合为一鼎、一俎、一匕、一篚、一豆、二甒、一盆。小敛就是从袭床迁尸于户内服上，唯恐妨碍敛事的进行，辟小敛奠于西序。贾疏："云'既馔，将小敛，则辟袭奠'者，既始死之奠袭，后改为袭奠，以恐妨敛事，故知辟袭奠，前袭时已辟之，今将小敛亦辟之，亦当于室之西南隅。"

《士丧礼》：

> 乃奠。举者盥，右执匕，却之，左执俎，横摄之，入，阼阶前西面错，错俎北面。右人左执匕，抽扃予左手，兼执之，取鼏，委于鼎北，加扃，不

坐。乃枕，载。载两髀于两端，两肩亚，两胉亚，脊、肺在于中，皆覆，进
柢，执而俟。夏祝及执事盥，执醴先，酒、脯、醢、俎从，升自阼阶。丈夫
踊，甸人彻鼎巾，侍于阼阶下。奠于尸东，执醴酒，北面西上。豆错，俎错
于豆东。立于俎北，西上。醴酒错于豆南。祝受巾，巾之，由足降自西阶。
妇人踊。奠者由重南，东，丈夫踊。宾出，主人拜送于门外。

郑注："举者盥，出门举鼎者，右人以右手执匕，左人以左手执俎，因其便也。"又
注："柢，本也。进本者，未异于生也。"贾疏："《公食大夫》亦进本，是生人
法，今以始死，故未异于生也。"可知，小敛奠的器物是日常祭祀使用的礼器。

（三）大敛奠

《士丧礼》：

> 东方之馔，两瓦甒，其实醴酒，角觯，木柶。髤豆两，其实葵菹芋、蠃
> 醢。两笾无縢，布巾，其实栗，不择，脯四脡。奠席在馔北，敛席在其东。

郑注："大敛奠而有席，弥神之。"奠席是弥神的，奠席以南的馔应是供神使用。
《士丧礼》下文有"祝彻盥于门外。入，升自阼阶，丈夫踊。祝彻巾，授执事者以
侍。彻馔，先去醴酒，北面。其余取先设者，出于足，降自西阶。妇人踊。设于序
西南，当西荣，如设于堂"。郑注："为求神于庭，孝子不忍使其亲奄无所冯依
也。"可知，祝从堂上撤下供神使用的器物，仍陈设于西南序。

《士丧礼》：

> 掘肂见衽。棺入，主人不哭。升棺用轴，盖在下。熬黍稷各二筐，有鱼
> 腊，馔于西坫南。陈三鼎于门外，北上。豚合升，鱼鲋鲋九，腊左胖，髀不
> 升，其他皆如初。

郑注："肂，埋棺之坎者，掘之于西阶上。"《礼记·檀弓》："孔子云：'夏后氏
殡于东阶，殷人殡于两楹之间，周人殡于西阶之上。'"郑注："熬所以惑蚍蜉，令
不至棺旁也。"贾疏："《丧大记》云：'熬，君四种八筐，大夫三种六筐，士二种
四筐。加鱼腊焉。'注云：'熬者，煎谷也。'"意思就是说陈尸于西阶的坎内，并
在西坫的南侧陈设煮熟的谷物和鱼腊，使虫蚁不能靠近死者。盛放谷物和鱼腊的竹制
方形器"筐"，并不是供人使用的，亦不是供死者在后世使用的，应当是丧器。三件
升鼎表示士礼的规格，是享神的祭器。由此来看，大敛奠主要是享神之器，器物组合

为三鼎、两笾、两豆、两甒、一觯、一柶、一盆。四筐是丧器，不属于祭器组合。

《士丧礼》：

> 乃奠。烛升自阼阶。祝执巾，席从，设于奥，东面。祝反降，及执事执馔。士盥，举鼎入，西面北上，如初。载，鱼左首，进鬐，三列，腊进柢。祝执醴如初，酒豆笾俎从，升自阼阶。丈夫踊。甸人彻鼎。设豆，右菹，菹南栗，栗东脯，豚当豆，鱼次，腊特于俎北。醴酒在笾南，巾如初。既错者出，立于户西，西上。祝后，阖户。先由楹西，降自西阶。妇人踊。奠者由重南，东。丈夫踊。宾出，妇人踊。主人拜送于门外。入，及兄弟北面哭殡。兄弟出，主人拜送于门外。

郑注："执烛者先升堂照室，自是不复奠于尸。祝执巾，与执席者从入，为安神位。室中西南隅谓之奥。"贾疏："小敛奠皆在尸旁，今大敛奠不在西阶上，就柩所，故于室内设之。"大敛奠由楹间入于室内，根据《士丧礼》下文朝夕奠"彻者盥于门外"，郑注："彻者，彻大敛之宿奠。"可知，陈设于室内的大敛奠是通宵达旦的。

（四）朝夕奠

《士丧礼》：

> 彻者盥于门外。烛先入，升自阼阶。丈夫踊。祝取醴，北面，取酒立于其东，取豆、笾、俎，南面西上。祝先出，酒、豆、笾、俎序从，降自西阶。妇人踊。设于序西南，直西荣。醴酒北面西上。豆西面错，立于豆北，南面。笾、俎既错，立于执豆之西，东上。酒错，复位。醴错于西，遂先，由主人之北适馔。乃奠。醴、酒、脯、醢升，丈夫踊。入，如初设，不巾。

郑注："适馔，适新馔，将复奠。"黎明时分从室内将大敛奠的祭器祭物取出，仍陈设于西南序，准备新馔进行朝奠。朝奠入于室内，器物组合为一笾、一豆、两甒，与始死奠相同。贾疏："朝夕哭止，拜宾乃奠，奠则礼毕矣。"

（五）朔月奠

《士丧礼》：

> 朔月，奠用特豚、鱼、腊，陈三鼎如初。东方之馔亦如之。无笾，有黍、稷。用瓦敦，有盖，当笾位。主人拜宾，如朝夕哭，卒彻。举鼎入、

升，皆如初奠之仪。卒匕，释匕于鼎。俎行，匕者逆出。甸人彻鼎，其序：醴酒、菹醢、黍稷、俎。其设于室，豆错，俎错，腊特。黍稷当筵位。敦启会，却诸其南。醴酒位如初。祝与执豆者巾，乃出。主人要节而踊，皆如朝夕哭之仪。月半不殷奠。

郑注："朔月，月朔日也。自大夫以上，月半有奠。如初者，谓大敛时。"意思是指士礼的规格只有朔月奠，大夫礼以上才有月半奠。陈设的器物组合如同大敛奠，只不过没有筵，开始出现有盛放黍稷的敦。郑注："于是始有黍稷，死者之于朔月、月半，犹平常之朝夕。大祥之后，则四时祭焉。"贾疏："始死以来，奠不言黍稷，至此乃言之……谓犹生时朝夕之常食也。案《既夕礼》记云：'燕养馈羞，汤沐之馔如他日。'注云：'燕养，平常所用供养也。馈，朝夕食也。羞，四时之珍异。'"由此可见，朔月奠的用器组合与大敛奠相似，但是内涵却大不相同。大敛奠是为"求神于庭"，所用享神之器必是宗庙重器，类似于金文中"子子孙孙永宝用"之类的器物。朔月奠则是事死如事生，所用之器是墓主人生前宴飨馈食之器，类似于金文中"朝夕用飨朋友"之类的器物。

（六）荐新奠

《士丧礼》：

> 有荐新，如朔奠。彻朔奠，先取醴酒，其余取先设者。敦启会，面足。序出如入。其设于外，如于室。

郑注："荐五谷若时果物新出者。"贾疏："案《月令》仲春'开冰，先荐寝庙'，季春云'荐鲔于寝庙'，孟夏云'以彘尝麦，先荐寝庙'，仲夏云'羞以含桃，先荐寝庙'。皆是荐新如朔奠者，牲牢笾豆，一如上朔奠也。"荐新奠的器物组合与朔月奠相同。

（七）迁祖奠

《既夕礼》：

> 既夕哭，请启期，告于宾。夙兴，设盥于祖庙门外。陈鼎皆如殡，东方之馔亦如之。

郑注："皆，皆三鼎也。如殡，如大敛既殡之奠。"启殡的前一夜为既夕礼，表示朝夕奠的结束。将灵柩迁往祖庙停放一日，厥明下葬。根据庙数决定停放时间，即天子七庙、诸侯五庙、大夫三庙、士二庙、元士一庙。迁祖奠用器组合与大敛奠相同，为三鼎、两笾、两豆、两甒、一觯、一柶、一盆。

（八）祖奠

《既夕礼》：

> 有司请祖期……商祝饰柩，一池，纽前赪后缁，齐三采，无贝。设披。属引。陈明器于乘车之西。折，横覆之。抗木，横三缩二。加抗席，三。加茵，用疏布，缁剪，有幅，亦缩二横三。器，西南上，綪。茵。苞二。筲三，黍、稷、麦。瓮三，醯、醢、屑，幂用疏布。甒二，醴、酒，幂用功布。皆木桁，久之。用器，弓矢、耒耜、两敦、两杅、盘、匜。匜实于盘中，南流。无祭器，有燕乐器可也。役器，甲、胄、干、笮。燕器，杖、笠、翣。彻奠，巾席俟于西方，主人要节而踊。

郑注："将行而饮酒曰祖。"贾疏："此死者将行亦曰祖，为始行，故曰祖也。"祖奠首先是进行饰棺，所陈设的器物也就是随葬的器物。主要种类包括明器、用器、祭器、燕乐器、役器和燕器（表7-1）。

表7-1　随葬器物的种类和等级

墓主	明器	用器	祭器	燕乐器	役器	燕器
天子	√	√	√	√	√	√
诸侯	√	√	√	√	√	√
大夫	√	√	√	√	√	√
士	√	√		√		√
元士	√	√		√	√	√

1. 明器

郑注："明器，藏器也。《檀弓》曰：'其曰明器，神明之也。'言神明者，异于生器。'竹不成用，瓦不成味，木不成斫，琴瑟张而不平，竽笙备而不和，有钟磬而无簨。其曰明器，神明之也。'"贾疏："自苞筲以下，总曰藏器，以其俱入圹也。"根据文献所述，明器的特点是无实用价值，竹瓦之器不可用，琴瑟竽笙无宫商之调，钟磬不能悬之。器物组合为二苞、三筲、三瓮、二甒。苞，郑注"象既飨而归宾俎者也"，以俎承苞，俎为肉食器。筲，"畚种类也，其容盖与簋同一觳也"。

《广雅·释器》"筥,竹莜也",王氏疏证:"竹莜即筥字也。"筥为饭食器,瓮为盛酱器,甒为盛酒器。

2. 用器

郑注:"此皆常用之器也。"表示为墓主人生前所用之器。弓矢代表兵器,耒耜代表农器,敦杅代表食器,盘匜代表水器。需要注意的是,随葬用器无酒器。

3. 祭器

郑注:"士礼略也。大夫以上兼用鬼器、人器也。"表明随葬祭器也有一定的身份等级,只有大夫以上的级别才能够拥有。贾疏:"案《檀弓》云:'宋襄公葬其夫人,醯醢百瓮。曾子曰:既曰明器矣,而又实之。'注云:'言名之为明器,而与祭器皆实之,是乱鬼器与人器。'以此而言,则明器,鬼器也;祭器,人器也。士礼略,无祭器,空有明器而实之。大夫以上,尊者备,故两有。若两有,则实祭器,不实明器。宋襄公既两有,而并实之,故曾子非之。"

4. 燕乐器

郑注:"与宾客燕饮用乐之器也。"

5. 役器

郑注:"此皆师役之器。"

6. 燕器

郑注:"燕居安体之器也。"贾疏:"以杖者,所以扶身;笠者,所以御暑;翣者,所以招凉,而在燕居用之。"考古发现的随葬青铜容器种类主要是明器、用器、祭器和燕乐器四类,通过这段文献可以明确不同等级的用器情况。

(九)大遣奠

《既夕礼》:

> 厥明,陈鼎五于门外,如初。其实:羊左胖,髀不升,肠五,胃五,离肺。豕亦如之,豚解,无肠胃。鱼、腊、鲜兽,皆如初。东方之馔:四豆,脾析、蜱醢、葵菹、蠃醢;四笾,枣、糗、栗、脯;醴、酒。陈器。

郑注:"鼎五,羊、豕、鱼、腊、鲜兽各一鼎也。士礼,特牲三鼎,盛葬奠加一等,用少牢也。如初，如大敛奠时。"贾疏："葬日之明，陈大遣奠于庙门外之事……云'士礼，特牲三鼎'者，《特牲馈食礼》陈三鼎，故知也。云'盛葬奠加一等，用少牢也'者，以其常祭用特牲，今大遣奠与大夫常祭用少牢，同是盛此葬奠，故加一等用少牢也。云'如初，如大敛奠时'者，以其上迁祖奠时，云如殡谓如大敛，明此云如初亦如大敛，在庙门外及东方之馔也。虽如大敛，鼎数仍不同，以其大敛三鼎，此则五鼎。然大小敛时无黍稷，朔月则有黍稷，此葬奠又无黍稷者。大敛前无黍稷者，以其初死，至朔月乃有之，故郑注云至此乃有黍稷。今葬奠更无黍稷者，以其始死至殡，自启至葬，其礼同，故无黍稷亦同也。"大遣奠的器物组合为五鼎、四簋、四豆、二甒。

需要指出的是，这套器物组合为祭器，而非明器。因为下文有"陈器"，郑注："明器也。"贾疏："以其上朝祖之日已陈明器，此复陈之者，由朝祖至夜敛藏之，至此厥明更陈之也。"按照上文所述，士礼下葬不能有祭器，因此这套五鼎器并不会放入墓中。明器种类，依据上文为二苞、三筲、三瓮、二甒。《既夕礼》："彻巾，苞牲，取下体。"郑注："士苞三个，前胫折取臂臑，后胫折取骼，亦得俎释三个。"苞牲与俎相配，但是两段文献所载的苞牲数量却相互抵牾。《礼记·檀弓》："国君七个，遣车七乘；大夫五个，遣车五乘。"郑注："人臣赐车马者，乃得有遣车。遣车之差，大夫五，诸侯七，则天子九。诸侯不以命数，丧数略也。包，谓所包遣奠牲体之数也。《杂记》曰：'遣车视牢具。'"又注："言车多少，各如所包遣奠牲体之数也。然则遣车载所包，遣奠而藏之者与？遣奠，天子大牢包九个，诸侯亦大牢包七个，大夫亦大牢包五个，士少牢包三个，大夫以上乃有遣车。"因此，明器组合应为三俎、三筲。

根据上述对《士丧礼》和《既夕礼》两篇文献的分析，我们明确了三个问题：其一，不同仪式环节所用器物的内涵不同。始死奠是死者日常生活器和专给死者使用的丧器，小敛奠是日常祭祀器，大敛奠是享神祭祀器，朝夕奠是日常生活器，朔月奠和荐新奠是馈食器，迁祖奠是祭祀器，祖奠有明器、用器、祭器、燕乐器、役器和燕器，大遣奠是祭祀器和明器。其二，文献所说"大遣奠加礼一等"只适用于大夫以上的级别，并且所加之礼并非明器。墓主人随葬哪套器物或哪几套器物，根据身份等级和实际情形需要具体分析。其三，以往对墓葬中"明器"的判定是器型矮小、制作粗糙不能使用的器物。但是文献所讲士礼不用祭器随葬，用明器随葬且有鼎实。考古发现随州义地岗曾公子弃疾器自名为"行器"，即淅川下寺M1钟铭"百岁之外，以之大行"。由此表明，只要是为了"致送鬼神"在下葬前铸造的，未经使用的器物均可称为明器，不能单从器物制作的粗精判断。

王红星先生通过对包山二号墓的研究发现高等级贵族墓往往会有两套升鼎，且数量多相差一个等级。由此认为两套升鼎分别属人器和鬼器，数量较多的一组为人器，是大遣奠时生者祭祀死者所陈之祭器；数量较少的一组为鬼器，代表墓主人的身份[①]。《礼记·檀弓上》："仲宪言于曾子曰：'夏后氏用明器，示民无知也；殷人用祭器，示民有知也；周人兼用之，示民疑也。'曾子曰：'其不然乎？其不然乎？夫明器，鬼器也；祭器，人器也。夫古之人胡为而死其亲乎？'""鬼器"即明器，是丧礼中专门置办的致送鬼神之器，其特点就是"器不成用"，这个是比较明确的。"人器"的内涵应该更为广泛，不仅是祭器，馈器、滕器都应当属于人器的范畴。

刘彬徽先生认为楚墓的列鼎制度存在两两成对、按双件递减的特点[②]。张闻捷先生通过对楚国青铜器的研究发现楚式礼器组合形式分为三类，即A类箍口鼎、簠、缶组合；B类子母口鼎、敦、圆壶组合；C类升鼎、簠、方壶、鬲组合。三类组合分别与文献记载的朝践、馈食、绎祭三个仪式的用鼎情况有关，体现了诸侯用正鼎七、九、七，大夫用正鼎五、七、五的制度[③]。曹玮先生通过分析东周时期的赗赠现象，提出以青铜礼器作为助葬的实例[④]。这些研究成果对我们讨论两周时期墓葬的器物组合具有重要的意义。虽然从春秋早期到战国中期相隔几百年，礼制的发展演变肯定大不相同。结合文献来看考古资料，仍然能得出许多新的认识。

第二节　墓葬中器物组合的形式

根据青铜艺术的发展和礼制变化的特征，将器物组合关系分为三期，对有完整序列的墓葬群分别论述。

一、第一期：西周晚期—春秋早期

1. 第一组

天马-曲村墓地M6390、M7070、M5150、M5189。

天马-曲村墓地仅有这4座西周晚期墓葬，前两座属于早段（第5段）、后两座属于晚段（第6段）。考古报告称第6段"两墓所出铜鼎、簋、簠、盘、匜、盉，皆西周晚期形制，惟折腹鼎及其所施回字纹，前所未见；回字纹亦见于东西周之际遗址所出陶

---

① 王红星、胡雅丽：《由包山二号楚墓看楚系高级贵族墓的用鼎制度——兼论周代鼎制的发展》，《包山楚墓》，文物出版社，1991年，477~487页。
② 刘彬徽：《楚系青铜器研究》，湖北教育出版社，1995年，504~524页。
③ 张闻捷：《楚国青铜礼器制度研究》，厦门大学出版社，2015年。
④ 曹玮：《东周时期的赗赠制度》，《周原遗址与西周铜器研究》，科学出版社，2004年。

盆及罐上，其年代或可至东周初年。不过，同出陶鬲颇似晋侯墓者，姑且定为西周最晚期"[①]。M5150和M5189为夫妻并列合葬墓，男性墓二鼎二簠，女性墓一鼎一簠，从随葬器物的等级看男性墓高于女性墓。从墓室面积和棺椁数量看，女性墓要高于男性墓。若以5平方米以下为小型墓、5~10平方米为中型墓，10平方米以上为大型墓统计，青铜簠发现于较大的中型墓，却不出于小型墓。发现于女性墓，非男性墓，说明簠的级别要低于簋。

从器物内涵来看，M5189的二鼎二簠、一匜一盘皆为实用器，鼎底内外及足部都有烟炱痕迹。M5150的一鼎为实用器，一簠为明器，底壁交接处多有范土，明显未曾使用过。同出的一盉一盘也是明器，由此可知，M5150和M5189为士礼一级，只能随葬用器，女性墓的用器数量低于男性墓（表7-2）。

表7-2　天马–曲村晋国墓地器物组合

墓葬	墓室面积/平方米	棺椁	头向	葬式	器物组合	备注
M6390	3.3×2.04	一椁一棺	东	仰直	鼎1	女性
M7070	2.92×1.68	一椁一棺	北	仰直	簠1	男性
M5150	4.25×2.98	一椁二棺	北	仰直	鼎1、簠1、盘1、盉1	女性
M5189	3.98×3.25	一椁一棺	北	仰直	鼎2、簠2、盘1、匜1	男性

2. 第二组

北赵晋侯墓地M63、M62、M64。

晋侯墓地M63为"中"字形墓，M62和M64为"甲"字形墓。一般认为M64为晋国国君，M62和M63为夫人墓，因此这一组也呈现了礼器组合男性墓高于女性墓，而墓葬规格女性墓不低于男性墓，甚至高于男性墓的现象。3座墓葬的礼器核心还是鼎簋组合，M64为五鼎四簋，青铜簠出土于国君墓却并不在器物组合的序列当中。这种以鼎簋组合作为周礼的核心器物组合，在姬姓的诸侯国君墓完整的体现出来。晋侯墓随葬的五鼎四簋比之诸侯身份的等级要低一等，《礼记·玉藻》记载诸侯"朔月少牢，五俎四簋"。或许说明这套器物可能并不是表示身份的祭器（表7-3）。

---

① 北京大学考古学系商周组、山西省考古研究所：《天马—曲村（1980~1989）》，科学出版社，2000年，334页。

表7-3　北赵晋侯墓地器物组合

墓葬	墓室面积/平方米	棺椁	头向	葬式	器物组合	备注
M64	6.48×5.52	一椁二棺	北	仰直	鼎5、甗1、簋4、簠1、壶2、尊4、盘1、匜1、钟8、铙1	男性
M63	6.8×5.64	一椁二棺	北	仰直	鼎3、簋2、壶2、方彝1、爵1、觯1、盘1、盉1	女性
M62	6.55×5.5	一椁二棺	北	仰直	鼎3、簋4、尊1、壶1、方彝1、爵1、盘1、匜1	女性

3. 第三组

长清邿国墓地石都庄M1、仙人台M3。

石都庄M1是村民取土时发现，葬制情况不详，邿仲簋铭文为媵器，邿召簋铭文为飤器，两墓的器物组合都是实用器（表7-4）。从青铜簋形制来看，石都庄M1邿仲簋（图7-1）又早于仙人台M3邿召簋（图7-2）。仙人台M3是明确的女性墓，器物组合与石都庄M1相同，后者又是明确的媵器，可以推测石都庄M1也是女性墓。表明西周晚期异姓诸侯国的女性墓多使用鼎簋组合，且为偶数序列。山西侯马上马墓地M4078也是二鼎二簋（图7-3），并且墓葬中还有一件徐舒文化的浅腹蹄足鼎，应该与墓主人的族属有关。

表7-4　长清邿国墓地器物组合

墓葬	墓室面积/平方米	棺椁	头向	葬式	器物组合	备注
石M1					鼎2、簋2	
仙M3	4.4×2.7	一椁一棺	西北	仰直	鼎2、簋2	女性

4. 第四组

枣庄小邾国墓地M2、M3。

小邾国墓地M2为国君墓，M3为夫人墓（表7-5）。根据墓葬器物的摆放位置，M2器物放置于两个区域：A区，四鼎、四鬲、四簋、二圆壶；B区，一盘、一匜、一罍（图7-4）。A区组合表示身份等级，相当于五鼎四簋的大夫礼。随葬器物的对偶数不同于奇偶数，可能是一种地域特点。由于多件器物铭文都有"邾君庆"，我们曾经

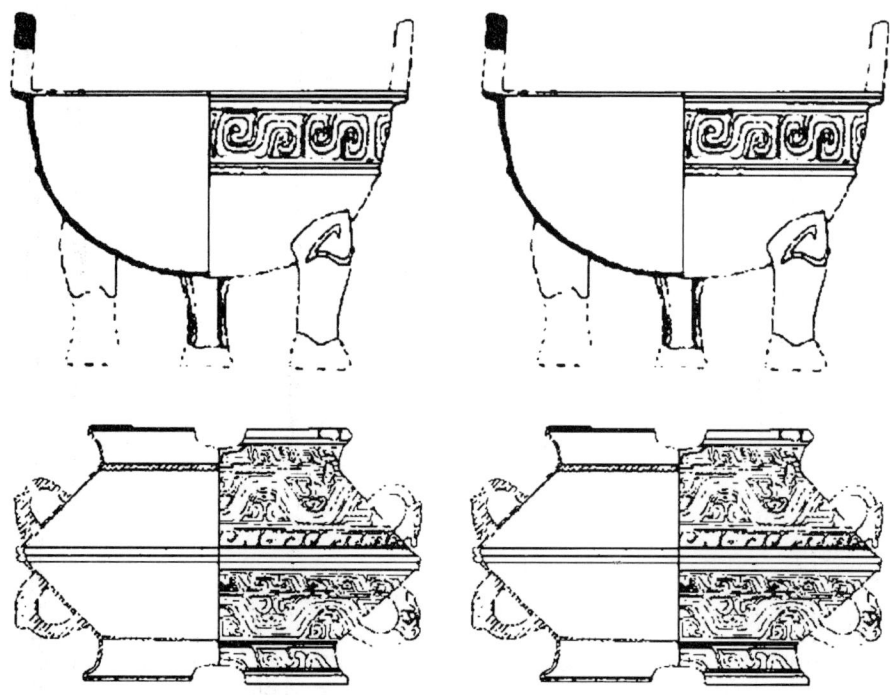

图7-1　山东石都庄M1粢盛器组合

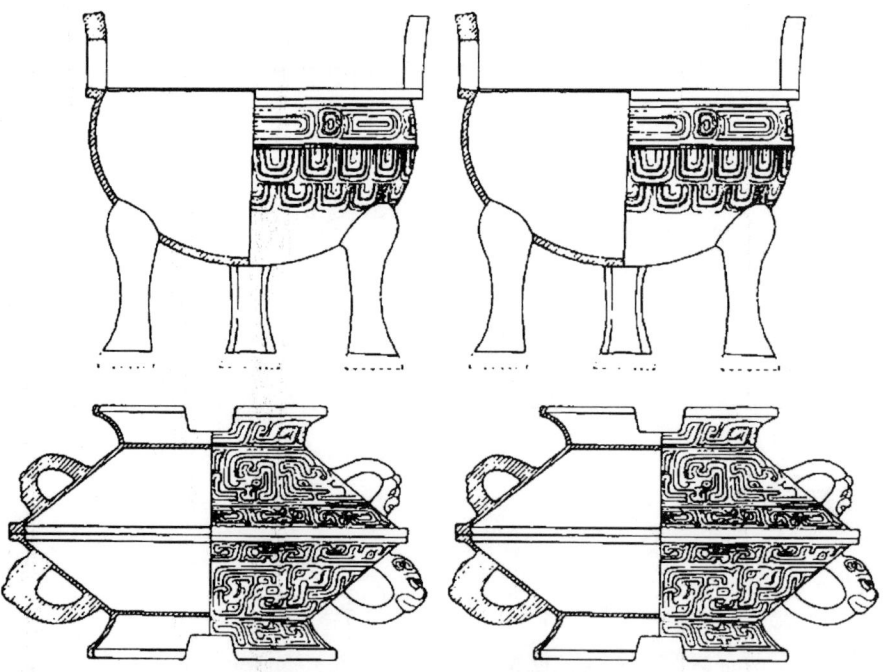

图7-2　山东仙人台M3粢盛器组合

第七章 青铜簠器物组合研究

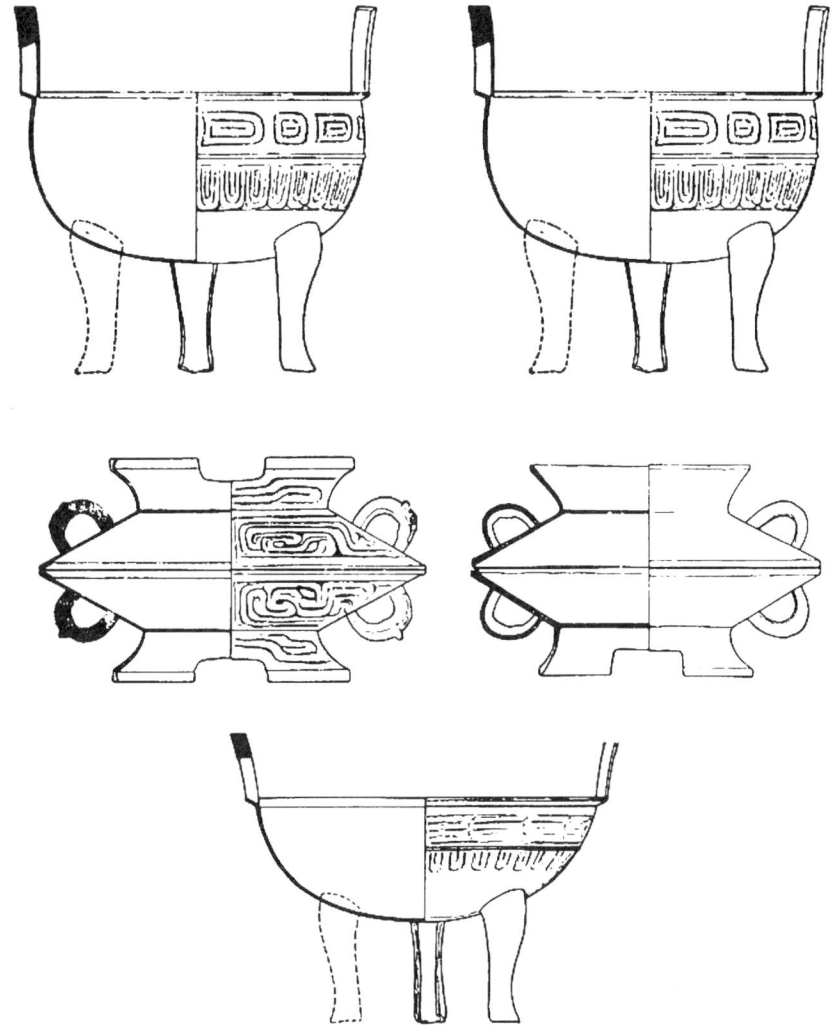

图7-3 山西侯马上马墓地M4078粢盛器组合

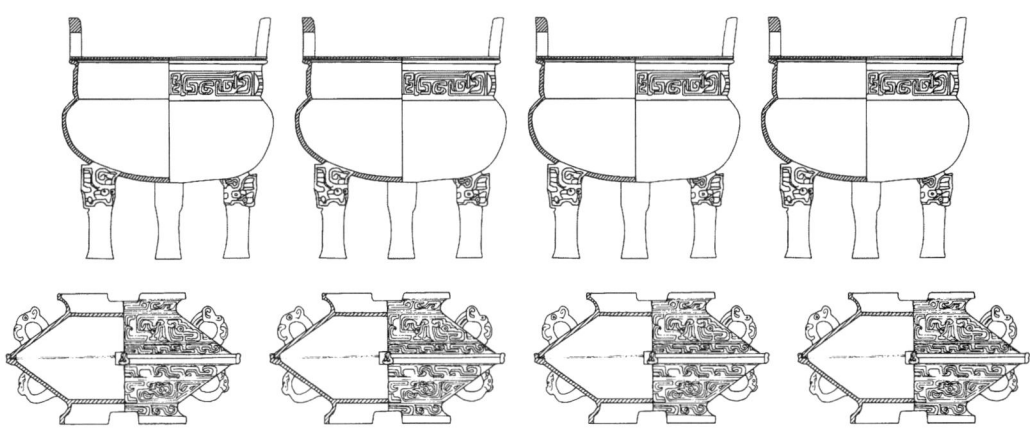

图7-4 山东小邾国墓地M2粢盛器组合

推断M2和M3是郳庆的下一代小邾国国君和夫人[①]。需要注意的是，四件簠是不同人的器物，下葬时拼凑的组合。M3器物放置于两个区域：A区，三鼎、二鬲、二圆壶、二盥缶；B区，四簠、一匜鼎、一盘、一方盉、一提链罐、一匜形器。A区器物组合为祭器，三鼎的士礼表明夫人墓比国君墓低一级。B区器物组合为馈食日用器，四件簠是郳公子害所作之器，且与方盉、提链罐这些女性日用器相邻。由此推测女性墓中有助葬的男性器可能不具有祭器内涵，不与其表示身份的三鼎形成组合。匜形器在簠的东侧，带錾小流口的形制可能与舀取谷物有关。匜鼎置于盘中，实际上就是代替了匜。

表7-5 枣庄小邾国墓地器物组合

墓葬	墓室面积/平方米	棺椁	头向	葬式	器物组合	备注
M2	5.7×5.6	一椁一棺	东		鼎4、鬲4、簠4、圆壶2、罍1、盘1、匜1	男性
M3	6×5	一椁一棺	东		鼎3、鬲2、簠4、圆壶2、鉶1、提链罐1、盘1、匜鼎1	女性

5. 第五组

滕州薛国墓地M1、M2、M4。

薛国墓地三座墓葬的器物组合有较强的一致性，七鼎六簠皆为诸侯国君的级别，年代为春秋早、中期，M4的年代下限为春秋中期早段。薛国墓地M1的器物位置可以分为三个区域：A区，七列鼎、一方鼎、二圆壶、一方壶、一盘、一匜（方鼎和方壶破碎无图）；B区，六鬲、六簠、二簋、六陶豆；C区六陶罍（图7-5）。A区器物为祭器组合，一方鼎可能为小敛奠的特牢。大敛奠的器物组合是鼎俎、笾豆、甒、盆，实际上就是肉食器+盛酒器+盥洗器的组合，不包括粢盛器。B区和C区器物为馈食器组合，《仪礼·聘礼》："（飨宾）堂上之馈八。"包括八豆、八簠、六鉶、二簋、八壶。"西阶馈六"，包括六豆、六簠、四鉶、二簋、六壶。按照文献所说，鉶鼎盛有菜调和的肉羹，其功能与鬲相同都是饪食器。虽然鬲的数量微有差异，大体还是符合馈食器的记载。

薛国墓地M2的器物相对集中，七件浅腹盖鼎与簠的位置较近，1件深腹盖鼎与簠的位置较近（图7-6）。薛国墓地M4的器物位置又分为二个区域：A区，七列鼎、六鬲、六簠、二圆壶、六陶罍、三鸟形爵；B区，三列鼎、二簠、一尊缶、一鑑、一鉶、二盘、一盉、一匜（图7-7）。进入春秋中期，一个非常明显的现象就是诸侯墓有两套礼器组合，分别是七鼎六簠和三鼎二簠，三鼎可能就是文献中的"陪鼎"。

[①] 胡嘉麟：《东周时期的小邾国青铜簠——兼论小邾国墓地的相关问题》，《东方考古》第14集，科学出版社，2018年。

第七章 青铜簠器物组合研究

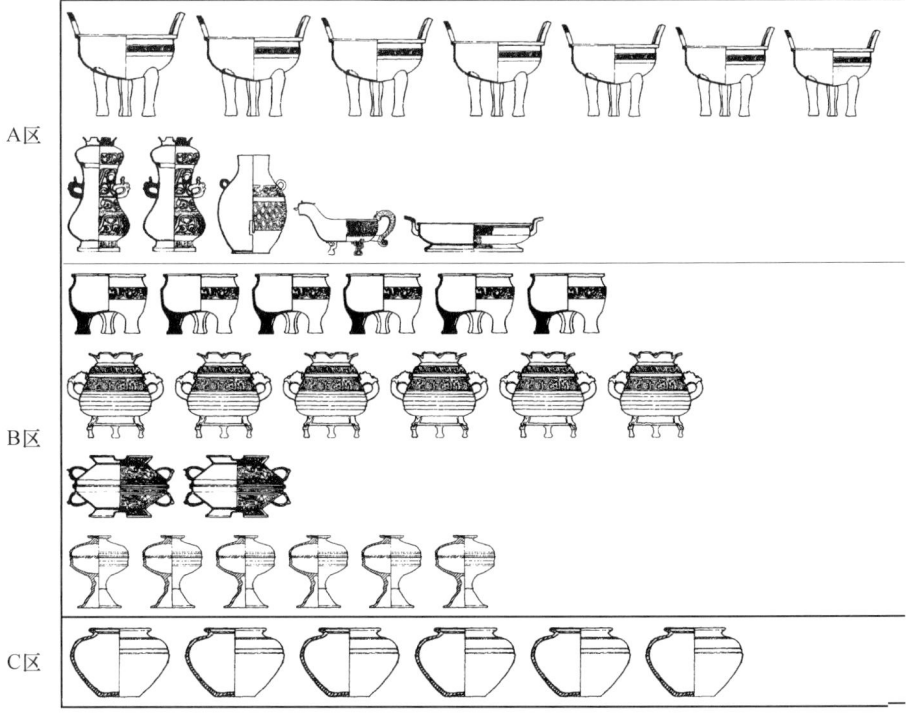

图7-5 山东滕州薛国墓地M1器物组合

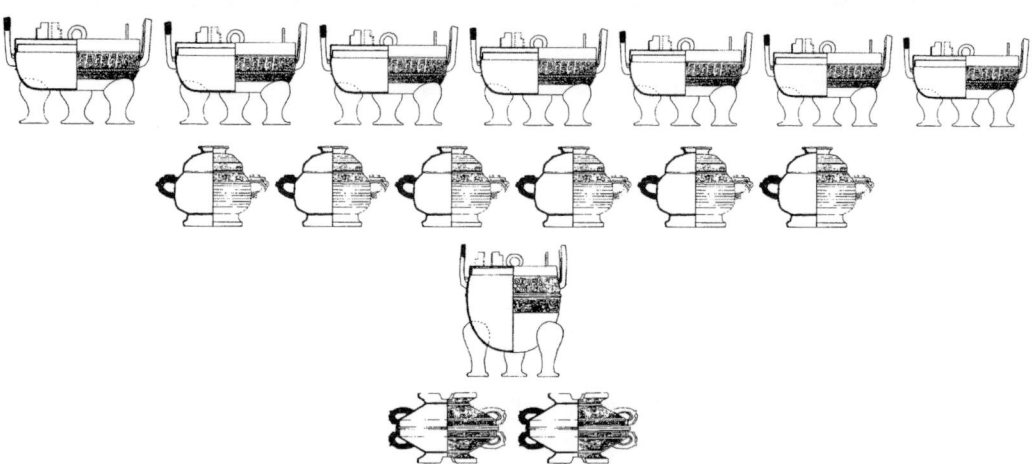

图7-6 山东滕州薛国墓地M2粢盛器组合

第七章 青铜簠器物组合研究

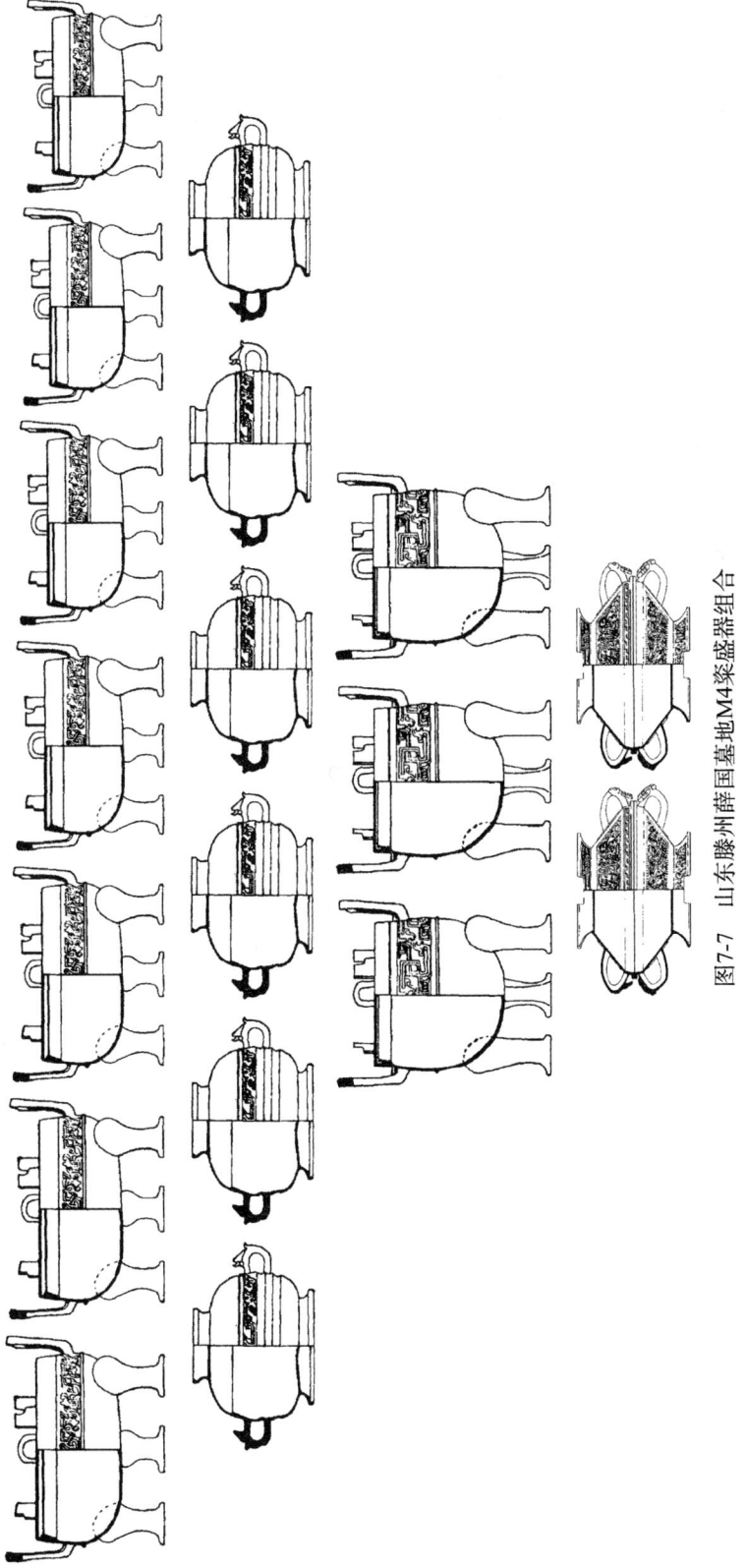

图7-7 山东滕州薛国墓地M4粢盛器组合

《周礼·膳夫》："王日一举，鼎十有二，物皆有俎。"郑玄注："鼎十有二，牢鼎九，陪鼎三。物谓牢鼎之实，亦九俎。"陪鼎即羞鼎，盛放庶羞"膷、臐、膮"。《仪礼·公食大夫礼》郑注："牛曰膷、羊曰臐、豕曰膮，皆香美之名也……今时臛也。"《楚辞·招魂》："露鸡臛蠵。"王逸注："有菜曰羹、无菜曰臛。"那么，羞鼎所盛的就是没有菜的肉羹（表7-6）。

表7-6 滕州薛国墓地器物组合

墓葬	墓室面积/平方米	棺椁	头向	葬式	器物组合	备注
M1	5.54×4.7	二椁二棺	北	侧屈	鼎7+1、鬲6、簋6、簠2、壶2+1、鉴1、盘1、匜1	男性
M2	4.5×4	二椁二棺	北		鼎7+1、鬲6、簋6、簠2、壶2+1、鉴1、盘1、匜1	男性
M4					鼎7+3、鬲6、簋6、簠2、壶2+1、鉴1、爵3、鉴1、盘2、盉1、匜1	男性

6. 第六组

三门峡虢国墓地M2001、M2012、M2011、M1820、M2006、M2010、M2013、M2017。

M2001和M2012、M2010和M2013分别是两组夫妻并列合葬墓。青铜簠出土于较大的中型墓和大型墓，且多在女性墓。青铜鬲出现在15平方米以上的墓葬中，表现为一定的用器等级。规模最大、级别最高的M2011不随葬青铜簠。此墓的墓室面积在20平方米以上，随葬有七件列鼎，另有两件鼎形制、纹饰与列鼎有异，造成实际器物组合为九鼎八簋，这就是文献所说的"大遣奠加礼一等"。但是七件列鼎制作粗糙，足底多有铸疣。八件簋同样存在盖捉手浇铸不足，没有使用痕迹的现象。

M2001虢季墓体现了两周之际非常典型的周文化器物组合，鼎、簋、鬲、盨、簠、铺、方壶为生前所作的礼器，均铸有相同的铭文。M2001和M2012分别为七鼎六簋（图7-8）和五鼎四簋（图7-9），并且两座墓葬还体现了粢盛器的等差序列组合关系，M2001是簋六—盨四—簠二，M2012是簋四—簠二。又如M2006为三鼎二盨（图7-10），在随葬簋、盨的情况下，簠不进入核心组合。M1820内棺有大量的玉串饰，没有随葬青铜兵器，出土的小罐与M2012梁姬罐相同，可以推测M1820的墓主人应为女性。此墓与M2006相邻，同样为女性墓，鼎、簋、簠的组合等级和数量均高于鼎、盨、簠。从随葬数量来看，簠均不超过两件，粢盛器的礼制等级依次为簋、盨、簠。

M2010和M2013分别为五鼎四簋和三鼎二簠。避开用器数量不谈，表现为男性墓用鼎簋组合，女性墓用鼎簠组合。地位较高的女性与男性一样使用鼎簋组合，因此鼎

第七章　青铜簠器物组合研究

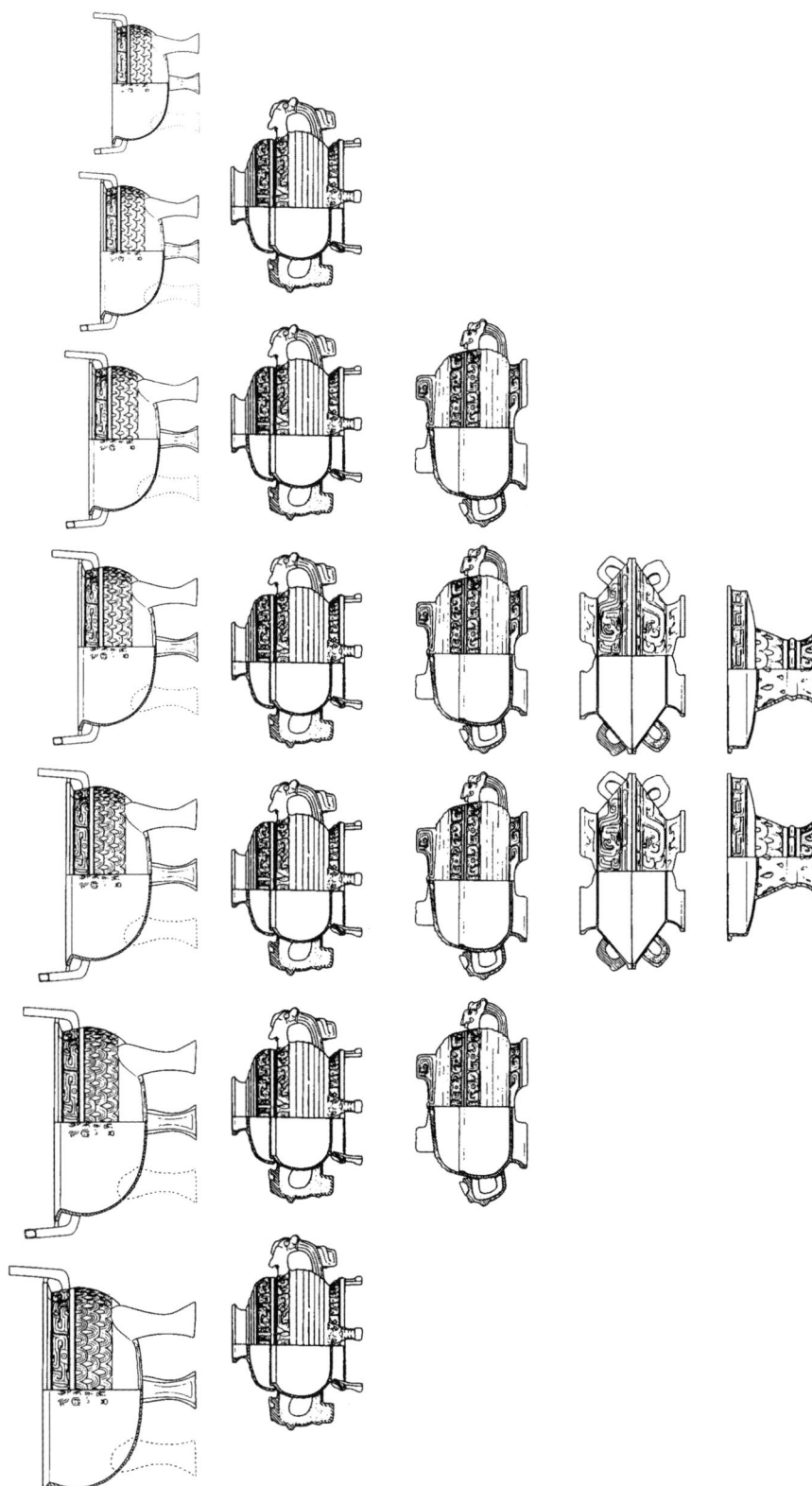

图7-8　河南三门峡虢国墓地M2001、M2012粢盛器组合

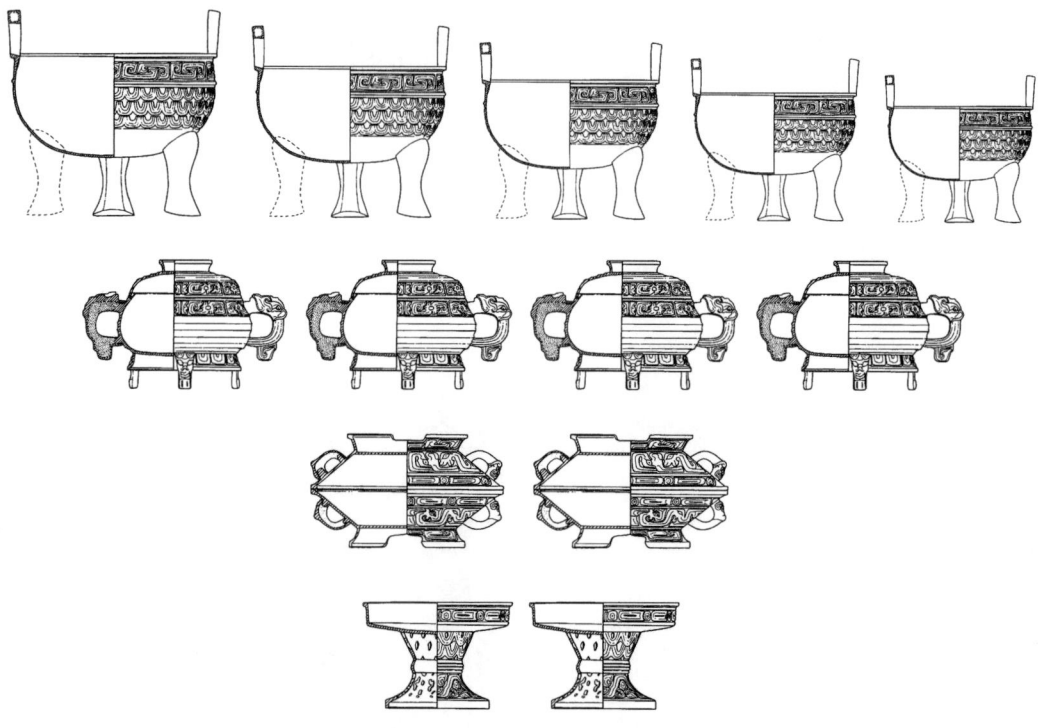

图7-9 河南三门峡虢国墓地M2012粢盛器组合

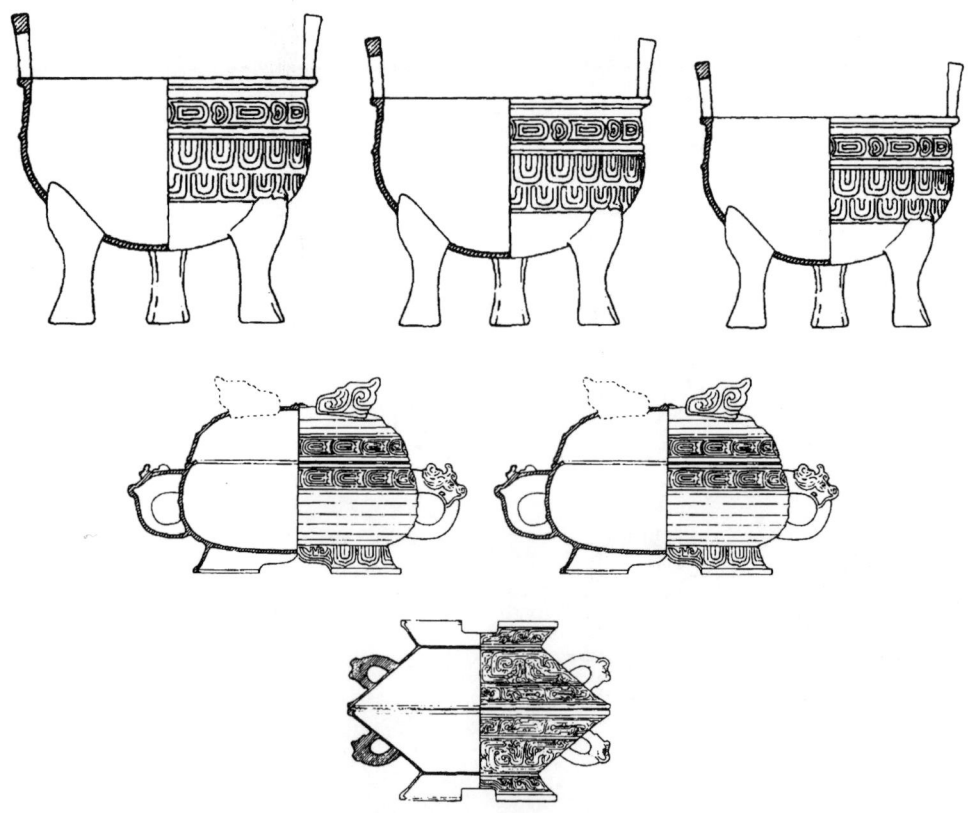

图7-10 河南三门峡虢国墓地M2006粢盛器组合

簋组合的等级要低于鼎簠组合。由此来看，在同一时期墓葬使用鼎簋组合还是鼎簠组合，取决于等级制度而不是时间早晚。不能简单认为鼎簠组合要晚于鼎簋组合，器物组合中簠代替了簋。

M2001的明器组合为三鼎、三簋、三方彝、三尊、三爵、二觯、二盘、二盉。M2012的明器组合为六鼎、六簋、五方彝、四爵、一觚、六觯、六盘、一匜、五盉。M2006的明器组合为一鼎、一方彝、一尊、一爵、一觯、一盉。M2017的明器组合为一鼎、一簋、一盘。文献所记，大遣奠士礼的明器组合为三俎、三筲，对奇数或对偶数可能是明器组合的一种模式（表7-7）。

表7-7　三门峡虢国墓地器物组合

墓葬	墓室面积/平方米	棺椁	头向	葬式	器物组合	备注
M2001	5.4×3.7	一椁二棺	北	仰直	鼎7+3、鬲8、甗1、簋6+3、盨4、簠2、铺2、方壶2、圆壶2、盘1+3、盉1+2、方彝3、尊3、爵3、觯2、钟8、钲1	男性
M2012	5.3×3.92	一椁二棺	北	仰直	鼎5+6、鬲8、簋4+6、簠2、铺2、方壶2、盘1+6、匜1、盉1+5、方彝5、爵4、觚1、觯6	女性
M2011	5.74×4.42	一椁二棺	北	仰直	鼎7+1+1、鬲8、甗1、簋8、铺1、圆壶2、方壶2、盆1、盘1、匜1	男性
M1820	4.5×3.55	一椁二棺	北	仰直	鼎3、鬲2、甗1、簋4、铺1、壶2、盘1、匜1	女性
M2006	5×3.3	一椁一棺	北	仰直	鼎2+1、鬲4、甗1、盨2、簋1、圆壶2、盘1、盉1、尊1、方彝1、爵1、觯1	女性
M2010	4.86×3.71	一椁二棺	北	仰直	鼎3+1+1、甗1、簋4、方壶2、盘1、匜1	男性
M2013	4.3×2.72	一椁一棺	北	仰直	鼎3、簋2、盘1、匜1	女性
M2017	4.1×2.35	一椁一棺	北	仰直	鼎1+1、簋1、簠1、盘1	女性

7. 第七组

韩城梁带村芮国墓地M27、M26、M19、M28。

芮国墓地M27为国君墓，M26和M19为夫人墓。M27七鼎六簋，六簋铭文为"旅簋"，说明非宗庙祭器。七鼎无铭文，且足底有铸疣未经打磨，显然系下葬时为了配六簋铸造的明器。这种情形与虢国墓地M2011比较相似，同样是明器配实用器共同形成组合关系。正鼎是体现身份等级的制度性规范，青铜器组合和种类的多寡则是由墓主人的权力决定的。M26仲姜夫人五鼎四簋是比诸侯低一等的大夫礼,鼎、簋皆有铭文称是祭祀桓公的"尊器",可知是以祭器随葬,同时随葬的簠、盆为日常用器,要比M27的食器组合稍显隆重,体现了芮国当权者的身份。M19小夫人四鼎四簋又要比正室M26低一等,三列鼎本为士礼,又加一鼎充分表现了两位夫人同一等级却主次相别的现象。两座墓葬的鬲均为芮公和芮太子助葬的祭器,与虢国、小邾国同样为偶数。

值得注意的是,芮国墓地M26(图7-11)与虢国墓地M2001都是附耳鼾鼎与簋的组合,一改周式立耳鼎与簋的组合方式,反映了周式鼾鼎的衰落。同时期的郑国贵族墓告成镇M1中有三套鼎,周式立耳鼎与簋是三鼎二簋的组合,另有两套附耳鼾鼎分别与簠、盆构成组合(图7-12),由此开始出现鼾鼎与簋的组合形式(表7-8)。

表7-8 梁带村芮国墓地器物组合

墓葬	墓室面积/平方米	棺椁	头向	葬式	器物组合	备注
M27	7.5×4.98	一椁二棺	北	仰直	鼎7、甗1、簋6+1、方壶2、盖盆1、卣1、尊、觚、角1、盉1、盘1	男性
M26	5.6×4.45	一椁二棺	北	仰直	鼎5、鬲5、甗1、簋4、簠2、盖盆1、方壶2、盉1	女性
M19	5.73×4.7	一椁二棺	北	仰直	鼎3+1、鬲4、甗1、簋4、方壶2、盖盆1、盘1、盉1	女性
M28	5×3.5	一椁二棺	北	仰直	鼎5、鬲4、甗1、簋4、方壶2、盘1、盉1、钟8	男性

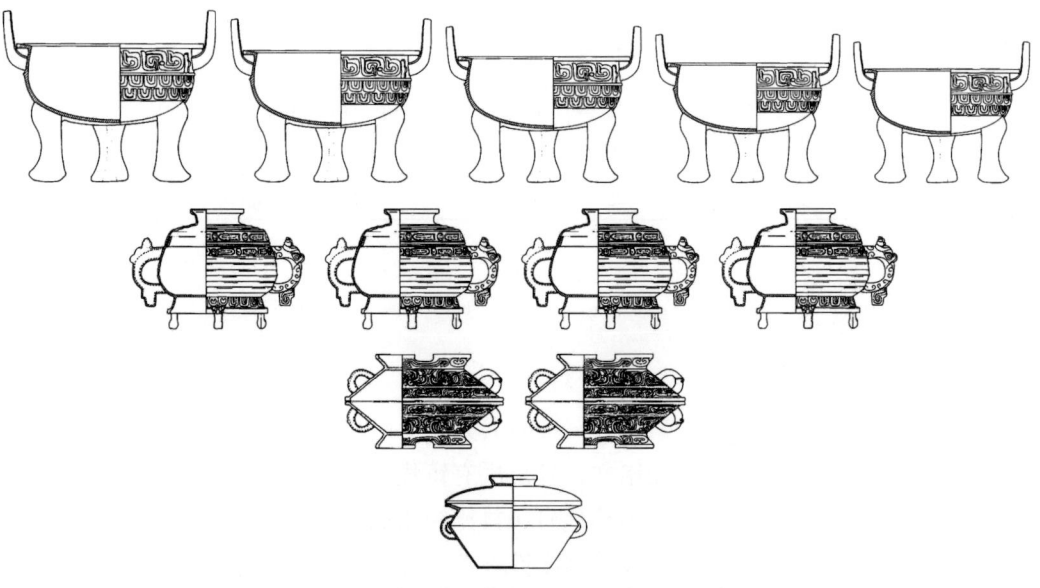

图7-11 陕西韩城芮国墓地M26粢盛器组合

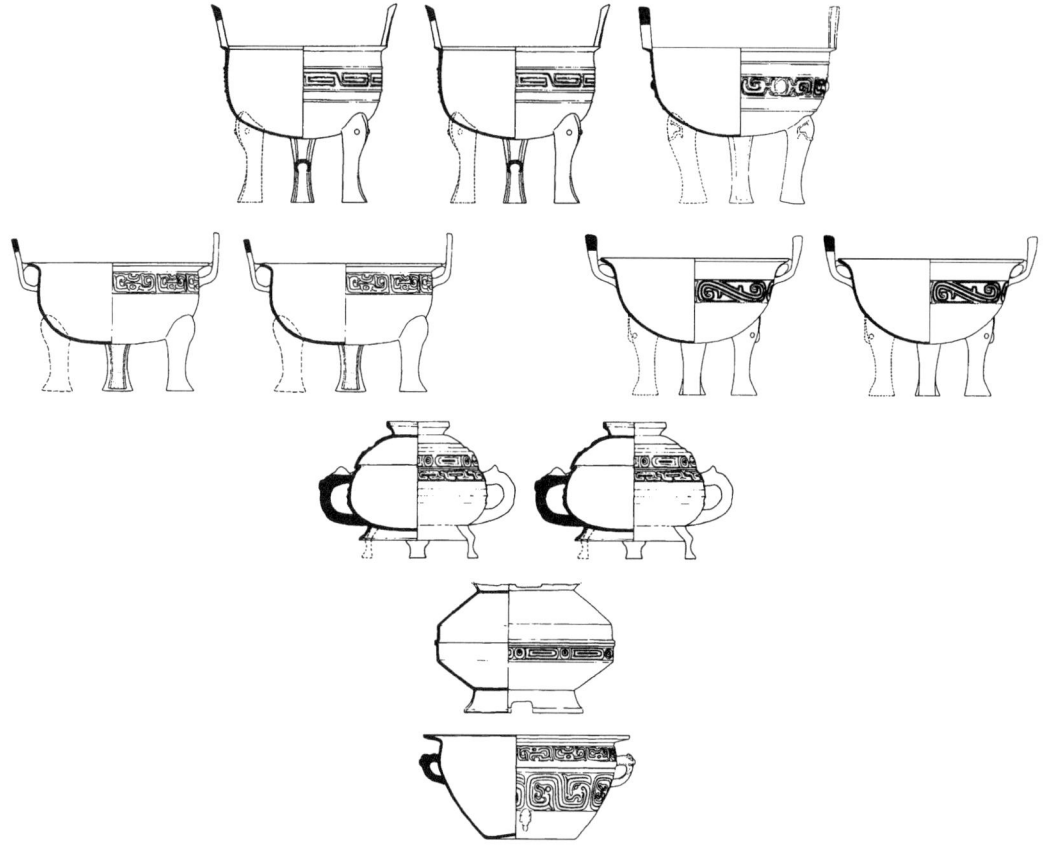

图7-12 河南告成镇M1粢盛器组合

8. 第八组

枣阳郭家庙曾国墓地M1、M22、M10、M13、M43。

曾国墓地出土簠基本都在士墓，级别不高。M6、M10和M13随葬的青铜礼器都仅有一鼎。M10器主为"曾子泽"，M13器主为"曾子寿"，均称"自作行器"。《仪礼·既夕礼》有"行器、茵、苞、器序从，车从"。郑注："目葬行明器在道之次。"贾疏："明器当行乡圹，故云'行器'。"M10鼎制作粗糙，腹底未见烟炱痕，非实用器。M13鼎内还盛放有动物骨头，可证文献所说士礼不得随葬祭器，只能用明器盛鼎实的记载。M1、M22、M43随葬的器物均有鼎、簠、盘、匜，M1还有方壶。虽然都是一鼎士礼墓，但是随葬品数量女性墓显然要高于男性墓。女性墓出土器物铭文显示族属比较复杂，M1有幻伯，M22有邥君、郧伯，M43有曾子、曾太保、矢叔。需要注意的是，M43的曾太保簠自称"自作宝盉用享"，是曾太保用自己的祭器给女性墓主助葬。M1的曾孟嬴剈簠自称"自作行簠"，是嫁到曾国的嬴姓女子为自己所作的明器。由此可见，随葬一鼎二簠女性墓主大概是五鼎大夫墓或三鼎士墓的配偶，女性用鼎比男性低一级（表7-9）。

表7-9 郭家庙曾国墓地器物组合

墓葬	墓室面积/平方米	棺椁	头向	葬式	器物组合	备注
郭M1	4.5×1.9	一椁一棺	东		鼎1、簋2、方壶2、盘1、匜1	女性
郭M6	4×1.64	一椁一棺	东		鼎1	男性
曹M22	3.74×2.12	一椁一棺	东		鼎1、簋2、盘1、匜1	女性
曹M10	3.86×2.12	一椁一棺	东	仰直	鼎1	男性
曹M13	3.5×1.46	一椁一棺	东	仰直	鼎1	男性
曹M43	3.8×1.74	一椁一棺	东	仰直	鼎1、簋2、盘1、匜1	女性

小结：这个时期从士级到诸侯级的墓葬都有发现，女性墓多于男性墓。姬姓诸侯国君和夫人墓均不超过两件，没有进入礼器核心，只是起到陪器的作用。簠、盨、簋为粢盛器的三个级别，鼎簠组合低于鼎簋组合。因此男性墓的核心仍是鼎簠、女性墓则是鼎簋。山东异姓小诸侯国的器物组合显示了对簠的重视，无论是簠的数量，还是将其纳入礼器核心都表现了与中原诸侯国不同的面貌。随着周式立耳鼎的衰落，鼎簋组合逐渐转变为附耳鬲鼎与簋的组合。

二、第二期：春秋中期—战国早期

1. 第一组

洛阳西工区M1、M4、M6、M3427、M3498、M3494、M3490、M3422，体育场路M8781、M8814、M8820、M8821、M8832、M8834、M8835、M8836、M8750、M8759、M8762、M8829、M8830、M8833，中州路C1M6112，纱厂路JM32（表7-10）。

洛阳西工区墓葬年代大部分为春秋中期，高级士墓和大夫墓器物组合为鼎、簋、敦，通常有两套礼器组合。低级士墓仅用一鼎一敦，说明敦的等级低于簋。M4器物组合A类二鼎二簋，周式立耳鼎与春秋早期新出现的折壁簋相配。B类一鼎一敦，附耳盖鼎与春秋中期新出现的敦相配，敦盖顶上有三环纽，下设蹄形足，与盖鼎装饰一致，同为一组器物。M3494器物组合A类三鼎二簋、B类二鼎一敦（图7-13），C1M6112器物组合A类二鼎二簋、B类一鼎一敦（图7-14），同样是代表新、旧两种样式和种类的组合。M8832的器物组合为五鼎四簋（图7-15），反映了大夫墓的器物组合制度，周式立耳鼎与簋的组合方式是延续春秋早期以来的传统。

第七章 青铜簠器物组合研究

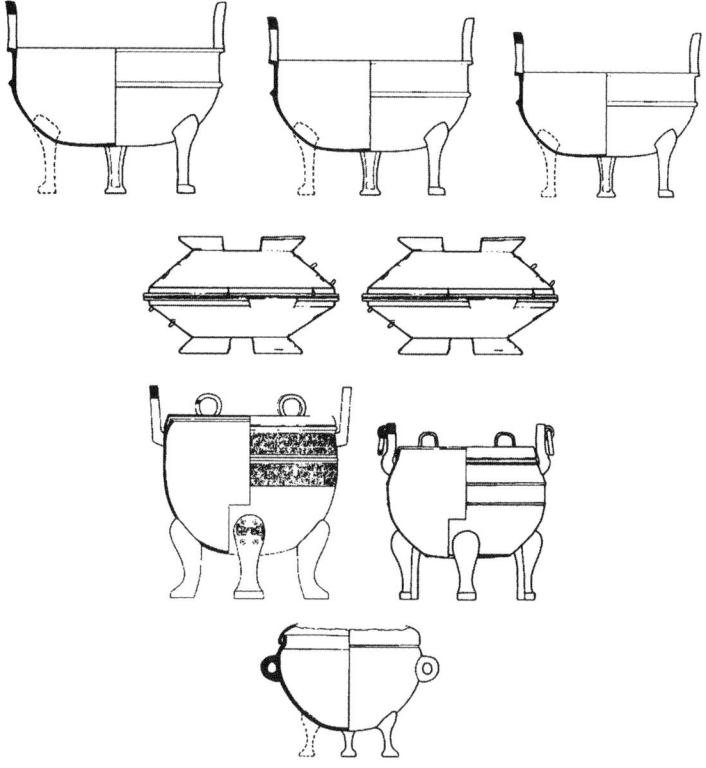

图7-13 河南洛阳西工区M3494粢盛器组合

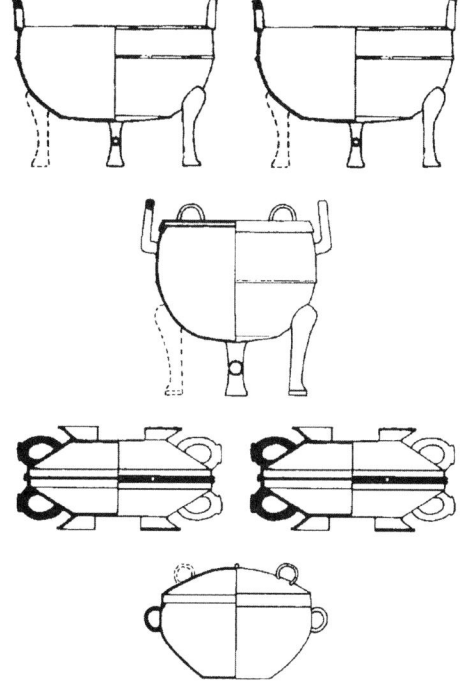

图7-14 河南洛阳中州路C1M6112粢盛器组合

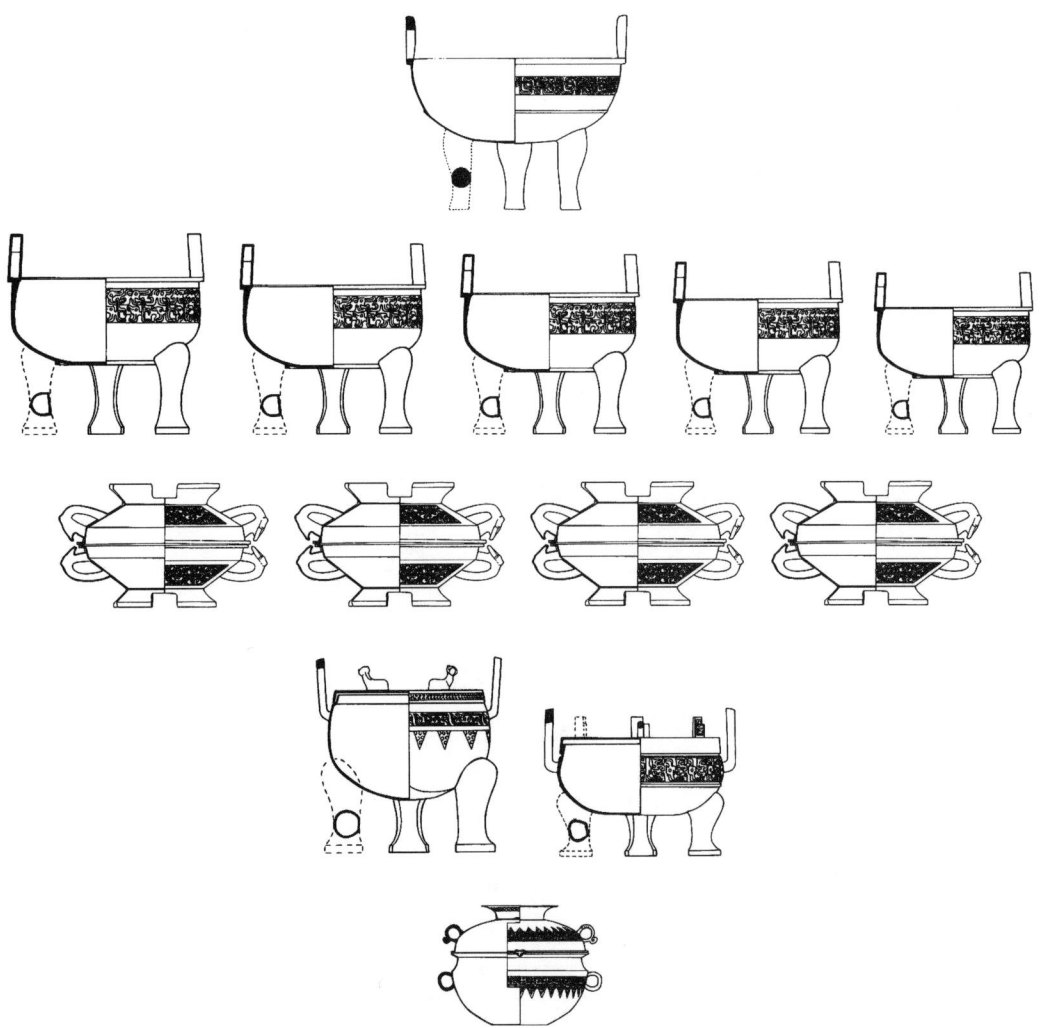

图7-15　河南洛阳体育路M8832粢盛器组合

表7-10 东周王城墓葬器物组合

墓葬	墓室面积/平方米	棺椁	头向	葬式	器物组合	备注
M1	3.6×2.4	一椁一棺	北	仰直	鼎1、敦1、铫1、盘1、匜1	男性
M4	3.6×2.4	一椁一棺	北	仰直	鼎2+1、簠2、敦1、罍2、铫1、盘1、匜1	男性
M6	3.2×2.4	一椁一棺	北	仰直	鼎1、敦1、铫1、盘1、匜1	男性
M3427	3.6×2.8	一椁一棺	北	仰直	鼎2+2+1、簠2、敦1、方壶2、罍2、铫1、盘1、匜1	
M3498	4.6×3.6	二椁一棺	北	仰屈	鼎3+2、簠2、豆2、铺1、方壶2、罍、铫1、盘1、匜1	男性
M3494	5×3	一椁一棺	北	仰屈	鼎3+2、簠2、敦1、方壶2、罍2、盘1、匜1	男性
M3490	3.9×2.7	一椁一棺	北	仰直	鼎4+1、簠2、敦1、罍2、铫1、盘1、匜1	男性
M3422	4.5×3.2	一椁一棺	北	仰直	鼎2+1、簠2、豆2、铫1、盘1、匜1	女性
M8781	3.3×2	一椁一棺	东	仰直	鼎2、簠2、盘1、匜1	男性
M8814	3.1×1.8	一椁一棺	东	仰直	鼎1、铫1、盘1、匜1	男性
M8820	3.2×1.8	一椁一棺	北	仰直	铫1、盘1、匜1	女性
M8821	3.8×2.2	一椁一棺	东	仰直	鼎2、簠2、敦1、方壶2、盘1、匜1	男性
M8832	3.34×2.19	一椁二棺	西	仰直	鼎5+1+1+1、簠4、敦1、方壶2、尊缶1、罍2、铫1、盘1、匜3	男性
M8834	3×1.8	一椁一棺	南	仰直	鼎1、敦1、铫1、盘1、匜1	
M8835	3.1×1.8	一椁一棺	北	仰直	鼎2、簠2、敦1、敦盖1、铫1、盘1、匜1	女性
M8836	3.5×2.3	一椁一棺	东		鼎5+1+1、甗1、簠1、方壶2、扁壶1、罍3、铫1、盘1、匜1、钟9	男性
M8750	2.8×1.3	一椁一棺	北	仰直	敦1、铫1	
M8759	3×1.8	一椁一棺	北	仰直	鼎1、敦1、铫1、盘1、匜1	
M8762	3.2×1.8	一椁一棺	北	仰直	铫1	男性
M8829	3.2×1.8	一椁一棺	南	仰直	鼎1、敦2、罍2、铫1、盘1、匜1	女性
M8830	3.3×1.7	一椁一棺	南	仰直	鼎2+1+1+1、簠2、敦1、方壶2、罍2、铫1、盘1、匜1	女性
M8833	3.5×2.2	一椁二棺	东	仰直	鼎2+1+1、簠2、敦1、方壶2、罍2、铫1、盘1、匜1	男性
C1 M6112	3.9×2.6	一椁二棺	北	仰直	鼎2+1、簠2、敦1、方壶2、铫1、盘1、匜1	男性
JM32	4.3×3	一椁一棺	东		鼎3、簠2、敦1、罍2、盘1、匜1	

JM32随葬器物中的周式立耳鼎作为镬鼎单独置于主棺头部东侧,两件深腹盖鼎与两簋位置较近(图7-16),成为春秋中期以后新的组合方式。体育路M8821的组合方式有一鼎二簋和一鼎一敦两种,但是二鼎的形制不同,其中一件颈部微束,附耳,深腹圜底下置矮蹄足,因其腹深似盂,金文和简帛又称作"鬲"或"鑐"。鬲鼎腹部所饰的波曲纹与两件簋纹饰相同,可知这是一组器物。虽然附耳鬲鼎与簋的组合虽然已经见于春秋早期,但是更为流行则在春秋中晚期,又如M3427的器物组合有三鼎二簋(图7-17)和二鼎一敦两种方式。

通过新郑祭祀坑的器物可知,簋作为高等级贵族墓的核心礼器,其地位仍然没有动摇。但是,中等贵族墓已经不太使用簋作为组合。随着盨的消失,簋的地位提升,成为仅次于簋的核心礼器,普遍用于高级士墓和大夫墓。新出现的敦,无论是数量还是组合的地位均低于簋。以M3498、M3422为代表的春秋战国之际组合表明,敦已经被豆所替代。通过M3498器物摆放位置来看(图7-18),簋与鼎相邻,豆与鼎相距较远,簋的级别高于豆。

M8832的墓主人头向西,五鼎之外的三件鼎文化属性比较复杂,立耳浅腹鼎属于淮水流域、附耳浅腹盖鼎属于山东地区、附耳深腹盖鼎则是襄阳地区的器物。敦为束颈平底,器盖相合均有环耳饰多见于山东地区。可以推断,附耳浅腹盖和环耳平底敦应为一套组合。M8836的五列鼎均有鼎实,另外两件立耳鼎和附耳鼎腹内有鼎实,底部均有较厚的黑灰痕迹,显然为实用器。这种情况可能就是文献所说"大遣奠加礼一等",大夫用诸侯礼下葬,另配二鼎形制不同以示隆礼,并非是代表身份。值得注意的是没有粢盛器组合,说明此墓可能只用了一套礼器下葬。

洛阳体育路墓地的族属比较复杂,墓葬排列形式也很特殊。M8821和M8830、M8832和M8820、M8835和M8836、M8829和M8833四组墓葬均呈现出东西向和南北向相邻的布局,每组的年代相同。并且东西向墓出兵器,南北向墓不出兵器,这四座墓葬可能为夫妻合葬墓。M8821和M8830、M8833组合均为二鼎二簋,头向东、列鼎偶数列和"凸"字形缺口簋的特征,表明其族属和文化因素与山东地区有一定联系。

2. 第二组

侯马上马墓地M5、M11、M13、M15、M1002、M1004、M4006、M4090、M5218。

晋中地区上马墓地的器物组合表现为从春秋中期鼎敦组合到春秋晚期鼎豆组合的转变,簋始终没有进入核心组合。这个现象应该是西周晚期以来晋文化地区的传统,延续了周文化对簋的不重视。同样,对簋使用等级的要求在这个时期体现得非常明显,大夫墓以下均不随葬簋。M13随葬的三列鼎盖顶饰三环纽,与敦盖的三环纽相同。两件鼎自名"徐王之子庚儿",簋为典型的楚式簋。由此来看,M13分别有五鼎四敦、二鼎二簋两套礼器。构成五鼎的模式有3+2或4+1,反映了随葬的鼎是不同礼

第七章 青铜簠器物组合研究

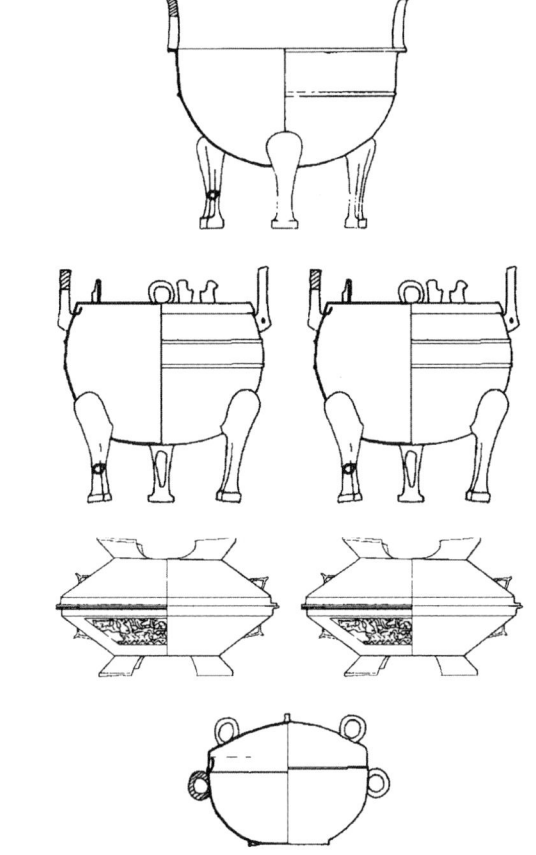

图7-16 河南洛阳纱厂路JM32粢盛器组合

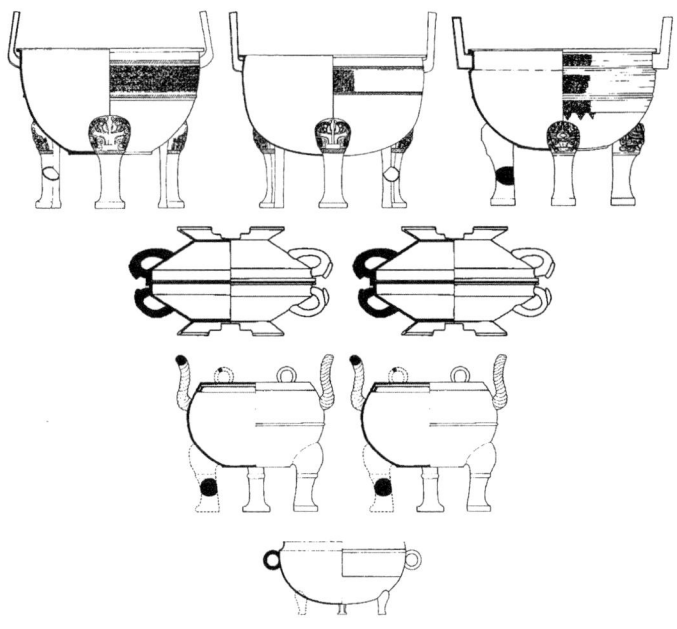

图7-17 河南洛阳西工区M3427粢盛器组合

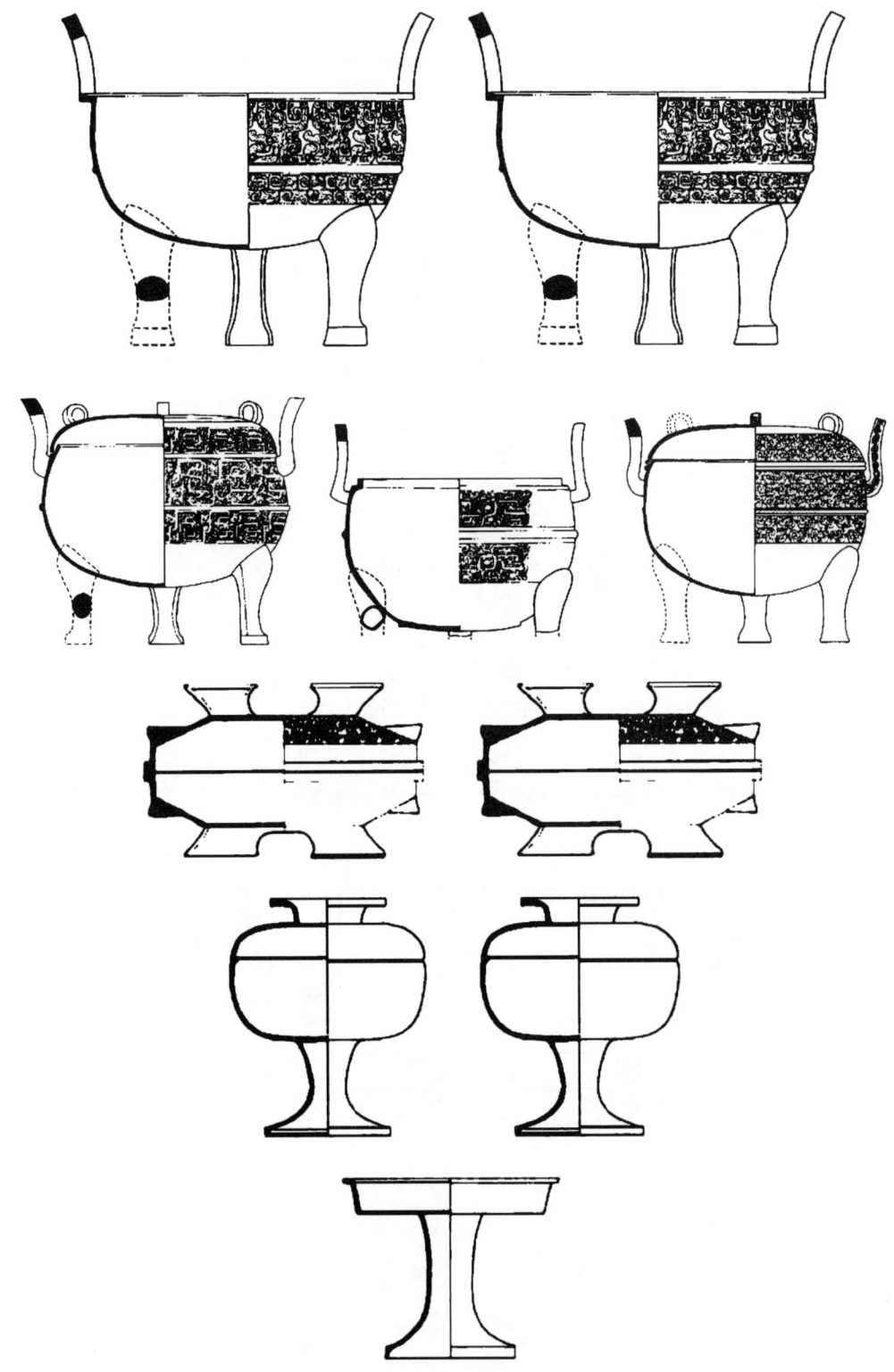

图7-18 河南洛阳西工区M3498粢盛器组合

仪阶段的器物，而不是一整套祭器。M1004为五鼎四豆，M5218为五鼎二豆二簋（图7-19）。鼎豆组合应是春秋晚期晋国中等级墓葬的核心（表7-11）。

3. 第三组

临猗程村墓地M1001、M1002、M0021、M0022、M1023、M1024、M1062、M1072、M1120。

晋西南地区程村墓地的器物组合也是表现为从鼎敦组合到鼎豆组合的转变，墓葬头向、葬式基本一致，这种组合变化反映了整个时代的风气，具有年代学的意义。M1001和M1002是这座墓地规模最大、等级最高的两座墓葬，且为夫妻并列合葬墓。M1001的核心组合是三鼎二豆（图7-20），M1002的核心组合是三鼎二敦（图7-21）。鼎豆组合晚于鼎敦组合的现象说明，M1001的下葬年代要晚于M1002，青铜簋的断代研究正好与器物组合相印证。M1002女性墓为楚式簋，M1001男性墓则是晋地风格的无耳簋。簋的地位与上马墓地的情况基本相同，士级的墓葬基本用鼎敦组合或鼎豆组合，只有在大夫级的墓葬中簋才作为陪器出现。

表7-11 上马墓地晋国墓葬器物组合

墓葬	墓室面积/平方米	棺椁	头向	葬式	器物组合	备注
M5	4×2.9	一椁一棺	北		鼎2+1、敦1、盘1、匜1	
M11	3.8×2.8	一椁一棺	北		鼎2、鬲2、敦2、鉌1、盘1、匜1	
M13	5.2×3.85	一椁一棺	北	仰直	鼎3+2+1+1、甗1、鬲2、敦4、簋2、方壶2、鉌2、鉴2、盘1、匜1、镈9、钟9	男性
M15	4×2.76	一椁二棺	北	仰屈	鼎3、甗1、豆2、圆壶2、鉌2、盘1、匜1	男性
M1002	4.15×2.9	一椁一棺	北	仰直	鼎1、豆1、鉌1	
M1004	4.94×3.71	一椁一棺	北	仰直	鼎3+2、豆4、罍2、鉌2、盘1、匜1、镈9	
M4006	4.2×3.05	一椁一棺	北	仰直	鼎3、豆2、鉌1、盘1、匜1	
M4090	3.34×2.6	一椁二棺	北	侧屈	鼎2、豆2、鉌1、盘1、匜1	男性
M5218	4.9×3.83	一椁一棺	北	仰直	鼎4+1、甗1、鬲2、豆2、簋2、壶2、鉴2、盘1	男性

上马墓地的器物陈设多为叠置，分组情况不明。临猗程村墓葬的器物位置比较清楚，M1001的器物在椁室西部和东北角，根据位置分为三组：A类三鼎、二方壶、二鉌、一鉴、一盘、一匜，两件鼒鼎和一件盖鼎，没有粢盛器，符合大敛奠的器物组合。B类二鼎、一甗、二豆、一簋、九钟、十磬，属于馈食宴飨器，祭器和用器的摆放判然有别。C类一鉴，摆放于椁室的东北角，可能有特殊的意义。M1002的器物在椁室东、西

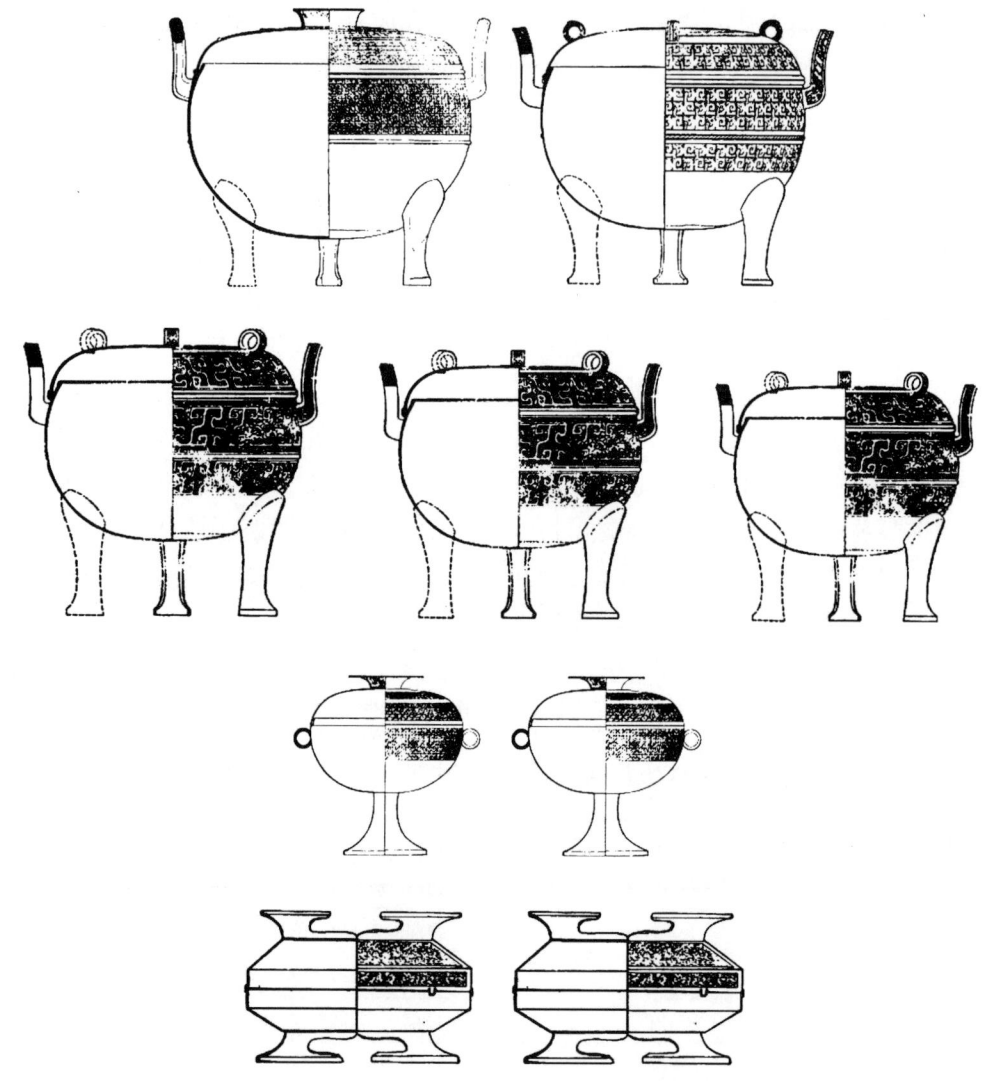

图7-19 山西侯马上马墓地M5218粢盛器组合

两部,根据位置分为两组:A类三鼎、二敦、二锕、一盘、一匜;B类二鼎、二簠、二方壶、二鉴。两组器物大概也是表示祭器和用器。主棺东南角为九钟、十磬,呈曲尺形放置,即文献记载大夫级别的"判悬"(表7-12)。

表7-12 临猗程村墓地晋国墓葬器物组合

墓葬	墓室面积/平方米	棺椁	头向	葬式	器物组合	备注
M1001	4.6×3.7	一椁一棺	北	仰直	鼎3+2、甗1、豆2、簠1、方壶2、鉴2、锕2、盘1、匜1、钟9	男性

续表

墓葬	墓室面积/平方米	棺椁	头向	葬式	器物组合	备注
M1002	4.48×3.3	一椁一棺	北	仰直	鼎2+2+1、敦2、簠2、方壶2、鉴2、錍2、盘1、匜1、钟9	女性
M0021	3.42×2.12	一椁一棺	北	仰直	鼎1、敦1、錍1	
M0022	3.74×2.48	一椁一棺	北	仰直	鼎1、甗1、敦1	
M1023	3.48×2.36	一椁二棺	北	仰直	鼎1、敦1、錍1、盘1、匜1	
M1024	3.5×2.5	一椁一棺	北	仰直	鼎1、敦1、錍1、盘1、匜1	
M1062	4.2×2.8	一椁一棺	北	仰直	鼎1、豆1、錍1	男性
M1072	4.65×3.59	一椁一棺	北	仰直	鼎2+1、甗1、豆1、錍1、盘1、匜1、镂1	
M1120	4×2.4	一椁一棺	西	仰直	鼎1、敦1	男性

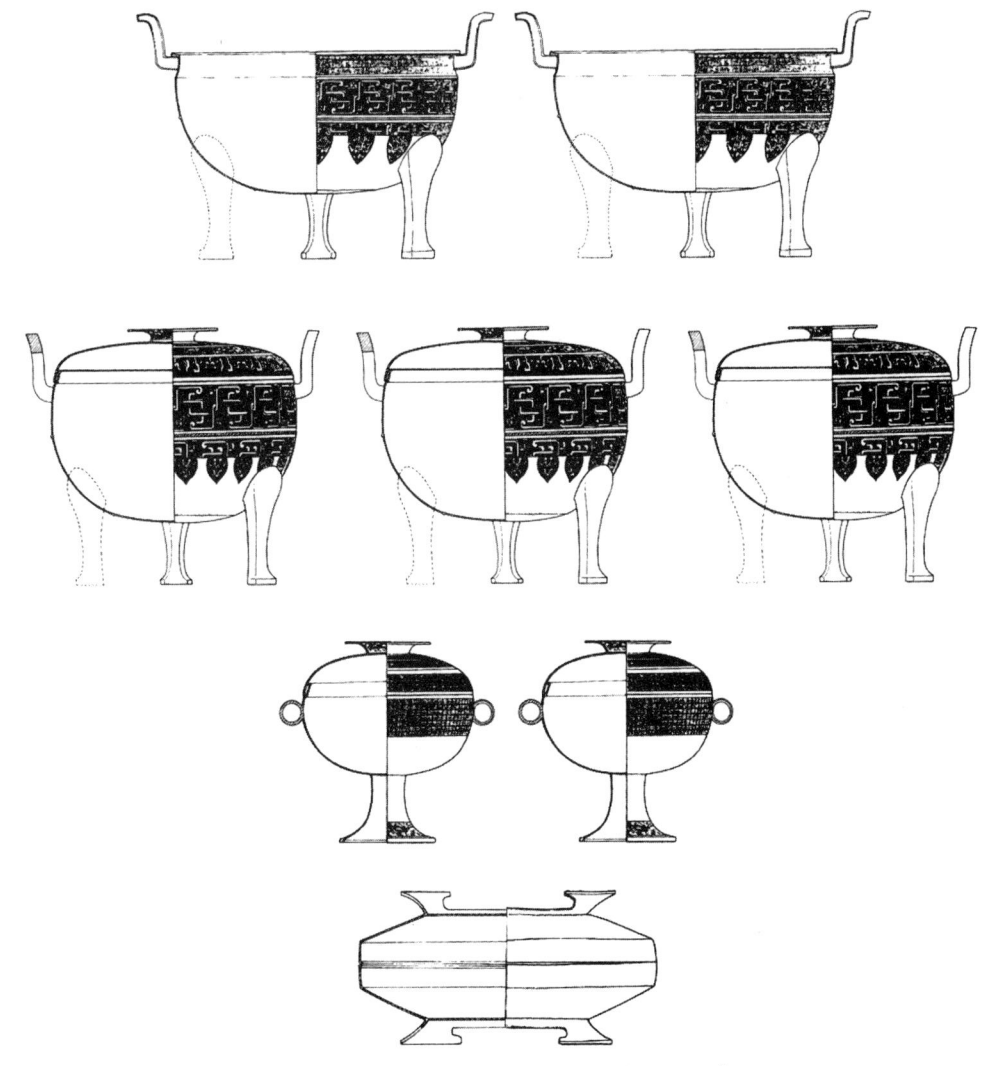

图7-20 山西临猗程村墓地M1001粢盛器组合

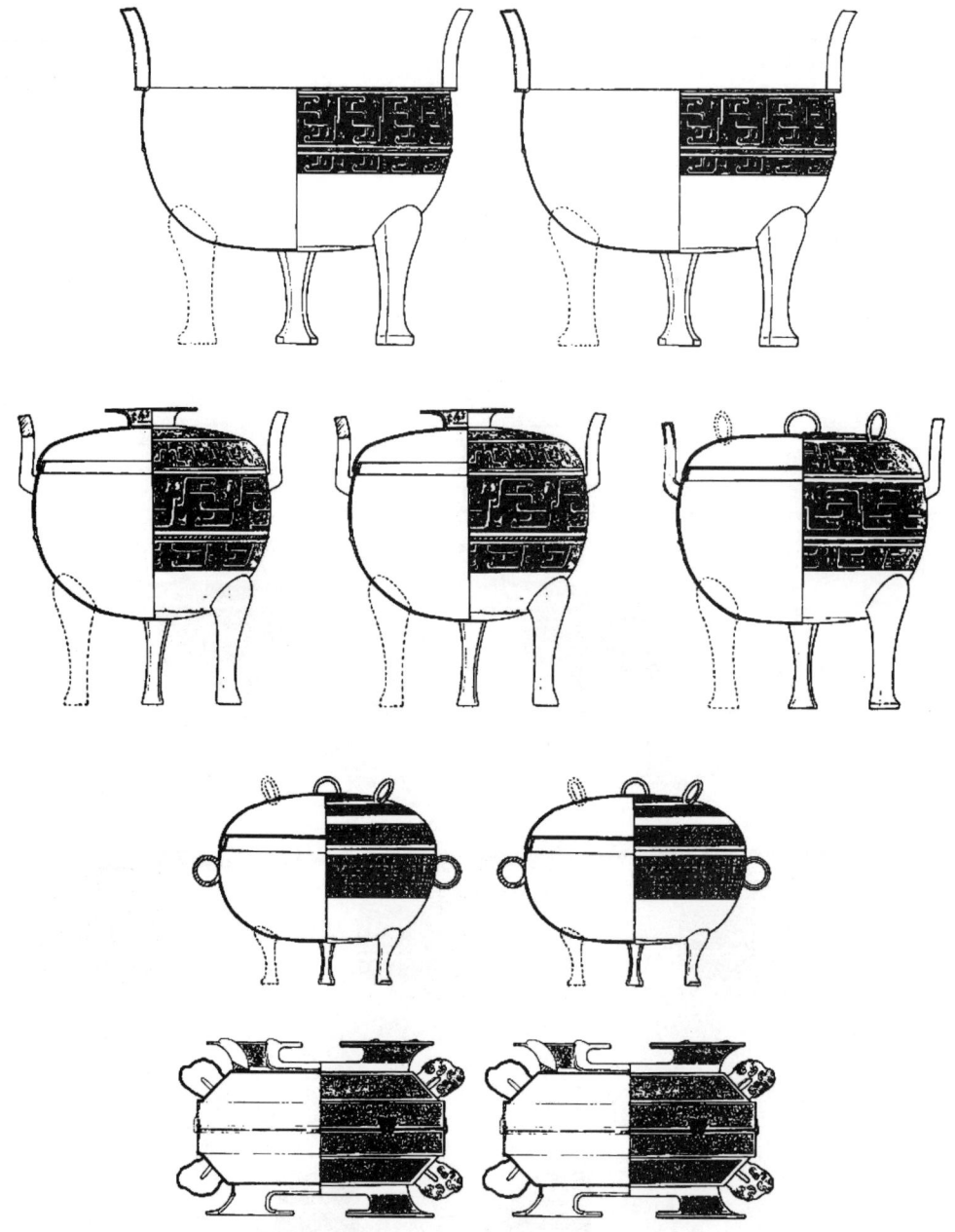

图7-21 山西临猗程村墓地M1002粢盛器组合

4. 第四组

长治分水岭M269、M270、M10、M11、M12、M14、M25、M26、M53、M106、M229、M236、M258。

晋东南地区分水岭墓地这组墓葬时代是从春秋晚期到战国早期。从头向和葬式来看，族属比较一致，个别可能属于外族。青铜簠发现于20平方米以上的墓葬，礼器规格为大夫级别。春秋晚期的M269、M270簠为中原式，战国早期的M12、M14和M26簠为韩式。共同的特点在于缺口均为"凸"字形，区别在于中原式为半环形交壁耳、韩式为环形直壁耳，两者的文化关系和演变脉络非常清楚。

分水岭M269有两组列鼎，即五鼎二簠和四鼎二敦。五鼎为鼒，立耳、圜底、长蹄足是周式鼎的典型样式，形制、纹饰相同，大小相次。四鼎为附耳、球形腹、长蹄足，盖顶设三环纽，形制相同，纹饰不同，大小相次。鼎的腹部形态和盖纽装饰与敦完全相同，故而形成组合。墓葬中的器物出土位置，九鼎虽是一字排开，但是五鼎与二簠相距较近，四鼎与四鬲、二敦相距较近。M270也是两组列鼎：A类五鼎为立耳鼎，根据出土器物照片可知，二簠置于立耳鼎内（图7-22），其组合关系非常明确。B类五鼎为附耳鼎，与敦的腹部形态和三环纽盖一致。结合东周王城墓葬的情况来看，有两个需要注意的现象：其一，凡是有"凸"字形缺口的簠，必与立耳鼎形成组合；其二，凡是有"凸"字形缺口的簠，此墓的核心组合为鼎簠组合。由此来看，这个地方的贵族墓与晋国中心区域不同，体现了比较一定的东周王城文化因素（表7-13）。

但是这个现象到了战国时期发生了改变。M26器物出土位置，二簠在两件立耳鼎的北部，相距较近。五件附耳三环纽盖鼎的南部，从左向右依次是簠、敦、铺。因此M26有两组器物：一组是二鼎二簠；一组是五鼎二簠二敦。敦与多列鼎的关系显然更加密切，地位开始提升。M12为鼎敦组合，鼎为附耳三环纽盖鼎，立耳鼎已经不见，

图7-22 长治分水岭M270器物组合

单件簠在最外侧（图7-23）。较低的士级墓葬基本都是鼎敦组合或鼎豆组合，簠从晋东南地区开始消退。

表7-13　长治分水岭墓地晋国墓葬器物组合

墓葬	墓室面积/平方米	棺椁	头向	葬式	器物组合	备注
M269	5.76×4.68	一椁一棺	北	仰直	鼎5+4、甗1、鬲4、簠2、敦2、方壶2、罍2、鉴1、匜1、盘1、盉1、钟9+9	男性
M270	5.7×4.44	一椁一棺	北	仰直	鼎5+5、簠2、敦2、方壶2、罍2、匜1、盘1、盉1、钟8+9	女性
M10		一椁一棺			鼎2、豆2	
M11	4.61×3.34	一椁一棺	北	仰直	鼎2、敦2、圆壶2、匜1、匜1	
M12	7.98×7.06	一椁一棺	北	仰直	鼎5、甗1、敦2、簠1、圆壶1、方壶1、鉴1、匜2、盘1、匜1	
M14	7.48×6.38	一椁一棺	北	仰直	鼎1、鬲3、簠1、钟8+1（破碎严重，数量不明）	
M25	6.3×5.25	一椁一棺	北	仰直	鼎5、鬲1、敦2、豆2、圆壶2、鉴1、盘1、匜1、钟9+1、镈3	女性
M26	6.5×4.9	一椁一棺	北		鼎5+2、簠2、簠2、敦2、铺2、圆壶2、方壶2、鉴3	
M53	3.9×2.9	一椁一棺	北		鼎4、豆4、壶2	
M106	3.3×2.1	一椁一棺	北		鼎1	
M229	4.23×2.7	一椁一棺	北	侧屈	豆1、匜1	
M236					鼎1	
M258	4.72×3.9	一椁一棺	北	仰直	鼎1、豆1	

5. 第五组

长子墓地羊圈沟M1、M2和牛家坡M7，潞河M7、M8。

晋东南地区长子墓地和潞河墓地分属头向东和头向北两个族群，牛家坡M7和潞河M7分别是两个墓地最大的两座墓葬，两墓时代相同，器物组合也有着较强的一致性（表7-14）。牛家坡M7的器物主要放置在外椁室的南部，组合是五鼎二簠二豆（图7-24），豆为方座豆。在主棺东部的两端，即内椁室东北角有二鬲一敦，内椁室的东南角有二盖豆，因此盖豆和鼎、方座豆不存在组合关系。潞河M7的器物放置虽略显随意，但还是能体现出某些组合关系。一件镬鼎、两件立耳鼎和两件A类盖鼎以及钟磬乐器放置于椁室南部。另外两件A类升鼎放置于椁室北部西南侧，北侧的大鉴内有一甗、

第七章 青铜簠器物组合研究

图7-23 长治分水岭M12器物组合

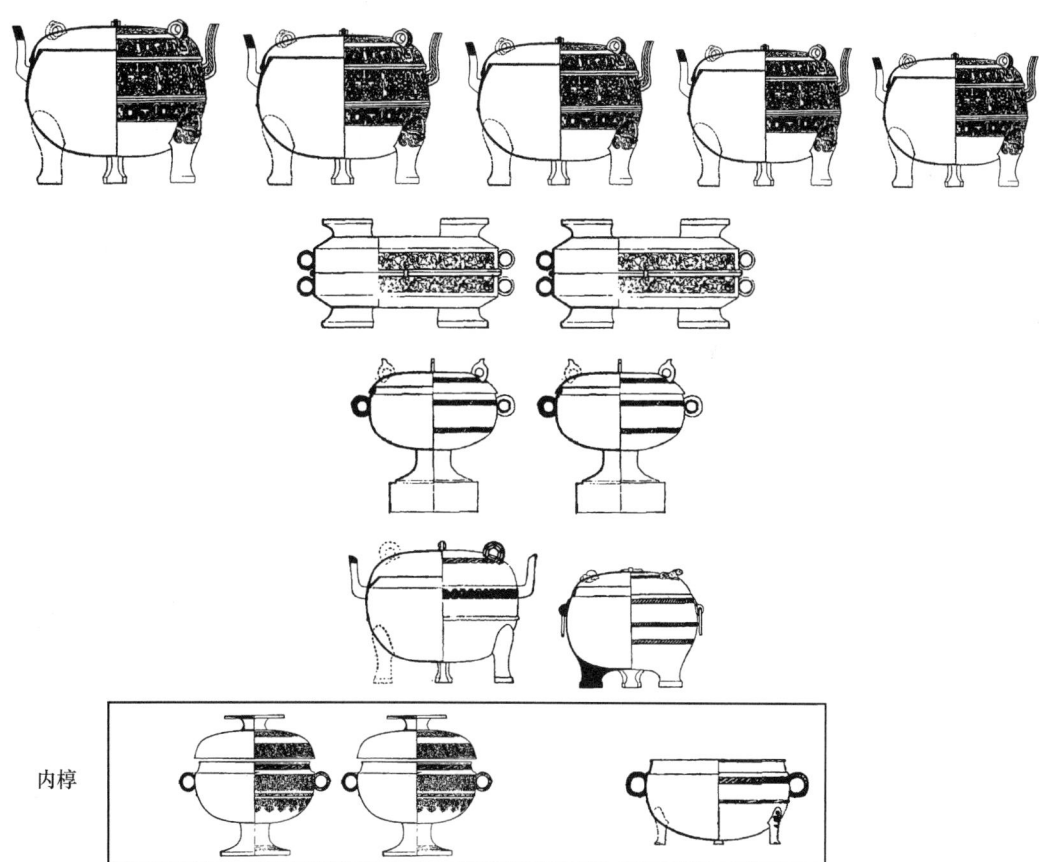

图7-24 山西长子牛家坡M7粢盛器组合

二鬲、四盖豆，再往东侧的大鉴内有二高柄豆、二方座豆。B类盖鼎放置于椁室北部东侧，相邻有圆壶和炭炉。西侧的大鉴内有二簠，南侧有一盉。由此可见潞河M7的器物组合有两套：A类五鼎四豆；B类五鼎二簠二方座豆（图7-25）。

表7-14 长子墓地和潞河墓地晋国墓葬器物组合

墓葬	墓室面积/平方米	棺椁	头向	葬式	器物组合	备注
羊M1	4.1×2.86	一椁一棺	东		鼎2、敦1、豆1、圆壶1、匜1、盉1	
羊M2	3.9×2.8	一椁一棺	东	仰直	鼎2、豆2+1、匜1、盘1、盉1	
牛M7	5.74×4.28	二椁一棺	东	仰直	鼎5+1+1、甗1、鬲2、豆2+2、簠2、敦1、铺1、圆壶2+2、鉴2、盆2、匜1、盘2、盉1	女性
潞M7	6.4×5.7	一椁二棺	北		鼎4+4+1+1、甗1、鬲2、豆4+2+2、簠2、圆壶2、罍2、罐2、鉴2+2、匜1、盘3、盉1、匜1、钟16+8、镈4	
潞M8	4×3	一椁一棺	北	仰直	鼎1、敦1、圆壶2、盘1、匜1	女性

6. 第六组

淅川下寺墓地M8、M7、M36、M1、M2、M3、M4、M10、M11；和尚岭墓地M1、M2，徐家岭M3、M9、M1、M10、M6、M11。

淅川下寺、和尚岭和徐家岭三座墓地是楚国䣁氏家族墓地，主要时代是春秋中期到战国早期，徐家岭M6可到战国中期。淅川下寺墓地的墓葬由南到北，按照时代依次排列。和尚岭墓地与淅川下寺墓地相邻，徐家岭墓地在其北部，基本上也是由南向北排列。簠在䣁氏家族墓地基本都有出土，士墓多为二鼎二簠，有的大夫墓为四鼎四簠。头向东的葬式，器物组合偶数列以及四簠的规格，与春秋早期的小邾国墓地比较相似。上海博物馆藏郳公牧父称"余有融之子孙"，传世文献也称楚人芈姓是祝融八姓之后，由此可见簠的使用与祝融一族有着较深的渊源。这个现象对讨论青铜簠的起源，以及为什么在楚地能够广泛流传具有重要意义。

淅川下寺M7二鼎二簠，鼎为附耳、敛口、深腹圜底的带盖鼎，这种样式在金文自名中称作"䤼鼎"。淅川下寺M36二鼎二簠，鼎为附耳、直口束颈、深腹圜底的带盖鼎，这种样式在金文自名中称作"鼐鼎"。两者形制非常相近，其区别就在于口沿和颈部收束的部位不同。春秋中期的楚式簠主要与䤼鼎和鼐鼎搭配，没有固定性。河南南阳市八一路M38彭射墓有二鼐鼎、三䤼鼎（图7-26），鼐鼎自名为"飤鼐"、䤼鼎自名为"行䤼"。同墓的簠自名为"飤簠"，说明此墓器物组合并不是三鼎四簠，而是

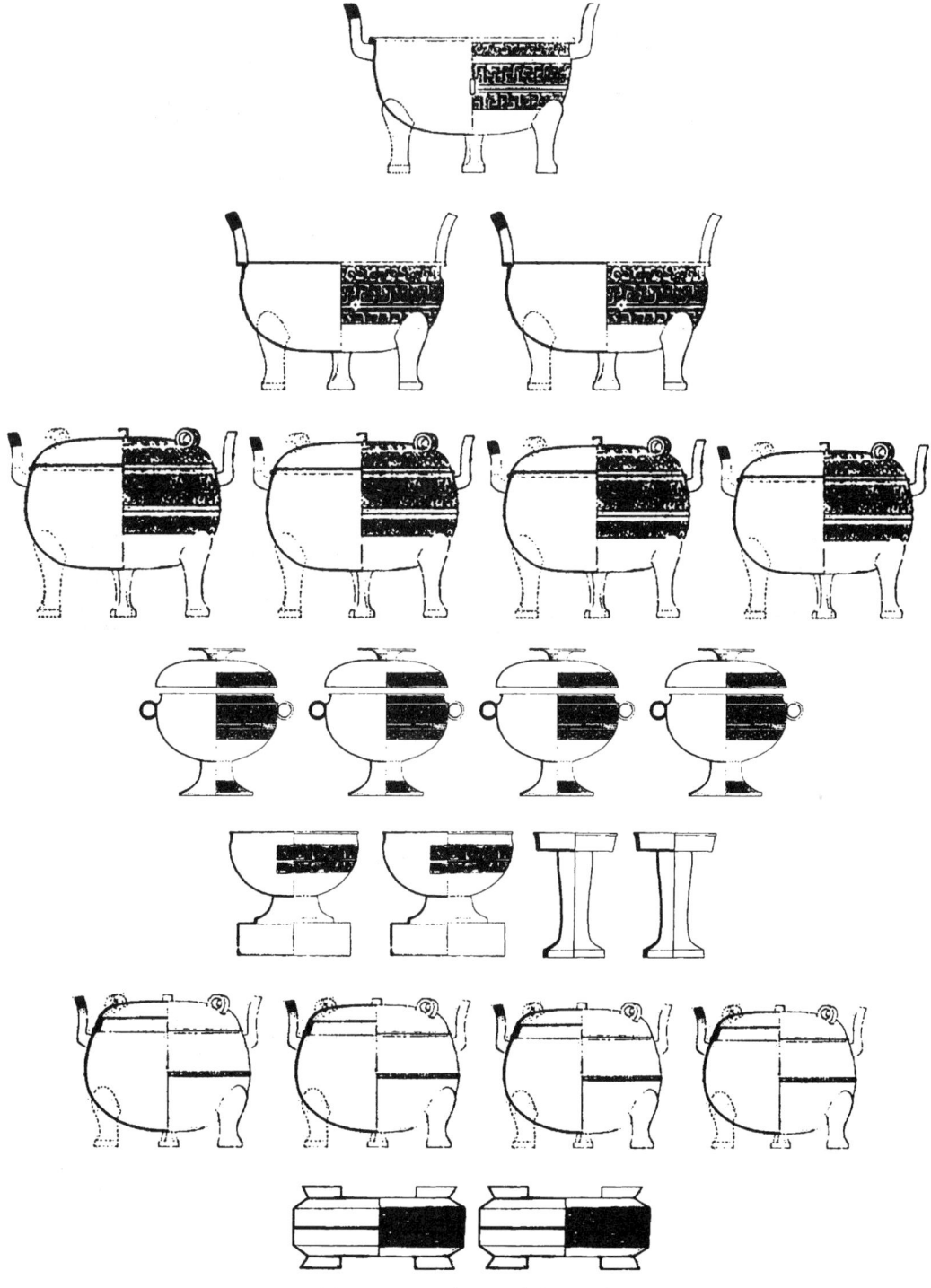

图7-25 山西潞河M7粢盛器组合

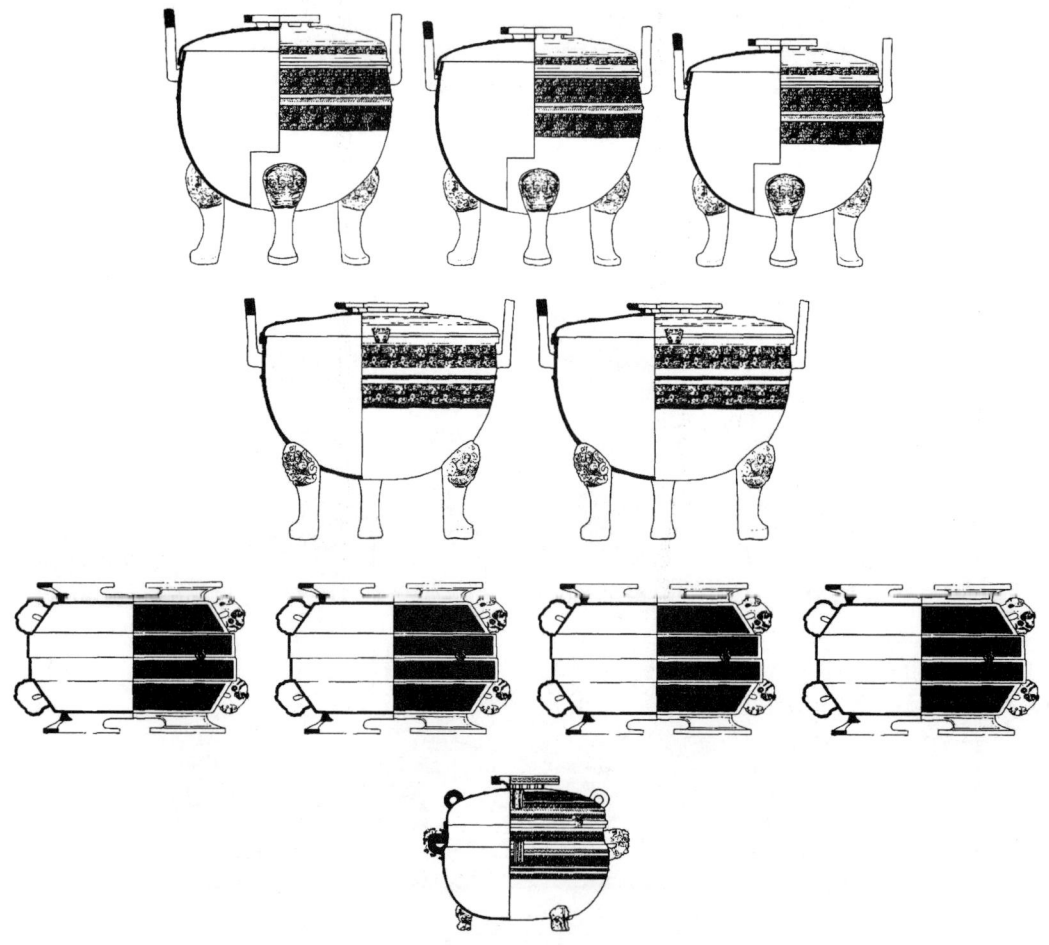

图7-26　河南南阳八一路M38粢盛器组合

二鼎四簋，对偶制是楚文化器物组合的一个特色。

但是，并不是说所有楚文化墓葬都是对偶制的组合，淅川下寺M1有五䥽鼎、四𬭚鼎、二䥽鼎、一周式鼎（图7-27）。周式立耳鼎放置于椁室西部，远离器物群，大概是助葬的器物。饪食器和粢盛器分别放置，粢盛器从西向东依次是二簋、一簠、一敦，再往东是盛酒器二方壶、尊缶、盥缶，排列得非常整齐。鼎、簋、方壶是两周之际黄河流域标准器的器物组合。那么这座墓葬实际上是"五鼎四簋"的大夫墓，尊缶和盥缶的出现是楚式组合的标配，代替了中原地区的罍。淅川下寺M2有七𬭚鼎、六𬭚鼎、四䥽鼎、一镬鼎（图7-28）。器物分类放置与M1相同，由于墓葬被扰的位置刚好是放置粢盛器的地方，所以组合关系不明确。淅川下寺M3有二䥽鼎、二𬭚鼎、一镬鼎（图7-29），䥽鼎、𬭚鼎和簋构成四鼎四簋组合。镬鼎与䥽鼎形制相近，䥽鼎为敛口，镬鼎为直口，并且镬鼎腹部扁鼓，蹄足较高，与旧称"盒形器"的异形簋相邻，构成一鼎一簋组合。春秋晚期的楚式簋与䥽鼎、𬭚鼎、镬鼎都有组合，但是始终没有与楚式𬭚鼎形成组合。

第七章 青铜簋器物组合研究

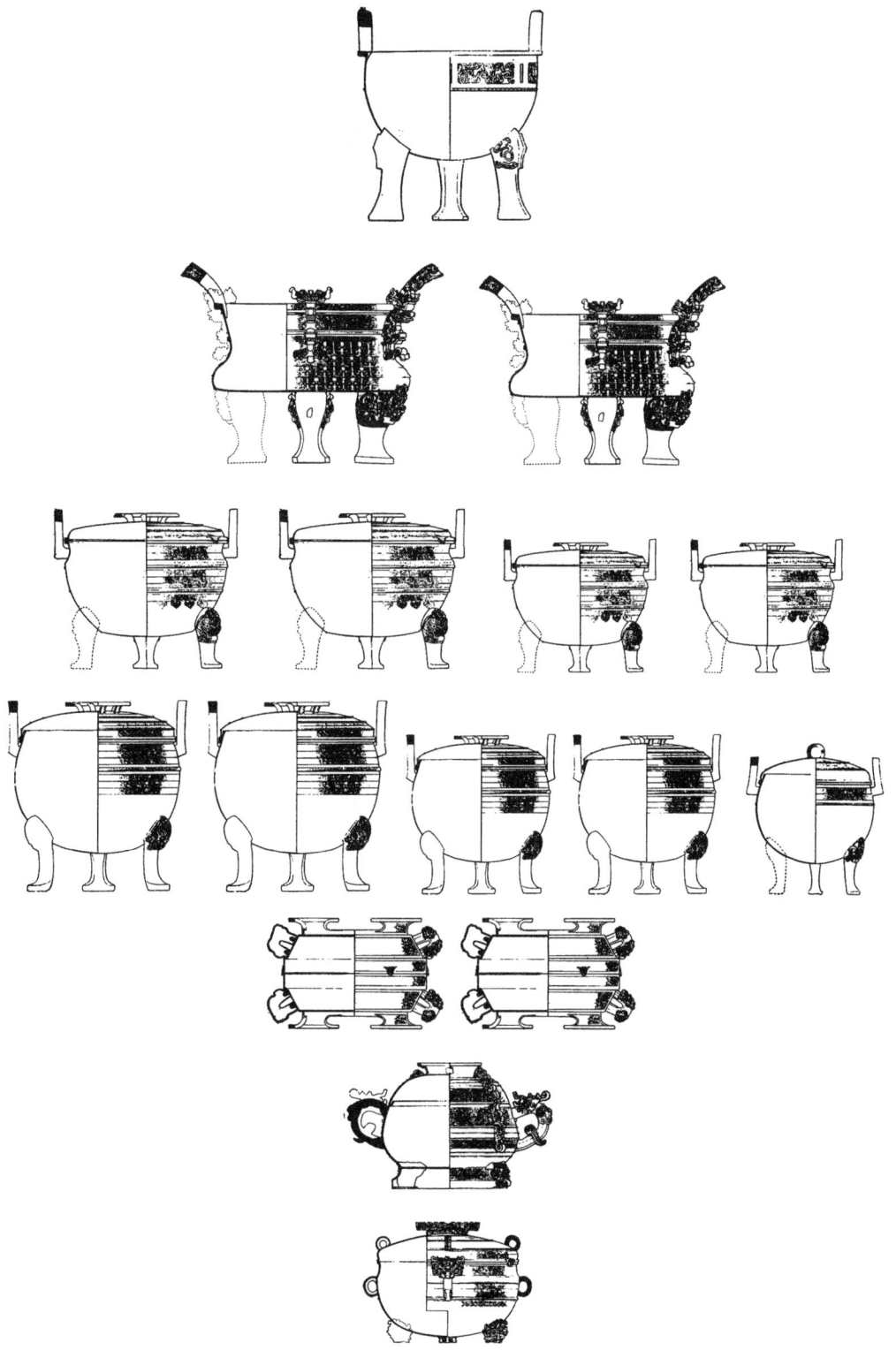

图7-27 河南淅川下寺M1粢盛器组合

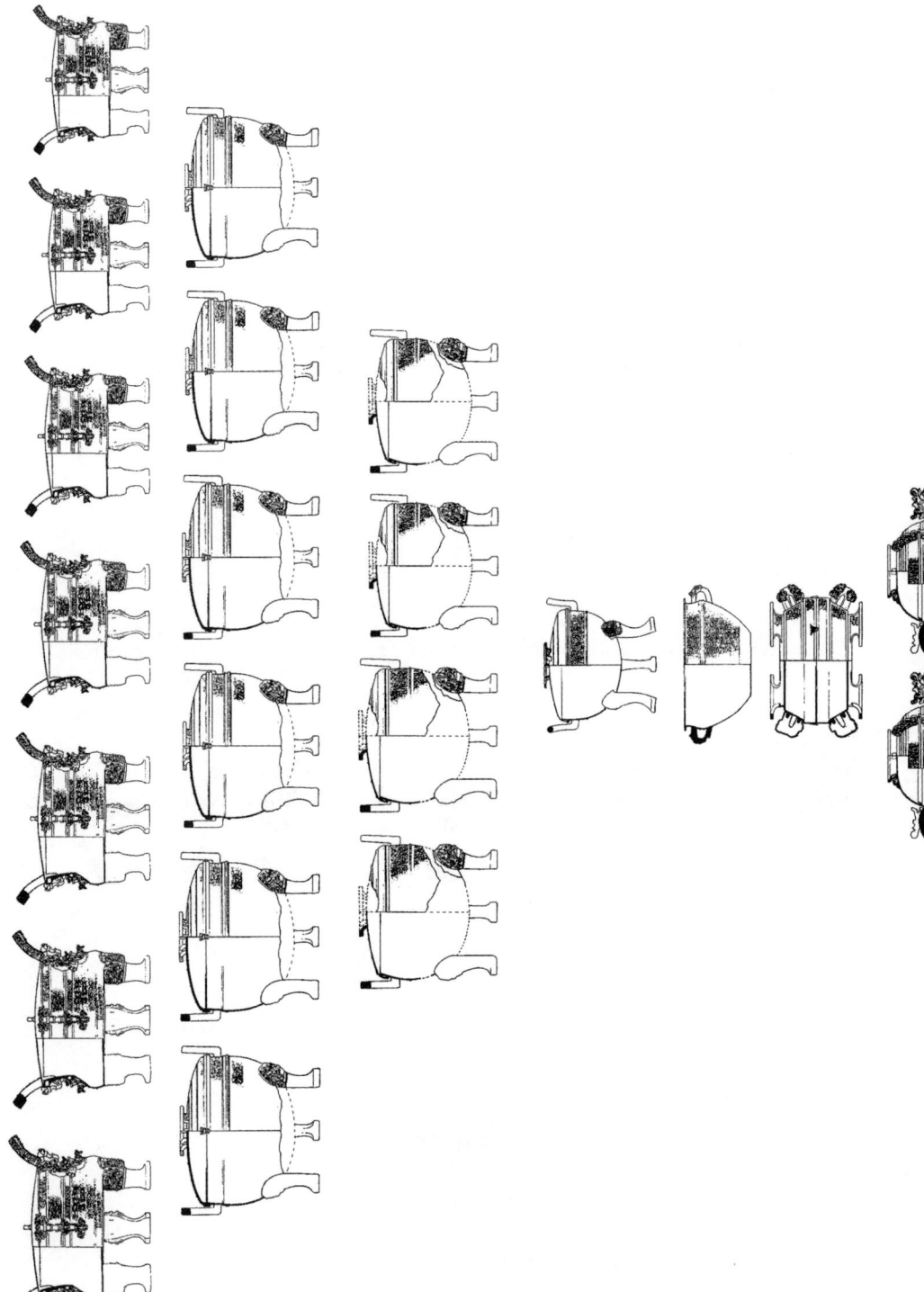

图7-28 河南淅川下寺M2浆盛器组合

第七章 青铜簋器物组合研究

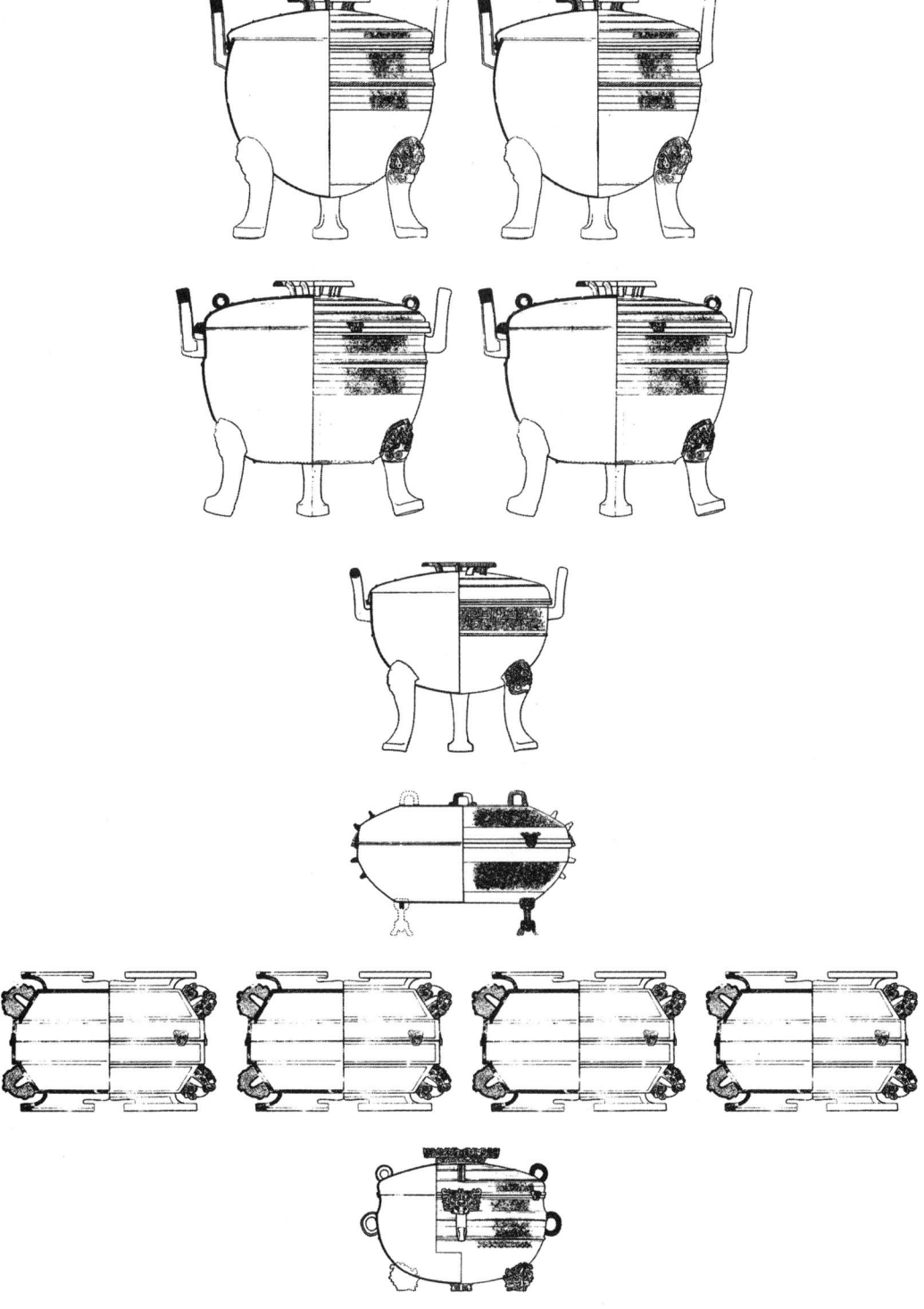

图7-29 河南淅川下寺M3粢盛器组合

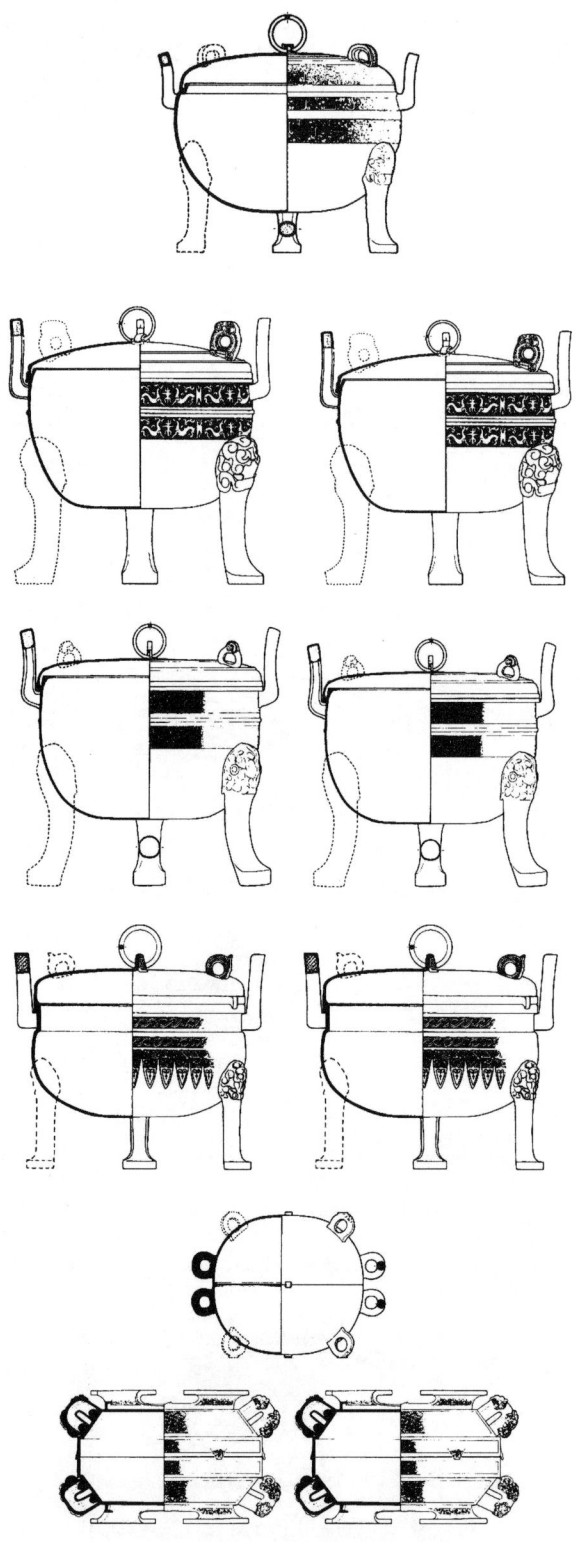

图7-30 河南淅川和尚岭M2粢盛器组合

和尚岭M2有二鼐鼎、二A类䰜鼎、二B类䰜鼎、一扁球腹盖鼎（图7-30）。扁球腹盖鼎是三晋文化的器物，与中原地区的环纽敦形成组合，三套俩俩成对的鼎与簠构成楚式的三鼎二簠组合。徐家岭M10有五鼐鼎、三䰜鼎、二鐈鼎（图7-31），同出有四簠、二敦、二簋分别与之组合。五鼎四簠表示身份等级，两件鐈鼎自名"飤鼎"与"飤匜"的簠进行组合，说明直至战国早期楚式鼐鼎与簠都不存在组合关系（表7-15）。

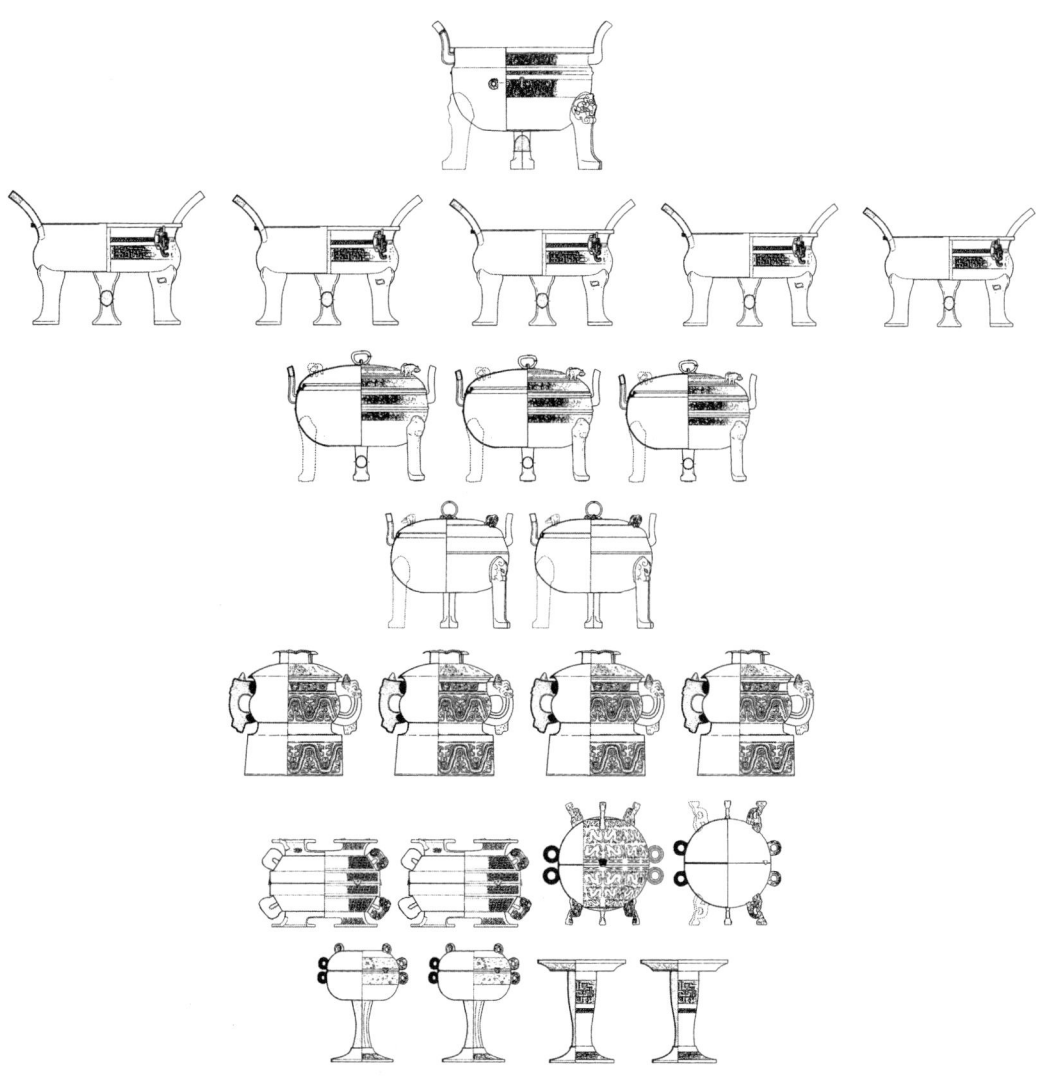

图7-31　河南淅川徐家岭M10粢盛器组合

表7-15 淅川墓地楚国墓葬器物组合

墓葬	墓室面积/平方米	棺椁	头向	葬式	器物组合	备注
下M8	6.62×5.26	一椁一棺	东		鼎1、簠4、匜1、盉1	被盗
下M7	5.3×3.6	一椁一棺	东		鼎2、簠2、敦1、盥缶2、盘1、匜1	
下M36	4.74×2.78	二椁一棺	东		鼎2、簠2、盥缶2、盘1、匜1	
下M1	7.35×5.25	一椁二棺	东		鼎5+4+2+1+1、鬲2、簋1、簠2、敦1、方壶2、尊缶2、盥缶2、盘1、匜1、盉1、钟9	
下M2	3.3×2.8	一椁一棺	东		鼎7+6+4+1+1、鬲2、簠1、簋1、敦1、盆2、豆1、尊缶2、盥缶2、鉴1、鋓1、盘1、匜1、钟26	被扰
下M3	5.48×4.1	一椁一棺	东	仰直	鼎2+2+1+1、簠4+1、敦1、尊缶2、盥缶2、提链壶1、鉴1、盘1、匜1、盉1	
下M4	4.7×4	一椁一棺	东	仰直	鼎1、簠1、盥缶1、盘1、匜1	
下M10	5.86×3.93	一椁一棺	东	仰直	鼎4、簠2、敦1、尊缶2、盥缶2、盘1、匜1、钟9、镈8	
下M11	5.25×3.8	一椁一棺	东	仰直	鼎2+1、簠2、敦1、尊缶2、盥缶1、盘1、匜1	
和M1	5.5×5.2	一椁一棺			鼎2+2+1+1	被盗
和M2	4.45×3.7	一椁二棺	东	仰直	鼎2+2+1+1+1、簠2、敦1、圆壶2、盥缶1、盘1、匜1、钟9、镈8	
徐M3	6.2×4.7	一椁一棺	东	仰直	鼎4+2+1+1、盥缶1、钟9、镈8	被盗
徐M9	5.6×4.82	一椁一棺	东	仰直	鼎2+1+1、鬲2+1、簠1、尊缶2、盥缶2、鉴1、盆1、盘1、匜1	被盗
徐M1	6.44×6.08	一椁一棺	东	仰直	鼎3+1+1、簠1+1、敦2、尊缶2、盥缶2、盘1、匜1	男性
徐M10	5.4×4.9	一椁一棺	东	仰直	鼎5+3+2+1、鬲3+2、簠4、簋1+1、敦2、豆2、铺2、壶2+2、尊缶2、盥缶2、鉴2、盘1+1、匜1、钟8、镈9	男性
徐M6	7.08×4	一椁一棺	东	仰直	鼎2、敦2、圆壶2、盘1	
徐M11	6.25×6	一椁二棺	东	仰直	鼎5、簠3、壶2、盥缶1	女性

7. 第七组

随州义地岗墓地M1、M2、M3、M6，文峰塔墓地M29、M33、M34、M35，擂鼓墩墓地M1。

义地岗、文峰塔和擂鼓墩三座墓地是曾国墓地，时代是春秋晚期到战国早期，只有擂鼓墩M1为国君墓。曾国墓地不同级别的墓葬分别表现为周文化和楚文化两种器物组合。大夫墓以上的核心组合是鼎簋组合，还同出有方壶或罍，反映了中原地区的器物制度。低级士墓仍然保持楚文化为鼎簠组合，与楚国鄢氏家族、彭氏家族的组合相同（表7-16）。

表7-16　随州墓地曾国墓葬器物组合

墓葬	墓室面积/平方米	棺椁	头向	葬式	器物组合	备注
义M1	3.2×1.76	一椁一棺	西		鼎1、甗1、簠1、方壶1、盘1、匜1	男性
义M2	3.4×1.94	一椁一棺	西	仰直	鼎1、簠1、方壶1、盘1、匜1	
义M3	3.45×2.36	一椁一棺	西		鼎1、方豆1、提链壶1、盘1、匜1	女性
义M6	4.3×2.8	一椁一棺	东	仰直	鼎2、甗1、簠2、方壶2、盥缶1、匜1	男性
文M29	5.7×4.6	一椁二棺	东		鼎4、鬲5、簠4、簋2、方壶2、提链壶2、盘1、匜1	
文M33	4.55×4.4	一椁二棺	东	仰直	鼎3+3、鬲4、簠4、尊缶2、盥缶1、盂1、盘1、盉1、匜1	
文M34	3.75×2.4	一椁一棺	东	仰直	鼎2、簠2、壶2、盥缶1	
文M35	3.85×2.4	一椁一棺	东	仰直	鼎4、鬲4、簠2、罍1、盘1、匜1	
擂M1	21×16.5	二椁二棺	南	仰直	鼎9+9+2、甗1、鬲9+1、铏10、簠8、簋4、盒2、豆2、铺2、尊缶2、壶2、提链壶2、方鉴2、方尊缶2、尊盘1、汤鼎1、匜鼎1、盥缶4、鉴2、盘1、匜2	男性

义地岗墓地M1、M2和M3的三件鼎都是镬鼎，前两墓为鼎簠组合，后一墓为鼎豆组合，反映了时代早晚的不同。M6的器物均有"曾公子弃疾"的铭文，所不同的是鼎、壶、盥缶自名"行器"，甗、簠自名"升器"。从器物来观察，鼎、壶的浇口均未经打磨，壶的外地范土未清除，应当是曾公子弃疾为自己作的明器。簠的浇口和范线都经过仔细打磨，应该是祭器。

擂鼓墩M1有九䏓鼎、五A类镬鼎、二B类镬鼎、二䰣鼎、二鐈鼎（图7-32）。其核心组合是九鼎八簠，八簠在九䏓鼎与五镬鼎之间一字排开，即文献的"大遣奠加礼一

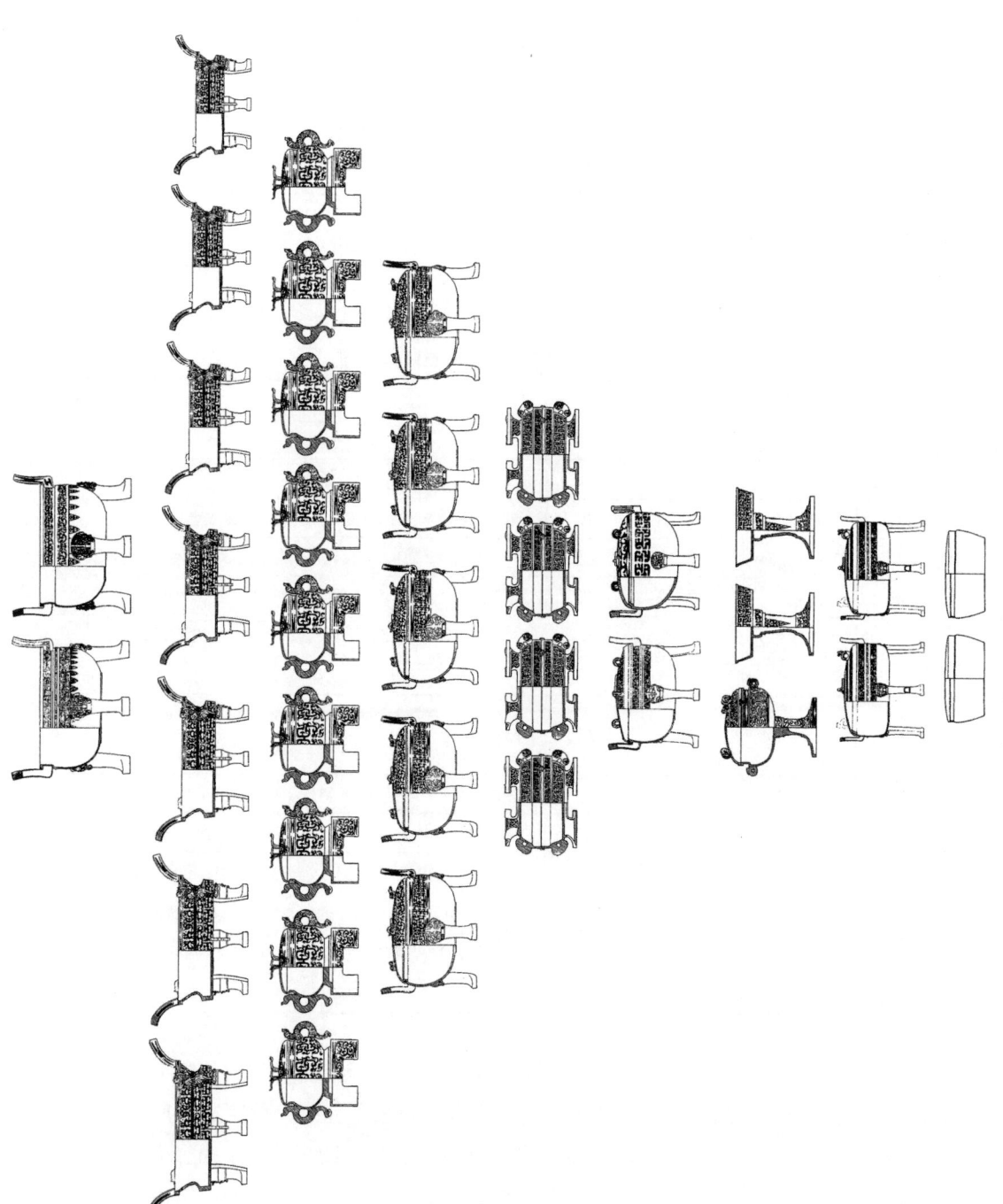

图7-32 湖北随州擂鼓墩M1出土粢盛器组合

等"。四簠与二鼫鼎、一大鬲、一甗相邻，二盒分别置于二䤾鼎的三足之间，二鐈鼎置于食具箱内，总共有四套食器组合。二鼎四簠的制度明显是受楚文化的影响，并且在周围还有盥缶构成典型的楚式器物组合。

8. 第八组

寿县蔡侯墓，蚌埠钟离君墓，固始侯古堆M1，枣庄徐楼M1、M2。

蔡侯墓有七鼫鼎、五A类䤾鼎、四B类䤾鼎、一鼫鼎、一鐈鼎。根据墓葬器物位置显示，七鼎、八簠、二方壶为一组。五䤾鼎自名为"飤鼎"，四簠自名为"飤匠"，五鼎、四簠、二豆、二铺位置相邻当为一组。钟离君墓有三鼫鼎、二䤾鼎（图7-33）。根据墓葬器物位置显示，三鼫鼎与二豆相邻，二䤾鼎与四簠相邻。鼫鼎形制并非是楚式鼎，这座墓葬的主体还是中原地区的鼎豆组合，受到楚文化影响的鼎簠组合并不是核心组合（表7-17）。

侯古堆M1有三套䤾鼎（图7-34），形制相同、纹饰不同、大小相次。器物出土位置表示，二簠与三套鼎位置较近，形成鼎簠组合关系。徐楼M1和M2为夫妻并列合葬墓，M1三件宋公固鼎的东侧是二敦，西侧是四簠，由于同铭的宋公固铺也在西侧，可知此墓的组合应为三鼎四簠。镶嵌红铜菱形纹敦与东侧的镶嵌盘、镶嵌匜纹饰风格相同，应同为一组器物。侯古堆M1宋公欒簠是宋公欒为其妹句吴夫人季子所作的媵器。徐楼M1宋公固鼎是宋公固为其女郑夫人叔子所作的器。由此可以看出宋国女性贵族墓的器物组合为鼎簠组合，可能也代表了宋国的用器制度。

表7-17 江淮地区诸侯国墓葬器物组合

墓葬	墓室面积/平方米	棺椁	头向	葬式	器物组合	备注
蔡侯墓	8.45×7.1	一椁一棺	北		鼎9+7+1+1、甗1、鬲8、簠8、簋4、敦2、豆2、铺2、方壶2、尊3、鈚1、尊缶4、盥缶2、鉴2、方鉴2、盘4、盆3、匜1、钟12+9、镈8	男性
钟离墓	直径20.2	一椁一棺	东	仰直	鼎3+2、甗1、簠2+2、豆2、盒1、罍1、盂1、匜2、钟9	男性
侯M1	10.8×9	二椁一棺	东	仰直	鼎6+3、簠2、方豆1、盒1、圆壶2、罍1、鉶2、三足壶1、匜1、盂1、钟9、镈8	女性
徐M1	3.68×3.36	一椁一棺	东		鼎3、敦2、簠4、铺2、盒2、提链罐1、盥缶2、鉶1、盘1、匜1、钟3、镈1	女性
徐M2	3.7×3.14	一椁一棺	东		鼎1+1+1、鉶1、盘1、匜1	男性

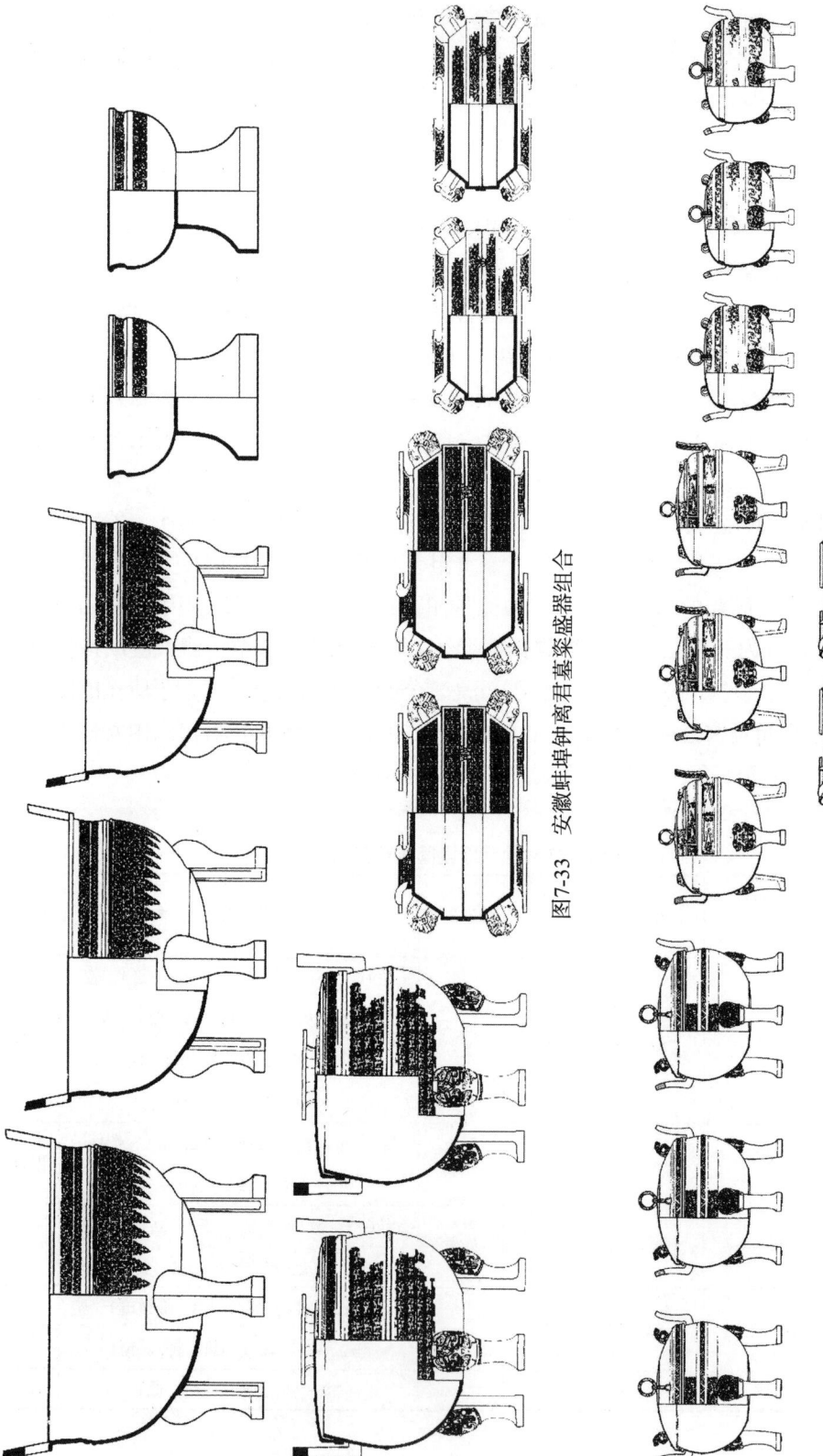

图7-33 安徽蚌埠钟离君柏墓盛器组合

图7-34 河南侯古堆M1盛器组合

小结：这个时期器物组合开始呈现分级、分域的趋势。鼎簋组合作为最高级别的组合只存在于诸侯国君大墓，大夫级以下的墓葬不允许使用鼎簋组合。春秋中晚期中原地区得到了严格遵守，在楚文化地区反而出现权力较大的大夫墓葬使用五鼎四簋的现象，可能与楚王僭称王号有关。中原地区受到外来因素的影响以鼎簋组合为主，敦、豆的级别均次于簋，这个特点后来影响到晋东南地区。以晋文化为主的地区从流行鼎敦组合转变为鼎豆组合，簋一直处于次要地位。楚文化的中心地区呈现出大夫墓和士墓均以鼎簋组合为主的现象，受楚文化影响的江汉地区诸侯国的士墓用鼎簋组合，但是有的大夫墓也有使用鼎簋组合这样固守周礼传统的现象。

三、第三期：战国中期—战国晚期

1. 第一组

中山国墓地M6、M1、M8101、M8102。

中山国M6和M1是前后两代中山国国君墓。M6有九鼐鼎、五羞鼎（图7-35），鼐鼎和羞鼎的样式相同，均是晋文化的球腹形鼎，只是纹饰不同。西库室的器物叠压放置，二簋、二方座豆距离九鼐鼎较近。M1的九鼐鼎和五羞鼎（图7-36）分别放置于东、西两库，四簋、二方座豆与九鼐鼎均在西库，可知必然不与五羞鼎组合。高柄平盘豆与盒置于西库，平盘豆内有肉汤残迹，且与盛肉汤即大羹的大鼎放在一起。M8101和M8102为低级士墓，器物组合为鼎豆组合。由此可见，鼎豆组合应该是中山国的核心器物组合，与当时北方地区所流行的保持一致，只有在诸侯国王级别的大墓中才有簋（表7-18）。

表7-18 河北地区中山国墓葬器物组合

墓葬	墓室面积/平方米	棺椁	头向	葬式	器物组合	备注
M1	26.7×26.7	二椁二棺	北		鼎9+5+1、甗1、鬲4、簋4、豆2+2、盒2、方壶3、扁壶4、圆壶8、提链壶2、盘1、盉3、匜1	男性
M6	25.5×25.5		北		鼎9+5、甗2、鬲4、簋2、豆2+2、圆壶4、扁壶2、小方壶1、提链罐1、盆1、盉4	男性
M8101	3.5×2	一椁一棺	北	仰直	鼎1、豆1、壶1、罍1、鉴1	男性
M8102	3.5×2	一椁一棺	北	仰直	鼎2、豆1、敦1、提链壶1、钾1、匜1	男性

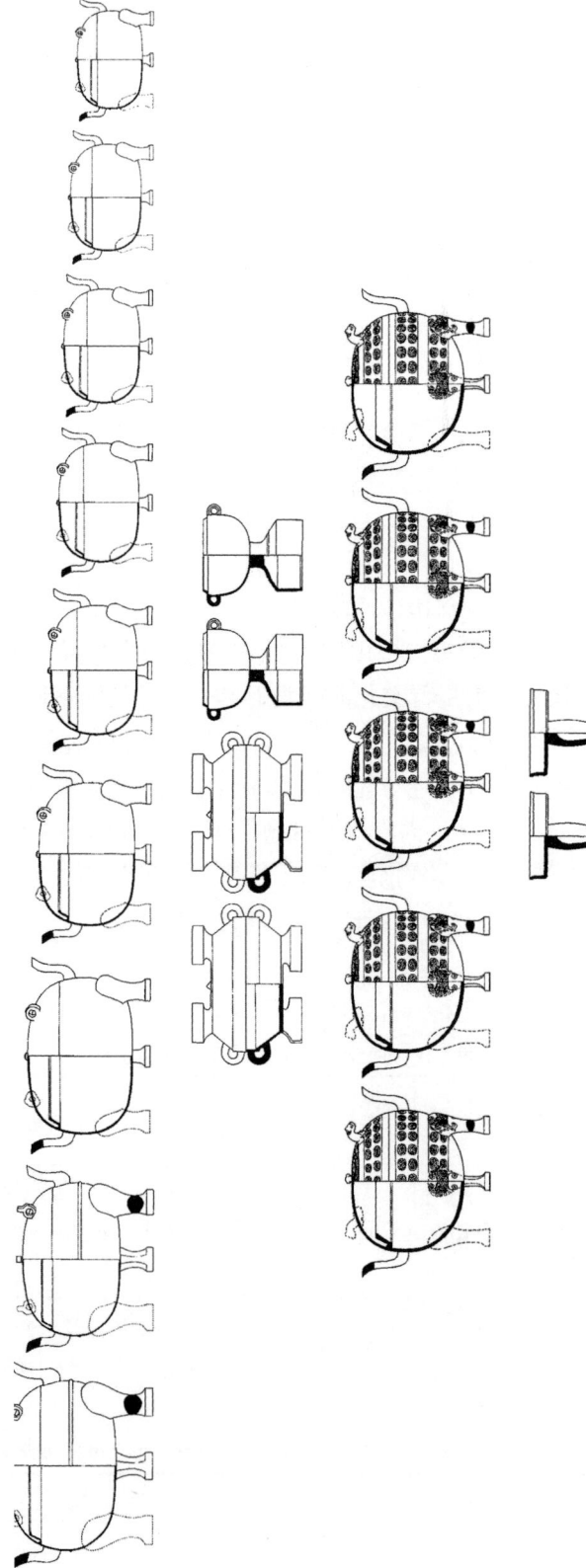

图7-35 河北中山国M6祭盛器组合

第七章 青铜簠器物组合研究

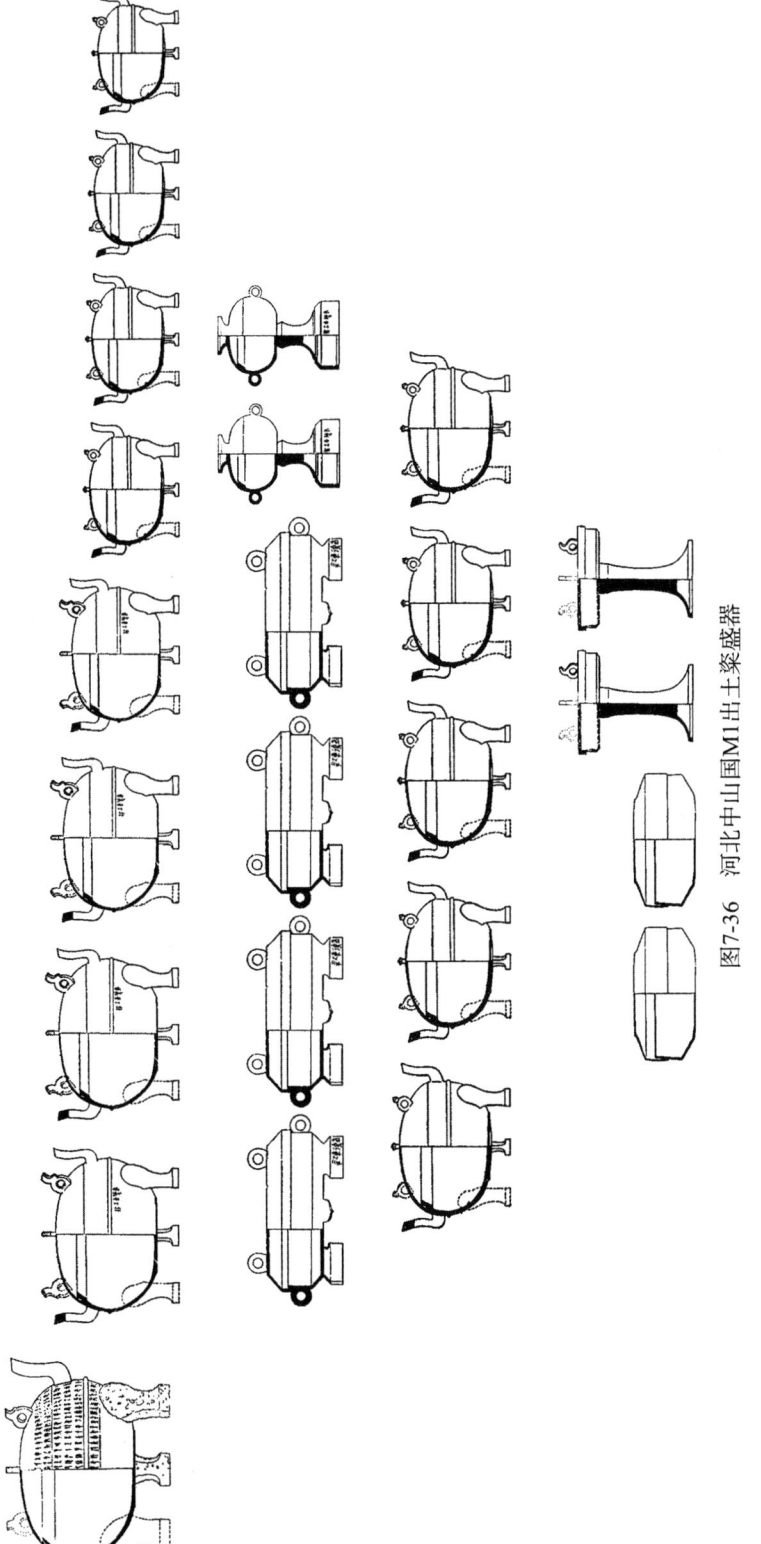

图7-36 河北中山国M1出土粢盛器

2. 第二组

洛阳解放路C1M395。

C1M395是1973年发掘解放路M4的陪葬器物坑，出土器物并非实用器，而是专门为陪葬铸造的明器。器物组合有三组（图7-37）：A类二鼎四簋，立耳鼎和圈三足簋是周人传统的器物样式；B类十鼎十簋，球腹鼎是战国时期中原地区非常流行的样式；C类四鼎四盒，盒是秦文化器物组合的典型特征，二簋应是作为四盒的陪器。这座墓葬反映了与楚文化用器制度不同的中原风格，也标志着以秦文化器物组合为主的特征开始影响到中原地区（表7-19）。

表7-19 洛阳解放路墓葬器物组合

墓葬	墓室面积/平方米	棺椁	头向	葬式	器物组合	备注
C1M395	9.05×7.43	二椁一棺	北		鼎10+4+2、簋10+4、簠4、豆2、盒4、壶11+1、罍1、鉶1、盘7、匜2、盆3、钟18、镈4	

3. 第三组

随州擂鼓墩M2，荆门包山M2。

擂鼓墩M2有一鑐鼎、九升鼎、六䵼鼎（图7-38）。从墓葬器物位置来看，九件升鼎和八件簋排成两排，呈东西向并列放置，升鼎之南有六件䵼鼎，簋之南有四件簠，呈"一"字形并列放置。因此这座墓葬的器物组合有九鼎八簋和六鼎四簠两套，鼎簠组合是祭器，根据"大遣奠加礼一等"表明其墓葬规格为诸侯级别。鼎簋组合是用器，应是墓主人实际身份的象征。包山M2有九组类型的鼎，即二鑐鼎、二升鼎、四卧牛纽䵼鼎、二环纽铁足䵼鼎、三环耳环纽鼎、二环耳卧牛纽鼎、二飤鼎、一贯耳鼎（图7-39）。青铜礼器主要放置在东室，遣册上称为"飤室"。肉食器和粢盛器分别放在东室的南北两处，铜鼎相互叠压放置与俎相邻，铜簋、铜敦、铜壶相互靠近。从数量上来看应该有鼎簋、鼎敦两套组合，但是具体组合形式和数量不清楚。两座墓葬的时代分属战国中期的早、晚两段，簋依然在器物组合中占据重要地位（表7-20）。

表7-20　江汉地区楚国墓葬器物组合

墓葬	墓室面积/平方米	棺椁	头向	葬式	器物组合	备注
擂M2	6.3×6	一椁二棺	北	仰直	鼎9+6+1+1、甗1、鬲10、簠8、簋4、豆1+2、方壶2、圆壶2、尊缶4、盥缶2、盘1、匜1、钟36	女性
包M2	7.8×6.85	二椁二棺	东	仰直	鼎4+3+2+2+2+2+1+1、甗1、簠2、敦2、壶6、盥缶6、鉴2、盘4、盉1、铙1	男性

小结：这个时期北方地区的士墓、大夫墓基本不见簠，即使在诸侯国君级别的大墓中也很少见到，预示着青铜簠在北方地区的全面衰落。楚文化墓葬的鼎簠组合依然保持着比较重要的地位，随着仿铜陶礼器的大量流行，有青铜礼器的墓葬虽然不多，但是陶礼器的墓葬却比较明显地反映了这个现象。楚式舒鼎与簠的组合是墓主人身份地位的象征，终战国之世簠的地位始终没能超越簋。鼎簠组合的具体形式也呈现出南北地域的差别，北方地区墓葬基本是以球腹形舒鼎与簠搭配，楚文化中舒鼎或鑐鼎与簠组合成为定制。

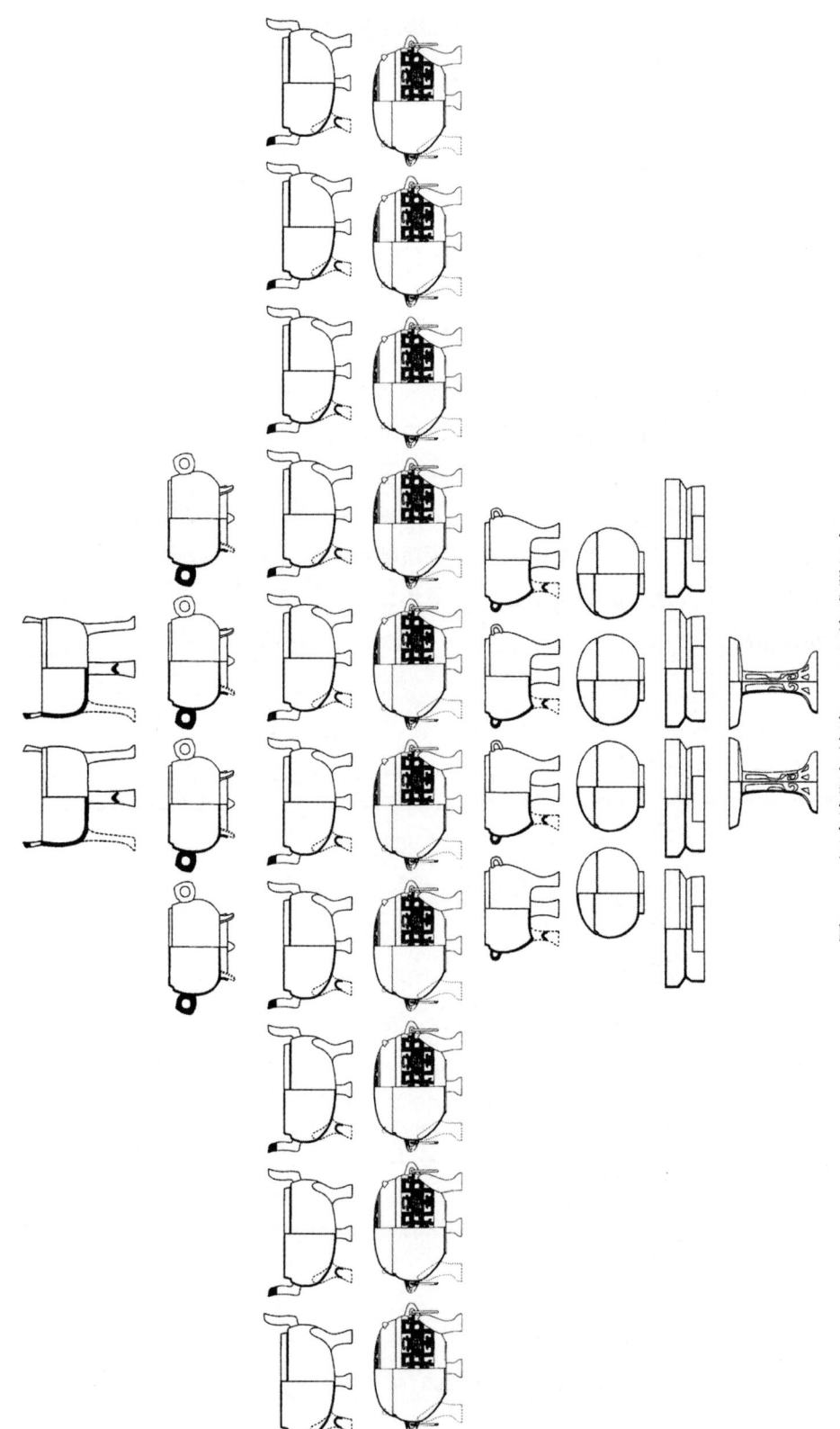

图7-37 河南洛阳解放路C1M395盛器组合

第七章 青铜簠器物组合研究

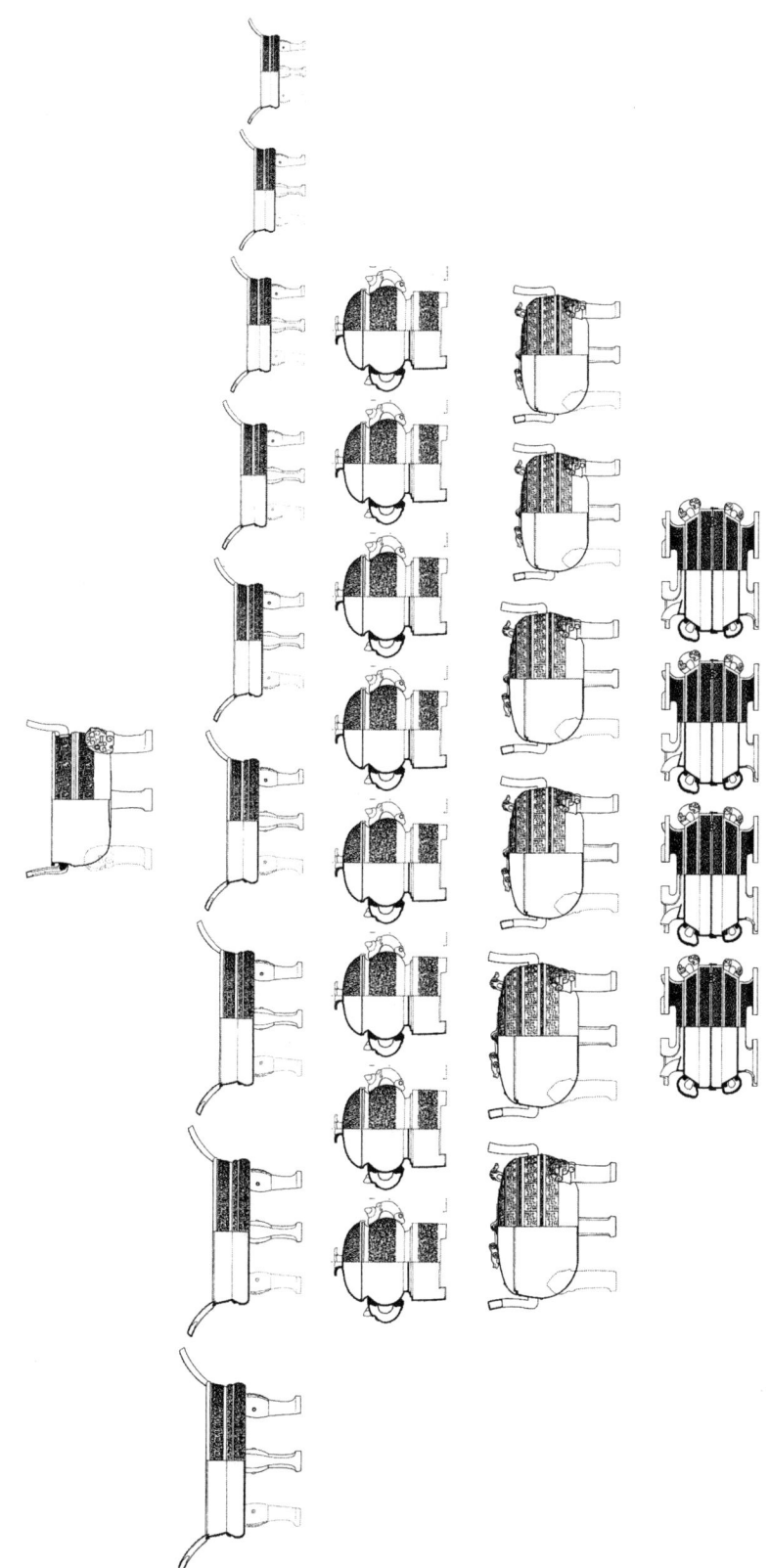

图7-38 湖北随州擂鼓墩M2桼盛器组合

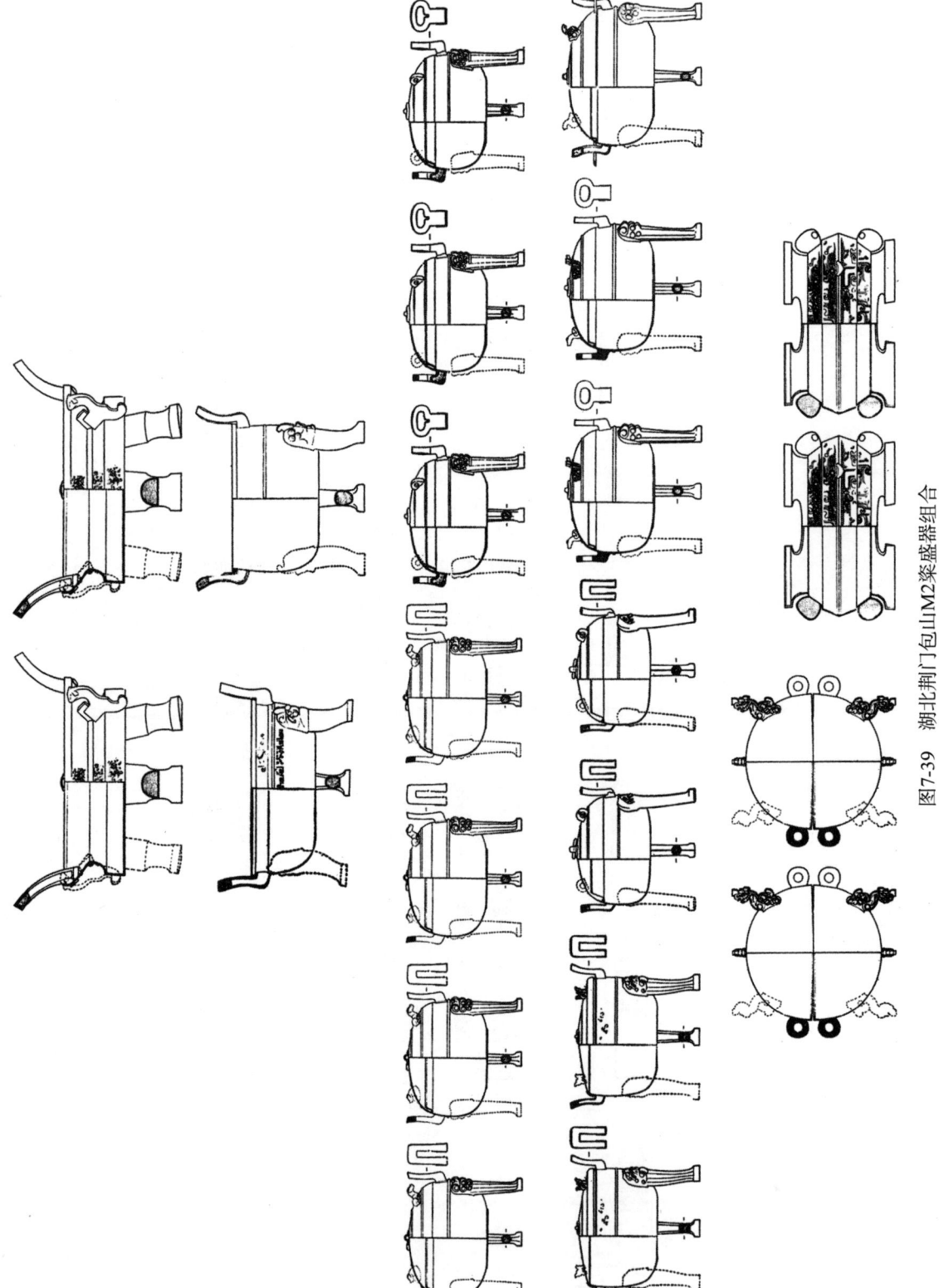

图7-39 湖北荆门包山M2案盛器组合

第八章　青铜簠的起源与消亡

第一节　青铜簠的起源

青铜簠突然出现于西周早期，数量极少且流传不广。很长时间以来，其如何产生、如何起源的问题一直没有解决。郭宝钧先生有一个推测，他认为"簠的前身，仿竹编的筐为之。故篆文筐字、簠字的边框，皆象编竹形，史免簠、尹氏簠并以筐自名"[1]。这种竹编的簠后来在信阳楚墓发现有残存的口沿[2]，如同宝鸡石鼓山M4出土的两件青铜簠[3]，口沿均呈椭方形。由此证实郭宝钧先生的这个推断不无道理。

但是，竹编的簠是否有附耳，这种器型怎么传播到关中地区，又如何演化成为青铜材质等问题，需要进一步讨论。早期的青铜簠最直观的感觉就是器型高大，这个特点无疑会与其来源产生联系。笔者曾在硕士学位论文中提出"青铜簠作为一种新型食器，或许是受到无耳簋的影响"[4]。十年过去，这个观点笔者依然没有改变，需要说明的是这种无耳簋应该更准确地称盂形簋，如上海博物馆收藏的兽面纹簋（图8-1）和美国赛克勒美术馆收藏的罗簋（图8-2）。腹壁斜收与腹壁弧曲是无耳簋的两种类型，青铜簠腹壁与前者相同。盂形簋的器型高大，加上附耳就成了青铜盂，如1935年河南安阳侯家庄西北岗M1400墓道出土的寝小室盂（图8-3）、1955年辽宁喀左山嘴子窖藏出土的燕侯盂（图8-4）。

从青铜器发展的一般规律来看，某一器类的无耳器可能比有耳器要稍早，比如商代的盘都是无耳的，西周开始出现有附耳盘。但是，大多数时候无耳器和有耳器基本是并行发展的。湖北盘龙城同时出土的无耳簋和有耳簋，一直到商代晚期都存在。早期的青铜簠无耳和有耳两种亚型也是这种情况。从形制来看，早期青铜簠和青铜盂的共性在于以下几点。

其一，两者除了造型方圆有异外，附耳形状相同，均外撇。西周时期青铜盂的附耳由外撇到端正，由斜腹到直腹，属于器型发展变化的过程。因此，早期青铜簠的造

---

[1] 郭宝钧：《商周铜器群综合研究》，文物出版社，1981年，137页。
[2] 河南省文物研究所：《信阳楚墓》，文物出版社，1986年，图版六九。
[3] 陕西省考古研究院、宝鸡市考古研究所、宝鸡市渭滨区博物馆：《陕西宝鸡石鼓山商周墓地M4发掘简报》，《文物》2016年第1期。
[4] 胡嘉麟：《两周时期青铜簠研究》，陕西师范大学硕士学位论文，2007年，55页。

图8-1 上海博物馆藏兽面纹簋

图8-2 美国赛克勒美术馆收藏的䍙簋

图8-3 河南安阳侯家庄西北岗M1400出土的
寝小室盂

图8-4 辽宁喀左山嘴子窖藏出土的燕侯盂

型更接近于商晚期的青铜盂。

其二，2001年河南安阳花园庄M54出土了一大一小两件同铭亚长盂（图8-5），大的通高42.5厘米、口径54厘米；小的通高29.5厘米。石鼓山M4也出土一大一小两件青铜簋，说明在器物组合上青铜盂与青铜簋存在联系。有研究者注意到商晚期至西周早期有一种"列卣"现象[①]，粢盛器可能同样有这样的情况。

其三，1973年陕西西安长安区马王镇马王村窖藏出土的卫鼎，自名为"盂鼎"。

---

① 陕西师范大学中国青铜文化研究中心：《关于扶风红卫村出土"列卣"的思考》，《周秦文明论丛》第二集，三秦出版社，2009年。

图8-5　河南安阳花园庄M54出土的两件同铭亚长盂

2008年河南南阳卧龙区八一路M38出土的彭子射儿鼎（图8-6），自名为"飤盂"。"盂"既是器物专名，又特指一种形制，即口沿为最大径，腹壁不鼓自口沿下收。2015年湖北枣阳郭家庙曹门湾M43出土的曾太保簠（图8-7），口沿下已经稍显直壁，与曾孟嬴剸簠年代相同，为春秋早期早段。器盖同铭称作"宝盂"，可知青铜簠的起源当与盂形器有关。

懋镕师提出"青铜簠兴起于宝鸡"[①]的观点，无疑是正确的。由此产生另外两个问题：第一，什么人最早在宝鸡铸造了青铜簠？第二，青铜簠的方形器观念是从什么地方传播来的。第一个问题通过石鼓山M4光簠的族徽铭文，有一些初步的认识。光簠的金文写作"🗚"。通常"光"字在金文中有三种写法：Ⅰ式，直立的人形；Ⅱ式，作侧面跽跪的人形，金文写作"🗚"（《集成》1025）；Ⅲ式，作相背的侧面人形，金文写作"🗚"（《集成》8600）。

根据有出土地点的族徽铭文统计，Ⅰ式还有1973年陕西凤翔田家庄镇河北村出土的亚光簋[②]、1983年河南临汝骑岭乡大张村出土的光父辛簋[③]，两件铜簋以及同出器物的年代都在西周早期。Ⅱ式所见6件都是据传或明确出土于安阳殷墟，如1987年河

---

① 张懋镕、沙忠平：《青铜簠兴起于宝鸡说》，《文博》2015年第1期。
② 曹明檀、尚志儒：《陕西凤翔出土的西周青铜器》，《考古与文物》1984年第1期。
③ 杨澍：《河南临汝出土西周早期青铜器》，《考古》1985年第12期。

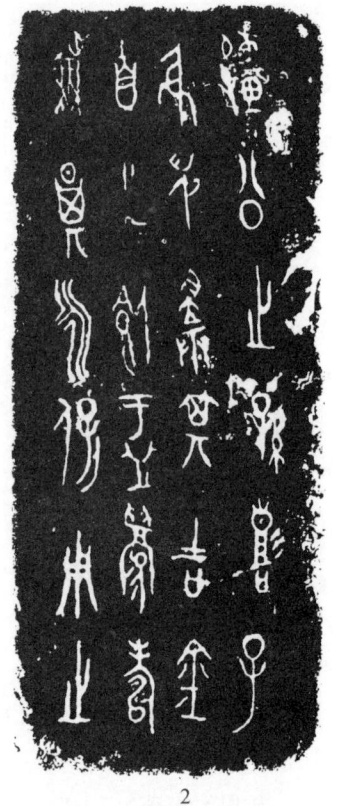

图8-6 河南南阳卧龙区八一路M38出土的彭子射儿鼎

1. 彭子射儿鼎　2. 铭文拓片

图8-7 湖北枣阳郭家庙曹门湾M43出土的曾太保簋

1. 曾太保簋　2. 铭文拓片

南安阳殷都区梅园庄M92出土的光祖乙卣①。Ⅲ式所见1件光父辛爵（《郼中片羽》二上32），据传出土于安阳殷墟。另有五件单光器，《考古图》4.4称："右得于河南河清……初河滨岸崩，闻得十数物，今所存者此彝外，尚有五物形制多不同，今列于后，皆曰'单［光］作从彝'。"文中所称"此彝"者为一卣，铭文字数较多，词句不同当系伪刻。另五件为一方鼎、一簋、一甗、一觚、一盉，时代为西周早期。宋人欧阳忞《舆地广记》记载："建中二年，乃以河南之河阳、河清、济源、温四县租税入河阳三城使，又以汜水军赋益之。会昌三年，遂以此五县为孟州。"②宋代的河清县即今天的孟津县。

上述分析说明两个问题：首先，Ⅱ式与Ⅲ式铭文均作侧面人形，只是繁简不同，当为同一族。Ⅰ式铭文与二者的出土地点无联系，应当作为这一族之分支看待。其次，由于安阳是当时的统治中心，具有多族共居的性质，不能当作商王室的同族。Ⅱ式与Ⅲ式铭文在安阳的零星发现，不能说明他们是殷人。Ⅰ式与Ⅲ式复合铭文的时代较晚，其出土地也不能说明安阳是商代光族的族居地。因此，光簋这件器物的原族属所在地目前还不清楚。

任雪莉博士统计传世方簋中有两件据说是山东出土的，且以亚醜方簋年代最早③。而且，在殷墟和关中地区至今没有发现类似的考古材料。我们有理由推测，方形粢盛器的设计观念和竹编簋形器的传入可能是与鲁豫交界和汉水中游两个区域文化有联系，又经过这些地区移民的整合得以形成。这里可以提供三点旁证。

其一，西周早期宝鸡地区的出土器物显示，与东土族群的青铜文化存在交流。石鼓山M4出土的史母庚壶、竹园沟M13出土的史父乙豆。"史"族在山东滕州前掌大向为学者所熟知。豆形器起源于山东，宝鸡地区出土年代最早的豆形器却是史族之器不能说纯属一种巧合。近来周原考古发现和清华简的研究，证实周初的两次东征将大量的东土族群迁入西部，这种交流使制器观念进入周文化区，并迅速加以利用。

其二，东周时期楚人对簋形器的偏好和重视，贯穿于整个楚文化发展史。前一章已经从葬式、器用制度分析了曹姓的邾国和芈姓的楚都对簋的使用比较重视，表明祝融集团与簋形器有着较深的渊源。1986年山东青州苏埠屯M8出土有11件融氏族徽铭文的器物，时代为殷墟三期。有学者认为祝融为火正，融、鬲本身就有用火炊煮的含义，因此祝融还被视为灶神④。虽然目前还不能断定苏埠屯M8的融氏族徽与祝融一族确有关联，但是这个"融"字的写法却是两个鬲形器相互扣合的形状（图8-8），或许这个文化因素也是簋形器产生的重要线索。

---

① 中国社会科学院考古研究所安阳工作队：《1987年秋安阳梅园庄南地殷墓的发掘》，《考古》1991年第2期。
② 欧阳忞：《舆地广记》，四川大学出版社，2003年，206页。
③ 任雪莉：《中国古代青铜器整理与研究·青铜簋卷》，科学出版社，2016年，244页。
④ 韩建业：《原史中国——中国文化圈的形成与发展》，上海古籍出版社，2015年，241、242页。

图8-8　山东青州苏埠屯M8出土的融簋拓片

其三，两周之际青铜簠出土数量最多的两个地区正是鲁豫交界处和汉水中游一带。青铜簠不属于周文化系统的器物得到了很多方面的证据，比如秦文化和燕文化自始至终不用青铜簠。秦文化在周人故地继承了周文化的精髓，从制器和文字两个方面来体现。燕文化固守周人的用器制度，从燕下都出土的仿铜陶礼器可窥一斑，周文化典型器物的盨直到战国晚期仍出现于燕文化的器物组合中。姬姓的鲁国、虢国和芮国大概是由于文化交流，以及同异姓诸侯国的通婚关系，在制器方面都小范围地使用青铜簠。但是从大历史背景来看，齐鲁文化圈基本是不用青铜簠的，尤其是春秋中期以后随着小诸侯国的灭亡和影响力的衰退，鲁国也不出现青铜簠。这些在两周之际鲁豫地区存在的小诸侯国正是推动青铜簠发展的主要力量，主要有豫东南的妫姓陈国、鲁西南的妊姓铸国和薛国，以及曹姓邾国。

值得注意的是，这些小诸侯国所在地基本上是祝融之祖颛顼故地，与颛顼族系相关。《帝王世纪》云"颛顼都穷桑"，即今山东曲阜。皇甫谧言"颛顼后徙都帝丘"，即今河南濮阳。《山东通志》称范县"古颛顼氏之墟"，《路史·国名纪》称范县为"濮之北苑"，距离濮阳东北不足百里。颛顼故地主要在豫东至鲁中南地区。《楚辞》开篇即言"帝高阳之苗裔兮"，表明祝融一族皆奉颛顼为祖。《史记·五帝本纪》："虞舜者，名曰重华。重华父曰瞽叟，瞽叟父曰桥牛，桥牛父曰句望，句望父曰敬康，敬康父曰穷蝉，穷蝉父曰帝颛顼。"《左传·昭公八年》史赵答晋侯称："陈，颛顼之族也。"《通志·氏族略》薛氏条说："薛，任姓，黄帝之孙颛顼帝少子阳封于任，故以为姓。"表明妫姓和妊姓也是奉颛顼为祖。随着颛顼族系诸侯国的大量消亡，至战国时期只有芈姓的楚国公室自始至终保持拥有青铜簠。妫姓的田氏代齐以后，北方地区的诸侯国仅有田齐公室出现青铜簠。两者之间存在的微妙联系，可能就是古代文明传承的迹象。

两周时期的三大政治集团，姬姜集团、祝融集团和东夷集团，只有祝融集团及其外延的颛顼族系可能是簠形器的创造者和主要使用者。《国语·郑语》史伯说：

> 祝融亦能昭显天地之光明，以生柔嘉材者也，其后八姓于周末有侯伯。佐制物于前代者，昆吾为夏伯矣，大彭、豕韦为商伯矣。当周未有。己姓昆吾、苏、顾、温、董，董姓鬷夷、豢龙，则夏灭之矣。彭姓彭祖、豕韦、诸稽，则商灭之矣。秃姓舟人，则周灭之矣。妘姓邬、郐、路、偪阳，曹姓邹、莒，皆为采卫，或在王室，或在夷、狄，莫之数也。而又无令闻，必不兴矣。斟姓无后。融之兴者，其在芈姓乎？芈姓夔越，不足命也。蛮芈蛮矣，唯荆实有昭德，若周衰，其必兴矣。

史伯所言，祝融八姓有己、董、彭、秃、妘、曹、斟、芈。祝融集团的活动地在郑，即河南新郑。《左传·昭公十七年》说："郑，祝融之虚也。"徐旭生先生考证祝融后裔的散居地，"南边可到两湖接界，北上到河南中部。再北到河南、河北、山东交界处，也有向西到黄河北岸的，再东到山东东部"[①]。在河南临汝、孟津发现的商代光族器恰也是在商周之际祝融后裔活动的范围内，至于光族与祝融八姓是否有联系还可以再讨论。

通过对青铜簠的研究显示，簠的形制从斜腹式到折腹式的变化首先是在谷城—襄樊—枣阳地区出现，并逐渐传播开来，这个区域与两周之际祝融后裔的活动范围十分吻合。谷城为谷国所在地，《春秋·桓公七年》载："谷伯绥来朝，邓侯吾离来朝。"杜注："谷国在南乡筑阳县北。"《汉书·地理志》南阳郡"筑阳"县下班固注："故谷伯国。"颜师古注："今襄阳有谷城县，在筑水之阳。"又引应劭曰："筑水出汉中房陵，东入沔。"《水经》谓沔水"南迳谷城东，又南过阴县之西"。《沔水注》说："城在谷城山上，春秋谷伯之邑也。墉间颓毁，基堑亦存。沔水又东南迳故城西，故下阴也。"谷城北面为丹江，即楚人始居地丹阳。筑水，春秋时称彭水，彭水上游的房县为彭国。彭水注入汉水，东流至襄樊为罗国和樊国。谷国族姓不明，孔颖达称"不知何姓"，较晚的《通志·氏族略》和《路史》皆称为嬴姓，不知有何根据。楚国、彭国、罗国和樊国比较明确，皆为祝融后裔。

《史记·楚世家》称：

[①] 徐旭生：《中国古代的神话传说时代》，文物出版社，1985年，66页。

> 熊绎当周成王之时，举文、武勤劳之后嗣，而封熊绎于楚蛮，封以子男之田，姓芈氏，居丹阳。

楚人始居地"丹阳"究竟在何处，众说纷纭。比较有影响的主要有丹淅说、枝江说、秭归说等几种。清华简《楚居》的公布，为丹淅说提供了充分的证据。其文称：

> 季连初降于騩山，抵于穴穷。……逆上汌水，见盘庚之子，处于方山，……穴熊迟徙于京宗，……至熊狂亦居京宗。至熊绎与屈䋞，使若嗌卜徙于夷屯，为便室，室既成，无以内之，乃窃鄀人之犝以祭。惧其主，夜而内尸，抵今日夕，夕必夜。①

楚人早期活动于騩山，从穴熊至熊狂皆居于京宗，熊绎时迁徙到夷屯，构筑便室无以祭祀，于是盗窃了鄀人的一头小牛，从此夜祭的夕成为楚人的一个习俗。李学勤先生认为"夷屯"就是文献中所说的"丹阳"②。这段简文表明丹阳与鄀国相距较近，通过鄀国的位置基本就可以锁定楚人早期的居住地。《左传·僖公二十五年》杜注，鄀在南乡郡丹水县。《水经注·丹水注》："丹水又迳丹水县故城西南，县有商密乡。"1972年湖北襄阳山湾墓葬出土有上鄀府簠，1979年淅川下寺M8出土有上鄀公簠，徐少华先生推断上鄀国在淅川以北的西峡县，下鄀国在淅川西南，其范围均不出丹江流域③。

彭国，彭姓，即周武王伐纣的西土八国之一。《尚书·牧誓》记载："西土之人……庸、蜀、羌、髳、微、卢、彭、濮人。"西土八国为关中地区西部和南部的方国，南部方国皆以汉水流域为中心分布，彭国在彭水上游一带。

樊国，芈姓，春秋时期南北二樊并存。北樊，姬姓，即今济源市郊东南一带。《潜夫论·志姓氏》："（仲山甫）谥穆仲，封于南阳。"此"南阳"非宛城之所在，乃是河内之"南阳"。仲山甫系周太王之子虞仲的支孙，曾任周宣王的卿士，其地后入于晋。南樊在今豫鄂交界的襄樊一带。《舆地沿革表》卷十七载："（襄阳县）周时襄州之域，汉北则豫州域，中有樊、郇、鄢、罗、谷、卢戎六国，后皆并于楚。樊国在城北汉江上，即今樊城也。"《水经注·沔水注》《元和郡县志》等书均将樊附会为仲山甫之国，乃误。传世樊君鬲铭文称"樊君作叔嬴媵器宝鬲"（《集成》626），上海博物馆藏樊季氏孙鼎铭文称"唯正月初吉，樊季氏孙仲芈䵼，用其吉金，自作橐沱"（《集成》2624），均可证南樊为芈姓。

---

① 清华大学出土文献研究与保护中心：《清华大学藏战国竹简（壹）》，中西书局，2010年，181页。
② 李学勤：《论清华简〈楚居〉中的古史传说》，《中国史研究》2011年第1期。
③ 徐少华：《鄀国铜器及其历史地理研究》，《江汉考古》1987年第3期。

罗国，熊姓。《世本》云："罗氏，本自颛顼，末胤受封于罗，国为楚所灭，子孙以为氏。"《说苑》称："祝融氏之后。"《左传·桓公十三年》："楚屈瑕伐罗，斗伯比送之。"杜注："罗，熊姓国，在宜城县西山中，后徙南郡枝江县。"《水经注》云："夷水……历宜城西山，谓之夷溪，又东南迳罗川城，故罗国也。"罗国与楚国是同宗，故地在襄阳以南宜城县西。

由此可见，这个区域的主导文化是以楚国为首的祝融集团后裔共同的文化因素，所以青铜簠形态在这里最先发生变化并不是偶然。由于早期材料较少，我们通过两周之际青铜簠发现最多的两个区域，以及最先导致青铜簠发生变化的文化因素分析，来反推青铜簠出现的文化渊源和背景。其结论是这种器物与祝融一族的文化有着较强的联系，大致是通过豫鲁交界处和汉水中游一带的族群将这种制器观念带入关中地区。

第二节　青铜簠的消亡

青铜簠自出现之始，就没有得到周文化的重视。周原窖藏出土的多为非姬姓中小贵族的器物，微氏、单氏这些大贵族窖藏中并未出现。在春秋战国时期，诸侯列国礼制仍然是以周礼为主导。无论楚文化如何强大，如何僭越礼制，其制度的核心组合——鼎簋组合，依然是楚国王室贵族象征身份等级的器物。但是，楚文化的特色还在于第二套正鼎组合——鼎簠组合，牢牢占据饪器组合不可动摇的地位。这个特点有别于北方中原地区的诸侯国，说明簠形器在楚文化的重要性。那么，青铜簠的消亡自然是伴随着楚文化的衰落。

铜敦、铜盖豆、铜盒等新器物的产生是导致青铜簠衰落的第一个因素。铜敦是春秋中期新兴的粢盛器，出现以后很快就在食器组合中占有一席之地。春秋晚期，铜盖豆加入食器组合，逐渐替代了铜敦，进一步挤压了铜簠的使用空间。两周之际黄河流域的粢盛器三级序列为：簋—盨—簠，至春秋战国之际成为簋—敦（盖豆）—簠。铜簠作为陪器的地位越来越没有保障，鼎敦组合中或被盖豆替代，鼎豆组合中或被敦替代。战国早期，铜盒出现并且地位开始上升，战国中期即便是在楚文化的仿铜陶礼器组合中盒形器也基本取代了簠形器。

楚文化积极向北扩张，逐渐影响到河南中部地区，宋国、郑国等诸侯国皆受其影响。有的楚国士大夫投奔晋国，青铜簠在三晋地区的少量存在一直持续到战国早期，不啻"楚材晋用"的一种表现。战国中晚期，楚国势力的衰落是导致青铜簠衰落的第二个因素。齐、秦两强东西对峙，其礼器制度深深影响了中原和三晋地区。中原地区所流行的鼎敦组合转变为鼎豆组合，以辉县固围村魏国王室墓葬为例，赵固M1出土有三鼎三敦，这种组合是春秋中晚期以来的主流。洛阳中州路M2717为五鼎四豆，邯郸百家村M57为三鼎二豆，诸城臧家庄墓葬为五鼎五豆，敦开始从中原地区诸侯国高级贵族葬中退出组合序列。洛阳中州路墓地和陕县后川墓地的陶器组合均以鼎豆壶组合占据绝对优势，尤其是到战国中期，中原地区随葬陶器组合的一致性加大，"不仅在组合主体上皆为鼎、豆、壶，而且凡等级相同的墓葬，其具体组合关系亦对应一致，等级越低的陶器墓，完整的鼎、豆、壶组合所占比例也越低，反之亦然"①。由此可见，鼎、豆、壶组合此时已经成为反映墓主人身份与等级的主要陶礼器组合。

凤翔秦墓在秦雍城的南面，年代为春秋中晚期至战国晚期。八旗屯秦墓多属春秋时期，随葬的青铜礼器组合是鼎、簠、盘、匜。春秋晚期至战国早期流行的仿铜陶礼器主要是鼎、簠、壶，战国中、晚期主要是鼎、豆、壶和鼎、盒、壶，后者是有秦文化特色的器物组合。在宝鸡、西安地区出现以鼎、盒、壶为基本组合的仿铜陶礼器，比较固定。1986年洛阳孙旗屯清理了3座洞室墓，一座墓葬为大墓道小墓室，器物组合为鼎、豆、壶；两座墓葬为小墓道大墓室，器物组合为鼎、盒、壶。1993年洛阳钢厂发掘战国晚期墓葬10座，其中洞室墓有6座，也是体现了小墓室用鼎、豆、壶组合，大墓室用鼎、盒、壶组合的特点。《史记·周本纪》记载周赧王五十九年（前256）秦昭王灭西周，西周君"尽献其邑三十六，口三万"，"后七年（前249）秦庄襄王灭东周，东、西周皆入秦"。说明在战国晚期随着秦文化的东进，秦式组合进一步压迫簠形器的使用空间。

公元前312年，秦、楚战于汉中，楚军大败，汉中郡被秦国占领，由此揭开了楚国溃败和楚文化全面收缩的序幕。公元前278年，秦将白起拔郢，攻打至竟陵、洞庭一带，建立南郡。楚顷襄王东逃至陈，今河南淮阳。公元前253年楚考烈王迁都到锯阳，今阜阳太和宫集镇。公元前241年，又迁都到寿春，今安徽寿县。随着楚国的数次迁都，疆域面积极大缩小。通过对江陵九店东周墓地的发掘显示，战国晚期基本不见等级较高的贵族墓，并且有的墓葬具有明显的秦文化特征。从江陵楚墓的仿铜陶礼器组合来看，春秋晚期至战国中期有两种器物组合：一种是鼎、簠、缶具有楚文化特点的组合；另一种是鼎、敦、壶具有中原文化特点的组合。战国晚期出现的鼎、盒、壶的组合，则是受到秦文化的影响。

寿县楚王墓出土的铸客器，有学者认为"铸客"或是私营的铜器作坊工匠，"客"在楚地有外来人员之意。楚王向其定制宗庙之器，反映了这个时期楚国王室所经营的铜器作坊遭到战争的破坏②。从铸客簠的形制来看，一改包山M2的典型楚式簠，与洛阳出土的器物更为接近，似乎也证明了这种器型的外来性。综合以上各种现象，恰好说明战国中期楚墓为楚文化的一个转折期，青铜簠在战国晚期贵族墓中急剧消失了。

仿铜陶礼器的兴起暗示着青铜礼器的衰落，青铜礼器衰落的文化大背景是导致

---

① 中国社会科学院考古研究所：《中国考古学·两周卷》，中国社会科学出版社，2004年。
② 张闻捷：《楚国青铜礼器制度研究》，厦门大学出版社，2015年，220页。

青铜簠衰落的第三个因素。纵观整个青铜时代,至春秋战国之际青铜器皿作为礼器的地位开始下降,不再是象征身份等级束之庙堂的重器、宝器。战国早期,诸侯国纷纷掀起变法运动,其目的在于废除世卿世禄制度,彻底剥夺旧贵族的特权。各国普遍以粮食作为官吏的俸禄,官员级别的高低不再看拥有何种礼器,而是以食禄的多少来体现。秦国的变法最为彻底,在随葬器物制度方面最明显。在陇县店子墓地40座战国晚期墓葬中[①],陶礼器墓仅4座、日用陶器墓有25座。塔尔坡墓地165座战国晚期墓葬中[②],陶礼器墓29座、日用陶器墓有131座。战国晚期秦墓以随葬日用陶器为主,不仅有社会地位很低的小墓,也有如天水放马滩M4那样的大墓。秦朝统一后采取"书同文,车同轨"的政策,簠形器的灭绝也是可以想见的。因此,作为青铜文化的重要代表器——青铜簠在秦汉时期最终绝迹。

---

① 陕西省考古研究所:《陇县店子秦墓》,三秦出版社,1998年。
② 咸阳市文物考古研究所:《塔尔坡秦墓》,三秦出版社,1998年。

附 表

附表一 两周时期青铜簋自名字频表

类型		字形	时期	字频
第一类	A型 臣	瑶	西周晚期~战国晚期	《铭图》5752、5753、5754、5755、5757、5758、5759、5763、5764、5766、5769、5770、5771、5772、5773、5774、5775、5776、5777、5778、5779、5781、5782、5783、5788、5789、5790、5791、5792、5793、5794、5795、5796、5797、5798、5801、5802、5813、5814、5815、5820、5823、5831、5832、5833、5834、5835、5836、5838、5839、5841、5842、5843、5844、5845、5846、5853、5854、5860、5861、5862、5863、5864、5866、5867、5868、5871、5875、5876、5877、5878、5879、5881、5882、5883、5886、5887、5888、5890、5891、5892、5895、5896、5897、5898、5899、5900、5901、5902、5903、5904、5906、5907、5908、5911、5912、5914、5915、5916、5917、5918、5919、5920、5922、5923、5924、5926、5927、5930、5931、5932、5937、5938、5939、5940、5941、5943、5944、5945、5947、5948、5949、5950、5951、5952、5953、5954、5956、5957、5958、5959、5960、5961、5962、5963、5964、5965、5966、5967、5968、5969、5970、5971、5972、5973、5979、5980;《铭续》0476、0478、0479、0480、0481、0482、0483、0484、0485、0486、0487、0488、0491、0492、0493、0494、0495、0496、0497、0498、0499、0501、0502、0503、0504、0505、0506、0507、0508、0509、0510、0511、0514、0515、0516、0517
		瑶	春秋晚期	《铭图》5865、5946
		瑶	战国早期	《铭图》5780

续表

类型		字形	时期	字频
第一类	B型 鈷		战国早期	《铭图》5799
	C型 𰹠		西周晚期	《铭图》5913；《铭续》0518、0519
	D型 匠		西周晚期	《铭图》5756、5821、5822、5942
	E型 匜		春秋早期	《铭图》5872、5873、5874、5893、5894
	F型 叟		春秋晚期	《铭续》0500
	G型 鎬		西周晚期	《铭图》5976
	H型 盨		春秋晚期	《铭图》5884
第二类	A型 簠		春秋早期	《铭图》5830、5849、5850、5851、5855、5856、5857、5859、5905
	B型 匿		春秋早期	《铭图》5816、5817、5818、5819
	C型 匯		西周晚期	《铭图》5889
	D型 錯		西周晚期	《铭图》5765

续表

类型		字形	时期	字频
第三类	A型 匡		西周晚期	《铭图》5825、5837、5869、5870、5909、5925、5955
	B型 䈞		春秋早期	《铭图》5858
	C型 㲃		西周晚期	《铭图》5829
	D型 匪		春秋中期~春秋晚期	《铭图》5929、5933、5934、5935;《铭续》0512、0513
第四类	A型 㽻		西周晚期	《铭图》5910
	B型 㝮		战国早期	《铭图》5977、5978
第五类	A型 㲃		西周晚期	《铭图》5767、5768、5800
	B型 匴		西周晚期~春秋早期	《铭图》5831、5791
第六类	A型 㙸		西周晚期	《铭图》5975
	B型 㝮		西周晚期	《铭图》5880
	C型 盂		春秋早期	《铭图》5847、5848

附表二 两周时期传世青铜簋统计表

器名	通高/厘米	口长/厘米	口宽/厘米	腹深/厘米	容量/毫升	重量/克	类型	分期	铭文	资料来源	备注	图片
蟠螭纹簠	10.2	28.4	23	6.7		2648.3	ZBa V式	五期中段	无	《西清》29.8		
交龙纹簠	10.5	28.1	22.4	6.7		2499.1	ZBb I式	五期早段	无	《西清》29.9		
交龙纹簠	10.8	29.1	23.3	7		2424.5	ZBa V式	五期中段	无	《西清》29.10		
交龙纹簠	9.2	28.8	23.3	6		2424.5	ZBb I式	五期早段	无	《西清》29.11		

续表

器名	通高/厘米	口长/厘米	口宽/厘米	腹深/厘米	容量/毫升	重量/克	类型	分期	铭文	资料来源	备注	图片
交龙纹簠	10.5	28.4	23.3	7		1976.9	ZBa IV式	五期早段	无	《西清》29.12		
交龙纹簠	9.2	27.8	22	6.4		2200.7	ZBa IV式	五期早段	无	《西清》29.13		
蟠螭纹簠	8.9	26.5	20	6		2424.5	ZBc II式	五期晚段	无	《西清》29.14		
交龙纹簠	12.1	30	24.9	7.6		3841.9	ZBa IV式	五期早段	无	《西清》29.15		

续表

器名	通高/厘米	口长/厘米	口宽/厘米	腹深/厘米	容量/毫升	重量/克	类型	分期	铭文	资料来源	备注	图片
重环纹簠	11.8	35.2	23.3	7.6		8168.7			无	《西清》29.16	疑伪、重量过重	
雷纹簠	9.2	24	17.9	4.8		2126.1			6	《西清》29.17	伪器、伪铭	
蟠虺纹簠	6.4	27.5	19.5	4.1		1081.7	乙Bc Ⅱ式	五期晚段	无	《西清》29.18		
交龙纹簠	14.4	38.4	24.6	8.6		8952			无	《西甲》13.4	疑伪、重量过重	

续表

器名	通高/厘米	口长/厘米	口宽/厘米	腹深/厘米	容量/毫升	重量/克	类型	分期	铭文	资料来源	备注	图片
交龙纹簠	9.6	28.1	22.4	6.7		2200.7	乙Ba Ⅳ式	五期早段	无	《西甲》13.5		
卷龙纹簠	9.9	36.8	24.6	8.6		5595			无	《西乙》13.1 《宝蕴》40	疑伪，重量过重	
交龙纹簠	8	25.2	19.5	5.7		2088.8	乙Ba Ⅳ式	五期早段	无	《宁寿》11.27		
波曲纹簠	10.3	30.3	24.6	6.6				乙Aa Ⅲ式	三期晚段	无	《颂续》42	底径长18.9，宽14.9	

续表

器名	通高/厘米	口长/厘米	口宽/厘米	腹深/厘米	容量/毫升	重量/克	类型	分期	铭文	资料来源	备注	图片
蟠虺纹簠	18.6	33.3	21.6				乙Bg Ⅵ式	六期晚段	无	《海外铜器》23 《劫掠》A258 《欧菁华》178	原藏Parish Watson，现藏美国芝加哥美术馆	
蟠虺纹簠	22	34.3	23.8				乙Bg Ⅴ式	六期早段	无	《劫掠》A259	原藏罗比尔	
卷龙纹簠	10.8						乙Aa Ⅱ式	三期早段	无	《清赏》173	原藏坂本五郎	
交龙纹簠	8.9	27.3	21				乙Ba Ⅳ式	五期早段	无	《清赏》173 《奈良》183	原藏坂本五郎日本，现藏日本奈良国立博物馆	

续表

器名	通高/厘米	口长/厘米	口宽/厘米	腹深/厘米	容量/毫升	重量/克	类型	分期	铭文	资料来源	备注	图片
卷龙纹簋	8.9	29	22.5				ZAb Ⅲ式	四期早段	无	《泉屋》34	现藏日本泉屋博古馆	
交龙纹簋	21	36.5					ZBa Ⅳ式	五期早段	无	《玫茵堂》71	现藏瑞士玫茵堂	
龙纹簋	21.2	33.5	22.5	10.6		7473	ZBa Ⅲ式	四期晚段	无	《赛克勒》Ⅲ-23	现藏美国赛克勒美术馆	
卷龙纹簋		29.8					ZAb Ⅲ式	四期早段	无	《赛克勒》Ⅲ-23	原藏Burrell，现藏英国格拉斯哥博物馆	

续表

器名	通高/厘米	口长/厘米	口宽/厘米	腹深/厘米	容量/毫升	重量/克	类型	分期	铭文	资料来源	备注	图片
蟠虺纹簠	21.5	36.8					乙Bg Ⅵ式	六期晚段	无	《海外遗珍》134	现藏美国旧金山亚洲艺术馆	
蟠虺纹簠	16.5	27.3				2490	乙Bb Ⅱ式	五期中段	无	《弗利尔》101	双耳残失，现藏美国弗利尔美术馆	
蟠虺纹簠	3.2	26.3				910			无	《弗利尔》101	仅存簠底	
蟠虺纹簠	18.6	29.4	21.4				乙Bg Ⅴ式	六期早段	无	《萃赏》43	现藏新加坡亚洲文明博物馆	

续表

器名	通高/厘米	口长/厘米	口宽/厘米	腹深/厘米	容量/毫升	重量/克	类型	分期	铭文	资料来源	备注
蟠蛇纹簠	20.5	34					乙Bb Ⅳ式	六期早段	无	《金铜·簠》2	现藏台北震荣堂
交龙纹簠	20	35					乙Bb Ⅰ式	五期早段	无	《金铜·簠》2	现藏台北震荣堂，两件
蟠虺纹簠	20.5	34					乙Bb Ⅳ式	六期早段	无	《金铜·簠》2	现藏台北震荣堂
龙纹簠	37	55.8					17500	甲Aa	一期	无	《故宫》124	现藏故宫博物院

附　表

续表

器名	通高/厘米	口长/厘米	口宽/厘米	腹深/厘米	容量/毫升	重量/克	类型	分期	铭文	资料来源	备注	图片
交龙纹簋	18.5	29	21.5			4680	乙Bc I式	五期中段	无	《夏商周》501	底径长21.7、宽16.8厘米，双耳残失，现藏上海博物馆	
铸簋									1	《三代》10.1.1《贞松》6.24.1《集成》4470	原藏徐兰如，中国社会科学院考古研究所藏拓题跋	
口乙簋	10.8	31.6	23.6			3740	乙Bg IV式	五期晚段	3	《集成》4470	底径宽28.8、宽21.1厘米，现藏上海博物馆	
史利簋							乙Ab III式	三期晚段	4	《考古》3.46《薛氏》143.1《集成》4473	传得于扶风仒伏氏	

续表

器名	通高/厘米	口长/厘米	口宽/厘米	腹深/厘米	容量/毫升	重量/克	类型	分期	铭文	资料来源	备注	图片
史利簠							乙Ab Ⅲ式	三期晚段	4	《薛氏》143.2 《集成》4474		
淄簠									4	《录遗》169 《集成》4475		
曾侯䜌簠	25.5	30.5	22.5	5.5			乙Bg Ⅵ式	六期晚段	5	《铭图》5760	某收藏家	
曾侯䜌簠							乙Bg Ⅵ式	六期晚段	5	《铭续》0477	某收藏家	

续表

器名	通高/厘米	口长/厘米	口宽/厘米	腹深/厘米	容量/毫升	重量/克	类型	分期	铭文	资料来源	备注	图片
剌伯簠	9.2	27.4					乙Ab Ⅲ式	四期早段	6	《三代》10.1.3《小校》9.1.4《集成》4484	原藏罗振玉	
史颂簠			22.7	5.9		2387	乙Aa Ⅲ式	三期晚段	6	《三代》10.1.4《捃古》1-3.62.4《攈秋》21《小校》9.1.5《集成》4481	原藏陈承裘，现藏故宫博物院	
般仲㝬簠	14.8	28.2	22	4.6		3600	乙Ab Ⅲ式	四期早段	6	《集成》4485	现藏上海博物馆	
微栾簠	8.9	28.7	22.6	5.4		2735	乙Aa Ⅲ式	三期晚段	6	《三代》10.2.1《捃古》1-3.63.1《小校》9.2.1《集成》4486	原藏吴式芬，现藏上海博物馆	

续表

器名	通高/厘米	口长/厘米	口宽/厘米	腹深/厘米	容量/毫升	重量/克	类型	分期	铭文	资料来源	备注	图片
樊君 夔簠	9	31	21.3	5			乙Be Ⅱ式	五期中段	6	《三代》10.1.7 《缀遗》8.6.1 《十二·居》25 《小校》9.1.3 《集成》4487	底径长22.2，宽15.9厘米，原藏周季木、金兰坡，现藏上海博物馆	
曾子 遟簠							乙Bg Ⅵ式	六期晚段	6	《三代》10.1.5 《山东存·曾》7.2 《集成》4488		
曾子 遟簠	10.3	27.4	19.8				乙Bg Ⅵ式	六期晚段	6	《三代》10.1.6 《小校》9.1.2 《山东存·曾》7.3 《集成》4489	1978年陈佩如售于，现藏苏州博物馆	
虢叔簠	9.4	29.5	23.6			2500	乙Ab Ⅲ式	三期晚段	8	《三代》10.2.2 《愙斋》15.6.2 《小校》9.2.2 《集成》4498 《夏商周》406	原藏潘祖荫，现藏上海博物馆	

续表

器名	通高/厘米	口长/厘米	口宽/厘米	腹深/厘米	容量/毫升	重量/克	类型	分期	铭文	资料来源	备注	图片
都子子瓶簠									8	《薛氏》143.3 《集成》4542	原藏宗室仲爰家	
卫子叔尗父簠							ZBk	四期晚段	8	《三代》10.2.3 《长安》1.23 《捃古》2-1.29.3 《缀遗》8.16.2 《集成》4499	原藏刘喜海、王锡棨	
庆孙之子峡簠	20.1	30	21.6	7.6			ZBg Ⅵ式	六期晚段	8	《三代》10.2.4 《三代》10.3.1 《十二·遗》9 《集成》4502	底径长27.8,宽19.2厘米,原藏叶恭绰	
伯田父簠									8	《陕西金石志·补遗》上殷5	原藏岐山末雨村	

续表

器名	通高/厘米	口长/厘米	口宽/厘米	腹深/厘米	容量/毫升	重量/克	类型	分期	铭文	资料来源	备注	图片
筝子旬簠							ZBg I式	四期晚段	8	《铭续》0485	某收藏家	
京叔姬簠	8.6	23.6	17.6	6		1603.9	ZBk	四期晚段	9	《宁寿》11.26《集成》4504		
大司马孛朮簠							ZBg VI式	六期晚段	9	《三代》10.3.2-3《尊古》2.15《冠斝上》27《集成》4505	原藏荣厚，现藏中国国家博物馆	
郑邢子伯良父簠							ZAb III式	四期早段	9	《铭续》0487	某收藏家，同坑两件	

续表

器名	通高/厘米	口长/厘米	口宽/厘米	腹深/厘米	容量/毫升	重量/克	类型	分期	铭文	资料来源	备注	图片
虢叔簠	8.9	28.7	23.6			2820	乙Aa Ⅱ式	三期早段	10	《三代》10.4.6 《捃古》2-1.56.3 《小校》9.5.1 《集成》4515 《夏商周》405	原藏曹秋舫、邹安，容高，现藏上海博物馆	
虢叔簠	9	28	23.5	6.5		2610	乙Aa Ⅱ式	三期早段	10	《三代》10.4.5 《捃古》2-1.56.2 《愙斋》15.6.1 《小校》9.4.6 《集成》4514	原藏陈介祺，现藏青岛市博物馆	
虢叔簠							乙Aa Ⅱ式	三期早段	10	《簠明楼》47		
鲁士浮父簠							乙Ab Ⅲ式	三期晚段	10	《三代》10.5.3 《愙斋》15.8.2 《小校》9.4.3 《尊古》2.16 《集成》4518	传出兖州，原藏潘祖荫、李玉衣、丁树桢、溥伦、刘体智，现藏故宫博物院	

续表

器名	通高/厘米	口长/厘米	口宽/厘米	腹深/厘米	容量/毫升	重量/克	类型	分期	铭文	资料来源	备注	图片
鲁士浮父簠	5.9	30	23.6				乙Ab Ⅲ式	三期晚段	10	《三代》10.5.4《愙斋》15.10.1《小校》9.4.2右《集成》04519	底径长17.7，宽13厘米，原藏刘鹗，许延暗、刘体智	
鲁士浮父簠	5.9	30	23.6				乙Ab Ⅲ式	三期晚段	10	《三代》10.6.1《愙斋》15.10.2《小校》9.4.2左《集成》4520	底径长17.7，宽13厘米，原藏许延暗、刘体智	
鲁士浮父簠							乙Ab Ⅲ式	三期晚段	10	《三代》105.1-2《愙斋》15.9《小校》9.4.1《集成》4517	原藏孙春山、潘祖荫，现藏南京博物院	
楷侯微逆簠	9.8	33.1					乙Bb Ⅰ式	五期早段	10	《三代》10.6.2《集成》4521	原藏罗振玉，现藏旅顺博物馆	

续表

器名	通高/厘米	口长/厘米	口宽/厘米	腹深/厘米	容量/毫升	重量/克	类型	分期	铭文	资料来源	备注	图片
史壴簠	16.5						乙Ab Ⅲ式	三期晚段	11	《日菁华》4.330 《集成》4523 《有邻》110	现藏日本京都藤井有邻馆	
善夫吉父簠									11	《录遗》173 《集成》4530		
伯旅鱼父簠	6.1	29.8	21.3				乙Aa Ⅱ式	三期早段	11	《三代》10.7.2 《希古》4.4.3 《小校》9.5.2 《集成》4525	底径长14.2，宽10.6厘米，原藏刘体智，现藏故宫博物院	
吴王御士尹氏叔𫓨簠	9	25.5	19.5	5.7		2014.2	乙Aa Ⅱ式	三期早段	11	《西甲》13.1 《集成》4527	1957年重新出土于北京海淀区东北旺村，现藏北京首都博物馆	

续表

器名	通高/厘米	口长/厘米	口宽/厘米	腹深/厘米	容量/毫升	重量/克	类型	分期	铭文	资料来源	备注	图片
曾子厚簠	17.3	26.9	20.8				乙Bf Ⅱ式	五期早段	11	《三代》10.6.3-4 《小校》9.5.3（盖） 《小校》9.5.4（器） 《集成》4528、4529	现藏中国国家博物馆	
伯疆簠							乙Be Ⅱ式	五期中段	11	《三代》10.7.3 《集成》4526		
曾子叔攸父簠	5.8	20.8	16.3				乙Be Ⅱ式	五期中段		《集成》4544	现藏上海博物馆	
芮公簠		39.2	35.3	7.3	4762		乙Ab Ⅲ式	三期晚段	12	《考古》3.41 《薛氏》144.1 《集成》4531	宋代内府所藏，咸平年间州民汤善德抉于河滨	

续表

器名	通高/厘米	口长/厘米	口宽/厘米	腹深/厘米	容量/毫升	重量/克	类型	分期	铭文	资料来源	备注	图片
伯寿父簠	9.9	29.4	23.6	6.7		2312.6	乙Aa Ⅱ式	三期早段	12	《西甲》13.3	清宫所藏，后归丁筱衣	
仲簠	7.1	29.5	22.4				乙Bb Ⅰ式	五期早段	12	《梦坡》4.15	铭文疑伪，原藏周庆云	
塞簠	8.6	28.5	22				乙Ba Ⅲ式	四期晚段	13	《三代》10.8.1 《积古》7.1 《金素金》8 《捃古》2之1.76.2 《集成》4524	清乾隆三十六年钦颁曲阜孔庙，现藏济宁市博物馆	
郜子瓶簠									13	《薛氏》143.4 《集成》4543		

续表

器名	通高/厘米	口长/厘米	口宽/厘米	腹深/厘米	容量/毫升	重量/克	类型	分期	铭文	资料来源	备注	图片
鄎子奓簠							乙Be Ⅱ式	五期中段	13	《痴盦》20 《集成》4545	原藏李泰棻，现藏辽宁省博物馆	
吴季大簠	16.5	27	22				乙Ba Ⅲ式	四期晚段	13	《铭续》30490	某收藏家	
芮大子白簠	8.9	34.8	28.1	6.4		5222	乙Ab Ⅲ式	四期早段	14	《三代》10.10.2 《两罍》7.9 《攈古》2之2.11.2 《小校》9.6.2右 《集成》4537	原藏金兰坡、吴云，李眉生，现藏故宫博物院	
芮大子白簠	8.9	33.9					5360	乙Ab Ⅲ式	四期早段	14	《三代》10.10.3 《小校》9.6.2左 《集成》4538	原藏费念慈，现藏故宫博物院	

续表

器名	通高/厘米	口长/厘米	口宽/厘米	腹深/厘米	容量/毫升	重量/克	类型	分期	铭文	资料来源	备注	图片
夒山奢滹簋	17.2	30	23.9			5020	乙Ab Ⅲ式	四期早段	14	《三代》10.9.1-2 《小校》9.7.1（器） 《小校》9.7.2（盖） 《集成》4539	现藏上海博物馆	
夒山旅虎簋							乙Ab Ⅲ式	四期早段	14	《三代》10.9.4 《三代》10.10.1 《小校》9.6.4（盖） 《小校》9.6.5（器） 《集成》4541	现藏故宫博物院	
夒山旅虎簋							乙Ab Ⅲ式	四期早段	14	《三代》10.9.3 《愙斋》15.15 《奇觚》5.21 《小校》9.6.3 《集成》4540	原藏潘祖荫	
鎛伯簋	16.1	17					甲Ab Ⅱ式	二期	15	《梦坡》1.8	周庆云旧藏	

续表

器名	通高/厘米	口长/厘米	口宽/厘米	腹深/厘米	容量/毫升	重量/克	类型	分期	铭文	资料来源	备注	图片
龡叔簠	9.2	30.5	23.1			3030	ⅠBⅠ	四期晚段	16	《三代》10.10.4《小校》9.8.2《希古》4.6.2《集成》4552	原藏张钧衡，现藏上海博物馆	
黄君子叒簠									16	《三代》10.11.4（器）《三代》10.12.1（盖）《希古》4.5.2-4.6.1《集成》4565	原藏丁树桢，现藏中国国家博物馆	
鲁伯愈父簠	9.9	27.9	22.9				ⅠBaⅢ式	四期早段	16	《三代》10.11.1《筠清》3.11《攈古》2之2.33.2《小校》9.9.1《集成》4566	底径长18.4，宽14.2厘米，原藏冯晏海、刘喜海、王锡棨、刘体智，现藏中国国家博物馆	
鲁伯愈父簠							ⅠBaⅢ式	四期早段	16	《三代》10.11.2《愙斋》15.12.2《小校》9.8.3《集成》4567	原藏冯晏海、吴大澂	

续表

器名	通高/厘米	口长/厘米	口宽/厘米	腹深/厘米	容量/毫升	重量/克	类型	分期	铭文	资料来源	备注	图片
鲁伯愈父簠							乙Ba Ⅲ式	四期早段	16	《三代》10.11.3 《两罍》7.10 《攈古》2之2.34.1 《小校》9.9.3 《集成》4568	仅存残底，原藏王子梅、汪慈喜、吴云，现藏上海博物馆	
鲁伯愈父簠	10.6	32.3	22.6				乙Ba Ⅳ式	四期早段	16	《梦坡》4.14	形制、纹饰与前器有异	
伯勇父簠									17	《贞松》6.30.1 《集成》4554	原藏罗振玉	
尹氏贾良簠									17	《三代》10.13.1 《愙斋》15.5.2 《奇觚》5.34 《小校》9.13.2 《集成》4553	原藏潘祖荫	

续表

器名	通高/厘米	口长/厘米	口宽/厘米	腹深/厘米	容量/毫升	重量/克	类型	分期	铭文	资料来源	备注	图片
师㝨孝叔簠	10.6	32.4	26.5				乙Aa Ⅱ式	三期早段	17	《三代》10.13.2 《奇觚》5.34 《小校》9.12.3 《集成》4555	底径长22.9，宽16.1厘米，清同治末年，与一鼎一瓶同坑出土，原藏吴大澂，刘体智	
商丘叔簠	17.2	27.2	22.2			4345	乙Ab Ⅲ式	四期早段	17	《三代》10.12.2-3 《愙斋》15.7.1-2 《缀遗》8.10.1-2 《小校》9.10.2-3 《集成》4557、4558	原藏潘祖荫、李荫轩，现藏上海博物馆	
商丘叔簠	17.2	27.3	22.3				乙Ab Ⅲ式	四期早段	17	《三代》10.12.4-5 《陶斋》2.46-47 《希古》4.7.1-2 《小校》9.11.1-3 《集成》4559	原藏端方，现藏美国堪萨斯纳尔逊美术陈列馆	
夔侯簠	8	29.9	24			2184	乙Ab Ⅲ式	四期早段	17	《三代》10.14.3 《希古》4.7.2 《小校》9.11.5 《集成》4561	原藏罗振玉，现藏台北"中央研究院"历史语言研究所	

续表

器名	通高/厘米	口长/厘米	口宽/厘米	腹深/厘米	容量/毫升	重量/克	类型	分期	铭文	资料来源	备注	图片
鳌侯簠	9	28.1	23.4				乙Ab Ⅲ式	四期早段	17	《小校》9.11.4 《集成》4562	原藏罗振玉，现藏旅顺博物馆，形制、纹饰与前器有异	
鳌侯簠	5.2	29.1	23.6				乙Ab Ⅲ式	四期早段	17	《善斋》8.5	底径长15.3，宽10.6厘米，原藏刘体智，形制、纹饰与前器有异	
师多簠	8.5	32.2	26.5				乙Ab Ⅲ式	四期早段	17	《善斋》8.7	底径长20.6，宽15.3厘米，原藏刘体智	
铸子叔黑臣簠	17.2	27.2	23.2	5			乙Ab Ⅲ式	四期早段	17	《三代》10.13.3 《三代》10.14.1 《十二·雪》9 《小校》9.11.7-8 《集成》4570	底径长16.5，宽14厘米，清光绪初年山东桓台县，原藏孙庄，现藏故宫博物院	

续表

器名	通高/厘米	口长/厘米	口宽/厘米	腹深/厘米	容量/毫升	重量/克	类型	分期	铭文	资料来源	备注	图片
铸子叔黑臣簠	17.6	27.6	23.4			4500	ZAb Ⅲ式	四期早段	17	《三代》10.14.2 《三代》10.13.4 《缀遗》8.17.1 《小校》9.12.1下-2 《集成》4571	清光绪初年山东桓台县，原藏潘祖荫，现藏上海博物馆	
铸叔簠							ZAb Ⅲ式	四期早段	17	《录遗》174.1-2 《集成》4560	现藏广州博物馆	
仲义君簠	11.3	30.8	22.9			5790	ZBg Ⅵ式	六期晚段	17	《陶斋补》6	现藏陕西省历史博物馆	
季宫父簠	8	28.3	23.4				ZAb Ⅱ式	三期早段	18	《西清》29.1 《三代》10.14.4 《愙斋》15.11.1 《小校》9.13.3 《集成》4563	原藏清宫，后归潘祖荫，现藏上海博物馆	

续表

器名	通高/厘米	口长/厘米	口宽/厘米	腹深/厘米	容量/毫升	重量/克	类型	分期	铭文	资料来源	备注	图片
季宫父簠	5.5	27.9	23.1	4.8			乙Ab Ⅱ式	三期早段	18	《三代》10.15.1《愙斋》15.11.2《陶续》1.42《小校》9.13.4《集成》4564	底径长16.6、宽15厘米，原藏端方，现藏故宫博物院	
季宫父簠							乙Ab Ⅱ式	三期早段	15	《小校》9.14.1		
季宫父簠	10.2						乙Ab Ⅲ式	三期晚段	18	《三代》10.17.1《小校》9.14.4《痴盦》19《集成》4572	原藏李荟荣	
拏子选簠							乙Ba Ⅲ式	四期晚段	18	《铭图》5890	某收藏家，两件	

续表

器名	通高/厘米	口长/厘米	口宽/厘米	腹深/厘米	容量/毫升	重量/克	类型	分期	铭文	资料来源	备注	图片
狱伯叔右师簠							乙Ab Ⅲ式	四期早段	18	《铭续》0491	某收藏家	
裘簠	21.9	31	23.6				乙Bg Ⅵ式	六期晚段	18	《铭续》0492《铭续》0493	某收藏家，两合	
郜公簠									19	《集成》4569	原藏上海博物馆，现藏中国国家博物馆	
灰鬲簠	22	30	23.7	7.5			乙Ab Ⅵ式	五期晚段	19	《铭图》5896	某收藏家	

续表

器名	通高/厘米	口长/厘米	口宽/厘米	腹深/厘米	容量/毫升	重量/克	类型	分期	铭文	资料来源	备注	图片
楚子暖簠	10.1	34.1	23.5	6.2			乙Bh Ⅰ式	五期中段	19	《三代》10.15.2、《陶斋》2.44、《小校》9.14.3、《集成》4575	底径长28.4，宽20.7厘米，原藏端方	
楚子暖簠	3.6						乙Bh Ⅰ式	五期中段	19	《三代》10.15.3、《陶斋》2.45、《小校》9.14.2、《集成》4576	仅有残底，底径长28.6，宽21厘米，原藏美国堪萨斯市纳尔逊美术陈列馆	
楚子暖簠							乙Bh Ⅰ式	五期中段	19	《三代》10.15.4、《贞续中》1、《贞图上》39、《集成》4577	仅有残底，原藏罗振玉	
叔簠							乙Be Ⅱ式	五期中段	20	《铭续》0496	某收藏家	

续表

器名	通高/厘米	口长/厘米	口宽/厘米	腹深/厘米	容量/毫升	重量/克	类型	分期	铭文	资料来源	备注	图片
铸公簠	9.6	29.7	24.3	5.7		2946.7	乙Ab Ⅲ式	四期早段	21	《西清》29.4		
铸公簠	9.9	30	24	5.7		2834.8	乙Ab Ⅲ式	四期早段	21	《西清》29.3 《三代》10.17.2 《希古》4.10.1 《小校》9.15.1 《集成》4574	传山东齐东县（邹平）出土，原藏清宫，后误为上海博物馆藏	
铸公簠	6	30.3	24.8			2850	乙Ab Ⅲ式	四期早段	21	《夏商周》453	现藏上海博物馆	
史免簠	10.8	30.7	25.4	7.3			乙Aa Ⅰ式	二期	22	《三代》10.19.1-2 《愙斋》15.16.2 《陶续》1.43 《小校》9.15.2-3 《集成》4579	底径长16.8、宽12.9厘米，原藏金兰坡，器现藏山东省博物馆	

续表

器名	通高/厘米	口长/厘米	口宽/厘米	腹深/厘米	容量/毫升	重量/克	类型	分期	铭文	资料来源	备注	图片
叔邦父簠	10.6	31.4	25.4	6.5	2878	3369.6	乙Ab Ⅲ式	三期晚段	22	《博古》18.7《薛氏》144.2《啸堂》62《集成》4580		
羌仲死簠									22	《三代》10.16.1《集成》4578	原藏颐和园，现藏故宫博物院	
伯其㝬父簠							乙Ab Ⅲ式	三期晚段	22	《三代》10.18.4《捃古》2之3.15.2《奇觚》17.19《小校》9.17.2《集成》4581	原藏刘镜古，刘喜海、罗振玉《梦郼图》疑伪	
番君召簠									21	《三代》10.17.4《捃古》2之3.8.2《希古》4.10.2《小校》9.16.2《集成》4582	原藏阮元	

续表

器名	通高/厘米	口长/厘米	口宽/厘米	腹深/厘米	容量/毫升	重量/克	类型	分期	铭文	资料来源	备注	图片
番君召簠									22	《三代》10.18.1 《小校》9.16.4 《集成》4583		
番君召簠									22	《三代》10.18.2 《愙斋》15.14.1 《小校》9.16.3 《集成》4584	原藏许延瑄	
番君召簠									22	《集成》4586		
番君召簠									22	《三代》10.18.3 《小校》9.16.1 《集成》4585	现藏故宫博物院	

续表

器名	通高/厘米	口长/厘米	口宽/厘米	腹深/厘米	容量/毫升	重量/克	类型	分期	铭文	资料来源	备注	图片
番君召簠									18	《积古》7.2.2《签古》2.3.9.1《奇觚》17.20.2《集成》4587		
曾子㠯口簠	10	30.8	23	6.9		3900	乙Bg V式	六期早段	18	《武英》38《三代》10.16.2《小校》9.14.5《集成》4588	原藏承德避暑山庄，现藏台北"故宫博物院"	
曾孙史夷簠	18.5	28.2	22.8			4860	乙Ba IV式	五期早段	22	《集成》4591	现藏上海博物馆	
陈曼簠	10.6	31.1	19.3	5.1		3140	乙Bn	七期	22	《西清》29.6《三代》10.19.3《集成》4595	原藏清宫，现藏台北"故宫博物院"	

续表

器名	通高/厘米	口长/厘米	口宽/厘米	腹深/厘米	容量/毫升	重量/克	类型	分期	铭文	资料来源	备注	图片
陈曼簠	11	31	19.4			3150	乙Bn	七期	22	《三代》10.20.1《缀遗》8.28.1《愙斋》15.8.1《小校》9.15.4《集成》4596	原藏叶东卿、李荫轩，现藏上海博物馆	
妊兹母簠									22	《铭续》0499	某收藏家	
曾仲圣簠	19	34	24				乙Bg Ⅳ式	五期晚段	23	《铭图》5930	某收藏家	
曾仲圣簠	19	34	24				乙Bg Ⅳ式	五期晚段	23	《铭图》5931	某收藏家	

续表

器名	通高/厘米	口长/厘米	口宽/厘米	腹深/厘米	容量/毫升	重量/克	类型	分期	铭文	资料来源	备注	图片
蔡侯簠									24	《近出》527《新收》1896《铭图》5933	香港某收藏家	
蔡侯簠									24	《近出》528《新收》1897《铭图》5934	香港某收藏家	
虩膚簠	20	32	22				乙Bg Ⅴ式	六期早段	25	《铭续》0500	现藏中国国家博物馆	
曾侯簠									26	《三代》10.20.2《小校》9.17.3《希古》4.11.1《集成》4598	原藏丁树桢	

续表

器名	通高/厘米	口长/厘米	口宽/厘米	腹深/厘米	容量/毫升	重量/克	类型	分期	铭文	资料来源	备注	图片
陈侯簠	21.6	33.6	24.8			7570	乙Ba Ⅲ式	四期晚段	26	《三代》10.20.3-4 《善斋》9.8-9 《小校》9.18.1-2 《集成》4604	原藏刘体智，现藏上海博物馆	
陈侯簠			22.9				乙Ba Ⅲ式	四期晚段	26	《集成》4603	传出于洛阳，巩义市之间，现藏加拿大多伦多皇家安大略博物馆	
陈侯簠	8.8	32	22.9				乙Ba Ⅲ式	四期晚段	27	《三代》10.21.3 《簠斋》15.3 《小校》9.18.3 《集成》4606	原藏李山农、丁树桢、罗振玉，现藏旅顺博物馆	
陈侯簠	8.3	27.8	22.4	5.4		3170.5	乙Ba Ⅲ式	四期晚段	27	《西清》29.5 《集成》4607	原藏清宫	

续表

器名	通高/厘米	口长/厘米	口宽/厘米	腹深/厘米	容量/毫升	重量/克	类型	分期	铭文	资料来源	备注	图片
郜公誠簠	8.5	28.6	23.2			2300	乙Ab Ⅲ式	四期早段	27	《三代》10.21.2 《捃古》2之3.49 《愙斋》15.5.1 《小校》9.18.4 《集成》4600	双耳残失，原藏李璋煜、陈介祺、李荫轩，现藏上海博物馆	
王子柳簠							乙Bg Ⅵ式	六期晚段	27	《铭续》0501	某收藏家，两件	
盅子敔簠							乙Bg Ⅴ式	六期早段	27	《铭续》0502	某收藏家	
州来簠									27	《铭图》5943	据传2002年出自河南靠近安徽之处	

续表

器名	通高/厘米	口长/厘米	口宽/厘米	腹深/厘米	容量/毫升	重量/克	类型	分期	铭文	资料来源	备注	图片
召叔山父簠							乙Ab Ⅳ式	四期早段	28	《三代》10.22.1《筠清》3.7《摭古》2之3.53《小校》9.19.1《集成》4601	原藏辽宁	
召叔山父簠	8.5	28.3	23.5	4.6		2975	乙Ab Ⅳ式	四期早段	28	《宁寿》11.24《三代》10.22.2《集成》4602	原藏清宫，现藏台北"故宫博物院"	
嘉子伯昜胪簠									28	《贞续中》2.2~3.1《集成》4605		
王子申簠									13	《梦郼》12	原藏罗振玉，器形疑伪	

续表

器名	通高/厘米	口长/厘米	口宽/厘米	腹深/厘米	容量/毫升	重量/克	类型	分期	铭文	资料来源	备注	图片
薛仲赗簠	19	29	22.4	5.8			ZAb Ⅲ式	四期早段	28	《铭续》0503	某收藏家	
薛仲赗簠	8.9	28.2	23.7	4.7			ZAb Ⅲ式	四期早段	28	《铭续》0504	某收藏家	
薛仲赗簠	8.5	29	23.6	4.9			ZAb Ⅲ式	四期早段	28	《铭续》0505	某收藏家	
黄子娄簠	21.5	36.5	24				ZBg Ⅴ式	六期早段	27	《铭续》0506	海外某收藏家	

续表

器名	通高/厘米	口长/厘米	口宽/厘米	腹深/厘米	容量/毫升	重量/克	类型	分期	铭文	资料来源	备注	图片
曾公子叔迻簠	23	32.5	25				乙Be Ⅲ式	五期晚段	29	《铭续》0507	现藏湖北随州市公安局，两件	
叔家父簠									31	《三代》10.22.3《攈古》2之3.63《奇觚》17.34《小校》9.19.2《集成》4615	原藏素梦嶰、丁麟年	
曾□□簠									31	《三代》10.21.1《集成》4614	日本某收藏家	
娄伯簠							乙Ba Ⅱ式	四期中段	31	《铭续》0509	某收藏家	

续表

器名	通高/厘米	口长/厘米	口宽/厘米	腹深/厘米	容量/毫升	重量/克	类型	分期	铭文	资料来源	备注	图片
许公簠	18.4	34	21				ZBc Ⅱ式	五期晚段	31	《铭续》0510	现藏中国国家博物馆	
许公簠	18.4	34	21				ZBc Ⅱ式	五期晚段	31	《铭续》0511	现藏中国国家博物馆	
许子妆簠	9.8	29	21.6			2320	ZBg Ⅴ式	六期早段	33	《筠清》3.8《愙斋》15.4《奇觚》5.25《小校》9.19.3《集成》4616	原藏陈介祺、刘体智，现藏上海博物馆	
樊子噩铕簠	残3.9	残26	残20						34	《集成》4618	仅存簠底，现藏上海博物馆	

续表

器名	通高/厘米	口长/厘米	口宽/厘米	腹深/厘米	容量/毫升	重量/克	类型	分期	铭文	资料来源	备注	图片
孙叔左簠	10.6	32.6	25.3	6.9			乙Bg Ⅲ式	五期中段	34	《颂续》43《集成》4619	原藏容庚	
许公买簠	22	31.1	23.5				乙Bg Ⅵ式	六期晚段	35	《集成》4617	原藏武汉市文物商店	
楚伯氏孙皮簠							乙Bg Ⅳ式	五期晚段	35	《铭续》0512	未收藏家，两件	
叔朕簠	10.2	30	24.2	6.8			乙Bg Ⅱ式	五期早段	36	《积古》7.4《攈古》3之1.6《十二·居》23《小校》9.20.1《集成》4620	底径长23.7，宽18.3厘米，原藏阮元、周季木，现藏上海博物馆	

续表

器名	通高/厘米	口长/厘米	口宽/厘米	腹深/厘米	容量/毫升	重量/克	类型	分期	铭文	资料来源	备注
叔朕簠	10.3	30				3720	乙Bg Ⅱ式	五期早段	36	《集成》4622	现藏故宫博物院
叔朕簠							乙Bg Ⅱ式	五期早段	36	《集成》4621	
公子侯簠	20.2	29	23.2	6.3			乙Bb Ⅳ式	六期早段	36	《铭续》30514	传出河南上蔡，某收藏家
邿太宰欉子㓰簠	10.5	30.2	24.3			3440	乙Bb Ⅳ式	六期早段	38	《攈古》3之1.11 《缀遗》8.22 《小校》9.21.1 《集成》4624	原藏刘喜海，现藏上海博物馆

续表

器名	通高/厘米	口长/厘米	口宽/厘米	腹深/厘米	容量/毫升	重量/克	类型	分期	铭文	资料来源	备注	图片
郜大宰欉子憜簠							乙Bb Ⅳ式	六期早段	38	《筠清》3.5《捃古》3之1.10《奇觚》17.22《小校》9.20.2《集成》4623	原藏叶梦得、金兰坡、徐寿衡	
长子颴臣簠	19.3	29	23.5	6		4390	乙Bc Ⅲ式	六期早段	39	《集成》4625	现藏上海博物馆	
昭王之即簠							乙Bg Ⅵ式	六期晚段	43	《铭续》0515	某收藏家	
昭王之即簠							乙Bg Ⅵ式	六期晚段	43	《铭续》0516	某收藏家	

续表

器名	通高/厘米	口长/厘米	口宽/厘米	腹深/厘米	容量/毫升	重量/克	类型	分期	铭文	资料来源	备注	图片
免簠							甲Ab Ⅱ式	二期	44	《积古》7.3 《捃古》3之1.25 《奇觚》4.3 《小校》9.21.2 《集成》4626	原藏阮元、丁树桢	
琱仲簠		29.8	23.5	6.2	2808		乙Ab Ⅲ式	三期晚段	51	《考古》3.43 《薛氏》145 《复斋》19 《积古》7.5 《集成》04627	原藏刘原父，"得子骊山白鹿原"（《薛氏》），"得于蓝田"（《考古》）	
封子楚簠	19	29.4	21.7				乙Bg V式	六期早段	66	《铭续》30517	现藏中国国家博物馆	
陈逆簠									77	《积古》7.9 《捃古》3之1.73 《奇觚》17.26 《缀遗》8.26 《集成》4629	原藏汪仲恣	

续表

器名	通高/厘米	口长/厘米	口宽/厘米	腹深/厘米	容量/毫升	重量/克	类型	分期	铭文	资料来源	备注	图片
陈伯逆簠	7.2	30	23.6						77	《周金》3.121《小校》9.22.1《集成》4630	现藏贵州省博物馆，伪器	
曾伯克父簠							ZAb Ⅲ式	三期晚段	79	《铭续》0518	现藏香港中华古美术公司	
曾伯克父簠							ZAb Ⅲ式	三期晚段	79	《铭续》0518	现藏香港中华古美术公司	
交龙纹簠	19	28.7	23			5322	ZBa Ⅴ式	五期中段	无	《商华》22	现藏宁波爱城文化发展有限公司	

续表

器名	通高/厘米	口长/厘米	口宽/厘米	腹深/厘米	容量/毫升	重量/克	类型	分期	铭文	资料来源	备注	图片
毛伯父簋	20.5	32					乙Ab Ⅲ式	三期晚段	15	《大唐》2017秋23	香港某收藏家	
蟠虺纹簋	20	29	22				乙Bg Ⅵ式	六期晚段	无	《大唐》2017秋99	某收藏家	
曾伯霥簋	9.9	32.8	24.8				乙Bg Ⅱ式	五期早段	88	《捃古》3之2.12《澂斋》15.2《缀遗》8.20《小校》9.22.2《集成》4632	原藏周小崖，陈介祺，现藏中国国家博物馆	
曾伯霥簋							乙Bg Ⅱ式	五期早段	92	《积古》7.7《捃古》3之2.11《缀遗》8.17《小校》9.23.1《集成》4631	原藏山东潍坊市古代文物管理委员会，后毁	

附表三　两周时期出土青铜簠统计表

器名	通高/厘米	口长/厘米	口宽/厘米	腹深/厘米	容量/毫升	重量/克	类型	分期	铭文	资料来源	备注	图片
仲其父簠	24.6	30	23	6		2000	ZAb Ⅱ式	三期早段	6	《考古》1979.2	1974年陕西蓝田辋川乡枝家湾村窖藏出土，两件	
函皇父仲簠	10	30.6	25.1				ZAb Ⅲ式	三期晚段	8	《陕金》3.286	1933年陕西扶风法门镇康家村窖藏出土	
善夫吉父簠									12	《陕金》4.438	1940年陕西扶风任家村窖藏	
重环纹簠	9.3	27	22.3	6	1770	1981	ZAa Ⅱ式	三期早段	无	《周原》10.P2156	1952年陕西扶风庄白村出土，现藏扶风县博物馆	

续表

器名	通高/厘米	口长/厘米	口宽/厘米	腹深/厘米	容量/毫升	重量/克	类型	分期	铭文	资料来源	备注	图片
冶遣簠	9.8	25.7	22.6	7	2070	2130	ZAa Ⅱ式	三期早段	10	《周原》1.P81	1960年陕西扶风齐家村出土，现藏陕西省历史博物馆	
密奴簠 H2:1	9	28.7	24.3	5.6	2125	1686	ZAb Ⅰ式	三期早段	11	《周原》5.P982	1976年陕西扶风法门镇庄白村二号窖藏出土	
伯公父簠 77FYH2:1	19.8	28.3	23	6.6	2180	5750	ZAa Ⅲ式	三期晚段	59	《文物》1982.6	1977年陕西扶风黄堆乡云塘村二号窖藏出土	
伯晞父簠 81FQ采:18	10.4	28	22.6	6.6	2210	2153	ZAa Ⅱ式	三期早段	13	《考古与文物》1982.2	1981年陕西扶风黄堆乡齐镇村出土	

续表

器名	通高/厘米	口长/厘米	口宽/厘米	腹深/厘米	容量/毫升	重量/克	类型	分期	铭文	资料来源	备注	图片
卷龙纹簠 81FQ采∶19	8.4	25.7	19.5	5.9	1530	1571	乙Aa Ⅱ式	三期早段	无	《考古与文物》1982.2	1981年陕西扶风法门镇任家村出土	
波曲纹簠	9	27.2	22.2			2000	乙Aa Ⅱ式	三期早段	无	《考古与文物》1980.4	20世纪80年代陕西扶风废品收购站拣选	
龙纹簠	34.5	45.4	34.8		21200	12700	甲Ab Ⅱ式	一期	无	《文物》2016.1	2013年陕西宝鸡渭滨区石鼓镇石嘴头村M4出土，底径长23.8，宽16.5厘米	
光簠	19.5	25.6	18.8		4000	3900	甲Ab Ⅱ式	一期	1	《文物》2016.1	2013年陕西宝鸡渭滨区石鼓镇石嘴头村M4出土，底径长13.2，宽9厘米	

续表

器名	通高/厘米	口长/厘米	口宽/厘米	腹深/厘米	容量/毫升	重量/克	类型	分期	铭文	资料来源	备注	图片
卷龙纹簠	17	30	24.6				乙Ab Ⅲ式	四期早段	无	《文物》2008.1	2005年陕西韩城梁带村芮国墓地M26出土，两件	
素面簠 M1001:21	14.4	28.8	22				乙Bi Ⅰ式	六期早段	无	《临猗程村墓地》，中国大百科全书出版社，2003	1987年山西临猗程村M1001出土，底径长15.8、宽11厘米	
交龙纹簠 M1002:21	18.6	28.7	22				乙Bg Ⅴ式	六期早段	无	《临猗程村墓地》，中国大百科全书出版社，2003	1987年山西临猗程村M1002出土，底径长21.8、宽14.5厘米	
交龙纹簠 M1002:40	19.4	28.3	21.7				乙Bg Ⅴ式	六期早段	无	《临猗程村墓地》，中国大百科全书出版社，2003	1987年山西临猗程村M1001出土，底径长21.2、宽13.5厘米	

续表

器名	通高/厘米	口长/厘米	口宽/厘米	腹深/厘米	容量/毫升	重量/克	类型	分期	铭文	资料来源	备注	图片
素面簋	20	30	25.5				ZBg Ⅳ式	五期晚段	无	《考古》1963.5	1961年山西侯马上马村M13出土，两件	
卷龙纹簋 M4078：12	16	28.6	13.8				ZAb Ⅲ式	四期早段	无	《上马墓地》，文物出版社，1994	1981年山西侯马上马村M4078出土，两件	
蟠螭纹簋 M5218：8	16	24.5	17.2				ZBi Ⅱ式	六期晚段	无	《上马墓地》，文物出版社，1994	1982年山西侯马上马村M5218出土，两件	
重环纹簋 M5150：1314	8.1	27.8					4210	ZAb Ⅲ式	三期晚段	无	《天马—曲村(1980—1989)》，科学出版社，2000	1980~1989年山西天马—曲村M5150出土

续表

器名	通高/厘米	口长/厘米	口宽/厘米	腹深/厘米	容量/毫升	重量/克	类型	分期	铭文	资料来源	备注	图片
瓦棱纹簋							乙Ab Ⅲ式	三期晚段	无	《文物》1994.8	1993年山西天马—曲村晋侯墓地M64出土	
素面簠 M12:28	19.5	28.3	23.2				乙Bq	七期	无	《长治分水岭东周墓地》，文物出版社，2010	1954~1955年山西长治分水岭M12出土，底径长18、宽13.5厘米	
素面簠	19.4	28	23				乙Bq	七期	无	《长治分水岭东周墓地》，文物出版社，2010	1954~1955年山西长治分水岭M14出土	
素面簠 M26:17	20.6	28	23				乙Bq	七期	无	《长治分水岭东周墓地》，文物出版社，2010	1959~1961年山西长治分水岭M26出土	

续表

器名	通高/厘米	口长/厘米	口宽/厘米	腹深/厘米	容量/毫升	重量/克	类型	分期	铭文	资料来源	备注	图片
素面簠 M26:18	19.1	28.7	23.5				乙Bq	七期	无	《长治分水岭东周墓地》，文物出版社，2010	1959~1961年山西长治分水岭M26出土	
蟠螭纹簠 M269:32	19.2	30	22.7				乙Bb Ⅳ式	六期早段	无	《长治分水岭东周墓地》，文物出版社，2010	1972年山西长治分水岭M269出土，底径长22.7，宽17，腹深6.3厘米，两件	
素面簠 M270:12	18.3	27.6	21.6				乙Bb Ⅳ式	六期早段	无	《长治分水岭东周墓地》，文物出版社，2010	1972年山西长治分水岭M270出土，底径长21，宽15.4厘米，两件	
交龙纹簠 M7:9	13.6	23.8					乙Bd Ⅰ式	六期晚段	无	《考古学报》1984.4	1977年山西长治牛家坡M7出土，两件	

续表

器名	通高/厘米	口长/厘米	口宽/厘米	腹深/厘米	容量/毫升	重量/克	类型	分期	铭文	资料来源	备注	图片
波状纹簠 M7:158	11.9	25.2					乙Bj I式	六期晚段	无	《文物》1986.6	1983年山西潞城潞河M7出土,两件	
蟠螭纹簠 M251:537	19	36				5450	乙Bc IV式	六期晚段	无	《太原晋国赵卿墓》,文物出版社,1996	1987年山西太原南郊金胜村M251出土	
蟠螭纹簠 M251:543	20	35.6				5410	乙Bc IV式	六期晚段	无	《太原晋国赵卿墓》,文物出版社,1996	1987年山西太原南郊金胜村M251出土	
蟠龙纹簠	18	25.5	16.5				乙Bo	七期	无	《邯郸文物精华》,文物出版社,2005	1982年河北涉县北关凤凰台M1出土,现藏邯郸市文物保护研究所	

续表

器名	通高/厘米	口长/厘米	口宽/厘米	腹深/厘米	容量/毫升	重量/克	类型	分期	铭文	资料来源	备注	图片
蟠龙纹簠	18	25.5	16.5				ZBo	七期	无	《河北博物院基本陈列——慷慨悲歌燕赵故事》，文物出版社，2016	1982年河北涉县北关凤凰台M1出土，现藏河北博物院	
素面簠 M6:119	23.8	34.2	23.6				ZBc Ⅵ式	八期早段	无	《战国中山国灵寿城1975~1993年考古发掘报告》，文物出版社，2005	1974年河北平山中山国M6出土，两件	
素面簠 M1XD:22	19	30.1	20.8			1060	ZBd Ⅱ式	八期晚段	无	《響墓——战国中山国国王之墓》，文物出版社，1996	1977年河北平山中山国M1出土	
左使车簠 M1XD:23	17.8	30.2	21.2			9750	ZBd Ⅱ式	八期晚段	5	《響墓——战国中山国国王之墓》，文物出版社，1996	1977年河北平山中山国M1出土	

续表

器名	通高/厘米	口长/厘米	口宽/厘米	腹深/厘米	容量/毫升	重量/克	类型	分期	铭文	资料来源	备注	图片
素面簠 M1XD∶24	19	30.6	21.4			1090	乙Bd Ⅱ式	八期 晚段	无	《䂮墓——战国中山国国王之墓》，文物出版社，1996	1977年河北平山中山国M1出土	
左使车簠 M1XD∶25	17.2	31	20.9			7400	乙Bd Ⅱ式	八期 晚段	5	《䂮墓——战国中山国国王之墓》，文物出版社，1996	1977年河北平山中山国M1出土	
夔纹簠 M101∶10	8.2	30	23.9				乙Ab Ⅳ式	四期 早段	无	《考古学报》1973.2	1963年内蒙宁城南山根M101出土	
郜中簠 M1∶3	17	27.7	23.3			4285	乙Ab Ⅱ式	三期 早段	17	《文物》2003.4	1986年山东长清仙人台M1出土	

续表

器名	通高/厘米	口长/厘米	口宽/厘米	腹深/厘米	容量/毫升	重量/克	类型	分期	铭文	资料来源	备注	图片
郜中簋 M1:4	17	27.7	23			4240	乙Ab Ⅱ式	三期早段	17	《文物》2003.4	1986年山东长清石都庄M1出土	
郜召簋 M3:9	17.4	28	24.5				乙Ab Ⅲ式	三期晚段	23	《考古》1998.9	1995年山东长清仙人合M3出土，两件	
卷龙纹簋 M1:8	16.2	28.5	24.8				乙Ab Ⅲ式	四期早段	无	《考古》2003.1	2001年山东沂源姑子坪M1出土，底径长17，宽14厘米，两件	
卷龙纹簋 MZ:8	15.5	30	24.5			4250	乙Ab Ⅲ式	四期早段	无	《文物》1983.12	1981年山东临朐泉头村乙墓出土，两件	

续表

器名	通高/厘米	口长/厘米	口宽/厘米	腹深/厘米	容量/毫升	重量/克	类型	分期	铭文	资料来源	备注	图片
射南簠	7.5		21	4			乙Ab Ⅳ式	四期早段	6	《考古》1965.11	1965年山东邹县七家峪出土，另一半残	
射南簠	7.5	28	21	4.5			乙Ab Ⅳ式	四期早段	6	《考古》1965.11	1965年山东邹县七家峪出土，另一半残	
冑簠	7.8	28	21	4.1			乙Ab Ⅲ式	四期早段	12	《考古》1965.11	1965年山东邹县七家峪出土，另一半残	
卷龙纹簠	8.5	27	22	4.2			乙Ab Ⅳ式	四期早段	无	《考古》1965.11	1965年山东邹县七家峪出土，另一半残	

续表

器名	通高/厘米	口长/厘米	口宽/厘米	腹深/厘米	容量/毫升	重量/克	类型	分期	铭文	资料来源	备注	图片
妘仲簠 M48:28	9.5	28.2	24				乙Ab Ⅲ式	四期早段	12	《曲阜鲁国故城》，齐鲁书社，1982	1977年山东曲阜鲁国故城M48出土	
鲁侯簠	20	29	23				乙Ab Ⅲ式	四期早段	15	《文物》1986.4	1982年山东泰安城前村出土，底径长18、宽14.5厘米，两件	
商丘叔簠	22	30.8	25.5				乙Ab Ⅲ式	四期早段	15	《文物》2004.12	1993年山东泰安龙门口调查征集，两件	
□叔虎父簠	20	30	27			3500	乙Ba Ⅴ式	五期中段	23	《考古》1986.4	1976年山东平邑蔡庄出土，现藏平邑县文物管理站，四件	

续表

器名	通高/厘米	口长/厘米	口宽/厘米	腹深/厘米	容量/毫升	重量/克	类型	分期	铭文	资料来源	备注	图片
蟠螭纹簋 坑:5	20.7	31.2	23.5				乙Bg V式	六期早段	无	《临沂凤凰岭东周墓》，齐鲁书社，1998	1982年山东临沂凤凰岭出土，两件	
薛子仲安簋	16.5	29	24			5000	乙Ab Ⅲ式	四期早段	14	《文物》1978.4	1973年山东滕州官桥镇水庄村，三件	
走马薛仲赤簋	16.3	28	24			5400	乙Ab Ⅳ式	四期早段	17	《文物》1978.4	1973年山东滕州官桥镇水庄村，三件	
卷龙纹簋 M1:76	17	27					乙Ba Ⅲ式	四期晚段	无	《考古学报》1991.4	1974年山东滕州薛国故城M1出土，两件	

续表

器名	通高/厘米	口长/厘米	口宽/厘米	腹深/厘米	容量/毫升	重量/克	类型	分期	铭文	资料来源	备注	图片
卷龙纹簋 M2:118	19.5	23.5	19.9				乙Ba Ⅲ式	四期晚段	无	《考古学报》1991.4	1974年山东滕州薛国故城M2出土，两件	
交龙纹簋 M4:1	20.5	24.5					乙Ba Ⅳ式	五期早段	无	《考古学报》1991.4	1974年山东滕州薛国故城M4出土，两件	
卷龙纹簋 M1:5	18.5	28.5	23				乙Ab Ⅲ式	四期早段	无	《文物》1981.9	1980年山东滕州后荆沟M1出土，两件	
鲁西肯子安母簋 M2:11	16.1	29	24.2			4400	乙Ab Ⅲ式	四期早段	20 16	《海岱考古》4	2002年山东枣庄山亭区东江小邾国墓地M2出土，器铭正叙止土禹俞	

续表

器名	通高/厘米	口长/厘米	口宽/厘米	腹深/厘米	容量/毫升	重量/克	类型	分期	铭文	资料来源	备注	图片
鲁酉子安母簋 M2:12	16.1	28.5	24			4400	乙Ab Ⅲ式	四期早段	20 12	《海岱考古》4	2002年山东枣庄山亭区东江小邾国墓地M2出土，器铭鲁辛號	
毕仲弇簋 M2:13	16.1	28.5	24			4400	乙Ab Ⅲ式	四期早段	22	《海岱考古》4	2002年山东枣庄山亭区东江小邾国墓地M2出土	
子皇母簋 M2:14	16.1	28	24.1			4500	乙Ab Ⅲ式	四期早段	15	《海岱考古》4	2002年山东枣庄山亭区东江小邾国墓地M2出土	
邾公子害簋 M3:11	16.6	29	25			4500	乙Ba Ⅰ式	四期中段	21	《海岱考古》4	2002年山东枣庄山亭区东江小邾国墓地M3出土，四件	

续表

器名	通高/厘米	口长/厘米	口宽/厘米	腹深/厘米	容量/毫升	重量/克	类型	分期	铭文	资料来源	备注	图片
蟠蛇纹簠 M1:7	21.4	29.2	22.8				乙Bb Ⅳ式	六期 早段	无	《文物》2014.1	2009年山东枣庄峄城区徐楼新村M1出土，底径长22.8，宽17.8厘米，四件	
史象簠	17.2	29				2800			9	《铭图》5822	1940年山东肥城乔家庄，现藏山东省博物馆	
伊设簠	9.4	28.7	23.5				乙Ab Ⅲ式	四期 早段	12	《考古学集刊》3	1973年山东邹城市匡庄乡灰城子，现藏邹城市博物馆	
西替簠							乙Bg Ⅷ式	七期	8	《考古》1960.3	1958年江苏徐州邳州市戴庄镇刘林村出土，两件	

・527・

续表

器名	通高/厘米	口长/厘米	口宽/厘米	腹深/厘米	容量/毫升	重量/克	类型	分期	铭文	资料来源	备注	图片
曾子义行簠 M3:5	19.2	28.2	22.9				乙Bg V式	六期早段	15	《东南文化》1991.1	1988年江苏南京六合程桥M3出土	
蟠螭纹簠	19.6	30	22			4550	乙Bg Ⅷ式	八期早段	无	《文物》1984.5	1980年江苏吴县枫桥何山出土，两件	
蟠螭纹簠 M4:29	21	26.3	19.3				乙Ba Ⅵ式	五期晚段	无	《洛阳中州路（西工段）》，科学出版社，1959	1954年河南洛阳中州路M4出土，两件	
素面簠 C1M395:75	8.8	25	16				乙Bj Ⅱ式	八期晚段	无	《考古学报》2002.3	1982年河南洛阳解放路C1M395出土，四件	

续表

器名	通高/厘米	口长/厘米	口宽/厘米	腹深/厘米	容量/毫升	重量/克	类型	分期	铭文	资料来源	备注	图片
交龙纹簠 M3494：7	16.8	28.4	22				ZBa I式	五期早段	无	《考古》2016.4	1991~1992年河南洛阳西工区西小屯村C1M3494出土，两件	
波曲纹簠 M3490：25	9	24	18.6				ZBe I式	五期早段	无	《考古》2016.4	1991~1992年河南洛阳西工区西小屯村C1M3490出土，两件	
波曲纹簠 M3422：7	11	24	17				ZBc I式	五期中段	无	《考古》2016.4	1991~1992年河南洛阳西工区西小屯村C1M3422出土	
曲折纹簠 M3422：11							ZBc I式	五期中段	无	《考古》2016.4	1991~1992年河南洛阳西工区西小屯村C1M3422出土	

续表

器名	通高/厘米	口长/厘米	口宽/厘米	腹深/厘米	容量/毫升	重量/克	类型	分期	铭文	资料来源	备注	图片
龙纹簠 M3498∶13	12.2	20.8	15				乙Bc V式	七期	无	《文物》 2010.8	1991~1992年河南洛阳西工区西小屯村C1M3498出土，两件	
素面簠 M3427∶21	17.8	25.3	20				乙Bb Ⅲ式	五期晚段	无	《文物》 2010.8	1991~1992年河南洛阳西工区西小屯村C1M3427出土，两件	
素面簠 M6112∶18	14	26.6	21.2	5			乙Ba Ⅶ式	六期早段	无	《文物》 1999.8	1998年河南洛阳613研究所C1M6112出土，底径长13.8，宽11.8厘米，两件	
龙纹簠 JM32∶6	18	29.8	23.5				乙Ba Ⅵ式	五期晚段	无	《文物》 2002.11	2001年河南洛阳纱厂路JM32出土，两件	

续表

器名	通高/厘米	口长/厘米	口宽/厘米	腹深/厘米	容量/毫升	重量/克	类型	分期	铭文	资料来源	备注	图片
卷龙纹簋 M8781∶7	11.2	21.3	16				ZBf Ⅰ式	四期晚段	无	《洛阳体育场路西东周墓发掘报告》，文物出版社，2011	2005年河南洛阳体育场路M8781出土，底径长13.7、宽7.9厘米	
卷龙纹簋 M8781∶8	11.1	21.1	16				ZBf Ⅰ式	四期晚段	无	《洛阳体育场路西东周墓发掘报告》，文物出版社，2011	2005年河南洛阳体育场路M8781出土，底径长13.5、宽8厘米	
波曲纹簋 M8821∶18	21	29.2	23.7				ZBb Ⅱ式	五期中段	无	《洛阳体育场路西东周墓发掘报告》，文物出版社，2011	2005年河南洛阳体育场路M8821出土，底径长21.7、宽16.9厘米，两件	
波曲纹簋 M8832∶18	19	28	22.6				ZBa Ⅴ式	五期中段	无	《洛阳体育场路西东周墓发掘报告》，文物出版社，2011	2005年河南洛阳体育场路M8832出土，底径长17.8、宽12.6厘米，四件	

续表

器名	通高/厘米	口长/厘米	口宽/厘米	腹深/厘米	容量/毫升	重量/克	类型	分期	铭文	资料来源	备注	图片
交龙纹簠 M8835：9	9.1	24.2	18.7				乙Ba Ⅵ式	五期晚段	无	《洛阳体育场路西东周墓发掘报告》，文物出版社，2011	2005年河南洛阳体育场路M8835出土	
交龙纹簠 M8835：10	18.4	24.5					乙Ba Ⅵ式	五期晚段	无	《洛阳体育场路西东周墓发掘报告》，文物出版社，2011	2005年河南洛阳体育场路M8835出土，底径长15.6、宽11.4厘米	
交龙纹簠 M8836：44	16.4	28	21.9				乙Ba Ⅳ式	五期早段	无	《洛阳体育场路西东周墓发掘报告》，文物出版社，2011	2005年河南洛阳体育场路M8836出土，底径长17.6、宽13.4厘米	
交龙纹簠 M8830：12	15.4	23.2	18				乙Bb Ⅱ式	五期中段	无	《洛阳体育场路西东周墓发掘报告》，文物出版社，2011	2005年河南洛阳体育场路M8830出土，底径长15.6、宽12厘米，两件	

续表

器名	通高/厘米	口长/厘米	口宽/厘米	腹深/厘米	容量/毫升	重量/克	类型	分期	铭文	资料来源	备注	图片
素面簠 M8833∶18	16.1	26	20.6				ⅠBb Ⅰ式	五期早段	无	《洛阳体育场路西东周墓发掘报告》，文物出版社，2011	2005年河南洛阳体育场路M8833出土，底径长15.8、宽12.4厘米	
素面簠 M8833∶19	16.8	24.7	20.4				ⅠBb Ⅰ式	五期早段	无	《洛阳体育场路西东周墓发掘报告》，文物出版社，2011	2005年河南洛阳体育场路M8833出土，底径长16.2、宽13.1厘米	
交龙纹簠 M2040∶36	14.7	26	17.1				ⅠBo	七期	无	《陕县东周秦汉墓》，科学出版社，1994	1956~1958年河南陕县后川村M2040，底径长22、宽12.8厘米，两件	
蟠螭纹簠							ⅠBo	七期	无	《陕县东周秦汉墓》，科学出版社，1994	1956~1958年河南陕县后川村M2041，两件	

续表

器名	通高/厘米	口长/厘米	口宽/厘米	腹深/厘米	容量/毫升	重量/克	类型	分期	铭文	资料来源	备注	图片
卷龙纹簠							乙Ab Ⅲ式	四期早段	无	《上村岭虢国墓地》，科学出版社，1959	1956~1957年河南三门峡上村岭M1820出土，两件	
虢季簠 M2001:77	17.6	29.4	23.8	5.2		4300	乙Ab Ⅲ式	四期早段	8	《三门峡虢国墓》，文物出版社，1999	1990~1991年河南三门峡上村岭M2001出土	
虢季簠 M2001:78	17	30.8	23.7	5.4		4350	乙Ab Ⅲ式	四期早段	8	《三门峡虢国墓》，文物出版社，1999	1990~1991年河南三门峡上村岭M2001出土	
卷龙纹簠 M2012:14、M2012:78	28	27	22.3	5		4250	乙Ab Ⅲ式	四期早段	无	《三门峡虢国墓》，文物出版社，1999	1990~1991年河南三门峡上村岭M2012出土，两件	

续表

器名	通高/厘米	口长/厘米	口宽/厘米	腹深/厘米	容量/毫升	重量/克	类型	分期	铭文	资料来源	备注	图片
卷龙纹簠 M2017:6	16.6	29.6	22.4	6.5			乙Ab Ⅲ式	四期早段	无	《三门峡虢国墓》，文物出版社，1999	1990~1991年河南三门峡上村岭M2017出土	
卷龙纹簠 M2121:1	8.2	27	22.6	5.6			乙Ab Ⅲ式	三期晚段	无	《三门峡虢国墓》，文物出版社，1999	1990~1991年河南三门峡上村岭M2021出土	
波曲纹簠 M2121:8	8.4	26.6	22.4	5.6			乙Aa Ⅲ式	三期晚段	无	《三门峡虢国墓》，文物出版社，1999	1990~1991年河南三门峡上村岭M2021出土	
丰伯簠 M2006:64	21.6	31.4	25.8	7.4			乙Ab Ⅲ式	三期晚段	14	《文物》1995.1	1993年河南三门峡上村岭M2006出土	

续表

器名	通高/厘米	口长/厘米	口宽/厘米	腹深/厘米	容量/毫升	重量/克	类型	分期	铭文	资料来源	备注	图片
虢仲簠 M2013∶2	8.9	33	25	5.8			乙Ab Ⅲ式	三期晚段	15	《文物》2000.12	1992年河南三门峡上村岭M2013出土	
卷龙纹簠 M2013∶5	8.8	28.2	25	5.6			乙Ab Ⅲ式	三期晚段	无	《文物》2000.12	1992年河南三门峡上村岭M2013出土	
虢硕父簠 SG∶062	19	30.6	25.2	5.8			乙Ab Ⅲ式	三期晚段	15	《三门峡虢国墓》，文物出版社，1999	1990~1991年河南三门峡上村岭出土，被盗追回	
卷龙纹簠 M2008∶41	8.2	27.6	14.4				乙Ab Ⅲ式	三期晚段	无	《文物》2009.2	1990年河南三门峡上村岭M2008出土	

续表

器名	通高/厘米	口长/厘米	口宽/厘米	腹深/厘米	容量/毫升	重量/克	类型	分期	铭文	资料来源	备注	图片
蟠螭纹簠	20.5	31.1	23.3			7161.6	乙Bg Ⅴ式	六期早段	无	《新郑》82	1923年河南新郑李家楼郑公大墓出土，底径长28，宽20.5厘米	
蟠螭纹簠	19.5	29.7	21.1	6.4		5445.8	乙Bg Ⅴ式	六期早段	无	《新郑》84	1923年河南新郑李家楼郑公大墓出土	
蟠螭纹簠	19.2	29.9	21.9	6		5520.4	乙Bg Ⅴ式	六期早段	无	《新郑》85	1923年河南新郑李家楼郑公大墓出土	
蟠螭纹簠										《图志》24	1923年河南新郑李家楼郑公大墓出土，三件破碎较甚	

续表

器名	通高/厘米	口长/厘米	口宽/厘米	腹深/厘米	容量/毫升	重量/克	类型	分期	铭文	资料来源	备注	图片
重环纹簠 M1:143	19.6	27.8	23.6				乙Bm	四期晚段	无	《文物》2009.9	1995年河南登封市告成镇袁窖村M1出土	
卷龙纹簠 M2:177	17	27.9	22				乙Ba Ⅲ式	四期晚段	无	《文物》2009.9	1995年河南登封市告成镇袁窖村M2出土底径长17.8、宽13.6厘米	
卷龙纹簠 M2:178	19	28.3	22.5				乙Ba Ⅲ式	四期晚段	无	《文物》2009.9	1995年河南登封市告成镇袁窖村M2出土底径长17.8、宽13.2厘米	
蟠螭纹簠							乙Bg Ⅳ式	五期晚段	无	《中原文物》1982.4	1971年河南尉氏县河东周村出土,两件	

续表

器名	通高/厘米	口长/厘米	口宽/厘米	腹深/厘米	容量/毫升	重量/克	类型	分期	铭文	资料来源	备注	图片
素面簠 M1∶196	10	24.7	19	5.6	1860	1522	乙Bp	七期	无	《山彪镇与琉璃阁》，科学出版社，1959	1935年河南汲县山彪镇M1出土，两件	
蟠螭纹簠 甲墓∶辉字65	22	28.9	21.7				乙Bb Ⅳ式	六期早段	无	《辉县琉璃阁甲乙二墓》，大象出版社，2003	1935年河南辉县琉璃阁甲墓出土，四件	
蟠螭纹簠 甲墓∶辉字66	21	29	21				乙Bb Ⅳ式	六期早段	无	《辉县琉璃阁甲乙二墓》，大象出版社，2003	1935年河南辉县琉璃阁甲墓出土，四件	
蟠螭纹簠 乙墓∶辉字59	20.5	30	24				乙Bb Ⅰ式	五期早段	无	《辉县琉璃阁甲乙二墓》，大象出版社，2003	1935年河南辉县琉璃阁乙墓出土，四件	

附　表 ·539·

续表

器名	通高/厘米	口长/厘米	口宽/厘米	腹深/厘米	容量/毫升	重量/克	类型	分期	铭文	资料来源	备注	图片
蟠螭纹簠 乙墓：辉字60	21	30	24				乙Bg Ⅳ式	五期晚段	无	《辉县琉璃阁甲乙二墓》，大象出版社，2003	1935年河南辉县琉璃阁乙墓出土，四件	
交龙纹簠							乙Bg Ⅴ式	六期早段	无	《山彪镇与琉璃阁》，科学出版社，1959	1935~1937年河南辉县琉璃阁M80出土，四件	
交龙纹簠							乙Bg Ⅴ式	六期早段	无	《山彪镇与琉璃阁》，科学出版社，1959	1935~1937年河南辉县琉璃阁M55出土，四件	
蟠螭纹簠							乙Bb Ⅳ式	六期早段	无	《山彪镇与琉璃阁》，科学出版社，1959	1935~1937年河南辉县琉璃阁M60出土，四件	

续表

器名	通高/厘米	口长/厘米	口宽/厘米	腹深/厘米	容量/毫升	重量/克	类型	分期	铭文	资料来源	备注	图片
重环纹簠 M2∶15	14.9	27.2	21.4				乙Ab Ⅲ式	四期早段	无	《华夏考古》2008.1	2004年河南安阳王古道村M2出土，底径长18.1，宽12.9厘米	
斜壁簠							乙Ac	四期中段	无	《文物参考资料》1954.3	1953年河南郏县大仆乡出土，两件	
折壁簠							乙Ba Ⅱ式	四期中段	无	《文物参考资料》1954.3	1953年河南郏县大仆乡出土，两件	
龙纹簠							乙Ac	四期中段	无	《考古》1985.7	20世纪80年代河南临汝县文化馆征集陵头乡前户村出土	

续表

器名	通高/厘米	口长/厘米	口宽/厘米	腹深/厘米	容量/毫升	重量/克	类型	分期	铭文	资料来源	备注	图片
蟠螭纹簠 M301:7	19.2	29.8	22.5				乙Bg V式	六期早段	无	《文物》2012.4	1992年河南平顶山新城区滍阳镇北滍村M301出土，底径长27.6、宽20.9厘米	
蟠螭纹簠 M301:8	18.8	29.5	22.3				乙Bg V式	六期早段	无	《文物》2012.4	1992年河南平顶山新城区滍阳镇北滍村M301出土，底径长27.5、宽20.6厘米	
蟠螭纹簠 M4:118	21.3	31	23.5				乙Bg V式	六期早段	无	《文物》2007.9	2002年河南平顶山叶县旧县乡常庄村M4出土	
曹公簠	8.8	27.5	21.5				乙Ba Ⅱ式	四期中段	23	《中原文物》1981.2	1973年河南淮阳县大连乡蝸堆李庄村水塘	

续表

器名	通高/厘米	口长/厘米	口宽/厘米	腹深/厘米	容量/毫升	重量/克	类型	分期	铭文	资料来源	备注
原仲氏簠	18	28.3	22.5	5.8			乙Ba Ⅳ式	五期早段	27	《考古》1988.8	1974年河南商水县朱集村出土,现藏周口博物馆,底径长14、宽9厘米
原仲氏簠	18	28.3	21.5	4.2			乙Ba Ⅳ式	五期早段	28	《考古》1989.4	1974年河南商水县朱集村出土,底径长18、宽13厘米
交龙纹簠 N:4	12.7	30.6	23				乙Bg Ⅷ式	八期早段	无	《新蔡葛陵楚墓》,大象出版社,2003	1994年河南新蔡县葛陵村M1出土
蔡公子义工簠	10	30	20			4950	乙Bg Ⅵ式	六期晚段	8	《文物》1980.1	1966年河南信阳潢川县隆古乡高稻场村水塘出土

续表

器名	通高/厘米	口长/厘米	口宽/厘米	腹深/厘米	容量/毫升	重量/克	类型	分期	铭文	资料来源	备注	图片
宋公䜌簠	25	33.5	26.5				乙Bg Ⅵ式	六期晚段	20	《固始侯古堆一号墓》，大象出版社，2004	1978年河南固始侯古堆M1出土，两件	
卷龙纹簠 M2:5	21.5	33	23				乙Bg Ⅰ式	四期晚段	无	《文物》1981.1	1978年河南信阳五星乡平西村M2出土，两件	
蟠螭纹簠		30.3	22.5				乙Bg Ⅳ式	五期晚段	无	《考古》1992.3	1983年河南固始万营山M2出土，底径长27.7、宽20.3厘米	
楚子苃疾簠	16	27.5	20.5				乙Bg Ⅴ式	六期早段	11	《中原文物》1992.2	1970年河南信阳市西关汽车发动机厂出土	

续表

器名	通高/厘米	口长/厘米	口宽/厘米	腹深/厘米	容量/毫升	重量/克	类型	分期	铭文	资料来源	备注	图片
交龙纹簠	19	29	22				乙Bg Ⅲ式	五期中段	无	《文物》1973.5	1971年河南新野城关镇小西关村出土，两件	
蟠螭纹簠	19	28.5	21.5				乙Bg Ⅴ式	六期早段	无	《中原文物》1982.1	1975年河南淅川毛坪M18出土，底径长25.5、宽17.5厘米，两件	
申公彭宇簠	20	32	24			7500	乙Bg Ⅲ式	五期中段	30	《中原文物》1982.1	1975年河南南阳市西关煤厂出土，现藏南阳市博物馆	
申公彭宇簠	20	32	24				乙Bg Ⅲ式	五期中段	31	《中原文物》1982.1	1975年河南南阳市西关煤厂出土，现藏南阳市博物馆	

续表

器名	通高/厘米	口长/厘米	口宽/厘米	腹深/厘米	容量/毫升	重量/克	类型	分期	铭文	资料来源	备注	图片
上鄀公簠 M8:1	17.8	31	24			5550	乙Be Ⅱ式	五期中段	36	《淅川下寺春秋楚墓》，文物出版社，1991	1978年河南淅川下寺M8出土	
何次簠 M8:2	18.8	29.5	22.9			6330	乙Bg Ⅲ式	五期中段	34	《淅川下寺春秋楚墓》，文物出版社，1991	1978年河南淅川下寺M8出土	
何次簠 M8:3	19.5	29.2	23.3			6100	乙Bg Ⅲ式	五期中段	30	《淅川下寺春秋楚墓》，文物出版社，1991	1978年河南淅川下寺M8出土	
何次簠 M8:4	18.8	29	23.4			6400	乙Bg Ⅲ式	五期中段	30	《淅川下寺春秋楚墓》，文物出版社，1991	1978年河南淅川下寺M8出土	

续表

器名	通高/厘米	口长/厘米	口宽/厘米	腹深/厘米	容量/毫升	重量/克	类型	分期	铭文	资料来源	备注	图片
中妃卫簠 M7:9	19.8	30.2	24.5			4700	乙Bg Ⅲ式	五期中段	24	《淅川下寺春秋楚墓》，文物出版社，1991	1978年河南淅川下寺M7出土，底径长24.5、宽18.5厘米	
中妃卫簠 M7:10	20	30.2	24.4			4800	乙Bg Ⅲ式	五期中段	23	《淅川下寺春秋楚墓》，文物出版社，1991	1978年河南淅川下寺M7出土，底径长24.5、宽19.2厘米	
蟠螭纹簠 M36:5	19	30.08	22.3			6200	乙Bg Ⅳ式	五期晚段	无	《淅川下寺春秋楚墓》，文物出版社，1991	1978年河南淅川下寺M36出土，底径长28、宽20.06厘米	
蟠螭纹簠 M36:6	19.4	31.4	22.7			5500	乙Bg Ⅳ式	五期晚段	无	《淅川下寺春秋楚墓》，文物出版社，1991	1978年河南淅川下寺M36出土，底径长27.5、宽20.5厘米	

续表

器名	通高/厘米	口长/厘米	口宽/厘米	腹深/厘米	容量/毫升	重量/克	类型	分期	铭文	资料来源	备注	图片
倗之簠 M1:44	23.9	32	23.9			9150	乙Bg V式	六期早段	3	《淅川下寺春秋楚墓》，文物出版社，1991	1978年河南淅川下寺M1出土，底径长29、宽21厘米	
倗之簠 M1:45	24	32.2	24.5			9000	乙Bg V式	六期早段	3	《淅川下寺春秋楚墓》，文物出版社，1991	1978年河南淅川下寺M1出土，底径长29.4、宽22厘米	
蟠虺纹簠 M2:202							乙Bg V式	六期早段	无	《淅川下寺春秋楚墓》，文物出版社，1991	1978年河南淅川下寺M2出土	
□□簠 M3:14	22	31.8	23.9			9450	乙Bg V式	六期早段	16	《淅川下寺春秋楚墓》，文物出版社，1991	1978年河南淅川下寺M3出土，底径长28.6、宽21.2厘米	

续表

器名	通高/厘米	口长/厘米	口宽/厘米	腹深/厘米	容量/毫升	重量/克	类型	分期	铭文	资料来源	备注	图片
□□簠 M3:15	22.2	31.5	23.5			9300	乙Bg Ⅴ式	六期早段	16	《淅川下寺春秋楚墓》，文物出版社，1991	1978年河南淅川下寺M3出土，底径长28.3，宽20.9厘米	
□□簠 M3:16	10.2	30.9	23			8550	乙Bg Ⅴ式	六期早段	16	《淅川下寺春秋楚墓》，文物出版社，1991	1978年河南淅川下寺M3出土，底径长27.8，宽20.6厘米	
□□簠 M3:18	22.2	31.7	23.8			9500	乙Bg Ⅴ式	六期早段	6 14	《淅川下寺春秋楚墓》，文物出版社，1991	1978年河南淅川下寺M3出土，底径长28.5，宽20.6厘米	
蟠虺纹簠 M4:5	19	29.5	21.5			5200	乙Bg Ⅴ式	六期早段	无	《淅川下寺春秋楚墓》，文物出版社，1991	1978年河南淅川下寺M4出土	

续表

器名	通高/厘米	口长/厘米	口宽/厘米	腹深/厘米	容量/毫升	重量/克	类型	分期	铭文	资料来源	备注	图片
蟠螭纹簠 M10：44	20.8	27.9	21.3			7670	乙Bg Ⅵ式	六期晚段	无	《淅川下寺春秋楚墓》，文物出版社，1991	1978年河南淅川下寺M10出土，底径长27.6，宽21.5厘米	
蟠螭纹簠 M10：45	21.2	27.7	21.4			6900	乙Bg Ⅵ式	六期晚段	无	《淅川下寺春秋楚墓》，文物出版社，1991	1978年河南淅川下寺M10出土，底径长27.5，宽20.4厘米	
蟠螭纹簠 M11：9	22.5	29.5	22				乙Bg Ⅵ式	六期晚段	无	《淅川下寺春秋楚墓》，文物出版社，1991	1978年河南淅川下寺M10出土，底径长28.5，宽19.6厘米	
蟠螭纹簠 M11：10	21.6	29.5	22				乙Bg Ⅵ式	六期晚段	无	《淅川下寺春秋楚墓》，文物出版社，1991	1978年河南淅川下寺M10出土，底径长28.4，宽19.1厘米	

续表

器名	通高/厘米	口长/厘米	口宽/厘米	腹深/厘米	容量/毫升	重量/克	类型	分期	铭文	资料来源	备注	图片
蟠螭纹簠	18						乙Bg Ⅳ式	五期晚段	无	《中原文物》1980.3	1980年河南西峡县回车乡花元村出土	
蟠螭纹簠	22	28					乙Bg Ⅴ式	六期早段	无	《收藏家》2015.10	1987年河南淅川仓房乡东沟村征集	
蟠螭纹簠		33	25				乙Bg Ⅳ式	五期晚段	无	《中原文物》1992.2	1988年河南南阳西关八一路M1出土、底径长22、宽15厘米，两件	
交龙纹簠	19	27	20				乙Bg Ⅲ式	五期中段	无	《中原文物》1992.2	1988年河南南阳西关八一路M22出土、底径长21、宽15厘米，两件	

续表

器名	通高/厘米	口长/厘米	口宽/厘米	腹深/厘米	容量/毫升	重量/克	类型	分期	铭文	资料来源	备注	图片
蟠螭纹簠	18	30.5							无	《中原文物》1992.2	1988年河南南阳关八一路M40出土，底径长22，宽14.5厘米，两件	
蟠螭纹簠									无	《淅川和尚岭与徐家岭楚墓》，大象出版社，2004	1990年河南淅川仓房乡陈庄村和尚岭HXHM1出土，仅存簠耳和腹部残片	
蟠螭纹簠 M2:23	23	34	24				乙Bg V式	六期早段	无	《淅川和尚岭与徐家岭楚墓》，大象出版社，2004	1990年河南淅川仓房乡陈庄村和尚岭M2出土	
蟠螭纹簠 M2:24	23.6	34	24				乙Bg V式	六期早段	无	《淅川和尚岭与徐家岭楚墓》，大象出版社，2004	1990年河南淅川仓房乡陈庄村和尚岭M2出土	

续表

器名	通高/厘米	口长/厘米	口宽/厘米	腹深/厘米	容量/毫升	重量/克	类型	分期	铭文	资料来源	备注	图片
鄔子孟青嬭簠 M1:8	25	29	22.4				乙Bg Ⅶ式	七期	8	《淅川和尚岭与徐家岭楚墓》，大象出版社，2004	1990年河南淅川仓房乡沿江村徐家岭M1出土	
蟠螭纹簠 M1:9	22.6	28.8	23.7				乙Bg Ⅶ式	七期	无	《淅川和尚岭与徐家岭楚墓》，大象出版社，2004	1990年河南淅川仓房乡沿江村徐家岭M1出土	
蟠螭纹簠 M10:79	20	30.5	23				乙Bg Ⅵ式	六期晚段	无	《淅川和尚岭与徐家岭楚墓》，大象出版社，2004	1990年河南淅川仓房乡沿江村徐家岭M10出土	
酓枝想簠 M10:80	24.4	29.7	23.2				乙Bg Ⅵ式	六期晚段	6	《淅川和尚岭与徐家岭楚墓》，大象出版社，2004	1990年河南淅川仓房乡沿江村徐家岭M10出土	

・553・

续表

器名	通高/厘米	口长/厘米	口宽/厘米	腹深/厘米	容量/毫升	重量/克	类型	分期	铭文	资料来源	备注	图片
蟠螭纹簠										《淅川和尚岭与徐家岭楚墓》，大象出版社，2004	1990年河南淅川仓房乡沿江村徐家岭M3出土，仅存残片	
曾孟嬴朱姬簠 M9：15	23.5	29.5	22.3				乙Bg Ⅶ式	七期	9	《淅川和尚岭与徐家岭楚墓》，大象出版社，2004	1990年河南淅川仓房乡沿江村徐家岭M9出土	
邡子大簠	34.5						乙Bg Ⅶ式	七期	6	《文物天地》1993.2	疑1989年河南淅川仓房乡沿江村徐家岭出土，现藏英国皮特·莫斯	
蟠螭纹簠 M11：123	21.5	30	22.4				乙Bg Ⅶ式	七期	无	《考古》2008.5	2006～2007年河南淅川仓房乡沿江村徐家岭M11出土，三件	

续表

器名	通高/厘米	口长/厘米	口宽/厘米	腹深/厘米	容量/毫升	重量/克	类型	分期	铭文	资料来源	备注	图片
蟠螭纹簠 M181：3	18.8	29	21.2				乙Bg Ⅵ式	六期晚段	无	《中原文物》2009.1	2005年河南南阳市万家园M181出土，两件	
蔡侯申簠 M44：3	11.2	31	24				乙Bg Ⅵ式	六期晚段	6	《中原文物》2009.2	2008年河南南阳市八一路M44出土，器身残破	
蔡侯申簠 M44：4							乙Bg Ⅵ式	六期晚段	6	《中原文物》2009.2	2008年河南南阳市八一路M44出土，器盖残破	
彭子射儿簠	25.3	35	25.7				乙Bg Ⅴ式	六期早段	17	《文物》2011.3	2008年河南南阳市八一路M38出土，四件	

续表

器名	通高/厘米	口长/厘米	口宽/厘米	腹深/厘米	容量/毫升	重量/克	类型	分期	铭文	资料来源	备注	图片
无所簠	22	33	25.5				乙Bg Ⅵ式	六期晚段	21	《中原文物》2006.5	2003年河南南阳市八一路M1出土，四件	
鄂姜簠	15.7	29					乙Ab Ⅲ式	三期晚段	5	《文物报》2013.4.24	2012年河南南阳宛城区新店乡夏响铺M1出土	
申公寿簠									20	《文物报》2012.12.7	2012年河南南阳市邙龙岗物资城墓葬	
彭子寿簠									20	《文物报》2012.12.7	2012年河南南阳市邙龙岗物资城墓葬	

续表

器名	通高/厘米	口长/厘米	口宽/厘米	腹深/厘米	容量/毫升	重量/克	类型	分期	铭文	资料来源	备注	图片
蟠螭纹簠 M4:7	18	29	22				乙Bg Ⅷ式	八期早段	无	《江汉考古》1985.1	1972年湖北襄阳余岗村蔡坡M4出土	
蟠螭纹簠							乙Bg Ⅳ式	五期晚段	无	《江汉考古》1988.1	1967年湖北襄阳余岗村山湾墓地采集	
蟠螭纹簠 M6:3	20	29.2	21.5				乙Bg Ⅳ式	五期晚段	无	《江汉考古》1983.2	1972~1973年湖北襄阳余岗村山湾M6出土,两件	
折壁簠									无	《江汉考古》1983.2	1972~1973年湖北襄阳余岗村山湾M11出土,仅残存簠耳	

续表

器名	通高/厘米	口长/厘米	口宽/厘米	腹深/厘米	容量/毫升	重量/克	类型	分期	铭文	资料来源	备注	图片
蟠螭纹簠 M14:2	19.2	29.5	22				乙Bg V式	六期 早段	无	《江汉考古》1983.2	1972~1973年湖北襄阳余岗村山湾M14出土	
蟠螭纹簠 M23:2	20.6	30	22.3				乙Bg Ⅳ式	五期 晚段	无	《江汉考古》1983.2	1972~1973年湖北襄阳余岗村山湾M23出土	
子季嬴青簠 M33:4	21.5	30	23				乙Bg V式	六期 早段	18	《江汉考古》1983.2	1972~1973年湖北襄阳余岗村山湾M33出土，底径长28.3，宽21.8厘米	
上郡府簠	22	30	23			6000	乙Bg Ⅳ式	五期 晚段	31	《江汉考古》1983.1	1972年湖北襄阳余岗村山湾墓地采集	

续表

器名	通高/厘米	口长/厘米	口宽/厘米	腹深/厘米	容量/毫升	重量/克	类型	分期	铭文	资料来源	备注	图片
三角云纹簠	18.6	30.2	23.5	6.5		4350	乙Bc Ⅰ式	五期中段	无	《江汉考古》1986.3 《文物》1986.4 《考古》1987.5	1977年湖北谷城石花镇下辛店出土，四件	
波曲纹簠	17	23.8	18	5.2			乙Bg Ⅰ式	四期晚段	无	《考古》1987.5	湖北襄阳地区文史馆工作人员刘叔远捐献，两件	
蔡大善夫簠	18.5	28	22	6			乙Ba Ⅱ式	四期中段	31	《考古》1989.11	1987年湖北宜城宋市乡砖瓦厂出土，底径长16.3，宽13.5厘米	
波曲纹簠 M180∶1	21.2	29.7					乙Bg Ⅵ式	六期晚段	无	《余岗楚墓》，科学出版社，2011	1987～2005年湖北襄阳樊城区余岗村M180出土	

续表

器名	通高/厘米	口长/厘米	口宽/厘米	腹深/厘米	容量/毫升	重量/克	类型	分期	铭文	资料来源	备注	图片
波曲纹簠 M214∶1	22.5	37					乙Bg Ⅶ式	七期	无	《余岗楚墓》，科学出版社，2011	1987~2005年湖北襄阳樊城区余岗村M214出土	
波曲纹簠 M215∶5	19.2	29.6					乙Bg Ⅵ式	六期晚段	无	《余岗楚墓》，科学出版社，2011	1987~2005年湖北襄阳樊城区余岗村M215出土	
蟠螭纹簠 M1∶4	20.8	34.2	22				乙Bg Ⅶ式	七期	无	《考古》1991.9	1988年湖北襄阳团山M1出土，两件	
蟠螭纹簠 M1∶3	17.7	28.1	20.3				乙Bg Ⅵ式	六期晚段	无	《考古》2008.9	1989年湖北宜城郑集镇蒋湾村砖窑厂M1出土，两件	

续表

器名	通高/厘米	口长/厘米	口宽/厘米	腹深/厘米	容量/毫升	重量/克	类型	分期	铭文	资料来源	备注	图片
发孙房簠	9.5	29	22.4				乙Bg Ⅵ式	六期 晚段	22	《文物》1994.4	20世纪90年代湖北枣阳市博物馆征集	
曾孟嬴剈簠	18	28	23.4				乙Ba Ⅰ式	四期 中段	12	《枣阳郭家庙曾国墓地》，科学出版社，2005	2002～2003年湖北枣阳东赵湖村郭家庙墓地M1，两件	
波曲纹簠 M1022:3	17	27.6	21.6				乙Be Ⅰ式	四期 晚段	无	《文物》2013.7	2004～2009年襄阳团山镇余岗村沈岗M1022出土	
波曲纹簠 M1022:4	18.4	28.2	22.2				乙Be Ⅰ式	四期 晚段	无	《文物》2013.7	2004～2009年襄阳团山镇余岗村沈岗M1022出土	

续表

器名	通高/厘米	口长/厘米	口宽/厘米	腹深/厘米	容量/毫升	重量/克	类型	分期	铭文	资料来源	备注	图片
蟠螭纹簠 M70:3	18.9	29.2	21.7				ZBg V式	六期早段	无	《考古》2017.5	2004~2009年襄阳团山镇余岗村沈岗M70出土	
波曲纹簠	15	32	20				ZBg I式	四期晚段	无	《文物》2014.8	2007年湖北谷城城关镇邱家楼出土	
波曲纹簠	18.6	30.2	23.5				ZBg I式	四期晚段	无	《谷城文物精粹》，文物出版社，2012	湖北谷城石花镇下新店墓地出土	
卷龙纹簠 M22:4	18.8	29.2	22.7			4405	ZBa II式	四期中段	无	《江汉考古》2016.5	2014~2015年湖北枣阳郭家庙曹门湾M22出土，底径长17.6，宽12.4厘米	

续表

器名	通高/厘米	口长/厘米	口宽/厘米	腹深/厘米	容量/毫升	重量/克	类型	分期	铭文	资料来源	备注
卷龙纹簠 M22:5	19.2	29.6	22.8			4700	乙Ba Ⅱ式	四期中段	无	《江汉考古》2016.5	2014~2015年湖北枣阳郭家庙曹门湾M22出土，底径长17.6，宽12.2厘米
曾大保簠 M43:3	23.7	31.4	23.5			6040	乙Ba Ⅰ式	四期中段	无	《江汉考古》2016.5	2015~2016年湖北枣阳郭家庙曹门湾M43出土，底径长22，宽15.2厘米
曾大保簠 M43:4	23.2	31.4	23.2			5900	乙Ba Ⅰ式	四期中段	无	《江汉考古》2016.5	2015~2016年湖北枣阳郭家庙曹门湾M43出土，底径长19.2，宽14.8厘米
蟠螭纹簠 M4:8	19.1	29.2	21.5				乙Bg Ⅴ式	六期早段	无	《考古》2008.4	2006年湖北十堰郧县五峰乡肖家河村乔家院M4出土，两件

续表

器名	通高/厘米	口长/厘米	口宽/厘米	腹深/厘米	容量/毫升	重量/克	类型	分期	铭文	资料来源	备注	图片
蟠螭纹簋 M5:8	18.8	29.7	22.2				乙Bg V式	六期早段	无	《考古》2008.4	2006年湖北十堰郧县五峰乡肖家河村乔家院M5出土，两件	
蟠螭纹簋							乙Bg V式	六期早段	无	《考古》2008.4	2006年湖北十堰郧县五峰乡肖家院M6出土，两件	
楚屈子赤目簋	20.3	27.6	20.5				乙Bh Ⅱ式	六期早段	31	《江汉考古》1980.1	1975年湖北随州涢阳乡涢水西岸鲢鱼咀出土	
曾子原彝簋	11.3	33	25	6.6			乙Bg V式	六期早段	18	《江汉考古》1980.1	1975年湖北随州涢阳乡涢水西岸鲢鱼咀出土	

续表

器名	通高/厘米	口长/厘米	口宽/厘米	腹深/厘米	容量/毫升	重量/克	类型	分期	铭文	资料来源	备注	图片
蟠螭纹簠	18.2	30.2					乙Bg Ⅲ式	五期中段	无	《考古》1982.2	1975年湖北随州均川乡均水北岸刘家崖出土,四件	
曾侯乙簠 C.122	26.2	31.4	24.1			1340	乙Bg Ⅶ式	七期	7	《曾侯乙墓》,文物出版社,1989	1978年湖北随州擂鼓墩M1出土	
曾侯乙簠 C.123	25.4	31	24			1300	乙Bg Ⅶ式	七期	7	《曾侯乙墓》,文物出版社,1989	1978年湖北随州擂鼓墩M1出土	
曾侯乙簠 C.124	26.6	31.3	24.1			1320	乙Bg Ⅶ式	七期	7	《曾侯乙墓》,文物出版社,1989	1978年湖北随州擂鼓墩M1出土	

续表

器名	通高/厘米	口长/厘米	口宽/厘米	腹深/厘米	容量/毫升	重量/克	类型	分期	铭文	资料来源	备注	图片
曾侯乙簠 C.125	25.9	31.3	24			1350	乙Bg Ⅷ式	七期	7	《曾侯乙墓》，文物出版社，1989	1978年湖北随州擂鼓墩M1出土	
陈公子仲庆簠	19.3	30	23.5				乙Ba Ⅳ式	五期早段	25	《文物》1980.1	1979年湖北随州城郊季氏梁出土，底径长14.5，宽9厘米	
曾郁尹定簠	27	20.4	13.3				乙Bg Ⅳ式	五期晚段	7	《江汉考古》1990.1	1988年随州安居镇徐家咀村王家湾出土，两件	
盛君縈簠 M2∶49	25.8	30.4	22.4			9500	乙Bg Ⅷ式	八期早段	6	《随州擂鼓墩二号墓》，文物出版社，2008	1981年湖北随州擂鼓墩M2出土	

续表

器名	通高/厘米	口长/厘米	口宽/厘米	腹深/厘米	容量/毫升	重量/克	类型	分期	铭文	资料来源	备注	图片
蟠螭纹簠 M2：48	24.5	27.8	20.3			6400	乙Bg Ⅷ式	八期早段	无	《随州擂鼓墩二号墓》，文物出版社，2008	1981年湖北随州擂鼓墩M2出土	
蟠螭纹簠 M2：50	24.4	27.3	20.5			5600	乙Bg Ⅷ式	八期早段	无	《随州擂鼓墩二号墓》，文物出版社，2008	1981年湖北随州擂鼓墩M2出土	
蟠螭纹簠 M2：51	24	27.8	20			6200	乙Bg Ⅷ式	八期早段	无	《随州擂鼓墩二号墓》，文物出版社，2008	1981年湖北随州擂鼓墩M2出土	
黄仲酉簠 M1：8	14.6	19.2	13.5			1941	乙Bg Ⅴ式	六期早段	9	《文物》2008.2	1994年湖北随州市东城区义地岗M1出土，底径长17.2，宽12厘米	

续表

器名	通高/厘米	口长/厘米	口宽/厘米	腹深/厘米	容量/毫升	重量/克	类型	分期	铭文	资料来源	备注	图片
可簠M2:7	12	19.6	13.2	3.8		1438	乙Bg Ⅳ式	五期晚段	4	《文物》2008.2	1994年湖北随州市东城区义地岗M2出土	
曾公子去疾簠M6:13	22	27.7	20.5			4950	乙Bg Ⅴ式	六期早段	8	《江汉考古》2012.3	2011年湖北随州市东城区义地岗M6出土，底径长25.8，宽18.8厘米，两件	
蟠螭纹簠							乙Bg Ⅵ式	六期晚段		《考古》2014.7	2012~2013年湖北随州市东城区文峰塔M18，两件	
曾孙卲簠M21:5									6	《考古》2014.7	2012~2013年湖北随州市东城区文峰塔M21	

续表

器名	通高/厘米	口长/厘米	口宽/厘米	腹深/厘米	容量/毫升	重量/克	类型	分期	铭文	资料来源	备注
蟠螭纹簠							乙Bg Ⅵ式	六期晚段		《考古》2014.7	2012~2013年湖北随州市东城区文峰塔M29，两件
曾大司马伯岜簠 M32:6									9	《考古》2014.7	2012~2013年湖北随州市东城区文峰塔M32
嫚簠 M33:16							乙Bg Ⅵ式	六期晚段	4	《考古》2014.7	2012~2013年湖北随州市东城区文峰塔M33，两件
曾孙裦簠 M38:7									6	《考古》2014.7	2012~2013年湖北随州市东城区文峰塔M38

续表

器名	通高/厘米	口长/厘米	口宽/厘米	腹深/厘米	容量/毫升	重量/克	类型	分期	铭文	资料来源	备注	图片
曾工差臣簠 M46:3									7	《考古》2014.7	2012~2013年湖北随州市东城区文峰塔M46出土	
孟芈玄簠 M52:3									6	《考古》2014.7	2012~2013年湖北随州市东城区文峰塔M52出土	
甬巨簠 M53:3									5	《考古》2014.7	2012~2013年湖北随州市东城区文峰塔M53出土	
几何纹簠 M2:169	17.4	27.8	18.2			3800	乙Bg Ⅸ式	八期晚段	无	《包山楚墓》，文物出版社，1991	1986~1987年湖北荆门十里铺镇王场村包山M2出土，两件	

续表

器名	通高/厘米	口长/厘米	口宽/厘米	腹深/厘米	容量/毫升	重量/克	类型	分期	铭文	资料来源	备注	图片
考叔㝬父簠	21.2	28.8	21.6				乙Bg Ⅲ式	五期中段	30	《文物》1972.3	1969年湖北枝江百里洲镇王家岗出土	
考叔㝬父簠	21.2	28.8	21.6				乙Bg Ⅲ式	五期中段	30	《文物》1972.3	1969年湖北枝江百里洲镇王家岗出土	
蟠螭纹簠 M14:7	18	30.5	22.8				乙Bg Ⅴ式	六期早段	无	《文物》1989.3	1985年湖北枝江姚家港镇姚家港村高山庙M14出土，两件	
王孙霬簠 K:3	23	29.1	22.6				乙Bg Ⅷ式	七期	8	《考古学报》1988.4	1975年湖北当阳县河溶镇曹家岗M5出土，两件	

续表

器名	通高/厘米	口长/厘米	口宽/厘米	腹深/厘米	容量/毫升	重量/克	类型	分期	铭文	资料来源	备注	图片
蟠螭纹簋	20.8	29.2	22.4				乙Bg V式	六期早段	无	《考古》1966.3	1960年湖北松滋县西斋大岩嘴采集	
鄀伯受簋	18	30.5	23.4				乙Be II式	五期中段	26	《文物》1982.10	1973年湖北江陵草市镇岳山村出土，底径长24.2、宽19.1厘米	
蟠螭纹簋 M1∶D106	10.3	28.7	20.5				乙Bg VIII式	八期早段	无	《文物》2017.2	2013～2015年荆州川店镇望山村望山桥M1出土	
蟠螭纹簋 王采∶4	17	29.5	24.5				乙Be II式	五期中段	无	《江汉考古》1990.2	湖北安陆王家山采集	

续表

器名	通高/厘米	口长/厘米	口宽/厘米	腹深/厘米	容量/毫升	重量/克	类型	分期	铭文	资料来源	备注	图片
素面簠 死采:4	20	30	23			3500			无	《江汉考古》1990.2	湖北安陆死土岗采集	
蟠螭纹簠 XM:4	22	33	24.8				乙Bg Ⅵ式	六期晚段	无	《考古》1998.4	1990年湖北十堰郧县五峰乡肖家河村XM出土	
蟠螭纹簠 XM:5	22	30.4	23.2				乙Bg Ⅵ式	六期晚段	19	《考古》1998.4	1990年湖北十堰郧县五峰乡肖家河村XM出土	
许公买簠	22	31.2	23.5				乙Bg Ⅵ式	六期晚段	19	《中原文物》2004.1	1976年湖北黄冈市黄州区韦家凉亭村禹王城出土	

续表

器名	通高/厘米	口长/厘米	口宽/厘米	腹深/厘米	容量/毫升	重量/克	类型	分期	铭文	资料来源	备注	图片
蟠螭纹簠	18.6	29.4	22				乙Bg V式	六期早段	无	《考古》2000.5	1992~1995年湖北麻城市宋埠镇李家湾M1出土	
蟠螭纹簠							乙Bg V式	六期早段	无	《考古》2000.5	1992~1995年湖北麻城市宋埠镇李家湾M70出土	
蟠螭纹簠							乙Bg V式	六期早段	无	《考古》2000.5	1992~1995年湖北麻城市宋埠镇李家湾M78出土	
凤纹簠	33.4	33	23.4				乙Bh Ⅲ式	八期晚段	无	《考古》2003.6	2002年湖北枣阳九连墩M1出土	

续表

器名	通高/厘米	口长/厘米	口宽/厘米	腹深/厘米	容量/毫升	重量/克	类型	分期	铭文	资料来源	备注	图片
蟠螭纹簠 M1:4	18.5	29	21				乙Bg Ⅳ式	五期晚段	无	《文物》1993.1	1986年湖南岳阳筻口镇连塘村凤形嘴山M1出土	
蟠螭纹簠 M1:6	19.2	31	22.6				乙Bg Ⅳ式	五期晚段	无	《湖南省博物馆刊》5	1993年湖南汨罗市城关镇高泉山M1出土，两件	
三角云纹簠 M183:19	22	26.5	20				乙Bg Ⅸ式	八期晚段	无	《益阳楚墓》，文物出版社，2008	1985年湖南益阳陆贾山热电厂M183出土	
龙纹簠	17.3	28.8	22.3				乙Ba Ⅲ式	四期晚段	无	《建国60周年安徽重要考古成果展专辑图录》，文物出版社，2014	1984年安徽利辛县张村镇管台子庄出土	

续表

器名	通高/厘米	口长/厘米	口宽/厘米	腹深/厘米	容量/毫升	重量/克	类型	分期	铭文	资料来源	备注	图片
卷龙纹簠							乙Ab Ⅲ式	四期早段	无	《考古》1995.1	1989年安徽蒙城县小涧区郭店乡狼山村出土	
钟离君柏簠 M1:376	20.8	32.7	25.6				乙Bg Ⅳ式	五期晚段	19	《钟离君柏墓》，文物出版社，2013	2006~2008年安徽蚌埠市淮上区小蚌埠镇双墩村M1出土，底径长30.8，宽22.9厘米	
钟离君柏簠 M1:377	20.5	33.1	25.9				乙Bg Ⅳ式	五期晚段	19	《钟离君柏墓》，文物出版社，2013	2006~2008年安徽蚌埠市淮上区小蚌埠镇双墩村M1出土，底径长30.7，宽22.8厘米	
柏之簠 M1:432	19.3	29.5	20				乙Bg Ⅳ式	五期晚段	3	《钟离君柏墓》，文物出版社，2013	2006~2008年安徽蚌埠市淮上区小蚌埠镇双墩村M1出土，底径长26.8，宽19.2厘米	

续表

器名	通高/厘米	口长/厘米	口宽/厘米	腹深/厘米	容量/毫升	重量/克	类型	分期	铭文	资料来源	备注	图片
蟠螭纹簠 M1:433	19.2	29.4	20.1				乙Bg Ⅳ式	五期晚段	无	《钟离君柏墓》，文物出版社，2013	2006~2008年安徽蚌埠市淮上区小蚌埠镇双墩村M1出土，底径长26.9、宽20厘米	
蟠螭纹簠 M1:22	18.6	29	20				乙Bg Ⅳ式	五期晚段	无	《文物》2009.8	2007年安徽凤阳板桥镇古城村下庄M1出土	
大府簠	10.1	32	21.6				乙Bi Ⅲ式	九期	4	《集成》4476	1933年安徽寿县朱家集李三孤堆出土，现藏安徽省博物院	
铸客簠甲	12.5	31.5	21.5				乙Bi Ⅲ式	九期	9	《集成》4506	1933年安徽寿县朱家集李三孤堆出土，现藏天津市博物馆	

续表

器名	通高/厘米	口长/厘米	口宽/厘米	腹深/厘米	容量/毫升	重量/克	类型	分期	铭文	资料来源	备注	图片
铸客簠乙	12.6	31.6	21.6	7.8			乙Bi Ⅲ式	九期	9	《集成》4507	1933年安徽寿县朱家集李三孤堆出土，现藏天津博物馆	
铸客簠丙	25	31.7	21.6			9200	乙Bi Ⅲ式	九期	9	《集成》4508	1933年安徽寿县朱家集李三孤堆出土，现藏安徽省博物院	
铸客簠丁	12	31.3	21.5				乙Bi Ⅲ式	九期	9	《小校》9.2.3 《集成》4509	1933年安徽寿县朱家集李三孤堆出土，现藏安徽省博物院	
铸客簠戊							乙Bi Ⅲ式	九期	9	《小校》9.3.1 《集成》4510	1933年安徽寿县朱家集李三孤堆出土，现藏安徽省博物院	

续表

器名	通高/厘米	口长/厘米	口宽/厘米	腹深/厘米	容量/毫升	重量/克	类型	分期	铭文	资料来源	备注	图片
铸客簠己	12.5	31.6	21.7				乙Bi Ⅲ式	九期	9	《缀遗》171.1-2 《集成》4511	1933年安徽寿县朱家集李三孤堆出土，现藏故宫博物院	
铸客簠庚							乙Bi Ⅲ式	九期	9	《缀遗》172.1-2 《集成》4512	1933年安徽寿县朱家集李三孤堆出土	
铸客簠辛	12.4	31.6	22.3				乙Bi Ⅲ式	九期	9	《夏商周》605 《集成》4513	1933年安徽寿县朱家集李三孤堆出土，现藏上海博物馆	
铸客簠壬	12.5	31.6	21.8				乙Bi Ⅲ式	九期	9	《南京大学文物珍品图录》，科学出版社，2002	1933年安徽寿县朱家集李三孤堆出土，现藏南京大学考古与艺术博物馆	

附　表　·579·

续表

器名	通高/厘米	口长/厘米	口宽/厘米	腹深/厘米	容量/毫升	重量/克	类型	分期	铭文	资料来源	备注	图片
楚王酓肯簠甲	11.7	31.8	21.7			5080	乙Bi Ⅲ式	九期	14	《小校》9.7.3 《集成》04549	1933年安徽寿县朱家集李三孤堆出土，现藏故宫博物院	
楚王酓肯簠乙	11.8	32.4	21.6			5260	乙Bi Ⅲ式	九期	13	《小校》9.7.4 《集成》04550	1933年安徽寿县朱家集李三孤堆出土，现藏故宫博物院	
楚王酓肯簠丙	12	31.9	21.7			5000	乙Bi Ⅲ式	九期	13	《小校》9.7.5 《集成》04551	1933年安徽寿县朱家集李三孤堆出土，现藏故宫博物院	
蔡侯申簠11.1	23.5	31	24.3	6.5		9150	乙Bg Ⅵ式	六期晚段	6	寿县蔡侯墓出土	1955年安徽寿县西门蔡侯墓出土，四件	

续表

器名	通高/厘米	口长/厘米	口宽/厘米	腹深/厘米	容量/毫升	重量/克	类型	分期	铭文	资料来源	备注	图片
蟠螭纹簠	23.6	30	23.4				乙Bg Ⅵ式	六期晚段	无	《考古学报》1982.2	1980年安徽舒城县孔集乡九里墩村出土，两件	
蟠螭纹簠 M33:19	21.5	30.4	22.8				乙Bg Ⅵ式	六期晚段	无	《宣汉罗家坝》，文物出版社，2015	1999~2007年四川宣汉普光镇进化村罗家坝M33出土	
蟠螭纹簠 M124:6	19.4	29.2	21.8				乙Bg Ⅴ式	六期早段	无	《华夏考古》2015.3	2005年河南南阳市华鑫苑小区M124出土	
蟠螭纹簠 M124:7	20.2	30.3	22.5				乙Bg Ⅴ式	六期早段	无	《华夏考古》2015.3	2005年河南南阳市华鑫苑小区M124出土	

附表五　引用历代金石学书目简称表

简称	全称	简称	全称
考古	《考古图》	博古	《博古图》
薛氏	《历代钟鼎彝器款识法帖》	啸堂	《啸堂集古录》
钟鼎	《钟鼎款识》	西清	《西清古鉴》
西甲	《西清续鉴甲编》	西乙	《西清续鉴乙编》
宁寿	《宁寿鉴古》	长安	《长安获古编》
金石	《金石索》	二百	《二百兰亭斋收藏金石记》
两罍	《两罍轩彝器图释》	攀古	《攀古楼彝器款识》
恒轩	《恒轩所见所藏吉金录》	陶斋	《陶斋吉金录》
陶续	《陶斋吉金续录》	山左	《山左金石志》
积古	《积古斋钟鼎彝器款识》	从古	《从古堂款识学》
筠清	《筠清馆金文》	簠斋	《簠斋吉金录》
捃古	《捃古录金文》	愙斋	《愙斋集古录》
敬吾	《敬吾心室彝器款识》	古文	《古文审》
奇觚	《奇觚室吉金文述》	缀遗	《缀遗斋彝器考释》
鬱华阁	《鬱华阁金文》	梦坡	《梦坡室获古丛编》
澂秋	《澂秋馆吉金图》	宝蕴	《宝蕴楼彝器图录》
武英	《武英殿彝器图录》	颂斋	《颂斋吉金录》
颂续	《颂斋吉金续录》	海外吉	《海外吉金图录》
善斋图	《善斋彝器图录》	双剑图	《双剑誃吉金图录》
十二	《十二家吉金图录》	梦郼	《梦郼草堂吉金图》
梦郼续	《梦郼草堂吉金图续编》	贞松图	《贞松堂吉金图》
善斋录	《善斋吉金录》	新郑编	《新郑出土古器图志初编》
郑冢	《郑冢古器图考》	新郑图	《新郑古器图录》
新郑	《新郑彝器》	尊古	《尊古斋所见吉金图》
癡庵	《癡庵藏金》	海外铜	《海外中国铜器图录》
冠斝	《冠斝楼吉金图》	周金	《周金文存》
双剑文	《双剑誃吉金文选》	贞松文	《贞松堂集古遗文》
三代	《三代吉金文存》	小校	《小校经阁金石拓本》
陕金志	《陕西金石志》	大系	《两周金文辞大系图录考释》
通考	《商周彝器通考》	断代	《西周铜器断代》
劫掠	《美帝国主义劫掠的我国殷周青铜器集录》	粢盛	《商周青铜粢盛器特展图录》
故宫	《故宫青铜器》	夏商周	《夏商周青铜器研究》
铭影	《新收殷周青铜器铭文暨器影汇编》	铭图	《商周青铜器铭文暨图像集成》
铭续	《商周青铜器铭文暨图像集成续编》	欧菁华	《欧米蒐储支那古铜菁华》

续表

简称	全称	简称	全称
日菁华	《日本蒐储支那古铜菁华》	综览	《殷周青铜器综览》
清赏	《中国青铜器清赏》	泉屋	《泉屋博古—中国古铜器编》
奈良	《奈良国立博物馆藏品图版目录》	弗利尔	《弗利尔藏中国青铜器》
赛克勒	《赛克勒藏东周铜礼器》	玫茵堂	《玫茵堂收藏的青铜礼器》
萃赏	《中国青铜器萃赏》	金铜	《中国夏商周三代金铜器》
流散	《流散欧美殷周有铭青铜器集录》	集成	《殷周金文集成》

参考文献

一、古代文献

（汉）许慎.说文解字［M］.北京：中华书局，2004.

（汉）毛亨，（汉）郑玄，（唐）孔颖达.毛诗正义［M］.北京：北京大学出版社，1999.

（汉）郑玄，（唐）贾公彦.仪礼注疏［M］.北京：北京大学出版社，1999.

（汉）郑玄，（唐）孔颖达.礼记正义［M］.北京：北京大学出版社，1999.

（汉）郑玄，（唐）贾公彦.周礼注疏［M］.北京：北京大学出版社，1999.

（晋）杜预，（唐）孔颖达.春秋左传正义［M］.北京：北京大学出版社，1999.

（汉）何休，（唐）徐彦.春秋公羊传注疏［M］.北京：北京大学出版社，1999.

（晋）范宁，（唐）杨士勋.春秋谷梁传注疏［M］.北京：北京大学出版社，1999.

（三国）何晏，（宋）邢昺.论语注疏［M］.北京：北京大学出版社，1999.

（唐）李隆基，（宋）邢昺.孝经注疏［M］.北京：北京大学出版社，1999.

（春秋）左丘明，（三国）韦昭.国语［M］.上海：上海古籍出版社，1998.

（汉）刘向.战国策［M］.上海：上海古籍出版社，1985.

（汉）司马迁.史记［M］.北京：中华书局，1982.

（宋）王应麟.玉海［M］.扬州：广陵书社，2016.

（宋）王应麟.困学纪闻［M］.上海：上海古籍出版社，2015.

（宋）翟耆年.籀史［M］.北京：中华书局，1985.

（宋）晁公武.郡斋读书志［M］.扬州：广陵书社，1987.

（宋）欧阳忞.舆地广记［M］.成都：四川大学出版社，2003.

（清）纪昀.四库全书总目提要［M］.石家庄：河北人民出版社，2000.

（清）孙希旦.礼记集解［M］.北京：中华书局，1989.

（清）孙诒让.周礼正义［M］.北京：中华书局，2008.

（清）胡培翚.仪礼正义［M］.南京：江苏古籍出版社，1993.

（清）钱曾.读书敏求记［M］.北京：书目文献出版社，1984.

（清）崔述.崔东壁遗书［M］.上海：上海古籍出版社，1983.

杨伯峻.春秋左传注［M］.北京：中华书局，1981.

二、器物著录

1. 中华人民共和国成立之前

（宋）吕大临. 考古图［M］. 四库全书文渊阁书录钱曾影钞宋刻本, 清乾隆四十六年（1781）.

（宋）吕大临. 考古图释文［M］. 四库全书文渊阁书录钱曾影钞宋刻本, 清乾隆四十六年（1781）.

（宋）王黼. 博古图［M］. 吴万化宝古堂刻本, 明万历二十八年（1600）.

（宋）薛尚功. 历代钟鼎彝器款识法帖［M］. 朱谋垔刻本, 明崇祯六年（1633）.

（宋）王俅. 啸堂集古录［M］. 涵芬楼本, 民国十一年（1922）.

（宋）王厚之. 钟鼎款识［M］. 阮元积古斋藏宋拓摹刻木本, 清嘉庆七年（1802）.

（宋）欧阳修. 集古录［M］. 四库全书文渊阁本, 清乾隆四十六年（1781）.

（宋）赵明诚. 金石录［M］. 四库全书文渊阁本, 清乾隆四十六年（1781）.

（宋）黄伯思. 东观余论［M］. 温陵庄夏刻本, 南宋嘉定三年（1210）.

（宋）董逌. 广川书跋［M］. 南林张氏适园丛书本, 民国四年（1915）.

（宋）张抡. 绍兴内府古器评［M］. 毛晋汲古阁刻本, 明崇祯年间.

（清）高宗敕编. 西清古鉴［M］. 武英殿内府刻本, 清乾隆二十年（1755）.

（清）高宗敕编. 西清续鉴甲编［M］. 涵芬楼石印宁寿宫写本, 清宣统三年（1911）.

（清）高宗敕编. 西清续鉴乙编［M］. 北平古物陈列所依宝蕴楼钞本石印本, 民国二十年（1931）.

（清）高宗敕编. 宁寿鉴古［M］. 涵芬楼依宁寿宫写本石印本, 民国二年（1913）.

（清）刘喜海. 长安获古编［M］. 刘鹗补刻标题本影印, 清光绪三十一年（1905）.

（清）刘喜海. 嘉荫簃藏器目［M］. 灵鹣阁丛书本, 清光绪二十三年（1897）.

（清）冯云鹏, 冯云鹓. 金石索［M］. 木刻本, 清道光七年（1827）.

（清）吴云. 二百兰亭斋收藏金石记［M］. 吴让之写刻本影印, 清咸丰六年（1856）.

（清）吴云. 两罍轩彝器图释［M］. 自刻木本, 清同治十一年（1872）.

（清）吴云. 两罍轩藏器目［M］. 灵鹣阁丛书本, 清光绪二十一年（1895）.

（清）潘祖荫. 攀古楼彝器款识［M］. 滂喜斋木刻本, 清同治十一年（1872）.

（清）吴大澂.恒轩所见所藏吉金录［M］.自刻木本，清光绪十一年（1885）.

（清）吴大澂.愙斋集古录［M］.涵芬楼石印本，民国七年（1918）.

（清）吴大澂.愙斋藏器目［M］.灵鹣阁丛书本，清光绪二十二年（1896）.

（清）吴大澂.说文古籀补［M］.增辑本，清光绪二十四年（1898）.

（清）端方.陶斋吉金录［M］.石印本，清光绪三十四年（1908）.

（清）端方.陶斋吉金续录［M］.石印本，清宣统元年（1909）.

（清）周庆云.梦坡室获古丛编［M］.石印本，民国十六年（1927）.

（清）陈承裘.澂秋馆吉金图［M］.北平涵芬楼影印本，民国二十年（1931）.

（清）毕沅，（清）阮元.山左金石志［M］.仪征阮氏小琅嬛仙馆刻本，清嘉庆二年（1979）.

（清）阮元.积古斋钟鼎彝器款识［M］.文选楼自刻本，清嘉庆九年（1804）.

（清）阮元.积古斋藏器目［M］.灵鹣阁丛书本，清光绪二十一年（1895）.

（清）徐同柏.从古堂款识学［M］.同文书局石印本，清光绪十二年（1886）.

（清）吴式芬.攈古录金文［M］.吴氏家刻本，清光绪二十一年（1895）.

（清）吴式芬.双虞壶斋藏器目［M］.灵鹣阁丛书本，清光绪二十三年（1897）.

（清）吴荣光.筠清馆金文［M］.南海吴氏筠清馆自刻本，清道光二十二年（1842）.

（清）顾沅.艺海楼金石文字［M］.震亚书局石印本，民国十年（1921）.

（清）陈介祺.簠斋吉金录［M］.风雨楼石印本，民国七年（1918）.

（清）陈介祺.陈簠斋写东武刘氏款识［M］.商务印书馆影印手稿本，民国八年（1919）.

（清）陈介祺.簠斋藏古目［M］.潍县陈文会存泽堂石印手稿本，民国十四年（1925）.

（清）陈介祺.簠斋藏古册目并题记［M］.广仓学宭铅字本，民国九年（1920）.

（清）陈介祺.簠斋藏器目［M］.灵鹣阁丛书本，清光绪二十二年（1896）.

（清）陈介祺，陈继揆.簠斋金文题识［M］.北京：文物出版社，2005.

（清）鲍鼎.愙斋集古录校勘记［M］.蝉隐庐石印本，民国二十二年（1933）.

（清）鲍鼎.抱残守缺斋藏器目［M］.蝉隐庐石印本，民国二十二年（1933）.

（清）朱善旂.敬吾心室彝器款识［M］.石印本，清光绪三十四年（1908）.

（清）刘心源.古文审［M］.嘉鱼刘氏龙江楼刻本，清光绪十七年（1891）.

（清）刘心源.奇觚室吉金文述［M］.石印本，清光绪二十八年（1902）.

（清）方濬益.缀遗斋彝器考释［M］.涵芬楼石印本，民国二十四年（1935）.

（清）盛昱.鬱华阁金文［M］.北京大学图书馆藏原拓本.

（清）叶奕苞.金石补录［M］.朱记荣槐庐家塾刻本，清光绪十三年（1887）.

（清）叶奕苞.金石补录续跋［M］.朱记荣槐庐家塾刻本，清光绪十三年

（1887）．

（清）张廷济.清仪阁金石题识［M］.观自得斋刻本，清光绪二十年（1894）．

（清）张廷济.张叔未写清仪阁集古款识［M］.商务印书馆影印手稿本，民国八年（1919）．

（清）孙诒让.古籀拾遗［M］.上海扫叶山房石印本影印，民国七年（1918）．

（清）孙诒让.古籀余论［M］.燕京大学国学研究所校刻本，民国十八年（1929）．

（清）陈庆镛.籀经堂钟鼎考释题跋［M］.西泠印社聚珍版辑籀经堂类稿本，民国十年（1921）．

（清）梁章锯.退庵金石书画跋［M］.自刻本，清道光二十五年（1845）．

（清）何绍基.东洲草堂金石跋［M］.西泠印社聚珍版辑东洲草堂文抄本，民国五年（1916）．

（清）方朔.枕经堂金石跋［M］.西泠印社聚珍版，民国十年（1921）．

（清）陆增祥.八琼室金石札记［M］.吴兴刘承乾希古楼刻本，民国十四年（1925）．

（清）翁大年.陶斋金石文字跋尾［M］.雪堂丛刻本，民国四年（1915）．

（清）张之洞.广雅堂论金石札［M］.南皮张氏刻本，民国二十二年（1933）．

（清）柯昌济.韡华阁集古录跋尾［M］.余园丛刻本，民国二十四年（1935）．

（清）郑业斅.独笑斋金石文考［M］.郑沅手写石印本，民国十八年（1929）．

（清）胡琨.长安获古编［M］.瑞然陈氏校刻本，民国二十二年（1933）．

（清）孙汝梅.读雪斋金文目手稿［M］.影印手稿本，民国十六年（1927）．

（清）丁彦臣.梅花草盦藏器目［M］.灵鹣阁丛书本，清光绪二十一年（1895）．

（清）王锡棨.选青阁藏器目［M］.灵鹣阁丛书本，清光绪二十三年（1897）．

（清）李璋煜.爱吾鼎斋藏器目［M］.灵鹣阁丛书本，清光绪二十三年（1897）．

（清）丁佛言.说文古籀补补［M］.写印本，民国十三年（1924）．

（清）强运开.说文古籀三补［M］.商务印书馆石印本，民国二十四年（1935）．

（清）林义光.文源［M］.写印本，民国九年（1920）．

容庚.宝蕴楼彝器图录［M］.京华印书局影印本，民国十八年（1929）．

容庚.武英殿彝器图录［M］.哈佛燕京学社影印本，民国二十三年（1934）．

容庚.颂斋吉金录［M］.考古学社影印本，民国二十二年（1933）．

容庚.颂斋吉金续录［M］.考古学社影印本，民国二十二年（1933）．

容庚.善斋彝器图录［M］.哈佛燕京学社珂罗版影印本，民国二十五年（1936）．

容庚.海外吉金图录［M］.燕京大学考古学社影印本，民国二十四年（1935）．

于省吾.双剑誃吉金图录［M］.北平琉璃厂来熏阁影印本，民国二十三年（1934）．

于省吾. 双剑誃吉金文选［M］. 北平大业印刷局石印本，民国二十二年（1933）.

商承祚. 十二家吉金图录［M］. 金陵大学中国文化研究所影印本，民国二十四年（1935）.

伦敦中国艺术国际展览会筹备委员会. 参加伦敦中国艺术国际展览会出品图说［M］. 商务印书馆铅字本，民国二十五年（1936）.

罗振玉. 梦郼草堂吉金图［M］. 上虞罗氏珂罗版影印本，民国六年（1917）.

罗振玉. 梦郼草堂吉金图续编［M］. 上虞罗氏珂罗版影印本，民国七年（1918）.

罗振玉. 贞松堂吉金图［M］. 墨缘堂影印本，民国二十四年（1935）.

罗振玉. 贞松堂集古遗文［M］. 石印本，民国二十年（1931）.

罗振玉. 贞松堂集古遗文补遗［M］. 宝熙书嵩石印本，民国二十年（1931）.

罗振玉. 贞松堂集古遗文续编［M］. 蟫隐庐石印本，民国二十三年（1934）.

罗振玉. 三代吉金文存［M］. 影印本，民国二十六年（1937）.

罗振玉. 唐风楼金石文字跋尾［M］. 铅字本，清光绪三十三年（1907）.

罗振玉. 雪堂金石文字跋尾［M］. 上虞罗氏贻安堂永丰乡人稿丙集影印本，民国九年（1920）.

刘体智. 善斋吉金录［M］. 石印本，民国二十三年（1934）.

刘体智. 小校经阁金石拓本［M］. 石印本，民国二十四年（1935）.

曾毅公. 山东金文集存［M］. 齐鲁大学国学研究所影印本，民国二十九年（1940）.

邹安. 周金文存［M］. 仓圣明智大学石印本，民国五年（1916）.

吴闿生. 吉金文录［M］. 南宫邢氏刻本，民国二十一年（1932）.

靳云鹗. 新郑出土古器图志［M］. 影印本，民国十二年（1923）.

关百益. 郑冢古器图考［M］. 中华书局印本，民国十九年（1930）.

关百益. 新郑古器图录［M］. 上海涵芬楼影印本，民国十八年（1929）.

孙海波. 新郑彝器［M］. 河南通志馆印本，民国二十七年（1938）.

黄濬. 尊古斋所见吉金图［M］. 尊古斋珂罗版影印本，民国二十五年（1936）.

李泰棻. 癡庵藏金［M］. 影印本，民国二十九年（1940）.

陈梦家. 海外中国铜器图录［M］. 国立北平图书馆影印本，民国三十五年（1946）.

〔日〕梅原末治. 冠斝楼吉金图［M］. 珂罗版影印本，日本昭和二十二年（1947）.

陕西通志馆. 陕西金石志［M］. 陕西通志单行铅字本，民国二十三年（1934）.

安徽通志馆. 金石古物考稿［M］. 安徽通志馆石印本，民国三十六年（1947）.

王国维. 宋代金文著录表［M］. 北京：北京图书馆出版社，2003.

2. 中华人民共和国成立之后

中国科学院考古研究所.美帝国主义劫掠的我国殷周铜器集录［M］.北京：科学出版社，1962.

马承源.上海博物馆藏青铜器［M］.上海：上海人民美术出版社，1964.

［澳］巴纳，张光裕.中日欧美澳纽所见所拓所摹金文汇编［M］.台北：艺文印书馆，1978.

中国社会科学院考古研究所.殷周金文集成［M］.北京：中华书局，1984.

秦孝仪.海外遗珍（铜器）［M］.台北："故宫博物院"，1985.

陈芳妹.商周青铜粢盛器特展图录［M］.台北："故宫博物院"，1985.

中国青铜器全集编辑委员会.中国青铜器全集（1-16）［M］.北京：文物出版社，1996.

北京图书馆.北京图书馆藏青铜器全角拓片集［M］.北京：北京图书馆出版社，1997.

广州市文化局.羊城文物珍藏选［M］.广州：广州市文化局，1997.

北京故宫博物院.故宫青铜器［M］.北京：紫禁城出版社，1999.

李学勤.中国青铜器萃赏［M］.新加坡：亚洲文明博物馆，2000.

河南博物院，台北历史博物馆.新郑郑国大墓青铜器［M］.郑州：大象出版社，2001.

保利艺术博物馆.保利藏金（续）——保利艺术博物馆精品选［M］.广州：岭南美术出版社，2001.

山东大学考古学系，山东大学博物馆.山东大学文物精品选［M］.济南：齐鲁书社，2002.

洪银兴，蒋赞初.南京大学文物珍品图录［M］.北京：科学出版社，2002.

河南博物院，台北历史博物馆.辉县琉璃阁甲乙二墓［M］.郑州：大象出版社，2003.

陈佩芬.夏商周青铜器研究［M］.上海：上海古籍出版社，2004.

曹玮.周原出土青铜器［M］.成都：巴蜀书社，2005.

邯郸市文物研究所.邯郸文物精华［M］.北京：文物出版社，2005.

钟柏生，陈昭荣，黄铭崇，等.新收殷周青铜器铭文暨器影汇编［M］.台北：艺文印书馆，2006.

刘冰.赤峰博物馆文物典藏［M］.呼和浩特：远方出版社，2006.

枣庄市政协台港澳侨民族宗教委员会，枣庄市博物馆.小邾国遗珍［M］.北京：中国文史出版社，2006.

湖北省文物考古研究所.曾国青铜器[M].北京：文物出版社，2007.

刘雨，汪涛.流散欧美殷周有铭青铜器集录[M].上海：上海辞书出版社，2007.

旅顺博物馆.旅顺博物馆馆藏文物精粹——青铜器卷[M].北京：文物出版社，2008.

中国社会科学院考古研究所，安阳市文物考古研究所.殷墟新出土青铜器[M].昆明：云南人民出版社，2008.

郑州博物馆.郑州博物馆文物精华[M].郑州：中州古籍出版社，2009.

随州市博物馆.随州出土文物精粹[M].北京：文物出版社，2009.

湖北省文物局.汉丹集萃——南水北调工程湖北库区出土文物图集[M].北京：文物出版社，2009.

河南博物院.中原古代文物之光[M].北京：科学出版社，2011.

山西博物院，湖北省博物馆.荆楚长歌——九连墩楚墓出土文物精华[M].太原：山西人民出版社，2011.

宜城市博物馆.楚风汉韵——宜城地区出土楚汉文物陈列[M].北京：文物出版社，2011.

陕西历史博物馆.新入藏文物精粹[M].西安：三秦出版社，2011.

震荣堂.中国夏商周三代金铜器[M].台北：震荣堂，2011.

运城市文物局.运城市馆藏文物精粹[M].太原：三晋出版社，2012.

周亚.愙斋集古图[M].上海：上海古籍出版社，2012.

吴镇烽.商周青铜器铭文暨图像集成[M].上海：上海古籍出版社，2012.

谷城县博物馆.谷城文物精粹[M].北京：文物出版社，2012.

安徽博物院.安徽文明史陈列[M].北京：文物出版社，2012.

上海博物馆，陕西省考古研究院.金玉华年——陕西韩城出土周代芮国文物珍品[M].上海：上海书画出版社，2012.

南京市博物馆.故都神韵——南京市博物馆文物精粹[M].北京：文物出版社，2013.

广东省博物馆.晋国遗珍——山西出土周代文物展[M].广州：岭南美术出版社，2013.

安徽省文物局，安徽省文物考古研究所.建国60周年安徽重要考古成果展专辑图录[M].北京：文物出版社，2014.

上海博物馆，陕西省考古研究院，宝鸡市文物旅游局.周野鹿鸣——宝鸡石鼓山西周贵族墓出土青铜器[M].上海：上海书画出版社，2014.

中国国家博物馆，湖北省博物馆.江汉汤汤——湖北出土商周文物[M].北京：北京时代华文书局，2015.

湖南省博物馆，首都博物馆.凤舞九天——楚文化特展[M].北京：科学出版社，2015.

宁波市爱城文化发展有限公司.商华周实——宁波市爱城文化发展有限公司藏青铜器，上海：中国中福会出版社，2015.

张天恩.陕西金文集成［M］.西安：三秦出版社，2016.

山东博物馆，滕州市博物馆.惟薛有序，于斯千年——古薛国历史文化展［M］.杭州：浙江人民美术出版社，2016.

吴镇烽.商周青铜器铭文暨图像集成续编［M］.上海：上海古籍出版社，2016.

大唐国际.高古艺术专场（秋季拍卖）［M］.香港：大唐国际艺术品拍卖有限公司，2017.

三、考古报告

安徽省文物管理委员会，安徽省博物馆.寿县蔡侯墓出土遗物［M］.北京：科学出版社，1956.

中国科学院考古研究所.洛阳中州路（西工段）［R］.北京：科学出版社，1959.

中国科学院考古研究所.上村岭虢国墓地［R］.北京：科学出版社，1959.

郭宝钧.山彪镇与琉璃阁［R］.北京：科学出版社，1959.

陕西省博物馆，陕西省文物管理委员会.扶风齐家村青铜器群［R］.北京：文物出版社，1963.

山东省文物考古研究所，山东省博物馆，济宁地区文物组，曲阜县文管会.曲阜鲁国故城［R］.济南：齐鲁书社，1982.

河南省文物研究所.信阳楚墓［R］.北京：文物出版社，1986.

湖北省博物馆.曾侯乙墓［R］.北京：文物出版社，1989.

河南省文物研究所，河南省丹江库区考古发掘队，淅川县博物馆.淅川下寺春秋楚墓［R］.北京：文物出版社，1991.

湖北省荆沙铁路考古队.包山楚墓［R］.北京：文物出版社，1991.

山西省考古研究所.上马墓地［R］.北京：文物出版社，1994.

中国社会科学院考古研究所.陕县东周秦汉墓［R］.北京：科学出版社，1994.

河北省文物研究所.䁥墓——战国中山国国王之墓［R］.北京：文物出版社，1995.

山西省考古研究所，太原市文物管理委员会.太原晋国赵卿墓［R］.北京：文物出版社，1996.

山东省兖石铁路文物考古工作队.临沂凤凰岭东周墓［R］.济南：齐鲁书社，1998.

陕西省考古研究所.陇县店子秦墓［R］.西安：三秦出版社，1998.

咸阳市文物考古研究所.塔尔坡秦墓［R］.西安：三秦出版社，1998.

河南省文物考古研究所，三门峡市文物工作队.三门峡虢国墓［R］.北京：文物出版社，1999.

北京大学考古系商周组、山西省考古研究所.天马—曲村（1980～1989）［R］.北京：科学出版社，2000.

中国社会科学院考古研究所，山西省考古研究所，运城市文物局，等.临猗程村墓地［R］.北京：中国大百科全书出版社，2003.

河南省文物考古研究所.新蔡葛陵楚墓［R］.郑州：大象出版社，2003.

河南省文物考古研究所.固始侯古堆一号墓［R］.郑州：大象出版社，2004.

河南省文物考古研究所，南阳市文物考古研究所，淅川县博物馆.淅川和尚岭与徐家岭楚墓［R］.郑州：大象出版社，2004.

襄樊市考古队，湖北省文物考古研究所，湖北孝襄高速公路考古队.枣阳郭家庙曾国墓地［R］.北京：科学出版社，2005.

河北省文物研究所.战国中山国灵寿城——1975～1993年考古发掘报告［R］.北京：文物出版社，2005.

河北省文物研究所，鹿泉市文物保管所.高庄汉墓［R］.北京：科学出版社，2006.

河南省文物考古研究所.新郑郑国祭祀遗址［R］.郑州：大象出版社，2006.

北京市文物研究所.军都山墓地——玉皇庙［R］.北京：文物出版社，2007.

随州市博物馆.随州擂鼓墩二号墓［R］.北京：文物出版社，2008.

益阳市文物管理处，益阳市博物馆.益阳楚墓［R］.北京：文物出版社，2008.

山西省考古研究所，山西博物院，长治市博物馆.长治分水岭东周墓地［R］.北京：文物出版社，2010.

洛阳市文物工作队.洛阳体育场路西东周墓发掘报告［R］.北京：文物出版社，2011.

襄阳市文物考古研究所.余岗楚墓［R］.北京：科学出版社，2011.

安徽省文物考古研究所，蚌埠市博物馆.钟离君柏墓［R］.北京：文物出版社，2013.

四川省文物考古研究院，达州市文物管理所，宣汉县文物管理所.宣汉罗家坝［R］.北京：文物出版社，2015.

宝鸡市周原博物馆.周原—庄白西周青铜器窖藏考古发掘报告［R］.北京：科学出版社，2016.

四、考古简报

1. 陕西

陕西最近发现的西周铜器[J].文物参考资料,1951(10).

陕西省文物管理委员会.长安普渡村西周墓的发掘[J].考古学报,1957(1).

陕西周原考古队.陕西扶风庄白一号西周青铜器窖藏发掘简报[J].文物,1978(3).

陕西周原考古队.陕西扶风县云塘、庄白二号西周铜器窖藏[J].文物,1978(11).

吴镇烽,朱捷元,尚志儒.陕西永寿、蓝田出土西周青铜器[J].考古,1979(2).

罗西章.扶风出土的商周青铜器[J].考古与文物,1980(4).

周原考古队.周原出土伯公父簠[J].文物,1982(6).

陕西周原扶风文管所.周原西周遗址扶风地区出土几批青铜器[J].考古与文物,1982(2).

曹明檀,尚志儒.陕西凤翔出土的西周青铜器[J].考古与文物,1984(1).

中国社会科学院考古研究所沣西发掘队.长安张家坡西周井叔墓发掘报告[J].考古,1986(1).

陕西省考古研究院,渭南市文物保护考古研究所,韩城市文物旅游局.陕西韩城梁带村遗址M27发掘简报[J].考古与文物,2007(6).

陕西省考古研究所,渭南市文物保护考古研究所,韩城市文物旅游局.陕西韩城梁带村遗址M26发掘简报[J].文物,2008(1).

陕西省考古研究院.陕西韩城市梁带村芮国墓地M28的发掘[J].考古,2009(4).

陕西省考古研究院,宝鸡市考古研究所,宝鸡市渭滨区博物馆.陕西宝鸡石鼓山商周墓地M4发掘简报[J].文物,2016(1).

2. 山西

山西省文物管理委员会.山西长治市分水岭古墓的清理[J].考古学报,1957(1).

山西省文物管理委员会侯马工作站.山西侯马上马村东周墓葬[J].考古,1963(5).

杨福斗.山西万荣庙前村东周墓地调查发掘简讯［J］.考古，1963（5）.

山西省文物管理委员会，山西省考古研究所.山西长治分水岭战国墓第二次发掘［J］.考古，1964（3）.

王轩.山东邹县七家峪村出土的西周铜器［J］.考古，1965（11）.

山西省文物工作委员会晋东南工作组，山西省长治博物馆.长治分水岭269、270号东周墓［J］.考古学报，1974（2）.

山西省考古研究所.山西长子县东周墓［J］.考古学报，1984（4）.

山西省考古研究所，山西省晋东南地区文化局.山西省潞城县潞河战国墓［J］.文物，1986（6）.

赵慧民，李百勤，李春喜.山西临猗县程村两座东周墓［J］.考古，1991（11）.

山西省考古研究所，北京大学考古学系.天马—曲村遗址北赵晋侯墓地第四次发掘［J］.文物，1994（8）.

3. 河北

河北省文物管理处.河北省平山县战国时期中山国墓葬发掘简报［J］.文物，1979（1）.

4. 内蒙古

辽宁省昭乌达盟文物工作站，中国科学院考古研究所东北工作队.宁城县南山根的石椁墓［J］.考古学报，1973（2）.

5. 山东

滕县文化馆.山东滕县出土杞薛铜器［J］.文物，1978（4）.

山东省烟台地区文管组.山东蓬莱县西周墓发掘简报［J］.文物数据丛刊（3）.北京：文物出版社，1980.

滕县博物馆.滕县后荆沟出土不嬰簋等青铜器群［J］.文物，1981（9）.

临朐县文化馆，潍坊地区文物管理委员会.山东临朐发现齐、郯、曾诸国铜器［J］.文物，1983（12）.

程继林，吕继祥.泰安城前村出土鲁侯铭文铜器［J］.文物，1986（4）.

李常松.平邑蔡庄出土一批青铜器［J］.考古，1986（4）.

山东济宁市文物管理局.薛国故城勘查和墓葬发掘报告［J］.考古学报，1991（4）.

山东大学考古系.山东长清县仙人台周代墓地［J］.考古，1998（9）.

昌芳.山东长清石都庄出土周代铜器［J］.文物，2003（4）.

山东大学考古系，淄博市文物局，沂源县文管所.山东沂源县姑子坪周代墓葬

［J］．考古，2003（1）．

泰安市博物馆．山东泰安市龙门口遗址调查［J］．文物，2004（12）．

枣庄市博物馆，枣庄市文物管理办公室．枣庄市东江周代墓葬发掘报告［C］//海岱考古（4）．北京：科学出版社，2011．

枣庄市博物馆，枣庄市文物管理委员会办公室，枣庄市峄城区文广新局．山东枣庄徐楼东周墓发掘简报［J］．文物，2014（1）．

枣庄市博物馆，枣庄市文物管理委员会办公室，峄城区文广新局．枣庄市峄城徐楼东周墓葬发掘报告［C］//海岱考古（7）．北京：科学出版社，2014．

6. 江苏

南京博物院．1959年冬徐州地区考古调查［J］．考古，1960（3）．

吴县文物管理委员会．江苏吴县何山东周墓［J］．文物，1984（5）．

南京市博物馆，六合县文教局．江苏六合程桥东周三号墓［J］．东南文化，1991（1）．

7. 河南

河南郏县发现的古代铜器［J］．文物参考资料，1954（3）．

唐兰．郏县出土的铜器群［J］．文物参考资料，1954（5）．

洛阳博物馆．洛阳庞家沟五座西周墓的清理［J］．文物，1972（10）．

郑杰祥．河南新野发现的曾国铜器［J］．文物，1973（5）．

中国社会科学院考古研究所安阳工作队．1969～1977年殷墟西区墓葬发掘报告［J］．考古学报，1979（1）．

信阳地区文管会，潢川县文化馆．河南潢川县发现黄国和蔡国铜器［J］．文物，1980（1）．

谢宏亮，徐明法．西峡县出土春秋时期青铜器［J］．中原文物，1980（3）．

固始侯古堆一号墓发掘组．河南固始侯古堆一号墓发掘简报［J］．文物，1981（1）．

河南省博物馆，信阳地区文管会，信阳市文化局．河南信阳市平桥春秋墓发掘简报［J］．文物，1981（1）．

淮阳县太昊陵文物保管所．淮阳县发现两件西周铜器［J］．中原文物，1981（2）．

河南省博物馆，淅川县文管会，南阳地区文管会．河南淅川县下寺一号墓发掘简报［J］．考古，1981（2）．

王儒林，崔庆明．南阳市西关出土一批春秋青铜器［J］．中原文物，1982（1）．

淅川县博物馆，南阳地区文物队．淅川县毛坪楚墓发掘简报［J］．中原文物，1982（1）．

郑州市博物馆.尉氏出土一批春秋时期青铜器[J].中原文物，1982（4）.

临汝县文化馆.河南临汝出土一批商周青铜器[J].考古，1985（7）.

杨澍.河南临汝出土西周早期青铜器[J].考古，1985（12）.

河南省周口市博物馆.周口市博物馆藏有铭青铜器[J].考古，1988（8）.

秦永军，韩维龙，杨凤翔.河南商水县出土周代青铜器[J].考古，1989（4）.

中国社会科学院考古研究所安阳工作队.1987年秋安阳梅园庄南地殷墓的发掘[J].考古，1991（2）.

信阳地区文管会，固始县文管会.河南固始万营山春秋墓清理简报[J].考古，1992（3）.

尹俊敏，刘富亭.南阳市博物馆藏两周铭文铜器介绍[J].中原文物，1992（2）.

南阳市文物工作队.南阳市西关三座春秋楚墓发掘简报[J].中原文物，1992（2）.

河南省文物考古研究所，三门峡市文物工作队.上村岭虢国墓地M2006的清理[J].文物，1995（1）.

尹俊敏.南阳市西关出土一批春秋青铜器补记[J].华夏考古，1999（3）.

洛阳市文物工作队.洛阳市613所东周墓[J].文物，1999（8）.

河南省文物考古研究所，三门峡市文物工作队.三门峡虢国墓地M2013的发掘清理[J].文物，2000（12）.

洛阳市文物工作队.洛阳市针织厂东周墓（C1M5269）的清理[J].文物，2001（12）.

河南省文物考古研究所，河南省驻马店市文化局，新蔡县文物保护管理所.河南新蔡平夜君成墓的发掘[J].文物，2002（8）.

洛阳市第二文物工作队.洛阳市纱厂路东周墓（JM32）发掘简报[J].文物，2002（11）.

洛阳市文物工作队.洛阳解放路战国陪葬坑发掘报告[J].考古学报，2002（3）.

河南省文物考古研究所，南阳市文物考古研究所，淅川县博物馆.河南淅川徐家岭一号楚墓发掘简报[J].文物，2004（3）.

中国社会科学院考古研究所安阳工作队.安阳殷墟刘家庄北1046号墓[C]//考古学集刊.北京：文物出版社，2004.

平顶山市文物管理局，叶县文化局.河南叶县旧县四号春秋墓发掘简报[J].文物，2007（9）.

河南省文物管理局南水北调文物保护办公室，南阳市文物考古研究所.河南淅川县徐家岭11号楚墓[J].考古，2008（5）.

安阳市文物考古研究所.河南安阳市王古道村东周墓葬发掘报告[J].华夏考古，2008（1）.

河南省文物考古研究所，三门峡市文物考古研究所.河南三门峡虢国墓地M2008发掘简报［J］.文物，2009（2）.

郑州市文物考古研究院，登封市文物管理局.河南登封告成春秋墓发掘简报［J］.文物，2009（9）.

乔保同，李长周.南阳发现蔡侯申簠［J］.中原文物，2009（2）.

南阳市文物考古研究所.南阳市万家园M181发掘简报［J］.中原文物，2009（1）.

洛阳市文物工作队.洛阳西工区春秋墓发掘简报［J］.文物，2010（8）.

河南省文物考古研究所，平顶山市文物管理局，河南大学历史文化学院.河南平顶山春秋晚期M301发掘简报［J］.文物，2012（4）.

唐新.渠首遗珍——河南淅川博物馆藏楚国青铜器鉴赏［J］.收藏家，2015（10）.

南阳市文物考古研究所，南阳知府衙门博物馆.河南南阳市华鑫苑小区M124发掘简报［J］.华夏考古，2015（3）.

洛阳市文物考古研究院.河南洛阳市西工区西小屯村春秋墓葬［J］.考古，2016（4）.

8. 湖北

湖北省文物管理委员会.湖北松滋县大岩嘴东周土坑墓的清理［J］.考古，1966（3）.

湖北省博物馆.湖北枝江百里洲发现春秋铜器［J］.文物，1972（3）.

随县擂鼓墩一号墓考古发掘队.湖北随县曾侯乙墓发掘简报［J］.文物，1979（7）.

随县博物馆.湖北随县城郊发现春秋墓葬和铜器［J］.文物，1980（1）.

程欣人.随县涢阳出土楚、曾、息青铜器［J］.江汉考古，1980（1）.

随州市博物馆.湖北随县刘家崖发现古代青铜器［J］.江汉考古，1982（2）.

荆州地区博物馆.江陵岳山大队出土一批春秋铜器［J］.文物，1982（10）.

杨权喜.襄阳山湾出土的鄀国和邓国铜器［J］.江汉考古，1983（1）.

湖北省博物馆.襄阳山湾东周墓葬发掘报告［J］.江汉考古，1983（2）.

浠水县博物馆.浠水县出土西周有铭铜盘［J］.江汉考古，1985（1）.

湖北省博物馆.襄阳蔡坡战国墓发掘报告［J］.江汉考古，1985（1）.

湖北省博物馆，随州市博物馆.湖北随县擂鼓墩二号墓发掘简报［J］.文物，1985（1）.

陈千万.谷城新店出土的春秋铜器［J］.江汉考古，1986（3）.

襄樊市博物馆，谷城县文化馆.襄樊市，谷城县馆藏青铜器［J］.文物，1986（4）.

襄樊市博物馆.湖北谷城、枣阳出土周代青铜器［J］.考古，1987（5）.

湖北省博物馆.襄阳山湾出土的东周青铜器[J].江汉考古，1988（1）.

湖北省宜昌地区博物馆.当阳曹家岗5号楚墓[J].考古学报，1988（4）.

湖北省荆沙铁路考古队包山墓地整理小组.荆门市包山楚墓发掘简报[J].文物，1988（5）.

襄樊市博物馆.湖北宜城出土蔡国青铜器[J].考古，1989（11）.

湖北省宜昌地区博物馆.湖北枝江姚家港高山庙两座春秋楚墓[J].文物，1989（3）.

随州市博物馆.湖北随州市安居镇发现春秋曾国墓[J].江汉考古，1990（1）.

安陆市博物馆.安陆发现一批东周时期青铜器[J].江汉考古，1990（2）.

襄樊市博物馆.湖北襄阳团山东周墓[J].考古，1991（9）.

枣阳博物馆.湖北枣阳市博物馆收藏的几件青铜器[J].文物，1994（4）.

郧阳地区博物馆.湖北郧县肖家河春秋楚墓[J].考古，1998（4）.

湖北省文物考古研究所.湖北麻城市李家湾春秋楚墓[J].考古，2000（5）.

吴晓松，洪刚.许公买簠[J].中原文物，2004（1）.

湖北省文物考古研究所，随州市曾都区考古队，随州市博物馆.湖北随州义地岗墓地曾国墓1994年发掘简报[J].文物，2008（2）.

湖北省文物考古研究所，湖北省文物局南水北调办公室.湖北郧县乔家院春秋殉人墓[J].考古，2008（4）.

宜城市博物馆.湖北宜城市母牛山出土一批春秋青铜器[J].考古，2008（9）.

南阳市文物考古研究所.河南南阳春秋楚彭射墓发掘简报[J].文物，2011（3）.

襄阳市文物考古研究所.湖北襄阳沈岗墓底M1022发掘简报[J].文物，2013（7）.

湖北省文物考古研究所，随州市博物馆.湖北随州义地岗曾公子去疾墓发掘简报[J].江汉考古，2012（3）.

李广安.湖北谷城出土许国铜器[J].文物，2014（8）.

湖北省文物考古研究所，随州市博物馆.随州文峰塔M1、M2发掘简报[J].江汉考古，2014（4）.

湖北省文物考古研究所，随州市博物馆.湖北随州市文峰塔东周墓地[J].考古，2014（7）.

湖北省文物考古研究所，湖北荆州文物保护中心，襄阳市文物考古研究所，枣阳市博物馆考古队.湖北枣阳郭家庙墓地曹门湾墓区（2014）M10、M13、M22发掘简报[J].江汉考古，2016（5）.

武汉大学历史学院，湖北省文物考古研究所，湖北荆州文物保护中心，枣阳市博物馆考古队.湖北枣阳郭家庙墓地曹门湾墓区（2015）M43发掘简报[J].江汉考古，2016（5）.

荆州博物馆.湖北荆州望山桥一号楚墓发掘简报[J].文物，2017（2）.

襄阳市文物考古研究所.湖北襄阳市沈岗春秋时期墓葬[J].考古，2017（5）.

9. 湖南

岳阳市文物工作队.湖南省岳阳县凤形嘴山一号墓发掘简报[J].文物，1993（1）.

岳阳市文物考古研究所，汨罗市文物管理处.湖南省汨罗市高泉山一号墓发掘简报[C]//湖南省博物馆馆刊（5）.长沙：岳麓书社，2008.

10. 安徽

鹿俊俏.安徽蒙城出土春秋青铜器[J].考古，1995（1）.

安徽省文物考古研究所，凤阳县文物管理所.安徽凤阳卞庄一号春秋墓发掘简报[J].文物，2009（8）.

安徽省文物工作队.安徽舒城九里墩春秋墓[J].考古学报，1982（2）.

安徽省文物考古研究所，蚌埠市博物馆.春秋钟离君柏墓发掘报告[J].考古学报，2013（2）.

11. 四川

罗家坝遗址考古发掘又获重大发现[J].四川文物，2003（5）.

五、研究著作

王国维.观堂集林[M].海宁王忠悫公遗书初集本，民国十六年（1927）.

罗振玉.居辽乙稿[M].石印本，民国二十年（1931）.

罗振玉.罗雪堂先生全集初编[C].台北：台北文华出版公司，1968.

郭沫若.两周金文辞大系图录考释[M].东京文求堂印本，日本昭和九年（1934）.

郭沫若.郭沫若全集（考古编）[M].北京：科学出版社，2002.

容庚.商周彝器通考[M].北京：哈佛燕京学社，1941.

容庚，张维持.殷周青铜器通论[M].北京：文物出版社，1984.

朱建新.金石学[M].北京：商务印书馆，1955.

马衡.凡将斋金石丛稿[M].北京：中华书局，1977.

郭宝钧.商周铜器群综合研究[M].北京：文物出版社，1981.

杨树达.积微居金文说[M].北京：中华书局，1983.

杨树达.积微居小学述林[M].北京：中华书局，1983.

李学勤. 东周与秦代文明［M］. 北京：文物出版社，1984.

马叙伦. 说文解字六书疏证［M］. 上海：上海书店，1985.

徐旭生. 中国古代的神话传说时代［M］. 北京：文物出版社，1985.

马承源. 中国青铜器［M］. 上海：上海古籍出版社，1988.

于省吾. 甲骨文字释林［M］. 北京：中华书局，1988.

刘雨. 乾隆四鉴综理表［M］. 北京：中华书局，1989.

刘彬徽. 楚系青铜器研究［M］. 武汉：湖北教育出版社，1995.

朱凤瀚. 古代中国青铜器［M］. 天津：南开大学出版社，1995.

朱凤瀚. 中国青铜器综论［M］. 上海：上海古籍出版社，2009.

叶昌炽. 语石、语石异同评［M］. 北京：中华书局，1994.

唐兰. 唐兰先生金文论集［C］. 北京：紫禁城出版社，1995.

李济. 安阳［M］. 石家庄：河北教育出版社，1996.

李济. 李济文集［M］. 上海：上海人民出版社，2006.

王宇信. 近代史学学术成果——考古学［M］. 北京：中国社会科学出版社，1996.

梁启超. 清代学术概论［M］. 上海：上海古籍出版社，1998.

王世民，陈公柔，张长寿. 西周青铜器分期断代研究［M］. 北京：文物出版社，1999.

张光裕. 郭店楚简研究［M］. 台北：台北艺文印书馆，1999.

陈直. 读金日札［M］. 西安：西北大学出版社，2000.

张亚初. 殷周金文集成引得［M］. 北京：中华书局，2001.

高明. 高明论著选集［C］. 北京：科学出版社，2001.

邱光明，邱隆，杨平. 中国科学技术史（度量衡卷）［M］. 北京：科学出版社，2001.

邹衡. 夏商周考古学论文集（第二版）［C］. 北京：科学出版社，2001.

邹衡. 夏商周考古学论文集（续集）［C］. 北京：科学出版社，1998.

李守奎. 楚文字编［M］. 上海：华东师范大学出版社，2002.

张懋镕. 古文字与青铜器论集（第一辑）［C］. 北京：科学出版社，2002.

张懋镕. 古文字与青铜器论集（第二辑）［C］. 北京：科学出版社，2006.

张懋镕. 古文字与青铜器论集（第三辑）［C］. 北京：科学出版社，2010.

张懋镕. 古文字与青铜器论集（第四辑）［C］. 北京：科学出版社，2014.

张懋镕. 古文字与青铜器论集（第五辑）［C］. 北京：科学出版社，2016.

刘钊. 郭店楚简校释［M］. 福州：福建人民出版社，2003.

岑仲勉. 金石论丛［C］. 北京：中华书局，2004.

陈梦家. 西周铜器断代［M］. 北京：中华书局，2004.

陈梦家. 陈梦家学术论文集［C］. 北京：中华书局，2016.

曹玮. 周原遗址与西周铜器研究 [C]. 北京：科学出版社, 2004.

中国社会科学院考古研究所. 中国考古学·两周卷 [M]. 北京：中国社会科学出版社, 2004.

赵瑞民，韩炳华. 晋系青铜器研究——类型学与文化因素分析 [M]. 太原：山西人民出版社, 2005.

卫聚贤. 中国考古学史 [M]. 北京：团结出版社, 2005.

丁山. 古代神话与民族 [M]. 北京：商务印书馆, 2005.

李零. 铄古铸今——考古发现和复古艺术 [M]. 北京：生活·读书·新知三联书店, 2007.

王锷.《礼记》成书考 [M]. 北京：中华书局, 2007.

胡嘉麟. 两周时期青铜簠研究 [D]. 西安：陕西师范大学, 2007.

张涌泉. 敦煌经部文献合集 [M]. 北京：中华书局, 2008.

彭林.《周礼》主体思想与成书年代研究 [M]. 北京：中国人民大学出版社, 2009.

清华大学出土文献研究与保护中心. 清华大学藏战国竹简（壹）[M]. 上海：中西书局, 2010.

清华大学出土文献研究与保护中心. 清华大学藏战国竹简（伍）[M]. 上海：中西书局, 2015.

彭裕商. 春秋青铜器年代综合研究 [M]. 北京：中华书局, 2011.

高崇文. 古礼足征——礼制文化的考古学研究 [M]. 上海：上海古籍出版社, 2015.

韩建业. 原史中国——中国文化圈的形成与发展 [C]. 上海：上海古籍出版社, 2015.

张闻捷. 楚国青铜礼器制度研究 [M]. 厦门：厦门大学出版社, 2015.

张翀. 中国古代青铜器整理与研究（青铜豆卷）[M]. 北京：科学出版社, 2015.

任雪莉. 中国古代青铜器整理与研究（青铜簠卷）[M]. 北京：科学出版社, 2016.

六、研究论文

唐兰. 周王默钟考 [J]. 国立北平故宫博物院年刊, 1936.

高亨. 说铺 [J]. 河南博物馆馆刊, 1936 (5).

陈公柔.《士丧礼》《既夕礼》中所记载的丧葬制度 [J]. 考古学报, 1956 (4).

容庚. 宋代吉金书籍述评 [J]. 学术研究, 1963 (6).

唐兰. 略论西周微史家族窖藏铜器群的重要意义 [J]. 文物, 1978 (3).

俞伟超，高明. 周代用鼎制度研究［J］. 北京大学学报（哲学社会科学版），1978（1、2）.

马承源. 关于翏生盨和者减钟的几点意见［J］. 考古，1979（1）.

沈文倬. 略论礼典的实行和《仪礼》书本的撰作［C］//文史（第十五、十六辑）. 北京：中华书局，1982.

何琳仪，黄锡全. "瑚琏"探源［J］. 史学集刊，1983（1）.

于豪亮. 帛书《周易》［J］. 文物，1984（3）.

杜廼松. 夔纹簠［J］. 故宫博物院院刊，1985（1）.

刘翔. 簠器略说［C］//古文字研究（第13辑）. 北京：中华书局，1986.

吴郁芳. 擂鼓墩二号墓簠铭"盛君縈"小考［J］. 文物，1986（2）.

高应勤. 王孙雹簠及其铭文［J］. 文物，1986（4）.

刘雨. 信阳楚简释文与考释. 信阳楚墓［M］. 北京：文物出版社，1986.

徐少华. 鄀国铜器及其历史地理研究［J］. 江汉考古，1987（3）.

刘彬徽. 上鄀府簠及楚灭鄀问题简论［J］. 中原文物，1988（3）.

裴明相. "弃疾簠"与"析鼎"释略［J］. 中原文物，1989（4）.

张长寿. 论井叔铜器——1983~1986年沣西发掘资料之二［J］. 文物，1990（7）.

王红星，胡雅丽. 由包山二号楚墓看楚系高级贵族墓的用鼎制度——兼论周代鼎制的发展. 包山楚墓［M］. 北京：文物出版社，1991.

龙宇纯. 说簠匜𫊻匪及其相关问题［J］. "中央研究院"历史语言研究所集刊（第六十四本），1993（4）.

袁国华. 郭店楚简文字考释十一则［C］//中国文字（新24期）. 台北：艺文印书馆，1998.

林沄. 周代用鼎制度商榷. 林沄学术文集［C］. 北京：中国大百科全书出版社，1998.

王辉. 从考古与古文字的角度看《仪礼》的成书年代［J］. 传统文化与现代化，1999（1）.

陈芳妹. 晋侯铺——兼论铜铺的出现及其礼制意义［J］. 故宫学术季刊，2000（4）.

周聪俊. 簠簋为黍稷圆器说质疑［J］. 大陆杂志，2000（3）.

任相宏. 郜中簠及郜国姓氏略考［J］. 文物，2003（4）.

许齐平. 许子妆簠考释［J］. 中原文物，2003（4）.

王和.《左传》的成书年代与编纂过程［J］. 中国史研究，2003（4）.

张懋镕. 两周青铜盨研究［J］. 考古学报，2003（1）.

容庚. 宋代吉金书籍述评. 容庚文集［M］. 广州：中山大学出版社，2004.

陈奇猷. 郜中簠当作止（郜）子中簠［J］. 文物，2004（12）.

李学勤. 青铜器中的簠与铺［C］//中国古代文明研究. 上海：华东师范大学出版社，2005.

徐少华. 从叔姜簠析古申国历史与文化的有关问题［J］. 文物，2005（3）.

程学忠. 贵州省博物馆收藏的先秦至汉晋时期青铜器［J］. 考古，2005（2）.

徐少华. 兼国铜器及其历史地理探析［J］. 考古学报，2008（4）.

张婷. 两周青铜簠初步研究［J］. 四川文物，2009（1）.

陕西师范大学中国青铜文化研究中心. 关于扶风红卫村出土"列卣"的思考//周秦文明论丛（第二集）［C］. 西安：三秦出版社，2009.

麦里筱. 簠字构形分析与簠形状之争议［C］//古文字研究（第二十八辑）. 北京：中华书局，2010.

郑清森. 山东泰安出土"商丘叔"簠考［J］. 中国历史文物，2010（6）.

李学勤. 楚国申氏两簠读释［J］. 江汉考古，2010（2）.

耿超. 郘召簠及相关问题初探［J］. 中原文物，2010（3）.

李学勤. 论清华简《楚居》中的古史传说［J］. 中国史研究，2011（1）.

黄锦前. 略论子季嬴诸器的归属问题［J］. 江汉考古，2011（1）.

胡嘉麟. 论东周时期的曾国青铜簠［C］//上海博物馆集刊（第十二期）. 上海：上海书画出版社，2011.

李刚. 盨、簠补释［C］//古文字研究（第二十九辑）. 北京：中华书局，2012.

张闻捷. 周代用鼎制度疏证［J］. 考古学报，2012（2）.

白海燕. 论长子沫臣簠的国别［J］. 中国国家博物馆馆刊，2014（3）.

张娟. 丰伯簠铭文及相关史实考［J］. 中原文物，2014（5）.

朱凤瀚. 关于西周封国君主称谓的几点认识［C］//两周封国论衡——陕西韩城出土芮国文物暨周代封国考古学研究国际学术研讨会论文集. 上海：上海古籍出版社，2014.

田率. 夔膚簠铭文读笺［J］. 古代文明，2014（10）.

李春桃. 夔膚瑚铭文新释［J］. 古代文明，2015（10）.

袁艳玲. 楚式鼎的分类、组合及其礼制涵义［J］. 考古，2015（8）.

李世佳. "楚屈子赤角簠"新研［J］. 考古与文物，2015（4）.

张懋镕，沙忠平. 青铜簠兴起于宝鸡说［J］. 文博，2015（1）.

苏建洲. 论新见楚君酓延尊以及相关的几个问题［C］//出土文献（第六辑）. 上海：中西书局，2015.

赵平安. "盨、铺"再辨［C］//古文字研究（第三十一辑）. 北京：中华书局，2016.

李晶. 铸国史事辨疑［J］. 南方文物，2016（3）.

路国权. 周楚二系：试论东周时期铜簠的分类和谱系［J］. 四川文物，2016（4）.

张闻捷. 东周飤器组铜器研究——兼论周代铜器称名制度的变化［J］. 考古与文

物，2016（3）.

胡嘉麟. 从蔡侯產剑"戡戏"释读看吴越式剑和矛的同源关系［C］//文物研究（第23辑）. 北京：科学出版社，2018.

胡嘉麟. 东周时期的小邾国青铜簠——兼论小邾国墓地的相关问题［C］//东方考古（第14集）. 北京：科学出版社，2018.

七、研究索引

孙稚雏. 金文著录简目［M］. 北京：中华书局，1981.
孙稚雏. 青铜器论文索引［M］. 北京：中华书局，1986.
张懋镕、张仲立. 青铜器论文索引（1983~2001）［M］. 香港：明石馆，2005.
张懋镕. 青铜器论文索引（2002~2006）［M］. 北京：线装书局，2008.

八、外文资料

〔日〕梅原末治. 欧米蒐储支那古铜精华［M］. 大阪：大阪山中商会，日本昭和八年（1933）.

〔日〕梅原末治. 日本蒐储支那古铜精华［M］. 大阪：便利堂，日本昭和三十四年（1959）.

〔日〕林巳奈夫. 殷周青铜器综览［M］. 东京：吉川弘文馆，1989.

泉屋博古馆. 泉屋博古——中国古铜器编［M］. 京都：泉屋博古馆，2002.

樋口隆康，林巳奈夫. 中国青铜器清赏［M］. 京都：日本经济新闻社，2002.

奈良国立博物馆. 奈良国立博物馆藏品图版目录——中国古代青铜器篇［M］. 奈良：奈良国立博物馆，2005.

Krieger, A. "The Typological Concept". *Am Antiq*, 1944.

Pope Alexander, et al. *The Freer Chinaese Bronzes*, Washington, D. C. Smithsonian Institution, 1967-1969.

Sockett, J. R. "Form de Mortillet to Borders: A Century of French Paleolithic Research", In Deniel, G. ed., *Toward a History of Archoeology*, London: Thames and Hudson, 1981.

So, J. F. *Eastern Zhou Ritual Bronzes form the Arthur M. Sackler Collections*. Harry Abrams. Inc, 1995.

Musée des arts asiatiques. *Trēsors de la Chine ancienne: Bronzes Rituels De La Collection Meiyintang*. Musée des arts asiatiques. Guimet, 2013.

后　　记

　　一股寒潮袭来，上海音乐厅门前的银杏叶终于黄了。再过几日便是圣诞节，一年即将过去。想来，到这座城市工作、生活已经有十年。正如林夕所写的"十年之后，只是那种温柔再也找不到拥抱的理由"。在上海相遇的朋友有的陆陆续续回了家乡，有的结婚生子归于平淡。曾经的周末聚会、徒步远游、《三国杀》渐为回忆。褪去了年少时的浮躁，才静得下心做点自己喜欢的事情。十年后，将我的硕士学位论文修订出版，应该是对十年来学习和工作的最好总结。

　　去年，一个人行走于塔克拉玛干沙漠边缘，脑海中萦绕的就是王家卫电影《东邪西毒》的主题曲《天地孤影任我行》。读书时，一度单曲循环地根本停不下来。在金庸的武侠世界中，每个人物都有鲜明的特点，我却独喜欢杨过。人想活得率性是非常不容易的事情，江湖亦是如此。按照孔子的话说"从心所欲，不逾矩"，大概要到古稀之年才有这个资格吧。或许正是这种追求，杨过在武学上才能博采众长，不局限于一门一派。

　　我的求学之路也是得到多位名师的指点，本科学习先秦史受教于晁天义老师，以致养成偏重文化史研究的习惯。在陕西师范大学读硕士研究生时受教于张懋镕老师、曹玮老师，以及黄永年先生、尹盛平老师、赵世超老师、王晖老师等。在上海博物馆青铜器研究部工作时受教于陈佩芬先生、李朝远老师、周亚老师和马今洪老师等。在复旦大学读博士研究生时受教于陈淳老师、刘钊老师、杨志刚老师和李星明老师等。偶有小文写成，还要求教于张天恩老师、陈昭容老师等，蒙其指点受益良多。诸位先生在历史学、考古学、文献学、器物学、古文字学、礼制史和艺术史等方面引导我、帮助我踏上学术研究之路，本书各章节的写作无不闪耀着诸位先生的学术思想和研究方法。

　　镕师门下弟子，或择一器类或择一纹样或择一区域作为自己硕、博士学位论文的题目。当初选择青铜簠这种器类，有过一番考虑。"簠"金文自名曰"匿"，文献上称作"瑚"，与家姓字相通。这种器物又以楚文化地区最为流行，我的籍贯是湖北武汉，也算是秦地生长的楚人来研究这种器类，还是十分有趣的。还有一个原因，在我写这篇硕士学位论文之前，还没有专门研究青铜簠的文章和书籍。当初给自己设定的目标，是想完成一部后人研究青铜簠都绕不开的著作。几年前有朋友告知，孔夫子旧书网有出售我的硕士学位论文，售价36元。一个非正式出版的毕业论文，能够有这样的售价确实让我暗自窃喜。百度百科的青铜簠词条至今还保留着这篇硕士学位论文的摘要，足见这个领域研究的稀缺性。

这篇硕士学位论文在方法论上的两大贡献：其一，将考古类型学的方法引入对青铜簠自名字形的分类体系中，通过分型定式梳理文字发展谱系，这个方法后来被其他学者所借鉴。其二，通过青铜簠的类型学研究建立南北两系论，后来有的学者表示了对这个结论的肯定。学术研究最有乐趣的地方就是通过已知材料所做的推测结论，逐渐被新的考古发现所证实，有两例个案研究即是如此。其一，通过故宫博物院所藏最早的一件龙纹簠与戴家湾出土青铜器的纹饰比较，从而推断最早的青铜簠出自宝鸡地区，这个推测被2014年陕西宝鸡石鼓山墓地的发现所证实。其二，通过对传世曾伯霥簠的类型学研究划定为楚式簠，从而否定自清代以来认为曾伯霥簠为山东之鄫的论断，这个推测被2016年湖北京山苏家垅墓地的发现所证实。但是，十年后再来审视这篇硕士学位论文还是显得比较稚嫩，不足之处太多。因此，本书修订的诸多章节变动较大，基本都是重新写过，并试图将多年来受益的心得融入其中。

第二章主要运用上海博物馆的传统金石学研究方法，即重视旧著录的梳理，并结合新的考古发现，从中得出新的认识。例如，阮元在《积古斋钟鼎彝器款识》的跋语中谈到免簠"此圆器而定为簠者"，说明阮元看到的免簠是椭圆形口沿。周庆云在《梦坡室获古丛编》中著录有一件䜌伯簠，定名为"周䜌伯敦"，此器历来不受重视。这件器物与宝鸡石鼓山出土的基本一致，说明形制最早的青铜簠在清代就有发现和流传，限于当时的认识，并不为学者所知。此外，对拓本中跋语和鉴藏印的整理和辨识也是本书的一个贡献，发现了不少有价值的信息和流传经过。

第三章运用比较典型的考古学研究方法，重视将单件器物回归于考古学单位，并从葬式、器物位置寻找各个墓葬的共性和差异，辅之以墓葬器物组合图。

第四章是受到黄永年先生历史文献学研究方法的影响。我读硕士研究生第一年选修了黄先生的文献学课，不曾料想第二年黄先生就驾鹤西去。本章将古文字学的争论搁置一边，首先从梳理文献版本的源流开始，明确为什么有的文献称作"瑚"，有的文献称作"簠"，两者有什么样的关系。许慎为什么会反对更接近战国时期毛亨的说法，郑玄又是如何在毛亨和许慎之间做出调和，这些都可以从文献学研究中找到线索。其次再以古文字学上的例证，以及考古发现能够与遣册对应的实物，由此论定青铜簠为方形器。

第五章尝试将器物学的研究方法融入考古类型学之中。从马承源先生开始，器物学研究就成为上海博物馆的一个特色。在这里工作十年，受其影响也经历了从考古学向器物学研究的转变。考古学关注的是一个"面"的动态发展过程，往往会忽略很多细节的变化，这个缺失正是器物学的长处。如何将器物学研究融入考古类型学，前辈学者也做出了很多探索和尝试，如陈芳妹先生对青铜簠的类型学分析，邹衡先生晚年编著《天马—曲村（1980~1989）》报告的时候，没有使用传统考古类型学分类方式，而是从容器的"底或裆""足""领""口或沿""肩""腹"六个部分进行观察，并对每一类特征赋予一个指定代码。此章的写作还得益于陈淳老师关于欧美考古学理论的教导，从理论角度来说是希望在分类上避免进化考古学的直线思维弊端，应当重视不同的文化传统在形制上所表现的差异。陈老师常说，考古学就像侦探在破案，要利用一切蛛丝马迹去分析。因此他极力反对类型学只为分类而分类，只为断代而断代。本章的类型学研究，不仅能体现出年代序列的情况，更重要的是能体现关于区域文化的特点和文化交流的状况。

第六章尝试将艺术史的研究方法融入分期分段之中。器物形制的发展、纹饰的演变，或许在较长的时间段没有变化，或许在较短的时间段有数次变化。因此，在大的时间框架下不能按照假设的30年一个时段来划分，比较科学的是从器物本身的艺术风格进行分段。

第七章运用"三礼"文献来讨论器物组合关系，是得益于曹玮师的教导。玮师秉承北京大学老一辈考古学家高明、邹衡等先生对文献的重视，又师从王文锦先生学习"三礼"。一直以来他都要求我们一定要多读文献，研究青铜器尤其要注重"三礼"文献。关于器物组合很多学者都在讨论，最滥用的一种表述方式就是通过随葬器物数量的多少来判断墓主人的等级，或是通过列鼎数量来判断是否僭越。这些论断都是十分片面的，其实礼书中将随葬器物的种类说得非常清楚。有明器、用器、祭器、燕乐器、役器和燕器，并且士墓不得随葬祭器。哪些随葬品是祭器、哪些是用器、哪些是明器，如果不先把这些搞清楚，混为一谈是无法获得正确的知识的。例如，曾公子去疾墓有的自名"行器"，器物没有使用痕迹，且铸造的痕迹都未经打磨，文献和相关青铜器铭文指出这种"行器"就是明器，这座墓葬就是一座没有祭器的士墓。春秋战国时期鼎的类型十分丰富，青铜簠与哪种类型的鼎形成组合，与哪种类型的鼎不形成组合，在不同时期有着不同的表现，体现着不同的文化内涵。

第八章采用了历史学的研究方法，通过考古学复原古史仍然是商周考古学的重要任务。本章针对青铜簠的产生，假设了客观和主观两种模式。客观模式是青铜簠从无耳簋或盂形器自发演变形成。主观模式是青铜簠作为具有一定族群烙印的产物，从模仿竹编器而来，只在一定区域自始至终的流行，其他区域皆是受其影响。客观模式的依据是从器物形制、组合关系进行讨论。主观模式的依据是关注到最早产生折壁簠的地点恰恰是跟祝融后裔的诸侯国有关。结合近年清华简《楚居》的相关记载，青铜簠可能是作为以丹阳地区楚人为代表的祝融一族的器物，战国晚期的竹编簠还在楚墓中有残存的痕迹。由此推想，青铜簠最早出现在宝鸡石鼓山与鬻熊为周文王之师有没有联系？石鼓山四耳簋的扉棱分铸法与南方青铜器的扉棱分铸法有没有联系？石鼓山墓地头向南与襄阳沈岗、余岗从春秋早期到战国中期头向南的葬俗有没有联系？种种迹象表明，汉水流域作为沟通关中与南方的一条重要通道，首先交汇的地点就是在宝鸡，所以最早的青铜簠出现于宝鸡，而不是安阳、周原或丰镐。

在外漂泊多年，回想起读书时的情景仍历历在目，我是镕师在陕西师范大学考古惰，在他有生之年没有看到，这是我一辈子的遗憾。希望他在天堂有知，能略感宽慰。求学数十载，父亲对我的支持和鼓励从来没有间断过。读考古专业最贵的是买书，考古报告、青铜器图录动辄数百元。还记得每个月的28号会员日都会去小寨的汉唐书城买折扣书，父亲总会给我"报销"。他希望我不要省钱光买书，平时还要吃好一点。父亲是中学老师，虽然青铜器是他完全不熟悉的领域，但当我周末回家坐在电脑前开始玩游戏的时候，他总会拿一本青铜器的书，开始提问我什么是兽面纹、什么是失蜡法，然后开始长段的给我念器物特点、时代特征。他是一个对时间很重视的人，希望我不要浪费时间，不能沉溺于玩乐。我去上海工作以后，过一段时间都会收到他在网上打印的青铜器资料。虽然这些资料在我看来，实在太过简单，却满含着深深的父爱。父亲的归真，是我这辈子受到的最大打击，并且让我开始怀疑人生。假如我毕业后没有来上海工作，也许我的一生会很平庸，可是能在他身边多陪伴他或许才是我真正想要的。但是，我知道他是一定不会同意的，父亲希望我有自己的路，有自己的事业。感谢我的母亲，她有着和我一样的悲痛，却还在一直支持着我。感谢我的妻子晓楠和幼子盛雅，让我在悲痛中还能找到活着的方向和责任。人生如此，唯有向死而生！

阿米乃！

2017年冬于弈心斋

学专业招的第一批硕士研究生，也是玮师带的第一批学生。那时候教学条件比较差，没有投影仪，镕师就自己冲印了数百张青铜器照片。每次上课都带上一厚沓，一张一张照片讲形制特征、纹饰特点，待做好笔记以后再将照片交给我们传阅，以此来训练我们观察器物的能力。镕师指导我们写论文也很有方法，不像有些老师只偏重于训练学生写读书笔记、学术综述之类，而是教导如何收集材料、如何分析材料。门下弟子的硕士学位论文，有的成文在10万字以上。在有的学生满脑子充斥着某某人如何说，而没有自己观点的时候，我们已经能独立分析材料并形成自己的观点。虽然这些观点有些与镕师的观点并不相同，但是老师依然放手让我们独立思考，大胆去写，使我们能尽快走上独立研究的道路。2007年我刚工作不久，镕师就借着到上海开会的机会，提出要到我的住处去坐坐。看到我的居住环境还不错，生活也比较方便，中午在小区外的兰州拉面吃了饭才放心离开，对弟子的关爱之情溢于言表。

研究生第二年，参加玮师的"汉中出土青铜器"项目，赴城固、洋县拍摄青铜器、撰写说明。之后，几乎一年的双休日都在玮师的办公室中度过。起初是整理"汉中出土青铜器"资料，后来又整理了"陕北出土青铜器"资料。每次周末去陕西省考古研究所整理资料的时候，玮师都在办公室里写作，女儿雯瑾也经常来玩耍，从没见他休息过。有一次我禁不住好奇地问，玮师言道：做学者是没有双休日的。这么多年过去，这句话一直鞭策着我，周末加班也成了我的习惯。玮师不仅传授了很多知识，还教了我很多做人、做事的道理。他一再告诫我要培养同时处理多件事情的能力。当我后悔一些事情，浪费了一些时光，才突然明白这些话的意义。玮师知道我喜欢看书，有复本的考古报告都会送我。在他调任到秦始皇陵兵马俑博物馆后工作比较繁忙，春节期间都会在陵上值班。我回西安探亲，总要去陵上看望他，玮师从没让我空手而归，每次都是一袋子书。

我常想镕师和玮师都曾留学日本，两人的研究方法恰恰代表了京都学派和东京学派的两种风格。镕师的合作导师是樋口隆康先生，京都学派研究青铜器的特点就是最大限度地收集资料。镕师的一系列著名的观点，如"周人不用日名说""周人不用族徽说"等，都是在庞大的资料收集和精准的分析过程中形成的，这些观点基本成为学术界的定论。玮师的合作导师是松丸道雄先生，东京学派的治学特点是比较注重宏观层面，偏重于制度史的研究。从玮师关于赗赙制度、婚姻制度、土地制度和用器制度等方面的研究，可以看出都是利用考古材料和文献对先秦制度方面的讨论。同时受到两位名师的指导，真是我的幸运。

在本书的写作过程中，关于印章的辨识得到镕师以及上海博物馆青铜器研究部孙品屏女士、苏州博物馆程义师兄、中国社会科学院历史研究所张翀师兄等的指教，不胜感激。本书的写作还得到王帅、任雪莉、欧阳怡婷等众多师兄弟姐妹的关心和支持，以及孙晓鹏师妹细致的校稿工作，在此一并致谢。

此书一直是父亲生前最挂念的事情，一有机会便催促我尽早完成。由于我的懒